高等院校规划教材

HANGKONG XINGHAO GONGCHENG XIANGMU GUANLI

航空型号工程项目管理

符长青　符晓勤　马宇平　编著

西北工业大学出版社

西　安

【内容简介】 针对“大众创业、万众创新”新时代培养高级人才、创新型人才和复合型人才的需要，本书系统而全面地介绍了航空型号工程项目管理的主要内容和知识体系。全书共分16章，主要内容包括概述，航空型号工程企业信息化，先进制造技术，组织机构和并行工程管理，招标与投标，范围管理，资源管理，质量和可靠性工程管理，维修和安全性管理，进度管理，成本管理，风险管理，合同管理，沟通管理和组织协调，采购和供应链管理，以及试飞、适航和收尾管理等。

本书取材新颖、内容丰富、概念清楚易懂，具有很强的可操作性，既适合作为高等院校相关专业大学生的专业基础课程教材，也适合作为相关专业研究生及从事航空型号工程科研、生产和培训机构的工作人员，以及航空专业和项目管理教师的教学和工作参考书，对于希望全面了解航空型号工程项目管理知识的各类读者，本书也是一本较好的参考读物。

图书在版编目(CIP)数据

航空型号工程项目管理/符长青，符晓勤，马宇平编著．—西安：西北工业大学出版社，2017．12

(西北工业大学校友文库)

ISBN 978-7-5612-5800-2

Ⅰ．①航… Ⅱ．①符… ②付… ③马… Ⅲ．①航空工业—工程项目管理 Ⅳ．①F407．5

中国版本图书馆CIP数据核字(2017)第331221号

策划编辑： 雷　军

责任编辑： 张　潼

出版发行： 西北工业大学出版社

通信地址： 西安市友谊西路127号　　邮编：710072

电　　话： (029)88493844　88491757

网　　址： www.nwpup.com

印 刷 者： 兴平市博闻印务有限公司

开　　本： 787 mm×1 092 mm　　1/16

印　　张： 26.625

字　　数： 652千字

版　　次： 2017年12月第1版　　2017年12月第1次印刷

定　　价： 68.00元

前　言

研制一种新型号的航空器，从用户进行可行性研究和项目立项，对航空器提出各种相关的战术技术要求(军用机)或使用技术要求(民用机)，到设计生产企业提出设计方案，进行试制、生产、试飞验证、定型、交付并投入使用，需要进行大量的科学研究，包括工程设计、分析计算、试验验证、工艺试制、试飞、生产定型和适航取证等工作，最后进入批量生产的阶段。交付用户使用的产品都是批量生产出来的产品。这个要求非常严格的过程就称为航空型号工程。

航空型号工程是世界上最复杂的、多学科集成的工程项目之一，它涉及空气动力学、飞行力学、发动机技术、结构动力学和气动弹性力学、结构强度和疲劳寿命、计算机和信息技术、自动控制、航空电子、航空电气、新材料、新工艺、武器火控等众多高科技领域，其技术含量高、难度大、专业性强、涉及技术面广、技术跨度大、知识更新快，新技术层出不穷，需要众多的各类专业技术人员参加，共同工作、相互配合、协同攻克各种技术难关。所以，航空型号工程实际上是一种依靠集体智慧进行的具有创新性的工作过程，需要各专业之间的分工、合作和密切配合。

早期传统的项目和项目管理的概念主要起源于建筑行业，这是由于传统的实践中，建筑项目相对其他项目来说，组织实施过程表现得更为复杂。随着社会进步和现代科技的发展，项目管理也不断地得以完善，同时项目管理的应用领域也不断扩充。现代项目管理起源于20世纪30年代至50年代初期，到21世纪初期时有了新的进展。为了在迅猛变化、急剧竞争的市场中迎接经济全球化、一体化的挑战，现代项目管理更加注重人的因素，注重顾客，注重柔性管理，力求在变革中生存和发展。项目管理理论、工具和方法随着项目管理知识的普及应用得到了很大发展，已经相当完善且效率相当高，对企业经营、资源利用和对市场的快速准确反应都产生了很大的影响。

在当今信息时代，随着航空技术的发展，综合各种高新技术研究成果集成于航空型号工程。航空型号工程项目规模越来越大，复杂程度越来越高，项目的特点也发生了巨大变化。许多在工业时代制造业经济下建立的管理方法，到了信息时代已经不再适用。工业时代制造业经济环境强调的是预测能力和重复性活动，管理的重点很大程度上在于制造过程的合理性和标准化；而在信息时代的知识经济环境里，事务的独特性取代了重复性过程，航空技术本身也是动态的、不断变化的，灵活性成了新时代新秩序的代名词，现代项目管理为实现这种灵活性提供了关键手段。

航空型号工程项目管理的理论来自于航空业界管理项目的工作实践，随着项目管理知识在航空型号工程项目研制中的普及应用，项目管理的工具和方法得到了很大发展，已经相当完善且效率相当高。现在，项目管理对航空型号工程项目的成功研制发挥着越来越重要的作用，航空型号工程项目管理工作日益受到重视。因此，作为一名航空技术人员或航空管理人员应当比较全面地了解航空型号工程项目管理的理论和方法；对于航空类专业的学生来说，只有全面了解和掌握了航空型号工程项目管理的基本概念及其知识体系，才能提高自己的综合素质和航空工程观念。

本书针对航空型号工程项目研制及培养信息时代高级人才、创新型人才和复合型人才的需要，首先讨论实施航空型号工程项目管理的三个基础条件：企业信息化、先进制造技术和并行工程方法；然后系统全面地介绍航空型号工程项目管理的主要内容和知识体系。全书共分16章，第1章讲述航空型号工程项目管理的基本概念，第2章至第16章介绍航空型号工程项目管理的基础条件及其主要内容，包括航空型号工程企业信息化，先进制造技术，组织机构和并行工程管理，招标与投标，范围管理，资源管理，质量和可靠性工程管理，维修和安全性管理，进度管理，成本管理，风险管理，合同管理，沟通管理和组织协调，采购和供应链管理，以及试飞、适航和收尾管理等。

在本书的编写过程中，笔者得到了南京航空航天大学高正教授、张呈林教授、陈仁良教授、王华明教授，深圳大学明仲教授，重庆国飞通用航空制造有限公司董事长曹兵高级工程师等的大力支持和帮助，他们提供了许多技术资料和编写意见，笔者在此表示衷心感谢。与此同时，还得到了有关部门的领导、专家与同仁的大力支持与帮助，参考和引用了部分著作及文献资料，在此一并表示深深的谢意。

由于学识有限，加之现代航空型号工程技术和项目管理技术不断地快速发展，本书可能在许多方面存在不足，不妥之处在所难免，敬请广大读者批评指正。笔者十分希望能与国内同行携手，共同努力，将我国航空型号工程项目管理水平推向一个新的高度。

编著者

2017年5月

目　录

第1章
航空型号工程项目管理概述

第1节 项目管理的由来和发展

项目管理通常被认为是第二次世界大战的产物(如美国研制原子弹的曼哈顿计划),事实上,项目管理的历史源远流长。在人类社会文明发展史上,项目管理的产生和发展是工程管理实践的结果,它经历了从潜意识到传统项目管理,再到现代项目管理的过程。项目管理发展历程可以划分为4个阶段。

一、项目管理的由来

1.潜意识的项目管理萌芽阶段(从远古到20世纪30年代)

项目作为国民经济建设发展的基本元素,一直在人类的经济建设发展中扮演着至关重要的角色。在人类社会文明发展史的早期,人们在日常生活中总是要从事和面对各种各样的项目实践,其中包括人们所建造的一些巨大工程的代表作,如中国的长城、埃及的金字塔、古罗马的供水渠等,但是很少有人有意识地来管理这些项目。

到20世纪初,项目管理还没有先进的工具和方法、科学的理论和管理手段、明确的操作规程和技术标准,主要是凭个人的智慧、才能和经验进行项目管理,还是处于潜意识状态,根本谈不上科学性和系统性。随着现代项目规模越来越大,投资金额越来越高,涉及专业越来越广泛,项目内部关系越来越复杂,传统的管理模式已经不能满足运作一个项目的需要,于是产生了对项目进行管理的模式,并逐步发展成为主要的管理手段之一。

2.传统项目管理形成阶段(20世纪30年代初期到50年代初期)

传统的项目和项目管理的概念主要起源于建筑行业,这是由于传统的实践中,建筑项目相对其他项目来说,组织实施过程表现得更为复杂。随着社会进步和现代科技的发展,项目管理也不断地得以完善,同时项目管理的应用领域也不断扩充,现代项目管理的真正由来和发展可以说是大型国防工业发展所带来的必然结果。

现代项目管理起源于20世纪30年代至50年代初期,人们开始逐步意识到项目管理的必要性和重要性,开始研究如何管理项目,运用横道图(又称甘特图)和里程碑系统对项目进行规划和控制,主要应用于大型军事任务项目。比较典型的案例是1942年6月美国把研制第一颗原子弹的任务作为一个项目来管理,命名为“曼哈顿计划”。为提高整体工作效率,美国决定将所有分散在军队、大学和各实验室研制原子弹的单位联合起来,这种体制被称为“三位一体”制。该工程集中了当时西方国家最优秀的核科学家,动员了13万多人参加,历时3年,耗资20亿美元,于1945年7月16日成功地进行了世界上第一次核爆炸,并按计划制造出两颗实用的原子弹,整个工程取得圆满成功。在工程执行过程中,负责人陆军格罗夫斯少将和著名理论物理学家奥本海默应用了系统工程的思路和方法，大大缩短了工程所耗时间。这一工程项目的成功促进了第二次世界大战后系统工程的发展。

二、项目管理的发展

1.项目管理的传播和现代化阶段(20世纪50年代到70年代末)

20世纪50年代，在美国出现了关键线路法(CPM)和计划评审技术(PERT)，他们在1956年设计了电子计算机程序，用电子计算机编制出计划，1957年将此方法应用于价值1 000万美元的建厂工作计划安排。1957年美国杜邦公司将CPM方法应用于设备维修，使维修停工时间由125小时缩短为7小时。1958年美国在北极星导弹设计中，应用PERT技术使北极星导弹研制时间缩短了2年，节约了大量资金。

20世纪60年代，美国实施举世瞩目阿波罗登月计划，该工程项目耗资300亿美元，有2万多个企业参加，40万人参与，700万个零部件组成，由于使用了网络计划技术，该计划取得很大成功。网络计划技术的出现，给管理科学的发展注入了活力，它不仅促进了1957年出现的系统工程，而且使第二次世界大战中发展起来的运筹学也得到了充实。新项目所要求的规模、范围、时间和资源逐渐超出简单的流程图和会议桌的能力范围，“项目管理”这个名词开始普遍流行，超越了工程和建筑行业。1962年美国国防部规定凡承包工程的单位均要采用PERT安排计划。

在我国，华罗庚教授于1965年引进了网络计划技术，亲自主持推广工作，并根据“统筹兼顾、全面安排”的指导思想，将这种方法称之为“统筹法”。由于华罗庚教授的推动，网络计划技术在我国工业、农林和建筑等行业开始得到了一些应用。

自20世纪70年代末以来，人们发现，项目管理并不仅在技术层面上发挥作用，而且可以帮助自己获得许多尖端优势。特别是随着信息技术的高速发展、社会生产率的快速增长和人们生活水平的极大提高，挑剔的客户要求更多、更好的产品以及更快速的服务，大企业上市时间的压力要求企业机构拥有更高的效率，这就使专业的项目管理在激烈竞争的全球商业竞技场中找到了一席之地。项目管理从传统项目管理进入了现代项目管理的新阶段，表现为项目管理范围的扩大，与其他学科的交叉渗透和互相促进，尤其是计算机技术、价值工程和行为科学理论在项目管理中的应用，极大地丰富了项目管理的内容，以及诸多项目管理理念的升华。

2.项目管理的大发展阶段(20世纪70年代末到现在)

进入20世纪80年代以后，随着信息时代的来临，高新技术产业飞速发展并成为支柱产业，项目的特点也发生了巨大变化。项目成了信息时代知识经济的一个主要业务手段，创造更多财富的关键在于“知识生产率”，从知识到效益的转化主要依赖于项目来实现。企业管理人员发现许多在工业时代制造业经济下建立的管理方法，到了信息经济时代已经不再适用。项目管理的应用领域已扩展到国防、电子、制造、电力、水利、医药、化工、矿山、金融服务、教育培训、交通运输，以及政府机关和国际组织等各个行业，深入到社会经济、文化生活等各个方面。项目管理已经成为许多企业和组织机构运作的中心模式，在各行各业发挥着重要作用，比如美国白宫行政办公室、美国能源部、世界银行等在其运营的核心部门都采用项目管理。

到21世纪初期时，项目管理有了新的进展。为了在迅猛变化、急剧竞争的市场中迎接经济全球化、一体化的挑战，项目管理开始更加注重人的因素、注重顾客、注重柔性管理，力求在变革中生存和发展。在这个阶段，应用领域进一步扩大，尤其在新兴产业领域得到了迅速的发展。来自于管理项目工作实践的项目管理理论、工具和方法，随着项目管理知识的普及应用得到了很大发展，已经相当完善，并且效率相当高，对企业经营、资源利用和对市场的快速准确反应都产生了很大的影响。实践证明：不管是哪个行业，如果能够熟练地运用项目管理的技艺，就能成功地管理好项目。

在时间和预算要求比较严格的新项目之中、商业机构间的全球化竞争之中，项目管理无疑是广受欢迎的技能。在国外，一个重大的法律问题、一次具有创意的广告活动，甚至一次议员和政府官员的竞选、政府要员的出访，都可应用项目管理的理论方法。项目管理随着这些应用的扩展，从事项目管理的人员也逐渐开始从具有各类背景、不同层次和经验水平的人员中选拔出来。为了更好地适应项目经理或者项目经理部成员的角色，每个人都必须对各项目中共有的过程和知识具有基本的了解。

3.我国项目管理的研究和应用

现代项目管理方法真正在我国大规模推广应用始于20世纪80年代，当时一些国外专家和从国外回国的中国学者在国内介绍和推行项目管理。专家的努力推广对项目管理在中国的广泛传播起到了重要的作用，国内一些名牌大学开始了项目管理的教学和研究，如天津大学于1988年出版了《工程建设项目管理》一书，并向本校学生开设了项目管理课程；复旦大学管理学院于20世纪90年代初开设了项目管理课程，随后其他几所大学也相继开设了这门课程。

与此同时，我国在现代项目管理的应用实践上取得了进一步的成果。1982年在我国利用世界银行贷款建设的鲁布格水电站引水导流工程中，日本建筑企业运用项目管理方法对这一工程的施工进行了有效的管理，收到了很好的效果。1987年国家计委等五个政府有关部门联合发出通知，确定了一批试点企业和建设项目，要求其采用项目管理。1991年建设部进一步提出把试点工作转变为全行业推进的综合改革，全面推广项目管理。

4.现代项目管理发展趋势

经过半个世纪的发展，项目管理的内涵得到了充实和扩展。人们从最初认为“项目管理”就是对项目进行的管理的直观概念，到如今“项目管理”已成为一种管理方式、一门管理学科的代名词。项目管理作为一门应用性极强的科学，已成为了一门多维度、多层次的综合性交叉学科，成为现代管理学的一个重要分支，在大量的项目实践中得到了不断的深化和推广。

一方面，在世界各地项目管理学的发展方兴未艾，各行各业都开始在他们的项目中研究运用项目管理的知识，项目管理已经被大公司、政府以及小型组织以同样的方式普遍地应用着。

另一方面，项目管理至今仍是一门发展中的学科，国际项目管理发展的趋势，首先是项目管理的全球化、信息化，主要表现为国际项目合作日益增多、国际化的专业活动日益频繁、项目管理专业信息的国际共享，在项目管理中应用电子计算机和专业软件，实现项目管理网络化、多元化，主要表现为行业领域及项目类型的多样性、多层次发展，项目管理方法多样化和专业化，项目管理知识体系的不断发展和完善，以及学历教育和非学历教育竞相发展等。与此同时，项目管理专业人员在驾驭那些令人看好的现代新型企业方面发挥着越来越重要的作用，并取得越来越大的成功业绩。

目前，国际项目管理发展体现为三个热点：证书热、培训热、项目管理软件热。我国也不例外，国家有关部门已经制定出适合我国国情的资格认证框架和细则。项目管理在世界发达国家和地区已经成了一种职业。项目管理人员，特别是项目经理可以像教师、建筑师、工程师、医生、会计师和律师一样以自己的专业知识、技能和经验立足于社会、服务于社会。在全球竞争日益激烈的舞台上，职业项目管理人员已经占据了他人无法替代的位置。而且在世界上许多国家和地区，领导和管理项目能力强、有真才实学的职业项目管理人员十分抢手，相当紧俏。

第2节 管理及项目的基本概念

管理和技术是人们看待问题的两个维度：技术是一项相对严谨而又简单的事情，而管理则是一项相对开放且复杂的事情。管理本身既是艺术也是科学，其涵盖的内容非常广泛，尤其是现代管理科学，伴随着工业化与现代化的历史，已经建立了相当完善的概念体系、基本原理、方法和技巧。

一、管理的基本概念

(一)管理的定义和特征

1. 管理的定义

管理(Management)是指在特定的环境条件下，以人为中心，对组织所拥有的资源进行有效的计划、组织、领导、控制，以便达到既定组织目标的过程(见图1-1)。通常，人们容易将管理与治理(Govermance)两个不同的概念混淆在一起。实际上，这两个概念还是有较大差别的。管理主要是处理决策和执行方面的事物，而治理则是确保决策机制和权限控制完美。

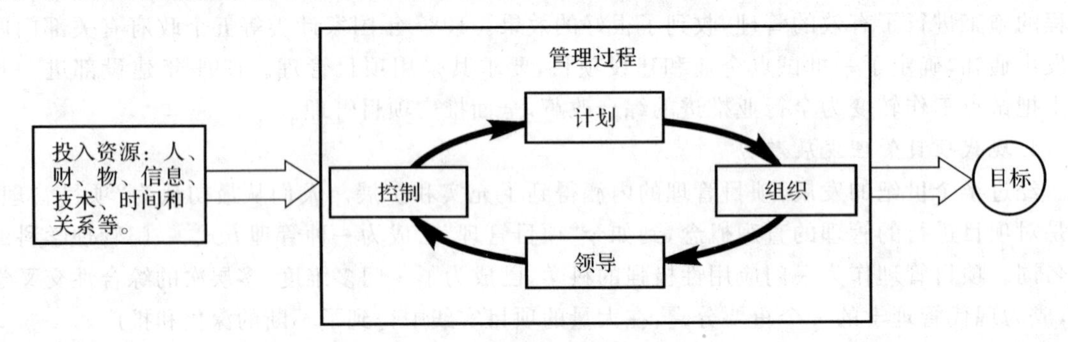

图1-1 表示管理概念的示意图

2. 管理的基本特征

(1)自然属性和社会属性。管理的自然属性是指管理所具有的有效指挥共同劳动，组织社会生产力的特性，它反映了社会化大生产过程中协作劳动本身的要求。管理的社会属性是指管理所具有的监督劳动，维护生产关系的特性，它反映了管理受一定的社会制度和生产关系的影响和制约。

(2)科学性和艺术性。管理的科学性表现在管理活动的过程可以通过管理活动的结果来衡量，同时它具有行之有效的研究方法和研究步骤来分析问题、解决问题。管理的艺术性表现在管理的实践性上，在实践中发挥管理人员的创造性，并因地制宜地采取措施，为有效地进行管理创造条件，最富有成效的管理艺术来源于对它所依据的管理原理的理解和丰富的实践经验。

(3)普遍性。管理的普遍性表现为管理活动是协作活动，它与人们的社会活动、家庭活动以及各种组织活动都是息息相关的。

(4)共同性。管理和管理人员的基本职能是相同的,虽然管理人员所处的层次不同,在执行这些职能时各有侧重,但他们都需要为集体创造一种环境,使人们在其中可以通过努力去实现他们的目标,这便是他们共同的任务。

(二)管理环境和职能

1.管理环境

管理环境具有不确定性,可以分解成变化程度和复杂程度两个维度。

(1)变化程度。它是指环境要素变化的范围和深度,如果环境要素大幅度改变,称为动态环境;如果变化很小,则称为稳态环境。

(2)复杂程度。它是指环境中的要素数量及分布的区域。

2.管理职能

管理的基本职能是计划、组织、领导和控制。

(1)计划。计划是根据环境的需要和自身的特点,确定在一定时期内的目标,并通过计划的编制,协调各类资源以期顺利达到预期目标的过程。计划是管理的首要职能,计划职能的根本任务是确定目标,制定规则和程序,拟定计划并进行预测。

(2)组织。组织是为了实现某一特定目标,经由分工与合作及不同层次的权力和责任制度而构成的人群集合系统,是依据管理目标和管理要求,把各要素、各环节、各方面,从劳动分工和协作上,从纵横的相互关系上,从时间过程和组织结构上,合理地组织成为一个协调一致的整体,最大限度地发挥人和物的作用。

(3)领导。领导是领导者为实现组织的目标而运用权力向其下属施加影响力的一种行为或行为过程。领导工作包括五个必不可少的要素,领导者、被领导者、作用对象(即客观环境)、职权和领导行为。领导的本质是影响。领导者通过影响被领导者的判断标准,进而统一被领导者的思想和行动。

(4)控制。管理中的控制职能,是指管理主体为了达到一定的组织目标,运用一定的控制机制和控制手段,对管理客体施加影响的过程。

(三)管理的基本原则

管理的基本原则有两条,一是以虚控实,二是以一持万。

(1)以虚控实。以虚控实,就是以无形来把控有形,是通过把握事物的本质属性和客观规律,来把控事物的外在表现和存在形式。在管理活动中,规律是虚,现象是实;思维是虚,行为是实;哲学是虚,科学是实。

(2)以一持万。"一"就是有把握的部分,管理者要通过把握事物的有形规律、事物的共性、事物的主要矛盾、事物有把握的部分,去把控万物的发展变化。

(四)基本管理原理体系

考虑到各种管理实践活动的普遍共性,管理学的基本原理在某种程度上也就是哲学原理,从而构建以下基本管理原理体系。

(1)系统原理:将组织看成一个系统,用系统论观点和方法解决管理中遇到的各种问题。

(2)整分合原理:现代高效率的管理,必须在整体规划下明确分工,在分工基础上有效地整合。

(3)反馈原理:面对不断变化的客观实际,必须做到灵敏、准确、有力的反馈。

(4)封闭原理:任一系统内的管理手段必须构成一个连续封闭的回路。

(5)弹性原理:管理必须保持充分的弹性,以适应各种可能的变化,实现动态管理。

(6)人本原理:人是管理系统内部诸要素中处于主导地位,决定管理成败的主要因素。

(7)动力原理:管理必须有强大的动力,包括物质、精神和信息动力,才能持续有效地进行。

二、项目的定义和属性

"项目"一词最早于20世纪50年代在汉语中出现,是指在限定的资源及限定的时间内须完成的一次性任务,具体可以是一项工程、服务、研究课题及活动等。

1.项目的定义

通常所说的"项目"一词,其定义是指为完成某一独特的产品或服务需要组织来实施完成的一次性工作。项目是一件事情、一项独一无二的任务,也可以理解为是在一定的时间和一定的预算内所要达到的预期目的。项目侧重于过程,它是一个动态的概念,例如人们可以把一条高速公路的建设过程视为项目,但不可以把高速公路本身称为项目。

关于项目的定义有不同的解释,这里引用两个具有权威性的解释。

(1)联合国工业发展组织编写出版的《工业项目评价手册》的定义是:"一个项目是对一项投资的提案,用来创造、扩建和(或)发展某些工厂企业,以便在一定周期时间内增加货物的生产和(或)社会服务。此外,为了评价目的,一个项目就是一个投资的单位,它可以从技术上、商业上和经济上区别于其他各项投资。"

(2)世界银行对项目的定义是:"在规定的期限内为完成某项开发目标而规划的投资、政策以及执行机构和其他有关活动的综合体。"

2.项目的属性

项目所具有的属性如下:

(1)一次性。项目是一次性的,每个项目都有它的生命周期,有明确的开始和结束时间。项目没有可以完全照搬的先例,也不会有完全相同的复制。一次性是项目与其他重复性运行或操作工作最大的区别,项目的其他属性也是从这一主要的特征衍生出来的。

(2)目标的确定性。任何一个项目都必须预先设定组织的目的和项目的目标。不同的项目有不同的目标。目标不明确,必须导致项目管理的混乱。项目目标允许有一个变动的幅度,也就是可以修改。不过一旦项目目标发生实质性变化,它就不再是原来的项目了,而将产生一个新的项目。

项目要求达到的目标可分为两类,必须满足的规定要求和附加获取的期望要求。

1)规定要求:规定要求包括项目品质、成本和时间(进度)目标等三大主要目标。在一定范围内,品质、成本、进度三者是互相制约的,如图1-2所示。当进度要求不变时,品质要求越高,则成本越高;当成本不变时,品质要求越高,则进度越慢;当品质标准不变时,进度过快或过慢都会导致成本的增加。

2)期望要求:期望要求常常对开辟市场和争取支持产生重要影响。譬如一种新产品,除了基本性能之外,外形、色彩、使用舒适,建设和生产过程有利于环境保护等,也应列入项目目标之内。

(3)独特性。每个项目都是独特的,总是独一无二的。即使其提供的成果虽然与其他项目类似,然而其时间和地点,内部和外部的环境,自然和社会条件有别于其他项目,因此项目的过程总具有自身的独特性,而且具有重复的要素也不能够改变其整体根本的独特唯一性。

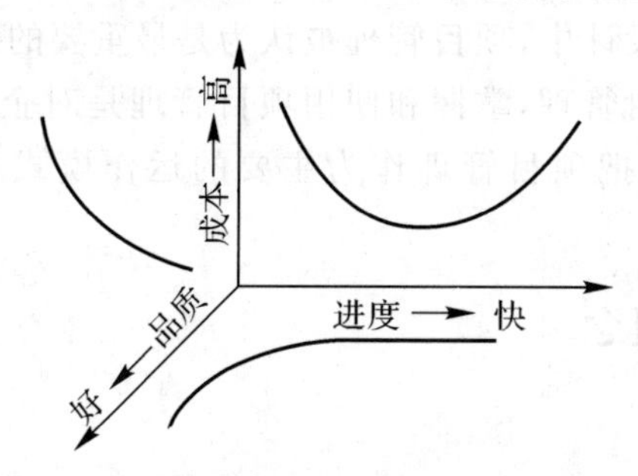

图1-2 成本、品质、进度三者的相互关系

(4)不确定性。项目的不确定性主要是由于项目的独特性所造成的,每一个项目都是独特唯一的,往往需要在不同方面进行不同程度的创新,而创新就包含着各种不确定性;其次,项目的一次性也是造成项目不确定性的原因,因为项目活动一次性使得人们没有改进的机会,使项目的不确定性增大;另外,还由于项目所处环境多数是开放的和相对变动较大,有时很难确切地定义项目的目标,因而很难准确估计完成项目所需的时间和费用支出。这种不确定性是项目管理如此具有挑战性的主要原因之一,这种情况在航空型号工程项目中更为突出。

(5)组织的临时性和开放性。项目团队在项目进展过程中,其人数、成员、职责都不断地变化。项目组织是临时的、开放的,有时甚至是模糊的。这与一般企事业单位和政府机构很不一样。

(6)开发的渐进性。每一个项目都是独特唯一的,产品或服务的显著特征必定是逐步形成的。项目的开发是渐进的,不可能从其他模式那里一下子复制过来。即使有可参照、借鉴的模式,也都需要经过逐步地补充、修改和完善。

(7)活动的整体性。项目中的一切活动都是相互联系的,构成一个整体。不能有多余的活动,也不能缺少某些活动,否则必将损害项目目标的实现。项目在一定程度上受到各种相互关联的客观条件的制约,其中主要的制约是时间、费用、质量、资源、技术、信息以及环境等方面。

(8)结果的不可逆转性。项目不能像其他的事情那样做坏了可以重来,也不可以试着做,项目结果具有不可逆转性。一旦出现失误,很难有纠正的机会。项目必须确保成功,一旦失败就无可挽回,为此,对项目实施过程中的每个环节都必须科学地、严格地加以管理。

(9)需要使用多种资源。项目管理学科中所定义的项目,是指具有一定规模的、需要使用多种资源的项目,不包含那些过于简单、一个人就能完成的事情。项目的这一属性决定了项目必须具有相当的规模,消耗较多的资源,并需要有各方的配合才能完成。举例来说,一个女孩织一件毛衣,就不能算是项目,因为它规模太小,不需要别人配合一个人就能完成。

(10)项目与运作的异同。尽管“项目”与“运作”这两者概念有时候是重叠的,两者之间存在一些类似的东西,例如都是由人来操作的;都受到资源的限制;都需要进行计划、执行和控制,但是“运作”是持续性的和重复性的,而项目是临时性的、一次性的。所谓工作通常既包括具体的运作又包括项目本身。运作与项目最根本的不同在于运作是具有连续性和重复性的,而项目则是有时限性和唯一性的。

第3节　项目管理的基本概念

在任何一个项目开发或设计中，项目管理被认为是最重要的过程之一。实践证明：现代企业的成功在于有效地推行项目管理，掌握和使用项目管理是对企业未来发展起关键作用的因素，因此，有越来越多的企业把项目管理作为主要的运作模式和提高企业运作效率的解决方案。

一、项目管理的基本概念

(一)项目管理的定义

项目管理是指项目的管理者，在有限的资源约束下，运用系统的观点、方法和理论，对项目涉及的全部工作进行有效地管理。简言之，项目管理是在一定资源约束下完成一定目标的一次性任务。

这一定义包含三层意思：一定资源约束、一定目标、一次性任务。这里的资源包括时间、经费、人力和物质资源等。项目管理不仅仅是强调使用专门的知识和技能，还强调项目管理中各参与人的重要性。项目经理不仅仅要努力实现项目的范围、时间、成本和质量等目标，还必须协调整个项目过程，以满足项目参与者及其他利益相关者的需要和期望。

(二)项目生命周期和项目管理过程

1.项目生命周期

由于项目是作为系统的一部分加以运作的，并具有一定的不确定性，因而有必要将项目分为若干个阶段。项目生命周期指的就是这样一系列项目阶段的集合。

项目从开始到结束是渐进地发展和演变的，不同的项目可以划分为内容和个数不同的若干阶段，这些不同的阶段先后衔接起来便构成了项目的生命周期。项目生命周期一般可以依次归纳为四个大阶段，它们是启动阶段、规划阶段、实施阶段和收尾阶段。这四个阶段按照一定的顺序排列，并构成了项目的实施过程。项目实施过程的四个大阶段既有联系，又互相作用和影响。

2.项目管理过程

为了更好地完成项目实施过程中每个阶段的各项目工作和活动，需要开展一系列有关项目计划、决策、组织、沟通、协调和控制等方面的管理活动，这一系列管理活动便构成了项目管理过程。项目管理过程一般由五个过程组成，即包括启动过程、计划过程、执行过程、控制过程和结束过程。

项目生命周期是一次性的过程，项目管理过程则不然，项目管理的五个过程贯穿于项目生命周期中的每一个阶段，并按一定的顺序进行，其工作强度也有所变化。

启动过程接受上一阶段交付的成果，经研究确认后下一阶段可以开始，并提出对下一阶段的要求；计划过程根据启动过程提出的要求，制订计划文件作为实施过程的依据；实施过程中要定期编制实施进展报告，指出实施结果与计划的偏差；控制过程根据实施报告制定控制措施。计划、实施、控制三个过程往往要反复循环，直至实现该阶段启动过程提出的要求，才能结束。

(1)里程碑。里程碑是指项目中的重大事件,通常指一个主要可交付成果的完成,它是项目进程中一些重要标记,是在计划阶段应该重点考虑的关键点,里程碑既不占用时间也不消耗资源。

(2)可交付成果。可交付成果是指某种有形的,可以核实的工作成果或事项。项目启动阶段结束时,批准可行性研究报告是项目的一个里程碑,可交付成果是可行性研究报告。计划阶段结束时,批准项目计划也是项目的一个里程碑,可交付成果是项目计划文件。执行阶段结束时,项目完工又是项目的一个里程碑,可交付成果是有待交付的完工产品和文件。收尾阶段结束时,项目交接是项目的最后一个里程碑,可交付成果是完工产品和文件。

(三)项目利益相关者

1.项目参与人

项目参与人是指项目的参与各方,即项目当事人。大型复杂的项目往往有多方面的人参与,例如需方单位、投资方、贷款方、承包单位、供货商、设计师、咨询顾问等。他们往往是通过合同和协议联系在一起,共同参与项目,项目参与人往往就是相应的合同当事人。建设单位通常都要聘用项目经理及其管理团队对项目进行管理,实际上项目的各方当事人需要有自己的项目管理人员。

2.项目利益相关者

项目利益相关者包括项目参与人(当事人)和其利益受该项目影响(受益或受损)的个人和组织;也可以把他们称作项目的利害关系者。除了上述的项目当事人外,项目利益相关者还可能包括政府的有关部门、社区公众、项目客户、新闻媒体、市场中潜在的竞争对手和合作伙伴等,甚至项目经理部成员的家属也应视为项目利益相关者。

项目不同的利益相关者对项目有不同的期望和需求,他们关注的问题常常相差甚远。例如建设单位也许十分在意时间进度,设计师往往更注重技术方面,政府部门可能关心税收,附近社区的公众则希望尽量减少不利的环境影响等。弄清楚哪些是项目利益相关者,他们各自的需求和期望是什么,设法满足和影响这些需求和期望,对于项目管理者非常重要。只有这样,才能对利益相关者的需求和期望进行管理并施加影响,调动其积极因素,化解其消极影响,确保项目成功。

(四)项目阶段的特点

每个项目阶段通常都规定了一系列工作任务,设定这些工作任务使得管理控制能达到既定的水平。大多数工作任务都与主要的阶段工作成果有关,这些阶段通常也根据这些工作任务来命名:例如启动阶段、规划阶段、实施阶段和收尾阶段以及其他适当的名称。项目阶段和过程之间的联系如图1-3所示。

项目阶段特点如下:

(1)每个项目阶段都以一个或一个以上的工作成果的完成为标志,这种工作成果是有形的,可核实鉴定的。如一份可行性研究报告、一份详尽的设计图。

(2)审查可交付的工作成果是项目阶段结束的标志,通常是对关键的工作成果和项目实施情况的进行核实。这样核实的主要目的是确定项目是否可以开始进入下一阶段。

(3)用事先确定的标准来衡量交付的工作成果。衡量不同的可交付成果的标准是不同的,因此,在每一阶段开始前就应明确用何种标准。

(4)认真完成各阶段的可交付成果很重要。一方面,为了确保前阶段成果的正确、完整,避免返工;另一方面,由于项目人员经常流动,前阶段的参与者离去时,后阶段的参与者可顺利地衔接。当风险不大、较有把握时,前后阶段可以相互搭接以加快项目进展。这种经过精心安排的项目互相搭接的做法常常叫作"快速跟进"(Fast track)。需要特别指出的是,这种快速跟进与盲目的"三边"做法(边发起、边计划、边实施)有本质的区别。

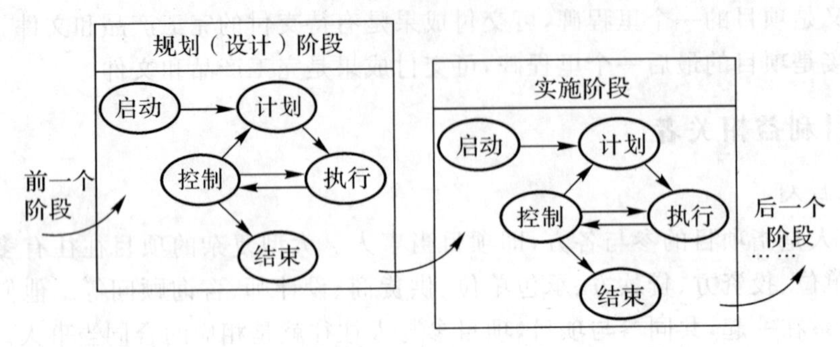

图 1-3　项目阶段之间和过程之间的联系

(五)项目生命周期的特点

项目生命周期确定了项目的开端和结束。项目阶段的前后顺序是由项目生命周期确定的,在项目实施过程中,通常要求现阶段的工作成果经过验收合格后,才能开始下阶段工作。

项目生命周期的主要特点包括以下几方面:

(1)不同的项目阶段资源投入强度不同。项目开始时资源投入少,以后逐渐增加,在项目的实施、控制阶段达到最高峰,此后又逐渐下降,直至项目终止。图 1-4 表示典型资源投入模式。

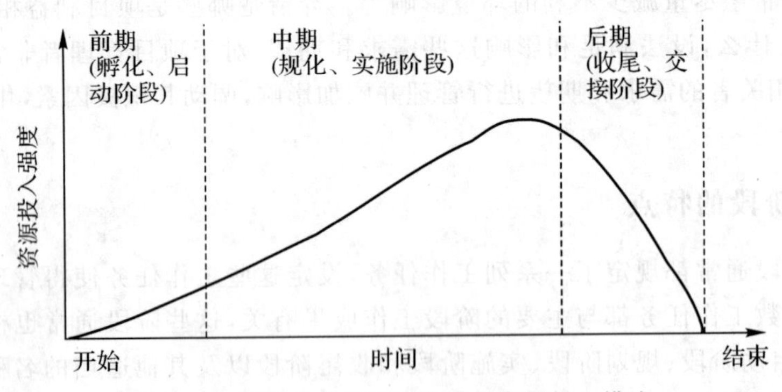

图 1-4　项目生命周期内典型的资源投入模式

(2)不同的项目阶段面临的风险程度不同。项目开始时风险和不确定性最高,成功的概率最低。随着项目任务一项项的完成,不确定性和风险逐渐减少,项目成功的可能性也越来越高。

(六)项目管理研究的热点方向

项目管理的理论和方法来源于各个行业的项目实践,而理论必须应用于实践才能体现其价值。结合当前项目管理的发展现状和发展趋势分析,国际项目管理学术界的研究热点方向包括以下几方面:

1. 多项目管理

这一方向主要是研究如何经济、有效地同时管理好需要在某一时间段内完成的多个项目的问题。目前,人们广泛认为多项目管理如同其他投资一样,也必须以组合的形式管理。

2. 企业项目化管理

项目管理在企业和行业中的应用是当今国际项目管理学术界研究的一个热门问题。它主要是研究如何通过对项目的管理实现对企业的现代化管理。

3. 项目管理成熟度研究

目前,虽然人们对于组织的项目管理成熟度模型的内容等方面都还没有达成共识,但是已经有了一些这一方面的研究成果。所有这些成熟度模型的基本目的在于:

(1)评估一个组织当前的项目管理能力。

(2)让员工接受项目管理的教育和培训。

(3)使组织和个人的项目管理能力持续提升。

二、国际与国内项目管理组织机构

1. 国际项目管理组织机构

从组织机构上来讲,国际上存在两大项目管理研究体系,即国际项目管理协会(International Project Management Association,IPMA)以及美国项目管理协会(Project Management Institute,PMI)。

IPMA是以欧洲为首的体系,于1965年在瑞士注册,是一个非营利性组织,其成员主要是代表各个国家的项目管理研究组织,它非常重视专业人员的资格认证工作。项目管理专业人员分为A,B,C,D四个级别,其中,A级是工程主任级、B级为项目经理级、C级为项目管理工程师级、D级为项目管理技术员级。与PMI资格认证相比,IPMA更注重实践能力,不同的资格证书标准各异,级别之间的档次标准差距很大。国际项目管理协会(IPMA)编制了自己的项目管理知识体系认证标准,即《国际项目管理专业资质标准》(IPMA Competence Baseline,ICB)。

IPMA与每个国家的项目管理组织的分工是:每个国家的项目管理组织负责实现项目管理本地化的特定需要,而IPMA则负责协调国际上具有共性的项目管理的需求。IPMA还提供范围广泛的服务,包括研究和发展、培训和教育、标准和认证,以及举行各种研讨会等。其会员组织可以得到许多优惠。

美国项目管理协会(PMI)是以美国为首的体系,成立于1969年,是目前全球最大的由研究人员、学者、咨询和管理人员组成的项目管理专业组织。成员主要以企业、大学、研究机构的专家为主,现在已经有4 000多个会员。其资格认证制度从1984年开始,通过认证的人员成为项目管理专业人员(PMP)。PMI项目管理专业人员认证与IPMA资格认证的侧重点不同,它虽然包含对项目管理能力的审查,但更注重知识的考核,申请者必须参加并通过包括200个问题的考试。

美国项目管理协会(PMI)也开发了一套项目管理知识体系(Project Management Bode of Knowledge,PMBOK)。该知识体系把项目管理划分为9个知识领域:范围管理、进度管理、成本管理、质量管理、人力资源管理、沟通管理、采购管理、风险管理和整体管理。

2. 中国项目管理组织机构

20世纪90年代初,在西北工业大学等单位的倡导下成立了我国第一个跨学科的项目管理专业学术组织,即中国项目管理研究委员会(Project Management Research Committee China,PMRC)。PMRC是一个行业面宽,人员层次高的组织。正式成立于1991年6月,挂靠在西北工业大学,是我国唯一的、跨行业的、全国性的、非盈利的项目管理专业组织,其上级组织是由我国著名数学家华罗庚教授组建的中国优选法统筹法与经济数学研究会(挂靠单位为中国科学院科技政策与管理科学研究所)。

PMRC自成立至今,做了大量开创性工作,为推进我国项目管理事业的发展,促进我国项目管理与国际项目管理专业领域的沟通与交流起了积极的作用,特别是在推进我国项目管理专业化与国际化发展方面,起着越来越重要的作用。

国家原劳动和社会保障部(现改名为人力资源和社会保障部)职业技能鉴定中心在建立我国的项目管理知识体系(C-PMBOK)方面做了大量的工作。由于历史和文化背景不同,世界各国在项目管理知识的应用上具有一定的差异性,因此IPMA要求推广IPMP的成员国必须建立适应于本国管理项目背景的项目管理知识体系,以及按照其认证标准(ICB)的转换规则建立本国的国际项目管理专业资质认证国家标准(NCB)。2002年9月29日原劳动和社会保障部将项目管理师列入国家职业标准中,并着手开展项目管理师培训考试试点工作,这标志着我国已经建立了一套既符合中国项目管理实际需求又具有国际通用标准的知识体系和认证标准。我国项目管理师国家职业资格认证工作的正式启动,不仅对于获得项目管理师国家职业资格证书的高技能人才,在待遇和保障制度上,有更多的鼓励和支持,对国内众多从事项目管理的职业经理人意义重大,更重要的是它将促进我国项目管理专业的快速发展,培养和造就大批专业化、职业化的高级项目管理人才。

3. 中国项目管理知识体系

中国项目管理知识体系(Chinese-Project Management Body of Knowledge,C-PMBOK)是由中国项目管理研究委员会(PMRC)发起并组织实施的,2001年7月推出了第1版,2006年10月推出其第2版。

(1)特点。与其他国家的PMBOK相比较,如《美国的项目管理知识体系》,C-PMBOK的突出特点是以项目生命周期为主线,以模块化的形式来描述项目管理所涉及的主要工作及其知识领域。

(2)体系结构。C-PMBOK主要是以项目生命周期为基本线索展开的,从项目及项目管理的概念入手,按照项目开发的四个阶段,即概念阶段、规划阶段、实施阶段及收尾阶段,分别阐述了每一阶段的主要工作及其相应的知识内容,同时考虑到项目管理过程中所需要的共性知识及其所涉及的方法工具。C-PMBOK2006体系框架和模块化结构的内容包括:

1)跨生命周期阶段知识。范围管理,时间管理,费用管理,质量管理,人力资源管理,信息管理,风险管理,采购管理。

2)项目化管理理念。项目化管理是将公司各项活动当作项目对待进而对其实行项目管理，也就是将企业中一次性任务，没有标准的执行文件，独特的、不重复的工作转化为项目，按照项目管理的模式进行管理，以提高工作效率。项目团队完成特殊使命后就随即解散，回到原来的部门中。

项目化管理是一种复合管理，要求管理者具有多种综合管理能力。项目化管理的内容包括项目化管理方法、项目化管理组织、项目化管理机制和项目化管理流程。

第4节　航空型号工程项目的基本概念

项目和工程是两个不同的名词，在概念上它们之间既有联系，又有区别。项目的概念相对于工程来说更加广义，它是各个单项工程的集合体，而单项工程是组成项目的一个单位。项目管理的宗旨是指把各种系统、方法和人员结合在一起，在规定的时间、预算和质量目标范围内完成项目的各项工作。

一、工程项目的定义、特点和分类

(一)工程和工程项目的定义

工程是将理论和知识应用于实践的科学。工程项目是以工程建设为载体的项目，是作为被管理对象的一次性工程建设任务。在实践中，工程项目一般是指比较大型的工程建设项目。

不过在谈到“工程”一词时，还要考虑到人们日常用语的习惯。在汉语中常以“工程”一词来称呼计划、项目或子项目。例如，“希望工程”是一项民间捐助失学儿童重返校园接受义务教育的项目，和人们常讲的建设工程没多大关系；“长江三峡工程”是一项水利工程项目，是传统意义上的建设工程项目；计算机“软件工程”则是指运用工程的方法进行软件开发等。在某些应用领域中，工程管理、计划管理和项目管理被视为同义词；而在另一些场合，一个则是另一个的子集，这些含义上的多重性，要求在特定场合使用时对每一个术语的定义做出明晰的约定。

(二)工程项目的特点

工程项目以物资产品或非物资产品(如服务等)为目标产出物，需要支付一定的费用、按照一定的程序、在一定的时间内完成，并应符合质量要求。其主要特点如下：

(1)工程项目是指在一个总体设计或初步设计范围内，由一个或几个单项工程所组成，经济上实行统一核算，行政上实行统一管理的建设单位。一般以一个企业或联合企业、事业单位或独立工程作为一个建设项目。

(2)工程项目是在一定时期内为实现一定经济或社会目标而设计的投资方案。项目具有明确的功能和时限，如工业项目是在一定时期内为满足某种社会需求而提供产品或服务，通过产品或服务实现投资获取一定经济目标的投资方案。再如交通工程项目是为满足社会对公共交通的需求而进行的投资方案。

(3)工程项目是一个为实现一定功能而设计的物质系统。如工业项目为实现经济目标就必须生产产品或服务，而生产产品就必须建设厂房、安装设备以及其他工程设施等。

(4)工程项目是通过一套完整的知识体系来实现其预期目标的，如建设前期的可行性研究，建设时期的工程技术设计，施工组织监督和控制，生产时期的组织、管理和经营，使用时期的运行维护和升级改造等。

(5)工程项目从评价的角度必须具有清晰的范围界定。

(三)工程项目的分类

根据不同的划分标准,工程项目可分为不同的类型。

1.生产性工程项目和非生产性工程项目

产品是一组将输入转化为输出的相互关联或相互作用的活动的结果,即"过程"的结果。在经济领域中,产品通常也可理解为组织制造的任何制品或制品的组合。产品有狭义的和广义的两种概念,狭义的产品概念是指被生产出的物品,具有具体的物理形态,称为物资产品;广义的产品概念则是指经过加工可以满足人们需求的载体,它可以没有具体的物理形态,称为非物资产品。

生产性工程项目是指形成物质产品生产能力的工程项目,例如工业、农业、交通运输、建筑业、邮电通信等产业部门的工程项目;非生产性工程项目是指形成非物质产品生产能力的工程项目,例如公用事业、文化教育、卫生体育、科学研究、社会福利事业、金融保险等部门的工程项目。

2.基本建设工程项目、设备更新和技术改造工程项目

基本建设工程项目是指以扩大生产能力或新增工程效益为主要目的新建、扩建工程及有关方面的工作。基本建设项目一般在一个或几个建设场地上,并在同一总体设计或初步设计范围内,由一个或几个有内存联系的单项工程所组成。经济上实行统一核算,行政上有独立的组织形式,实行统一管理。通常是以企业、事业、行政单位或独立工程作为一个建设单位。更新改造项目是指对原有设施进行固定资产更新和技术改造相应配套的工程以及有关工作。更新改造项目一般以提高现有固定资产的生产效率为目的,土建工程量的投资占整个项目投资的比重按现行管理规定应在30%以下。

3.新建、扩建、改建、恢复和迁建项目

新建项目一般是指为经济、科学技术和社会发展而进行的平地起家的投资项目。有的单位原有基础很小,经过建设后其新增的固定资产的价值超过原有固定资产原值3倍以上的也算新建。扩建项目一般是指为扩大生产能力或新增效益而增建的分厂、车间、铁路干线、码头泊位等工程项目。改建项目一般是指为技术进步,提高产品质量,增加花色品种,促进产品升级换代,降低消耗和成本,加强资源综合利用、三废治理和劳动安全等,采用新技术、新工艺、新设备、新材料等而对现有工艺条件进行技术改造和更新的项目。迁建工程项目一般是指为改变生产力布局而将企业或事业单位搬迁到其他地点建设的项目。恢复项目一般是指因遭受各种灾害而使原有固定资产全部或部分报废,以后又恢复建设的项目。

4.大、中、小型项目

大型项目、中型项目和小型项目是按项目的建设总规模或总投资额来划分的。生产单一产品的工业项目按产品的设计能力划分;生产多种产品的工业项目按其主要产品的设计能力来划分;生产品种繁多、难以按生产能力划分的按投资额划分。划分标准以国家颁布的《大中小型建设项目划分标准》为依据。

5.内资项目、外资项目和中外合资项目

内资项目、外资项目和中外合资项目是以资本金的来源为标准划分的。内资项目是指运

用国内资金作为资本金进行投资的工程项目;外资项目是指利用外国资金作为资本金进行投资的工程项目;中外合资项目是指运用国内和外国资金作为资本金进行投资的工程项目。

二、系统论的基本概念

(一)系统的分类和系统论的基本理论

系统论是研究系统的模式、性能、行为和规律的一门科学。它为人们认识各种系统的组成、结构、性能、行为和发展规律提供了一般方法论的指导。

1.系统的分类

所谓系统,是与混乱、无秩序等意义相反的的词,通俗地说就是有组织、有秩序地达到某种目的的一个组合体。在自然界和人类社会中普遍存在着各种系统。

(1)自然系统。自然系统就是由自然物所组成的系统,它的特点是自然形成的。

(2)人造系统。人造系统是由人工造出来的系统,主要有三种类型:

1)工程系统:由人们从加工自然物中获得的零、部件装配而成的系统;

2)管理系统:由一定的制度、组织、程序、手续等所构成的系统;

3)科学体系:根据人们对自然现象和社会现象的科学认识所创立的系统。

(3)复合系统。复合系统是自然与人造相结合的系统。现实生活中大多数是复合系统。

(4)静态系统与动态系统。静态系统是指系统的性能与功效不随时间而改变,反之就是动态系统。应注意的是静态系统并非指系统中一切都绝对静止,即使是静态系统,可能仍存在着少量的物质、能量、信息交换。

(5)封闭系统与开放系统。当系统与环境联系不密切,即很少与环境发生能量、物质、信息的交换者称为封闭系统。封闭系统不易变化发展,往往形成静态系统。与外界环境完全没有联系的系统称为孤立系统,在宇宙间实际上是不存在的,只是为了方便研究与计算,把某些封闭系统中与外界联系不密切的因素忽略不计,近似地作为孤立系统来对待。开放系统是指系统与环境经常有较多的物质、能量、信息的交换,而且这种交换影响着系统的结构、功能和发展,一旦与外界的联系切断便会影响系统的稳定,甚至破坏了系统。不论是自然系统还是人类社会系统,欲构成高速度发展的动态系统,首先必须改封闭系统为开放系统。

(6)实体系统与虚拟系统。实体系统是以矿物、生物、机械、人类等实体物理方面的存在物为组成部分的系统。与此相对应,虚拟系统是以概念、想象、原理、法则、方法、制度、步骤、手续等非物理方面的存在物为组成部分的系统。

2.系统论的基本理论

系统论的基本理论可以概括为以下4方面。

(1)整体的功能不等于各部分功能之总和。系统论的这一理论也称之为“整体性原则”。它要求人们在研究和处理问题时,要牢固地树立全局观念,始终把研究对象看作一个有机的整体。

(2)系统的结构决定系统的功能。结构是系统内部各个要素的组织形式,功能是系统在一定环境下所能发挥的作用。系统的结构决定系统的功能,不同的结构可以发生不同的功能。

(3)动态观点。任何系统都是一个运动过程,如思维过程是以感觉、知觉、记忆、分析、综合等来表征它的运动过程。系统论、控制论、信息论都是以动态的观点去分析考查事物,注意事物运动状态，考察研究事物运动的过程，从而选择恰当的过程。

(4)最优化观点。人们对系统进行研究和改造的最终目的是为了使系统发挥最优的功能。一个系统可能有多种组成方案，要选择最优的方案，使系统具有最优功能。例如，生产系统要求高产、优质、低成本、低消耗、高利润，具有多种目标。为了使生产系统具有最优的功能，必须将这些目标综合起来考虑，采用功能最优的方案，这就需要做出最优的设计、控制和管理。

3.大系统理论

近年来系统科学又发展了一个新的分支，即大系统理论。它是以研究庞大而复杂的大系统为对象。所谓大系统归纳起来表现为系统结构庞大而且复杂，包括信息复杂、设计复杂、计算复杂，多目标，采用分散化控制等。在大系统里人的因素、经济因素越来越多。这个新的研究领域引起各方面的关注。

(二)系统工程方法

系统工程是运用系统思想直接改造客观世界的一大类工程技术的总称，是关于生产、建设、交通、储运、通信、商业、科学研究以及人类其他活动的规划、组织、协调和控制的科学方法。系统工程以系统为对象，从系统的整体观念出发，研究各个组成部分，分析各种因素之间的关系，寻找系统的最佳方案，使系统总体效果达到最佳。

系统工程项目在不同阶段使用不同的系统工程方法，其中最主要的方法包括：

(1)在任务分解方面采用任务分解结构(WBS)。

(2)在组织协调方面采用计划协调技术、风险协调技术(VER)或关键路线法(CPM)。

(3)在系统评价方面采用可行性研究、技术评估、技术经济论证等方法。

(4)在系统优化方面采用线性规划、动态规划等方法。

(5)在系统分析方面采用成本效益分析和风险分析等方法。

(6)在预测和决策方面采用特尔斐法、多目标决策和群决策等。

(三)航空型号工程的定义和特点

航空飞行器简称航空器，包括轻于空气的航空器，如气球和飞艇等；以及重于空气的航空器，如固定翼飞机(飞机)和旋翼飞行器(直升机)等。其中飞机和直升机是人们使用最为广泛、最具代表性的航空器。本书主要介绍和讨论飞机和直升机的型号工程及其项目管理。

(一)飞行器的分类

地球是人类赖以生存的星球，它被一层很厚的大气层包围着，大气层的空气密度随高度而减小，越高空气越稀薄。大气层的厚度大约在 1 000 km 以上，但没有明显的界线。整个大气层随高度不同表现出不同的特点，分为对流层、平流层、中间层、暖层和散逸层，其中对流层在大气层的最底层，紧靠地球表面，其厚度大约为 20 km。传统上，人们通常把距地面 20 km 以下的地球垂直空间(对流层)称为航空空间；把距地面 20 km 以上地球垂直空间称为航天空间；另外，把距离地球 384 000 km 以外的空间称为星际空间。

飞行器是指能在地球大气层内或大气层之外的空间飞行的物体，通常分为三大类，如图 1-5所示。

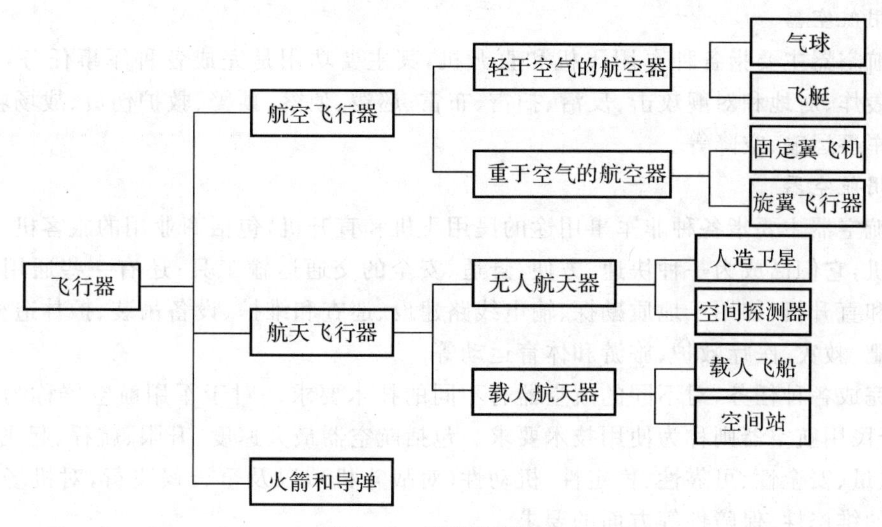

图1-5 飞行器的分类

1.航空飞行器(航空器)

航空飞行器简称航空器,是指飞行动力依靠空气,只能在大气对流层内飞行的飞行器,如孔明灯、风筝、热气球、地效船和飞机等。航空器根据其是否需要外加动力装置又分为两种:

(1)无动力航空器。自身重量的比重比空气的比重轻,是依靠空气静浮力升空,如孔明灯、热气球等;或是靠风的推力升扬于空中,如风筝等。其特点都是不需要另外安装动力装置就能飞上天空,统称为无动力航空器。

(2)动力航空器。自身重量的比重比空气的比重大,需要依靠另外安装的动力装置提供飞行动力才能升空的航空器,称为动力航空器,如旋翼飞行器和固定翼飞机等。

2.航天飞行器

航天飞行器是指飞行动力不依靠空气而是依靠自身携带气体的反作用力来推动的飞行器,航天飞行器主要在大气对流层之外的空间飞行,如卫星、空间站、宇宙飞船等。根据其是否载人又分为如下两种:

(1)无人航天器。环绕地球在空间轨道上运行的无人航天器,主要有人造卫星和空间探测器等,是发射数量最多、用途最广、发展最快的航天器,约占航天器发射总数的90%以上。

(2)载人航天器。载人航天器包括空间站和载人飞船等,主要特点是具有保障人生存的生命保障功能,舱内有适合人生存的大气压和大气成分,有适合的温度和湿度,并提供饮水和食物及生活设施;具有人工作所需的操作和实验设备,以及一定的活动空间,使人在其内工作和生活具有一定的舒适性。

3.火箭与导弹

靠火箭发动机提供推进力的飞行器称为火箭;依靠制导系统控制其飞行轨迹的飞行武器称为导弹。

(二)航空器的分类和功用

现代航空器按其功用可分为军用航空器和民用航空器两大类。

1. 军用航空器

军用航空器主要指各种军用飞机和直升机，其主要功用是完成各种军事任务，如空中拦击、格斗、轰炸、对地和对舰攻击、反潜、扫雷、布雷、巡逻、侦察、预警、救护伤员、战场救生、电子干扰以及军事运输、空降等。

2. 民用航空器

民用航空器主要指各种非军事用途的民用飞机和直升机，包括商业用的旅客机、货运机等民用运输机，它们已成为一种快速、方便、舒适、安全的交通运输工具；还有一些通用航空中使用的飞机和直升机，如用于地质勘探、输电线路建设、巡查和维护、设备吊装、护林造林、农作物灭虫和施肥、救灾、医疗救护、旅游和体育运动等。

为了完成各种任务，对不同的航空器有不同的技术要求。对于军用航空器称为战术技术要求，对于民用航空器则称为使用技术要求。包括航空器最大速度、升限、航程、起飞着陆滑跑距离、载重量、安全性、可靠性、稳定性、机动性（对战斗机），以及全天候飞行，对机场以及对航空器本身的维修性、保障性等方面的要求。

（三）航空型号工程的定义

研制一种新型号的航空器，从客户进行可行性研究和项目立项，对航空器提出各种相关的战术技术要求（军用机）或使用技术要求（民用机），到设计生产企业提出设计方案，进行试制、生产、试飞验证、定型、交付并投入使用，需要进行大量的科学研究，包括工程设计、分析计算、试验验证、工艺试制、试飞、生产定型和适航取证等工作，最后进入批量生产的阶段。交付客户使用的产品都是批量生产出来的产品。这个要求非常严格的过程就称为航空器型号工程，简称航空型号工程。

航空型号工程通常都属于大系统工程的范畴，从研发、首飞到进入试飞阶段，再到生产定型和适航取证，需要经过一系列复杂、高要求和高风险的程序和步骤，其生命周期一般可划分为预发展（启动阶段）、工程发展（规划阶段）、详细设计和全面试制（实施阶段）、以及适航取证（收尾阶段）等 4 个发展阶段。在航空型号工程生命周期的每个发展阶段都包含了启动过程、计划过程、执行过程、控制过程和结束过程等 5 个过程（见图 1－3）。这 5 个过程之间一环扣一环，环环相扣。每个阶段的启动过程都是在上一阶段交付的成果被确认后，才开始实施，其主要任务是提出对本阶段的工作要求。工作要求确定后就可以按顺序展开计划、实施、控制 3 个过程。这 3 个过程之间存在着相互依存、相互关联、相互作用和相互促进的关系，往往要反复循环，直至实现该阶段启动过程提出的要求，才能结束。

航空型号工程阶段划分的前后顺序是由其生命周期确定的，在航空型号工程实施过程中必须按顺序严格遵循这一流程。通常要求现阶段的工作成果经过验收合格后，才能开始下阶段工作。但是，有时候后继阶段也会在它的前一阶段工作成果通过验收之前就开始了，当然要求由此所引起的风险是在可接受的范围之内时才可以这样做。这种阶段的重叠在实践中常常被称为“快速跟进”。

（四）航空型号工程的特点

航空型号工程与其他工业产品生产相比较，具有以下特点。

1. 系统复杂

不论是固定机翼飞机还是旋翼飞行器，一架航空器都是由许多不同的系统组成的，包括机体、机翼或旋翼、尾翼或尾桨、动力装置、起落架系统、操纵系统、飞行控制系统、液压系统、电气系统、航空电子系统、客舱系统等。这些系统不仅功能各异、结构复杂，而且它们还必须相互共存在相对狭窄的空间内，相互之间要高度协调地进行平稳的交互动作，协同一致地工作。各个系统高度的相互依赖性，使得每个系统的研制工作不能各自独立进行，系统设计师既要确保本系统的功能和性能达到技术要求，又要与其他系统的设计师在功能、进度、质量、成本等方面进行紧密的联系、协调和交流。

与其他工业产品生产相比较，航空型号工程的复杂性可从以下两方面反映出来。

(1)零件数量多。一辆汽车大概有7 000个零件，而一架飞机的零件数量少则几十万或上百万个，多的(如大型飞机)甚至高达600万个，设计图纸超过75 000张。

(2)参与人数多。系统的复杂性决定了其研制工作的特点，为了按计划完成一项航空型号工程，需要投入众多的人力资源，组织成千上万的工程技术人员在研发阶段共同工作，以及建立专门的设计研制机构，其中包括比较完善的试验和试制基地。在这个机构里拥有各个技术领域的众多专家、工程师和技师等，举例来说，空客公司为了制造出超大型的A380飞机，自己公司投入了约6 000名员工，另外还有零部件供应商方面超过34 000名员工直接参加了该项目。

如何协调管理好如此众多的人员，如何从物流角度管理好如此巨大数量的零部件，确实是一个难题。

2. 涉及面广

除了航空器本身是一个足够复杂的大系统以外，还要看到它还只是一个更大、更复杂的整体大系统中的一个子系统(组成要素)，这个更大的整体大系统对民用航空器而言称为航空运输系统，对军用航空器而言称为作战指挥系统，它主要包括机场、导航和通信卫星、维护设施、培训、补给、安全保障设备系统，以及空中交通管理或预警、情报、作战指挥系统等。所有这些子系统(组成要素)以各自独特的角色、层次和作用紧密地嵌套合成在一起，构成一个整体大系统。航空型号工程的实施与整体大系统中其他子系统之间存在着相互依存、相互协调和相互促进的辩证关系，因而使航空型号工程的实施过程变得更加复杂。

3. 技术复杂

航空型号工程是当今世界上最复杂的、多学科集成的工程项目之一，它涉及空气动力学、飞行力学、发动机技术、结构动力学和气动弹性力学、结构强度和疲劳寿命、计算机和信息技术、自动控制、航空电子、航空电气、新材料、新工艺、武器火控等众多高科技领域，其技术含量高、难度大、专业性强、涉及技术面广、技术跨度大、知识更新快，新技术层出不穷，需要众多的各类专业技术人员参加，共同工作、相互配合、协同攻克各种技术难关。所以航空型号工程实际上是一种依靠集体智慧进行的具有创新性的工作过程，需要各专业之间的分工、合作和密切配合。

4. 工作环境复杂

由于航空器是在大气中飞行，飞行过程中可能会遇到各种特殊恶劣气候环境，包括极端高低温、结冰、突风、雷电、高强辐射场(HIRF)、低能见度(雾、尘、雨、雪等)、火山灰或沙尘暴等，这些特殊气候环境对航空器的运行会造成相当大的影响。为了保证航空器在遭遇恶劣天气时能有一定的承受能力,并及时做出规避,不论航空器适航性要求和运营要求,还是航空器在研制和运营过程中,均会考虑特殊恶劣天气对航空器的影响。

5.安全可靠性要求高

飞行安全是指航空器在运行过程中,不出现由于运行失当或外来原因而造成航空器上的人员伤亡或航空器损坏的事件。由于航空器在现代的交通运输及其他民用领域中占有越来越重要的位置,因此其研制、生产质量和安全性就成为各方面共同关心的重大问题。在国际商品市场上,民用航空器和药品被并列为质量要求最高的两种商品正是这种特点的反映。

航空器安全可靠性是指在规定条件下和规定时间内完成预定任务的能力,包括稳定性、耐久性和安全性,通常用百分比表示。安全可靠性是衡量航空器质量好坏最重要的标准之一,它是由其各组成部分的安全可靠性所决定,等于各部分安全可靠性的乘积。现代航空器组成部件越来越多,飞行环境也越发复杂,这对航空器安全可靠性提出了更高要求。提高安全可靠性是一个系统工程,单纯提高零部件的安全可靠性是难以实现的。

随着航空器飞行性能和设计技术水平的不断提高,系统变得越来越复杂,航空器的完全可靠性问题日益突出。航空器的安全可靠性工程一般从以下3方面考虑。

(1)安全可靠性设计。航空器的总体设计方案和质量决定了它的固有安全可靠性。设计航空器时,有必要进行安全可靠性设计,包括向航空器各部件分配安全可靠性指标,并进行部件安全可靠性设计;对航空器操作系统的安全可靠性分析和预测等。

(2)安全可靠性管理。对航空器的研制、试验、生产实行全面质量管理,是保证航空器固有安全可靠性的根本措施。内容包括:安全可靠性的信息收集、反馈与处理;在航空器研制各阶段进行评审;对工作人员进行安全可靠性教育;实施质量保障体系和生产质量控制等。只有经过全面质量管理,才能制造出高质量的航空器。

(3)安全可靠性试验。航空器的安全可靠性试验包括安全可靠性摸底、筛选、鉴定和验收试验等。

6.周期长、风险大

作为航空工业的主要产品,航空型号工程项目具有耗资大、技术新、周期长、不确定因素多等特点,实施过程中通常会面临许多风险和困难,任务实施过程十分艰巨。现代航空器之所以研制周期长,资金投入大,主要原因如下:

(1)性能要求高。随着人类社会和科学技术的发展,对航空器的飞行性能,包括安全、快速、经济、舒适、环保等方面的要求越来越高。

(2)迭代过程长。航空器不仅是设计和制造出来的,也是试验和试飞出来的。现代高性能航空器只有经过设计—制造—试验—修改设计—再制造—再试验的反复摸索和迭代过程,逐步逼近,才有可能和完全达到技术指标的要求。

(3)产业供应链长。航空型号工程项目产业供应链长,覆盖面广,零部件供应涉及机械、材料、电子、信息等诸多行业,导致太多的产品科研、设计、采购、物流和生产方面的协调工作。

(4)批量小、改型快。与其他工业产品按批量组织生产的情况相比较,航空型号工程项目虽然主要机型也是按批次组织生产的,但由于航空器每架机的构型状态(包括材料、工艺和性能改进等)都不尽相同,总体设计也可能随时根据客户需求进行更改,导致航空器型号研制与生产具有批量小、品种多、改型快、技术含量高的特点。

(五)航空型号工程项目生命周期概念的说明

1.航空型号工程项目全生命周期的定义

在实际工作中,站在不同的角度上来看,可将航空型号工程项目生命周期分为广义和狭义两种。其中航空型号工程项目广义的生命周期概念,也称为全生命周期,包括了6大阶段,如图1-6所示。

从图1-6可以看出航空型号工程项目全生命周期(广义生命周期)是由两段狭义生命周期组成,在图1-6上用虚线隔开:前段为设计研制阶段,后段为生产使用阶段。这与人的一生(生命周期)十分相似,在人生的前段(大约25岁前)是上学受教育阶段,主要受到父母、老师和同学的影响;在人生的后段(大约25岁后)是成家立业阶段,主要关心的是家庭和事业。

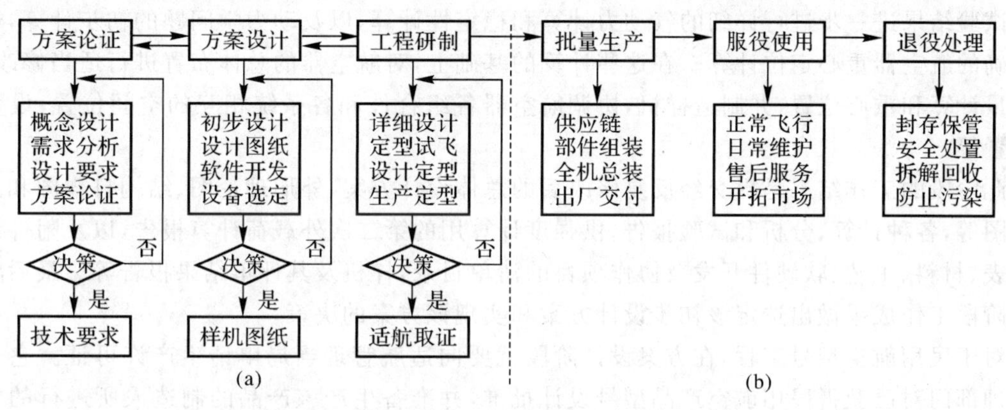

图1-6 航空型号工程项目全生命周期示意图

由于航空型号工程项目设计采用并行设计方法,从一开始就要考虑到项目全生命周期(从概念形成到产品报废)的所有因素,包括资源、质量、成本、进度和客户需求等。所以本书讨论的所有概念、观点、思想、模式、方法和内容都是建立在项目全生命周期(广义生命周期)基础之上的。但是为了节省篇幅,本书将仅讨论航空型号工程项目全生命周期前段,即图1-6上所示虚线前一部分(设计研制阶段)的内容,而虚线后一部分(生产使用阶段)的内容不再往下进行讨论。这种做法也比较符合建设工程项目的惯常做法:建设工程项目生命周期通常都是指从项目立项开始到项目建设完工、竣工验收为止,而不会涉及投入使用后的工程运行、使用和管理。

本书中如果需要涉及航空型号工程项目生命周期后段(见图1-6),就一定注明为全生命周期。凡是未注明“全”字的情况,航空型号工程项目生命周期的概念都是指其设计研制阶段,不包括其后段(批量生产、服役使用和退役处理)。

2.航空型号工程项目生命周期的定义和工作内容

航空型号工程项目生命周期包括方案论证,方案设计和工程研制3个阶段。

(1)方案论证阶段。航空型号工程项目方案论证阶段即是项目启动阶段,该阶段主要工作包括可行性研究、项目建议书的申报和审批、项目招投标、客户需求分析,以及概念设计等。根据客户提出的技术要求和型号需要,进行必要性和可行性的论证研究。不但需要对型号项目的技术标准和投资额度进行分析,还需要考虑到相关技术发展趋势的影响,通过对技术、时间和资源的综合评价,根据理论计算、模拟试验等手段对不同方案进行选择和取舍,通过优化组合选择最优的方案。

在方案论证阶段，对民用航空型号工程而言有件极重要的工作要做，在开展航空型号工程项目正式设计前要向适航管理当局（中国民用航空总局）提出型号合格证的申请，取得适航管理当局同意后才能开始正式设计。型号合格证是对民用航空型号工程设计进行安全审查后给予认可批准的一个证件，它是新研制航空型号的各种证件中最为重要的一个证件，也是给新机型号颁发适航证的一个先决条件。

(2)方案设计阶段。航空型号工程项目方案设计阶段主要工作包括初步设计、软件开发、设计图纸、系统设备选定和制造样机等。将前面概念设计所得到的航空器的几何参数、重量参数和能量参数进一步加以具体化，使其符合各种相互矛盾的要求。进一步确定气动布局、总体布局、主要部件的结构形式，以及航电系统软件开发等。制作吹风模型和进行风洞吹风试验，根据试验结果进一步进行详细的气动力计算和稳定性计算，以及动力学问题的初步计算，进行较精确的航空器重心定位计算。在这些计算的基础上，对航空器的总体布置进行适当修改，调整重量计算和重心位置，并制造样机，协调航空器各组合件和各系统相互的空间位置，设备安装布置等。

此阶段的工作结果是提交经反复修改后的总体设计方案、外形理论图、结构打样图和系统原理图等，各种计算、分析和试验报告，供强度计算用的第二次外载荷计算报告，以及附件设备配套表、材料、工艺、软硬件开发及协作项目的清单目录，样机及其评审结果报告等。最后将按照此阶段工作成果做出选定该初步设计方案和实现该方案的决策。

对于民用航空型号工程，在方案设计阶段就要向适航管理当局申请生产许可证。它是适航管理部门对已获得民用航空产品型号设计批准，并准备生产该产品的制造人所进行的资格性审定，以保证该产品符合经民航总局批准的型号设计。生产许可审定的最终批准形式是颁发生产许可证。

(3)工程研制阶段。航空型号工程项目研制阶段主要工作包括详细设计、加工试制、试飞调整、定型试飞、改进设计、改进生产、产品定型和适航取证等。提交对航空器各部件、各系统及全机进行生产、安装、装配工作所需要的全部技术文件；整理和完成绘制原型机生产所需要的全部图纸（零件图、装配图、理论图），并相应进行全部必要的计算工作（气动、结构、强度、振动和疲劳方面的计算等）；继续进行性能、操稳、气动、动力学等方面的校核性试验，并利用校核试验结果和由图纸得到的重量、重心和惯量数据进行全面的性能、操稳等方面的计算；根据最后正式确定的外载荷进行零部件的强度校核计算，以及提前进行零构件、部件的强度试验或有关的振动试验。完成全机和零部件的重量、重心和惯量的计算，提交静力、动力试验任务书和飞行试验任务书。最后依据原型机试制所需的全部图纸、技术文件和软件，完成原型机的加工试制，然后利用原型机进行飞行试验。

该阶段产品定型工作内容包括设计定型、生产定型和适航取证3方面工作。

1)设计定型。设计定型工作主要包括试飞调整、定型试飞、改进设计、改进生产等。定型试飞工作主要是对与任务要求有关的成品性能和技术指标进行测试和检验，全面验证产品是否达到设计标准的要求，样机将按照试飞大纲的指标和规划的试飞步骤，按照标准要求分阶段验证机体、机翼、发动机、机载成品和电子设备的功能和性能指标，评价航空器气功力、结构、动力学和机载设备的配套性和兼容性，并且通过专业评估其飞行性能、实用性和先进性指标数据，以及将试验飞行取得的数据与计划书和技术指标规划进行比对，比对结果用来指导新型号的改进设计和改进生产。

设计定型阶段所有定型试飞、检测和试验工作完成后，要进行阶段性验收，即进行设计定型。设计定型是按照航空器新型号研制总要求，对新型号进行全面考核。

2)生产定型。生产定型的主要任务是对航空器新型号小批量生产的质量稳定性及批量生产条件进行全面考核，目的是稳定工艺、设计资料归档，依照国家规定的标准系列化、通用化原则对新型号进行产品定型，为批量生产和市场推广打下基础。

3)适航取证。经过设计定型或技术鉴定后的航空器，新产品生产还可能会有一定的更改，特别是工艺改进，改进后的航空器进入小批量生产。首批生产的军用航空器，经检验、试飞、工艺质量，由国防科工委进行审查、鉴定以及对最后的设计或生产定型机进行批准，生产定型工作结束，转入批量生产。

首批生产的民用航空器，则必须向适航管理当局申请适航证。适航证是指民用航空器符合民航总局批准的型号设计，并能安全使用的凭证。民用航空器只有取得适航证后，才可以投入正式飞行或营运。获得本国适航证后，还可向其他国家的适航管理当局申请适航证，以便投入该国航线使用。

第5节 航空型号工程项目管理环境

项目管理环境是指项目管理应当具有的视野和需要涉及的方面的总和，或者说是对项目和项目管理可能产生影响的诸多方面的总和。项目活动和项目管理是在一个比项目本身大得多的相关管理环境(企业)中进行的。实践证明，航空型号项目管理的成功实施，其项目管理环境需要具备或建立并完善几个方面的基础条件：企业信息化，并行工程技术模式和先进制造技术等。

一、航空工业和航空型号研制管理

(一)航空工业的定义和特征

1.航空工业的定义

航空工业是研制、生产和修理航空器的工业，是军民结合型工业，通常包括航空器、动力装置、机载设备、机载武器等多种产品制造和修理行业，以及独立的或隶属于企业的研究设计单位、试验基地和管理机构等。主要产品有固定翼飞机、旋翼飞行器、偏转翼飞机、地面效应飞行器、飞艇、气球、飞机发动机、机载设备、机载武器、地面保障设备等。航空工业是技术密集的产业，在军事和经济上具有重要地位和作用，是关系国家安全和国民经济命脉的战略性产业，其产业链长、辐射面宽、带动效应强，是衡量一个国家国防实力和工业水平的重要标志，是典型的资金密集、技术密集型国际化产业。

2.航空工业的特征

航空工业及其企业的日常运作主要是围绕航空型号工程而展开的，其基本特征与航空型号工程的特点密切相关，主要表现在以下几方面。

(1)带动性强。以大型民机产业为例，大型民机产业对国民经济的城市建设、文化教育、科技进步等国民经济各部门资源改善配置效率的提升有着巨大的推动作用。与其他行业相比，大型民机产业最大限度凝集了现代科技成果，其所引发的科学发明和技术创新在国民经济各产业部门广泛应用，最终推动了这些产业的技术进步和经济增长。大型民机产业对机械装备、仪表电子、材料和冶金、计算机工业、化学工业等上游产业有带动作用，对民航运输、旅游业、城市基础设施建设、物流、环保等产业发展有诱导作用。人类社会的百年航空史表明，航空技术向其他产业的转移，极大地带动了其他产业技术乃至整个世界科技的进步与飞跃。据测算，一个航空项目发展 10 年后带来的效益产出比为 1∶80，技术转移比为 1∶16，就业带动比为 1∶12，民机销售额每增长 1%，对国民经济的增长拉动 0.714%。

(2)产品研制周期长。航空产品(以飞机为例)研制周期一般在 15～20 年，研制出来后还需不断地改进、维护和支持，市场和客户的认可有个过程，常常需要在 20 年间持续不断地进行正确的高技术投入和管理服务投入，才能见到效益。大型客机一般需要销售 300 架以上才能达到盈亏平衡点。

(3)产业链长。航空产品(以飞机为例)产业链长，覆盖研究设计、研制生产、试飞试验、维护使用、教育培训、产品支撑、销售服务方方面面，涉及原材料、零部件、机载设备、专用工艺装备、专用加工制造设备、机场设备、测试试验设备、计算机硬件和软件工具等。

(4)投资大。一个飞机项目，动辄高达几十亿、上百亿美元的研发投资，与企业的资产规模同一量级，足以让成者称霸江湖，败者销声匿迹。大投资还伴随着长周期、高技术和高熟练曲线依赖这些特点。

(5)风险高。风险发生的概率大，而且产生的后果很严重。航空工业的风险来自于它不断地挑战技术极限的内在要求，每个航空项目都跟过去的不一样，每一代产品都要求在技术、性能上具有革命性的创新，因此在项目发展过程中，不知道在什么地方会有拦路虎。而且航空技术不同于其他技术，仅靠图纸、设备是不够的，它是经验积累型行业，技术要在共同工作中实现传递，所以需要国际合作。

(6)产量低、单价高。由于航空产品客户分布地域广、市场集中度高、产业链长、协调活动多，以及航空产品本身具有产量低、单价高等特点。

(7)国际化程度高。由于研制成本高昂、市场相对狭小、技术密集，航空工业国际化程度很高，产品国际化和市场全球化特点十分显著，基本上是少数几个整机龙头企业带领一群零部件制造商在全球市场上打拼。以民机为例，民机是全球性产业，任何一个国家的大型民机制造商都必须面向国际市场，推行全球化经营。

(二)我国航空工业的发展简历

我国航空工业从 1951 年 4 月 17 日创立，风雨沧桑、披荆斩棘终于走出一条不平凡的道路。1954 年 7 月试制成功我国生产的第一架飞机(初教 5)；1956 年试制成功我国第一架喷气歼击机(歼 5)；1958 年试制成功第一架多用途运输机(运 5)和第一架直升机(直 5)；1959 年试制成功第一架超声速喷气式飞机(歼-6)。至今 60 多年来，经过几代航空人艰苦卓绝的奋斗，我国航空工业已经从一个弱小的幼苗，逐渐成长为一个枝繁叶茂的参天大树。成功研制生产了成千上万架航空器，其中包括歼击机、强击机、轰炸机、歼击轰炸机、旋翼飞行器(直升机)、侦察机、教练机、无人驾驶飞机、支线客机、民航大飞机和通用飞机等各种类型及其多种型号，为国防现代化和经济建设做出了突出贡献。

我国航空工业 60 多年的发展历史，是一部艰苦奋斗、从小到大、从弱到强、顽强拼搏、努力开拓、不断前行的光荣史，是数代航空人不怕艰难，创新奉献、勤奋进取、薪火相传，从而创造了我国航空工业辉煌的成就。

如今，我国航空工业已经形成了专业门类齐全，科研、试验、生产相配套，具备研制生产当代航空装备能力的高科技工业体系，培养造就了一支技术精湛、能打硬仗、献身航空的职工队伍，已研制出一批具有自主知识产权的航空装备，大幅度地缩小了与国外先进水平的差距，实现了我国航空工业与国外从“望尘莫及”到“望其项背”、从“捉襟见肘”到“得心应手”的转变，我国已跻身于能够研制先进的歼击机、歼击轰炸机、旋翼飞行器（直升机）、教练机、特种飞机等多种航空装备的少数几个国家之列，为我国国民经济建设、国防现代化建设和社会科技进步做出了重大贡献。

（三）我国航空型号研制管理的发展历程

任何事物的发展都不可能是一帆风顺的，60 多年来，我国航空型号工程管理经历了艰难曲折的发展过程。20 世纪 50 年代，苏联援建了我国几个飞机制造厂。当时各厂主要从事军用飞机的制造，采用的飞机图纸、工艺文件和工装等全部是俄文原文资料，型号工程管理模式完全仿照苏联模式。到了 20 世纪 60 年代，中苏关系恶化，迫使我国航空工业走上自力更生的发展道路，从这时开始，我国才有了严格意义上的航空型号研制项目和型号工程项目管理。从事航空型号研制项目的企业也是我国最早实施航空型号工程项目管理的企业，简称为航空型号工程企业，它属于航空工业企业的一个分支。

从管理方法的角度，大致可把我国航空型号研制划分为 4 个不同的阶段。

1.仿照苏联管理模式阶段（20 世纪 50～60 年代）

这一阶段沿用了苏联援建时的管理模式，在计划经济体制下仿照苏联航空器的设计制造过程，以及对型号研制管理模式进行一些初步的探索。所谓仿照设计是根据某种飞机作为参照物，在总体布局仿照的前提下，依据我国自己形成的结构理论和标准进行航空器的总体设计、详细设计、工艺设计和工装设计，自行组织航空器的制造、装配和试飞。仿照设计主要是围绕民用飞机来进行，在此期间我国制造了运七、运八和运十飞机，基本上奠定了我国民用航空制造的基础。

在此期间，我国航空型号研制管理特点主要有：

（1）航空器设计研究所介入了型号研制的全过程。设计研究所参与了航空器机体的总体设计和结构设计、气动设计和试验、结构和疲劳及系统功能试验，参与了航空器制造全过程技术问题的处理等工作。

（2）整个航空型号研制管理执行的是行政任务。在航空器的设计和制造过程中忽视了商用飞机的经济性和可靠性这两个根本要求。

2.高度计划经济管理模式阶段（20 世纪 60～70 年代）

20 世纪 60～70 年代我国实施计划经济体制，在这一体制的严格要求下，我国的军用和民用航空型号研制采用高度计划管理的方法，其特点包括：

（1）生产、使用部门参与设计过程，使得设计、生产、使用相互结合。

（2）“两条指挥线”的组织管理方法，即指挥型号工程项目的总设计师技术指挥系统和型号工程项目的总指挥行政指挥系统。

（3）采用“一个型号，一个所一个厂，一条生产线”串行封闭式研制和生产模式。

3.粗放的系统工程管理模式阶段(20世纪80年代)

20世纪80年代,改革开放后随着国际交流与合作的增加,我国航空工业开始引入国外先进的管理方法,开始与国外航空公司合作转包航空器零部件生产,并且不断地引进了部分国外先进的航空制造技术和先进的管理方法,如网络计划技术的引入等。这些先进方法和技术的成功运用,促使我国航空型号研制管理取得了较大进步,较好地解决了复杂的研制工程的有效管理问题。从而保证了我国航空型号研制的进度、质量和成本,提高了国产航空器的性能、可靠性和舒适性。

在此期间,我国航空型号研制管理特点主要有:

(1)“三坐标”论证和“四坐标”管理。

1)“三坐标”论证:在计划网络的基础上,运用网络评审技术,对航空型号工程项目的技术、进度和经费3方面进行综合分析,找出一个满足3方面要求的最佳实施方案。“三坐标”论证的过程是一个优化方案的过程。

2)“四坐标”管理:在航空型号研制的实施过程中针对技术、进度、经费和质量诸方面建立相应指挥管理系统,即总设计师系统、行政总指挥系统、总会计师系统和总质量师系统。行政总指挥是项目的总负责人,对项目负总责。总设计师、总会计师、总质量师都是在总指挥的领导下,各负其责,各司其职,通过建立起来的各自的管理系统,进行有效的管理。

(2)粗放的矩阵式组织模式。20世纪80年代后期,在我国航空企业已经全面推向市场的背景下,采用了以职能管理为主,型号负责人组织实施的粗放的矩阵式管理。为保证其实施,通常在传统的职能机构内,设立项目办公室,负责对工程项目实施抓总、协调、督促和检查等工作,在保持原有职能机构纵向管理职能的前提下,突出其工程项目的横向协调作用。

4.现代项目管理阶段(20世纪90年代至今)

随着市场经济的深化,我国航空工业企业确立了以市场为导向的战略思想,以客户需求为产品发展的原则,谋求企业在激烈的市场中求生存、求发展。进入20世纪90年代以来,认真总结了以往航空型号研制的管理方法,并吸收国外研制项目的成果经验,我国航空工业各公司之间、跨国公司之间的联合研制已成为新趋势。由于军用机和民用机70%的技术是共通的,军民融合是提高军机批量生产能力的有效手段。同时,对产品进行全寿命周期的管理,形成了对航空型号研制的现代项目管理方法,即现代航空型号工程项目管理模式,其特点有:

(1)以航空型号工程项目为中心实施系统管理。按照企业项目化管理要求改造企业软硬件环境,通过对航空型号工程项目管理实现对企业的管理。

1)采用系统工程的理论和方法对航空型号工程进行管理,即从系统的全局角度、整体考虑出发,分层次依据系统方法论处理实施过程中所遇到的问题。树立航空型号工程各项工作应以其总目标为最优的思想,公司各级行政系统、专业系统都应服从航空型号工程这一大局。

2)开展全寿命周期管理,对产品的设计、制造和保障全过程进行通盘考虑。航空型号工程项目应该是动态的,不断发展的开放的大系统,系统的评价、分析、设计、实施是一个反复、循序渐进的过程。所以,要不断调整其发展策略、体制、管理组织和管理方法。

3)航空型号项目研制过程中坚持国家主导、市场运作、军民融合。型号发展融资采用多元化方法,研发资金投入以核心骨干企业为主体,以国家支持为辅助,以银行贷款为补充的原则。

(2)以并行工程技术改进工作模式。传统的航空型号研制模式采用串行工程技术,其主要弊端是设计—制造—使用过程之间的不协调和不沟通,致使在整个航空型号研制过程中产生了大量的设计更改和返工，以致造成研制周期延长、费用增加、质量下降。为了克服传统串行工程技术的问题，现代航空型号工程项目管理采用并行工程模式。

并行工程是20世纪80年代后期在美国首先提出的新观念，于90年代蓬勃发展起来，成为一项新的工程技术。并行工程是一种用来综合、协调产品的设计及其相关过程的系统方法。这种方法要求产品开发人员在设计一开始就考虑到产品全生命周期中从概念形成到产品报废处理的所有因素，包括质量、成本、进度计划和客户需求等，其主要特点是在航空型号研制的全生命周期中，并行地集成设计、制造、市场、服务和供应链等资源，从而大大减少产品的开发时间和降低了开发成本。

(3)以工业工程技术精化管理组织。工业工程是一种研究全面质量管理理论中的五个影响产品质量的主要因素(人员、设备、原材料、方法、环境)的简称。它是指对生产系统要素进行优化配置，对工业等生产过程进行系统规划与设计、评价与创新，从而提高工业生产率和社会经济效益专门化的综合技术。工业工程的主要工作包括项目规划、费用预算、工作测量、方法工程、方法技术和信息监控，以及将先进制造技术综合应用于产品设计、制造、检测、管理、销售服务的制造全过程，以实现优质、高效、低耗、清洁、灵活生产，主要包括计算机辅助设计、计算机辅助制造、集成制造系统等。

航空型号工程项目组织结构由集团公司、主设计研制单位、分承制单位和设备提供商等企业组成一个产业联盟，以及建立企业供应链体系，共同完成该型号的研制任务，当该型号研制结束后该产业联盟也将解散，不同型号构成不同的研制动态联盟和供应链体系。

(4)以航空工业企业信息化要求改造管理过程。现代人类社会已进入了信息时代，航空工业企业信息化管理水平直接影响着企业的决策、产品开发、生产和经营效果，关系着企业的发展和命运。信息作为一个重要的生产要素，已经同物质、能量一样成为企业基本的生产要素；信息流在企业生产管理和经济流通过程中处于中心地位，控制着物流、资金流和人才流。为了适应市场竞争格局的这种变化，航空工业企业借助于信息化的作用，其经营体制正在发生一系列的积极的变化，主要特征是行业变化越来越快，行业边界越来越模糊，信息和信息技术广泛应用于企业生产和管理中，包括在管理中引入信息技术提高管理效率；在生产中引入信息技术，产生柔性生产，零库存，大规模定制；通过电子商务提高交易效率，降低交易成本等。

航空工业企业信息化既涉及现代信息技术的应用，巨大的人力、物力和财力的投入，同时也涉及企业组织管理和企业业务流程的重组和再造。其作用和意义主要表现在能提高企业管理水平和决策科学性，降低采购和库存成本，提高生产率和客户服务水平，增强企业竞争力和增加利润等。

二、航空型号工程中的军民融合

军民融合式发展作为一种新的发展理念和范式，是促进我国航空型号工程快速发展的有效途径。

1.军民融合的定义

军民融合是指把国防和军队现代化建设深深融入经济社会发展体系之中，全面推进经济、科技、教育、人才等各个领域的军民融合，在更广范围、更高层次、更深程度上把国防和军队现代化建设与经济社会发展结合起来，为实现国防和军队现代化提供丰厚的资源和可持续发展的后劲。

军民融合包括两个层面，一是“军转民”，就是军队将军工技术转化转移到民营企业，促进企业的产品升级。二是“民参军”，就是民营企业，在通过国军标等认证后，取得给军队提供军工配套的机会。

军民融合不仅是对国防和经济发展规律认识的一次飞跃，深化拓展了国防和经济的互动关系，而且体现了科学发展观的本质要求，也是我国国防和经济协调发展理论的重大创新成果。军民融合式发展体现了新形势下对国防和军队现代化建设的新要求，适应了我国安全形势的新变化，反映了国家发展战略的新需要，顺应了世界军事变革的新趋势，进一步明确了国防和军队现代化建设的发展方向和实现途径。

2. 军民融合的意义

军民融合式发展是实现富国与强军相统一的必然选择。它不仅有利于最大限度发挥社会资源优势，为国防和军队现代化建设服务，而且有利于以加快国防和军队现代化建设为契机，带动和促进经济社会进一步发展，这是经济建设和国防建设协调发展的新模式、新探索，是符合中国国情的必由之路。

我国包括航空工业在内的军工企业，早期是模仿苏联的方式建起来的。1949 年新中国成立以来，长期处在战争阴影下，走苏联的军工发展之路是唯一的选择。但是，苏联的解体给中国军工发展敲了一个警钟，这么干国民经济负担不起！举例来说，中国未来单兵作战系统一定需要手机作为单兵信息终端，怎么办呢？如果把研制手机的任务交给国内某军工厂，该厂拿出的产品虽然质量可以和华为、小米相同，但它的成本会远远高于华为、小米这些专业厂商，所以这种模式对国家资源是一种浪费，最终成本会加在每个老百姓身上，会成为国民经济的沉重负担。

当然，从另一个角度来看，军民融合对于军工企业也是机会。军工企业可以通过生产民品来提高利润，毕竟老百姓对军工质量是信得过的。

3. 军民融合的关键

搞军民融合是我国包括航空工业在内的军工企业发展的正确选择，其内涵就是改革，它将为国民经济开源节流，将使军队装备如虎添翼，同时也为国企改革摸索道路。

推进军民融合深度发展，关键要“全要素、多领域、高效益”。

(1)坚持全要素融合就是要促进信息、技术、人才、资本、设施等要素，军地双向流动、渗透兼容。

(2)坚持多领域融合就是要由主要面向国有大中型企业向多元经济成分延伸，由经济、科技、教育这些行业向全社会覆盖，由传统安全领域向新兴安全领域拓展。

(3)坚持高效益融合就是要坚持国家主导、市场运作，改变过去那种单纯靠行政手段推进工作的习惯做法，通过发挥市场在资源配置中的决定性作用，激励多元力量、优质资源，服务国防建设。

第2章 航空型号工程企业信息化

第1节 航空型号工程企业信息化的基本概念

企业信息化是现代航空型号工程项目管理的企业环境基础之一。在当今市场竞争全球化的大背景下，现代信息技术的飞速发展对航空型号工程企业的产品研制生产等产生了巨大的影响，信息资源管理、数字化设计和制造技术将贯穿航空型号工程项目全寿命周期，从而不断提高整个项目的研制、生产、经营、管理、决策的效率和水平，以获取最大的经济效益。

一、企业信息化的定义和内容

1.企业信息化的定义

企业信息化是企业广泛利用现代信息技术，通过信息资源的深入开发和广泛利用，不断提高管理水平、开发能力、经营水平，以便及时把握机会，做出决策，增进运行效率，从而提高企业经济效益和企业竞争力的过程。企业信息化一般可分为三个层面。

(1)战略层。战略层是指企业发展方向和发展思路。企业信息化的战略一定要将信息化战略和企业战略相匹配，企业信息化才会有很清晰的方向。

(2)管理层。企业有一个很清晰的发展战略以后，就要有非常清晰的资源做配置，要利用计算机系统实现企业内部管理的系统化。

(3)业务层。业务层面的工作人员使用的软件体系是一些业务体系，包括产品研发、生产、制造、销售以及分销、物流、供应链管理等。从企业价值链的角度来分析，可以把一个企业分为内部价值链和外部价值链。面对复杂多变的全球环境，新型价值链将企业外部环境和内部运营联合起来。

航空型号工程企业通过对信息资源的深化开发和广泛利用，能够不断提高开发、生产、经营、管理、决策的效率和水平，其实质是以企业业务流程改进为基础，将企业的产品研制、生产过程、物料移动、事务处理、财务管理、现金流动、营销策略、客户交互等业务过程数字化，通过信息网络加工，生成新的信息资源，及时为企业的运作和决策系统提供准确而有效的数据信息和决策参考，做出有利于生产要素组合优化、合理配置资源的行为决策，以使企业能适应现代市场经济竞争环境，求得最大的经济效益。

2.企业信息化的内容

航空型号工程企业信息化是一项复杂的系统工程，其内容主要包括以下几方面。

(1)信息技术的广泛应用。现代信息技术的发展和在企业中的广泛应用构成了企业信息化的一个显著特征。航空型号工程企业信息化建设的关键步骤是建立企业数据共享环境，包括企业生产，经营和管理活动的数据采集，加工和处理，以及以数据共享为中心的系统集成平台和综合应用数据库的建设。按照信息数据唯一化、规范化和统一化等标准要求，保证正常的信息传递及其有效的关联，达到企业系统资源共享，信息流通畅顺、快捷，以提高信息使用效率。

(2)信息资源的开发利用。从作用对象看，企业信息化是企业对信息资源的组织、开发和利用。信息与资本、劳动和土地一样，是经济活动中一项重要的战略资源。有效开发、利用信息资源已经成为企业信息化的中心内容，而且这一开发和利用是以现代信息技术为手段和工具，从而有别于传统的信息资源开发和利用方式。

(3)企业流程的优化改造。企业信息化是以提高企业的生产、管理和决策的效率和水平为目的的，因此航空型号工程企业必须根据企业战略和内外部条件，合理构建企业的业务流程和管理流程，完善企业的组织结构、管理制度等，而不能盲目投资于最先进的软硬件，以避免形成设备的闲置和投资的浪费。

(4)现代管理理念的形成。从航空型号工程企业自身来看，随着全球市场化压力的逐渐增大，企业已经深切地体会到了信息化的重要性。认识到企业信息化建设是实现管理创新的重要途径，是解决当前企业管理中突出问题的有效措施，是形成现代管理理念、提高企业整体素质和增强市场竞争力的需要。

(5)动态发展过程。从演化过程看，航空型号工程企业信息化是一个不断提高和改善企业竞争力、效率和效益的动态发展过程。航空型号工程企业信息化不是一朝一夕所能完成的，而是随着技术的进步、企业的成长和组织管理的变化而不断演进和深化，这一过程只有起点、没有终点。

(6)信息化人才的培养。航空型号工程企业信息化中所采用的模式或系统都是人机统一的系统，它需要既精通信息技术，也知晓管理知识的复合型人才。企业信息化系统开发者在实施硬件、网络、软件安装调试的同时，要为企业培养熟练操作和具有一般系统维护知识的技术力量，其中包括各个岗位的熟练操作员、系统维护人员，以及熟悉本企业实际业务、具有相应文化知识的信息数据管理分析人员等。

二、信息化对企业管理的影响和特征

1.信息化对企业管理的影响

(1)确保信息及时性。航空型号工程企业运作过程客观上要求物流和信息流的同步化，即反映物流状态的信息要及时记录、反馈和控制。这个要求实际上是很难达到的，只能作为一种目标，努力使信息流与物流接近于同步。因为先有信息的记录、反馈和分析，然后采取相应的措施，对物流的进程加以控制，这中间的每一步都要花费一定的时间。而在这一段时间内，物流是不能等待的，所以信息流总是落后于物流，即所谓信息的滞后性。这样一方面要求物流与信息流同步化，另一方面信息流又具有滞后性这一特点，解决这一矛盾的唯一的办法是采用现代化的实时管理方法和手段，提高管理效率，使信息流与物流接近于同步。

(2)确保信息准确性。航空型号工程企业运作过程信息不仅要及时，而且要求能准确反映实际情况，有了可靠的原始数据，才能加工出正确的信息，才能使决策者做出正确的判断。如果信息不正确，所谓“假账真算”，就不能对生产实践起到指导作用，反而会贻误时机。企业生产经营活动的各个环节是相互联系、相互制约的，反映这些活动环节的信息也有其严密的相关性。企业中的许多信息在不同的管理业务中都要使用，因此，企业中各处使用的同一信息应具有统一性(唯一性),这也是信息准确性的另一含义。

(3)确保信息有效性。航空型号工程企业各级管理部门所要求的信息资源,在范围、内容、时限、详细程度和需要频率等方面都是各不相同的,因此,管理信息是否有效,还取决于是否适用。通过企业的内部计算机网络可以实现内部信息沟通、文件、打印机等外设共享等一系列功能,从而大大提高了企业运作效益,降低了企业成本。现在,信息技术已经成为航空型号工程企业改善生产率、提高产品质量和增加经济效益的主要力量,例如精益生产方式、计算机集成制造系统等一些适应新竞争形式的新型生产方式,都是在现代信息技术的支持下才能得以实现的。

(4)增强企业竞争力。信息化成为一种整合资源和推动企业发展的力量,促进了高科技在航空型号工程企业中的应用及规范企业的多层次全方位管理,提高了企业资源利用效率,并促进了航空型号工程企业的整体高效率及节约大量成本。信息化引发航空型号工程企业管理的革命,基于数字化的协同设计平台,采用三维数字化设计,改变了传统的航空产品设计手段和流程。数字化设计和数字化制造将数字化贯穿航空产品的全寿命周期,进一步影响到航空型号工程项目管理。从航空型号工程企业各个部门正在发生管理流程的重组,引发了业务流程和电子商务等新的管理和运作体制,使企业实现电子商务模式,拓宽交流范围,缩短交流时间,丰富交流方式,从而增强企业的市场竞争能力。

2.企业信息化特征

航空型号工程项目所具有的极度复杂性和现代信息技术在企业管理中广泛应用,使得传统的管理技术已经不能满足航空型号工程项目管理的需要,造成在实际应用过程中产生了一些明显的问题。例如,由于航空型号工程项目,包括商用和军用项目,存在过程与管理缺乏全面兼容性的问题,造成进度延误和费用超支,甚至对航空型号工程企业和产品型号的声誉都造成了很大的影响。

从企业信息化的定义可以看出,航空型号工程企业信息化实质上是企业以现代信息技术为手段,以开发和利用信息资源为对象,以改造企业的产品研制生产、管理和营销等业务流程为主要内容、以提升企业的经济效益和竞争力为目标的动态发展过程。由此可见,航空型号工程企业信息化基础包括技术和管理两个方面。技术方面是指要建设完善的信息基础设施,在引进设备和推进信息化过程中,要考虑企业信息系统能否集成,能否实现体系与外界、系统与系统的兼容,能否实现资源共享、优化结构。管理方面是指从企业战略和商业利益的角度出发,充分考虑使用信息技术对企业组织结构、业务流程和企业文化等进行现代化改造。航空型号工程企业信息化的特征主要表现在以下几方面。

(1)发展性。企业信息化建设的概念是发展的,它随着管理理念、实现手段等因素的发展而发展。

(2)系统性。企业的信息化建设是一个人机合一的有层次的系统工程,包括企业领导和员工理念的信息化;企业决策、组织管理信息化;企业经营手段信息化;设计、加工应用信息化。

(3)动态性。企业的信息化是一个动态发展过程,它随着企业的发展壮大、信息技术的快速发展和产品的更新换代,不断地改进、提高和逐步完善,永无止界。

(4)集成和共享性。企业建设信息化的关键点在于信息的集成和共享,即实现将关键的准确的数据及时的传输的相应的决策人的手中,为企业的运作决策提供数据。

第2节 航空型号工程企业信息化管理

信息和信息活动是航空型号工程企业信息化管理的主要对象,企业所有活动的情况都要转变成信息,以“信息流”的形式在航空型号工程企业信息化管理系统中运行,以便实现信息传播、存储、共享、创新和利用。

一、企业信息化管理的基本概念

1.企业信息化管理的定义

企业信息化管理(Enterprise Informatization Management,EIM)是指对企业信息化实施过程进行的管理。企业信息化管理主要包含信息技术支持下的企业变革过程管理、企业运作管理以及对信息技术、信息资源、信息设备等信息化实施过程的管理。该定义中值得强调的三点:

(1)航空型号工程企业信息化管理是企业为了达到其经营目标、以适量投入获取最佳效益、借助一些重要的工具和手段而有效利用企业人力、物力和财力等资源的过程。信息化是手段、运营是关键、业务流程的优化或重组是核心,增强企业的核心竞争力、实现企业价值的最大化是最终目的。不能为了片面地追求信息系统的准确、信息的快速获得而忽视了信息是为企业经营管理服务的。

(2)航空型号工程企业信息化管理不是信息技术与经营管理简单的结合,而是相互融合和创新。信息化管理不是简单地用IT工具来实现已经陈旧的管理逻辑,不要期望将某种信息化解决方案套用在传统的管理模式之上就会产生某种神奇的功效,当信息系统与现行的管理制度、组织行为发生剧烈冲击和碰撞的时候,当需要真正的创新发生在现有的管理层面,甚至企业治理结构层面的时候,信息系统往往无法提供更多的帮助,而需要的是通过信息化带动企业管理的创新,站在企业战略发展的高度,重新审视过去积淀的企业文化、企业理念、管理制度、组织结构,将信息技术融入企业新的管理模式中。

(3)航空型号工程企业信息化管理是一个动态的系统和一个动态的管理过程,企业的信息化并不能一蹴而就,而是渐次渐高的。企业内外部环境是一个动态的系统,企业管理的信息化系统软件也要与之相适应,这一动态过程是与企业的战略目标和业务流程紧密联系在一起的。

2.企业信息化管理的主要任务

航空型号工程企业信息化管理的主要任务是应用现代信息技术,通过各种信息化管理系统和网络加工生成新的信息资源,提供给企业各层次的人们洞悉、观察各类动态业务中的一切动态信息,以便做出有利于生产要素组合优化的决策,使企业资源合理配置,以使企业能适应瞬息万变的市场经济竞争环境,求得最大的经济效益。信息来源不仅仅局限于企业内部还包括企业外部,即与企业生产、销售、竞争相关的外部信息源。信息源采集范围和质量受多种因素影响:企业的信息战略指向,企业内部负责生产、决策等的工作者对信息需求,信息获得的难易程度,信息质量水平等。

航空型号工程企业信息化管理的核心是信息集成和资源共享,包括数据平台的建设和数据的深度挖掘,通过信息管理系统把企业的设计、采购、生产、制造、财务、营销、经营、管理等各个环节集成起来,共享信息和资源,同时利用现代的技术手段来寻找自己的潜在客户,有效地支撑企业的决策系统，达到降低库存、提高生产效能和质量、快速应变的目的，增强企业的市场竞争力。

二、企业信息管理系统

1. 企业信息管理系统的定义

企业信息管理系统（Enterprise Information Management System，EIMS）就是运用现代化的管理思想和方法，采用计算机、软件及网络通信技术，对企业管理决策过程中的信息进行收集、存储、加工、分析，以辅助企业日常的业务处理直到决策方案的制定和优选等工作，以及跟踪、监督、控制、调节整个管理过程的人机系统。航空型号工程企业信息管理系统主要包括企业资源计划（ERP），客户关系管理（CRM），供应链管理（SCM），产品寿命周期管理（PLM），制造执行系统（MES），产品数据管理（PDM）等管理概念、理论和方法，以及各种各样品牌的应用解决方案与信息管理系统。

2. 企业信息管理系统的特性

（1）实践性和个性化。除了通用的管理软件，如物料资源计划（MRP）、办公自动化（OA）、工作流系统（WFS）外，大多数航空型号工程企业信息管理系统软件都需要定制，不同的航空型号工程企业因其外部环境、内部条件、业务流程、管理体制和原有系统等诸多方面的差异，在进行软件开发时需要做大量的需求分析，要求企业各级员工在认真总结以往经验和企业发展战略的基础上，根据企业实际量身定做或在标准版本的基础上根据企业实际做大量的修改，所以具有很强的个性化特性及实际应用特性。

（2）系统性和整体性。航空型号工程企业是一个由若干相互联系、相互作用的局部构成的整体，因此设计开发企业信息管理系统必须从企业战略的角度出发，在全局和总体考虑的前提下进行，要综合考虑企业对资源的开发、利用与整合问题，对生产要素和经营活动的平衡问题，对各种基本关系的理顺问题，并充分考虑企业战略与信息化建设之间的关联性、制约性。

（3）积累性和共享性。对航空型号工程企业而言，信息管理系统设计开发前期的基础性工作包括管理手段现代化、信息数据规范化和标准化，有大量历史和现实数据需要搜集整理，不仅数据烦琐、工作量大，而且涉及面广、技术性强，准备起来相当复杂困难。企业历史数据的积累和现实数据的搜集整理工作非常重要，因为它对企业信息资源共享及信息管理系统开发应用的成败影响巨大。

（4）决策支持性。信息管理系统将航空型号工程企业所有的历史数据和现实数据，存储在数据库中，能根据权限方便管理人员查阅和调用，还可以经过计算机的处理从不同的角度得到各种分析结果，使企业领导和决策者能在第一时间得到相关信息，从而支持快速及时地做出正确决策。

（5）动态性和时效性。由于航空型号工程企业的外部环境和内部要素每时每刻均在动态地发生变化，同时，由于信息的时效性和关联性，当企业某一信息要素发生变化时，与之相关联的其他信息均会发生变化。因此要求企业信息管理系统必须能够快速及时地反映这些变化，即必须具有动态性和时效性特征。

3. 企业信息管理系统的作用

信息管理系统对于航空型号工程企业信息资源的充分利用和管理水平的提高具有很大的作用。

(1)建立现代化信息管理体制,确保了公司信息资源共享,大幅提升公司形象。

(2)规范并优化企业内部各部门业务流程,对重点业务实行全面质量监控。

(3)实现各部门间的协同办公、无纸办公。

(4)明确了公司内部各部门使用权限,杜绝互相扯皮推诿现象。

(5)利用开发决策支持系统,为企业决策层提供图形化、报表化的市场分析数据,能够对未来的公司业务发展、客户需求发展、市场发展做出预测。

(6)预留标准的EDI数据接口,可以方便地实现与关系部门的数据共享和交换。

(7)建设企业信息化基础网络和信息资源共享平台。

(8)通过互联网实现企业全天候实时客户服务,充分满足客户的各种需求,全面提升客户服务水平,大大加强与客户的紧密度,将企业塑造成国际化品牌形象。

(9)全面降低企业运作成本,提高公司的整体运作效率,大幅拓展业务,提高企业的竞争力。

第3节 航空型号工程企业办公自动化系统

办公室自动化(Office Automation,OA)从最初的以大规模采用复印机等办公设备为标志的初级阶段,发展到今天的以运用网络和计算机为标志的现阶段,大大提高了企业办公效率。

一、办公自动化系统的定义、内容和类型

企业采用计算机文字处理技术生产各种文档,存储各种信息,采用其他先进设备,如复印机、传真机等复制、传递文档,或者采用计算机网络技术传递文档等,都是办公室自动化的基本功能。

1. 办公自动化系统(OAS)的定义

办公室自动化系统(Office Automation System,OAS)是指为实现办公室内事务性业务的自动化,利用技术手段提高办公效率,实现办公自动化处理的系统。办公室是企业各级领导进行决策及行政管理人员办公的场所,企业办公室的业务主要是进行大量文件的处理,包括起草文件、通知、各种业务文本,接受外来文件存档,查询本部门文件和外来文件,产生文件复件等。

航空型号工程企业建立一套规范统一的办公自动化系统(OAS)和计算机网络信息平台,可以实现企业信息资源共享、工作流程自动化和网上办公,包括企业各部门协同办公、电子邮件沟通、网上公文审批和自动流转、网络广告宣传等。办公自动化系统(OAS)极大地方便了企业领导和各级管理人员、工作人员的管理和日常事务工作,使企业内部人员方便快捷地共享信息,高效地协同工作。改变了过去复杂、低效的手工办公方式,为科学管理和决策服务,从而达到提高行政效率的目的。它不仅大大提高了每个工作人员的办公效率和办公质量,更重要的是可以实现大范围的群体协同工作、远程办公和移动办公,包括在地理空间上分布很广、很散,甚至分布在全国和全球各地的工作人员的协同工作,例如在全国或世界各地都有分支机构的大企业,都可以利用OAS和信息高速公路的优势实现远程协同办公。

2.办公自动化系统的主要内容

我国的办公自动化系统(OAS)经过从20世纪80年代末至今20多年的发展,已从最初提供面向单机的辅助办公产品,发展到今天可提供面向应用的大型协同工作产品。实践证明,办公自动化就是用信息技术把办公过程电子化、数字化,就是要创造一个集成的办公环境,使所有的办公人员都在同一个桌面环境下一起工作。具体来说,主要内容包括七个方面:

(1)建立内部的通信平台。建立企业内部的邮件系统,使企业内部的通信和信息交流快捷通畅。

(2)建立信息发布的平台。在企业内部建立一个有效的信息发布和交流的场所,例如电子公告、电子论坛、电子刊物,使内部的规章制度、新闻简报、技术交流、公告事项等能够在企业内部员工之间得到广泛的传播,使员工能够了解企业的发展动态。

(3)实现办公流程的自动化。这牵涉到流转过程的实时监控、跟踪,解决多岗位、多部门之间的协同工作问题,实现高效率的协作。由于企业各个部门都存在着大量流程化的工作,例如公文的处理、收发文、各种审批、请示、汇报等,都是一些流程化的工作,通过实现办公流程的自动化,就可以规范各项工作,提高协同工作的效率。

(4)实现文档管理的自动化。可使各类文档能够按权限进行保存、共享和使用,并有一个方便的查找手段。企业各个部门都会有大量的文档,在手工办公的情况下这些文档都保存在每个人的文件柜里。因此,文档的保存、共享、使用和再利用是十分困难的。另外,在手工办公的情况下文档的检索存在非常大的难度。文档多了,需要什么东西不能及时找到,甚至找不到。办公自动化使各种文档实现电子化,通过电子文件柜的形式实现文档的保管,按权限进行使用和共享。

(5)辅助办公。辅助办公牵涉的内容比较多,如会议管理、车辆管理、物品管理、图书管理等与企业日常事务性的办公工作相结合的各种辅助办公,OAS可实现这些辅助办公的自动化。

(6)信息集成。企业存在大量的业务系统,如购销存、企业资源计划(ERP),客户关系管理(CRM)等各种业务系统,企业的信息源往往都在这个业务系统里,办公自动化系统必须与这些业务系统实现很好的集成,使管理层能够及时有效地获得企业整体的信息,提高整体的反应速度和决策能力。

(7)实现分布式办公。这就是要支持多分支机构、跨地域的办公模式以及移动办公。企业地域分布越广,就越需要移动办公和跨地域办公自动化。

3.办公自动化系统的类型

航空型号工程企业办公自动化系统(OAS)本身是一个多层次的系统,其类型主要如下:

(1)事务型办公自动化系统。事务型办公自动化系统功能都是处理日常的办公操作,是直接面向办公人员的,其主要目标是利用高科技设备提高办公效率,改进办公质量,并适应人们的办公习惯而提供的良好办公操作环境。通常它只具有单机或简单的小型局域网上的文字处理、电子表格、数据库等辅助工具的应用,包括计算机文字处理、电子排版、电子表格处理、文件收发登录、电子文档管理、办公日程管理、人事管理、财务统计、报表处理、个人数据库等。

这些常用的办公事务处理的应用可做成应用软件包,包内的不同应用程序之间可以互相调用或共享数据,以便提高办公事务处理的效率。此外,在办公事务处理级上可以使用多种OA子系统,如电子出版系统、电子文档管理系统、智能化的中文检索系统、光学汉字识别系统、汉语语音识别系统等。在公用服务业、公司等经营业务方面，使用计算机替代人工处理的工作日益增多，如订票、售票系统，柜台或窗口系统，银行业的储蓄业务系统等。

(2)信息管理型办公自动化系统。信息管理型办公自动化系统是把事务型办公系统与企业综合信息资源(数据库)紧密结合的一体化办公信息处理系统，以企业管理控制活动为主要目的，除了其有事务型办公自动化系统的全部功能之外，主要增加了信息管理功能，能对企业的各类信息进行综合管理，使企业数据信息、设备资源共享，优化日常工作，提高办公效率和质量。综合数据库建立在事务型办公自动化系统基础之上，数据库中包含有工商法规、经营计划、市场动态、供销业务、库存统计、用户信息等企业重要的信息资源。

(3)决策支持型办公自动化系统。决策支持型办公自动化系统在事务型和信息管理型两种办公自动化系统的基础上，增加了决策和辅助决策功能的办公自动化系统，它不仅有数据库，而且还有模型库和方法库的支持，使用由综合数据库所提供的信息，针对需要做出决策的课题，构造或选用决策模型，结合企业有关内、外部条件，由计算机执行决策程序，做出相应的决策。其特点主要如下：

1)集成化：系统集成包括三个方面的内容，即软硬件及网络产品的集成，人与系统的集成，单一办公系统同社会公众信息系统的集成，组成了“无缝集成”的开放式系统。

2)智能化：系统面向日常事务处理，辅助人们完成智能性劳动，如：汉字识别，对公文内容的理解和深层处理，辅助决策及处理意外等。

3)多媒体化：包括对数字、文字、图像、声音和动画的综合处理。

4)运用电子数据交换(EDI)：通过数据通信网，在计算机间进行交换和自动化处理。

5)移动办公：借助于无线网络技术，用手机通过企业办公自动化系统可实现移动办公，其特点是配置简单、安全稳定、传输便捷、使用方便、易于维护和扩展升级等。

二、办公自动化系统的体系结构和作用

1. 办公自动化系统的体系结构

航空型号工程企业办公自动化系统(OAS)利用先进的科学技术，使企业办公业务活动物化于人以外的各种现代化办公设备中，是由人与技术设备构成的人-机信息处理系统。其中人是企业办公自动化系统(OAS)的第一要素，即办公室主要因素是工作人员。除了传统办公室人员以外，还要加上部分管理设备的专业技术人员，例如，计算机工程师，其他设备维护人员等。企业办公自动化系统(OAS)的技术设备由各种自动化机器，如计算机、复印机、速印机、电话机、传真机、网络设备、光盘机等组成，这些设备统称为硬件。各种硬件设备中必须配备安装相适应的系统软件和应用软件，才能正常工作，如计算机的操作系统、网络操作系统、文字处理软件、业务应用软件等。

不同航空型号工程企业的办公业务是不完全相同的，所以，不同企业的办公系统也是不相同的。但一般情况下，航空型号工程企业办公自动化系统(OAS)都会具有一些基本的相同的办公功能，比较典型的企业办公自动化系统是基于大型数据库、文档数据库、远程通信及互联网技术运用，包括界面表示层、逻辑功能层、中间件和数据库层等，可实现企业各单位，以及企业与外面单位(如客户)之间的公文流转、信息交流和信息共享等。

航空型号工程企业办公自动化系统主要包括系统维护模块、个人管理模块、文档管理模块、业务管理模块、公共信息管理模块、数据库管理模块等几个模块。企业办公自动化系统功

能主要包括公文办理、文字处理、桌面印刷、日常公务、个人办公、个人事务、请示审批、计划管理、日程安排、电子邮件、语音信箱、数字化传真、会议管理、资源管理、行政管理、办公指南、系统设置、后勤管理、人事管理、在线交流管理和数据库管理等。

2. 办公自动化系统的作用

办公自动化系统(OAS)解决企业的办公室日常管理规范化、增加企业的可控性、提高企业运转的效率的基本问题,范围涉及日常行政管理、各种事项的审批、办公资源的管理、多人多部门的协同办公以及各种信息的沟通与传递。OAS 软件跨越了生产、销售、财务等具体的业务范畴,更集中关注于企业日常办公的效率和可控性,是企业提高整体运转能力不可缺少的软件工具。其主要作用有:

(1)协同工作。企业办公自动化系统(OAS)不仅兼顾个人办公效率的提高,更重要的是可以实现群体协同工作。协同工作意味着要进行信息的交流,工作的协调与合作。由于计算机网络的存在,这种交流与协调几乎可以在瞬间完成,并且包括在地理上分布很广,甚至分布在全球上各个地方,以至于工作时间都不一样的一群工作人员。

(2)资源共享。企业办公自动化系统(OAS)可以与企业的业务流程结合得非常紧密,甚至是定制的。因而可以将诸如信息采集、查询、统计等功能与具体业务密切关联,并实现信息资源高度共享,方便了企业领导的管理和决策。

(3)网上交流。通过企业内部局域网和互联网相连,企业办公自动化系统(OAS)就成了企业与世界各地联系的一个渠道。一方面企业员工可以用计算机或手机在互联网上查找有关的技术资料、市场行情,与现有或潜在的客户、合作伙伴联系;另一方面其他企业也可以通过互联网访问本企业对外发布的企业信息,如企业介绍、生产经营业绩、业务范围、产品/服务等信息,从而起到宣传介绍的作用。

第4节 航空型号工程企业管理信息系统

企业管理信息系统借助以计算机、互联网等先进技术为代表的信息手段,将企业的经营管理流程在线实现,使企业管理层可以真正在线获得完整而明晰的信息资源,从而获得了广泛应用,大量应用于生产、制造、通信、交通、运输、商业、建筑、能源、医疗等各个行业。

一、企业管理信息系统的定义和开发原则

1. 企业管理信息系统(MIS)的定义

企业管理信息系统(Management Information System,MIS)是以现代信息技术为基础,为企业日常业务操作、商务管理和决策提供信息支持的系统。它是一个由人、计算机及其他外围设备等组成的能进行信息的收集、传递、存储、加工、维护和使用的系统,其特点是最大限度地利用现代计算机及网络通信技术加强信息管理,通过对企业拥有的人力、物力、设备、生产、财务、技术等资源的调查了解,收集相关信息,并实现数据共享。

通常说的企业管理信息系统(MIS)属于计算机软件范畴,其研究的对象是信息,其最终目的是对企业数据进行加工处理,编制成各种信息资料及时提供给企业管理人员,并将信息及时反馈给企业管理人员,使他们了解企业现状及目前迫切需要解决的问题,以便进行正确的决策,不断提高企业的管理水平和经济效益。企业管理信息系统(MIS)一般强调的是数据管理,

不涉及企业管理思想和资源重组问题，即将原来手工进行的数据管理工作，搬到计算机网络上进行。它可以按企业内的职能部门划分模块，其模块化特点明显，各模块业务关系不明显，相对独立，突出的特点就是高度自动化，本着简化具体工作的目的而开发，而且很大一部分 MIS 都是针对某一具体业务而开发。

随着信息技术的高速发展和深入广泛地应用，管理信息系统(MIS)不仅适用于企业，而且还广泛应用于政府部门、事业单位、社区、学校、银行、医院、商场、酒店、建筑、能源、交通运输、物业管理，以及个人的事务信息管理等。目前世界科学技术发展的趋势是：一方面管理信息系统(MIS)应用涉及的范围还要扩大，任何地方只要有管理就必然有信息，如果形成自动化系统就形成 MIS；另一方面虽然计算机软硬件设备并不是管理信息系统(MIS)的必要条件，但是计算机确实使 MIS 更有效，尤其是在现代信息社会，管理信息系统(MIS)已经和电子信息设备不可分离。

2. 企业管理信息系统开发原则

企业管理信息系统(MIS)的开发方式有自行开发、委托开发、联合开发、购买现成软件包进行二次开发几种形式。一般来说根据企业的技术力量、资源及环境而定。当前，在企业管理信息系统(MIS)开发建设中存在着两种倾向，一种是盲目攀比，过分追求广告宣传效果，制造亮点，不顾企业的具体条件，好大喜功、贪大求洋，脱离实际地追求高级别和浮华效应，造成投资的浪费和开发工期的无奈拖延。事实上许多失败的企业管理信息系统(MIS)正是由于盲目追求高新技术而忽视了其实用性。另一种是一味讲究投资低廉、经济可用，结果是事与愿违，尚未完工就已落后，是否追加投资，骑虎难下。这两种情况都是不可取的，在 MIS 开发建设过程中，应当兼顾先进性、经济性、实用性等多个方面要求。

(1)实用性原则。企业管理信息系统(MIS)设计和建设要以应用为目的，以实际需求为基础，不片面追求技术的先进性和超前性，确保应用系统的简单实用。

(2)先进性原则。信息技术作为企业管理信息系统(MIS)的基础，发展迅速，新理念、新体系、新技术迭相推出，这造成了新的、先进的和成熟的技术之间的矛盾。为了满足系统在很长时间内有持续的扩展性和稳定性，在设计理念、技术体系、产品选用等方面要求先进和成熟相结合，所采用的技术要适度超前。

(3)整体性原则。整体性原则体现系统完整性。企业管理可以理解为一个合理的“闭环”系统，企业完整的实现计算机管理不一定必须在企业的各个方面同时实现，但必须完整的设计系统的各个方面。

(4)扩展性原则。企业管理信息系统(MIS)在开发过程中应有持续发展和超前意识，其构架和应用开发均必须具备可扩展性，能够随着应用的逐步完善和信息量的逐渐增加不断地进行扩展。

(5)标准化原则。在企业管理信息系统(MIS)开发建设的整个过程中，应充分参考相关的国家标准和国际标准，并结合系统建设的具体情况，建立一套企业自己的科学、实用、完善的标准规范体系及统一的信息数据应用体系和管理架构等。

(6)成熟性原则。企业管理信息系统(MIS)开发建设还必须参照目前社会上较成熟的技术，并在需求和技术调研比较的基础上，开发建设适合企业最迫切需要的成熟、稳定、可靠的系统。

(7)经济性原则。企业管理信息系统(MIS)开发建设必须综合考虑建设成本、运行成本和维护成本。在考虑技术适度超前的同时，要本着少花钱多办事、办好事的原则。

二、企业管理信息系统的特点和作用

1.企业管理信息系统的特点

航空型号工程企业管理信息系统(MIS)的开发建设必须具有一定的科学管理工作基础。只有在合理的企业管理体制、完善的规章制度、稳定的生产秩序、科学的管理方法和标准、准确的原始数据的基础上，才能进行MIS的开发。因此，为适应MIS的开发需求，企业管理工作必须逐步完善管理工作的程序化，各部门都有相应的作业流程；管理业务的标准化，各部门都有相应的作业规范；报表文件的统一化，固定的内容、时间、格式；数据资料的完善化和代码化。

航空型号工程企业管理信息系统(MIS)系统特点主要如下：

(1)系统性和整体性。企业管理信息系统(MIS)的开发建设是从企业战略的角度出发，在全局和总体考虑的前提下进行设计和开发；是从企业的人员机构管理、产品管理、系统权限管理、销售管理、采购管理、生产管理、质量管理、财务管理、资源管理等系统的角度，考虑战略的实现性和信息之间的关联性、制约性、系统性和整体性。

(2)积累性和共享性。企业信息管理系统(MIS)将各部门和各员工的日常工作的关键数据，存储在数据库中，并能根据权限方便查阅和调用。其数据具有历史知识的积累性和共享性。

(3)具有决策的支持性。所有的各种数据可以经过计算机的处理，从不同的角度得到各种分析结果，并通过报警提醒的方式使决策者在第一时间得到相关信息，达到实现辅助决策的目的。

(4)动态特性。由于信息资源的时效性和关联性，当系统中某一信息要素发生变化时，与之相关联的其他信息均会发生变化。同时，由于企业的外部环境和内部要素均在动态发生变化，系统也要求能够适应这种变化。

2.企业管理信息系统的作用

航空型号工程企业管理信息系统(MIS)所要达到的目的是对企业信息流的掌握和控制，提高信息反馈的速度和质量。其作用主要如下：

(1)辅助分析。对于航空型号工程企业的生产经营活动进行决策，需要各种生产经营数据作为依据。采用人工数据处理方式，带有一定的盲目性，会造成大量的浪费。通过MIS将数据组织起来，可随时提供各种所需的数据，能保证决策的准确、及时，以便进行正确的决策，提高企业管理水平和效益。

(2)规范化管理。航空型号工程企业中的许多数据如果不采用计算机管理，其采集的时间、格式以及计算方式等有非常大的随意性，不便于审核，容易引起混乱、错误。计算机系统为数据处理提供明确的尺度，使之标准化、规范化。

(3)减少重复劳动。不仅大量的重复计算由计算机处理，可以减轻人的劳动强度，更重要的是输入数据以后，所有的处理都由计算机系统来完成，免去人工方式下数据的重复输入和许多中间处理环节，提高了信息的及时性、准确性、精度和可靠性。

第5节 航空型号工程企业资源计划系统

企业资源计划系统是企业现代化和信息化程度的重要标志之一，体现了企业信息化建设与开展企业管理创新、推进企业管理现代化和提高企业竞争力的必然关系。

一、企业资源计划系统的定义、由来和发展

1. 企业资源计划系统(ERP)的定义

企业资源计划系统(Enterprise Resources Plannig，ERP)是一种基于信息技术和供应链管理思想的企业管理系统。它利用信息技术的最新成果，实现企业内部资源的共享和协同，根据市场和客户需求对企业内部及其供应链上各环节的资源进行全面规划、统筹安排和严格控制，以保证人、财、物、信息等各类资源得到充分合理的应用，从而达到提高生产效率、降低成本、满足顾客需求、增强企业竞争力的目的。但实际上，目前大多数ERP系统主要用于企业内部流程的优化，帮助企业实现内部资金流、物流与信息流一体化管理。其定义可用下式表示。

$$ERP = 管理 + IT \tag{2-1}$$

从式(2-1)可看出，首先，ERP是一个软件产品，但它不只是一个软件系统，而是一个集组织模型、企业规范和信息技术、实施方法为一体的综合管理应用体系。ERP是管理与信息技术(IT)完美结合的产物，IT只是ERP的表现形式和技术支撑，其真正的核心是先进的“管理思想”。它将企业管理理念、业务流程、基础数据、人力物力、计算机硬件和软件整合于一体，基本上反映了时代对企业合理调配资源，最大化地创造社会财富的要求，已成为企业在信息时代生存、发展的基石。

2. 企业资源计划系统的由来和发展

为了加深了解ERP的概念，有必要先了解一下企业管理理论的发展过程。

(1)订货点法(OPM)。订货点法(Order Point Method，OPM)也称为安全库存法，始于20世纪30年代，是一种以控制库存量为目标，基于定期、定量采购方式的企业库存管理方法。企业对于某种物料或产品，由于生产或销售的原因而逐渐减少，当库存量降低到某一预先设定的点时，即开始发出订货单来补充库存，直至库存量降低到安全库存时，发出的订单所定购的物料(产品)刚好到达仓库，补充前一时期的消耗，此一订货的数值点，即称为订货点。

这种方法的特点是假定订货提前期t，p(即市场供应、装运条件)是不变的(即t，p是个常量)，每次订货的批量是相等的，订货时间是随着物资库存量降到订货点时间的不同而变化的。因此，在生产对物资的消耗速度不均衡的情况下，可以利用在订货点派人订货来适应物资消费速度的变化，保持物资储备的合理性。订货点法本身具有一定的局限性。例如，某种物料库存量虽然降低到了订货点，但是可能在近一段时间企业没有收到新的订单，所以近期内没有新需求产生，暂时可以不用考虑补货。故此订货点法也会造成一些较多的库存积压和资金占用。

(2)物料需求计划(MRP)。20世纪60年代随着经济增长的减缓和市场竞争的加剧，为库存而生产的生产方式使得企业背上了沉重的积压包袱。1965年针对当时企业出现的供应滞后、交货不及时等问题，APICS(美国生产与库存管理协会)提出了物料需求计划(Material Requirements Planning，MRP)的概念。MRP是制造企业内的物料计划管理模式，根据产品结构各层次物品的从属和数量关系，以每个物品为计划对象，以完工日期为时间基准倒排计

划，按提前期长短区别各个物品下达计划时间的先后顺序。通过 MRP 管理软件的信息集成系统，企业对生产制造过程中的“销、产、供”等实现了信息集成，使得企业在库存管理上能进行有效的计划和控制。

MRP 的基本内容是编制零件的生产计划和采购计划。然而，要正确编制零件计划，首先必须落实产品的生产进度计划，其中主生产计划是 MRP 展开的依据；其次 MRP 还需要知道产品的零件结构，即物料清单，才能把主生产计划展开成零件计划；同时，必须知道库存数量才能准确计算出零件的采购数量。因此，MRP 的基本依据：

1)主生产计划(Master Production Schedule，MPS)：预先建立一份计划，由主生产计划员维护。

2)物料清单(Bill Of Material，BOM)：详细记录一个项目所用到的所有材料及相关属性的清单。

3)库存信息。

(3)制造资源计划(MRPⅡ)。20 世纪 80 年代在 MRP 的基础上将业务数据同财务数据进行集成，同时将“即时”的运营模式和 MRP 的计划模式进行了整合，从而产生了制造资源计划(Manufacturing Resource Planning，MRPⅡ)的概念及其相应的软件。制造资源计划(MRPⅡ)是在 MRP 的基础上增加营销、财务和采购功能，对企业制造资源和生产经营各环节实行合理有效的计划、组织、协调与控制，达到既能连续均衡生产，又能最大限度地降低各种物品的库存量，进而提高经济效益的管理方法。

MRPⅡ把企业作为一个有机整体，从整体最优的角度出发，通过运用科学方法对企业各种制造资源和产、供、销、财各个环节进行有效的计划、组织和控制，使他们得以协调发展，并充分发挥作用。把制造企业归类为不同的生产方式如重复制造、批量生产、按订单生产等来管理，每一种生产方式类型都对应一套管理标准。MRPⅡ管理模式的特点有：

1)计划的一贯性与可行性：MRPⅡ是一种计划主导型管理模式，计划层次从宏观到微观、从战略到技术、由粗到细逐层优化，但始终保证与企业经营战略目标一致。它把通常的三级计划管理统一起来，计划编制工作集中在厂级职能部门，车间班组只能执行计划、调度和反馈信息。计划下达前反复验证和平衡生产能力，并根据反馈信息及时调整，处理好供需矛盾，保证计划的一贯性和可执行性。

2)管理的系统性：MRPⅡ是一项系统工程，它把企业所有与生产经营直接相关部门的工作联结成一个整体，各部门都从全局出发做好本职工作，每个员工都知道自己的工作质量同其他职能的关系。

3)数据共享性：MRPⅡ是一种制造企业管理信息系统，企业各部门都依据同一数据信息进行管理，任何一种数据变动都能及时地反映给所有部门，做到数据共享。在统一的数据库支持下，按照规范化的处理程序进行管理和决策。改变了过去那种信息不通、情况不明、盲目决策、相互矛盾的现象。

4)动态应变性：MRPⅡ是一个闭环系统，它要求跟踪、控制和反馈瞬息万变的实际情况，管理人员可随时根据企业内外环境条件的变化迅速做出响应，及时决策调整，保证生产正常进行。它可以及时掌握各种动态信息，保持较短的生产周期，因而有较强的应变能力。

5)模拟预见性：MRPⅡ具有模拟功能。它可以预见在相当长的计划期内可能发生的问题，事先采取措施消除隐患，而不是等问题已经发生了再花几倍的精力去处理。这将使管理人员从忙碌的事务堆里解脱出来，致力于实质性的分析研究，提供多个可行方案供领导决策。

6)物流、资金流的统一：MRPⅡ包含了成本会计和财务功能，可以由生产活动直接产生财务数据，把实物形态的物料流动直接转换为价值形态的资金流动，保证生产和财务数据一致。财务部门及时得到资金信息用于控制成本，通过资金流动状况反映物料和经营情况，随时分析企业的经济效益，参与决策，指导和控制经营和生产活动。

(4)企业资源计划系统(ERP)。20世纪90年代以计算机和网络技术为代表的新经济开始起飞，以及全球经济一体化加速发展，市场呈现出个性化和多元化的需求变化。企业在生产和运行过程中，已经不能单纯靠扩大规模来降低成本和增加利润，相反，一些规模虽小但信息灵通、反应敏捷、供货及时的企业表现出了勃勃生机，"大鱼吃小鱼"变成了"快鱼吃慢鱼"。

企业为了应对激烈的市场竞争和适应市场需求的变化，过去单一的生产模式变成了混合型的生产模式，MRPⅡ在应对这些复杂和多变的混合生产时，已经无法准确地适应企业的管理需要了。并且，由于MRPⅡ是通过对计划的及时滚动来控制整个生产过程，相比起更加快捷的互联网来说显得及时性较差，只能实现事后控制。同时，企业越来越强调利润控制的作用，因此简单的财务数据和生产数据的集成，已经无法满足管理控制的要求。

在这样的大背景下企业资源计划系统(ERP)应运而生，并逐渐取代了MRPⅡ，成为主流的企业管理软件。企业资源计划(ERP)是在MRP Ⅱ的基础上，通过前馈的物流和反馈的信息流、资金流，把客户需求和企业内部的生产经营活动以及供应商的资源整合在一起，体现完全按用户需求进行经营管理的一种全新的管理方法。它是以市场和客户需求为导向，以实行企业内外资源优化配置，消除生产经营过程中一切无效的劳动和资源，实现信息流、物流、资金流、价值流和业务流的有机集成和提高客户满意度为目标，以计划与控制为主线，以网络和信息技术为平台，集客户、市场、销售、采购、计划、生产、财务、质量、服务、信息集成和业务流程重组(BPR)等功能为一体，面向供应链管理(SCM)的现代企业管理思想和方法。BPR则是企业管理创新的一种形式。其核心思想就是要不断地对企业原有的业务流程进行根本性的思考和彻底的重组，从而使时间、成本、质量、服务、速度和环境这些反映供应链和企业竞争力的要素得以明显的改善和提高，适应市场竞争的需要。

ERP为了与全球化的买方市场环境相适应，在MRPⅡ的基础上，加入了分销和人力资源等条件，以及与企业资源获取和利用相关的管理内容，使得企业的管理核心从"在正确的时间制造和销售正确的产品"，转移到了"在最佳的时间和地点，获得企业的最大利润"。ERP将许多先进的管理，如敏捷制造、精益生产、并行工程、供应链管理、全面质量管理等体现在软件系统中，成为崭新的现代企业的自动化管理手段。

(5)企业资源计划系统(ERP)的扩展功能　当今信息时代，以网络经济、知识经济和电子商务革命为特征的新经济的迅猛发展，不但深刻地改变着人类社会的生产、贸易、生活、学习和工作方式，而且也促使企业发展趋势发生了巨大的变化。面对新经济时代的市场竞争和企业管理发展趋势，未来的ERP将是一个全新的，集管理、技术和信息之大成的供应链管理(SCM)系统。它的主要特点是：以进一步提高竞争力，市场占有率和获取最大利润为目标；以市场为导向，以客户需求为中心；面向开放、互动的SCM；实行协同商务、协同竞争和双赢原则；充分运用先进的管理技术、信息技术、网络技术和集成技术。ERP的主要扩展功能如下：

1)支持集多种生产类型、多种经营方式和多种产业为一体的，跨区域的SCM模式。

2)支持协同商务、协同竞争和双赢原则的供应链管理(SCM)基本运作模式。

3)支持市场分析、销售分析和客户关系管理(CRM)。

4)支持包括先进计划与排产技术(APS)在内的多种计划和优化排产方法。

5)支持电子商务(EC),支持物流和配送中心管理。

6)支持集团的资本运作管理。

7)支持更大范围的信息集成和系统开放。

二、企业资源计划系统的功能、作用和发展趋势

作为当今国际上最先进的企业管理模式之一,企业资源计划系统(ERP)在体现最先进的企业管理理论的同时,也提供了企业信息化集成的最佳解决方案。它把企业的物流、资金流、信息流统一起来进行管理,以求最大限度地利用企业现有资源,实现企业经济效益的最大化。

1.企业资源计划系统的功能结构

一个真正、优秀的企业资源计划系统(ERP)软件产品,除了具备先进的管理思想以外,软件本身的技术设计和架构是整个ERP的基础。由于企业管理涉及的领域非常广阔,需要实现的管理目标很多,相应的ERP系统的结构设计也是一个非常复杂的系统工程,要充分考虑企业的复杂应用环境,采用模块化的软件设计思想。用户可以根据自己的实际状况有针对性地选择不同的应用模块,也可以选择不同供应商的产品。通常ERP主要包括四方面的内容。

(1)财务管理模块。企业清晰分明的财务管理是极其重要的。ERP中的财务模块与一般的财务软件不同,作为ERP系统中的一部分,包括会计核算和财务管理两个主要子模块,它们和系统的其他模块有相应的接口,能够相互集成,比如:它可将由生产活动、采购活动输入的信息自动计入财务模块生成总账、会计报表,取消了输入凭证烦琐的过程,几乎完全替代以往传统的手工操作。

(2)生产控制管理模块。生产控制管理是一个以计划为导向的先进的生产管理方法,包括生产计划、物料需求计划,能力需求计划,以及生产控制和制造标准等子模块。首先企业确定它的总生产计划,根据预测和客户订单的输入来安排将来各时期中提供的产品种类和数量,再经过系统层层细分后,下达到各部门去执行。各个原本分散的生产流程实现自动连接,使得生产流程能够前后连贯的进行,而不会出现生产脱节,耽误生产交货时间。

(3)物流管理模块。现代企业的竞争已经不是单一企业之间的竞争,而是企业供应链之间的竞争。企业不但要依靠自己的资源,还必须把经营过程中的有关各方,如供应商、制造工厂、分销网络、客户等纳入一个紧密的供应链中,才能在市场上获得竞争优势。ERP的物流管理模块正是适应了这一市场竞争的需要,包括销售和分销管理、采购管理、库存管理等子模块,实现了对整个企业供应链的管理。

(4)人力资源管理模块。ERP在加入人力资源管理模块以后,使得人力资源管理的功能真正扩展到了全方位企业管理范畴。人力资源管理的功能范围从单一的工资核算、人事管理,发展到可为企业决策提供帮助的全方位解决方案,包括人力资源规划、员工考核、劳动力安排、时间管理、招聘管理、员工薪资核算、培训计划、差旅管理等。并同ERP中的财务管理、生产管理和物流管理子系统组成高效的、具有高度集成性的企业资源系统。

2.企业资源计划系统的作用和效益

企业资源计划系统(ERP)在企业管理中的作用主要是合理调整和充分利用企业资源,包括厂房、生产线、加工设备、检测设备、运输工具等硬件资源;以及人力、管理、信誉、融资能力、

组织结构、员工的劳动热情等软件资源。企业经营运行发展中，这些资源相互作用，使企业进行生产活动、完成客户订单、创造社会财富、实现企业价值，反映企业在市场竞争发展中的地位。在没有ERP这样的现代化管理工具时，企业的组织结构只能是金字塔形的，部门间的协作交流相对较弱，资源的运行难以把握，企业资源状况及调整方向不清楚，要做调整安排是相当困难的，调整过程会相当漫长。由于ERP的管理对象是企业各种资源和生产要素，因此，通过ERP的应用，就能最大限度地发挥这些资源的作用，从而使企业能及时、高质地完成客户的订单，并根据客户订单及生产状况做出调整资源的决策。企业管理思想的发展与信息技术的发展是互成因果的，实践证明ERP已在企业的管理层面扮演着越来越重要的角色。据美国生产与库存控制学会(APICS)统计，使用ERP平均可以为企业带来如下经济效益：

(1)库存下降30%～50%。这是人们说得最多的效益，因为它使一般用户的库存投资减少66.7%～71.4%，库存周转率提高50%。

(2)延期交货减少80%。当库存减少并稳定的时候，用户服务的水平提高了，使应用ERP企业的准时交货率平均提高55%，误期率平均降低35%，这就使销售部门的信誉大大提高。

(3)采购提前期缩短50%。采购人员有了及时准确的生产计划信息，就能集中精力进行价值分析，货源选择，研究谈判策略，了解生产问题，缩短了采购时间和节省了采购费用。

(4)停工待料减少60%。由于零件需求的透明度提高，计划也作了改进，能够做到及时与准确，零件也能以更合理的速度准时到达，因此，生产线上的停工待料现象将会大大减少。

(5)制造成本降低12%。由于库存费用下降，劳力的节约，采购费用节省等一系列人、财、物的效应，必然会引起生产成本的降低。

(6)管理水平提高，管理人员减少10%，生产能力提高10%～15%。

3. OAS，MIS和ERP特点的比较

OAS处理的是工作流程，也就是对工作流的优化，重点是对企业办公和公文流程的管理。它将原来用手工进行的文件文档审批等工作，搬到计算机网络上进行，借此提高企业内信息流通的速度。

MIS是对企业信息流的掌握和控制，基本上不涉及物资流的日常运作，也不涉及业务流程的变动。它将原来手工进行的数据管理工作，搬到计算机网络上进行，其特点是建立了企业数据库，强调达到数据共享，从系统观点出发，从全局规划来设计信息系统。

ERP是对业务流程的优化与固化，主要是强化对企业物流、资金流的控制，包括对企业拥有的各种资源的系统整合。其核心是针对制造业的生产控制管理模块，出发点依然是将企业整个生产过程有机整合，以实现降低库存、提高效率、减少生产脱节、降低延误交货时间的目标。

从企业信息化的角度来看，不论是OAS，MIS，还是ERP，虽然它们的定义和内涵有所不同，然而其本质基本相同，即它们都是企业信息化中一个以信息技术为核心的管理系统。其中MIS是信息管理系统，注重的是信息，所要达到的目的是对企业信息流的掌控，提高信息反馈的速度和质量；ERP是电子资源管理，更注重的是管理。与MIS相比较，ERP有一个显著特征，它是按流程而不是按部门来划分模块的。因为ERP实施的目的是对企业内的物质流、资金流、工作流进行最优控制，它理所当然地包括了对信息流的全面、动态和实时的掌握和控制。根据企业状态信息和外部的环境信息，再加上ERP系统本身的科学理论(如存储，决策，平衡等)，从系统的、全局的观点出发，把最优化的采购、销售、生产调度计划及其现状，以及人员、设备资源和资金需求、具体的实施方案等，全面地提供给企业各级管理人员。显然，这是事关企业生存发展的根本大计，不是某个部门的信息所能决策的。可见MIS相对于ERP而言，其全局性差的多，所以大多数企业的ERP都涵盖了MIS模块，并包含OAS在内。

第6节 航空型号工程企业生产管理和制造执行系统

制造执行系统(Manufacturing Execution Systems,MES)也称为生产管理系统，处于上接企业资源计划系统(ERP)，下接自动化设备的执行层面，MES能够帮助企业从根本上提升管理水平，优化工艺流程，改善产品质量，实现精益生产，降低能源损耗，减少库存，降低成本，增进客户关系等。

一、企业生产管理的基本知识

企业加强生产管理，合理组织生产过程，正确确定企业以及各个生产单位的生产任务，做好日常生产活动的协调和控制，搞好生产现场管理，不仅可以保证生产的顺利进行，而且是合理利用企业资源，提高经济效益的重要保证。

1.与生产管理相关的一些基本概念

(1)生产。生产是通过劳动，把资源转化为能满足人们某些需求的产品和服务的过程。生产过程的输出，不仅指有形的实物产品，还包括无形的产品，即服务。与工厂联系在一起的有形产品的制造称为生产，而将提供劳务的活动称为运作，或把两者结合起来并称为生产与运作。

(2)生产过程。企业生产过程就是在企业活动过程中，把资源转化为产品和服务的过程，这一过程也是价值增值过程，包括基本生产、辅助生产、生产技术准备和生产服务等企业范围内各种生产活动协调配合的运行过程(见图2-1)。产品生产过程是对原材料进行加工，使之转化为成品的一系列生产活动的运行过程。一般包含加工制造过程、检验过程、运输过程和停歇过程等。产品生产过程是企业生产过程的核心部分。

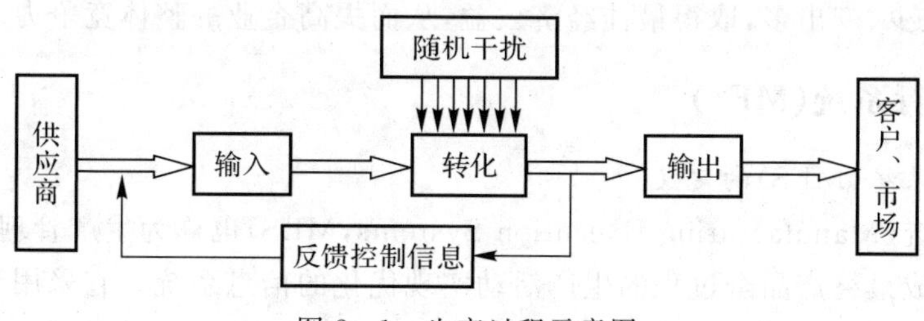

图2-1 生产过程示意图

(3)生产类型。按一定标志对生产过程划分的类别就是生产类型。生产类型可从多角度划分。

1)按工艺特点划分：采掘提取型、合成型、分解型、调制型、装配型。

2)按物流特点划分：连续型、离散型。

3)按任务确定方式划分：订货型、备货型。

4)按生产批量划分：大量生产、成批生产、单件生产。

(4)生产能力。企业的生产能力,是指企业在一定时期内,在合理的、正常的技术组织条件下,所能生产的一定种类产品的最大数量。它是反映企业生产可能性的一个重要指标,是企业安排生产任务,制定规划的依据。

(5)生产系统。生产系统是由若干要素构成的,并将投入要素转换成为某种产出要素的一个有机整体。生产系统是支撑企业生产过程运行的物质基础,由硬件和软件两部分组成。

1)硬件:生产场地、厂房、机器设备、工位器具、运输工具以及各种生产设施。

2)软件:生产组织形式、人员配备要求、工作制度、运作方式、信息化及管理上的各种规章制度。

2.生产管理的定义

生产管理又称生产控制,是对企业生产系统的设置和运行的各项管理工作的总称。企业的生产活动是按照预定的经营目标和经营计划,充分利用人力、物力和财力,从产品品种、质量、数量、成本和交货期等方面,生产出符合市场需要和用户满意的产品的过程。生产管理就是对这一过程进行计划、组织、指挥、控制和协调。换句话说,生产管理就是同产品制造密切相关的各项管理工作的总称。生产管理有广义与狭义的区别。

(1)狭义的生产管理,也就是实现产品产量和进度为目标的管理。主要包括生产过程组织,生产能力核算、生产计划和生产作业计划的编制、生产进度控制和生产作业核算等。

(2)广义的生产管理,是对全部生产系统的管理,也就是通常所说的生产技术准备、基本生产、辅助生产和相应的管理工作。它除了包括前面所说的狭义的生产管理的内容以外,还包括企业生产方向和规模的确定,工厂布置、质量管理、设备和工具管理、物资管理、能源管理、劳动组织和劳动定额管理、成本管理、安全生产、环境保护等。

企业生产管理的基本任务是通过生产组织工作,按照企业目标的要求,设置技术上可行、经济上合算、物质技术条件和环境条件允许的生产系统;通过生产计划工作,制定生产系统优化运行的方案;通过生产控制工作,及时有效地调节企业生产过程内外的各种关系,使生产系统的运行符合既定生产计划的要求,实现预期生产的品种、质量、产量、出产期限和生产成本的目标。采用与制造执行系统相关的计算机软件,有效管理生产过程的信息,提高企业生产管理的效率,做到投入少、产出多,取得最佳经济效益,从而提高企业的整体竞争力。

二、制造执行系统(MES)

1.制造执行系统(MES)的定义

制造执行系统(Manufacturing Execution Systems,MES)也称为生产管理系统,是指提供从接受订货到制成最终产品全过程的生产活动实现优化的信息系统。它采用当前的和精确的数据,对生产活动进行初始化,及时引导、响应和报告工厂的活动,对随时可能发生变化的生产状态和条件做出快速反应,重点削减不会产生附加值的活动,从而推动有效的工厂运行和过程。换言之,制造执行系统(MES)是一个常驻工厂层的信息系统,介于企业领导层的计划系统与主生产过程的直接工业控制系统之间。它以当前视角向操作人员/管理人员提供生产过程的全部资源(人员、设备、材料、工具和客户要求)的数据和信息,其着重点是将信息技术运用于改善制造过程。MES 在整个企业信息集成系统中承上启下,是生产活动与管理活动信息沟通的桥梁,它采集从接受订货到制成最终产品全过程的各种数据和状态信息,目的在于优化管理活动。它强调是当前视角,即精确的实时数据。

2.制造执行系统的由来和发展

制造执行系统(MES)是信息技术在制造业企业中的应用达到一定水平时的产物,并随着生产制造技术的创新深化而获得很大发展。目前,MES技术在企业信息化中扮演着极其重要的角色。

(1)单一功能的MES。20世纪70年代起各企业开始开发或引入单一功能的软件产品和软件系统,如设备状态监控系统、质量管理系统、包括生产进度跟踪、生产统计等功能的制造执行系统等,所有这些系统可以理解为单一功能的MES。当时,管理层的物料需求计划(MRP)和底层过程控制系统(Distributed Control System,DCS)的工作是分别进行的,因此产生了两个问题:一个是横向系统之间的信息孤岛,二是MRP和DCS两层之间形成缺损链接。

(2)传统的MES。20世纪80年代为了解决底层各分散控制系统之间没有联系的信息孤岛问题和管理层的物料需求计划(MRP)、制造资源计划(MRPⅡ)与底层过程控制系统(DCS)系统之间没有联系问题,而出现了制造执行系统原型,即传统的制造执行系统(MES),其主要功能是生产现场管理,称为车间作业控制系统(Shop Floor Control,SFC)。

(3)系统集成MES。1990年美国的咨询调查公司(AMR)第一次提出MES概念,并倡导用三层模型表示制造业信息化。MES处于企业资源计划系统(ERP)/供应链管理(SCM)与过程控制系统(DCS)/可编程序逻辑控制器(Programmable Logic Controller,PLC)的中间位置,如图2-2所示。由于上层ERP和底层DCS的信息化应用起步较早,多已基本实现,因此,需要通过执行层MES的功能实现对两者进行整合,并由实时数据库支持填充其间的空隙。MES担当了整合、发挥制造资源效率的功能。1993年AMR公司进一步提出了MES制造执行系统集成模型,该模型可以概括为实时数据库支持下的4个主要功能。

1)工厂管理:资源管理、调度管理、维护管理。

2)工厂工艺设计:文档管理、标准管理、过程优化。

3)过程管理:回路监督控制、数据采集。

4)质量管理:统计质量管理(Statistical Quality Control,SQC)。

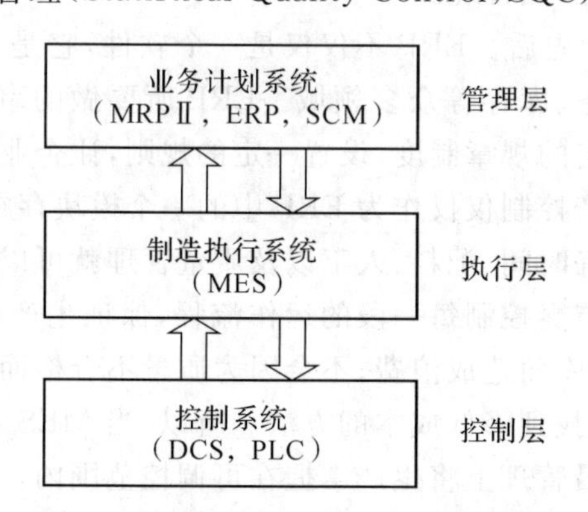

图2-2 表示制造业信息化的三层模型示意图

(4)功能组件化。1997年国际MES联合会(MESA)提出的MES制造执行系统功能组件和集成模型,包括11个功能,同时规定,只要具备11个功能之中的某一个或几个,也属MES系列的单一功能产品。MES制造执行系统的11个功能包括:生产资源分配与监控;作业计划和排产;工艺规格标准管理;数据采集实时数据和各种参数,控制系统接口,生成数据记录、质量数据、绩效信息、合帐累计;作业员工管理;产品质量管理;过程管理:过程控制、基于模型的分析与模拟、与外部解析系统接口;设备维护;绩效分析;生产单元调度;产品跟踪。

(5)制定标准。1997年美国仪表学会(ISA)启动编制ISASP95企业控制系统集成标准和ISASP98批量控制标准。进入21世纪以后,国内外有很多团体、组织、政府机构也参与了MES的标准化,以及标准、模型的研究和建立活动,涉及分布对象技术、集成技术、平台技术、互操作技术和即插即用技术等。美国仪表学会(ISA)在2000年发布了SP95.2001模型与术语标准;2001年发布了SP95.2002对象模型属性标准;2002年发布了SP95.03制造信息活动模型标准;2003年发布了SP95.04制造操作对象模型标准。其中SP95.01已经被IEC/ISO接受为国际标准,SP95.01规定了生产过程涉及的所有资源信息及其数据结构和表达信息关联的方法。SP95.02对第1部分定义的内容作了详细规定和解释,SP95.03提出了管理层与制造层间信息交换的协议和格式。

3.MES与ERP的关系

制造执行系统(MES)与企业资源计划系统(ERP)之间如何协调和搭配,ERP如何从MES上获得数据,即ERP与MES的接口协议是企业信息化建设过程中必须解决的重要问题。

(1)ERP是外因,MES是内因。对于制造业企业来说,ERP仅仅是管理层次上的概念,它将企业的生产、库存、财务、客户、销售等层面集合在一起,用科学的方法和流程化的模式,实现企业的最高效率。在产品生产过程中,ERP主要负责调配好物料、控制质量等,属于生产的外部因素,是外因。

MES负责提供从接受订货到制成最终产品全过程的生产活动的信息,然后反馈给ERP生产模块。MES要对生产活动进行初始化,及时引导,对随时可能发生变化的生产状态和条件做出快速反应,这些都属于生产的内部因素。外因要通过内因起作用,而起决定性作用的是内因,所以要想从根本上提高生产线上的劳动生产率,还是需要首先从MES着手,加快生产线运作流程,其次利用ERP加强管理。

(2)MES与ERP实施无先后。ERP不仅仅是一个软件,它是一种管理思想,它所涵盖的不仅仅是生产领域,还有财务、库存等众多领域。ERP所要做的事情是将各个领域的资源进行搭配和管理,通过制定一定的规章制度,设置一定的规则,让企业所有的人都各司其职,让企业正常运转。这个时候,生产控制仅仅作为ERP中的一个模块存在,甚至在粗放型的ERP管理中,生产控制只需要控制好时间、配料、人工以及质量管理就可以,完全可以粗放到只把生产分出一定的段,按照一定的节奏控制每一段的运作流程,保证生产线既不会因为缺料而停工,也不会因为料多了形成二级库而造成浪费;不会因为质量不合格而返工,又能顺利计算出产品的单位时间、单位成本,甚至找到降低成本的方法。所以,当MES不存在的时候,ERP仍然能够控制生产,能够从一些外沿管理上将生产掌握在可调控范围内,

(3)MES与ERP的接口协议。对于制造业企业来说,MES是根本,ERP是方向,相互配合,才能做大做强。为此,在企业信息化建设过程中,必须考虑MES与ERP之间的接口协议,以使两者能够连通。通常由ERP开发厂商给MES留出一定的接口,为MES的数据上传做准备。MES厂商则负责按照ERP留出的接口进行数据的整合和管理,将数据上传,例如采取一个平台或软件,将生产数据收集起来,成为上层ERP与下层MES的数据通道,这些软件类似于软件领域的中间件。此外,还有越来越多的IT企业在和工控企业联手,一起为企业实施

全套的信息化建设工程。

第7节 航空型号工程企业高级计划与排产

高级计划与排产(APS)技术是当今企业信息化领域中一个较新较难的课题。企业生产计划通常是确定长期的生产任务,涉及相当长的时间期,而生产排程是指在决定如何完成制造任务,通常涉及较短的时间期。随着企业信息化技术的发展,生产计划已经从简单的物料需求计划系统(MRP)演变为今天复杂的高级计划和排产系统(APS)。

一、高级计划与排产的定义和内容

1.高级计划与排产的定义

高级计划与排产(Advanced Planning and Scheduling,APS),也称为高级计划与排程,是基于约束条件、规则、业务模型、模拟及数学算法等,使客户订单直接链接到车间订单,并用直观的图形反映各种能力资源的负荷状况,考虑各个因素之间的关系,按照处理规则迅速调整,做到快速应答客户的询问,并落实承诺的条件。

企业运行需求计划和能力计划是一项反复运算和调整的烦琐人机对话过程,是运行物料需求计划系统(MRP)时最花费时间的处理过程,对一个经验不足的生产计划人员来说尤其会感到困惑。当客户提出订货要求时,这样漫长烦琐的运行速度,不能做到迅速答复,也不能及时响应环境急剧变化的要求。为了弥补 MRP 的不足,一些软件厂商开发了高级计划与排产(APS)系统,对所有资源,包括物料、机器设备、人员、供应、客户需求和运输等影响计划的因素具有同步的、实时的模拟能力。它对长期或短期计划都具有优化、对比和可执行性。

2.高级计划与排产的内容

(1)模拟仿真。模拟仿真特别适合任务排程,因为它能够尽可能详细地进行处理来采集制造过程中的细节。生产计划系统的模拟仿真就是在计算机里建立反映分析现实世界的模型,在此模型里,需要考虑各种影响因素,如工艺顺序、工序运行时间、物料及各种资源的可用性、轮班形式、工模具、人力、维修等所有影响真实世界的因素,任何的变化情况在计算机模型里都需及时反映出来。

许多 APS 软件都采用了模拟排程器软件,利用模拟技术全面反映生产计划和排程的运行特点。由于不存在数学求解的复杂性,它可以考虑各种复杂因素,包括结构上和参数上的随机性,因此,可以基于更现实的假设进行优化。通过计算机虚拟现实的情况,决策者可以事先比较计划排程的可行性,帮助做出及时明智的决定。

(2)高级计划。APS 中的计划功能用于确定在特定计划时间范围内满足制造系统的需求,计划过程的输入内容包括与需求数据和制造能力相关的信息。需求可以有多种需求,如客户订单,销售预测,从其他工厂转过来的订单,已下达的生产订单,安全库存产生的需求等。制造系统数据包括物料清单,工作中心能力的可用性,以及零件工艺、存货和已计划交货量。计划过程的输出是一个可行性的计划,它为每一个需求提供下达和完成时间。和 MRP 相似,APS 也将物料可用性列入考虑范围。但是,与 MRP 不同的是,它考虑了工作中心能够处理物料和满足需求的能力。计划通常是暂定性的,而且不能做得过于详细,因为它所包括的计划时间范围有可能会出现中断,预测可能不准确,交货可能延迟,设备可能发生故障,以及可能会收到无法预期的紧急订单等，最终的结果是一个可排程的计划。

计划的最终物料订单都具有一个承诺日期，该日期是通过订单承诺功能确定的，其算法如下：

1）从承诺日期反向开始，并且保留每道工序需要的能力和物料。

2）如果反向计算失败，意味着生成的开始日期可能已经过去，则从计划开始日期保留能力和物料。

3）如果反向和正向计算都失败，则不将该订单包括在计划期间内。

（3）高级排程。APS 排程器的作用是生成工序的详细清单，以指定何时在哪个工作中心处理哪个订单。该模块的输入包括需要满足的所有需求，包括当前物料存货，已采购物料的计划交货期等。排程器使用信息包括以下几项：

1）基于设备和操作员的实际分配的变动加工时间。

2）根据技能和质量要求选择设备和操作员的规则。

3）基于上一个零件和下一个零件的特性，包括零件类型、系列、颜色等，确定的变动准备时间。

4）根据最小化准备和其他因子用于设定工作中心作业顺序的规则。

5）允许的加班。

6）根据到期日期、闲置、成本和其他因子从优先级作业列表中进行选择的规则。

计划器通常考虑数周或数月时间内系统的需求，而排程器通常负责较短时间内的需求，可以是一个班次，一天或者是一周。如果发生随机事件（如设备故障，收到紧急订单或供应商的交货时间延迟），则可以快速地重新生产新的排程，并评估因此造成的影响。APS 计划功能是以订单为中心的，而 APS 的排程功能是由事件驱动的。在一组订单及其相关开始日期已经确定的情况下，排程器算法从生成日历开始，这个日历就是一个包含每个订单首道工序的时间顺序列表。因为该工序能够获得它所需要的工作中心能力和物料，因此将更新该日历反映工序结束的时间。

（4）订单承诺。使用计划模拟能够让企业现实地回答客户有关交货期的问题，并通过对制造现场当前状态的现实反映，能够直接地将销售订单添加到生产计划排程中并能够做出实际的承诺，该过程称为承诺能力（Capable to Promise，CTP），CTP 同时使用可用存货和生产能力来确定订单的承诺日期。如果供应链中有多个地点能够提供所需的物料，每个地点提供的承诺日期都是根据可获得的信息做出的，利用 APS 系统可以获得最准确的信息，因为这个地点能够根据可用存货和工作中心能力准确地了解到履行订单的时间和程度。当然，要获得这一信息资源需要建立一个良好的供应链信息系统，这就是为什么 APS 系统必需基于供应链管理系统（SCM）和 ERP 系统来实现准确的承诺能力（CTP）。

二、高级计划与排产的结构特点和集成

1. 高级计划与排产的结构特点

（1）采用基于内在的计算结构。APS 采用基于内存的计算结构，这种计算处理可以持续地进行计算。这就彻底改变了批处理的计算模式，可以并发考虑所有供应链约束。

（2）同步检查各种约束条件。当生产要素每一次发生变化时，APS 就会同时检查能力约束、原料约束、需求约束、运输约束、资金约束等，这就保证了供应链计划在任何时候都有效。

(3)采用基因算法技术。基因算法的基本思想认为进化就是选择了最优品类。基因算法技术是一种搜索技术,它以模仿生物进化过程为基础,进行优化组合,其目标是寻找最好的解决方案。

(4)采用网络导向结构。为了解决制造同步化问题,APS采用网络导向结构,目的主要是将基于多层代理技术外部因素与基于模拟仿真的制造内部系统因素结合起来,以解决制造同步化问题,即利用模拟仿真APS的优化顺序器来解决工厂的顺序冲突问题。这样,APS计划的编制与顺序的安排就可以提供给制造商解决全球的优先权和工厂本地的优化顺序问题,能及时对客户需求做出响应。

(5)计划与排程系统集成。高级计划与排产(APS)通过系统集成的方法使计划和排程融为一体,其做法是对具有能力约束和物料约束的计划器模块产生一个可排程的计划。该计划将数据内容提供给排程器模块,排程器模块生成一个详细的工序清单表,显示将如何使用能力资源,且将该信息返回给计划器模块用于下一个计划期间。对新客户订单的请求,可以同时考虑当前的和计划的工序和物料的可用能力,提供现实的承诺估计。

(6)APS与MES系统集成。高级计划与排产(APS)与制造执行系统(MES)的集成构成新的精益制造管理系统,它是一种集成系统管理软件与多类硬件组合的综合智能化系统,主要由一组共享数据的程序,通过布置在生产现场的专用设备,对原材料上线到成品入库的整个生产过程实时采集数据、控制和监控。它通过控制物料、仓库、设备、人员、品质、工艺、异常、流程指令和其他设施等工厂资源来提高生产效率。

2.APS与ERP、SCM、MES的系统集成

ERP应该以生产为核心,这点是业界公认的。企业制订生产计划的过程一般分成两部分,首先是生成主生产计划(MPS),其次是根据MPS生成生产作业计划。MPS一般是从订单得到,部分企业是从市场预测得出。但是,光有MPS是远远不够的,生产要求把简单的MPS分解为复杂、具体的生产作业过程,这就是详细生产排程。它涉及的除了物料,还有工序、资源、时间、逻辑关系、技术参数、成本等错综复杂的现场生产信息。

生产作业计划越详细,它给出的信息越丰富、越有价值,相应计算起来也就越困难。生产作业计划越粗略,越接近主生产计划(MPS),信息越少、价值就越低。企业总是希望自动得到尽可能详细的作业计划。但是ERP在这方面遇到了真正的技术瓶颈,几乎全部的ERP生产管理都是从简单的MPS入手,重点利用物料清单(BOM)解决物料需求计划(MRP),之后再解决生产过程的记录和统计。ERP恰恰在企业最需要的详细作业计划方面最薄弱、最无所作为,表面风风火火的ERP与企业最关键的运转过程发生了断层,从这个断层会衍生出来一大堆问题,其根本原因在于详细生产排程这个技术瓶颈。为了突破详细生产排程这个技术瓶颈,ERP必须与APS系统集成,因为APS的精细化排程是基于资源能力、约束理论、时间和物料为基础进行生产排产,能够解决ERP和MRP所不能解决的问题,主要有以下几项:

1)准确计算出满足订单要求的生产排产计划及有准确时间对应的物料需求计划。

2)当订单更改变化或临时插入紧急订单后,能快速重新排新的生产作业计划。

3)生成满足订单任务所占用的精确资源情况和此订单实时的精确物料需求计划。

4)计算订单的物料需求,为采购或供应商做出精确的到货时间、地点、数量的物料需求计划。

5)计算满足订单的工序需求,为采购计划和库存计划提供准确的信息。

6)计算出订单的精确的采购计划,包括交货的量、时间、地点、价格等。

7)监控单个订单或多个订单的生产进度情况,为实时的精细管理提供依据。

8)产生订单的实际成本、利润,所需物料及准确到货时间、库存情况等。

9)产生各种精确的计划,包括资源使用计划、物料需求计划、物料供应/采购计划、成本计划、针对订单的库存计划,以及对市场及对突发事件的预计库存量计划等。

图 2-3 表示了 APS 与 ERP,SCM,MES 系统集成,企业利用该集成系统可实现计划→排产→供应→执行→控制反馈→计划修改的良性循环,对生产现场的异常及时调整,使企业的运行更加有序。

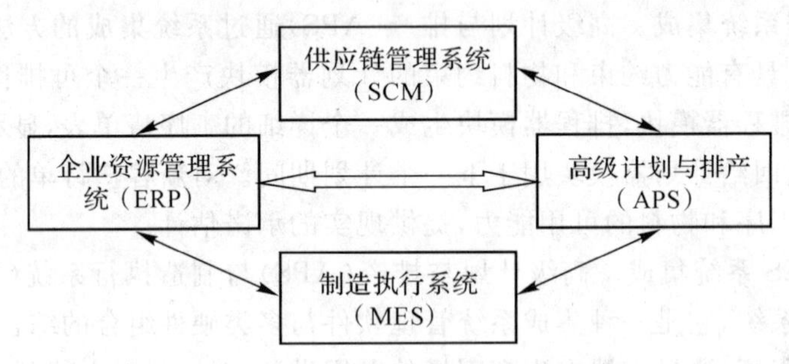

图 2-3　APS 与 ERP,SCM,MES 的系统集成示意图

第 8 节　企业信息孤岛与信息数据标准化

随着现代信息技术的高速发展、互联网应用的普及,越来越多的航空型号工程企业实施了信息化系统,开发了企业内部网、建立了门户网站和电子商务网站。随之而来的问题是企业多年来分散开发或引进的信息系统,互相之间不能信息共享,业务不能舒畅执行和有效控制,形成了许多信息孤岛,既影响了现有系统的继续运行,也影响了新系统的实施。

一、企业信息孤岛

(一)企业信息孤岛的定义和产生的原因

1. 企业信息孤岛的定义

企业信息孤岛是指相互之间在功能上不关联互动、信息不共享互换以及信息与业务流程和应用相互脱节的计算机应用系统。由于信息孤岛的存在,一个企业的各个部门的数据完全孤立,各种信息(如财务信息、各种计划信息、生产信息等)无法或者无法顺畅地在部门与部门之间流动、共享。

信息孤岛是一个普遍的问题,既不是航空型号工程企业特有的问题,也不是中国信息化特有的情况。信息孤岛的类型有很多,不仅企业内各环节存在着信息孤岛,企业间也存在信息孤岛,甚至政府机关之间也存在信息孤岛,有多少个委、办、局就有多少个信息系统,每个信息系统都由自己的信息中心管着,有自己的数据库、自己选择的操作系统、自己开发的应用软件和用户界面,完全是独立的体系。

2. 航空型号工程企业信息孤岛产生的原因

(1)由于航空型号工程项目的大型、复杂的特点，需要许多厂、所的同步协调合作，但实际上往往研究单位和制造单位的技术、管理间交流标准不统一、渠道不畅，存在着信息孤岛，导致协调非常困难。因而，产品研制后期出现大量的设计更改和零件报废，使研制费增加，研制周期延长，产品质量难于保证，费用大大增加。

(2)航空型号工程企业现行机制和体制形成厂所之间数据交换与管理壁垒。厂所间数据管理，由于设计所与制造厂体制不同，两个单位分立，所以各个地区的设计数据的发放、管理、更改、信息反馈等存在较大障碍，形成了人为的壁垒。航空型号工程项目设计、实验和制造过程所形成的工程技术文档目前分别由各应用系统本身来管理，没有形成基于产品构型控制的统一管理，关联性不好。

(3)信息技术发展快于航空型号工程企业变革速度　在整个信息技术飞速发展过程中，企业的信息技术应用也伴随着技术的发展而前进。但与企业的其他变革明显不同的是，信息技术应用的变化速度更快，也就是说，航空型号工程企业进行的每一次局部的信息技术应用都可能与以前的应用不配套，也可能与以后的“更高级”的应用不兼容。因此，从产业发展的角度来看，信息孤岛的产生有着一定的必然性。

(4)企业信息化是一个随着技术的成熟逐步提高的过程，是只有开始没有结束的过程。即企业信息化的实施和应用都不是一步到位，而是通过循序渐进的过程逐步建立起来的。航空型号工程企业信息化过程往往缺乏统一规划，信息化起步早的企业部门主要从部门内部的业务出发，开发了满足部门业务操作的信息化系统，每开发一个应用系统就单独建立一个数据库，这样不同的应用就拥有不同的数据库。这些数据库可能来自不同的厂商、不同版本，各个数据库自成体系，互相之间没有联系，数据编码和信息标准也不统一，形成企业信息孤岛。

(5)航空型号工程企业各部门单纯考虑信息技术在本部门应用，各自为政，单独开发，使得各信息系统之间彼此独立，信息不能共享，成为一个个信息孤岛，不能满足企业业务处理的需要。

(6)信息技术发展跨度大，升级换代快。航空型号工程企业在不同时期分散实施的信息系统，由于各个阶段系统开发使用的信息数据不统一、不规范，以及在运行环境、数据库系统、信息编码规则、业务流程定义等方面执行不同的标准，成为系统无法信息共享和集成的根本原因。

(7)长期以来，在航空型号工程企业中普遍存在着“重硬轻软，重网络轻数据”的认识误区。人们在设备选型和网络构筑上肯下功夫，肯花大钱，甚至成了“追新族”，使硬件网络设备“换了一茬又一茬”而造成很大的浪费，但没有用心去进行信息资源的开发与利用，因而导致对“信息孤岛”问题熟视无睹，使其得以长期存在而得不到解决。

(二)企业信息孤岛的危害

信息孤岛是目前航空型号工程企业信息化建设过程中非常严重的问题，是航空型号工程企业信息化提升效率的重要瓶颈，它会严重妨碍航空型号工程项目的开发进展。企业信息孤岛 的危害性主要有以下几方面：

(1)导致数据的重复输入和多口采集，影响数据的实时性、一致性和正确性。彼此孤立的信息系统要顺利运行，必须对相同的数据重复输入。将一个系统中的统计结果和计算结果输入到另一个系统中，使得大量的信息资源不能充分发挥应有的作用，效率低下。由于数据来源的途径不一，不仅增加了不必要的额外的劳动，而且经常造成数据不一致、不正确，使得航空型号工程企业的各级决策者因面对不同来源的报表中不一致的数据而无所适从，成为阻碍企业信息化进一步发展的障碍。

(2)信息孤岛不能实现信息及时共享和反馈，影响业务的顺利开展。信息不能及时、充分共享是信息孤岛的突出矛盾。如果航空型号工程企业中信息孤岛现象严重，系统之间既不能有效实现信息共享，又影响业务的顺利执行。由此所造成的信息无法共享、信息反馈难，航空型号工程企业就无法适应当今快速多变、全球化竞争的市场环境，无法面对产品研制生产过程中发生的突发事件做出正确的响应，企业信息化作用也就无法得到体现。

(3)信息孤岛影响操作和决策支持。信息孤岛的存在难免导致一套系统一套账户和密码，每个需要操作计算机的人员要记住多个账户、登录口令，经常需要从一个系统退出再进入另一个系统，给操作带来不便。由于航空型号工程企业主管需要站在企业全局把握产品开发、生产、经营情况，需要在产、供、销的一体化的基础上对企业人、财、物进行统筹管理，而孤立的信息系统无法有效地提供跨部门、跨系统的综合性的信息。在信息孤岛普遍存在的情况下，各类数据不能形成有价值的信息，局部的信息不能提升为管理知识，决策支持只能是空谈。

(4)企业信息孤岛的存在，影响信息化的集团化、行业化应用，制约企业业务发展。在互联网技术高度发达的今天，信息化已经开始从企业应用向网络化的集团应用、行业应用推进。在网络环境下，企业作为集团总部或行业大系统的一个个结点，为集团总部或行业总部及时提供生产、经营的指标数据，构建集团应用、行业应用的神经系统。如果在企业结点上附着的是相互孤立的单元，这样的神经末梢不能为总部的“大脑”及时提供信息，集团信息化和行业信息化也就成了无本之木、无源之水。

(三)企业信息孤岛的类型

信息孤岛的类型有很多，不仅企业内各环节存在着信息孤岛，企业间也存在信息孤岛。主要有以下几种：

(1)数据孤岛。数据孤岛是最普遍的形式，存在于所有需要进行数据共享和交换的信息系统之间。随着企业信息技术应用的不断深入，不同软件间，尤其是不同部门间的数据信息不能共享，设计、管理、生产的数据不能进行交流，数据出现脱节，即产生信息孤岛。

(2)系统孤岛。系统孤岛指在一定范围内，需要集成的系统之间相互孤立的现象。原先各自为政所实施的局部应用使得各系统之间彼此独立，信息不能共享，成为一个个信息孤岛。给企业系统运用带来信息需要重复多次输入、信息存在很大冗余、大量垃圾信息、信息交流一致性无法保证等困难。

(3)业务孤岛。业务孤岛表现为企业业务不能通过网络系统完整、顺利的执行和处理。在企业内部网络系统和网络环境的建设中，以企业发展为目标的信息化要求日益迫切，企业的业务需要在统一的环境下，在部门之间进行处理。企业里经常遇到的头痛问题是产品开发流程、生产流程、供应流程、销售流程和财务流程都是孤立运行，没有能够形成一个有机的整体。业务孤岛的要害就是割断了本来是密切相连的业务流程，不能满足企业业务处理的需要。

(4)管控孤岛。管控孤岛指控制系统与管理系统之间脱离的现象，影响控制系统作用的发挥。管控孤岛的问题能严重阻碍了企业信息化建设的整体进程，使企业在进行新一轮投入时，难于决断。

(四)消除和防范企业信息孤岛的措施

现代航空型号工程是一个非常庞大复杂的过程,需要许多企业,包括国内和国际的有关设计、制造、实验等多方面不同类型专业企业共同协调合作才能完成。对于航空型号工程企业而言,消除信息孤岛,不仅是要消除企业内部孤岛,而且还要消除外部孤岛,最终形成闭环。当前摆在航空型号工程企业面前的主要任务是要解决信息化建设过程中产生的信息孤岛问题,不再让新的信息孤岛继续出现,即需要从消除现有信息孤岛的和防范出现新的信息孤岛两方面着手。

1.消除现有信息孤岛的措施

(1)升级换代。对现有失去持续维护能力和没有维护意义的信息系统,采用升级的办法或用全新的系统替换旧系统,将旧系统中产生的数据导入到新系统中,从而消除现有信息孤岛。这种办法可以从系统运行环境、数据库系统等统一起来,在数据整合的基础上实现系统的整合和业务的集成。条件许可的情况下,可以对企业信息化重新规划,对现有运行的系统进行全面的升级和替换。

(2)建立数据交换协议和数据接口。针对一些业务上相对独立的信息系统,这些系统可能由不同的供应商提供,全面升级又不可能,可以采用建立数据接口方式实现系统之间的信息共享。接口协议建立后,由供应商负责自己系统的修改,遵循接口协议在规定的数据存放地点存、取所需要的数据。

(3)通过集成平台实现系统应用的集成。集成平台是可以适应于不同系统之间信息共享的通用工具,就是通过企业应用集成技术将企业的业务流程、公共数据、应用软件、硬件和各种标准联合起来,在不同企业应用系统之间实现无缝集成,使它们像一个整体一样进行业务处理和信息共享。当在多个企业信息化系统之间进行商务交易的时候,集成平台也可以为不同企业之间实现系统集成。

2.防范出现信息孤岛的措施

(1)统一信息化规划。结合企业实际情况,进行信息化的统一规划,确定统一的系统运行环境、数据库系统,规定企业信息集成模式、接口标准和规范。在保证各个数据流畅通的前提下,达到消除信息孤岛的目的,实现各个子系统的高速、高效互联,达到信息共享和网上数据交换,提高信息传递效率。在以后实施新的系统时,可以依据总统规划要求来进行,确保在后实施的系统能接入进来,避免产生新的信息孤岛。

(2)理顺企业的数据流。企业信息化作为一个严密的信息系统,数据处理的准确性、及时性和可靠性是以各业务环节数据的完整和准确为基础的。信息系统的实施是建立在完善的基础数据之上的,因此,理顺企业的数据流是企业信息化建设成功的关键之一。

(3)统一数据平台和集成标准。统一数据平台的基础就是以业务为核心,通过信息流将企业各部门的主要业务操作集成起来。信息系统规划和建设,需要根据企业规模确定数据的分布式数据结构或集中式数据模式,统一数据库系统和运行平台。采用分布式数据库的需要确定分布的层次、数据传递方向和标准,这样有助于减少日后消除信息孤岛的成本。

二、企业信息数据标准化

企业信息化建设的本质就是对信息资源的充分开发和利用,其中信息资源规范化和标准化工作是企业进行信息化建设最基础的工作。没有标准化、规范化的数据,企业信息化建设再大的投资也将付诸东流,只有实现信息数据的统一和标准化,业务流程才能通畅流转;只有实现信息数据的有效积累,决策才有据可循;只有信息数据准确,才能保证系统的完善。以往许多企业信息化系统的失败,在很大程度上是由于信息数据标准化工作的失误造成的,或者是根本就没有有效地进行信息数据标准化工作。

1. 企业信息数据标准化的原则

企业信息数据标准化体系的设计目标是规范、标准、可控、支持高效信息数据处理和深层信息数据分析的数据结构以及稳定、统一的信息数据应用体系及管理架构。

航空型号工程企业信息数据标准化体系建设中要综合运用关键成功因素法、企业系统规划法等分析方法,一方面采用战略目标集转换法和关键成功因素法,自上而下分析企业数据类别;另一方面借助系统规划和业务流程优化思想,梳理部分业务流程,自下而上提取基础数据;进而,提取并识别概念数据库、逻辑数据库、数据类、数据元素,建立数据模型,遵循关系数据库规范设计数据库结构,最终实现信息的全面性和数据的规范性。企业基本数据必须遵守统一格式,遵循如下原则:

(1)唯一性原则。每一个数据元素的定义在整个企业范围内是完全一致的,不能存在二义性。尽管每一个数据元素在不同的系统中可能有不同的叫法和描述,但其编码、含义却只能有一个。

(2)规范性原则。数据标准要规范化,这样才能提高其稳定性和可靠性。

(3)稳定性原则。信息数据基本原则是遵循有关标准基础形成的,不可随意改动。

2. 业务流程标准化

企业的运作需要各个部门的协调来完成,这种协调应该有标准,这就是业务标准化流程。业务流程标准化工作的第一步是整合规范业务流程;第二步制定并贯彻各岗位职责和工作标准,建立完善的标准化体系,确保业务工作质量。通过清晰描述岗位和岗位之间的关系、业务和业务之间的协作关系、流程和流程之间的互动关系,清晰展现物流、资金流、信息流,为企业信息化建设提供全面准确的业务支持。

3. 数据编码

数据编码是建立企业信息的基础,要对企业的所有管理对象进行编码,并保证每一个管理对象的编码都是唯一的。计算机系统是严格按代码管理的,各种代码始终贯穿于所有信息中,如供应商在计算机中有供应商代码,合同有合同代码,商品有商品代码和商品条码,商品分类有商品分类码,人员有人员编码,部门有部门编码,而且这些代码同代码之间有很大的关联,因此在建立数据编码标准时要充分考虑这些因素,使代码同代码之间进行协调统一。

编码的分类与取值是否科学和合理直接关系到信息处理、检索和传输的自动化水平与效率,信息编码是否规范和标准影响和决定了信息的交流与共享等性能。因此,编码必须遵循科学性、系统性、可扩展性、兼容性和综合性等基本原则,从系统工程的角度出发,把局部问题放在系统整体中考虑,达到全局优化效果。遵循国际和国家标准、行业和企业标准的原则,建立适合和满足本企业管理需要的信息编码体系和标准。

4. 信息指标体系标准化

信息指标体系是指一定范围内所有信息的标准，按其内在联系所组成的、科学的有机整体，它应具有目标性、集合性、可分解性、相关性、适应性和整体性等特征。在管理层次和管理部门众多的情况下，只有统一和规范指标体系，才能使各系统和各个层次实施的信息系统能够实现数据和信息的兼容与共享。

5. 信息系统开发标准化

信息系统开发标准化是指在系统开发中遵守统一的系统设计规范、程序开发规范和项目管理规范。系统设计规范定字段、数据库、程序和文档的命名规则和编制方法，应用程序界面的标准和风格等。程序开发规范对应用程序进行模块划分、标准程序流程的编写、对象或变量命名、数据校验及出错处理等过程和方法做出规定。项目管理规范规定项目开发过程中各类问题的处理规范和修改规则，文档的编写维护，在信息系统开发过程中，必须遵守软件工程的设计规范，实现信息系统开发标准化。

6. 信息交换接口标准化

目前有许多企业使用的各种应用系统，大多是在不同的操作系统、数据库系统、程序设计语言、硬件平台和网络环境下开发与运行的，这些应用系统在开发时并没有考虑到企业数据的集成，造成企业内部数据比较散乱，容易出现数据不一致的现象。可以说信息系统的质量与接口的标准化密切相关，接口标准化已成为企业数据信息标准化的重要一环。信息交换接口标准化对信息系统内部和信息系统之间各种软件和硬件的接口与联系方式，以及信息系统输入和输出的格式制定规范和标准，包括网络的互联标准和通信协议、各种数据库的数据交换格式，不同信息系统之间数据的转换方式等。

第3章 航空型号工程先进制造技术

第1节 航空型号工程先进制造技术的基本概念

先进制造技术也是现代航空型号工程项目管理的企业环境基础之一。信息技术的飞速发展给航空型号工程生产制造技术带来了质的飞跃，其特点是将人的创造能力与现代计算机的高速运算能力、巨大存储能力和逻辑判断能力有效地结合起来，为航空型号工程产品精密制造和自动化生产提供了强有力的技术支持，全面推动了航空型号工程先进制造技术的飞跃发展。

一、先进制造技术的定义和开发模式

1.先进制造技术的定义

先进制造技术(Advanced Manufacturing Technology，AMT)是在传统制造的基础上，不断吸收机械、电子、信息、材料、能源和现代管理技术等方面的成果，将其综合应用于产品设计、制造、检测、管理、销售、使用、服务的制造全过程，以实现优质、高效、低耗、清洁、灵活生产，提高对动态多变的市场的适应能力和竞争能力的制造技术的总称，也是取得理想经济效益的制造技术的总称。具体地说，就是指集机械工程技术、电子技术、自动化技术、信息技术等多种技术为一体所产生的技术、设备和系统的总称，主要包括计算机辅助设计、计算机辅助制造、集成制造系统等。

2.先进制造技术的开发模式

先进制造技术(AMT)的开发模式与传统制造模式不同，它是根据产品在全生命周期中功能和市场竞争(时间、质量、价格)的需要，考虑生态环境和资源效率，应用科学知识和现代技术，经过设计制造人员创造性的思维、规划和决策，制定先进的产品设计方案和制造工艺，并通过计算机辅助工程(CAE)等先进方法，使产品开发方案付诸实施。先进制造技术包括绿色产品设计制造技术、优良性能设计制造基础技术、竞争优势创建技术、全寿命周期设计制造技术、虚拟样机设计和并行设计方法等。

二、先进制造技术的关键技术

(一)虚拟技术

在传统的设计或开发产品中，通常根据设计者的个人经验，采用费时费钱的试错方法，在试生产中通过反复修改调试，方能获得较为满意的结果。虚拟技术是以计算机支持的仿真技术为前提，对设计、加工、装配等工序统一建模，形成虚拟的环境、虚拟的过程、虚拟的产品以及虚拟的企业。虚拟制造的实质是“在计算机中的制造”，即在计算机中完成制造全过程的模拟

和演示，以便检验涉及全过程的正确性、可制造性、优化设计方案，从而缩短产品的研制周期、降低产品成本和开发风险。

近年来，全球化、网络化和虚拟化已成为制造业发展的重要特征，实现虚拟样机设计是制造业虚拟化的重要内容。为了缩短产品开发周期、降低生产成本，人们提出了各种各样的制造模式。计算机技术的发展为这些制造模式的应用提供了有力的支持，"虚拟现实"技术的引入更是加快了各种敏捷制造模式的实现。基于虚拟现实的CAD顺应了设计技术发展的内在要求，进一步推动了产品设计向虚拟化方向发展。在虚拟环境中，产品模型从交互与行为表现上均高度接近于实物产品。设计者无须通过实物样机就能对产品设计结果进行多角度、全方位的分析与验证，以确保产品的可制造性、可装配性、可使用性、可维护性与可回用性，从而为实现"零样机产品开发"提供强有力的支持。因此，虚拟设计技术不仅是虚拟现实技术发展中一个重要里程碑，而且实现了产品设计与制造技术的一次革命性飞跃。

(二)并行工程

并行工程是对产品及其相关过程进行并行、集成化处理的系统方法和综合技术。它要求产品开发人员从一开始就考虑到产品全生命周期内各阶段的因素(如功能、制造、装配、作业调度、质量、成本、供应、维护与客户需求等)，并强调各部门的协同工作，通过建立工程项目供应链系统，确保各决策者之间的有效的信息交流与通信机制，综合考虑各相关因素的影响，使后续环节中可能出现的问题在设计的早期阶段就被发现，并得到解决，从而使产品在设计阶段便具有良好的可制造性、可装配性、可维护性及回收再生等方面的特性，最大限度地减少设计反复，缩短设计、生产准备和制造时间。

(三)成形技术

在材料成形机理上过去主要分为冷加工和热加工两大方面，现在已从主要的冷热加工发展为"去除加工、结合加工和变形加工"。从加工所用能源上看，已从主要利用机械力的常规加工发展为利用光、电、电化学、激光、电子、离子和超声等物理化学方法的特种加工。

1.精密成形技术

精密成形技术包括精密铸造、精密锻造、精密焊接，以及精密超精密机加工。一些特种加工技术，如激光、电子、离子束、高压水束、电化学及电火花加工技术等也能达到精密成形的目标。塑性成形与磨削加工相结合，将取代大部分中小零件传统的切削加工。超精加工已实现亚微米级加工，并正在向纳米级加工时代迈进，加工材料由金属扩大到非金属。就目前来说，比较先进的成形技术有精密成形技术、高速加工技术、激光加工技术和快速成型技术等。

无论采用哪一种方法，现代制造业都要求产品成形精密化。精密化包括两方面内容：

(1)零件外形尺寸的精密化，零件毛坯生产正在从接近零件形状向直接制成零件的净成形方向发展。

(2)零件内部成分组织性能的精密化，向近无缺陷方向发展，包括成分准确均匀、组织缜密。

2.高速加工技术

高速加工(HSM)是集高效、优质和低耗于一身的现代制造技术，它不但可大幅度提高生产效率，降低加工成本，并且具有加工表面质量好、单位切削力小和工件温升小等特点。高速加工已成为当前切削技术的重要发展趋向。实现高速如工是一项系统工程,它除应具有新一代高刚性、高主轴转速和高进给速度的金属切削机床外,还须有数控机床(CNC)控制系统、新型的刀具结构与材料、刀具与机床可靠的连接,以及刀具磨损或破损的在线检测与报警装置等作支撑。

对高速加工刀具最突出的要求是,既要有高的硬度和高温硬度,又要有足够的断裂韧性。为此须选用涂层硬质合金、陶瓷、聚晶金刚石(PCD)和聚晶立方氮化硼(PCBN)等刀具材料。它们各有特点,适应的工作材料和切削速度范围也不同。刀具装夹结构也是高速加工的研究课题。高速加工条件下,刀具与机床连接界面的结构非常重要,刀具的装夹要牢靠,工具系统应有足够的整体刚性,切削头必须能快换回转刀具的装夹结构,除应满足一般切削要求之外(如力和转矩的传递),还应具有高的定位精度和连接刚性,并尽量减少径向尺寸和质量。为保证高速精密切削时的加工精度和可靠性,刀具装夹到机床主轴之间须先做动平衡,以确保加工系统的安全性。

3.激光加工技术

激光是在一个特定的低真空谐振腔中,用一种特定介质,如红宝石、忆铝石榴石等,在电(光或其他能波)激发下经反复振荡、放大后射出的一束光子流。这束光子流波长单(单色)、发散角小(方向性好),具相干、高能、高亮度特性,经聚焦可达极高功率密度。用它作热源,对材料或零件进行高效率、高精度加工(切割、打孔、焊接、刻画及表面硬化等),通常称之为激光加工。目前,激光最为普遍的用途是切割,其次便是焊接和表面热处理。

激光加工是在高功率聚焦激光束照射下被加工材料表面与光束间发生许多不同的能量转换,包括吸收、反射、透射、气化、再辐射及热扩散。材料吸收光束能量的效应取决于材料的热特性,包括热导率、热扩散率、熔点、气化温度、比热容和潜热,也和材料的密度和几何形状(它们影响热的扩散和传导)有关。对焊接和切割过程来说,重要的是材料的熔化和汽化潜热。

4.快速成型技术

快速成形(RP)是一种直接根据计算机内部描述的产品三维几何模型制作其物理模型的工艺方法。它不同于传统去除材料的加工方法,而是采用材料堆积的方法逐层制作。快速成形制造技术问世十几年来,基于“离散-堆积”原理,具有高度柔性的制造思想已经被企业界广泛接受。其应用正在从最初的设计原型和测试原型制造向最终产品制造方向发展。采用快速成形技术可简化产品开发过程,提高生产效率,增强产品竞争力。

(四)智能制造

智能制造(IM)是制造技术、自动化技术、系统工程与人工智能等学科互相渗透、互相交织而形成的一门综合技术。其具体表现为智能设计、智能加工、机器人操作、智能控制、智能工艺规划、智能调度与管理、智能装配、智能测量与诊断等。它强调通过“智能设备”和“自治控制”来构造新一代的智能制造系统模式。

智能制造系统具有自律能力、自组织能力、自学习与自我优化能力、自修复能力,因而适应性极强,而且由于采用虚拟现实(VR)技术,人机界面更加友好。因此,智能制造技术的研究开发对于提高生产效率与产品品质、降低成本,提高制造业市场应变能力具有重要意义。

第2节 计算机辅助设计

计算机辅助设计(CAD)作为先进制造技术的一个重要组成部分，是促进科研成果的开发和转化，实现航空产品设计自动化，增强航空型号工程企业创新能力和竞争能力，加速国民经济发展和国防现代化的一项关键性高新技术。

一、计算机辅助设计的定义和设备

1.计算机辅助设计(CAD)的定义

计算机辅助设计(Computer Aided Design,CAD)是指利用计算机及其图形设备帮助设计人员进行设计工作。在工程和产品设计中，计算机可以帮助设计人员担负计算、信息存储和制图等项工作。在设计中通常要用计算机对不同方案进行大量的计算、分析和比较，以决定最优方案；各种设计信息，不论是数字的、文字的或图形的，都能存放在计算机的内存或外存里，并能快速地检索；设计人员通常用草图开始设计，将草图变为工作图的繁重工作可以交给计算机完成；利用计算机可以进行与图形的编辑、放大、缩小、平移和旋转等有关的图形数据加工工作。

2.计算机辅助设计(CAD)的主要设备

计算机辅助设计(CAD)通常以具有图形功能的交互计算机系统为基础，主要设备有计算机主机、图形显示终端、图形输入板、绘图仪、扫描仪、打印机以及各类软件。

(1)工程工作站。工程工作站一般指具有超级小型机功能和三维图形处理能力的一种单用户交互式计算机系统。它有较强的计算能力，用规范的图形软件，有高分辨率的显示终端，可以连接在资源共享的局域网上工作。

(2)个人计算机。个人计算机(PC)系统价格低廉，操作方便，使用灵活。20世纪80年代以后，PC机性能不断翻新，硬件和软件发展迅猛，加之图形卡、高分辨率图形显示器的应用，以及PC机网络技术的发展，由PC机构成的CAD系统已大量涌现，而且呈上升趋势。

(3)图形输入设备。图形输入设备的作用是把平面上点的坐标送入计算机。常见的输入设备有键盘、光笔、触摸屏、操纵杆、跟踪球、图形输入板和数字化仪等。

(4)图形输出设备。图形输出设备分为软拷贝和硬拷贝两大类：

1)软拷贝设备：指各种图形显示设备，是人机交互必不可少的。

2)硬拷贝设备常用作图形显示的附属设备，它把屏幕上的图像复印出来，以便保存。

(5)CAD软件。除计算机本身的软件如操作系统、编译程序外，CAD主要使用以下3类应用软件：

1)交互式图形显示软件：用于图形显示的开窗、剪辑、观看，图形的变换、修改和人机交互。

2)CAD应用软件：提供几何造型、特征计算、绘图等功能，以完成面向各专业领域的各种专门设计。构造应用软件的四个要素是算法、数据结构、用户界面和数据管理。

3)数据管理软件：用于存储、检索和处理大量数据，包括文字和图形信息。为此，需要建立工程数据库系统。它同一般的数据库系统相比有如下特点：数据类型更加多样，设计过程中实体关系复杂，库中数值和数据结构经常发生变动，设计者的操作主要是一种实时性的交互处理。

二、计算机辅助设计的发展历程和趋势

1. 计算机辅助设计(CAD)的发展历程

计算机辅助设计(CAD)最早出现在20世纪50年代,以美国麻省理工学院为旋风Ⅰ号所配的图形系统为代表。在CAD软件发展初期,CAD的含义仅仅是图板的替代品,CAD技术以二维绘图为主要目标的算法一直持续到20世纪70年代末期,以后作为CAD技术的一个分支而相对单独、平稳地发展。

(1)曲面造型系统。20世纪60年代出现的三维CAD系统只是极为简单的线框式系统。这种初期的线框造型系统只能表达基本的几何信息,不能有效表达几何数据间的拓扑关系。由于缺乏形体的表面信息,计算机辅助制造(CAM)及计算机辅助工程分析(CAE)均无法实现。

进入20世纪70年代,正值飞机和汽车工业的蓬勃发展时期。为了解决飞机及汽车制造中遇到的大量的自由曲面问题,法国人首先提出了贝赛尔算法,推出了三维曲面造型系统,首次实现以计算机完整描述产品零件的主要信息,同时也使得计算机辅助制造(CAM)技术的开发有了现实的基础。此时的CAD技术价格极其昂贵,软件商品化程度很低,主要应用在军用和汽车工业。由曲面造型系统带来的技术革新,使汽车开发手段比旧的模式有了质的飞跃,新车型开发速度也大幅度提高,开发期缩短一半。

(2)实体造型技术的普及应用。20世纪80年代初,由于计算机技术的大跨步前进,CAE,CAM技术也开始有了较大发展。美国公司在当时星球大战计划的背景下,由美国宇航局支持及合作,开发出了许多专用分析模块,用以降低巨大的太空实验费用,同时在CAD技术方面也进行了许多开拓。基于对CAD/CAE一体化技术发展的探索,出现了完全基于实体造型技术的大型CAD/CAE软件。由于实体造型技术能够精确表达零件的全部属性,在理论上有助于统一CAD,CAE,CAM的模型表达,给产品设计带来了惊人的方便。

新技术的发展往往是曲折和不平衡的。实体造型技术既带来了算法的改进和未来发展的希望,也带来了数据计算量的极度膨胀。在当时的计算机硬件条件下,实体造型的计算及显示速度很慢,在实际应用中做设计显得比较勉强。实体造型技术也就此没能迅速在整个行业全面推广开。在以后的10年里,随着计算机硬件性能的提高,实体造型技术又逐渐为众多CAD系统所采用。

(3)参数化实体造型技术。20世纪80年代中期,CAD的造型技术在无约束自由造型的基础上,出现了一种更先进的算法,即参数化实体造型方法。其主要的特点是基于特征、全尺寸约束、全数据相关、尺寸驱动设计修改。早期参数化实体造型CAD软件性能很低,只能完成简单的工作,但其价格也低。随着计算机技术迅猛发展,硬件成本大幅度下降,很多中小型企业也开始有能力使用CAD技术。由于他们设计的工作量并不大,零件形状也不复杂,因此他们很自然地把目光投向了中低档的参数化实体造型CAD软件。

进入20世纪90年代,参数化技术变得比较成熟起来,充分体现出其在许多通用件、零部件设计上存在的简便易行的优势,开始进入以汽车及飞机制造业为主的高档CAD软件市场。参数化技术的成功应用,使得它在20世纪90年代前后几乎成为CAD业界的标准,许多软件厂商纷纷投资开发研制。

(4)变量化实体造型技术。科学技术发展无止境,人们在生产实践中发现CAD参数化技

术尚有许多不足之处。首先，全尺寸约束这一硬性规定就干扰和制约着设计者创造力及想象力的发挥。全尺寸约束要求设计者在设计初期及全过程中，必须将形状和尺寸联合起来考虑，并且通过尺寸约束来控制形状，通过尺寸的改变来驱动形状的改变，一切以尺寸参数为出发点。一旦所设计的零件形状过于复杂时，面对满屏幕的尺寸，如何改变这些尺寸以达到所需要的形状就很不直观；再者，如在设计中关键形体的拓扑关系发生改变，失去了某些约束的几何特征也会造成系统数据混乱。于是，为了克服这些缺点，CAD软件开发人员以参数化技术为蓝本，提出了一种比参数化技术更为先进的变量化实体造型技术。

变量化技术的理念是按如下步骤实现的：用主模型技术统一数据表达及变量化构画草图→变量化截面整形→变量化方程→变量化扫掠曲面→变量化三维特征→变量化装配等。变量化技术既保持了参数化技术的原有的优点，同时又克服了它的许多不利之处。它的成功应用，为CAD技术的发展提供了更大的空间和机遇，带动了CAD/CAM/CAE整体技术的提高以及制造手段的更新。

2.计算机辅助设计(CAD)的发展趋势

当今CAD技术发展的潮流是CAD/CAE/CAM/CAPP/PDM的无缝集成。

(1)标准化。完善的CAD标准体系是指导我国标准化管理部门进行CAD技术标准化工作决策的科学依据，是开发制定CAD技术各相关标准的基础，也是促进CAD技术普及应用的约束手段。因此在CAD应用工程中跟踪国际的相关标准，研究制定符合我国国情的CAD标准，并切实加以执行是促进我国CAD技术研究开发、推广应用不断发展的重要保证。

(2)网络化。基于互联网模式的公用网络环境下，正在形成的所谓知识经济事实上就是网络经济，其表现在于企业组织内部、企业之间和社会团体间的广泛互联，生产和商业活动越来越依赖于网络公共信息基础设施，使企业能有效获得资源、进行协同工作、异地设计、网上经营等活动，不但企业之间得到延伸，还连接到客户、供应商，甚至包括竞争对手。一方面网络环境为CAD的集成、开放和智能化创造了条件，使CAD技术面临着新的发展契机，另一方面CAD技术也是这种经济模式下的一种关键技术支撑。对于产品设计生产而言，通过网络化的手段可以帮助企业改造传统的设计、生产和管理流程，创造一种顺应人性而又充满魅力的企业发展环境，以便于企业员工能在其中形象化地表现、高效率地研究发展和交流思想，更多的企业员工可以在同一平台下，通过网络针对一项产品设计生产任务进行实时的双向交互通信与合作。

(3)集成化。集成是指将基于信息技术的资源及应用聚集成一个协同工作的整体，集成包含功能交互、信息共享以及数据通信三个方面的管理与控制。也就是向企业提供一体化的解决方案，利用基于网络的CAD/CAE/CAM/CAPP/PDM集成技术，把各种功能不同的软件有机地结合起来，用统一的执行控制程序来组织各种信息的提取、交换、共享和处理，保证系统内部信息流的畅通并协调各个系统有效地运行，实现真正的全数字化设计与制造。集成的CAD系统是以控制产品全生命周期为目标的并行工程，其基本要素是优化设计，并从产品性能设计、产品制造工艺性能设计、产品可检测性能设计、产品可维护性能设计及产品依从性能设计入手进行优化，促进市场对路的新产品快出多出。

(4)智能化。CAD系统在控制产品的设计和制造过程、应用工程设计知识，实现优化设计和智能设计的同时，也须具有丰富的图形处理功能，实现产品的“结构描述”与“图形描述”之间的转换。因此，在以几何模型为主的现代通用CAD技术基础上，发展面向设计过程的智能CAD技术是一种必然的趋势。

工程设计知识库用来收集和存档相关的几何属性等工程数据，并自我学习，积累起一定的经验，规则，通过知识提炼，促进清晰地分类，把工程、属性数据库与知识库紧密地结合起来，关键在于提高了搜索复杂的几何图形和工程信息的计算方法。工程知识库的长远目标就是发展以数学为基础的工具来支持大的工程数据库中进行基于内容的搜索、挖掘。

(5)计算机集成创造系统。计算机集成制造(Computer Integrated Manu facturing，CIM)这一概念最早由美国的约瑟夫·哈林顿博士于1973年提出，主要强调两点：一是系统观点，二是信息观点。随着信息技术的发展，CIM概念不断得以丰富和发展，其新的定义是：将信息技术、现代管理技术和制造技术相结合，并应用于企业产品全生命周期的各个阶段，通过信息集成、过程优化及资源优化，实现物流、信息流、价值流的集成和优化运行，达到人、经营和技术三要素的集成，以改进企业新产品开发的时间、质量、成本、服务和环境，从而提高企业的市场应变能力和竞争能力。

CIM概念的产生和发展反映了人们对产品制造有了更深刻的认识。通常，人们仅把工艺设计、库存控制、生产制造及维护这些活动称为制造，但实际上这是一种狭义的理解。从广义上看，产品制造应包括对产品需求的察觉、产品概念的形成、设计、开发、生产、销售以及对用户在使用产品过程中提供服务等全部活动。另一方面，过去人们仅把产品制造看作一个物料转换的过程，即由原材料经过加工、装配，最终变成一个产品。实际上，产品制造是一个复杂的信息转换过程，在制造中进行的一切活动都是信息处理连续统一体的一部分。

(6)计算机集成创造系统。计算机集成创造系统(Computer Integrated Manufacturing System，CIMS)是指以计算机为中心的现代化信息技术应用于企业管理与产品开发制造的新一代制造系统，是CAD/CAM/CAPP/CAE、PDM、ERP、管理与决策、网络与数据库及质量保证系统等子系统的技术集成。它把管理与技术结合起来，将企业生产、经营各个环节，从市场分析、经营决策、产品开发、加工制造到管理、销售、服务都视为一个整体，即以充分的信息共享，促进制造系统和企业组织的优化运行，其目的在于通过提高企业的技术创新能力，实现增强企业整体竞争能力的目标，推进企业信息化技术和现代管理技术的应用。

第3节　计算机辅助制造

计算机辅助制造(CAM)的核心是计算机数值控制(简称数控)，是将计算机应用于制造生产过程的过程或系统。数控机床能从刀库中自动换刀和自动转换工作位置，能连续完成锐、钻、铰、攻丝等多道工序，这些都是通过程序指令控制运作的，只要改变程序指令就可改变加工过程，数控的这种加工灵活性称之为“柔性”。

一、计算机辅助制造的定义和功能结构

1.计算机辅助制造(CAM)的定义

计算机辅助制造(Computer Aided Manufacturing，CAM)的定义有广义和狭义之分，广义CAM定义是指通过直接的或间接的计算机与企业的物质资源或人力资源的连接界面，把计算机技术有效地应用于企业的管理、控制和加工操作。按照这一定义，计算机辅助制造包括企业生产信息管理、计算机辅助设计(CAD)和计算机辅助生产、制造，以及制造活动中与物流有关的所有过程(加工、装配、检验、存储、输送)的监视、控制和管理等。其中计算机辅助生产、制

造又包括连续生产过程控制和离散零件自动制造两种计算机控制方式。这种广义的计算机辅助制造系统又称为整体制造系统。采用计算机辅助制造零件、部件,可改善对产品设计和品种多变的适应能力,提高加工速度和生产自动化水平,缩短加工准备时间,降低生产成本,提高产品质量和批量生产的劳动生产率。

狭义CAM定义是指在机械制造业中,利用电子数字计算机通过各种数值控制机床和设备,自动完成离散产品的加工、装配 、检测和包装等制造过程。企业可根据本单位的实际情况,决定采用何种定义。现在大多数情况下,采用狭义CAM定义的企业比较多,即认为计算机辅助制造(CAM)是利用计算机来进行生产设备管理控制和操作的过程。其他的相关生产活动则被划分为独立的专业系统,另外予以专门开发处理,如计算机辅助设计(CAD)、计算机辅助工艺规划(CAPP)被作为专门的子系统;而企业生产信息管理,如工时定额的计算、生产计划的制订、资源需求计划的制订则划分给MRPⅡ/ERP系统来完成;制造活动中的物流则采用供应链管理(SCM)系统进行管理和控制。

2.计算机辅助制造(CAM)系统的功能结构

计算机辅助制造(CAM)所涉及的范围,包括计算机数控(Computer Numerical Control,CNC)技术,计算机辅助过程设计。数控(Numerical Control,NC)技术除了在机床应用以外,还广泛地用于其他各种设备的控制,如冲压机、火焰或等离子弧切割、激光束加工、自动绘图仪、焊接机、装配机、检查机、自动编织机、计算机绣花和服装裁剪等,成为各个相应行业CAM的基础。

计算机辅助制造(CAM)系统一般具有数据转换和过程自动化两方面的功能,CAM系统是通过计算机分级结构来控制和管理制造过程的多方面工作,目标是开发一个集成的信息网络来监测一个广阔的相互关联的制造作业范围,并根据一个总体的管理策略控制每项作业。从自动化的角度看,数控机床加工是一个工序自动化的加工过程,加工中心是实现零件部分或全部机械加工过程自动化,计算机直接控制和柔性制造系统是完成一族零件或不同族零件的自动化加工过程,而计算机辅助制造是计算机进入制造过程这样一个总的概念。

二、计算机辅助制造系统的组成和成组技术

1.计算机辅助制造(CAM)系统的组成

计算机辅助制造(CAM)系统的组成可以分为硬件、软件、数据库和计算机网络系统等部分。

(1)硬件。硬件一般是指系统的实体,是相对于系统的软件而言。CAM系统硬件方面有数控机床、加工中心、输送装置、装卸装置、存储装置、检测装置、计算机等。

(2)软件。CAM系统软件方面有数据库、计算机系统软件和计算机应用软件。CAM主要应用软件包括计算机辅助工艺过程设计、计算机辅助数控程序编制、计算机辅助工装设计、计算机辅助作业计划编制与调度、计算机辅助质量控制等。

(3)数据库。数据库是通用化的综合性的数据集合,可以提供各种用户共享而具有最小的多余度和较高的数据和程序的独立性,能有效地、及时地处理数据,并提供安全性及可靠性。数据库系统是在计算机系统的基础上建立起来的,它由计算机硬件、数据库管理系统、用户及其应用程序等组成。

(4)计算机网络。计算机网络是指将地理上分散配制而又具有独立功能的多台计算机、终

端设备、传输设备和网络软件实现相互连接，形成资源共享的计算机群体。计算机网络由硬件和软件两大部分组成。网络硬件包括计算机系统、终端设备、通信传输设备等。网络软件包括网络操作系统、网络数据库、网络协议、通信协议、通信控制程序等。

2.计算机辅助制造(CAM)成组技术

成组技术是计算机辅助制造(CAM)系统的基础。它从20世纪50年代出现的成组加工，发展到20世纪60年代的成组工艺，出现了成组生产单元和成组加工流水线，其范围也从单纯的机械加工扩展到整个产品的制造过程。20世纪70年代以后，成组工艺与计算机技术和数控技术结合，发展成为成组技术，出现了用计算机对零件进行分类编码、以成组技术为基础的柔性制造系统，并被系统地运用到产品设计、制造工艺、生产管理等诸多领域，形成了计算机辅助设计、计算机辅助工艺过程设计、计算机辅助制造，以及有成组技术特色的计算机集成制造系统。

成组技术是一门涉及多种学科的综合性技术，其理论基础是相似性，核心是成组工艺。成组工艺与计算机技术、数控技术、相似论、方法论、系统论等相结合，就形成了成组技术，在现阶段更有计算机辅助成组技术的特色。成组工艺是把尺寸、形状、工艺相近似的零件组成一个个零件族，按零件族制定工艺进行生产制造，这样就扩大了批量，减少了品种，便于采用高效率的生产方式，从而提高了劳动生产率，为多品种、小批量生产提高经济效益开辟了一条途径。

零件在几何形状、尺寸、功能要素、精度、材料等方面的相似性为基本相似性。以基本相似性为基础，在制造、装配的生产、经营、管理等方面所导出的相似性，称为二次相似性或派生相似性。因此，二次相似性是基本相似性的发展，具有重要的理论意义和实用价值。成组工艺的基本原理表明，零件的相似性是实现成组工艺的基本条件。成组技术就是揭示和利用基本相似性和二次相似性，是工业企业得到统一的数据和信息，获得经济效益，并为建立集成信息系统打下基础。

第4节　计算机辅助工程与工艺规划

计算机辅助工程(CAE)和计算机辅助工艺规划(CAPP)都是提高制造业竞争力的有效方法。其中计算机辅助工程(CAE)是一种迅速发展的计算机软件技术，是支持工程师、科学家进行创新研究、产品创新设计一种重要的工具和手段；而计算机辅助工艺规划(CAPP)是革新传统工艺设计手段，采用以计算机为工具的现代化工艺设计和管理的方式。它既是企业上水平、上台阶的关键技术之一，也是企业发展迫切需要考虑的问题，以及实现计算机集成制造系统(CIMS)的必需环节。

一、计算机辅助工程(CAE)

1.计算机辅助工程(CAE)的定义

计算机辅助工程(Computer Aided Engineering，CAE)是指利用计算机对工程和产品的运行性能与安全可靠性分析，对其未来的状态和运行状态进行模拟、及早地发现设计计算中的缺陷，并证实未来工程或产品功能和性能的可用性和可靠性。准确点说，CAE是指工程设计中的分析计算与分析仿真，具体包括工程数值分析、结构与过程优化设计、强度与寿命评估、运动/动力学仿真。工程数值分析用来分析确定产品的性能；结构与过程优化设计用来在保证产品功能或工艺过程的基础上，使产品或工艺过程的性能最优；结构强度与寿命评估用来评估产品的精度设计是否可行，可靠性如何以及使用寿命为多少；运动/动力学仿真用来对CAD建模完成的虚拟样机进行运动学仿真和动力学仿真。

计算机辅助工程(CAE)的主要目标是实现结构分析和结构优化。虽然CAE的方法有多种，但应用最广泛、最成熟的是有限元分析，其基本思想是将物体离散成有限个简单单元的组合，用这些单元的集合来模拟或逼近原来的物体，从而将一个连续的无限自由度问题简化为离散的有限自由度问题。有限元分析是结构力学、弹性力学、流体力学、热力学、电磁学、航天航空、土建、水利、材料等工程设计和工程分析领域不可缺少的有效的计算分析方法。

近年来，随着信息技术的迅速发展，CAE已经从对已设计产品性能的简单校核，发展到对产品性能的准确预测，再到产品工作过程的精确模拟。CAE技术在产品设计和制造过程中的应用，对于企业增强产品开发能力、缩短产品开发周期、提高设计质量及优化产品开发流程、降低产品开发和维护成本等方面能发挥很大的作用，对提高企业综合竞争能力有很大帮助。

2.计算机辅助工程(CAE)概念的内涵

计算机辅助工程(CAE)概念具体的含义表现为以下几方面：

(1)运用工程数值分析中的有限元等技术分析计算产品结构的应力、变形等物理场量，给出整个物理场量在空间与时间上的分布，实现结构的从线性、静力计算分析到非线性、动力的计算分析。

(2)运用过程优化设计的方法在满足工艺、设计的约束条件下，对产品的结构、工艺参数、结构形状参数进行优化设计，使产品结构性能、工艺过程达到最优。

(3)运用结构强度与寿命评估的理论、方法、规范，对结构的安全性、可靠性以及使用寿命做出评价与估计。

(4)运用运动/动力学的理论、方法，对由CAD实体造型设计出动的机构、整机进行运动/动力学仿真，给出机构、整机的运动轨迹、速度、加速度以及动反力的大小等。

二、计算机辅助工艺规划(CAPP)

1.计算机辅助工艺规划(CAPP)的定义

计算机辅助工艺规划(Computer Aided Process Planning，CAPP)是利用计算机来辅助进行零件加工工艺过程的编制。通过向计算机输入被加工零件的几何信息(形状、尺寸等)和工艺信息(材料、热处理、批量等)，由计算机生成该零件的工艺路线和工序内容等工艺信息。工艺规划是连接产品设计和产品制造的桥梁，对产品质量和制造成本有着重要的影响。在集成化CAD/CAPP/CAM系统中，由于设计时在公共数据库中所建立的产品模型不仅仅包含了几何数据，还记录了有关工艺需要的数据，以供计算机辅助工艺规划利用。计算机辅助工艺规划的设计结果也存回公共数据库中供CAM的数控编程。集成化的作用不仅仅在于节省了人工传递信息和数据，更有利于产品生产的整体考虑。从公共数据库中，设计工程师可以获得并考察他所设计产品的加工信息，制造工程师可以从中清楚地知道产品的设计需求。全面地考察这些信息，可以使产品生产获得更大的效益。

2.计算机辅助工艺规划(CAPP)系统的基本结构

计算机辅助工艺规划(CAPP)系统的基本结构包括如下几部分(见图3-1)：

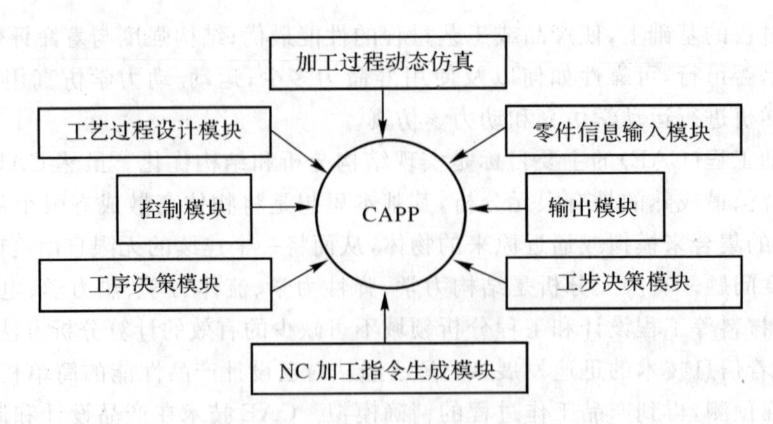

图 3-1 计算机辅助工艺规划(CAPP)系统的基本结构图

(1)控制模块。控制模块的主要任务是协调各模块的运行,是人机交互的窗口,实现人机之间的信息交流,控制零件信息的获取方式。

(2)零件信息输入模块。当零件信息不能从 CAD 系统直接获取时,用此模块实现零件信息的输入。

(3)工艺过程设计模块。工艺过程设计模块进行加工工艺流程的决策,产生工艺过程卡,供加工及生产管理部门使用;

(4)工序决策模块。该模块的主要任务是生成工序卡,对工序间尺寸进行计算,生成工序图。

(5)工步决策模块。该模块对工步内容进行设计,确定切削用量,提供形成数控(NC)加工控制指令所需的刀位文件。

(6)NC 加工指令生成模块。该模块依据工步决策模块所提供的刀位文件,调用 NC 指令代码系统,产生 NC 加工控制指令。

(7)输出模块。输出模块可输出工艺流程卡、工序卡、工步卡、工序图及其他文档,输出亦可从现有工艺文件库中调出各类工艺文件,利用编辑工具对现有工艺文件进行修改得到所需的工艺文件。

(8)加工过程动态仿真。加工过程动态仿真对所产生的加工过程进行模拟,检查工艺的正确性。

3. 计算机辅助工艺规划(CAPP)的分类

计算机辅助工艺规划(CAPP)系统按其工作原理可分为检索式、派生式、创成式等。

(1)检索式。检索式工艺过程设计系统是针对标准工艺的,将设计好的零件标准工艺进行编号,存储在计算机中,当制定零件的工艺过程时,可根据输入的零件信息进行搜索,查找合适的标准工艺。

(2)派生式。派生式工艺过程设计就是利用零件有相似性,相似的零件有相似的工艺过程这一原理,通过检索相似典型零件的工艺过程,加以增删或编辑而派生一个新零件的工艺过程。

(3)创成式。创成式工艺过程设计系统和派生式系统不同,它是根据输入的零件信息,依靠系统中的工程数据和决策方法自动生成零件的工艺过程。

(4)基于平台技术、可重构式。开放性是衡量计算机辅助工艺规划(CAPP)的一个重要的因素。工艺的个性很强,同时企业的工艺需求可能会有变化,CAPP必须能够持续满足客户的个性化和变化的需求。基于平台技术、具有二次开发功能、可重构的CAPP系统将是重要的发展方向。

4. CAD/CAPP/CAM系统集成

(1)CAD/CAM系统集成的概念。在过去的几十年中,有关计算机辅助单元技术及系统得到了很快的发展。这些技术及系统包括CAD,CAPP,CAM,CAE,CAFD(Computer Aided Fixture Design,计算机辅助夹具设计)等。这些独立发展的系统分别在产品设计自动化、工艺工程设计自动化和数控编程自动化等方面发挥了重要作用。

随着计算机技术日益广泛深入的应用,人们很快发现,采用这些各自独立的系统不能实现系统之间的信息自动传递和交换,不能实现信息资源的共享。例如CAD系统设计的结果,不能直接为CAPP系统接受,若进行工艺规程设计时,还需要人工将CAD输出的图样、文档等信息转换成CAPP系统所需要的输入数据,这不但影响了效率的提高,而且在人工转换过程中难免会发生错误。只有当CAD系统生成的插屏零件信息能自动转换成后续环节(如CAPP,CAM等)所需的输入信息,才是最经济的。为此提出了CAD/CAM集成的概念,并致力于CAD,CAPP和CAM系统之间数据自动传递和转换的研究,以便将这些独立的系统集成起来,达到共享硬件和软件资源的目的。CAD/CAM集成的优势:

1)有利于系统各应用模块之间的资源共享,提高了系统运行效率,降低系统成本。

2)避免了应用系统之间信息传递误差,特别是人为的传递误差,从而提高了产品的质量。

3)有利于实现并行作业,缩短产品上市周期、提高产品质量和企业的市场竞争力。

4)有益于敏捷制造等先进制造模式的实施,扩大企业的市场机遇。

(2)CAD/CAM系统集成的基本要素。CAD/CAM集成包括数据信息和物理设备两个方面的集成。从信息集成的角度看,CAD,CAPP,CAM系统之间的信息的提取、交换、共享和处理的集成就构成了一个基本的一体化的CAD/CAM系统。实现这种集成需具备两个基本要素:

1)CAD系统能够提供完备的、统一的并符合某种标准的产品信息模型,使CAPP,CAM等系统可以从该模型获取所需要的信息,并最终将CAD设计模型转换成制造模型。

2)数据传递与交换符合某种规范的文件格式,以便CAD/CAM系统中各模块能通畅地进行数据的传递和交流。

(3)CAD/CAPP/CAM集成模型。图3-2所示为CAD/CAPP/CAM集成的概念模型。图中CAD一般为商用软件,通过外部或内部接口向CAM提供零件的几何信息。CAPP为另一个商用软件或自行开发的软件,与后续的CAM软件不属于同一开发商,可通过外部接口向CAM提供编程所需的加工工艺信息。CAM一般也为商用软件,当它接受来自CAD和CAPP的信息后,可实现自动编程,产生数控加工程序。由此,上述模型实现了CAD/CAPP/CAM的集成。

(4)CAPP在CAD/CAM集成系统中的作用。CAD/CAM集成系统实际上是CAD/CAPP/CAM集成系统。CAPP上与计算机辅助设计CAD相接,下与CAM相连,是连接设计与制造之间的桥梁,设计信息只能通过工艺设计才能生成制造信息,CAPP在CAD、CAM之间起纽带作用,由此可见CAPP在实现生产自动化中的重要地位。计算机辅助工艺规划

(CAPP)从CAD系统中获取零件的几何拓扑信息、工艺信息,并从工程数据库中获取企业的生产条件、资源情况及企业工人技术水平等信息,进行工艺设计,形成工艺流程卡、工序卡、工步卡及NC加工控制指令。

1)CAPP模块能直接从CAD模块中获取零件的几何信息、材料信息、工艺信息等。

2)CAD模块的几何建模系统,除提供几何形状及其拓扑信息外,还必须提供零件的工艺信息、检测信息、组织信息及结构分析信息等。

3)须适应多种数控系统NC加工控制指令的生成。在CAD/CAPP/CAM集成系统中,由于CAPP模块能够直接形成刀位文件,因而就可以直接形成NC加工控制指令。CAD/CAPP/CAM集成系统中CAPP模块的功能是将产品设计信息转变为制造加工和生产管理信息,它是CAD与CAM的纽带,同时也是CAD/CAM与PDM以及ERP等管理信息系统集成的基础。

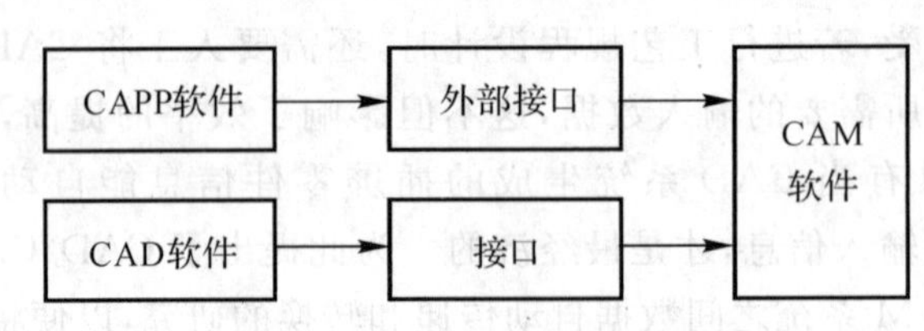

图3-2 CAD/CAPP/CAM集成的概念模型

第5节 先进检测技术、产品数据管理与数字化工厂

先进的产品不仅依赖于先进的设计和先进的加工技术,而且与检测技术有很大关系。产品数据管理(PDM),它是以软件技术为基础,以产品为核心,实现对产品相关的数据、过程、资源一体化集成管理的技术。数字化工厂(DF)是企业数字化辅助工程新的发展阶段,包括产品开发数字化、生产准备数字化、制造数字化、管理数字化、营销数字化等。

一、先进检测技术

(一)先进检测技术的定义

技术测量是指测量中所采用的原理、方法和技术措施。先进测量技术是指在一定领域内,用顶尖或先进的科学手段来测量某一产品或事物。在航空型号工程领域,金属件的现代检测技术在飞速发展,毫无疑问,金属件加工与装配的检测对航空飞行器的性能至关重要。与此同时,随着复合材在航空工程中的应用范围日益扩大,其检测技术已经成为航空型号工程生产领域的重点和难点。

纤维增强复合材料由于具有导电性差、热导率低、声衰减高的特点,在物理性能方面呈显著的各向异性,使得它对波传播所引起的作用与普通金属材料相比具有很大的差异,因而其无损检测技术与金属的检测大不相同,必须通过严格的检测来鉴别产品的质量状况。

(二)先进检测技术的类型

可应用于航空复合材料结构中缺陷无损检测的技术很多,下面重点介绍以下几种。

1. 目视检查法

目视检查法是使用最广泛、最直接的无损检测方法。它可以检查出褪色、表面划伤、裂纹、起泡、表面久压、起皱、橘皮、凹痕、富胶、贫胶等缺陷;尤其对透光的玻璃钢产品,可用透射光检查出内部的某些缺陷和定位,如夹杂、气泡、疏松、搭接的部位和宽度、蜂窝芯的位置和状态、镶嵌件的位置等。另外,利用反射光可以观察到表面不平和其他缺陷。

2. 声阻法

声阻法又称机械阻抗分析法,它是通过测量结构件被测点振动力阻抗的变化来确定是否有异常的结构存在。声阻仪是专为复合材料与蜂窝结构件的整体性检测发展起来的便携式检测仪器,可检测出板一板胶接结构(或复合材料)件或蜂窝结构的单层,多层板分离区域。此方法操作简单,效果很好,能满足设计和使用要求。

3. 射线检测技术

对于先进复合材料而言,射线检测仍然是最直接、最有效的无损检测技术之一,特别适合于检测先进复合材料中的孔隙和夹杂等体积型缺陷,对垂直于材料表面的裂纹也具有较高的检测灵敏度和可靠性,对树脂聚集与纤维聚集也有一定的检测能力,也可测量小厚度复合材料铺层中的纤维弯曲等缺陷,但对复合材料中最为常见的分层缺陷检测比较困难,对平行于材料表面的裂纹射线检测技术也不敏感。

在所有的射线检测技术中,胶片射线照相技术应用最为广泛,经过多年的发展,该技术已经比较成熟,许多国家都建立了针对复合材料的胶片射线照相技术规范或标准。近几年来,随着计算机技术的迅速发展,射线实时成像检测技术日趋完善,并开始应用于结构的无损检测。

4. 超声检测技术

超声检测方法主要包括有脉冲反射法、穿透法、反射板法、共振法、阻抗法等,它们各有特点,可根据材料结构的不同选用合适的检测方法。对于一般小而薄、结构简单的平面层压板及曲率不大的复合材料构件,宜采用水浸式反射板法;对于小而稍厚的复杂结构件,可采用喷水脉冲反射法或接触带延迟块脉冲发射法;对于大型复杂材料结构宜采用水喷穿透法或水喷脉冲反射法。

5. 声/超声检测技术

声/超声技术又称应力波因子技术。与通常的无损检测技术不同,它主要用于检测和研究材料中分布的细微缺陷群及其对结构力学性能(强度或刚度等)的整体影响,属于材料的完整性评估技术。采用声/超声振幅扫描技术也能够对金属材料间的黏接界面进行有效检测,而且克服了超声反射技术信号清晰度不高、超声透射技术传感器可达性差的缺点。复合材料的声发射技术是检测复合材料结构整体质量水平的非常有用的技术手段,使用简单方便,可以在测试材料力学性能的同时获取材料动态变形损伤。

6. 涡流检测技术

涡流检测技术的基本原理是利用涡流探头中线圈通以交变电流后,能够在线圈附近的检测试样中产生涡流,该涡流又能产生一个交变反磁场,交变反磁场会改变线圈磁场,从而使流经线圈中的电流也随之改变。当线圈上的电压恒定,线圈中电流变化引起线圈阻抗变化,通过测量线圈阻抗的变化,就可以得到试样内部的缺陷信息,但这种技术只适用于导电复合材料。

7. 微波检测技术

微波在复合材料中穿透能力强、衰减小,适合于复合材料的无损检测。它可以克服常规检测方法的不足(如超声波在复合材料中衰减大、难以检测内部较深部位缺陷,射线检测对平面型缺陷灵敏度低等),对复合材料结构中的孔隙、疏松、基体开裂、分层和脱黏等缺陷具有较高的灵敏性。

8.激光超声检测技术

激光超声技术是利用激光来激发和检测超声的一门新兴的技术,是一种涉及光学、声学、热学、电学、材料学、医学等多学科的科学和技术。与传统的压电超声技术相比,激光超声技术具有非接触、宽带、激发源高保真及点源接收等优点,因此,它更有利于材料的无损评估和其他学科的应用,如材料表征、缺陷检测、加工过程监测以及复杂形貌的工件或高温高压、辐射等恶劣环境下设备的监测等。

二、产品数据管理(PDM)

1.产品数据管理(PDM)的定义

产品数据管理(Product Data Management,PDM)是以软件为基础,集成并管理与产品有关的信息、过程及其人与组织的技术,它将所有与产品相关的信息和所有与产品有关的过程集成到一起。产品有关的信息包括任何属于产品的数据,如CAD/CAM/CAE的文件、材料清单(BOM),产品配置、事务文件、产品订单、电子表格、生产成本、供应商状态等。产品有关的过程包括任何有关的加工工序、加工指南和有关于批准、使用权、安全、工作标准和方法、工作流程、机构关系等所有过程处理的程序。

产品数据管理(PDM)的基本原理:在逻辑上将CAD,CAM,CAE,CAPP等信息化孤岛集成起来,利用计算机系统控制整个产品的开发设计过程,通过逐步建立虚拟的产品模型,最终形成完整的产品描述、生产过程描述以及生产过程控制数据。技术信息系统和管理信息系统的有机集成,构成了支持整个产品形成过程的信息系统,同时也建立了计算机集成创造系统(CIMS)的技术基础。通过建立虚拟的产品模型,PDM系统可以有效、实时、完整地控制从产品规划到产品报废处理的整个产品全生命周期中的各种复杂的数字化信息。

产品数据管理(PDM)明确定位为面向制造企业,以产品为管理的核心,以数据、过程和资源为管理信息的三大要素。PDM进行信息管理的两条主线是静态的产品结构和动态的产品设计流程,所有的信息组织和资源管理都是围绕产品设计展开的。企业实施PDM的最终目标是达到企业级信息集成,一般PDM分为企业图档管理、部门级数据管理、企业级数据管理和企业间数据管理四个层次,通过权限管理、工作流管理、项目管理、配置与变更管理等,实现在正确的时间、把正确的信息、以正确的形式、传送给正确的人、完成正确的任务,最终达到数据共享、人员协同、过程优化和增效减员的目的。PDM作为一个管理系统,需要针对企业的特殊需求来定制和实施,为此,企业实施规范的制定是加速PDM推广应用的关键因素。

2.数据对管理的挑战

(1)数据急剧膨胀。企业任何工作都离不开数据。所谓数据,是指最终可以转换成计算机描述和存储的信息。随着计算机及信息产业的飞速发展,形形色色的数据正在以令人难以想象的速度急剧膨胀,出现了数据爆炸的局面,对今天的企业形成了巨大的压力:数据种类繁多,数据检索困难,数据流向不明,数据缺乏安全性,数据无法共享等,更为严重的情况是数据泛滥或数据失控。一个典型的产品研发流程中,可能会有各种产品数据。它们生成并存在于产品研发的各个不同的阶段,以多种不同的形式被存放于不同的地方,而且数量巨大。产品种类越多,使用时间越长,则数据量越庞大,管理难度也越大。

(2)数据的标准化与共享性。由于人们使用的应用软件不止一个,而是多个,则数据的复杂性尤显突出,特别是在数据交换方面。如果今日之典型数据应用模式是文件交换模式,那么,人们特别希望,未来之典型应用模式应该是以数据标准化为基础的数据共享模式。

(3)数据的时效性。在产品研发和生产过程中,数据的变化是必然的、经常性的。人们总是希望任何设计/工程任务的变更能够即时地反映到数据变更上来,而且人们需要及时得到最新的数据,希望就数据的变化进行实时的沟通,希望知道数据是否为当前可用数据。因此,协同设计环境是必不可少的。

(4)产品定义管理。面对日趋复杂的产品开发任务,人们希望在基于计算机的产品研发过程中能够对产品的结构有一个清晰、形象的描述,能够了解产品结构和数据之间的物理及逻辑关系,能够管理产品和控制结构中每一个子项的版本。这样的产品定义应该特别符合人们对产品结构的一般认识规律,由总体到分支,由全局到局部,由产品到各个具体零件。

3.产品数据管理(PDM)在企业中的应用

目前,产品数据管理(PDM)在企业中的应用主要包括以下几方面:

(1)产品数据归档。产品数据管理(PDM)建立了统一的产品属性数据库,这些属性存在于图纸、工艺及各种文件资料中,PDM能自动读取这些数据,从而提供了方便的产品数据归档方法,各种不同类型产品的数据都可以有条不紊地进入应用服务器上的产品数据库中。

(2)统一编码。产品数据管理(PDM)提供了有效的编码管理和辅助生成工具。一方面,利用编码管理工具企业可以将编码规则定义到产品数据库中,以便使用人员随时在网络上查找浏览;另一方面,通过辅助生成工具,使用人员可以在单元应用软件中直接对生成的数据进行编码,保证编码的正确性。

(3)产品结构管理。产品结构是跨越组织部门和经营阶段的核心概念,是产品数据管理(PDM)系统连接各个应用系统(如CAD/CAPP/CAM/ERP)的纽带与桥梁。产品数据管理(PDM)以产品结构为核心来组织工程数据,完全符合PDM系统的数据组织逻辑,企业的工程数据在明确的产品结构视图下层次关系清晰可见。同时,它还提供基于产品结构的查询、修改和数据组织工作,对企业产品数据的管理起到了纲举目张的作用。

(4)过程管理。随着企业甩图板工程的深入,如何寻求一种适合企业的电子流程管理手段,成为企业需要进一步解决的问题,这也是PDM技术所要解决的关键技术。产品数据管理(PDM)提供了技术部门的工作流程管理模块,企业可以根据自己的情况来定制工作环节,利用了内嵌的浏览工具完成整个工作过程中的浏览与批注任务。

(5)数据的处理。制造企业的工艺设计、生产组织、物资供应、物流管理、对外协作等经营活动,都要使用基于产品结构的数据信息,其表现形式为企业现行的各种表格,这些造表工作复杂、烦琐,并且容易出错。产品数据管理(PDM)提供了交互式自定义表格工具,可以生成任意复杂的企业表格,并且具有多种统计、汇总与展开方式等功能。

(6)信息提取。产品数据管理(PDM)具有企业统一的产品属性数据库,因而可根据产品属性自动提取图纸、工艺文件的属性数据与产品结构数据等信息。

(7)快速检索查询。产品数据管理(PDM)对通用零部件、通用典型、标准工艺进行了统一的特征编码,因而具备对通用零部件,通用、典型、标准工艺提供快速检索查询的功能。

(8)数据检测。产品数据管理(PDM)可对产品数据的形成过程进行控制,对产品数据的完整性,规范性进行检验。

三、数字化工厂(DF)

1.数字化工厂(DF)的定义

数字化工厂(Digital Factory,DF)是指以产品全寿命周期的相关数据为基础,在计算机虚拟环境中,对整个生产过程进行仿真、评估和优化,并进一步扩展到产品全寿命周期的新型生产组织方式。它是现代数字制造技术与计算机仿真技术相结合的产物,同时具有其鲜明的特征。它的出现给基础制造业注入了新的活力,主要作为沟通产品设计和产品制造之间的桥梁。

数字化工厂技术作为新型的制造系统,提供了一个制造工艺信息平台,能够对整个制造过程进行设计规划,模拟仿真和治理,并将制造信息及时地与相关部分、供应商共享,从而实现虚拟制造和并行工程,保障产品制造生产的顺利进行。

2.数字化工厂(DF)的关键技术

数字化工厂(DF)集成了产品、过程和工厂模型数据库,通过先进的可视化、仿真和文档管理,以提高产品的质量和生产过程所涉及的质量和动态性能。其关键技术:

(1)数字化建模技术。通常研究的制造系统是非线性离散化系统,需要建立产品模型、资源模型制造设备、材料、能源、工装夹具、生产人员和制造环境等、工艺模型工艺规则、制造路线等以及生产管理模型系统的限制和约束关系。数字化工厂是建立在模型基础上的优化仿真系统,所以数字化建模技术是数字化工厂的基础。

(2)优化仿真技术。随着虚拟设计技术的发展,在计算机中进行产品零件的三维造型、装配分析和数控加模拟技术以及以工程分析技术不断发展和完善,这种技术进一步向制造过程领域发展。在数字化建模的基础上,对制造系统进行运动学、动力学、加工能力等各方面进行动态仿真优化。

(3)虚拟现实技术。文本信息很难满足制造业的需求,随着三维造型技术发展,三维实体造型技术已得到普遍的应用具有沉浸性的虚拟现实技术,使用户能身临其境地感受产品的设计过程和制造过程,使仿真的旁观者成为虚拟环境的组成部分。

(4)软件之间的重组和集成。数字化工厂软件模块之间以及与其他软件模块之间的信息交换和集成。

(5)应用工具。产生虚拟环境的工具集、各种数据转换工具、设备控制程序的生成器、各种报表的输出工具等。

3.全面制造过程管理

数字化工厂实施全面制造过程管理,在实际产品生产前,在计算机模拟的环境中完成虚拟生产全部过程,生成经过验证过的、实际生产所需的各种工艺数据和文档。从而实现主机厂内部、生产线供给商、工装夹具供给商等的并行工程。其工作流程如下:

(1)获取产品数据。通过系统集成,从设计部门的 PDM 系统中自动下载产品相关数据,包括 3D 模型、装配关系等,并在“数字化工厂”环境中进行工艺审查、公差分析等。

(2)获取资源数据。通过系统集成,从企业的资源库中自动下载相关资源数据,在“数字化工厂”环境中建立相关项目的资源库。

(3)工艺规划。在“数字化工厂”规划模块中进行协同规划或导入工艺部门已有工艺信息。工艺规划包括:总工艺计划、细节工艺计划、生产计划及产品、工艺、资源关联及工时等工艺信息。

(4)工艺验证、在“数字化工厂”工程模块中验证规划结果。工艺验证包括:工艺验证、动态装配、工位布局验证、线平衡、工时分析、人机工程仿真、物流仿真、机器人仿真、NC仿真和质检等。

第6节 航空型号工程先进制造技术

在工业时代,企业传统的生产方式追求规模经济,即以大批量、少品种为生产的主导方式。在信息时代,企业不仅要高效地生产,而且要保证所生产的产品满足用户的需求。信息时代新型生产方式主张以小批量、多品种,以及集约经济混流生产为生产的主导方式。

一、柔性制造系统(FMS)

1. 柔性制造系统(FMS)的定义

柔性制造系统(Flexible Manufacturing System,FMS)是由统一的信息控制系统、物料储运系统和一组数字控制加工设备组成,能适应加工对象变换的自动化机械制造系统。它没有固定加工顺序和生产节拍,适应多品种小批量生产。它的工艺基础是成组技术,按照成组的加工对象确定工艺过程,选择相适应的数控机床或工件、工具等物料储运系统。以计算机为核心进行系统管理,用无人搬运车进行工件传送,用数控技术实现自动化加工,用机器人进行自动装卸,并具有监视切削状态和精度、诊断和复原等功能,还能在一定范围内完成一种零件加工到另一种零件加工的自动转换。

2. 柔性制造系统(FMS)系统的组成

(1)加工设备。加工设备主要有加工中心和数控车床,前者用于加工箱体类和板类零件,后者则用于加工轴类和盘类零件。大批量少品种生产中所用的FMS,常采用可更换主轴箱的加工中心,以获得更高的生产效率。

(2)储存和搬运。储存和搬运系统搬运的物料有毛坯、工件、刀具、夹具、检具和切屑等;储存物料的方法有平面布置的托盘库,也有储存量较大的桁道式立体仓库。毛坯一般先由工人装入托盘上的夹具中,并储存在自动仓库中的特定区域内,然后由自动搬运系统根据物料管理计算机的指令送到指定的工位。固定轨道式台车和传送滚道适用于按工艺顺序排列设备的FMS,自动引导台车搬送物料的顺序则与设备排列位置无关,具有较大灵活性。

工业机器人可在有限的范围内为1～4台机床输送和装卸工件,对于较大的工件常利用托盘自动交换装置(APC)来传送,也可采用在轨道上行走的机器人,同时完成工件的传送和装卸。

磨损了的刀具可以逐个从刀库中取出更换,也可由备用的子刀库取代装满待换刀具的刀库。车床卡盘的卡爪、特种夹具和专用加工中心的主轴箱也可以自动更换。切屑运送和处理系统是保证FMS连续正常工作的必要条件,一般根据切屑的形状、排除量和处理要求来选择经济的结构方案。

(3)信息控制。柔性制造系统(FMS)信息控制系统的结构组成形式很多,但一般多采用群控方式的递阶系统。第一级为各个工艺设备的计算机数控装置(CNC),实现各加工过程的控制;第二级为群控计算机,负责把来自第三级计算机的生产计划和数控指令等信息,分配给第一级中有关设备的数控装置，同时把它们的运转状况信息上报给上级计算机；第三级是FMS的主计算机(控制计算机)，其功能是制订生产作业计划，实施FMS运行状态的管理，及各种数据的管理；第四级是全厂的管理计算机。

性能完善的软件是实现柔性制造系统(FMS)功能的基础，除支持计算机工作的系统软件外，数量更多的是根据使用要求和用户经验所发展的专门应用软件，大体上包括控制软件(控制机床、物料储运系统、检验装置和监视系统)、计划管理软件(调度管理、质量管理、库存管理、工装管理等)和数据管理软件(仿真、检索和各种数据库)等。

为保证FMS的连续自动运转，须对刀具和切削过程进行监视，采用的方法有：测量机床主轴电机输出的电流功率，或主轴的扭矩；利用传感器拾取刀具破裂的信号；利用接触测头直接测量刀具的刀刃尺寸或工件加工面尺寸的变化；累积计算刀具的切削时间以进行刀具寿命管理。此外，还可利用接触检测头来测量机床热变形和工件安装误差，并据此对其进行补偿。

3. 柔性制造系统(FMS)系统的类型

柔性制造是指在计算机支持下，能适应加工对象变化的制造系统。柔性制造系统有以下三种类型：

(1)柔性制造单元。柔性制造单元由一台或数台数控机床或加工中心构成的加工单元。该单元根据需要可以自动更换刀具和夹具，加工不同的工件。柔性制造单元适合加工形状复杂，加工工序简单，加工工时较长，批量小的零件。它有较大的设备柔性，但人员和加工柔性低。

(2)柔性制造系统。柔性制造系统是以数控机床或加工中心为基础，配以物料传送装置组成的生产系统。该系统由电子计算机实现自动控制，能在不停机的情况下，满足多品种的加工。柔性制造系统适合加工形状复杂，加工工序多，批量大的零件。其加工和物料传送柔性大，但人员柔性仍然较低。

(3)柔性自动生产线。柔性自动生产线是把多台可以调整的机床(多为专用机床)联结起来，配以自动运送装置组成的生产线。柔性程度低的柔性自动生产线，在性能上接近大批量生产用的自动生产线；柔性程度高的柔性自动生产线，则接近于小批量、多品种生产用的柔性制造系统。

二、准时生产(JIT)

1. 准时生产(JIT)的定义

准时生产(Just In Time，JIT)方式的基本思想可用现在已广为流传的一句话来概括，即只在需要的时候，按需要的量生产所需的产品，这也就是准时生产(JIT)一词所要表达的本来含义。这种生产方式的核心是追求一种无库存的生产系统，或使库存达到最小的生产系统。为此开发了包括看板在内的一系列具体方法，并逐渐形成了一套独具特色的生产经营体系。

准时生产(JIT)是一种全方位的系统管理工程。它像一根无形的链条调度并牵动着企业的各项工作能按计划安排的进程顺利地实施，因而又称为一种拉动式的生产模式。它与大批大量生产的福特模式生产线方式有很大的不同，后者是在每一道工序一次生产一大批零件，并须将其在中间仓库或半成品库中存放一段时间，然后再运送到下一道工序；而准时生产是以市场需求为依据，采用拉动式的生产模式，准时地组织各个环节进行生产，既不超量，也不超前，以总装配拉动部件装配，以部件拉动零件加工，以零件拉动毛坯生产，以主机厂拉动配套厂生产。在生产过程中，工序间的零件是小批量流动，甚至是单件流动的，在工序间基本上不存在积压或者完全没有堆积的半成品。

2. 准时生产(JIT)的原则

准时生产(JIT)主要内容可以归纳为融七大管理为一体的生产模式：即六种管理方法和一种管理体制的综合。六种方法是生产管理、质量控制、劳动组织、工具管理、设备管理和现场5S管理(整理、整顿、清扫、清洁和素养)。一种管理体制是指“三为”的现场管理体制：以生产现场为中心，以生产工人为主体和以车间主任为领导核心的现场生产组织管理模式。准时生产(JIT)有如下主要原则：

(1)物流准时原则。要求在需要的时间段内，一般指15～30 min内，所有的物品按照需要的规格、规定的质量水平和需要的数量，按规定的方式送到生产现场，或在指定的地点能提取货物。

(2)管理的准时原则。要求在管理过程中，能够按照管理的需要，遵照管理规定的要求收集、分析、处理和应用所需的信息和数据，并作为指令来进行生产控制。

(3)财务的准时原则。要求在需要时候，及时按照需要的金额调拨并运用所需的周转资金，保证企业的财务开支适应生产运行的需求。

(4)销售的准时原则。要求在市场需求的供货时间内，组织货源和安排生产，按照订单或合向要求的品种和数量销售和交付产品，满足顾客的需求。

(5)准时生产原则。企业通过实施劳动组织柔性化来坚持多机床操作和多工序管理的生产方式，通过培训使操作工掌握一专多能的技艺，形成一支适应性强、技术水平高和富有创造性的工作团队，以保证各项特殊要求的生产任务能出色和按时地完成。并且在生产组织上实行成品/半成品储备量逐年下降的原则，最终实现“零库存”的管理目标。生产准备工作和生产调度也必须适应多品种混流生产的要求，实现柔性化生产。

3. 准时生产(JIT)方式的基本手段

为了达到降低成本这一基本目标，准时生产(JIT)方式的基本手段可以概括如下：

(1)适时适量生产。在需要的时候，按需要的量生产所需的产品。对于企业来说，产品的产量必须能够灵活地适应市场需要量的变比。否则，由于生产过剩会引起人员、设备、库存费用等一系列的浪费。而避免这些浪费的手段就是实施适时适量生产，只在市场需要时生产市场需要的产品。

(2)弹性配置作业人数。根据生产量的变动，弹性地增减各生产线的作业人数，以及尽量用较少的人力完成较多的生产。这里的关键在于能否将生产量减少了的生产线上的作业人员数减下来。具体方法是实施独特的设备布置，以便能够将需求减少时，将作业所减少的工时集中起来，以整顿削减人员。但这从作业人员的角度来看，意味着标准作业中的作业内容、范围、作业组合以及作业顺序等的一系列变更。因此为了适应这种变更，作业人员必须是具有多种技能的多面手。

(3)质量保证。人们历来认为质量与成本之间是一种负相关关系，即要提高质量，就得花人力、物力来加以保证。但在准时生产(JIT)方式中，却一反这一常识，通过将质量管理贯穿于每一工序之中来实现提高质量与降低成本的一致性，具体方法是自动化。即使设备或生产线能够自动检测不良产品，一旦发现异常或不良产品可以自动停止设备运行。

(4)生产同步化。生产同步化是指工序间不设置仓库，前一工序的加工结束后，使其立即转到下一工序去,装配线与机械加工几乎平行进行。后工序只在需要的时间到前工序领取所需的加工品,前工序中按照被领取的数量和品种进行生产。这样,制造工序的最后一道即总装配线成为生产的出发点,生产计划只下达给总装配线,以装配为起点,在需要的时候,向前工序领取必要的加工品,而前工序提供该加工品后,为了补充生产被领走的量,必向更前道工序领取物料,这样把各个工序都连接起来。

(5)生产均衡化。所谓生产的均衡化是指总装配线在向前工序领取零部件时应均衡地使用各种零部件,生产各种产品。为此在制定生产计划时就必须加以考虑,将其体现于产品生产顺序计划之中。

(6)看板管理。在实现适时适量生产中具有极为重要意义的是作为其管理工具的看板。看板管理也可以说是准时生产(JIT)方式中最独特的部分,因此也有人将JIT生产方式称为看板方式。看板的主要机能是传递生产和运送的指令。在JIT生产方式中,生产的月度计划是集中制定的,同时传达到各个工厂以及协作企业。而与此相应的日生产指令只下达到最后一道工序或总装配线,对其他工序的生产指令通过看板来实现。即后工序在需要的时候用看板向前工序去领取所需的量时,同时就等于向前工序发出了生产指令。由于生产是不可能100%的完全照计划进行的,月生产量的不均衡以及日生产计划的修改都通过看板来进行微调。看板就相当于工序之间、部门之间以及物流之间的联络神经而发挥着作用。看板除了以上的生产管理机能以外。还有一大机能,即改善机能。通过看板,可以发现生产中存在的问题,使其暴露。从而立即采取改善对策。

三、精益生产(LP)

(一)精益生产(LP)的定义

精益生产(Lean Production,LP)是通过系统结构、人员组织、运行方式和市场供求等方面的变革,使生产系统能很快适应客户需求不断变化,并能使生产过程中一切无用、多余的东西被精简,最终达到包括市场供销在内的生产的各方面最好的结果。精,即小而精,不投入多余的生产要素,只是在适当的时间生产必要数量的市场需产品(或下道工序急需的产品);益,即所有经营活动都要有益有效,具有经济性。精益生产是当前工业界公认最佳的一种生产组织体系和方式。

精益生产既是一种以最大限度地减少企业生产所占用的资源和降低企业管理和运营成本为主要目标的生产方式,同时它又是一种理念、一种文化。实施精益生产就是决心追求完美的历程,也是追求卓越的过程,它是支撑个人与企业生命的一种精神力量,也是在永无止境的学习过程中获得自我满足的一种境界。其目标是精益求精、尽善尽美、永无止境地追求七个零的终极目标。精益生产(LP)的关键是管理过程,包括人事组织管理的优化,大力精简中间管理层,进行组织扁平化改革,减少非直接生产人员;推进生产均衡化、同步化,实现零库存与柔性生产;推进全生产过程(包括整个供应链)的质量保证体系,实现零不良;降低任何环节上的浪费,实现零浪费;最终实现拉动式准时化生产方式。

(二)精益生产(LP)的优势

精益生产(LP)方式竭力追求生产的合理性、高效性,追求能够灵活多样地和平适应各种需求的高质量产品的生产技术和管理技术，其基本原理和诸多方法，对制造业具有积极的意义。精益生产的核心，即关于生产计划和控制以及库存管理的基本思想，对丰富和发展现代生产管理理论也具有重要的作用。

精益生产(LP)的特点是消除一切浪费、追求精益求精和不断改善。去掉生产环节中的一切无用的东西，每个工人及其岗位的安排原则是必须增值，撤除一切不增值的岗位。精简是它的核心，精简产品开发设计、生产、管理中一切不产生附加值的工作，旨在以最优品质、最低成本和最高效率对市场需求做出最迅速的响应。与大批量生产方式相比，精益生产(LP)的优势主要表现在以下几方面：

(1)所需人力资源，无论是在产品开发、生产系统，还是工厂的其他部门，与大批量生产方式下的工厂相比，均能减至1/2。

(2)新产品开发周期可减至1/2或2/3。

(3)生产过程的在制品库存可减至大量生产方式下一般水平的1/10。

(4)工厂占用空间可减至采用大批量生产方式工厂的1/2。

(5)成品库存可减至大批量生产方式工厂平均库存水平的1/2。

(6)产品质量可提高3倍。

(三)精益生产(LP)管理方法上的特点

1.拉动式(Pull)准时生产(Just in Time)

(1)以最终用户的需求为生产起点。

(2)强调物流平衡，追求零库存，要求上一道工序加工完的零件即可以进入下一道工序。

(3)组织生产线依靠看板的形式，即由看板传递工序间的需求信息。

(4)生产中的节拍可由人工干预、控制，保证生产中的物流平衡和供应的准时化。

(5)由于采用拉动式生产，生产中的计划与调度实质上是由各个生产单元看板完成，在形式上只作最终产品的生产计划，过程中各个生产单元自主协调。

2.全面质量管理

(1)强调质量是生产出来的而不是检验出来的，由过程质量管理来保证最终质量。

(2)生产过程中对质量的检验与控制在每一道工序都进行，重在培养每位员工的质量意识，保证及时发现质量问题。

(3)如果在生产过程中发现质量问题，根据情况可以立即停止生产，直至解决问题，从而保证不出现对不合格品的无效加工。

(4)对于出现的质量问题，一般是组织相关的技术与生产人员作为一个小组，一起协作，尽快解决。

3.团队工作法

(1)员工在工作中不仅是执行上级的命令，更重要的是积极参与，起到决策与辅助决策的作用。

(2)组织团队的原则并不完全按行政组织来划分，而主要根据业务的关系来划分。

(3)团队成员强调一专多能，能熟悉团队内其他工作人员的工作，以保证工作协调、顺利进行。

(4)团队人员工作业绩的评定受到团队内部的评价的影响。

(5)团队工作的基本氛围是信任,以一种长期的监督控制为主,而避免对每一步工作的核查。

(6)团队的组织是变动的,针对不同的事物,建立不同的团队,同一个人可能属于不同的团队。

4.并行工程

(1)在产品的设计开发期间,将概念设计、结构设计、工艺设计、最终需求等结合起来,保证以最快的速度按要求的质量标准完成。

(2)各项工作由与此相关的项目小组完成,过程中小组成员各自安排自身的工作,但可以定期或随时反馈信息并对出现的问题协调解决。

(3)将与产品设计制造相关联的企业,围绕核心企业,通过对商业流、信息流、物流、资金流的控制,连成一个整体的功能网链结构,称为供应链系统。它是相关联企业为了适应新的竞争环境而组成的一个利益共同体,以强强联合的方式,使每个企业都发挥各自的优势,在价值增值链上达到共赢互惠的效果。

四、敏捷制造(AM)

1.敏捷制造(AM)的定义

敏捷制造(Agile Manufacturing,AM)是以柔性生产技术和动态联盟结构为特点,以高素质、协同良好的工作人员为核心,实施企业间的网络集成,形成快速响应市场的社会化制造体系。它综合了JIT,MRPII及LP等先进的生产管理模式的优点,能系统全面地满足高效、低成本、高质量、多品种、迅速及时、动态适应、极高柔性等,以实现现代生产管理目标要求。

敏捷制造是美国国防部为了指定21世纪制造业发展而支持的一项研究计划。该计划始于1991年,有100多家公司参加,由通用汽车公司、波音公司、IBM、德州仪器公司、AT&T、摩托罗拉等15家著名大公司和国防部代表共20人组成了核心研究队伍。此项研究历时三年,于1994年底提出了《21世纪制造企业战略》。在这份报告中,提出了既能体现国防部与工业界各自的特殊利益,又能获取他们共同利益的一种新的生产方式,即敏捷制造(AM),因而敏捷制造被称为21世纪的生产和管理战略。其核心思想是要提高企业对市场变化的快速反应能力,满足顾客的要求。除了充分利用企业内部资源外,还可以充分利用其他企业乃至社会的资源来组织生产。

2.敏捷制造(AM)的特点

敏捷制造(AM)是制造领域全新的技术和方法,从它的发展与应用情况来看,它是工业企业适应经济全球化、先进制造技术及其相关技术发展的必然产物,已有非常深厚的实践基础。敏捷制造(AM)的基本思想和方法可以应用于绝大多数类型的行业和企业,并以制造加工业最为典型。其实施和推进将与已有的并行工程、虚拟制造、CIMS技术逐步融为一体。可以预见,随着敏捷制造的研究和实践的不断深入,其应用前景十分广阔。敏捷制造(AM)具有如下特点:

(1)高柔性。柔性主要指制造柔性和组织管理柔性。制造柔性是指企业能够针对市场的需求迅速转产,转产后能够实现多品种、变批量产品的快速制造。组织柔性主要是指企业淡化宝塔型的管理模式,更强调扁平式管理,权力下放,项目组具有一定的决策能力。充分发挥每个人的主观能动性,发现问题,随时解决。

(2)先进的技术系统。敏捷制造(AM)企业应具有领先的技术手段和掌握这些技术的人员,还应具有可快速重组的、柔性的但并不强调完全自动化的加工设备,以及一套行之有效的质量保证体系,使设计制造出来的产品达到社会和用户都满意的程度。

(3)高素质人员。敏捷制造(AM)的一个显著特征就是以其对机会的迅速反应能力来参与激烈的市场竞争,这不仅是无思想的计算机所不能担负的工作,而且也不是思想僵化、被动接受指令的职工或一般模式中偏重于技术的工程师们所能应付得了的,它需要具有创造性思维的全面发展的敏捷型人才。

拥有高素质劳动力的企业,与拥有普通劳动力的企业相比,高素质劳动力能够充分发挥主动性和创造性,积极有效地掌握信息技术等高新技术;高素质劳动力得到授权后,能自己组织和管理项目,在各个层次上做出适当的决策;高素质劳动力具协作精神,能与各种人员保持良好的合作关系。

3.敏捷制造(AM)的关键技术

在敏捷制造(AM)系统中,人、组织和技术是三个最基本的要素。敏捷制造(AM)模式的构筑和实施需要多种技术支持才能充分发挥其优势。敏捷制造(AM)主要关键技术如下:

(1)并行工程(CE)技术。并行工程(Concurrent Engineering,CE)技术是指敏捷制造(AM)强调工作流程的并行进行,并非常见的串行反馈循环工作方式;强调团队工作精神,要求与工作项目有关的各方面专家共同协调,解决问题,求得各方面都满意的最佳方案。产品的设计过程、生产准备过程甚至加工过程可以同步进行,不仅可缩短新产品的开发周期,还可以及早发现并修改设计方案存在的问题,从而有效降低成本,提高产品质量。

(2)虚拟制造(VM)技术。虚拟制造(Virtual Manufacturing,VM)的基本思想是将制造企业的一切活动,如设计过程、加工过程、装配过程、生产管理、企业管理等建立与现实系统完全相同的计算机模型,然后利用该模型模拟运行整个企业的一切活动并进行参数的调整,在求得最佳运行参数后再进行实际制造活动,以确保整个运行都在最佳状态。与快速原型制造技术(RPM)相比较,虚拟制造对提高产品质量,降低产品成本,缩短设计制造周期,改进设计运行状态都起着十分重要的作用。

(3)网络技术。为了实现敏捷制造(AM),企业需要保障信息网络连通性,按照企业网、全国网、互联网的步骤实施企业的网络技术。利用企业局域网实现企业内部工作小组之间的交流和并行工作,利用全国网、互联网共享资源,实现异地设计和异地制造,及时地、最优地建立动态联。基于网络的企业资源计划管理系统和商品供应链系统为敏捷制造(AM)的实施提供必需的信息。

(4)模块化技术。敏捷制造(AM)模块化技术主要有组织机构的模块化、工艺系统的模块化、产品的模块化。组织机构的模块化通过多功能小组来实现。根据市场的需求的不同,企业能够动态的重构其组织结构,用多功能小组动态的、快速的重新组织设计队伍、生产队伍和管理机构,从而实现组织机构的敏捷化。工艺系统的模块化是利用模块化部件构造企业的工艺装备,可以根据生产需求的变化重新使用这些模块化部件,将生产系统升级或重新配置加工机器。预先对产品进行模块化设计,用户就可以根据自己的喜好提出诸如色彩、造型和功能等方面的要求,而制造企业可以选用合适的模块迅速地组装产品并交付客户。

(5)系统集成技术。信息及其交换的标准化和开放式体系结构是实现系统整体集成的关键。敏捷制造(AM)系统集成所要面对的是连续变化的动态系统,在系统集成运行的条件下,保证系统各部分功能的独立性，旨在不影响系统其他部分运行的情况下，独立进行系统的改进和升级。

(6)动态联盟。动态联盟是面向产品经营过程的一种动态组织结构和企业群体集成方式。作为实现敏捷制造(AM)的重要组织手段，其实质是综合社会各方面的优势，实现企业间的动态集成。它使企业新产品开发能力大大提高，能充分发挥出企业不同部门的最佳水平，减少资源的浪费。

(7)产品数据管理(PDM)技术。各种商业信息、制造信息、研究信息等都要有相应的合适的数据库系统进行管理，使企业管理更完善、更符合全球化市场的发展和竞争机制。

五、3D和4D打印技术

1.3D打印技术的定义

3D(三维)打印技术又称为快速成形技术，是一种不再需要传统的刀具、夹具和机床就可以打造出任意形状，根据零件或物体的三维模型数据，通过成形设备以材料累加的方式制成实物模型的技术。

3D打印关键的步骤是需要在计算机中建立起产品的三维模型，借助3D辅助设计软件，人们可以设计出一个个的3D模型，或者直接照着原型来设计，随后打印的过程，就是一个“构造”的过程，之所以被称为“打印机”，是因为参照了喷墨打印机的技术原理。3D打印是断层扫描的逆过程，断层扫描是把某个东西“切”成无数叠加的片，3D打印就是一片一片的打印，软件通过计算机辅助设计技术(CAD)完成一系列数字切片，并将这些切片的信息传送到3D打印机上。打印机会将连续的薄型层面堆叠起来，直到一个固态物体成形，成为一个立体物体。3D打印分层加工的过程与喷墨打印十分相似，不过它使用的是实实在在的原材料。原材料需要凝固成形，需要在成形的区域喷洒一层特殊胶水，胶水液滴本身很小，且不易扩散，然后再喷洒一层均匀的粉末。在一层胶水一层粉末的交织下，实体模型便打印成形。

2.3D打印技术的特点

传统生产制造技术是“减材制造技术”，3D打印则是“增材制造技术”。与传统的去除材料生产加工技术不同，3D打印将多维制造变为简单的由下至上的二维叠加，从而大大降低了设计与制造的复杂度，可以制造传统方式无法加工的奇异结构。由于不需要生产线，3D打印技术不仅降低了生产成本，也极大地减少了材料的浪费，用料甚至只有原来的十分之一，可大幅降低生产成本，提高原材料和能源的使用效率，以及减少对环境的影响。

3D打印技术对于生产者来说，它还使消费者能根据自己的需求量身定制产品。3D打印机通过计算机辅助设计、电子制图、远程数据传输、激光扫描、材料熔化等一系列技术，使特定金属粉或者记忆材料熔化，并按照电子模型图的指示一层层重新叠加起来，最终把电子模型图变成实物。其优点是大大节省工业样品制作时间，且可以打印造型复杂的产品，使单个物品的制造更为便宜快捷，设计师可以迅速对其进行修改，并马上“打印”新的样品。与此同时，对于创意设计具有良好保密性，无需将设计好的数据信息给模型加工厂即可打印出设计模型。

3D打印技术被《经济学人》杂志誉为“第三次工业革命”，它让现在正在使用中的任何制造类工具都为之逊色。从工业化的批量生产到个性化的专门定制，都可以通过3D打印实现。它的能力足以令人瞠目结舌，从汽车到枪支，从吃到肚子里的食品到穿在身上的比基尼，3D打印技术似乎无所不能。

3.3D打印技术在航空型号工程新产品开发上的优势

传统的航空型号工程新产品开发,要制造样件,需要生产模具。在新产品定型前,模具不需要长寿命,成本可低些,但低得有限。在产品反复多次的实验中,往往需要根据实验结果修改设计,修改后要再做模具、再实验,重复十次甚至更多是很正常的。这个反复过程中,模具制作时间,几乎要占据产品开发时间的一半以上,实验所需时间约占30%;模具制作费用,也要占到开发成本的50%~70%,其他为实验费用等。采用3D打印技术打印制作样件,与制造成熟产品并无二致,从而使航空新产品开发摆脱了样件模具这个过程,不再需要天价的模具费用投入和大量人工、工期投入。另外,在构成航空型号工程产品许多精密结构部件上,传统的焊接和零部件加固的方法使得部件之间的连接并不牢固,但是使用3D打印技术生产出来的产品是自然无缝连接,结构之间的稳固性和连接强度要远远高于传统生产制造方法。

与传统的航空型号工程新产品开发技术相比较,3D打印技术的优势有以下几点:

(1)3D打印技术使航空型号工程新产品开发变得相对简单快捷,大大节省了样件制作时间,加快了新产品研发工期,工期甚至可缩短为原来的1/10。

(2)相关航空型号工程新产品开发不再需要天价的模具费用投入,大大节省了新产品开发、生产成本。

(3)3D打印技术可显著减轻飞机结构重量。过去,对于大型复杂构件制造商用传统工艺无法完成时,就拆为几个件做,然后再进行组合。如今3D打印可以实现零部件一次成形,这不仅增加了零部件的完整性,同时也有助于减轻零部件的重量。

(4)3D打印技术可显著节约昂贵的战略金属材料。由于对高性能有苛刻需求,航空器需要大量使用钛合金等昂贵的高性能、难加工的金属材料。过去采用传统工艺方法,很多零件的材料利用率非常低,多数低于10%,有的甚至于仅为2%~5%。大量昂贵的金属材料变成了难以再利用的废屑,同时伴随着极大的机械加工量。作为一种高性能净成形技术,金属激光3D打印技术可以把高性能金属零件制造的材料利用率提高到60%~95%,同时机械加工量显著减少了。

4.4D打印技术的概念

4D打印是指"3D+时间"的打印技术,其中3D是三维空间,时间是第四维。即4D打印技术是在运用原有3D的打印技术的基础上,使用一种能够自动变形的材料,让3D打印出来的物体随着时间的推移,自我进行变化。例如家具可以自行组装。4D打印概念的灵感来自于生物的自我复制能力。与3D打印的预先建模然后使用物料成形并不一样,4D打印直接将设计内置到物料当中,简化了从"设计理念"到"实物"的创物过程。让物体如机器般"自动"创造,不需要连接任何复杂的机电设备。4D打印技术不但能够创造出有智慧、有适应能力的新事物,还可以彻底改变传统的制造工业和建筑等行业。

第7节 工业机器人技术

机器人技术作为20世纪人类最伟大的发明之一,自60年代初问世以来,经历几十年的发展已取得长足的进步。其中工业机器人已成为制造业中不可少的核心装备,正与人类(工人)朋友并肩战斗在工业生产加工各条战线上。

一、机器人的定义和组成

1.机器人(Robot)的定义

机器人(Robot)是具备一些与人或生物相似的智能能力,如感知能力、规划能力、动作能力、协同能力等,以及具有高度灵活性的自动化机器。机器人与一般自动化设备的重要区别是机器人对不同任务和特殊环境所具有的适应性,机器人(Robot)的任务是协助或取代人类工作的工作,例如生产制造业、建筑业,或是危险的工作。

机器人技术综合了人类多学科的发展成果,代表当代高新技术的发展前沿。机器人的出现并高速发展是社会和经济发展的必然,是为了提高社会的生产水平和人类的生活质量,让机器人替人们干那些人干不了、干不好的工作。在现实生活中有些工作会对人体造成伤害,比如喷漆、重物搬运等;有些工作要求质量很高,人难以长时间胜任,比如汽车焊接、精密装配等;有些工作人无法身临其境,比如火山探险、深海探密、空间探索等;有些工作不适合人去干,比如一些恶劣的环境、一些枯燥单调的重复性劳作等;这些都是机器人大显身手的地方。服务机器人还可以为您治病保健、保洁保安;水下机器人可以帮助打捞沉船、铺设电缆;工程机器人可以上山入地、开洞筑路;农业机器人可以耕耘播种、施肥除虫;军用机器人可以冲锋陷阵、排雷排弹等。

2.机器人的组成

机器人技术是综合了计算机、控制论、机构学、信息和传感技术、人工智能、仿生学等多学科而形成的高新技术,是当代研究十分活跃,应用日益广泛的领域。机器人应用情况,是一个国家工业自动化水平的重要标志。

机器人一般由执行机构、驱动装置、检测装置和控制系统和复杂机械等组成。

(1)执行机构。即机器人(Robot)本体,其臂部一般采用空间开链连杆机构,其中的运动副(转动副或移动副)常称为关节,关节个数通常即为机器人的自由度数。根据关节配置型式和运动坐标形式的不同,机器人执行机构可分为直角坐标式、圆柱坐标式、极坐标式和关节坐标式等类型。出于拟人化的考虑,常将机器人本体的有关部位分别称为基座、腰部、臂部、腕部、手部(夹持器或末端执行器)和行走部(对于移动机器人)等。

(2)驱动装置。驱动装置是驱使执行机构运动的机构,按照控制系统发出的指令信号,借助于动力元件使机器人进行动作。它输入的是电信号,输出的是线位移、角位移量。机器人使用的驱动装置主要是电力驱动装置,如步进电机、伺服电机等,此外也有采用液压、气动等驱动装置。

(3)检测装置。检测装置是实时检测机器人的运动及工作情况,根据需要反馈给控制系统,与设定信息进行比较后,对执行机构进行调整,以保证机器人的动作符合预定的要求。作为检测装置的传感器大致可以分为两类:一类是内部信息传感器,用于检测机器人各部分的内部状况,如各关节的位置、速度、加速度等,并将所测得的信息作为反馈信号送至控制器,形成闭环控制。一类是外部信息传感器,用于获取有关机器人的作业对象及外界环境等方面的信息,以使机器人的动作能适应外界情况的变化,使之达到更高层次的自动化,甚至使机器人具有某种感觉,向智能化发展。

(4)控制系统。控制系统有两种方式,一种是集中式控制,即机器人的全部控制由一台微型计算机完成。另一种是分散(级)式控制,即采用多台微机来分担机器人的控制。当采用上、下两级微机共同完成机器人的控制时，主机常用于负责系统的管理、通信、运动学和动力学计算，并向下级微机发送指令信息；作为下级从机，各关节分别对应一个 CPU，进行插补运算和伺服控制处理，实现给定的运动，并向主机反馈信息。根据作业任务要求的不同，机器人的控制方式又可分为点位控制、连续轨迹控制和力（力矩）控制。

二、机器人的分类

机器人并不是在简单意义上代替人工的劳动，而是综合了人的特长和机器特长的一种拟人的电子机械装置，既有人对环境状态的快速反应和分析判断能力，又有机器可长时间持续工作、精确度高、抗恶劣环境的能力，从某种意义上说它也是机器的进化过程产物，它是工业以及非产业界的重要生产和服务性设备，也是先进制造技术领域不可缺少的自动化设备。

机器人分类有多种方法，可以按应用领域分类，也可以按按结构和控制方式分类，或是按负载重量分类，以及按自由度分类等。

1. 按应用环境分类

机器人按应用环境可分为以下两类：

(1)工业机器人。工业机器人就是面向工业领域的多关节机械手或多自由度机器人，它是一种仿人操作、自动控制、可重复编程、能在三维空间完成各种作业的机电一体化自动化生产设备。特别适合于多品种、变批量的柔性生产。它对稳定、提高产品质量，提高生产效率，改善劳动条件和产品的快速更新换代起着十分重要的作用。

(2)特种机器人。特种机器人是除工业机器人之外的、用于非制造业并服务于人类的各种先进机器人，包括服务机器人，水下机器人，娱乐机器人，军用机器人，农业机器人，探险机器人，医疗机器人，空中空间机器人等。在特种机器人中，有些分支发展很快，有独立成体系的趋势。

2. 按结构和控制方式分类

机器人按结构和按制方式可分为以下几类。

(1)操作型机器人。能自动控制，可重复编程，多功能，有几个自由度，可固定或运动，用于相关自动化系统中。

(2)程控型机器人。按预先要求的顺序及条件，依次控制机器人的机械动作。

(3)示教再现型机器人。通过引导或其他方式，先教会机器人动作，输入工作程序，机器人则自动重复进行作业。

(4)数控型机器人。不必使机器人动作，通过数值、语言等对机器人进行示教，机器人根据示教后的信息进行作业。

(5)感觉控制型机器人。利用传感器获取的信息控制机器人的动作。

(6)适应控制型机器人。机器人能适应环境的变化，控制其自身的行动。

(7)学习控制型机器人。机器人能“体会”工作的经验，具有一定的学习功能，并将所“学”的经验用于工作中。

(8)智能机器人。以人工智能决定其行动的机器人。

第4章 航空型号工程组织机构和并行工程管理

第1节 现代组织论的基本概念

组织结构是反映生产要素相互结合的形式，即管理活动中各种职能的横向分工与层次划分。由于生产要素的相互结合是一种不断变化的活动，因而，组织也是一个动态的管理过程。就项目这种一次性任务的组织而言，要使组织活动有效进行，就需要建立合理的组织结构。

一、组织的含义及作用

1.组织的含义

组织是人们为了实现一定的目标、互相结合、指定职位、明确责任、分工合作、协调行动的人工系统及其运转过程。组织含义说明了四层意思：

(1)组织必须具有明确的目标。目标是组织存在的前提及组织活动的出发点和落脚点。

(2)组织内部必须有不同的层次与相应的责任制，其成员在各自岗位上为实现共同目标而分工合作，是组织产生高效能的保证。

(3)组织是一个诸要素相互作用的人工系统，它是由领导人或一个领导集团决策组建起来的为达到共同目标而相互作用或相互依赖的协作团体。

(4)组织不仅要设立部门机构，而且更要注意其运转过程。在运转过程中，对所需要的一切资源以有序、有机、富有成效的方式进行合理配置，以保证运转正常，以有助于组织的生存、稳定与发展。

2.组织的重要作用

现代组织理论的研究表明，组织是除了劳动力、劳动资料、劳动对象之外的第四大生产力要素，三大生产力要素间可以相互替代，而组织是不能替代的，组织可使其他生产力要素合理配置。随着其他生产力要素相互依赖的增加和系统化、综合化的新趋势，组织在提高服务质量和经济效益方面的作用愈来愈显著。组织的重要作用：

(1)能为组织内部所有的成员提供明确的指令，使每个成员都能按时、按质和按量地完成任务。

(2)能使每个成员了解自己在组织中的工作关系和他的隶属关系，有助于组织内部的合作，使组织活动更具有秩序性和预见性。

(3)有助于及时总结组织活动的成功经验和失败教训，及时协调与改善组织结构，使组织成员的职责范围更加明确合理，以适应形势、环境变化和发展，从而提高组织的竞争能力和综合效益。

(4)使每个成员不仅明确完成工作任务的职责和义务，而且了解自己应有的权力，并能正确地运用。这样在实现组织目标的同时也满足成员的需要，从而增强成员的向心力、自信心和锐意进取精神。

二、组织结构定义和组织设计的原则

1. 组织结构定义

组织结构是表现组织部分排列顺序、空间位置、聚集状态、联系方式以及各要素之间相互关系的一种模式，是组织的框架体系。就像人类由骨骼确定体型一样，组织也是由结构来决定其形状的。组织结构决定了组织中人才流、物流、信息流和资金流的流动方向，决定了作业流程的顺序及工作效率，组织能否顺利到达到目标，能否促进组织中每个成员在实现目标过程中做出贡献，在很大程度上取决于组织结构的完善程度。围绕组织结构的含义，现代组织学研究的内容包括以下两类：

(1)静态组织结构学。主要研究组织原则、组织形式、组织效应等，着重于结构合理、精干高效。

(2)动态组织行为学。主要研究组织如何考察和分析员工的工作能力、心理素质、主观意志、心理状态及人际关系的影响，追求群体内个人心情舒畅，彼此和睦融洽；研究组织的目标与个人的需要互相一致，以充分发挥人的作用，增强组织的亲和力，增加成员的归属感，以及各要素的合理配置。

现代组织学所研究的两方面内容在实际操作中不是截然分割而是密切相关的，组织者必须根据组织的内部要素（组织精神、战略目标、资金、技术设备、人员素质、规章制度、管理水平等）和外部要素（政治体制、经济结构、文化背景、社会状况、市场需求、竞争对手、学校教育、家庭幸福、国际环境等）审时度势，系统地考虑建立和变革组织结构。

2. 组织设计的原则

选择项目的组织结构是一件难度较大的事情，它要视项目的具体特性，结合各种组织方式的特点及公司的文化氛围，而且有时还要依靠一定的经验和直觉。几乎没有普遍接受的、步骤明确的方法来告诉人们怎样决定需要什么类型的组织结构。组织设计是对组织活动和组织结构的设计过程，是一种把目标、任务、责任、权力和利益进行有效组织与协调的活动。组织设计应该遵循下列原则。

(1)目的性原则。目的性是人的社会行为的原动力，是组织系统存在与发展的原动力，是组织行为的出发点和终结点。组织设计的根本目的，在于确保组织目标的实现。从这目标出发，就会因目标而设事、因事而设人、设机构、分层次，因事而定岗定责，因责而授权。

(2)有效管理跨度原则。组织设计时必须考虑组织运行中的有效性，即管理跨度与管理层次的问题。管理跨度是指一个管理者直接有效地指挥和协调下级的人数或指一个上级职位指挥和协调下级职位的数目。管理层次是指管理系统中划分为多少等级。管理跨度体现了组织的横向结构，管理层次则决定了组织的纵向结构。显然，两者呈反比关系。管理跨度大，管理层次就少；反之，管理跨度小，管理层次就多。适当的管理跨度是组织设计的一条重要原则，管理跨度过小，会导致不适当地增加管理层次，使管理者的才能不能充分发挥。如果管理跨度过大，则会由于管理者的精力、知识、经验等的局限性，而造成顾此失彼、管理失调。

(3)集权与分权相结合原则。集权就是把权力相对集中于高层管理者。集权的主要优点是便于组织的集中统一管理，能够有效地系统安排各种资源，统一指挥各项活动，统一协调各部门之间的关系，有利于充分发挥高层管理者的聪明才智和工作能力。它的缺点是由于统得过死，限制了下属管理者的主动性和创造性；由于组织层次多，延长了组织的纵向指令和信息沟通的渠道，降低了管理的灵活性，增大了管理的难度，且难以培养出综合业务能力强的管理人才。

分权是授权的扩大，就是赋予下属工作时所应有的权力。分权的优点是能激发各级管理人员的积极性、主动性和创造性，对客观情况的变化能迅速做出反应，有利于各级管理人员发挥才干和早期成熟，并使最高管理层摆脱日常事务，集中精力于重大决策的研究。分权的缺点主要是容易产生协调困难、各自为政、本位主义现象。

集权与分权的关系是辩证关系，两者相互依存、相互作用。集权的程度应以积极发挥下属管理者的主动性、激发组织的活力为准；分权的限度应以上级管理能有效控制下属为限。应当注意的是上级管理者不要越级指挥，否则对能力强的人产生不信任感，使其离心离德；对能力差的人则培养出无能的下属。

(4)责、权、力、效、利相匹配的原则。这一原则是组织设计的一项极为重要的原则。这一原则要求职责要明确，权力要对应，能力要相当，效益要界定，利益要挂钩。理论研究和实践都证明：有责无权或责大权小都会出现指挥不灵，组织不能正常运行的现象；有权无责容易产生瞎指挥和滥用权力，从而破坏组织活动与组织系统的效能；有职有权而能力、素质差，特别是政治、道德素质低劣的人，会背离组织目标，搞乱组织活动，整垮组织结构；利益不能与责任、权力发生固定关联而应与工作业绩、效益直接挂钩，且奖惩要分明，要兑现，否则会严重挫伤大家的积极性，使组织失去活力。

第2节　航空型号工程的组织形式和特点

目前，世上还没有什么普遍适用的、统一的组织模式理论和方法，而应该根据航空型号工程项目所处的内部条件和外部环境权宜应变，灵活掌握。通常，将航空型号工程项目看作是一个开放的系统，究竟应采用何种组织结构，应视具体情况而定，不可能有普遍适用的结构模式。

一、职能式组织模式

1. 职能式组织模式的概念

职能式组织模式是一个层次化的组织结构，每个成员有一个明确的上级。企业按职能以及职能的相似性来划分部门，如一般企业要生产市场需要的产品必须具有设计、工程、生产、营销、财务、人事等职能，那么企业在设置组织部门时，按照职能的相似性便有了相应的部门。采用职能标准来设计部门，是一种最自然、最方便、最符合逻辑的思维，大多数企业都采用这种组织模式(见图4-1)。

这种组织或项目实施团队是按照传统的职能部门组成的，多数实施组织或团队的成员是局限在一个职能部门之中的人员。通常，在这种实施组织中，项目经理和实施管理人员都是兼职的，一般也不从直线职能组织的其他部门选派专职的实施工作人员，而且项目经理的权利和权威性也很小，甚至很少使用项目经理这个头衔。项目实施团队成员大多数是兼职的，也有部分是专职的。兼职的项目实施团队成员身负双重职责，一方面未离开原来的工作职务，一方面又肩负航空型号工程项目实施的重任。所以该模式的组织成员身受双重领导，即同时接受项目经理和原职能部门领导的管理。这样，有时就不可避免地要产生冲突，当原来的职能岗位和航空型号工程部对某个成员的需要发生矛盾时，这就需要更多的协调，有时这种协调可能超过项目经理的权限。职能式组织比较适合小型航空型号工程项目的管理。

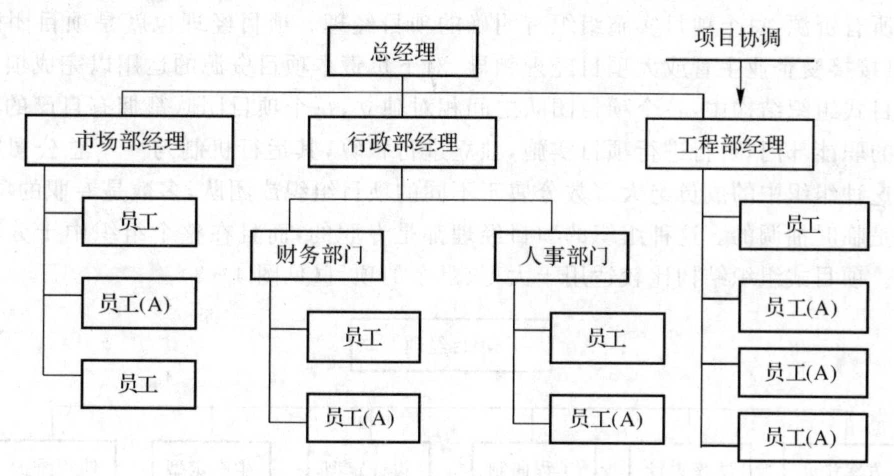

图 4-1　职能式组织示意图(注:带 A 的为参与航空型号工程的员工)

2.职能式组织优点

采取职能式组织模式有利于充分发挥资源集中的优势,在人员使用上具有较大的灵活性;技术专家可同时被不同的工程项目使用;同一部门的专业人员在一起易于交流知识和经验;当有人离开项目实施团队时,仍能保持团队服务的技术连续性;可以为本部门的专业人员提供一条正常的升迁途径。

3.职能式组织缺点

职能部门更多考虑的是自己的日常工作,而不是项目和客户的利益;职能部门的工作方式是面向本部门的活动,必须面向问题;由于责任不明,容易导致协调困难和局面混乱;由于在项目和客户之间存在多个管理层次,容易造成对客户的响应迟缓;不利于调动参与项目实施团队人员的积极性;跨部门的交流沟通有时比较困难。

二、项目式组织模式

1.项目式组织模式的概念

项目式组织是从公司组织分离出来的,是一种单目标的垂直组织方式,每个项目都任命了专职的项目经理。项目式组织结构如图 4-2 所示。

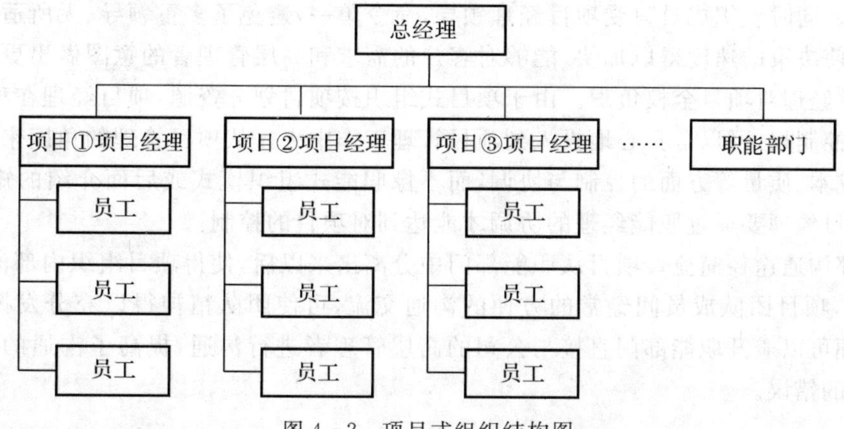

图 4-2　项目式组织结构图

项目式组织是一种模块式的组织结构，是按项目来划分所有资源，即每个项目有完成任务所必需的所有资源，每个项目实施组织有明确的项目经理。项目经理也就是项目团队的负责人，对上直接接受企业主管或大项目经理领导，对下负责本项目资源的运用以完成项目实施任务。在项目式组织结构中，各个项目团队之间相对独立，每个项目团队都拥有自己的项目经理和所必需的职能部门，自行进行项目实施，独立进行核算，其运行机制与一个总公司中的分公司相同。这种组织中的成员绝大多数分属于不同的项目组织或团队，多数是专职的项目人员，只有少数是临时抽调的。这种组织的项目经理都是专职的，而且在整个组织中十分独立和具有权威性。项目式组织结构比较适用于大型、复杂的项目(见图 4-3)。

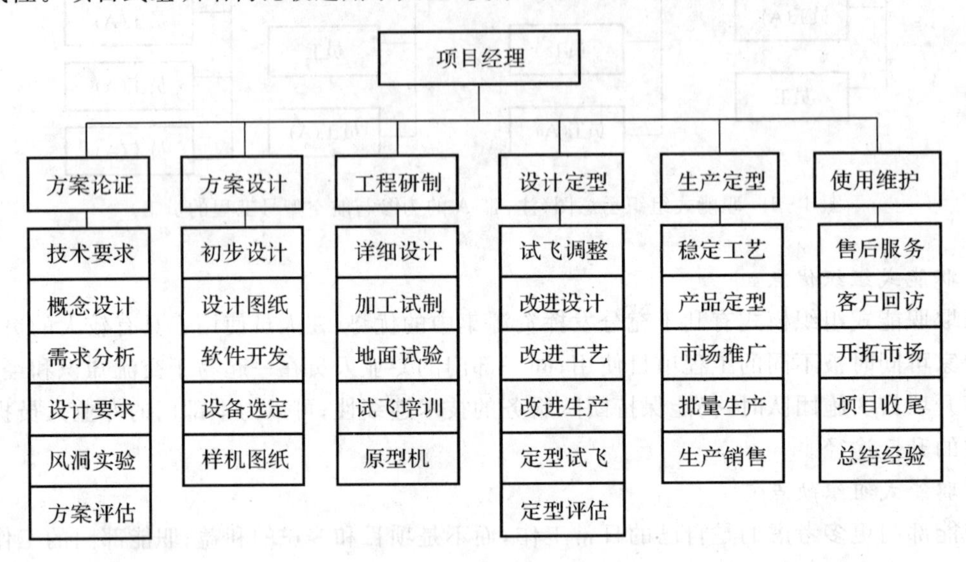

图 4-3　航空型号工程项目式组织结构示意图

2. 项目式组织优点

项目式组织结构相对简单灵活，易于操作，便于组织内部的沟通协调。项目经理对项目全权负责，享有较大的自主权。项目式组织结构适用于大型、复杂的项目。归纳起来主要优点如下：

(1)目标明确及统一指挥。项目式组织是基于某个具体项目专门组建起来的，圆满完成项目任务是该组织的首要目标，而每个项目团队成员的责任及目标也是通过对项目总目标的分解而获得的。同时组织成员只受项目经理领导，命令单一，避免了多重领导、无所适从的局面。权力的集中使决策的速度得以加快，能够对客户的需求和高层管理者的意图做出更快的响应。

(2)项目经理对项目全权负责。由于项目式组织按项目划分资源，项目经理在项目范围内具有绝对的控制权，可以全身心地投入到项目管理工作中去。从项目管理的角度来看，有利于项目进度、成本、质量等方面的控制与协调，而不像职能式组织模式或后面介绍的矩阵式组织模式那样项目经理要通过职能经理的协调才能达到对项目的控制。

(3)内部沟通途径简捷。项目从职能部门中分离出来以后，使得项目组织内部沟通途径变得明了简捷，项目团队成员间经常的方便的沟通交流，可使团队精神得以充分发挥。与此同时，项目经理可以避开职能部门直接与公司的高层管理者进行沟通，提高了沟通的速度，也避免了沟通中的错误。

3. 项目式组织缺点

采取项目式组织结构每个项目都有自己独立的组织，容易产生以下一些弊病。

(1)机构重复及资源闲置。项目式组织按项目所需来设置机构及获取相应的资源，即每个项目都要有自己的一套组织机构，这一方面是完成项目任务所必需的，另一方面企业从整体上进行项目管理是必要的，但这也造成了企业内机构重复设置，资源不能共享，会造成一定程度的资源浪费。

(2)不利于项目与外界的沟通。项目式组织结构中，项目团队只承担自己的工作任务，成员与项目之间以及成员相互之间都有着很强的依赖关系，而与其他部门之间却有着较清楚的界限。这种界限不利于项目与外界的沟通，容易使项目组织处于相对自我封闭的环境中。与企业职能部门之间联系少，容易造成不同项目组织在执行企业规章制度上不一致性，容易引起企业内部不良竞争和组织之间的矛盾。

(3)机构的不稳定性。项目的一次性特点使得项目式组织模式随项目的产生而建立，也随项目的结束而解体，因此从企业整体角度来说，企业的资源及结构会不停地发生变化。如在组织内部，一个由新成员刚刚组建的组织会发生相互碰撞而不稳定，随着项目的进展虽然逐步进入相对的稳定期，但在项目快结束时所有成员预见到组织将要解体，都会为自己的未来而做出相应的考虑，造成“人心惶惶”，又进入不稳定期，这也不利于员工的职业发展。

三、矩阵式组织模式

1. 矩阵式组织模式的概念

职能式组织模式和项目式组织模式各有其优缺点，要克服其中的缺点，就要在职能部门积累专业技术的长期目标和项目的短期目标之间找到适宜的平衡点。矩阵式组织模式能较好地解决这一问题。

矩阵式是在职能式组织的垂直层次上，叠加了项目式组织的水平结构，将按照职能划分的纵向部门与按照项目划分的横向部门结合起来，构成类似矩阵的管理系统，矩阵式组织如图4-4所示。

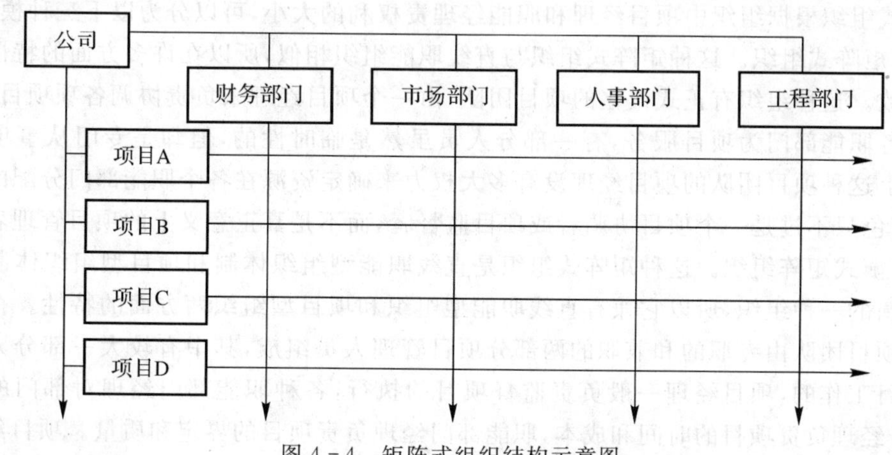

图4-4 矩阵式组织结构示意图

矩阵式组织结构主要特点是组织中保留了各种各样的专业职能部门，这些部门构成了矩阵型组织中矩阵的“列”，同时这种组织又建立有一系列专门的项目团队，这些项目团队构成了矩阵型组织中矩阵的“行”。其中直线职能部门是长久性组织，而项目团队是临时性组织。项目团队的成员是从不同的职能部门抽调各种专业人员去组成的，当这种项目团队的任务结束之后，这些人员又可以回到原来的专业职能部门。项目经理在项目活动的内容和时间方面对职能部门行使权力，直接向最高管理层负责，并由最高管理层授权。职能部门则从另一方面来控制，对各种资源做出合理的分配和有效的控制调度。项目团队成员既要对他们的直线上司负责，也要对项目经理负责。

由于存在纵横两大类型的工作部门，矩阵式组织结构的命令源是非线性的，但也不是多个。因此矩阵式组织的有效运转关键在于两大类型部门的协调，纵向管理部门与横向管理部门各自所负责的工作和管理的内容必须明确，要确定某一工作的主体负责部门，即应决定是以纵向管理部门为主还是以横向管理部门为主。否则容易产生责任不清、双重指挥的混乱现象。同时，它对员工的要求也较高。

2.矩阵式组织的基本原则

矩阵式组织中的职权以纵向、横向和斜向在一个公司里流动，因此在任何一个项目的管理中，都需要有项目经理与职能部门负责人的共同协作。要使矩阵组织能有效地运转，必须处理好以下几个问题：

(1)必须有一个专职的项目经理，有明确的责任制，可以实施对项目的有效控制。

(2)必须允许项目作为一个独立的实体来运行，团队的大多数成员是专门从事项目工作的。

(3)要从组织上保证有迅速有效的办法来解决部门之间的矛盾。

(4)必须同时存在纵向和横向两条通信渠道，无论项目经理之间，还是项目经理与职能部门负责人之间，要有方便的通信渠道和自由交流的机会。

(5)无论是纵向或横向的经理都必须服从公司统一的计划，并为合理利用资源而经常进行磋商。

3.矩阵式组织结构类型

矩阵式组织根据组织中项目经理和职能经理责权利的大小，可以分为以下三种模式。

(1)弱矩阵式组织。这种矩阵式组织与直线职能组织相似，所以在许多方面的特性与职能型组织一致。这种组织有正式设立的项目团队，由一个项目经理来负责协调各项项目工作，项目成员在各职能部门为项目服务，有一部分人员虽然是临时性的，但却是专门从事项目工作的。实际上这种项目团队的项目经理没有多大权力来确定资源在各个职能部门分配的优先程度，他的角色只不过是一个项目协调者或项目监督者，而不是真正意义上的项目管理者。

(2)平衡式矩阵组织。这种矩阵式组织是直线职能型组织体制和项目型组织体制两种体制相对平衡的一种组织，所以它兼有直线职能型组织和项目型组织两方面的特性。在这种组织结构中项目团队由专职的和兼职的两部分项目管理人员组成，其中有较大一部分人员是专职从事项目工作的，项目经理一般负责监督项目的执行，各种职能部门经理对部门的工作负责，即项目经理负责项目的时间和成本，职能部门经理负责项目的界定和质量。项目经理的权力比直线职能式组织中的项目经理大，但是比项目式组织中的项目经理小。一般来说平衡矩阵很难维持，平衡不好，要么变成弱矩阵，要么变成强矩阵。

(3)强矩阵式组织。这种矩阵式组织与项目式组织相似，所以它在许多方面的特性与项目式组织结构是一致的。在这种组织中的直线部门只是一些相对不很重要的生产部门，他们所获得的资源和具有的权力相对都比较弱。在这种组织中有正式设立的项目团队，项目经理是专职的，向总经理负责，他们的权力很大，获得各种资源的权力也比较大。这种项目团队中的绝大多数人员是专职从事项目工作的，且各项目是一个临时性组织，一旦项目任务完成后就解散，这一点与项目型组织非常相似。

4. 矩阵式组织的优点

(1)解决了传统模式中企业组织与项目组织的矛盾，能以尽可能少的人力，实现多个项目管理的高效率。由于项目式组织和职能式组织是两个极端的情况，而矩阵式组织在这两者之间具有广泛的选择余地。职能部门可以为项目提供人员，也可以只为项目提供服务，从而使得组织具有很大的灵活性。

(2)项目是整个工作的焦点，有专门的人即项目经理负责管理整个项目，负责在规定的时间、经费范围内完成项目的要求，对客户的要求响应较快，因此，矩阵式组织具有项目式组织的长处。

(3)项目经理拥有对拨给的人力、资金等资源的最大控制权，可以独立地制定自己的策略和方法。

(4)有利于人才的全面培养。由于关键技术人员能够为各个项目所共用，因而充分利用了人才资源，使项目费用降低，又有利于项目人员的成长和提高。

(5)当指定的项目不再需要时，项目人员有其职能归宿，大都返回原来的职能部门。

(6)通过内部的检查和平衡，以及项目组织与职能组织间的经常性的协商，可以得到时间、费用以及运行的较好平衡，而且矛盾最少，并能通过组织体系容易地解决。

5. 矩阵式组织的缺点

(1)团队成员来自职能部门，故受职能部门控制，因而影响项目团队的凝聚力。

(2)由于管理人员身兼多职管理多个项目，容易顾此失彼。在矩阵式组织中，权力是均衡的。由于没有明确的唯一核心负责人当项目成功时，大家会争抢功劳；而当项目失败时，则又会争相逃避责任。

(3)团队成员接受双重领导，违反了命令单一性的原则，容易产生矛盾。因为团队成员至少有两个上司，即项目经理和部门经理，所以当他们的命令有分歧时，会令人感到左右为难，无所适从。

(4)容易使不同项目经理之间产生矛盾。多个项目在进度、费用和质量方面能够取得平衡，这既是矩阵式组织的优点又是它的缺点。因为这些项目必须被当作一个整体仔细地监控，这是一项复杂的工作，而且项目组成员自愿在项目之间流动容易引起项目经理之间的争斗，每个项目经理都更关心自己项目的成功，而不是整个公司的目标。同时，每个项目是独立进行的，容易产生重复性劳动。

(5)由于组织形式复杂，易造成沟通障碍，项目经理与职能经理职责不清，因而有可能引起互相推诿，争功夺利的现象发生。

四、事业部式组织模式

1. 事业部式组织模式的概念

事业部式制组织结构是按照企业所经营的事业，包括按产品、按地区、按市场等来划分部门，设立若干事业部。事业部是在企业宏观领导下，拥有完全的经营自主权，实行独立经营、独立核算的部门，既是受公司控制利润中心，具有利润生产和经营管理的职能，同时也是产品责任单位或市场责任单位，对产品设计、生产制造及销售活动负有统一领导的职能。

事业部对企业来说是职能部门，对企业外部来说享有相对独立的经营权，可以是一个独立的单位。在事业部下边设置项目部，项目经理由事业部选派。事业部式组织结构如图 4-5 所示。

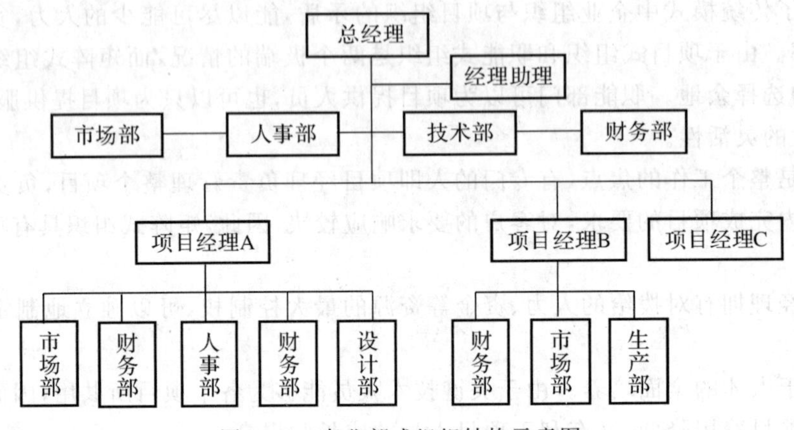

图 4-5　事业部式组织结构示意图

2. 事业部式组织的特点

(1)专业化管理部门。按企业的产出将业务活动组合起来，成立专业化的生产经营管理部门，即事业部。如产品品种较多，每种产品都能形成各自市场的大企业，可按产品设置若干事业部，凡与该产品有关的设计、生产、技术、销售、服务等业务活动，均组织在这个产品事业部之中，由该事业部总管。在销售地区广、工厂分散的情况下，企业可按地区划分事业部；如果顾客类型和市场不同，还可按市场成立事业部。这样，每个事业部都有自己的产品或服务的生产经营全过程，为企业贡献出一份利润。

(2)政策与经营不同。在纵向关系上，按照“集中政策，分散经营”的原则，处理企业高层领导与事业部之间的关系。实行事业部制之间的关系。实行事业部制，企业最高领导层要摆脱日常的行政事务，集中力量研究和制定企业发展的各种经营战略和经营方针，而把最大限度的管理权限下放到各事业部，使他们能够依据企业的经营目标、政策和制度，完全自主经营，充分发挥各自的积极性和主动性。

(3)利润独立核算。在横向关系方面，各事业部均为利润中心，实行独立核算。这就是说，实行事业部制，则意味着把市场机制引入到企业内部，各事业部间的经济往来将遵循等价交换原则，结成商品货币关系。

(4)职能制结构组织。企业高层和事业部内部仍然按照职能制结构进行组织设计。从企业高层组织来说，为了实现集中控制下的分权，提高整个企业管理工作的经济性，要根据具体情况设置一些职能部门，如资金供应和管理、科研、法律咨询、公共关系、物资采购等部门。从事业部来说，为了经营自己的事业，也要建立管理机构。因事业部规模小，产品单一，故一般采用职能制结构。事业部制与职能制结构相比，主要区别在于其企业高层领导下的各级部门，是按照事业部分设还是按照职能部分设。

3. 事业部式组织优点

事业部式组织结构模式有利于企业的经营职能，扩大企业的经营业务，便于开拓企业的业务领域。

(1)每个事业部都有自己的产品和市场，能够规划其未来发展，也能灵活自主的适应市场出现的新情况迅速做出反应，所以，这种组织结构既有高度的稳定性，又有良好的适应性。

(2)权力下放，有利于最高领导层摆脱日常行政事务和直接管理具体经营工作的繁杂事务，而成为坚强有力的决策机构，同时又能使各事业部发挥经营管理的积极性和创造性，从而提高企业的整体效益。

(3)事业部经理虽然只是负责领导一个比所属企业小得多的单位，但是，由于事业部自成系统，独立经营，相当于一个完整的企业，所以，他能经受企业高层管理者面临的各种考验。显然，这有利于培养全面管理人才，为企业的未来发展储备干部。

(4)事业部作为利润中心，既便于建立衡量事业部及其经理工作效率的标准，进行严格的考核，易于评价每种产品对公司总利润的贡献大小，用以指导企业发展的战略决策。

(5)按产品划分事业部，便于组织专业化生产，形成经济规模，采用专用设备，并能使个人的技术和专业知识在生产和销售领域得到最大限度的发挥，因而有利于提高劳动生产率和企业经济效益。

(6)各事业部门之间可以有比较、有竞争。由此而增强企业活力，促进企业的全面发展。

(7)各事业部自主经营，责任明确，使得目标管理和自我控制能有效的进行。

4. 事业部组织缺点

(1)企业对项目的约束力减弱，对项目的管理和协调难度较大。

(2)由于各事业部利益的独立性，容易滋长本位主义。

(3)一定程度上增加了费用开支。

(4)对公司总部的管理工作要求较高，否则容易发生失控。

第3节 航空型号工程组织建立的原则、特点和模式

航空型号工程项目的业务性质特点不同于一般商业和工业生产，因此其管理组织与普通工商企业组织也不相同。航空型号工程项目具有复杂程度高、持续时间长、规模大、不确定性高、应用技术复杂且重要性高、对内部依赖性强、对外部依赖性也强、时间限制性强等特点，通常需要利用多个部门的资源，而且技术复杂，需要技术人员和管理人员全职为项目工作，但不需要资深研究人员的全职参加。

一、航空型号工程组织建立的原则和特点

1. 航空型号工程组织建立的原则

航空型号工程组织是为了适应项目实施的需要而建立的，它由一组个体成员为完成航空型号工程项目目标而组织起来的协同工作的队伍。航空型号工程组织的建立和管理应遵循下列原则：

(1)组织结构科学合理。

(2)有明确的管理目标和责任制度。

(3)组织成员具备相应的职业资格。

(4)保持相对稳定,根据实际需要进行调整。

(5)应确定各相关项目管理组织的目标、责任、利益和风险。

(6)企业管理层应对项目进行宏观管理和综合管理。

(7)企业管理层的项目管理活动应符合下列规定:

1)制定项目管理制度。

2)加强计划管理,保证资源的合理配置和有序流动。

3)对项目管理层的工作进行指导、监督、检查和服务。

2.航空型号工程组织的特点

航空型号工程项目管理的特点决定了航空型号工程组织形式的特殊性,它有别于一般的政府机关、企事业团体、社团组织和军事团体等,其组织的特点如下:

(1)组织的目的性。航空型号工程项目(ITOMS)组织是为了完成项目实施航空型号工程项目总目标和总任务而建立的,航空型号工程项目目标和任务是决定其组织结构和组织运行的最重要因素。由于航空型号工程组织的成员来自不同的部门或企事业单位,各自有独立的经济利益和权利,而在航空型号工程组织中他们又各自承担一定的任务和责任按照航空型号工程计划进行工作。要使航空型号工程项目实施能取得成功,在服务目标设计、实施和运行过程中必须承认和顾及不同群体的利益;航空型号工程组织的建立应能考虑到或反映出航空型号工程实施过程中各参加者之间的合作关系,明确组织中的任务和职责的层次,工作流、决策流和信息流,以及其他的特殊要求。

(2)组合的临时性。由于每一个具体的航空型号工程项目实施都是有时间限制的、暂时的,所以航空型号工程组织也是有时间限制的、暂时性的,具有临时组合性特点。任何类型的航空型号工程组织都是有生命周期的,一般要经历建立、发展和解散的过程,它一般是伴随着该项目合同到期,即航空型号工程项目生命周期的结束而终结。航空型号工程组织的一个基本原则是因事设人,根据航空型号工程的目标和任务设置机构,设岗用人,事毕及时调整,项目合同到期时组织解散,人员调往其他有需要的航空型号工程组织。

(3)组织的柔性。航空型号工程组织要有机动灵活的组织形式和用人机制,是一种柔性组织。与政府机关或企事业组织相比较,航空型号工程组织具有高度的弹性、可变性和灵活性。航空型号工程组织的柔性还表现在各个项目利益相关者之间的联系都是有条件的、松散的,他们是通过合同、协议、法规以及其他各种社会关系结合起来的。航空型号工程组织不像其他组织那样有明晰的组织边界,实际情况是项目利益相关者及其个别成员在某些事务中属于某项目组织,在另外的事务中又属于其他项目组织。此外,航空型号工程组织采用不同的组织策略和不同的实施计划,就会具有不同的组织形式。

二、航空型号工程组织模式的选择

1.航空型号工程组织模式对项目实施的影响

众所周知,管理是科学也是艺术,而艺术性正体现在技巧灵活地将管理理论应用于管理实践中去。航空型号工程项目管理的内外环境的复杂性,以及每种组织模式的各种优缺点,使得几乎没有能被人们普遍接受方法来告诉人们怎样决定需要什么模式的组织结构,它可以说是航空型号工程项目管理者知识、经验及直觉等的综合结果。

同时，也不存在唯一的适用于所有组织或所有情况的最好的组织模式，即不能说哪一种项目组织模式先进或落后，适不适合，对不同的航空型号工程项目，应根据其具体情况进行分析、比较、设计最合适的组织结构。航空型号工程项目的组织结构对于其项目管理的实施具有相当大的影响，见表4-1。

表4-1 航空型号工程组织模式对项目实施的影响

组织结构模式	职能式	项目式	强矩阵式	事业部式
项目经理权限	很少或没有	很大甚至全权	从中等到大	很大
全职人员/(%)	几乎没有	85～100	50～95	100
项目经理投入的项目时间	半时	全时	全时	全时
项目经理/常用头衔	项目经理/项目协调员	项目经理/计划经理	项目经理/计划经理	事业部经理
行政人员投入的项目时间	少量	全时	部分时间	全时

2.航空型号工程组织模式选择的标准

在实际工作中航空型号工程项目有很多种组织模式可以选择，为了更有效地实现航空型号工程目标，项目组织的管理者要设计和建立适合自己的合理的组织结构。然而任何一种组织模式都有它的优点和缺点，没有一种模式是能适用于一切场合的，甚至是在同一个航空型号工程项目的生命周期内。所以，航空型号工程组织在其生命周期内为适应不同发展阶段的不同要求而加以改变也是很自然的。航空型号工程项目管理应围绕工作来组织，工作变了，组织的结构模式也应跟着改变(见表4-2)。

表4-2 选择航空型号工程组织结构模式参考表

主要因素	职能型	矩阵型	项目型	事业部式
规模	小	中	大	很大
紧迫性	低	中	高	高
重要性	低	中	高	高
复杂程度	低	中	高	高

选择航空型号工程组织模式时主要考虑以下情况：

(1)航空型号工程项目自身的情况，如规模、难度、复杂程度、项目结构状况、子项目数量和特征。

(2)航空型号工程项目的紧迫性及其重要性。

(3)上层系统组织状况，同时进行的航空型号工程项目的数量及其在本项目中承担的任务范围。

(4)应采用高效率、低成本的组织模式，能够使航空型号工程项目相关各方面有效地沟通，各方面责权利关系明确，能进行有效的项目控制。

(5)决策简便、快速。

一般来讲，职能式组织结构有利于提高效率，比较适用于规模较小的航空型号工程项目，而不适应于内部和外部环境变化较大的航空型号工程项目。因为，环境的变化需要各职能部门间的紧密合作，而职能部门本身的存在以及权责的界定成为部门间密切配合不可逾越的障碍。

项目式组织结构有利于取得效果，当一个公司中包括许多工程项目或工程项目的规模比较大时，则应选择项目式的组织结构，同职能式组织相比，在对付不稳定的环境时，项目式组织显示出了自己潜在的长处，主要表现在工程项目团队的整体性和各类人才的紧密合作。

矩阵式组织结构兼具职能式结构和项目式结构两者优点，适用于大型、复杂的航空型号工程项目或同时承担多个工程项目的管理。因为同前两种组织结构相比，矩阵式组织模式在充分利用企业资源上显示出了巨大的优越性，能把它们的优点充分融合在一起。对于多工程项目的企业，在采用矩阵式组织结构时，应注意解决好合理分配项目主管与部门主管间的权利，正确处理好不同工程项目之间资源分配。

事业部式组织结构模式适用于多目标的大型航空型号工程项目管理项目，以及适用于远离公司本部的项目。在实际工作中，航空型号工程项目采用项目式或事业部式组织结构的情况占大多数，其次是采用矩阵式组织结构，采用职能式组织结构的情况比较少。

从以上这些特点看，航空型号工程项目采取项目式组织结构或矩阵式组织结构都是可以的。但是，考虑到航空型号工程项目的重要性和涉及所需资源的广泛性，离开职能部门的支持将无法实现项目目标，而且，采取项目式组织将会增加人员费用，所以，航空型号工程项目采取以强矩阵式组织结构管理支持下的项目经理负责制为宜。

3.航空型号工程组织模式选择计划

在做出航空型号工程组织结构的选择决定之前，要做一个初步的选择计划。可以将项目的关键因素分为不确定性、所用技术、复杂程度、持续时间、规模、重要性、客户类型、对内部依赖性、对外部依赖性、时间限制性等十大因素，根据这十大因素的状况，选择与之相适应的项目组织结构类型。

航空型号工程组织结构选择计划的内容主要包括：

(1)确定项目要完成的主要成果。

(2)列出与每个成果相关的主要任务。

(3)对每项任务确定负责完成它的相关职能部门，并考虑如何将这些任务最佳地集成起来。

(4)考虑具体完成某项任务的人员数量、需具备的资质，以及完成该项任务所需要的技能。

(5)考虑公司的内外环境因素，包括客户的情况。

三、航空型号工程组织模式的典型案例

(一)中航工业的组织模式

在计划经济时期，我国传统的航空工业管理体制是：航空工业总公司(航空工业部)→研究院→专业研究所、工厂，几乎所有的科研生产都依赖于政府的指令性计划。改革开放以后，为了推动航空工业管理体制的改革，加速我国航空工业的发展，2008 年 11 月 6 日由原中国航空工业第一、第二集团公司重组整合而成立中国航空工业集团公司，简称中航工业。中航工业是我国航空工业的核心骨干企业，是一家由国家出资设立，受中央管理的国有大型企业。集团公

司实行母子公司(事业部式)管理体制,注册资本640亿元,拥有企事业单位近200家,其中上市公司27家,员工约50万人。

在航空科研生产管理体制上,中航工业从过去按型号纵向配套的刚性结构转变为专业化分工协作的柔性结构,各研究院、工厂之间及其内部适时进行了科研体制和生产能力调整、专业重组,实行矩阵式组织管理体制,形成小核心、大协作的科研生产体系,以提高竞争力。提出了“两融、三新、五化、万亿”的发展战略。

(1)两融就是改变过去封闭保守的思维,树立开放合作的观念,融入世界航空产业链,融入区域发展经济圈。

(2)三新就是集团的核心竞争力,由传统的“资产、管理、技术”三位一体,逐步转型升级为“品牌价值、商业模式、集成网络”新的三位一体。

(3)五化就是推进市场化改革、专业化整合、资本化运作、国际化开拓、产业化发展。

(4)万亿是指到2020年实现经济规模1万亿元人民币的目标。

中航工业的体制改革为航空型号工程项目管理的实行提供了组织基础,同时也为构建航空型号工程项目管理组织提供了体制框架。

(二)中航工业主要的航空型号工程

1.为国防安全提供先进航空武器装备

航空工业系列发展歼击机、歼击轰炸机、轰炸机、运输机、教练机、侦察机、直升机、强击机、通用飞机、无人机等航空飞行器,全面研发空空、空面、地空导弹,强力塑造运-20“鲲鹏”大型运输机、“鹘鹰”战斗机、“飞鲨”舰载战斗机、歼10系列飞机、歼11系列飞机、歼20系列飞机、“霹雳火”直-10武装直升机、“黑旋风”直19武装直升机、轰-6系列轰炸机、空警200和空警2000等系列预警机、“飞豹”歼击轰炸机、“枭龙”飞机、“翼龙”系列无人机、“猎鹰”和“山鹰”高级教练机、“霹雳”系列和“闪电”系列导弹等品牌,为客户提供先进航空武器装备。

2.为交通运输提供先进民用航空装备

航空工业大力发展民用飞机,自主研制AC600大型水陆两栖飞机,系列发展新舟60、新舟600、新舟700等“新舟”系列支线飞机,AC311、AC312、AC313、AC322、AC352等AC系列民用直升机,大力发展AG50、AG100教练机、AG300等AG系列,运-12系列,小鹰500,海鸥300、SF50轻型公务机、西锐系列通用飞机和“鹞鹰”民用无人机,全力支持C919大型客机、ARJ21新支线飞机发展,承接国际航空转包生产任务并成为优秀供应商,为国内外客户提供优质、可靠的民用航空产品。同时以通航运营发展为推手,以商业成功为目的,努力成为国内通航产业系统解决方案实践者、通航产业链健康快速发展的推动者、国家通航产业战略目标实现的贡献者。

3.为先进制造提供高端装备和创新动力

航空工业秉承技术同源、产业同根、价值同向的军民融合式发展理念,积极探索制造业转型之路,深入推进工业化和信息化“两化融合”和智能制造。将航空高技术融入民用领域,大力发展汽车零部件、液晶显示、电线电缆、印刷线路板、光电连接器、锂离子动力电池、智能装备等产品,并协调发展金融投资、工程建设、航空创意经济等现代服务业。

(三)中航工业主要科研院所在全国分布情况

301所 中国航空综合技术研究所(北京)

303 所 北京航空精密机械技术研究所(北京)
304 所 北京长城计量测试技术研究所(北京)
601 所 沈阳飞机设计研究所(沈阳)
602 所 中国直升机设计研究所(景德镇)
603 所 中航工业第一飞机设计研究院(原西安飞机研究所)(西安)
605 所 中国特种飞行器研究所(荆门)
606 所 沈阳航空发动机研究所(沈阳)
607 所 中航雷达与电子设备研究院(原雷华电子技术研究所)(苏州)
608 所 中国航空动力机械研究所(株洲)
609 所 中国航空附件研究所(襄樊)
610 所 中国航空救生研究所(襄樊)
611 所 成都飞机设计研究所(成都)
612 所 中国空空导弹研究院(洛阳)
613 所 洛阳电光设备研究所(洛阳)
614 所 中国航空动力控制系统研究所(无锡)
615 所 中国航空无线电电子研究所(上海)
618 所 西安飞行自动控制研究所(西安)
620 所 中国航空系统工程研究所(北京)
621 所 北京航空材料研究院(北京)
622 所 北京航空工艺研究所(北京)
623 所 中国飞机强度研究所(西安)
624 所 中国燃气涡轮研究院(绵阳/成都)
625 所 中国航空工业制造工程研究所(北京)
626 所 沈阳空气动力研究所(并入中国空气动力研究院)(沈阳)
627 所 哈尔滨空气动力研究所(与 626 所合并成立中国空气动力研究院)(哈尔滨)
628 所 中国航空信息中心(北京)
629 所 结构热强度研究所(西安)
630 所 中国飞行试验研究院(西安)
631 所 中国航空计算技术研究所(西安)
633 所 上海航空测控技术研究所(上海)
634 所 北京长城航空测控技术研究所(北京)
637 所 济南特种结构研究所(济南)
640 所 上海飞机研究所(并入中航第一飞机研究院)(上海)
648 所 贵州飞机设计所(贵阳)
649 所 贵州航空发动机设计所(贵阳)
650 所 南昌飞机设计研究所(南昌)

第4节 航空型号研制并行工程基本概念

传统的产品开发模式是串行的:产品设计→工艺设计→计划调度→生产制造。产品设计工程师与制造工程师之间互相不了解,互相不交往,中间有如隔了一堵墙。并行工程把传统的制造技术与计算机技术、系统工程技术和先进制造技术相结合,在产品开发的早期阶段全面考虑产品全生命周期中的各种因素,力争使产品开发能够一次获得成功,从而缩短产品开发周期、提高产品质量、降低产品成本。

一、并行工程的定义和背景

(一)并行工程的定义

并行工程(Concurrent Engineering,CE)是对产品及其相关过程,包括制造过程和支持过程进行并行、集成化处理的系统方法和综合技术。它也是一体化设计的一种系统化的工作模式,这种工作模式力图使开发者从一开始就要考虑到产品全生命周期(从概念形成到产品报废)的所有因素,包括质量、成本、进度和客户需求。

所谓并行,是指一个以上的事件在同一时刻或同一时段内发生,多个复杂性事件可以表示为空间的复杂和时间的复杂。并行工程方法是在应用网络技术基础上发展起来的。并行设计是并行工程、协同设计的基础,它涉及计算机技术、通信技术、机械设计方法等领域。而并行工程是把设计、制造、管理和质量保证等有机地集成在一起,实现信息集成、信息共享、供应链管理和过程集成。

并行工程要求考虑的因素有市场需求、制造、装配、维护、供应链网络和环境保护等,目的是缩短新产品的开发周期、降低生产成本、提高优质服务。并行工程强调集成,在优化和重组产品开发过程的同时,实现各类专家和技术人员群体协同工作。并行工程的目标是尽可能减少时间,通常是采用增加空间的复杂性来实现。并行工程采用每个时刻可容纳的过程相应增加,使整个设计制造过程同时进行。

(二)并行工程产生的背景

1.串行工程存在的弊端

从1903年美国莱特(Wright)兄弟创造的固定机翼飞机滑跑起飞成功,一直到20世纪90年代初,航空型号研制一直采用传统的串行工程方法。所谓串行工程方法是指按照产品设计→工艺设计→计划调度→生产制造的过程依次进行。这种传统的串行产品开发过程存在着许多弊端:

(1)由于产品设计和制造截然分开进行,中间有如隔了一堵墙,结果造成产品设计工程师与制造工程师之间互不交往,互不了解,因而对产品的客户需求的理解也不相同,思想认识难以统一。

(2)串行工程方法以部门为基础的组织机构严重地妨碍了产品开发的速度和质量。由于产品设计人员在设计过程难以考虑到客户的需求、制造工程、质量控制等约束因素,易造成设计和制造的脱节。

(3)采用串行工程方法所设计的产品可制造性、可装配性差,使产品的开发过程变成了设计、加工、试验、修改的多重循环,从而造成设计改动过大,产品开发周期长,产品成本高。

(4)下游开发部门所具有的知识难以加入早期设计。越是设计的早期阶段,降低费用的机会越大;而发现问题的时间越晚,修改费用越大,费用随时间成指数增加。

(5)各部门对其他部门的需求和能力缺乏理解,目标和评价标准的差异和矛盾降低了产品整体开发过程的效率。

2.并行工程的由来

为了克服串行的产品设计方法的弊端,1988 年美国国家防御分析研究所(Institute of Defense Analyze,IDA)完整地提出了并行工程的概念:并行工程是集成地、并行地设计产品及其相关过程(包括制造过程和支持过程)的系统方法。这种方法要求产品开发人员在一开始就考虑产品全生命周期中从概念形成到产品报废的所有因素,包括质量、成本、进度计划和客户要求。并行工程的目标为提高质量、降低成本、缩短产品开发周期和产品上市时间。并行工程的具体做法是:在产品开发初期,组织多种职能协同工作的项目组,使有关人员从一开始就获得对新产品需求的要求和信息,积极研究涉及本部门的工作业务,并将所需的要求提供给设计人员,使许多问题在开发早期就得到解决,从而保证了设计的质量,避免了大量的返工浪费。

3.并行工程与串行工程产品开发总成本比较

全生命周期成本(Life Cycle Cost,LCC)是指产品在有效使用期间所发生的与该产品有关的所有成本,它包括产品设计成本、制造成本、采购成本、使用成本、维修保养成本、废弃处置成本等。根据系统工程的理论,得出了一条已为广大技术人员和管理人员所熟知的原理:在仅花费全生命周期成本(LCC)1%~3%的产品初始研制阶段,就已决定了90%~95%的 LCC。显然,巨大的设计潜力应当在设计过程中,特别是在设计一开始就应予以发挥,即在产品研制一开始,就应考虑决定 LCC 的基本要素,并把它们设计到产品中去。由此,并行工程第一次使上述理论变成了现实。

并行设计工作模式是在产品设计的同时考虑其相关过程包括加工工艺、装配、检测、质量保证、供应链和销售维护等。在并行工程中,产品开发过程的各阶段工作交叉进行,及早发现与其相关过程不相匹配的地方,及时评估、决策,以达到缩短产品开发周期、提高质量、降低成本的目的(见图 4-6)。

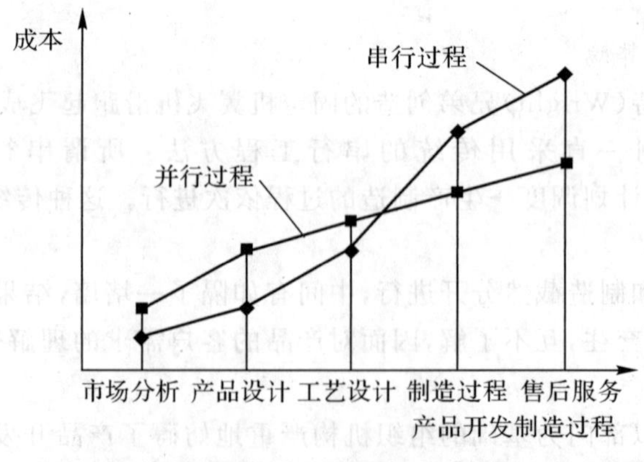

图 4-6 并行工程与串行工程产品开发总成本比较

二、并行工程在先进制造技术中的角色和特点

1. 并行工程在先进制造技术中的角色

并行工程在先进制造技术中具有承上启下的作用，这主要体现在以下几方面：

(1)并行工程是在CAD,CAM,CAPP等技术支持下，将原来分别进行的工作在时间和空间上交叉、重叠，充分利用了原有技术，并吸收了当前迅速发展的计算机技术、信息技术的优秀成果，使其成为先进制造技术中的基础。

(2)在并行工程中为了达到并行的目的，必须建立高度集成的主模型，通过它来实现不同部门人员的协同工作；为了达到产品的一次设计成功，减少反复，它在许多部分应用了仿真技术；主模型的建立、局部仿真的应用等都包含在虚拟制造技术中，可以说并行工程的发展为虚拟制造技术的诞生创造了条件，即是说虚拟制造技术将是以并行工程为基础的。

(3)并行工程的进一步发展方向是虚拟制造(Virtual Manufacturing,VM)，它利用信息技术、仿真技术、计算机技术对现实制造活动中的人、物、信息及制造过程进行全面的仿真，以发现制造中可能出现的问题，在产品实际生产前就采取预防措施，从而达到产品一次性制造成功，来达到降低成本、缩短产品开发周期，增强产品竞争力的目的，如图4-7所示。它进行的过程是虚拟过程，所生产的产品也是虚拟的。所谓“虚拟”，是相对于实物产品的实际制造系统而言的，强调的是制造系统运行过程的计算机化，从而克服了传统产品开发中采用费时费钱的“反复试错方法”的弊端。

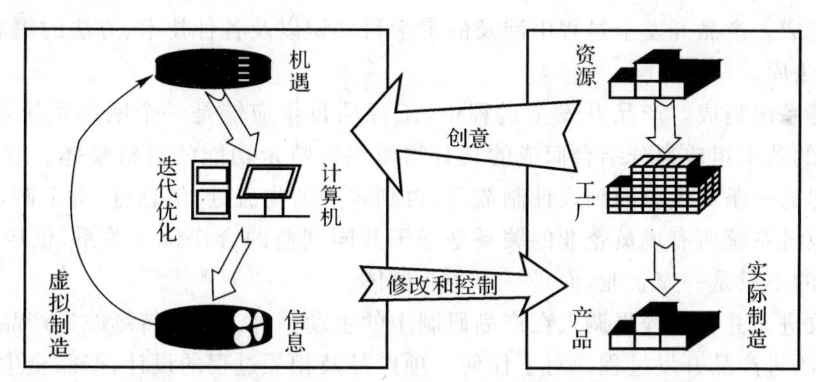

图4-7 虚拟制造系统与实际制造系统之间关系示意图

2. 并行工程的特点

并行工程(CE)的特点主要有以下几方面：

(1)并行处理。并行工程摆脱了传统产品开发模式的“串行”，强调产品开发过程的“并行”，把时间上有先有后的作业过程转变为同时考虑和尽可能同时(或并行)处理的过程。在产品的设计阶段就并行地考虑了产品全生命周期中的所有因素，以及高度重视客户的需求，强调协同、一体化设计，从而使产品的研制周期明显地缩短，设计出来的产品不仅具有良好的性能，而且易于制造、检验和维护。

(2)整体观点。并行工程认为，制造系统(包括制造过程)是一个有机的整体。在空间中似乎相互独立的各个制造过程和知识处理单元之间，实质上都存在着不可分割的内在联系。并行工程追求的是整体最优，有时为保证整体最优，甚至可能不得不牺牲局部的利益。

(3)全局观点。并行工程强调以全局性的观点来考虑问题，即从一开始就考虑到产品全生命周期中的所有因素。

(4)协同特性。并行工程特别强调设计群体的协同工作。

1)协同的组织机构。并行工程根据项目任务和项目需要，组织多功能工作小组，小组成员由设计、工艺、制造和支持(质量、销售、采购、服务等)的不同部门、不同学科代表组成。工作小组有自己的责、权、利，工作计划和目标，成员之间使用相同术语和共同信息资源工具，协同完成共同任务。

2)协同的设计思想。并行工程强调一体化、并行地进行产品及其相关过程的协同设计，尤其注意早期概念设计阶段的并行和协调。

3)协同的效率。并行工程特别强调"1+1>2"的思想，力求排除传统串行模式中各个部门间的壁垒，使各个相关部门协调一致的工作，利用群体的力量提高整体效益。

(5)集成特性。

并行工程是一种系统集成方法，具有人员、信息、功能、技术和供应的集成特性。

1)人员集成。管理者、设计者、制造者、支持者以及客户集成为一个协调的整体。

2)信息集成。产品全生命周期中各类信息的获取、表示、表现和操作工具的集成和统一管理。

3)功能集成。产品全生命周期中企业内各部门功能集成，以及产品开发企业与外部协作企业间功能的集成。

4)技术集成。产品开发全过程中涉及的多学科知识以及各种技术、方法的集成，形成集成的知识库、方法库。

5)供应链系统集成。产品开发全过程中，工程项目供应链是一个网络系统，是由相互作用、相互依赖的若干组成部分结合而成的具有物质供应特定功能的有机整体。它不仅是围绕工程项目建起的一条从供应商到设计制造商，再到客户的物流链、信息链、资金链，而且是一条增值链。供应链系统所有成员企业的关系是基于共同利益的合作伙伴关系，供应链系统目的的实现，受益的不只是一家企业，而是一个企业群体。

6)持续改进。并行工程强调人在产品研制中的主动精神。强调持续改进产品及相关过程的设计，持续改进产品开发过程。对于任何一项产品及相关过程的设计，产品全生命周期上下游之间难免会出现冲突，通过设计协调，可使冲突消除，设计得到改进。

三、并行工程的优势和效益分析

(一)并行工程的优势

1.缩短产品上市时间

并行工程技术的主要特点就是可以大大缩短产品开发和生产准备时间，使两者部分相重合，因而大大缩短了产品投放市场的时间。

2.降低产品成本

并行工程可在以下4方面降低成本：

(1)并行工程可以将错误限制在设计阶段。据有关资料介绍，在产品寿命周期中，错误发现的愈晚，造成的损失就愈大。

(2)并行工程不同于传统的“反复试制”的做法,强调“一次达到目的”,省去了昂贵的样机试制。

(3)由于在设计时就已经考虑到加工、装配、检验、维修等因素,产品在上市前的成本将会降低。同时,在上市后的运行费用也会降低。

(4)并行工程可提高设计质量,减少重新设计和工程更改量,减少返工和废品,如图 4-8 所示。

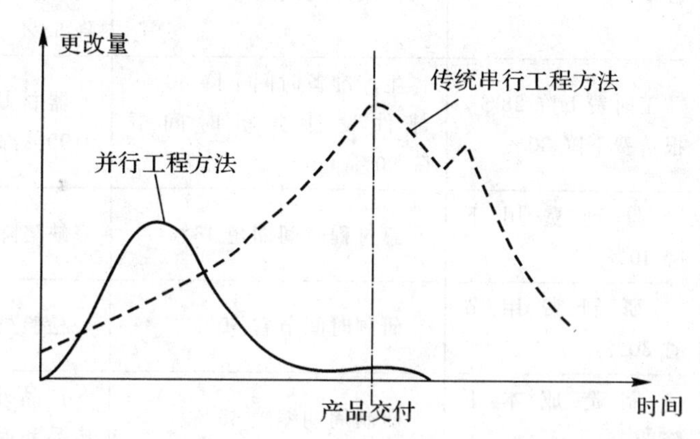

图 4-8 并行工程与串行工程之间产品设计更改量的对比图

3.提高产品质量

采用并行工程技术,尽可能将所有质量问题消灭在设计阶段,使所设计的产品便于制造、易于维护。这就为质量的“零缺陷”提供了基础,使得制造出来的产品甚至用不着检验就可上市。

4.保证产品实用性

由于在设计过程中,同时有销售人员参加,有时甚至还包括顾客,这样的设计方法反映了客户的需求,才能保证去除冗余功能,降低设备的复杂性,提高产品的可靠性和实用性。

5.增强市场竞争能力

由于并行工程可以较快地推出适销对路的产品并投放市场,能够降低生产制造成本,能够保证产品质量,提高了企业的生产柔性,因而,企业的市场竞争能力将会得到加强。

(二)并行工程的效益分析

在产品研制过程中实施并行工程可带来巨大效益,表 4-3 列出了美国国防部对相关企业实施并行工程所产生效益的调查结果。国外有大量权威性的统计数据表明以下几点。

(1)并行工程能降低研制费用 30%～60%。

(2)并行工程能缩短研制周期 30%～60%。

(3)并行工程能显著提高产品质量,包括减少重新设计和工程更改;减少返工和废品;减少缺陷和产品故障率。统计数据表明:

1)提高设计质量,使工程更改量减少 2/3。

2)提高制造质量,制造缺陷下降 80%,废品和返工减少了 80%。

3)提高使用与保障质量,外场故障率下降了 80%,备件贮存量减少了 60%。

表 4-3 美国国防部对并行工程效益的调查结果

公司	费用	进度	质量
麦道公司	在反应堆项目和导弹项目上节省 60%	高速飞机初步设计由 45 周减少到 8 周,TAV-8B 飞机设计周期缩短 18 个月	TAV-B 飞机废品下降 58%,返工率下降 29%,不协调费用下降 38%,每单元缺陷下降 70%,图纸更改下降 68%
波音公司导弹分部	工时费下降 28 $,报价费下降 30%	生产准备时间下降 30%,部件设计分析时间下降 90%	器材缺陷从 12% 下降到 0,99%部件无缺陷运行
AT&T	修理费用下降 40%	总过程时间缩短 46%	缺陷降低 30%~87%
Deere&Company	研制费用节省 30%	研制时间节省 60%	检验员减少 2/3
Hewich-Packard 仪器部	制造成本下降 30%	研制周期缩短 35%	产品外场故障下降 60%,废品和返工下降 75%
IBM	工时费下降 45%	设计周期下降 40%	工程更改减少,可靠性和可测试性有保障

第 5 节　航空型号研制并行工程核心内容

现在,越来越多的涉及航空、航天、汽车、电子、机械等领域的国际国内知名企业,通过实施并行工程取得了显著效益。航空型号研制采用并行工程的方法首先要进产品开发流程,采用集成化的并行设计方法,以及工程项目供应链管理的理论和方法,实现信息集成与共享,利用产品数据管理系统辅助并行设计。使得在产品设计阶段即可考虑产品加工、装配、工艺、以及原材料和产品供应链等问题,提高一次设计成功的可能性。

一、并行工程实施条件要求和原则

(一)并行工程实施条件要求

1.组织重构

并行工程离不开高效、柔性和强健的组织,包括产品开发队伍的组织、产品开发过程的组织和产品开发工作的组织等。传统的产品开发模式,正是由于其串行化和按部门划分的组织模式的种种弊端,为并行、协同和一体化产品设计造成了一系列障碍。

因此,并行工程要求开发队伍组织重构,采用集成开发团队式的组织模式。将传统的以功能部门为主线的产品设计组织机构,改变为以产品为主线,组织多功能集成产品开发团队。来自于各相关专业的开发人员,共同组成一个集成化的产品开发团队,获得独立授权,对整个产品开发负责。并行工程团队式的组织模式，打破了传统的按部门划分的组织模式，更有利于产品开发工作的协作、协同和并行优化。

2. 过程重构

由于产品是过程的结果，产品形成过程的每个阶段对产品的性能和质量都有着重要的影响，产品的上市时间、质量、成本、服务和环境（TQCSE）也在很大程度上取决于产品形成过程。并行工程要求产品形成过程重构，由传统的串行产品开发模式转变成集成的、并行的产品开发模式，使下游制造过程中的需求及早地反馈给相应的设计过程中，即将设计、工艺和制造结合在一起，利用计算机互联网并行作业，从而可大大缩短产品开发周期。

并行工程面向产品的开发，必须对产品的形成过程，也就是产品的开发过程进行策划、组织和控制，实行面向并行、高效、敏捷和精良设计的过程集成。制造业从计算机集成制造发展到现代集成制造，集成作为不变的主题，也正在由信息集成进入过程集成并走向企业间集成。一般认为：计算机集成创造系统（CIMS）重点解决信息集成，并行工程则强调过程集成。过程集成是并行工程最重要的技术特征。

3. 技术重构

并行工程强调面向产品开发过程，最终目标是产品，产品和产品开发是并行工程的根本。产品的开发一般需要特定的产品设计/开发技术，尤其对于并行工程所强调的协同、并行及综合优化的产品设计，更需要先进的产品设计/开发技术与方法。将数字化技术用于产品的设计、制造过程，通过信息建模和信息处理来改进设计制造过程，提高制造效率和产品质量，降低制造成本。产品数字化技术包括产品模型与管理、数字化过程与管理、数字化工具和信息集成等。

产品的开发必须遵循产品形成规律与开发技术流程。在并行工程中，各种产品开发活动既要协同和并行，又要实现产品和过程的综合优化。这些都需要采用面向产品全生命周期的集成化设计技术（DFX），包括面向装配设计（DFA）和面向制造设计（DFM）技术，计算机辅助技术（CAX），质量功能展开技术（QFD）和产品数据管理（PDM）等技术与工具的支持。另外，不容忽视的是：产品开发仍是掌握着相关设计技术的产品开发人员借助于这些工具来完成的，是一种创造性强的工作。最终产品是否满足客户需求，主要取决于这些创造性工作。

4. 供应重构

供应链是生产及流通过程中，涉及将产品或服务提供给最终客户活动的上游与下游组织所形成的网链结构。它不仅是一条连接供应商到客户的物流链、信息链、资金链，而且是一条增值链，物料在供应链上因加工、包装、运输等过程而增加其价值，给相关企业带来较大收益。

供应链的概念是从扩大的集成生产概念发展来的，它将企业的生产活动进行了前伸和后延，是一个范围更广的企业结构模式，包含所有加盟的结点企业，从原材料的供应开始，经过链中不同企业的制造加工、组装、分销等过程直到最终客户。

供应链管理是一种新的集成管理思想和方法。而在工程项目中引进供应链管理理论与方法是近十多年的事，它属于并行工程的一个组成部分。工程项目供应链管理是基于企业供应链管理的基本理论，根据工程项目管理现有的基本构架，构造的一个对工程项目从立项、设计、制造直到竣工验收的全过程进行规划和集成化管理的理论与方法。即工程项目供应链观念是系统观念，认为供应链是由参与各方共同形成的网络系统，这个系统不同结点上的企业拥有各自的资源和组织方式。并行工程供应链思想代表了一种企业联盟间跨功能部门运作程序的集成与协调。

5.环境重构

并行工程需要一个支持协同、一体化、并行设计的自动化集成环境。这个环境是并行工程实施的必要条件。自动化集成环境包括建立和完善企业信息化,利用多媒体网络,企业管理信息系统(MIS),企业资源计划系统(ERP),制造执行系统(MES),高级计划与排产(APS),供应链管理系统(SCM),计算机辅助设计制造系统(CAD/CAM/CAE/CAPP/PDM),以及先进制造技术(FMS/JIT/LP/AM)等。并行工程环境重构的内容主要是确保环境条件能达到以下要求:

(1)必须能够实现产品全生命周期信息的集成,在正确时刻把正确信息以正确方式传递至正确地方。

(2)必须实现自动化产品数据管理。

(3)在产品数据管理的基础上,进一步实现产品全生命周期包括产品信息、组织管理信息、过程信息和资源信息等所有信息的自动化管理。

(4)为各阶段不同单元的产品开发活动和产品开发管理提供支持工具,如计算机辅助技术(CAX),数控加工设备和产品开发管理视图工具等。

(5)通过知识管理,支持上层产品开发决策和产品优化设计等。

(6)为产品开发人员创造一个轻松愉快的工作环境等。

(二)并行工程实施原则

1.关注早期设计阶段原则

产品开发的早期阶段——产品设计阶段,在整个产品开发周期中的地位十分重要。产品设计阶段对于最终产品的质量和产品的开发成本具有至关重要的决定性作用,对产品开发周期的长短也有着极其重要的影响。设计上的"先天不足",往往造成后续过程的"后患无穷",使产品原型的更改和反复次数增加,以此引起开发成本提高、产品质量下降和开发周期延长等。在整个产品开发过程,各阶段对最终产品 TQCSE 的影响随时间的推进呈反比关系,即越是早期,对最终产品 TQCSE 的影响越大。早期的失误常造成更大的 TQCSE 损失。由于产品的设计在整个产品开发过程中特殊的地位,并行工程因此特别强调要关注早期的产品设计。

2.重视客户的需求原则

多数情况下,客户往往难以在一开始就对要求设计与开发的产品提出具体、准确的要求,客户的要求常常伴随产品设计与开发工作的不断进展而逐步完善。客户的需要也已不仅仅局限于对最终产品质量的要求,常常渗透到对整个产品形成过程的关注。为此,并行工程坚持在产品开发的早期阶段要充分重视客户的需求,强调客户在早期的产品设计阶段及整个产品开发过程中的积极参与,整个产品开发过程中的所有产品开发人员都要注意倾听客户的呼声,及时响应客户的需求变化,接收客户对产品开发工作的监督。

3.突出人的作用原则

越来越多的人已经意识到,提高制造企业的产品开发能力,不单是技术问题,必须涉及人的组织与管理,必须要把人(组织)、技术和经营(策略)三方面集成起来。我国实施 CIMS 的实践经验也证明了实施 CIMS 应由强调技术支撑变为强调技术、人和经营的集成。初期的 CIMS 以比较高的自动化程度为特征,结果在实践过程中遇到了很大困难。随着许多无人化工厂实践的失败，人们对无人自动化制造问题进行了反思，逐步形成人-机协同和人-人协同，以"人"为中心的思想，重视人在产品开发过程中的地位以及人的智能、经验、主观能动性及自我价值观等在产品开发过程中的作用。

4. 协同工作方式原则

协同工作方式是并行、一体化产品开发所必须采取的工作方式。离开了"协同"，并行工程将无法实现"并行"。传统的串行产品开发模式，由于过分强调分工，专业部门各自为政相互之间似有大墙阻隔之势，难以有效地实施一体化设计和全局综合优化设计；各专业部门以各自利益为重，遇到问题相互推诿，不利于技术协作和工作协调；各专业部门强调相对独立性，客观上淡化了技术交流与成果共享在整体产品开发中的重要作用。与此形成鲜明的对应，并行工程却正是强调一体化集成设计、全局综合优化设计和并行设计，以及供应链管理整体协作观念；强调产品开发过程的技术交流、技术协作与成果(知识)共享；强调产品开发工作的协同与协调，以及信息流、物流、资金流和人才流共享，形成一条同舟共济工程项目供应链，以实现合作共赢。传统的串行产品开发模式显然已不能适应并行工程的这些要求。为此，并行工程摒弃产品开发过程中的专业部门设置并淡化专业分工观念，主张采取协同化工作方式。

5. 一体化并行设计原则

一体化、并行设计是并行工程的重要特点。并行工程的定义已明确强调，"并行工程是对产品及其相关过程进行并行、一体化设计的一种系统化的工作模式"。通过一体化、并行设计，主要目的是实现产品及相关过程设计的综合优化，提高产品开发的TQCSE。

"并行"一般针对产品开发的工作流程而言，强调各项产品开发活动在工作进程上的并行化。"一体化"比"并行"要更深刻一层，它在"并行"的基础上，进一步强调产品开发工作/活动的集成性，强调所开发产品的综合优化，并强调产品开发过程的整体、有机和集成优化。

6. 持续地改进原则

再完美的设计有时也难免会有瑕疵存在，而发现有了瑕疵就要及时修正、改进。这一点对于所要开发的产品来说，是这样；对于产品的形成过程也同样应该是这样。并行工程强调要持续地改进产品及产品的开发过程。通过产品及产品开发过程的持续改进，不断地提高产品的质量和过程的效率与效果。

产品是活动或过程的结果，所有工作也都是通过过程来完成，因此，改进首先着力于过程的改进。改进是一种以追求更高的效果和效率为目标的持续活动，持续化是改进的必然属性。改进是无穷的，改进的机会也是无穷的，要敏锐地捕捉住一切可能存在的改进机会，实时地进行改进。

二、并行工程的关键技术和产品开发流程

(一)并行工程的关键技术

1. 集成产品开发团队

集成产品开发团队是并行工程的组织模式。这种模式的基本组织思想如下：

(1)对应于产品形成过程的不同阶段，来自不同专业背景的人员组成一个集成化的产品开发团队。

(2)所有的产品开发技术人员在统一的规划和组织下，共同完成产品及相关过程的设计。

(3)集成产品开发团队作为一个独立的团体，获得制造企业的授权，负责整体产品的开发。

(4)不同专业背景的产品开发技术人员一方面分管与各自专业领域有关的产品或相关过程的开发/设计，另一方面，对其他的产品及相关过程的开发/设计进行技术审查，并倾听其他开发人员对其所做开发/设计的反馈意见，发现问题，及时协商解决。

并行工程的集成产品开发团队式组织模式，不同于传统的串行产品开发组织模式，它已打破了传统的强调专业分工、按专业部门组织管理产品的开发，它更注重于产品开发的合作、协同和一体化，为产品开发创建了一种协同化的工作环境，并营造出并行工程的协同企业文化。

2.产品开发过程建模

并行工程与传统的产品开发方式的本质区别在于它把产品开发的各个活动视为一个集成的过程，从全局优化的角度出发对该集成过程进行管理与控制，并实施过程的不断改进。无论是过程的集成、还是全局优化或对过程实施管理与控制，以及过程的改进，其基础都过程模型。产品开发过程建模就是用数学化的语言、工具和手段，设计、描述并表示出产品的开发过程，形成产品开发过程的数学模型。基于所建立的过程模型，对产品开发过程的并行性、集成性、敏捷性和精良性等各种过程特性进行仿真。通过仿真，优化和改进产品的开发过程。依据所建立的产品开发过程模型，面向进度、质量、成本、技术流程、人员(组织)和资源等，实施产品开发管理。

3.产品全生命周期数字化定义

产品全生命周期数字化定义，即数字化产品建模，将产品开发人员头脑中的设计构思转换为计算机所能够识别的图形、符号和算式，形成产品的计算机内部数据模型，存储于计算机之中。不同专业背景的产品开发人员，基于同一的数字化产品模型协同、并行地开展产品及相关过程的设计，实施技术交流和协商、协作，并进行产品不同组成单元及阶段的设计综合优化。

4.产品数据管理

采用了产品全生命周期数字化定义之后，伴随产品的开发，各产品开发阶段必然生成大量与产品有关的工程设计数据，需要存储于计算机。产品数据管理系统要高效、自动化地组织和管理这些数据，以方便产品开发人员有效地存取、游览或修改这些产品数据，并支持对这些数据进行再利用或做进一步的处理等。产品数据管理作为产品全生命周期信息集成的重要工具和手段，可以帮助不同产品开发阶段或活动的产品开发人员协同、并行地开展产品及相关过程的设计。

5.质量功能展开

质量功能展开是一种客户驱动的产品开发方法，它首先是采用系统化、规范化的方法调查和分析客户的需求，然后将客户的需求作为重要的质量保证要求和控制参数。采用确定客户需求和相应产品或服务性能之间联系的图示方法，即通过质量屋(House Of Quality，HOQ)的形式，一步一步地转换为产品特征、零部件特征、工艺特征和制造特征等，并将客户需求全面映射到整个产品开发过程的各项开发活动，用以指导、监控产品的开发活动，使所开发的产品完全满足客户需求。

6.面向X的设计

DFX技术是并行工程的支持工具之一，是一种面向产品全生命周期的集成化设计技术，其综合了计算机技术、制造技术、系统集成技术和管理技术，充分体现了系统化的思想。它是一种新的设计技术，在设计阶段尽可能早地考虑产品的性能、质量、可制造性、可装配性、可测试性、产品服务和价格等因素，对产品进行优化设计或再设计。

并行工程的工作模式强调“力图使开发者们从一开始就考虑到产品全生命周期（从概念形成到产品报废）中的所有因素”。DFX中的X代表的就是产品全生命周期中的这所有的因素，包括制造、装配、拆卸、检测、维护、测试、回收、可靠性、质量、成本、安全性以及环境保护等。对应于这些因素，常见的DFX有面向装配的设计（DFA）、面向制造的设计（DFM）、面向性能的设计（DFC）、面向方案的设计（DFV）、绿色设计（DFG）和后勤设计（DFL）等。面向装配的设计是一种针对零件配合关系进行分析的设计技术。它为产品设计在早期提供一种确定装配所用的定量方法。其原则包括最小零件数、最少接触面和易装配。类似地，面向制造的设计则引入诸如零件最少原则和易制造原则等指导产品的设计。在面向性能的设计中，设计团队从产品全生命周期的角度审查有关产品的所有独立的规则集，从而完成产品界面及功能设计、零件特征设计、加工方法选用、工艺性设计和工艺方案的选择等。面向方案的设计是为了从不同设计方案中选择花费最小的方案，它涉及产品设计方案的数量、产品设计阶段和产品设计更改的代价等因素。绿色设计指在产品设计时从对环境的影响角度出发，考虑产品在全生命中的使用。后勤设计是指设计人员在设计时利用不同的约束进行产品设计，如产品成本驱动约束、最小时间约束等。

通过这些面向X的设计，使得产品开发人员能够在早期的产品设计阶段并行地考虑产品全生命周期后续阶段的各种影响因素，实现产品设计的综合优化，实现产品及相关过程设计的协同和一体化。

7. 并行工程集成框架

产品开发不同阶段和不同产品开发活动，需要使用不同的工具软件。例如：CAD、CAE、CAPP、CAM、DFX、计算机辅助质量管理、计算机辅助快速报价、计算机辅助项目管理、计算机辅助采购供应以及面向产品开发的资源管理等各种工具软件也都会在产品开发过程用到。这些工具软件可能是基于相同的计算机及网络硬件软件平台，也可能不是，一般来自于不同开发商。在产品开发过程，这些工具软件面向同一产品数据模型，为着共同的产品开发任务，协同地辅助各具体产品及相关过程开发，它们之间必须能进行数据交换、信息集成和知识共享，在功能上也要互相支持、相互配合。

为了这一目的，这些工具软件首先要能够互操作并相互集成在一起。并行工程的集成框架就是要集成这些产品开发过程中不同类型的工具软件，集成源于这些工具的产品全生命周期各种信息模型，集成产品创新开发及开发管理所应用的诸方法，集成产品创新开发及开发管理过程的各项任务，实现异构、分布式计算机环境下企业内各类应用系统的信息集成、功能集成和过程集成。

8. 坚持并行工程的产品创新与开发

产品创新与开发人员，是实施产品创新与开发的主体。并行工程不同于传统的产品开发模式，它对产品开发模式、开发方法及支持工具等，都提出了独特的要求，并成为并行工程先进的思想与理念。产品创新与开发人员必须按照并行工程的这些思想与理念，并依据并行工程的方法和原则，实施具体的产品创新与开发。

9. 工程项目供应链系统网络结构

工程项目供应链系统网络结构分析是指确定供应链系统中的核心企业、一般成员企业的角色、作用、特点及其相互之间的关系。确定供应链系统中核心企业的方法，一般是从战略上进行分析，根据系统的基本流程、活动，及企业特性、位置、作用和重要程度等，将系统中的企业分成核心企业和一般成员企业，其中一般成员企业还可以划分为基本成员企业和辅助成员、临时成员企业等类型。对于航空型号工程项目通常都是以承包单位（设计单位）为核心企业，组建工程项目供应链系统网络结构。

分析工程项目供应链系统中所有企业之间的关系，是明确各企业在网络结构中的纵向和横向结构中的位置，横向结构是指供应链的价值链体系结构，而纵向结构是指单个企业和其供应商、客户（客户）的关系。横向结构分析是对供应链的价值链体系进行建模，确定供应链的起始位置，描述所有成员企业在供应链系统中的作用和角色，分析供应链价值体系中存在的问题及其根源。纵向结构分析是确定企业在纵向结构中的位置，及确定单个企业的供应链流程的需求、顾客价值的实现情况，分析企业内流程中存在的问题和根源。

（二）并行工程的产品开发流程

相对于企业生产流程、销售流程、售后服务流程等，研发流程涉及的活动更多，更为复杂，需要市场、开发、测试、采购、生产、销售、服务、财务等部门的共同参与，所以构建并行工程产品开发流程时，除了需要遵循业务流程设计的一般性方法外，还要着重考虑研发流程的结构化和并行工程的层次化。

1. 结构化的开发流程

所谓结构化是指相互关联的工作要有一个框架结构，并要有一定的组织原则来支持它，例如在一个自上而下的层次构架中，上层结构简单一些，越到下层越繁杂越具体。同时需要对每项工作进行定义，每项工作都应清楚地明确规定出来，所有人员应该清楚自己参与的是什么工作，用什么方法去完成。

产品开发是复杂的。因为产品开发人员必须完成成千上万项活动，而这些活动大部分是与他人工作紧密相关的，协调便成为极其复杂的工作。为了能管理好这些庞大而复杂的活动，产品开发流程必须成为结构合理、定义清楚的过程。产品开发流程一般可以划分为流程概览、阶段流程、子流程/支撑性流程、模板/指导书四个层次。

通过流程结构层次的划分和定义，企业一方面明确了产品开发各个层次的流程，另一方面将产品开发所涉及的各项活动识别出来并进行规范，包括对每项活动的输入、输出、衡量标准、操作步骤、约束条件、方法和工具等进行详细、清晰的定义，并编制相应的模板、表格和操作指导书。

2. 在非结构化和过于结构化中寻求平衡

产品开发流程是可定义的、可重复的、可管理的，但是产品开发流程与制造流程不同。制造流程是完全按照生产文件进行标准化作业，产品开发是带有较强创造性的活动，不能像生产流程那样定义得过细、过死，需要在规范化和灵活性之间取得一种平衡，如果按照结构化观点来看，就是需要在非结构化和过于结构化之间寻求平衡。

在非结构化状态下，没有规范，过于强调灵活性，就成了无序状态，放任自流，容易出错，质量、进度等目标没有保证。目前中国企业产品开发非结构化的问题很突出，缺乏规范的、一致的流程，术语和文档很不统一，产品开发活动处于无纪律状态，对一些关键性的活动都没有定义流程、规范，没有制定相应的操作模板。如：需求没有经过评审，需求的制定没有充分的信息输入，设计时没有充分考虑制造的问题以及物料采购的问题，也没有成本分析，没有规范的评审。而过于结构化也无法保障项目目标的实现，流程和活动过度规范化，缺乏创新空间，太多的审批环节，过多的测评指标，滋生官僚主义，变成了僵化、教条的流程，造成运行缓慢和效率低下。这种流程也会遭到研发人员的抵触和忽视，其结果是开发流程受到削弱，变成一套形式。

并行工程产品开发流程应该是平衡的流程，具体表现为：

(1)流程是可重复的流程，但可以根据具体情况进行裁减。

(2)对产品开发活动进行清晰和规范的定义，但保留了适度的创新空间。

(3)流程是可测评和可管理的。

(4)流程是文档化的，而且得到了应用，写的与做的是一致的。

(5)流程是持续优化的。

3.并行工程和异步开发的区别

并行开发容易和异步开发混淆，其实它们是不同的产品开发方法。

(1)异步开发。异步开发模式是指对整个系列产品进行开发时，以产品平台为基础分出几个层次，如划分为最终产品、平台、子系统/模块、技术四个层次，不同的层次分时进行异步开发，越下面的层次越要提前开发，这样最终产品的开发就可以在已有平台和共用模块及关键技术的基础上快速集成，从而提高产品开发的质量和效率。

(2)并行开发。并行开发模式一般是针对单个产品的开发过程中，各项职能要尽量并行，比如在进行系统设计时就制定系统测试及验证计划，产品开发一开始就需要考虑可制造性需求及设计，销售计划在产品开发早期就形成，而不是等到产品上市时再临时抱佛脚。但是，两者的根本目的是一样的，就是提高产品开发的效率和质量。

4.并行工程流程的层次化

产品开发流程的并行可以划分为如下三个层次：

(1)第一个层次的并行指系统工程、硬件开发、软件开发、产品测试等产品功能及性能的开发活动的并行，比如：开展系统工程的活动，使需求能够同步分解和分配到相应的子系统和模块，并在开发中保持所有子系统和模块的协调一致；硬件开发、软件开发、结构设计、测试等活动尽量并行开展，充分考虑相互的接口和协同。

(2)第二个层次的并行指产品功能及性能的开发活动与市场、采购、制造、服务、财务等职能活动的并行。在串行开发流程中，销售、制造、采购等职能活动只在产品开发的后期才进行，甚至很少开展。并行开发流程强调要充分考虑这些相关职能的活动，而且尽量提前进行，如在产品开发初期就开展销售策略、可制造性、可服务性、关键供应商选型等活动。

(3)第三个层次的并行指工程项目供应链系统，是由相互作用、相互依赖的若干组成部分结合而成的具有特定功能的有机整体。它是围绕工程项目，通过对信息流、物流、资金流的控制，把供应商、设计和制造商、分销商、零售商直到最终客户连成一个整体的功能网链结构模式。由于工程项目的规模、难易及企业所处的竞争环境不同，企业的战略发展方向不同，决定了工程项目供应链系统的设计必须视企业及项目的具体情况来量身定做。但总的原则是不变的，即必须确保实现提高客户满意度和工程项目成本最小化，在此目标下合理规划包括产品设计、制造和生产场地、仓储管理、运输配送、信息处理、支付系统这几大供应链模块。如果对顾客满意度的影响因素进一步深入分析，可以发现，对时间和成本的有效控制是工程项目供应链系统设计的主要目标。

第5章
航空型号工程项目招标与投标

第1节　航空型号工程项目论证

凡事预则立,不预则废。航空型号工程项目启动之初,即在投资决策前要对项目进行可行性研究。目的是站在项目的起点分析预测和评价投资项目未来的效益,进行项目风险预测和评估,以确定项目的投资是否值得与可行。项目可行性研究报告是投资决策的前奏和决策的依据,是项目启动程序和决策程序必要的组成部分,是为投资的项目决策服务的。

一、航空型号工程项目可行性研究

航空型号工程项目论证工作包括项目可行性研究和项目立项两个步骤。项目论证是航空型号工程项目能否启动的关键程序,起到防范风险、提高项目效率的重要作用。它不仅是筹措资金、向银行贷款的依据,而且是编制计划、设计、采购、施工以及机构设置、资源配置的依据。

(一)可行性研究的内容

可行性研究是从技术和经济等方面,对拟实施的航空型号工程项目在必要性、技术可行性、经济合理性、实施可能性等方面进行综合研究和论证,得出项目是否可行的结论。目的是通过对与航空型号工程项目投资效果有关因素的综合研究分析,避免或减少投资决策的盲目性,提高项目投资的综合效益。它是保证项目选择准确,方案科学、工期合理、投资可控、效益显著的重要环节。

航空型号工程项目可行性研究是项目申报立项的依据,主要包括以下内容:

(1)技术评价。是指项目所选技术标准、实施规模、技术方案的可靠性、耐久性、适应性、安全性、环保性等,即论证实施航空型号工程项目在技术上的可行性。

(2)经济评价。站在航空型号工程项目法人单位(招标人)的角度,按照国家现行的财税制度和价格体系,分析、计算项目所具有的财务盈利能力,即财务可行性。

(3)环境影响评价。在航空型号工程项目规划、实施之前,为尽量减缓或补偿项目对自然环境和社会环境的不良影响,改善环境质量,通过深入全面的调查研究,对影响区域的环境可能受到的影响内容、方式、过程、趋势等进行系统的预测和评估,并提出评估意见及预防、补偿和改进措施。

(4)综合评价。即评价航空型号工程项目的实施对技术、经济、社会、环境、政治、国防、资源利用等各方面目标产生的影响。项目的立项与投资决策,不能单看某一方面的效果,必须综合分析各方面的效果,有些经济效果差一些的项目,其他方面效果显著,也应认为是可行项目。

(5)编写报告。在各项评价工作完成后,要编写一份详尽的可行性研究报告。内容一般包括：现状、发展及项目实施的必要性，分析及预测，实施条件、技术标准、初步方案及项目规模，投资估算及资金筹措，经济评价，问题与建议，并给出项目实施数量、投资估算、经济评价的计算表格。

(二)可行性研究的阶段划分

航空型号工程项目法人单位(招标人)的项目可行性研究工作通常会委托有资质的专业咨询公司来做，一般分为三个阶段，即机会研究、初步可行性研究和详细可行性研究。

1.机会研究

机会研究又称为投资机会研究论证。这一阶段的主要任务是提出项目投资方向的建议，即在一个确定的地区和部门内，根据自然资源、市场需求、国家产业政策和国际贸易情况，通过调查、预测和分析研究，选择项目，寻找投资的有利机会。机会研究要解决两个方面的问题，一是社会是否需要，二是有没有可以开展项目的基本条件。

投资是一项复杂的活动，投资前研究工作的质量直接影响到项目的成败。在确定投资项目时为了减少风险，提高投资效益，尽可能使项目建立在可靠的基础上。

投资机会研究有两类：

(1)一般投资机会研究。以开发和利用本地区特定的丰富资源为基础，谋求投资机会。

(2)具体项目投资机会研究。以本单位现有项目的拓展或深加工为基础，通过增加现有企业的研制生产能力与业务流程等途径创造投资机会。内容包括市场调查、消费分析、投资政策、税收政策研究等，其重点是对投资环境的分析，如在某一地区或某一产业部门，对某类项目的背景、市场需求、资源条件、发展趋势以及需要的投入和可能的产出等方面进行准备性的调查、研究和分析。并对项目的投资和成本，一般是参照类似项目的数据做粗略的估算，提供一个或多个投资方案。这个阶段所估算的投资额和成本的精确度控制在正负30%，机会研究所需时间为2～3个月，所需费用占投资总额的0.2%～1%。机会研究的成果是《投资机会研究报告》。

2.初步可行性研究

投资机会研究认为可行的项目，值得继续研究，但又不能肯定是否值得进行详细可行性研究时，就要做初步可行性研究，以进一步判断这个项目是否有生命力，是否有较高的经济效益。经过初步可行性研究，认为该项目具有一定的可行性，才可转入详细可行性研究阶段。否则，就该终止该项目的前期研究工作。这个阶段所估算的投资额和成本的精确度控制在正负20%，初步可行性研究所需时间为4～6个月，所需费用占投资总额的0.25%～1.25%。初步可行性研究的成果是《初步可行性研究报告》。

3.详细可行性研究

详细可行性研究又称为技术经济可行性研究，是可行性研究的主要阶段，是项目投资决策的基础。这一阶段的内容比较详尽，所花费的时间和精力都比较大。而且本阶段还为下一步项目实施提供基础资料和决策依据。因此在这个阶段，所估算的投资额和成本的精确度控制在正负10%，详细可行性研究所需时间为8～12个月，所需费用占投资总额的1%～3%。详细可行性研究的成果是最后的可行性综合研究报告，称为《可行性研究报告》。

二、航空型号工程项目申报立项

航空型号工程项目法人单位作为项目招标人，在展开招标工作之前，要完成项目申报立项，因为航空型号工程项目属于法人单位需要事先向主管部门申报，并获得批准立项的工程项目。即项目法人单位应当在具备条件后，首先要向主管部门申报，经审批通过，正式立项后，才能正式展开下一步的工作。由于航空型号工程是一项高投入的项目，受到政府主管部门的高度重视，申报立项必须慎重。一旦被批准立项，就不能随便降低或提升项目的设计研制性能标准和要求。

(一)项目建议书的编制

民用航空型号工程项目建议书(又称立项申请书)是项目法人单位(招标人)根据国民经济的发展、国家和地方中长期规划、产业政策、生产力布局、国内外市场所在地的内外部条件提出的某一具体项目的建议文件，是对拟建项目或产品提出的框架性的总体设想。

军用航空型号工程项目建议书应由项目法人单位依据国防科技工业中长期规划、产业政策、国防科工委发布的项目指南和有关要求自行编制或委托有资质的设计、咨询单位编制，内容和深度应符合《国防科技工业固定资产投资项目建议书编制规定》的要求。

项目建议书是基于可行性研究报告编写的，在项目发展周期的初始阶段是国家选择项目的依据。涉及利用外资的项目，在项目建议书批准后，方可开展对外工作。

项目建议书的主要内容应包括：

(1)项目提出的必要性和依据。

(2)产品方案，拟建规模和建设地点的初步设想。

(3)资源情况、建设条件、协作关系和设备技术引进国别、厂商的初步分析。

(4)投资估算、资金筹措及还贷方案设想。

(5)项目的进度安排。

(6)经济效果和社会效益的初步估计，包括初步的财务评价和国民经济评价。

(7)环境影响的初步评价，包括治理“三废”措施、生态环境影响的分析。

(8)结论。

(9)附件等。

(二)项目建议书的申报和审批

1. 民用航空型号工程项目建议书的申报和审批

民用航空型号工程项目建议书要按现行的管理体制、隶属关系，分级审批。原则上，按隶属关系，经主管部门提出意见，再由主管部门上报，或与综合部门联合上报，或分别上报。

(1)大中型项目。大中型民用航空型号工程项目经省、自治区、直辖市、计划单列市计委及行业归口主管部门初审后，报国家计委审批，其中大型项目(总投资 4 亿元人民币以上)由国家计委审核后报国务院审批。总投资在限额以上的外商投资项目，项目建议书分别由省计委、行业主管部门初审后，报国家计委会同外经贸部等有关部门审批；超过 1 亿美元的重大项目，上报国务院审批。

(2)小型项目。小型民用航空型号工程由地方或国务院有关部门审批。

2. 军用航空型号工程项目建议书的申报和审批

(1)初审。军用航空型号工程项目建议书应由组织申报项目的国家有关部门(单位)、地方国防科技工业管理部门、各军工集团公司和民营中央企业集团公司(以下简称各有关部门和单

位)进行初审,初审重点包括以下几方面:

1)是否符合国防科技工业产业和技术发展政策。

2)是否符合国防科技工业发展规划。

3)是否符合国防科技工业投资政策。

4)是否符合国防科技工业固定资产投资项目建议书编制规定。

5)内容是否客观、真实。

(2)审批。军用航空型号工程项目建议书由各有关部门和单位初审后报国防科工委审批。国防科工委在收到各有关部门和单位报送的项目建议书正式申请文件后,由综合计划司进行初步审核。对符合规定和政策要求的项目,组织听取各有关部门和单位汇报,其中重大项目由委领导组织听取汇报;对明显不符合规定和政策要求的项目直接退回。

国防科工委在听取汇报后决定是否退回、退回修改、委托咨询评估或组织专家审查。对委托咨询评估的项目,咨询机构应统筹考虑全社会能力,综合论证项目的必要性,客观、公正、科学地优化项目的技术和投资方案。评估结果由国防科工委组织协调。综合计划司负责会同有关司根据国家有关规定、国防科技工业发展规划、投资政策及评估结果等,办理项目建议书的审批手续。

第2节 招标投标的基本概念

工程项目实行招投标,是我国国民经济建设管理体制改革的一项重要内容,是市场经济发展的必然产物,也是与国际接轨的需要。近处来,随着我国改革开放的深入发展及市场经济的进一步完善,提高项目投资效益的要求将使合理控制项目质量、成本的地位更加重要,而招投标阶段是项目质量和成本控制的重点部分。

一、招标投标的定义、基本条件和作用

1. 招投投标的定义

招标投标(Invitation to Tender & Submission of Tender)是指由招标人向数人或公众发出招标通知或公告,在诸多投标中选择自己最满意的投标人并与之订立合同的交易方式。招标和投标是一种交易方式的两个方面。这种交易方式既适用于采购物资设备,也适用于发包工程项目和服务项目采购。国际招标投标与国内招标投标的不同之处是,国内招标投标要按照中国招标投标法、政府采购法的规定实施招标投标;国际招标投标要遵循世贸采购条例及国际招标法则进行招投标。

招标投标的内涵是在市场经济条件下进行大宗货物的买卖、工程和服务项目的发包与承包所采用的一种交易方式。在这种交易方式下,通常是由项目采购方作为招标方,通过发布招标公告或者向一定数量的特定供应商、承包商发出招标邀请等方式发出招标采购的信息,提出所需采购的项目的性质及其数量、质量、技术要求,交货期、竣工期或提供服务的时间,以及其他有关供应商、承包商的资格要求等招标采购条件,表明将选择最能够满足采购要求的供应商、承包商与之签订采购合同的意向,由各有意参加投标的单位或个人提供采购所需货物、工程或服务的报价及其他响应招标要求的条件,参加投标竞争。经招标方对各投标者的报价及其他的条件进行审查比较后,从中择优选定中标者,并与其签订合同。

依照招标投标法规定：招标人是指依法提出招标项目、进行招标的法人或者其他组织；投标人是响应招标、参加投标竞争的法人或者其他组织。

2. 招标投标的基本条件

招标投标的交易方式，是市场经济的产物，采用这种交易方式，须具备两个基本条件：

(1)要有能够开展公平竞争的市场经济运行机制。在计划经济条件下，产品购销和工程建设任务都按照指令性计划统一安排，没有必要也不可能采用招标投标的交易方式。

(2)必须存在招标采购项目的买方市场，对采购项目能够形成卖方多家竞争的局面。在招标采购项目的买方市场中，买方能够居于主导地位，有条件以招标方式从多家竞争者中择优选择中标者。在短缺经济时代的卖主市场条件下，许多商品供不应求，买方没有选择卖方的余地，卖方也没有必要通过来竞争来出售自己的产品，也就不可能产生招标投标的交易方式。

3. 招标投标的基本原则

公开、公平、公正和诚实信用是招标投标应当遵循的四项基本原则，在这些原则中，公平竞争是核心，公开透明是体现，公正和诚实信用是保障。

(1)公开透明原则。公开透明是招标投标必须遵循的基本原则之一，招标投标被誉为“阳光下的交易”，即源于此。招标投标过程只有坚持公开透明，才能为投标人参加招标投标提供公平竞争的环境，为公众对招标投标过程进行有效的监督创造条件。公开透明要求招标投标的信息和行为不仅要全面公开，而且要完全透明，包括招标投标的法规和规章制度要公开，招标信息及中标或成交结果要公开，开标活动要公开，投诉处理结果或司法裁减决定等都要公开，从而使招标投标活动在完全透明的状态下运作，全面、广泛地接受监督。

(2)公平竞争原则。公平原则是市场经济运行的重要法则，是招标投标的基本规则。公平竞争要求在竞争的前提下公平地开展招标投标活动。首先，要将竞争机制引入招标投标活动中，实行优胜劣汰，让招标人通过优中选优的方式，获得价廉物美的货物、工程或者服务，提高投资的使用效益。其次，竞争必须公平，不能设置妨碍充分竞争的不正当条件。公平竞争是指招标投标的竞争是有序竞争，要公平地对待每一个供应商，不能有歧视某些潜在的符合条件的供应商参与招标投标活动的现象，而且招标信息要在招标投标监督管理部门指定的媒体上公平地披露。

(3)公正原则。公正原则是为招标人与投标人之间在招标投标活动中处于平等地位而确立的。公正原则要求招标投标要按照事先约定的条件和程序进行，对所有投标人一视同仁，不得有歧视条件和行为，任何单位或个人无权干预采购活动的正常开展。尤其是在评标活动中，要严格按照统一的评标标准评定中标人，不得存在任何主观倾向。为了实现公正，评标委员会以及有关的小组人员必须要有一定数量的要求，要有各方面代表，而且人数必须为单数，相关人员要回避，同时规定了保护供应商合法权益及方式。这些规定都有利于实现公正原则。

(4)诚实信用原则。诚实信用原则是发展市场经济的内在要求，在市场经济发展初期向成熟时期过渡阶段，尤其要大力推崇这一原则。诚实信用原则要求招标投标当事人在招标投标活动中，本着诚实、守信的态度履行各自的权利和义务，讲究信誉，兑现承诺，不得散布虚假信息，不得有欺诈、串通、隐瞒等行为，不得伪造、变造、隐匿、销毁需要依法保存的文件，不得规避法律法规，不得损害第三人的利益。

4. 招标投标的作用

实施招标投标制度是为了适应市场经济体制的需要，进一步打破行业垄断和地方壁垒，按照“公开、公正、公平和诚实信用”的原则，建立统一、开放、竞争、有序的市场。不断提高招标投标工作的质量和水平，进行公平交易，能进一步达到确保项目质量，控制项目周期，降低项目造价，提高投资效益的目的。实施招标投标制度的作用和重要性主要有：

(1)有利于建设廉洁政府。招标投标通过信息公开、透明，有力地推进了项目决策的科学化、民主化，让让权力公开、透明，在阳光下运行，这就是最有效的防腐剂。因此招标投标有利于转变政府职能，依法规范权力运行，着力建设廉洁政府。

(2)有利于节资增效。节资增效是任何项目投资建设的基本要求，而招标投标本质意义是在公开、公平、公正、择优的原则下，通过竞争达到资源的优化配置，即用“看不到的手”优胜劣汰，有利于资源合理配置和节资增效。

(3)有利于规范项目工作程序。根据招标投标相关法律法规规定，招标人只有具备了招标条件后才能发招标文件，而招标条件中很大一部分工作是项目准备工作，因此招标投标能有效促进招标人按程序办事，促进项目准备工作的完善和规范项目工作程序。

(4)有利于保证项目质量。招标人为提高项目质量，在招标文件中有项目建设实施技术规范，明确了质量标准和验收办法。因此，招标投标制度能使招标人选择到真正符合要求的投标人。

(5)有利于缩短工期，降低造价。招标人在招标文件中把建设工期、造价等以合同形式固定下来，中标单位延期误工或延期交付将受罚，促使其按时或提前完成，并按合同造价严格控制项目成本。

(6)有利于促进技术创新。投标人要得到长足生存和发展，必须提高其竞争力。只有不断提高技术创新能力和水平，使用新技术、新产品、新材料等并不断更新，才能在激烈市场竞争中立于不败之地。实践证明，大力推行招标投标制度可有效促进投标人提高自身技术创新能力和管理水平，不断提升其企业市场信誉。

二、招标投标相关的法律法规

招标投标法是国家用来规范招标投标活动、调整在招标投标过程中产生的各种关系的法律规范的总称。按照法律效力的不同，招标投标法法律规范分为三个层次：第一层次是由全国人大及其常委会颁布的《招标投标法》法律；第二层次是由国务院颁发的招标投标行政法规以及有立法权的地方人大颁发的地方性《招标投标法》法规；第三层次是由国务院有关部门颁发的招标投标的部门规章以及有立法权的地方人民政府颁发的地方性招标投标规章。

1.招标投标法

《中华人民共和国招标投标法》(以下简称《招标投标法》)于1999年8月30日第九届全国人民代表大会常务委员会第十一次会议通过，自2000年1月1日起施行。它是属第一层次上的，即由全国人民代表大会常务委员会制定和颁布的法律，是整个招标投标领域的基本法，一切有关招标投标的法规、规章和规范性文件都必须与《招标投标法》相一致。

2.政府采购法

2002年6月29日，第九届全国人民代表大会常务委员会第二十八次会议于通过《中华人民共和国政府采购法》，自2003年1月1日起开始施行。《政府采购法》是我国财政体制改革和财政法制建设的一件大事，是政府采购工作法制改革和财政法制建设的一件大事，也是政府采购工作法制化建设所取得的重要成果，对于反腐倡廉，规范政府采购行为和提高政府采购资金的使用效益，全面提高依法行政水平，开创政府采购工作新局面，都具有十分重要的现实意义和深远的历史意义。

3. 招标投标法实施条例

《招标投标法》颁布十多年来，对于推进招标采购制度的实施，促进公平竞争，加强反腐败制度建设，节约公共采购资金，保证采购质量，发挥了重要作用。但是，随着招标采购方式的广泛应用，招投标领域也出现了许多新情况、新问题。为了解决招投标领域出现的问题，在认真总结招标投标法实施以来的实践经验的基础上，2011 年 11 月 30 日，国务院第 183 次常务会议通过《中华人民共和国招标投标法实施条例》，自 2012 年 2 月 1 日起施行。

4. 国防科技工业固定资产投资项目招标投标管理暂行办法

为了规范国防科技工业固定资产投资项目的招标投标活动，根据《中华人民共和国招标投标法》，结合军工投资项目实际，制定本办法。文号为科工计〔2008〕39 号，于 2008 年 03 月 27 日发布。

5. 国防科技工业固定资产投资项目招标投标管理暂行办法实施细则

为规范国防科技工业固定资产投资项目的招标投标活动，根据《中华人民共和国招标投标法》和《国防科技工业固定资产投资项目招标投标管理暂行办法》，结合军工投资项目招标投标实际情况，制定本细则。文号为科工财审〔2012〕1402 号。

6. 军工项目挪用资金、招投标等重大违纪违规行为处理暂行规定

为加强军工项目管理，规范财政性资金使用，提高财政性资金使用效益，根据《中华人民共和国招标投标法》《财政违法行为处罚处分条例》《国防军工财政性预算资金核拨管理暂行办法》和国防科工局职能，制定本规定。文号为科工财审〔2009〕866 号，于 2009 年 06 月 05 日发布。

7. 法律、法规、标准和规章制度的关系

(1)法律。全国人大及其常委会制定颁布的规范性文件。法律的级别是最高的。

(2)法规。由国务院及各部委、政府行政部门制定颁布的规范性文件。法规的地位仅次于法律。

(3)标准。由公认机构批准，大家共同使用的一种规范性文件。国际标准由国际标准化组织制定公布。国内标准分为国家标准、行业标准、地方标准、企业标准四级，分别由国务院标准化行政主管部、国务院有关行政主管部门、地方有关行政主管部门和企业制定公布。

(4)规章制度。由各单位或部门自行制定的，仅适用于本单位或部门的规定。

宪法具有最高的法律效力，一切法律、行政法规、地方性法规、自治条例、规章制度都不得同宪法相抵触。法律的效力高于法规、规章制度，即任何法规或规章制度的内容都不得与法律规定相抵触。

第 3 节　招标的范围、分类、招标代理和保证金

招标是指项目法人单位(招标人)依法就项目的内容、范围、要求等有关条件，公开或非公开邀请投标人报出完成项目的技术方案和费用方案，从而择优选定工程项目承包人的过程。择优以管理技术水平、社会信誉、业绩为首要条件。

一、必须进行招标与可不招标项目的范围

1. 必须进行招标的项目

(1)《招标投标法》第3条规定，在中华人民共和国境内进行下列项目，包括项目的勘察、设计、施工、监理以及与工程建设有关的重要设备、材料等的采购，必须进行招标：

1)大型基础设施、公用事业等关系社会公共利益、公众安全的项目。

2)全部或者部分使用国有资金投资或者国家融资的项目。

3)使用国际组织或者外国政府贷款、援助资金的项目。

4)法律或者国务院对必须进行招标的其他项目的范围有规定的，依照其规定。

(2)《国防科技工业固定资产投资项目招标投标管理暂行办法》第4条规定军工投资项目有下列情形之一的，应当进行招标：

1)勘察、设计、监理、保险等服务项目，单项合同估算价在50万元人民币以上。

2)土建、安装等施工项目，单项合同估算价在200万元人民币以上。

3)设备、材料等采购项目，单项合同或单台(套)设备估算价100万元人民币或10万美元以上。

4)单项合同或单台设备估算价低于本条(2)(3)款标准，但项目中同类物项合同估算价之和达到上述标准。

5)法律、法规规定的其他情形。

2. 可以不进行招标的项目

(1)《招标投标法》第66条规定，涉及国家安全、国家秘密、抢险救灾或者属于利用扶贫资金实行以工代赈、需要使用农民工等特殊情况，不适宜进行招标的项目，按照国家有关规定可以不进行招标。

(2)《国防科技工业固定资产投资项目招标投标管理暂行办法》第7条规定，军工投资项目有下列情形之一的可不招标：

1)具体事项涉及国家秘密，招标过程中秘密无法或很难保全。

2)主要工艺、技术需要采用特定专利或者专有技术。

3)武器装备应急动员(含演练)配套建设，以及现有设备、设施或信息产品升级改造，且不宜进行招标。

4)承包商、供应商或者服务提供者少于3家(不含)。

5)在合同执行过程中或合同执行完毕后需要追加工程、货物或服务，追加合同金额不超过原合同金额10%，且追加金额累计不超过200万元人民币；或者改变承包商、供应商、服务提供者将明显影响功能配套要求。

6)法律、法规规定的其他情形。

二、招标代理、投标保证金和履约保证金

1. 招标代理

招标代理是指具备相关资质的招标代理机构按照相关法律规定，受招标人的委托或授权办理招标事宜的行为。招标代理机构的性质既不是一级行政机关，也不是从事生产经营的企业，而是以自己的知识、智力为招标人提供服务的独立于任何行政机关的组织。招标代理机构

可以以多种组织形式存在,如可以是有限责任公司,也可以是合伙等。从中国目前的情况看,自然人一般不能从事招标代理业务。

在招标投标法中规定,招标人可以自行招标,也可以委托招标代理机构办理招标事项。并明确规定:只有招标人具有编制招标文件和组织评标能力的,才可以自行办理招标事宜。,为保证招标质量,招标人自行办理招标事宜的,应当向有关行政监督部门备案。

(1)招标代理机构应具备的条件。

招标代理机构需依法登记设立。虽然招标代理机构的设立不需有关行政机关的审批,但其从事有关招标代理业务的资格需要有关行政主管部门审查认定。招标代理机构应具备的条件主要有:

1)有从事招标代理业务的营业场所和相应资金。

2)有能够编制招标文件和组织评标的相应专业力量。

3)有符合法律规定、可以作为评标委员会成员人选的技术、经济、法律、商务等方面的专家库。

(2)招标代理机构的业务范围。

招标代理机构的业务范围包括从事招标代理业务,包括帮助招标人或受其委托拟定招标文件,依据招标文件的规定,审查投标人的资质,组织评标、定标等,以及提供与招标代理业务相关的服务,即指提供与招标活动有关的咨询、代书及其他服务性工作。这些业务有的属于严格意义上的招标代理,有的是与招标代理相关的其他服务。招标代理机构可根据提供服务量的大小,向招标人收取一定的费用。

(3)招标代理机构的选择。

招标代理机构属于社会中介组织,为保证代理招标的质量,形成规范的代理关系,以及维护招标人自主权,招标投标法有关招标代理机构的规定主要有:

1)招标代理机构必须依法设立。

2)招标代理机构的资格要由法定的部门认定。

3)招标人有权自行选择招标代理机构。

4)任何单位和个人不得以任何方式为招标人指定招标代理机构。

5)招标代理机构与行政机关和其他国家机关不得存在隶属关系或者其他利益关系。

6)招标代理机构应当在招标人委托的范围内办理招标事宜。

2.投标保证金

投标保证金是指在招标投标活动中,投标人随投标文件一同递交给招标人的一定形式、一定金额的投标责任担保,并作为其投标书的一部分,数额不得超过投标总价的2%,通常以现金、支票、银行汇票或本票等中的任意一种形式支付。投标保证金是为了保证招标投标活动的严肃性,对投标人的投标行为产生约束作用,保护招标人免遭因投标人的行为而蒙受的损失。未中标人的投标保证金,将在买方与中标人签订合同后的5个工作日内退还。但是,下列任何情况发生时,投标保证金将被没收:

(1)投标人在招标文件中规定的投标有效期内撤回其投标。

(2)中标后无正当理由不与招标人订立合同。

(3)在签订合同时向招标人提出附加条件。

(4)中标人在规定期限内未能:

1)根据投标人按规定签订合同或按规定接受对错误的修正;

2)根据招标文件规定未提交履约保证金。

(5)投标人采用不正当的手段骗取中标。

3.履约保证金

履约保证金是交易双方确保履约的一种财力担保,其目的在于中标人违约时,赔偿招标人的损失。履约保证金是交易双方确保履约的一种财力担保,招标人必须在招标文件中明确规定出中标单位提交履约保证金时,此项条款方为有效,如果在招标文件中没有明确规定,在投标人中标后不得追加。

履约保证金不同于定金,其目的是担保中标人完全履行合同,投标人顺利履行完毕自己的义务,招标人必须全额返还中标人。履约保证金的比例是有规定的,其比例为项目投资金额的5%~10%,具体执行比例由招标人根据项目具体情况确定。一般情况是项目投资金额越高比例应该越低,因此具有相对的固定性,招标人不能漫天要价,必须符合法律的规定。

第4节 招标的条件、方式和程序

在工程项目招标投标过程中,招标人必须严格遵守招标投标法规定,其中有两条需要特别注意:首先招标单位不得参加由其负责的项目投标;其次虽然法律规定招标人可以自己主持招标投标工作,也可以委托社会中介公司,如招标代理主持。但实际上,一般招标单位都不具备组织评标的能力,因此,大多招标人都是委托招标代理主持招标投标工作。

一、招标条件及方式

(一)招标应具备的条件

(1)已完成了项目的可行性研究。

(2)立项文件已被批准。

(3)项目采购资金已落实到位。

(4)已自行组织了临时的招标机构或委托了招标代理机构负责招标工作。

(5)招标文件已编制完毕。

(二)招标的方式

招标工作通常采取公开招标和邀请招标两种方式进行。

1.公开招标

公开招标是指招标人以招标公告的方式邀请不特定的法人或者其他组织投标。招标单位通过报刊、广播、电视、互联网(Internet)等新闻媒介公开发布招标广告,凡符合规定条件的单位都可以自愿参加投标。公开招标的优点是一切有资格的投标人均可参加投竞争,都有同等的机会。使招标单位有较大的选择范围,可在众多的投标单位中择优选择。选择报价合理、服务等级较高、技术可靠、资信良好的中标人。其缺点是公开招标资格审查及评标的工作量大、耗时长、费用高,且有可能因资格审查不严导致鱼目混珠的现象发生。

招标人选用了公开招标方式,就不得以不合理的条件限制或者排斥潜在的投标人。例如,不得限制或者排斥本地区、本系统以外的法人或者其他组织参加投标。

2.邀请招标

邀请招标是指招标人以投标邀请书的方式邀请特定的法人或者其他组织投标。招标人采用邀请招标方式要符合《国防科技工业固定资产投资项目招标投标管理暂行办法》第5条规定:

(1)因技术复杂或有特殊要求,只有少量几家潜在投标人可供选择。

(2)受自然地域环境限制。

(3)涉及国家安全、国家秘密或者灾后重建,适宜招标但不宜公开招标。

(4)拟公开招标的费用与合同估算价格相比过高,公开招标得不偿失。

(5)研制采购专用非标准设备设施。

(6)法律、法规规定不宜公开招标的其他情形。

招标单位采取邀请招标方式时,向预先选择的数目有限的几家符合条件的单位发出邀请信,邀请他们参加该项目的投标竞争。招标人采用邀请招标方式的,应当向三个以上具备承担招标项目的能力、资信良好的特定的法人或者其他组织发出投标邀请书,通常数量为3～6家。邀请招标的优点是被邀请参加投标竞争者数量有限,不仅可以有效减少招标工作量,缩短招标时间,节约费用,而且能保证投标人具有可靠的资信和完成任务的能力,能保证合同的履行,同时每个投标者的中标机会相对提高,对招标投标双方都有利。其缺点是由于受招标人自身的条件所限,不可能对所有的潜在投标人都了解,可能会失去技术上、报价上最有竞争力的投标人。

3.两阶段招标

无论采用哪种招标方式,对技术复杂或无法精确拟定技术规格的项目,可以分两阶段进行招标。

(1)第一阶段:投标人按照招标公告或者投标邀请书的要求提交不带报价的技术建议,招标人根据投标人提交的技术建议确定技术标准和要求,编制招标文件。

(2)第二阶段:招标人向在第一阶段提交技术建议的投标人提供招标文件,投标人按照招标文件的要求提交包括最终技术方案和投标报价的投标文件。

招标人要求投标人提交投标保证金的,应当在第二阶段提出。

(三)招标范围和方式的审批

按照国家有关规定需要履行项目审批、核准手续的项目,其招标范围、招标方式、招标组织形式应当报项目审批、核准部门审批、核准。项目审批、核准部门应当及时将审批、核准确定的招标范围、招标方式、招标组织形式通报有关行政监督部门。

二、招标程序

项目招标程序包括资格预审、准备招标文件、发布招标通告、发售招标文件、组织现场勘察、召开投标预备会或招标文件交底会,以及开标、评标和定标等。

(一)投标人的基本条件要求

投标人参加项目的投标,不受地区或者部门的限制,任何单位和个人不得非法干涉。但是与招标人存在利害关系可能影响招标公正性的法人、其他组织或者个人,不得参加投标。单位负责人为同一人或者存在控股、管理关系的不同单位,不得参加同一招标项目投标。

除此以外,参加项目招标活动的投标人应具备下列条件:

(1)具有独立承担民事责任的能力。

(2)具有良好的商业信誉和健全的财务会计制度。

(3)具有履行合同所必需的设备和专业技术能力。

(4)有依法缴纳税收和社会保障资金的良好记录。

(5)参加以往招标投标活动前三年内,在经营活动中没有重大违法记录。

(6)法律、行政法规规定的其他条件。

(二)资格预审

对于大型或复杂的项目,在正式组织招标以前,需要对拟投标单位的资格和能力进行预先审查,即资格预审。通过资格预审,可以缩小投标单位的范围,避免不合格的单位做无效劳动,减少他们不必要的支出,也减轻了招标单位的工作量,节省了时间,提高了办事效率。

对拟投标的单位进行资格预审是公开招标程序中的重要环节,是招标工作高效、高质进行的重要保证。资格预审工作由招标单位主持,由有关专家组成的资格预审评审委员会具体进行。

资格预审工作必须遵循公平、公正、客观、准确的原则。

1.资格预审的内容

资格预审包括两大部分,即基本资格预审和专业资格预审。基本资格是指拟投标单位的合法地位和信誉,包括有无合格的资质、是否注册、是否破产、是否存在违法违纪行为等。专业资格是指已具备基本资格的投标单标位履行合同的能力,包括:

(1)经验和以往承担类似合同的业绩和信誉。

(2)为履行合同所配备的人员情况。

(3)为履行合同任务而配备的测试仪器、设备以及技术方案等情况。

(4)财务情况。

(5)系统优化后的售后服务承诺、人员结构等。

2.资格预审程序

进行资格预审,首先要编制资格预审文件,邀请潜在的单位参加资格预审,发售资格预审文件,最后进行资格评定。

(1)编制资格预审文件:资格预审文件可以由招标人编写,也可以由招标人委托的招标代理编写。

(2)邀请潜在的项目投标人参加资格预审:邀请潜在的投标单位参加资格预审,一般是通过发出邀请函或在公众媒体上发布资格预审通告进行的,如报纸、刊物或互联网等。资格预审通告的内容包括:招标人名称、项目名称、规模、主要工作量、计划开始、结束日期,发售资格预审文件的时间、地点和售价,以及提交资格预审文件的最迟日期。

(3)发售资格预审文件和提交资格预审申请:资格预审通告发布后,项目采购单位(招标人)应立即开始发售资格预审文件,资格预审申请的提交必须按资格预审通告中规定的时间。

(4)资格评定,确定参加投标单位名单:招标人在规定的时间内,按照资格预审文件中规定的标准和方法,对提交资格预审申请书的拟投标单位的资格进行审查。只有经审查合格的单位才有权参加投标。

(三)招标文件编制的原则

(1)全面反映用户需求的原则。招标人应当根据招标项目的特点和用户需要编制招标文件,应当包括招标项目的技术要求、对投标人资格审查的标准、投标报价要求和评标标准等所有实质性要求和条件以及拟签订合同的主要条款,做到全面反映使用单位需求。

(2)科学合理的原则。招标文件的技术要求和商务条件必须依据充分并切合实际。技术和商务要求根据项目现场实际情况、可行性报告和用户需求确定,不能盲目提高实施标准和实施精度要求等,否则会带来功能浪费,多花不必要的钱。

(3)公平竞争的原则。招标的原则是公开、公平、公正,只有公平、公开才能吸引真正感兴趣、有竞争力的投标人竞争,通过竞争达到采购目的,才能真正维护招标人利益。招标文件必须不含歧视性条款,不得以不合理的条件限制或者排斥潜在投标人,不得对潜在投标人实行歧视待遇。招标人不得强制投标人组成联合体共同投标,不得限制投标人之间的竞争。招标文件不得要求或者标明特定的项目投标人,以及含有倾向或者排斥潜在投标人的其他内容。

(4)维护招标人和社会公众利益的原则。招标文件的内容既要维护招标人的利益,保护用户单位的商业秘密,也不得损害国家利益和社会公众利益。

(四)招标文件的主要内容

招标文件是拟投标单位准备投标文件和参加投标的依据,同时也是评标的重要依据,因为评标是按照招标文件规定的评标标准和方法进行的。此外,招标文件是签订合同所遵循的依据,招标文件的大部分内容要列入合同之中。因此,准备招标文件是非常关键的环节,它将来有可能会影响到的范围、流程、质量和成本。

招标文件至少应包括以下内容。

1. 招标公告

招标公告应当载明招标人的名称和地址、招标项目的性质、数量、实施地点和时间以及获取招标文件的办法等事项。

2. 投标须知

具体制定投标的规则,使投标单位在投标时有所遵循。主要内容包括:

(1)如果没有进行资格预审的,要提出投标单位的资格要求。

(2)招标文件和投标文件的澄清程序。

(3)投标文件的内容要求。

(4)投标语言。国际性招标,由于参与竞标的单位来自世界各地,必须对投标语言做出规定。

(5)投标价格和货币规定,对投标报价的范围做出规定。

(6)修改和撤销投标的规定。

(7)投标书格式和投标保证金的要求。

(8)评标的标准和程序。

(9)投标程序。

(10)投标有效期,投标截止日期,开标的时间、地点等。

3.合同条款

(1)项目采购合同条款主要包括以下内容:

(2)双方的权利和义务。

(3)关于项目实施人员的资历和人数的规定。

(4)价格调整程序。

(5)付款条件、程序以及支付货币规定。

(6)履约保证金的数量、货币及支付方式。

(7)不可抗力因素。

(8)延误赔偿和处罚程序。

(9)合同中止程序。

(10)解决争端的程序和方法。

(11)合同适用法律的规定。

4.技术规格

技术规格是招标文件和合同文件的重要组成部分,它规定项目招标的主要技术要求、内容和技术标准。技术规格也是评标的关键依据之一,如果技术规格制定得不明确或不全面,不仅会影响质量,也会增加评标难度,甚至导致废标。技术规格通常包括以下几个部分:

(1)项目描述:对整个项目进行详细描述,包括与项目相关的实施程序、实施方法、现场清理和环保要求等具体描述。

(2)项目阶段的划分:涉及的任务阶段是否为项目实施的全过程,其中包括项目咨询、设计阶段、实施阶段、人员培训和系统优化后的保修阶段等。

(3)项目实施范围:是否包括整个信息系统,或是信息系统中的某几部分(子系统)。

(4)项目实施的任务和内容:项目实施工作的具体任务。

由于项目的不同,对项目实施的要求也不同,因此,要想达到预期效果,必须根据项目的具体特点和要求来编制技术规格。

5.投标书的编制要求

投标书是投标单位对其投标内容的书面声明,包括投标文件构成、投标保证金、投标报价和投标书的有效期等内容。投标书中的总投标价应分别以小写数字和大写文字表示。投标书的有效期是指投标有效期,是让投标单位确认在此期限内受其投标书的约束,该期限应与投标须知中规定的期限相一致。

6.投标保证金

投标保证金是指投标人按照招标文件的要求向招标人出具的,以一定金额表示的投标责任担保。招标人不得挪用投标保证金。

7.报价表

(1)投标报价可以确定为一个固定数额,也可以定为信息系统总投资的一定比率。

(2)招标人可以自行决定是否编制标底。一个招标项目只能有一个标底。标底必须保密。

(3)接受委托编制标底的中介机构不得参加受托编制标底项目的投标,也不得为该项目的投标人编制投标文件或者提供咨询。

(4)招标人设有最高投标限价的,应当在招标文件中明确最高投标限价或者最高投标限价的计算方法。招标人不得规定最低投标限价。

8.避免不合理条件限制

招标人不得以不合理的条件限制、排斥潜在投标人或者投标人。招标人有下列行为之一的,属于以不合理条件限制、排斥潜在投标人或者投标人:

(1)就同一招标项目向潜在投标人或者投标人提供有差别的项目信息。

(2)设定的资格、技术、商务条件与项目的具体特点和实际需要不相适应或与合同履行无关。

(3)招标的项目以特定行政区域或者特定行业的业绩、奖项作为加分条件或者中标条件。

(4)对潜在投标人或者投标人采取不同的资格审查或者评标标准。

(5)限定或者指定特定的专利、商标、品牌、原产地或者项目投标人。

(6)非法限定潜在投标人或者投标人的所有制形式或者组织形式。

(7)以其他不合理条件限制、排斥潜在投标人或者投标人。

5.发布招标公告

招标人采用公开招标方式的,应当发布招标公告。招标公告应当通过国家指定的报刊、信息网络或者其他媒介发布。如果是国际性招标采购,还应在国际性的刊物上刊登招标通告,或将招标通告送给有可能参加投标的国家在当地的大使馆或代表处。

从刊登通告到参加投标要留有充足的时间,让投标单位有足够的时间准备投标文件。如世界银行规定,国际性招标通告从刊登广告到投标截止之间的时间不得少于45天。项目一般为60~90天,大型项目为90天,特殊情况可延长为180天。当然,投标准备期可根据具体的招标方式、内容及时间要求区别合理对待,既不能过短,也不能太长。

6.发售招标文件

招标人应当按照资格预审公告、招标公告或者投标邀请书规定的时间、地点发售资格预审文件或者招标文件。资格预审文件或者招标文件的发售期不得少于5日。招标人发售资格预审文件、招标文件收取的费用应当限于补偿印刷、邮寄的成本支出,不得以营利为目的。

招标人应当合理确定提交资格预审申请文件的时间。提交资格预审申请文件的时间,自资格预审文件停止发售之日起不得少于5日。

7.招标文件的修改和投诉处理

招标人可以对已发出的资格预审文件或者招标文件进行必要的澄清或者修改。澄清或者修改的内容可能影响资格预审申请文件或者投标文件编制的,招标人应当在提交资格预审申请文件截止时间至少3日前,或者投标截止时间至少15日前,以书面形式通知所有获取资格预审文件或者招标文件的潜在投标人;不足3日或者15日的,招标人应当顺延提交资格预审申请文件或者投标文件的截止时间。

潜在投标人或者其他利害关系人对资格预审文件有异议的,应当在提交资格预审申请文件截止时间2日前提出;对招标文件有异议的,应当在投标截止时间10日前提出。招标人应当自收到异议之日起3日内做出答复;做出答复前,应当暂停招标投标活动。

第5节 项目投标程序和开标程序

项目投标是投标单位以投标文件,包括技术和商务两部分的形式争取中标的过程。参加投标的单位必须具有主管部门核发的与招标的项目规模相适应的资质和等级证书,持有工商行政管理部门核发的营业执照并取得法人资格,经济独立并具有与其工作相适应的经济能力,能够独立承担相应的责任。

一、投标程序

当招标单位发布招标广告后,投标单位根据招标条件和本单位的能力进行可行性研究,决定是否参加投标,如果决定投标,就要购买(或索取)资格预审文件,只有资格预审合格的投标者才有资格参加投标竞争。资格预审合格的投标单位应根据招标单位的要求和实际需要购买(或索取)招标文件,进行认真的技术分析和商务分析,按投标须知的要求填写投标书(项目规划大纲),并按规定的时间、地点和方式交标,争取中标。

争取到项目任务是所有项目投标人得以生存和发展的前提,在市场经济的招标体制下取决于投标书的优劣。与设备采购投标竞争不同,项目实施投标竞争不仅取决于商务、经济方面,而且取决于技术方面,并以技术为主。项目投标书由技术方案和商务报价两部分组成,投标者必须加强对技术方案的重视,不宜在降低报价中做过多的文章,一份好的投标书应是:先进可行的技术方案加上良好的商务条件和合理准确的报价。

1.投标准备

投标人购买招标书以后,直至投标前,要根据实际情况合理确定投标准备时间。投标准备时间确定得是否合理,会直接影响投标的结果。尤其是项目投标涉及的问题很多,如果投标准备时间太短,投标单位就无法完成或不能很好地完成各项准备工作,投标文件的质量就不会十分理想,直接影响到后面的评标工作。

投标人在正式投标前,项目招标人还需要做一些必要服务工作。一是对大型项目要组织召开标前会议和现场考察,二是要按投标单位的要求澄清招标文件,澄清答复要以书面文件的形式发给所有购买招标文件的投标单位。

招标单位如需对已出售或发放的招标文件进行补充说明、勘误、澄清,或经上级主管部门批准后进行局部修正时,最迟应在投标截止日期前15天,以书面形式通知所有投标者。补充说明、勘误、澄清或局部修正文件与招标文件具有同等的法律效力。招标单位改变已出售或发放的招标文件未按上述要求提前通知投标者,给投标者造成的经济损失,应由招标单位予以赔偿。

正式开标前,招标人不得向他人透露已获取招标文件的潜在投标人的名称、数量以及可能影响公平竞争的有关招标投标的其他情况。招标人设有标底的,标底必须保密。

2.投标联合体

两个以上法人或者其他组织可以组成一个联合体,以一个投标人的身份共同投标。联合体各方均应具备承担招标项目的相应能力。招标文件对投标人资格条件有规定的,联合体各方均应当具备规定的相应资格条件。由同一专业的单位组成的联合体,按照资质等级较低的单位确定资质等级。联合体各方应当签订共同投标协议,明确约定各方拟承担的工作和责任,并将共同投标协议连同投标文件一并提交招标人。联合体中标的,联合体各方应当共同与招标人签订合同,就中标项目向招标人承担连带责任。招标人不得强制投标人组成联合体共同投标,不得限制投标人之间的竞争。

3. 项目现场勘察

项目现场勘察是到项目现场进行实地考察。投标人通过对招标的项目实地踏勘,可以了解项目实施场地和周围的情况,获取其认为有用的信息,核对招标文件中的有关资料并加深对招标文件的理解;以便对投标项目做出正确的判断,对投标策略、投标报价做出正确的决定。

招标人可以在投标须知规定的时间组织所有投标人自费进行项目现场踏勘,但是招标人不得组织单个或者部分潜在投标人踏勘项目现场。招标人通过组织投标人进行现场踏勘,可以有效避免合同履行过程中投标人以不了解现场或招标文件提供的现场条件与现场实际不符为由推卸本应承担的合同责任。

4. 项目投标预备会

项目投标预备会或招标文件交底会是招标人按投标须知规定的时间和地点召开的会议。在投标预备会上招标单位除了要介绍项目概况外,还可对招标文件中的某些内容加以修改或予补充说明,并对投标人书面提出的问题和会议上即席提出的问题给予解答。会议结束后,招标人应将会议记录以书面文件通知的形式发给每一位投标人。

投标人研究招标文件和现场考察后可以用书面文件形式提出某些质疑问题,招标人可以及时给予书面解答,也可以留待投标预备会上解答。在项目投标预备会上招标人可以和投标人共同商讨招标文件中或编写投标书中遇到的共性问题,并达成共识,形成统一的处理办法,这将有利于评标,这也是项目投标预备会的重要之处。

无论是会议纪要还是对个别投标人的问题的回答,都应以书面文件形式发给每一个获得招标文件的投标人,以保证招标投标的公平和公正。不论是招标单位以书面文件形式向投标单位发放的任何资料文件,还是投标单位以书面文件形式提出的问题,均应以书面文件形式予以确认。项目投标预备会议纪要和答复函件形成招标文件的补充文件,是招标文件的组成部分,与招标文件具有同等的法律效力。当补充文件与招标文件的规定不一致时,以补充文件为准。

为了使投标单位在编写投标文件时充分考虑招标单位对招标文件的修改或补充内容,以及投标预备会会议记录内容,招标单位可根据情况在投标预备会上确定延长投标截止时间。

二、项目投标文件的编制和提交

投标人在获得招标文件后要组织力量认真研究招标文件的内容,并对招标项目的实施条件进行调查。需要特别强调的是,项目投标人在编制投标文件之前,首先要认真仔细地阅读招标文件,要通过各种方式深入了解招标人的相关信息,包括招标项目名称、内容、用户需求,以及招标人单位名称、地址、电话、传真、EMAIL、联系人、银行账号、经营状况、财务状况、以往的信誉、诚信等相关信息,并要详细分析招标项目的难点、重点,进行项目可行性分析和风险评估等。在确定了项目风险处于本单位可接受的范围之内以后,开始着手按照招标文件的要求编制投标文件。

1. 投标文件的构成、封装要求和注意事项

项目投标文件,也称为大纲,属于三大纲要性文件之一,也是投标人为获得项目在招投标

阶段编制的项目方案性文件，通常是由投标人在相对比较保密的环境条件下编制的。投标文件必须对招标文件的内容进行实质性的响应，否则被判定为无效标，按废弃标处理。

(1)投标文件的构成。投标文件具体构成通常包括开标用资料，商务部分和技术部分三个部分。

(2)投标文件封装要求。投标人应将投标文件装订成册，按照招标文件要求的份数，一式几份装袋密封(例如正本1份，副本4份)，并在密封的招标文件袋上注明的招标项目编号、项目名称、投标单位名称和投标文件字样，封口处加盖公章。

(3)编制投标文件的注意事项。

1)制作投标文件关键在于目录要详细，不能漏项。

2)招标文件中提供了相关文件格式的一定要遵循，投标人不要自创格式。

3)资质文件尽量做成扫描件，避免每次都需重新收集。

4)技术方案力求详细专业，图文并茂、条理清晰。

5)报价文件推荐使用EXECL表格制作，采用函数计算价格，以免出错。

6)投标文件应使用WORD制作，最终目录推荐使用自动生成目录，必须做到目录与页码一一对应。

7)图纸资料推荐使用AUTOCAD制作。

8)投标文件需要签字盖章的地方不能遗漏签字盖章。

9)投标文件应字迹清楚、内容齐全、表达清楚，不能有涂改增删处。

2.投标文件开标用资料

开标用资料是将开标一览表、投标保证金收据复印件、投标电子文件(用CD-ROM光盘装载)，以及法人证明书和法人授权书等文件密封在一个信封中(唱标信封)，供开标时唱标用。其中开标一览表是开标时供招标主持人唱标的一个表格，便于评委评标。唱标信封上要写明招标编号、项目名称、投标人名称、地址和邮政编码，然后贴上封条，封条注明开标时间至投标截止时间之前不准启封，并盖上投标人单位公章。

3.投标文件商务部分

投标人要严格按照投标文件要求准备招标文件商务部分，其作用是要表明投标人在硬件和软件，如资质、人员、财务、设备、经验、业绩、获奖等各方面，以及投标报价都是最优秀的，能够达到或超越招标文件的要求。投标文件商务部分主要内容有：

(1)开标一览表。

(2)法人代表证明书和法人授权委托书，法定代表及其授权委托人身份证明复印件。

(3)投标人单位简介及组织结构框架图。

(4)投标人资格证明文件，包括工商营业执照、税务登记证、机构代码证和资质证书等复印件。

(5)投标总价及分项报价表，分项报价是指根据项目实施阶段人天以及软件功能模块分项报价。

(6)投标报价说明，包括报价编制依据，投标报价的计算方法等。

(7)投标人项目经理及团队人员介绍，附人员简历表及技术职称、职业资格、学历、业绩证明和认证工程师证书等的复印件。

(8)主要系统授权厂商授权书(投标法人与系统厂商法人不一致时)。

(9)投标人业绩、成功案例,附合同、验收证明等复印件。

(10)投标人相关获奖证书复印件。

(11)投标人近三年年度财务年审计报告复印件。

(12)服务支持能力:在项目现场所在的地区、城市是否设有公司级常设机构或经注册的固定办公场所及技术支持人员,并做简单介绍。

(13)商务响应偏离表。

(14)保密承诺书。

(15)投标人认为需要提供的其他说明和资料。

备注:以上开标一览表、法人代表证明书、法人授权委托书、报价表、资格文件及其他所有复印件均须加盖投标人单位公章。

4.投标文件技术部分

投标人应严格按照招标文件要求编制投标文件技术部分,并对招标文件中的具体要求做出明确响应,不允许简单复制招标文件内容作为投标文件。投标文件技术部分称为《项目管理实施大纲》,主要内容有:

(1)项目概况。

1)项目名称。

2)项目需方(招标人)单位名称、地址、电话、传真、EMAIL、联系人等。

3)项目地点。

4)项目总投资金额。

5)项目目标。

6)项目背景。

7)项目工期(项目起止时间)。

8)项目实施原则。

9)项目主要内容(范围)。

(2)项目主要内容,包括系统结构、功能、性能和现状简介。

(3)项目理念和宗旨。

(4)项目重点和难点分析。

(5)项目支持保障体系(企业信息化和先进制造技术)。

(6)项目并行工程计划。

(7)项目范围管理方案。

(8)项目资源管理方案。

(9)项目质量和可靠性工程管理方案。

(10)项目维修和安全性管理方案。

(11)项目进度管理方案。

(12)项目成本管理方案。

(13)项目风险管理方案。

(14)项目合同管理方案。

(15)项目沟通管理和组织协调方案。

(16)项目采购与供应链管理方案。

(17)项目试飞和适航管理方案。

(18)项目收尾管理方案等。

(19)技术响应偏离表。

(20)技术服务承诺书等。

5.投标文件的提交

项目投标人应当在招标文件要求提交投标文件的截止时间前，将投标文件送达投标地点。招标人拒收截止期后送到的投标文件，并取消投标人的投标资格。招标人收到投标文件后，应当签收保存。在开标以前，所有的投标文件都必须密封，妥善保管，不得开启。

三、项目开标程序和废标处理

1.开标程序

项目开标应按招标文件规定的时间、地点公开进行，并邀请投标单位或其委派的代表参加。开标仪式由招标单位或其委托的招标代理机构组织并主持，同时邀请项目所在地的省、市质量监督部门参加。需进行公证的，应有公证机关出席。投标人少于3个的，不得开标，招标人应当重新招标。投标人对开标有异议的，应当在开标现场提出，招标人应当当场做出答复，并填写记录和现场进行录音、录像。

开标时，应以公开的方式检查所有投标文件的密封情况。招标主持人在招标文件要求提交投标文件的截止时间前收到的所有投标文件，开标时都应当当众予以拆封、宣读。宣读的内容包括投标单位名称、有无撤标情况、提交投标保证金的方式是否符合要求、投标项目的主要内容、投标价格以及其他有价值的事项。开标时，对于投标文件中含义不明确的地方，允许投标单位做简要解释，但所做的解释不能超过投标文件记载的范围，或实质性地改变投标文件的内容。以电传、电报方式投标的，不予开标。开标过程应当记录，并存档备查。记录的内容包括：项目名称、招标号、刊登招标通告的日期、发售招标文件的日期、购买招标文件单位的名称、投标单位的名称及报价、截标后收到标书的处理情况等。

在有些情况下，可以暂缓或推迟开标时间，如招标文件发售后对原招标文件做了变更或补充；开标前，发现有足以影响招标公正性的违法或不正当行为；招标单位接到质疑或诉讼；出现突发事故；变更或取消招标计划等。

2.废标处理

投标人及其提交的投标文件出现下列情况之一者，属于重大偏差，应作为废标处理：

(1)投标文件未按要求的方式密封。

(2)投标文件未加盖本单位公章或未经本单位法定代表人(或被授权人)签字。

(3)投标文件未按招标文件规定的格式、内容要求填写，或字迹潦草、模糊、无法辨认。

(4)同一投标人提交两个以上不同的投标文件或者投标报价，但招标文件要求的除外。

(5)投标联合体没有提交共同投标协议。

(6)投标人不符合国家或者招标文件规定的资格条件。

(7)投标报价低于成本或者高于招标文件设定的最高投标限价。

(8)投标人未能按要求提交投标担保函或投标保证金。

(9)投标文件没有对招标文件的实质性要求和条件做出响应。

(10)投标人有串通投标、弄虚作假、行贿等违法行为。

第6节 项目评标工作及其后续工作

在项目招标投标过程中，评标是该项目招标投标工作的核心，评标工作的公平性、公正性及科学性对确保招投标双方的正当权益，以及使招标投标工作在我国信息化建设，以及在国民经济建设中发挥实效都具有决定性意义。

一、 评标委员会和评标方法

评标的目的是根据招标文件确定的标准和方法，对每个投标单位的投标文件进行评价和比较，以评出最佳投标单位。评标必须以招标文件为依据，不得采用招标文件规定以外的标准和方法进行评标，凡是评标中需要考虑的因素都必须写入招标文件中。

1.评标委员会

评标由招标人依法组建的评标委员会负责。评标委员会由招标人的代表和有关技术、经济等方面的专家组成，成员人数为五人以上单数，其中技术、经济等方面的专家不得少于成员总数的2/3。

技术专家应当从事相关领域工作满八年并具有高级职称或者具有同等专业水平，由招标人从国务院有关部门或者省、自治区、直辖市人民政府有关部门提供的专家名册或者招标代理机构的专家库内的相关专业的专家名单中确定；一般招标项目可以采取随机抽取方式，特殊招标项目可以由招标人直接确定。

与投标人有利害关系的人不得进入相关项目的评标委员会；已经进入的应当更换。评标委员会成员的名单在中标结果确定前应当保密。招标人应当采取必要的措施，保证评标在严格保密的情况下进行。任何单位和个人不得非法干预、影响评标的过程和结果。

评标委员会应当按照招标文件确定的评标标准和方法，对所有投标文件进行评审和比较；招标文件设有标底的，应当参考标底。评标委员会完成评标后，应当向招标人提出书面评标报告，并推荐合格的中标候选人。招标人根据评标委员会提出的书面评标报告和推荐的中标候选人确定中标人，也可以授权评标委员会直接确定中标人。

评标委员会成员应当客观、公正地履行义务，遵守职业道德，对所提出的评审意见承担个人责任。评标的过程要保密。评标委员会成员和评标有关的工作人员不得私下接触投标人，不得透露评审、比较投标书的情况，不得透漏推荐中标候选人的情况以及其他与评标有关的情况。

2.评标方法

(1)综合评分法。综合评分法是指在最大限度地满足招标文件实质性要求前提下，按照招标文件规定的各项因素进行量化打分，每个投标人的总得分应以去掉一个最高分和一个最低分后的汇总分确定，以评标总得分最高的投标人作为中标候选人或中标人的评标方法。

综合评分法应当在事先招标文件中细化和明确包括价格、技术、财务状况、信誉、业绩、服务、对招标文件的响应程度等在内的评分因素及相应的比重或权值。评标委员会应当对每个通过资格预审且报价不超过预算控制金额的投标人进行评审、打分，然后汇总每个投标人每项评分因素的得分。

(2)最低评标价法。最低评标价法是指以价格因素确定中标候选人的评标方法，即在满足招标文件实质性要求前提下，以报价最低的投标人作为中标候选人或中标人的评标方法。采用最低评标价法的，中标人的投标应当符合招标文件规定的资质、技术要求和标准，但评标委员会无需对投标文件的技术部分进行价格折算。采用最低评标价法的招标项目，评标委员会应先按招标文件要求对投标文件进行资格性检查和符合性检查，通过资格性检查和符合性检查且报价不超过预算控制金额并同时具备以下条件的投标人应当确定为中标候选人或中标人：

1)满足招标文件实质性要求。

2)投标的价格最低。最低投标价者为二人以上的，抽签决定中标者。

(3)性价比法。性价比法是指除价格因素外，经对投标文件进行评审，计算出各评分因素的总分，除以投标报价，以商数最高的投标人作为中标候选人或中标人的评标方法。

采用性价比法，评标委员会应先对投标文件进行资格性检查和符合性检查、技术评议，然后对每个通过资格性检查和符合性检查及技术评议的投标人进行评价、打分，并汇总每个投标人的得分值。各评分因素和权重应事先在招标文件中细化和确定。

二、评标内容和程序

1.评标内容

评标应按招标文件中规定的原则和方法进行，一般除考虑投标报价以外，还要对技术方案、服务条件、业绩、人员、财务能力等进行全面评审和综合分析，最后选出最优的投标人。

(1)商务评审。商务评审主要由评委中的经济专家负责进行，主要是对投标报价的构成、计价方式、计算方法、支付条件、取费标准、价格调整、税费、保险及优惠条件等进行评审。在国际工程项目或项目招标文件中，报关、汇率、支付方式等也是重要的评审内容。招标文件设有给出标底的，招标人应当在开标时公布。标底只能作为评标的参考，不得以投标报价是否接近标底作为中标条件，也不得以投标报价超过标底上下浮动范围作为否决投标的条件。

商务评审的核心是评价投标人在履约过程中可能给招标人带来的风险，鉴定各投标价的合理性，并找出投标价高与低的主要原因。对于单个合同，理论上讲，如报价过低，后果应由投标单位负责，但要分析单价过低给投标单位带来的巨大风险，以及投标单位可能采取各种手段将部分风险转移给招标人，使实际费用超过合同价。

(2)技术评审。技术评审主要是对投标单位的技术能力能否保质、保量如期完成所承担的项目任务所做的审查。技术评审主要由评委中的技术专家负责进行，主要是对投标书的技术方案、技术措施、技术手段、技术装备、人员配置、组织方法和进度计划的先进性、合理性、可靠性、安全性、经济性进行分析评价，这是投标人按期保质保量完成招标项目的前提和保证，必须高度重视。尤其是大型、特大型、非常规、工艺复杂、技术含量高的项目，如果招标文件要求投标人拟派任的投标项目负责人参加答辩，评标委员会应组织他们答辩，这对于了解投标人的项目负责人的工作能力、工作经验和管理水平都有好处。没有通过技术评审的标书，不能中标。

技术评审主要内容有：

1)检查投标文件的完整性，是否按招标文件的要求做出了反应。

2)着重评审技术方案的合理性。

3)评审实施计划、方法和措施的可行性，包括所配备的设备、测试仪器的性能是否合适，数量是否充分，安全措施是否可靠等。

(3)投标人的澄清及说明。投标文件中有含义不明确的内容、明显文字或者计算错误,评标委员会认为需要投标人做出必要澄清、说明的,应当书面通知该投标人。投标人的澄清、说明应当采用书面形式,并不得超出投标文件的范围或者改变投标文件的实质性内容。评标委员会不得暗示或者诱导投标人做出澄清、说明,不得接受投标人主动提出的澄清、说明。

2. 评标程序

在确定中标人前,招标人不得与投标人就投标价格、投标方案等实质性内容进行谈判。评标程序分为初评和详细评标两个阶段。

(1)初步评标。初步评标又称为符合性审查,其工作内容比较简单,但却是非常重要的一步。初步评标的内容包括:投标单位资格是否符合要求,投标文件是否完整,是否按规定方式提交投标保证金,投标文件是否基本上符合招标文件的要求,有无计算上的错误等。如果投标单位资格不符合规定,或投标文件未做出实质性的反应,都应作为无效投标处理,不得允许投标单位通过修改投标文件或撤销不合要求的部分而使其投标具有响应性。

经初步评标,凡是确定为基本上符合要求的投标,下一步要核定投标文件中有没有计算和累计方面的错误。在修改计算错误时,要遵循两条原则:

1)如果数字表示的金额与文字表示的金额有出入,要以文字表示的金额为准。

2)如果价格和数量的乘积与总价不一致,要以单价为准。但是如果招标人认为有明显的小数点错误,此时要以投标书的总价为准,并修改单价。如果投标单位不接受根据上述修改方法而调整的投标价,可拒绝其投标并没收其投标保证金。

(2)详细评标。详细评标又称为实质性审查。在完成初步评标以后,下一步就进入详细评定和比较阶段。只有在初评中确定为基本合格的投标,才有资格进入详细评定和比较阶段。具体的评标方法取决于招标文件中的规定,并按评标价的高低,由低到高,评定出各投标人的排列次序。

评审方法可以分为专家定性评议法和专家定量评议法。

1)专家定性评议法是由评标委员共同对各投标书的各分项进行认真比较分析后,以协商和投票的方式确定中标人。这种方法评标过程简单,在短时间内即可完成,但科学性较差。

2)专家定量评议法是专家在对投标书认真审阅的基础上,采用招标文件中规定的评标方法(综合评分法、最低评标价法、性价比法等)对投标书的各项内容进行量化比较。评标中的评价指标量化是一件复杂而困难的工作,定得不好就会导致评标的结论错误,使招标人选不到真正优秀的投标人。目前尚无统一的、公认的科学量化手法。小型招标项目的评标一般采用定性比较法,中型以上项目则一般都采用量化评标法。

(3)评标报告。评标结束时,评标委员会应当向招标人提交书面评标报告和中标候选人名单。中标候选人应当不超过3个,并标明排序。评标报告应当由评标委员会全体成员签字。对评标结果有不同意见的评标委员会成员应当以书面形式说明其不同意见和理由,评标报告应当注明该不同意见。评标委员会成员拒绝在评标报告上签字又不书面说明其不同意见和理由的,视为同意评标结果。如果评标委员会经过评审,认为所有投标都不符合招标文件的要求,可以否决所有投标。出现这种情况后,招标人应认真分析招标文件的有关要求以及招标过程,对招标工作范围或招标文件的有关内容做出实质性修改后重新进行招标。

三、评标后续工作

1.公示中标候选人

招标人应当自收到评标报告之日起3日内公示中标候选人,公示期不得少于3日。投标人或者其他利害关系人对评标结果有异议的,应当在中标候选人公示期间提出。招标人应当自收到异议之日起3日内做出答复;做出答复前,应当暂停招标投标活动。

招标人应当确定排名第一的中标候选人为中标人。排名第一的中标候选人放弃中标、因不可抗力不能履行合同、不按照招标文件要求提交履约保证金,或者被查实存在影响中标结果的违法行为等情形,不符合中标条件的,招标人可以按照评标委员会提出的中标候选人名单排序依次确定其他中标候选人为中标人,也可以重新招标。

中标候选人的经营、财务状况发生较大变化或者存在违法行为,招标人认为可能影响其履约能力的,应当在发出中标通知书前由原评标委员会按照招标文件规定的标准和方法审查确认。

2.签发中标通知

中标人确定后,招标人应当及时向中标人发出中标通知书,同时将中标结果通知所有未中标的投标人,并在确定中标人之日起15日内,向有关行政监督部门提交招标投标情况的书面报告。中标通知书的主要内容有中标人名称,中标价,商签合同时间、地点,提交履约保证的方式、时间。中标通知书对招标人和中标人具有法律效力。中标通知书发出后,招标人改变中标结果或者中标人放弃中标项目的,应当依法承担法律责任。

3.签订合同

招标人和中标人应当自中标通知书发出之日30日内,按照招标文件和中标人的投标文件订立书面合同。合同签订前,允许相互澄清一些非实质性的技术性或商务性问题,但招标人和中标人不得再行订立背离实质性内容的其他协议,不得要求投标单位承担招标文件中没有规定的义务,也不得有标后压价的行为。招标文件要求中标人提交履约保证金的,中标人应当按照招标文件的要求提交。履约保证金不得超过中标合同金额的10%。

中标人应当按照合同约定履行义务,完成中标项目。中标人不得向他人转让中标项目,也不得将中标项目肢解后分别向他人转让。中标人按照合同约定或者经招标人同意,可以将中标项目的部分非主体、非关键性工作分包给他人完成。接受分包的人应当具备相应的资格条件,并不得再次分包。中标人应当就分包项目向招标人负责,接受分包的人就分包项目承担连带责任。

中标人与招标人双方签订书面的项目实施合同后,中标人就正式成为项目承包单位(简称承包方或承包人),招标人通常称为项目需方或客户,该项目实施合同称为项目承包合同或工程承包合同,简称承包合同。在工程项目实施过程中有部分工程项目(分部或分项工程)需要转包给第三方时,该第三方称为分包单位或转承包单位(简称分包商、分包人、转承包方或转承包人)。

4.退还投标保证金及其利息

招标人最迟应当在书面合同签订后5日内向中标人和未中标的投标人退还投标保证金及银行同期存款利息。

第7节 投标人的法律责任

投标人的法律责任,是指投标人在投标过程中对其所实施的行为应当承担的法律后果。按照投标人承担责任的不同法律性质,其法律责任分为民事法律责任、刑事法律责任和行政法律责任。

一、投标人的投诉与处理

1.投标人投诉的有关规定

投标人和其他利害关系人认为招标投标活动不符合国家法律法规有关规定的,有权向招标人提出异议或者依法向有关行政监督部门投诉。

(1)投标人或者其他利害关系人认为招标投标活动不符合法律法规规定的,可以自知道或者应当知道之日起10日内向有关行政监督部门投诉。投诉应当有明确的请求和必要的证明材料。

(2)行政监督部门应当自收到投诉之日起3个工作日内决定是否受理投诉,并自受理投诉之日起30个工作日内做出书面处理决定;需要检验、检测、鉴定、专家评审的,所需时间不计算在内。

(3)投诉人就同一事项向两个以上有权受理的行政监督部门投诉的,由最先收到投诉的行政监督部门负责处理。

(4)投标人或者其他利害关系人捏造事实、伪造材料或者以非法手段取得证明材料进行投诉,给他人造成损失的,依法承担赔偿责任。

2.投标人投诉不予受理的情况

投标人和其他利害关系人有下列情况之一的投诉不予受理:

(1)投诉人不是所投诉招标投标活动的参与者,或者与投诉项目无任何利害关系。

(2)投诉事项不具体,且未提供有效线索,难以查证的。

(3)投诉书未署具投诉人真实姓名、签字和有效联系方式的;以法人名义投诉的,投诉书未经法定代表人签字并加盖公章的。

(4)超过投诉时效的。

(5)已经做出处理决定,并且投诉人没有提出新的证据的。

(6)投诉事项已进入行政复议或者行政诉讼程序的。

二、投标人的民事法律责任

投标人的民事责任,是指投标人因不履行法定义务或违反合同而依法应当承担的民事法律后果。目前,我国对于投标人的行为规范主要体现在《中华人民共和国招标投标法》《中华人民共和国合同法》《中华人民共和国反不正当竞争法》等法律规范中。投标人承担民事责任的主要方式表现为:中标无效、承担赔偿责任、转让无效、分包无效、履约保证金不予退回等。

1.中标无效的民事责任

(1)《中华人民共和国招标投标法》第53条中规定:投标人相互串通投标或者与招标人串通投标的,投标人以向招标人或者评标委员会成员行贿的手段谋取中标的,中标无效。《中华人民共和国反不正当竞争法》第27条中规定，投标者串通投标、抬高标价或者压低标价；投标者互相勾结，以排挤竞争对手的公平竞争的，其中标无效。

1)属于或视为投标人相互串通投标的情况有：

·投标人之间协商投标报价等投标文件的实质性内容。

·投标人之间约定中标人。

·投标人之间约定部分投标人放弃投标或者中标。

·属于同一集团、协会、商会等组织成员的投标人按照该组织要求协同投标。

·投标人之间为谋取中标或者排斥特定投标人而采取的其他联合行动。

·不同投标人的投标文件由同一单位或者个人编制。

·不同投标人委托同一单位或者个人办理投标事宜。

·不同投标人的投标文件载明的项目管理成员为同一人。

·不同投标人的投标文件异常一致或者投标报价呈规律性差异。

·不同投标人的投标文件相互混装；不同投标人的投标保证金从同一单位或者个人的账户转出。

2)属于招标人与投标人串通投标的情况有：

·招标人在开标前开启投标文件并将有关信息泄露给其他投标人。

·招标人直接或者间接向投标人泄露标底、评标委员会成员等信息。

·招标人明示或者暗示投标人压低或者抬高投标报价。

·招标人授意投标人撤换、修改投标文件。

·招标人明示或者暗示投标人为特定投标人中标提供方便。

·招标人与投标人为谋求特定投标人中标而采取的其他串通行为。

(2)《中华人民共和国招标投标法》第54条中规定：投标人以他人名义投标或者以其他方式弄虚作假，骗取中标的，中标无效。

属于以其他方式弄虚作假的行为有：

·使用伪造、变造的许可证件。

·提供虚假的财务状况或者业绩。

·提供虚假的项目负责人或者主要技术人员简历、劳动关系证明。

·提供虚假的信用状况。

·其他弄虚作假的行为。

2. 赔偿损失的民事责任

《中华人民共和国招标投标法》第54条中规定：投标人以他人名义投标或者以其他方式弄虚作假，骗取中标的，给招标人造成损失的，依法承担赔偿责任。

本条所定的损害赔偿对象是因投标人的骗取中标行为而遭受损害的招标人，投标人的赔偿范围既包括直接损失也包括间接损失。直接损失如因骗取中标导致中标无效后重新进行招标的成本等；间接损失如项目的预期收益的损失等。

3. 转让无效、分包无效的民事责任

《中华人民共和国招标投标法》第58条中规定：中标人将中标项目转让给他人的，将中标项目肢解后分别转让给他人的，违反本法规定将中标项目的部分主体、关键性工作分包给他人的，或者分包人再次分包的，转让、分包无效。投标人在中标后，不按法律规定进行中标项目分包的，投标人就应当承担转让无效、分包无效的责任。该无效为自始无效，即从转让或者分包时起就无效。因该行为取得的财产应当返还给对方当事人，有过错的一方当事人应对无效行为给他人造成的损失，承担赔偿责任。

4. 履约保证金不予退还的民事责任

根据《中华人民共和国招标投标法》的规定，中标人不履行与招标人订立的合同的，履约保证金不予退还，给招标人造成的损失超过履约保证金数额的，还应当对超过部分予以赔偿；没有提交履约保证金的，应当对招标人的损失承担赔偿责任。

三、投标人的行政法律责任

投标人的行政责任是指投标人因违反行政法律规范，而依法应当承担的法律后果。投标人承担行政责任的主要方式有警告、罚款、没收违法所得、责令停业、取消投标资格及吊销营业执照。

1. 投标人承担行政法律责任的方式

《中华人民共和国招标投标法》中关于投标人承担行政法律责任方式的规定如下。

(1)投标人相互串通投标或者与招标人串通投标的，投标人以向招标人或者评标委员会成员行贿的手段谋取中标的，处中标项目金额5‰以上10‰以下的罚款，对单位直接负责的主管人员和其他直接责任人员处单位罚款数额5%以上10%以下的罚款；有违法所得的，并处没收违法所得；情节严重的，取消其1年至2年内参加依法必须进行招标的项目的投标资格并予以公告，直至吊销营业执照。

(2)投标人以他人名义投标或者以其他方式弄虚作假，骗取中标的，依法必须进行招标的项目的投标人行为尚未构成犯罪的，处中标项目金额5‰以上10‰以下的罚款，对单位直接负责的主管人员和其他直接责任人员处单位罚款数额5%以上10%以下的罚款；有违法所得的，并处没收违法所得；情节严重的，取消其1年至3年内参加依法必须进行招标的项目的投标资格并予以公告，直至由工商行政管理机关吊销营业执照。

(3)中标人将中标项目转让给他人的，将中标项目肢解后分别转让给他人的，违反本法规定将中标项目的部分主体、关键性工作分包给他人的，或者分包人再次分包的，处转让、分包项目金额5‰以上10‰以下的罚款，有违法所得的，并处没收违法所得；可以责令停业整顿；情节严重的，由工商行政管理机关吊销营业执照。

(4)中标人不按照与招标人订立的合同履行义务，情节严重的，取消其2年至5年内参加依法必须进行招标的项目的投标资格并予以公告，直至由工商行政管理机关吊销营业执照。

(5)投标人串通投标、抬高标价或者压低标价；投标者相互勾结，以排挤竞争对手的公平竞争的。监督检查部门可以根据情节处1万元以上20万元以下的罚款。

2. 政府采购投标人承担行政法律责任的行为

《中华人民共和国政府采购法》中关于供应商(投标人)承担行政法律责任方式的规定如下：

供应商(投标人)有下列情形之一的，处以采购金额5‰以上10‰以下的罚款，列入不良行为记录名单，在1～3年内禁止参加政府采购活动，有违法所得的，并处没收违法所得，情节严重的，由工商行政管理机关吊销营业执照；构成犯罪的，依法追究刑事责任：

(1)提供虚假材料谋取中标、成交的。

(2)采取不正当手段诋毁、排挤其他供应商的。

(3)与采购人、其他供应商或者采购代理机构恶意串通的。

(4)向采购人、采购代理机构行贿或者提供其他不正当利益的。

(5)在招标采购过程中与采购人进行协商谈判的。

(6)拒绝有关部门监督检查或者提供虚假情况的。

供应商(投标人)有前款第(1)～(5)项情形之一的,中标、成交无效。

四、投标人的刑事法律责任

投标人的刑事责任是指投标人因实施刑法规定的犯罪行为所应承担刑事法律后果,刑事法律责任是投标人承担的最严重的一种法律后果,主要有以下几种情况:

(1)承担串通投标罪的刑事责任。投标人相互串通投标报价,损害招标人或者其他招标人利益的,情节严重的,处3年以下有期徒刑或者拘役,并处或单处罚金。投标人与招标人串通投标,损害国家、集体、公民合法权益的,处3年以下有期徒刑或拘役,并处或单处罚金。

(2)承担合同诈骗罪的刑事责任。投标人以非法占有为目的,在签订、履行合同过程中实施骗取对方当事人财物,数额较大的,处3年以下有期徒刑或者拘役,并处或者单处罚金,数额巨大或者有其他严重情节的,处3年以上10年以下有期徒刑,并处罚金;数额特别巨大或者有其他特别严重情节的,处10年以上有期徒刑或者无期徒刑,并处罚金或者没收财产。

(3)承担行贿罪的刑事责任,投标人向招标人或者评标委员会成员行贿,构成犯罪的,处3年以下有期徒刑或者拘役。单位犯前款罪的,对单位判处罚金,并对其直接负责的主管人员和其他直接责任人员,依照前款的规定处罚。

第6章 航空型号工程项目范围管理

第1节 航空器市场需求规模与技术要求

航空是20世纪以来人类取得的最重大的科技成就之一，至今百余年中经历了全面而惊人的快速发展。每一型航空器都是科技进步的体现，在当今竞争全球化的背景下，一方面为了满足客户的需求，需要以更短的周期开发出效益更高、性能更优、功能更全的航空器；另一方面航空型号研制过程的全球化意味着更多优秀的企业同台共舞、有效协同，运用更有力的管理手段，排除设计过程中的各种风险。这不仅仅是对航空工业技术水平的挑战，也是对管理水平的挑战。

一、民航运输机的市场需求规模和技术要求

民用航空，是指使用各类航空器从事除了军事性质（包括国防、警察和海关）以外的所有的航空活动。民用航空分为两部分，即商业航空（民航运输）和通用航空。

1. 民航运输机的定义

民航运输是以民航飞机作为运输工具，以远程交通运输为宗旨，以航空港为基地，通过一定的空中航线运送旅客和货物的运输方式。它是国家和地区交通运输系统的有机组成部分。其突出优点是运输过程不受地面地形的影响，航线直，速度快，方便舒适，可承担长距离的客货运输。民用航空运输在国际交往和国内长距离客运中起着非常重要的作用，给人类跨域活动带来了极大的便利。如今，民航运输机已经成为人类日常生活中必不可少的交通工具，尤其是远距离或跨洋旅行。

2. 民航运输机的市场需求规模

民航运输始于1914年1月1日，美国东南部的佛罗里达州开辟了一条飞越海湾，连通圣彼得斯堡和坦帕两座城市的旅游航线，每天两班。两地之间坐船要2天，乘火车需要12小时，汽车需要24小时，而乘飞机在当时却只需23分钟。该航线在旅游季节共运营了5个月，载客1 204人次，充分显示了空运的优越性。

随后，民航运输得以迅速发展，到2000年时全球搭乘飞机的旅客已经超过18亿人次。预计到2023年，世界民用飞机机队总数将增加一倍多，达到35 000架，是现役机队（17 000架）的两倍多。未来20年，全球现役客机机队中将有超过13 400架飞机退出商业客运服务，这部分客机将被改装成公务机、货机和其他用途飞机，或者是永久退役。市场需求量最大的仍然是单通道（客舱内部只有1条过道）喷气客机。研发新一代单通道喷气客机（如：中国商飞C919飞机）正是为了满足这一市场需求。

我国民航从小到大，发展迅速，已经成为世界上第二大航空运输系统。2016年我国民用

航空飞机数量已超过 4 000 架，我国客机机队占全球的比例为 14%。民航运输总周转量 946 亿吨千米、旅客运输量 4.78 亿人次、货邮运输量 662 万吨。预计我国今后 20 年内，航空运输仍将快速增长，民用飞机市场将不断扩大。到 2019 年，中国客机拥有量将达到 1 739 架，新增 1 588架客机，其中大中型喷气客机 1 294 架。

3. 民航运输机的技术要求

"以客户为中心"是航空市场竞争的结果，已经成为民航企业生存的基础。以客户为中心，即以客户的需求为中心。要明确产品必须能够满足旅客与货主的需求，这就要求从飞机的设计之初渗透这一理念，最大限度地满足客户需求。从项目范围管理的角度看，航空型号工程项目实施主要问题和难点在于：如何提高飞行品质，良好的经济性和确保安全性。以客户为中心，意味着在民航运输机设计制造中除了在飞行性能和功能方面要达到设计规范标准的要求，并取得中国民航总局签发的适航证书以外，还须从旅客乘坐舒适性、方便性和安全性等方面加以改进，包括以下几方面的技术要求：

(1)加大一次性载客量，从而降低票价，使更多的人可以选择坐飞机旅行。

(2)拥有洲际不着陆航程，几小时就能到达目的地。

(3)具有类似海平面高度的客舱气压，保证每个座位都获得 100%的新鲜空气。

(4)增加舒适性，如在大型飞机上有多个通道，座位更宽敞些。

(5))确保行李摆放方便安全，存储箱容易取放。

(6)通道多、舱门多、舷梯多，旅客能迅速上下。

(7)开发燃烧更充分、噪声更小、耗油更少、推力更大、重量更轻的发动机。

(8)不断改进，以满足社会提出的"少一点噪声、少一点污染"的要求。

(9)发展全电系统，这有利于低成本、经济飞行。

(10)确保任何情况下的安全。

二、通用航空的市场需求规模和技术要求

通用航空是一个有效覆盖第一、第二、第三产业的航空类型，具备适应各类社会需求的能力，在中国这样一个人口多、地域广、产业齐全的国家，通用航空有广阔的应用空间。

(一)通用航空的定义及其航空器类型

1. 通用航空的定义

通用航空是指使用民用航空器从事公共航空运输以外的民用航空活动，其中包括第一产业：农、林、牧、渔业；第二产业：采矿业，制造业，电力、燃气及水的生产和供应业，建筑业；第三产业：除第一、二产业以外的其他行业，如仓储和邮政业，信息传输、计算机服务和软件业，批发和零售业，住宿和餐饮业，金融业，房地产业，科学研究、技术服务和地质勘查业，水利、环境和公共设施管理业，居民服务和其他服务业，教育，卫生、社会保障和社会福利业，文化、体育和娱乐业，公共管理和社会组织，国际组织等方面的飞行活动。从通用航空的定义可以看出，通用航空有着非常广泛的应用范围。

2. 通用航空器的类型

通用航空应用广泛，航空器类型多。根据航空器的用途不同将其分为 5 大类。

(1)公务包机。主要是指用于执行公务飞行、包机飞行任务的固定翼飞机，按照市场定位

分为三类：

1)高端公务机。大多是指多发涡喷公务机，这类机型性能优越、可进行远程跨洋飞行，机体宽大舒适、内装豪华，飞机价格通常在1.5亿元人民币以上，常作为大型企业高管、文娱界超级巨星、政府高官及高端包机使用。

2)中低端公务机。多采用涡喷或涡轮螺旋桨发动机，可进行中短程飞行，飞机价格从数千万元到亿元人民币，多用于企业管理人员公务出行。

3)空中出租车。主要是小型单发活塞螺旋桨飞机或直升机，用于短途飞行，价格较低。

(2)短途飞行。主要是指用于执行通勤飞行任务的航空器，具体是指"座位设置(不包括驾驶员)为19座或以下，最大审定起飞质量为8 618 kg(19 000磅)或以下的多发动机飞机。通勤飞机大多采用双发涡桨发动机、可收放式起落架、下单翼布局，这类机型巡航速度不高、飞行距离一般在500 km以内，多用于地形条件恶劣、不便于发展陆路交通的地区，开展点对点的穿梭往返。

(3)航空作业。主要是指用于执行航空作业任务的航空器，具体是指是指座位设置(不包括驾驶员)为9座或以下，最大审定起飞质量为5 700 kg或以下，用于非特技飞行的飞机或直升机。作业内容包括农业(喷洒药剂和播种等)、森林防护、航测(摄影、测绘、石油及矿藏勘探等)、巡查(管道、电力线和水渠的巡查等)、人工降雨、空中广告、城市消防、医疗救护、海洋监测、渔业飞行、私用或商用飞行，以及其他航空作业等。

(4)飞行训练。主要是用于飞行训练的飞机和直升机。按照私照、商照和高性能训练目的的不同，涉及单发活塞、双发活塞、双发涡桨等不同机型。这类机型更强调经济型和可靠性。

(5)娱乐运动。大多是超轻型航空器，由单人驾驶、仅用于娱乐或体育活动、不需要任何适航证的航空飞行器，有无动力均可。主要应用范围包括航空运动竞赛飞行、表演飞行及观光游览飞行等。

(二)通用航空的市场需求规模

通用航空是21世纪发展最快的空域交通方式之一，未来有望成为人们常见的交通方式。通用航空在欧美国家已经发展很成熟，美国是目前通用航空市场规模最大的国家，也是发展最成熟的国家。随着我国空域管制的放开，通用航空迎来快速发展时期，未来将会出现爆发增长，并带动大量的投资需求。

通用航空在欧美发达国家都是经历过政策扶持，技术创新，人才培训，通航文化培养等阶段的发展，这些国家通用航空市场都已经在国民经济占据了很大的比重。目前全世界大约有通用航空飞机36.2万架，年产量达到了2 331架，年营业额为241.2亿美元，其中美国大约占2/3，约为24.1万架。在美国有供通用航空器使用的机场、直升机起降机场17 500个，约有1.5万多家公司拥有自己的通用航空飞机，用来进行公务飞行。美国通用航空的现状和发展趋势代表着世界通用航空发展的趋势。

目前与欧美发达国家相比，我国的通用航空发展仍处在初级阶段。从市场结构来看，我国通用航空还是第一、第二产业和航空运输产业的附属产业，其中航空培训占飞行总量的70%以上，工业和农林飞行占18.1%，公务航空占4.5%，而消费类通用航空的份额几乎为零，全部收入仅占民航营业收入的1%左右。我国通用航空机场仅有300个(包括临时起降点)，所使用的通用航空器大部分为进口飞机或直升机，国产航空器所占比例不足40%。

但从另一个角度看，中国已成为国际通用航空器的一个重要新增市场。从2004年占全球不到1%的交付量增长到了2015年的10.4%，尽管总量仍不足以影响世界格局，但快速增长的机队规模，让中国成为世界主要的增量市场，是全球各大通用航空器制造厂商的必争之地，如果未来私人用户占据中国通用航空市场的份额增加，全球目前的市场结构将会发生改变。截至2015年，中国通用航空机队在册总数为2 127架，同比2014年增长8.9%；实际拥有航空器的通航企业共计298家，同比2014年增长16%。从总体上来看，中国通用航空继续保持着快速增长态势。

由于通用航空产业涉及的关联产业多、产业链长，直接涉及投资、生产、流通和消费各个环节，其范畴可延伸到制造、维修、销售、服务等多个领域，产业拉动潜力大。因此通用航空事业的发展受到中国政府的高度重视，在2012年颁布的《国务院关于促进民航业发展的若干意见》中明确指出"加快把通用航空培育成新的经济增长点"，通用航空成为未来我国经济新增长点的客观条件已经具备。中国民用航空局将"加快完善通用航空发展"写进"十三五"规划当中，还将"通用机场的审批权"下放地方，为机场审批松绑，这将是推动通用航空事业一个巨大的经济增长点。参照欧美发达国家行业发展历程，低空空域的开放将推动通航产业的爆发性增长，催生万亿元产值新兴产业，通航产业将继汽车产业之后，成为推动中国经济增长的又一重要引擎。

(三)通航飞行器的技术要求

在通用航空领域，通航飞行器设计制造是一项涉及人财物密度较大，过程繁杂的过程，同时，也是技术增值、财富增值和解决就业最为显著的环节。由于通航飞行器在高空运行，使得它与在地面上使用的通用机械截然不同。通航飞行器的技术要求主要包括以下几方面：

(1)功能要求。功能要求是指通航飞行器所能提供的功能，包括它应该提供的服务，能搭载的人数及任务设备的种类和数量，能完成哪些任务等。

(2)性能要求。作为功能要求的补充，非功能要求(性能要求)是指那些与具体功能相关的另一类要求，但它们只与通航飞行器的总体特性相关，即它的性能，如可靠性、稳定性、安全性、最大飞行速度、升限、最大航程，最大载重，留空时间，抗风能力，机场跑道标准和长度要求等。与关心通航飞行器个别特性的功能要求相比，性能要求关心的是整体特性，因而性能要求更关键。一个功能要求得不到满足会降低它的能力，但一个性能要求得不到满足则有可能使它根本无法飞行。

(3)强度要求。任何一种通航飞行器首先要保证其结构可靠性，这方面的要求要比一般地面机械高得多，这是完全可以理解的。而结构可靠性中首要的问题是强度，各受力构件及其组合必须能承受在各种飞行状态中及着陆时可能遇到的冲击载荷。除此以外还有结构刚度的要求，这一点对机体和机翼等承力结构特别重要。

(4)重量要求。这个要求是航空结构与地面机械相比最突出的特点。通航飞行器由于受到发动机功率、气动性能及结构强度的限制，最大起飞重量是一定的，因而结构越轻则所能承载的人员和任务设备也就越多，能够更好地执行任务，改善飞行的经济性。

(5)空气动力要求。通航飞行器是一种在空气中飞行的航空飞行器，它的升力、前进所需的推力以及控制其飞行的力和力矩都是由空气动力来提供的，这样，对于构成气动外形的部件就有空气动力方面的要求：气动效率高、废阻小等。这个要求会影响部件的外形及结构，要求结构具有足够的表面局部刚度,便于达到较高的外形准确度等。

对于一个具体的通航飞行器设计方案而言,以上这些要求往往是相互矛盾的。既要求通航飞行器运行绝对安全可靠,又要求它不能有超过使用强度要求的丝毫多余重量,更要求机体外形严格符合空气动力原理,使飞行中的升力和阻力比达到最大,升力和重力比达到最小。这些特殊诉求决定了通航飞行器结构设计高度严谨,外形异常复杂。因此在设计制造时必须妥善地处理这些矛盾,综合协调,折中权衡,寻求最合理的处理方案。

三、军用飞机的市场需求规模和技术要求

(一)军用飞机的定义和类型

1. 军用飞机的定义

军用飞机是直接参加战斗、保障战斗行动和军事训练的航空飞行器的总称,包括固定机翼飞机和直升机。它是航空兵的主要技术装备,其结构系统组成主要包括机体、动力装置、起落装置、操纵系统、液压气压系统、燃料系统等;其机载设备主要有通信设备、领航设备以及救生设备等;其中直接用于战斗的航空飞行器,机载设备还有机载火力控制系统和电子对抗系统等。

2. 军用飞机的类型

军用飞机的类型主要有歼击机、轰炸机、歼击轰炸机、强击机、反潜巡逻机、武装直升机、侦察机、空中预警机、电子对抗飞机、炮兵侦察校射飞机、水上飞机、军用运输机、空中加油机和教练机等。在现代战争中,军用飞机大量用于作战,对战略战术和军队组成等产生了重大影响,使人类的战争由平面发展到立体空间。

(二)军用飞机的市场需求规模

1903 年人类第一架飞机问世,但这种科技发展的重要成果却并没有像历史上其他重要发明一样被很快应用于军事领域。直到 1911 年,在意大利与利比里亚的战争中飞机首次作为军用装备投入使用,10 月 23 日,上尉卡洛・皮亚扎架机完成首次侦察飞行;11 月 1 日,朱利奥・朱多蒂少尉使用 4 枚 2 kg 炸弹轰炸了敌军阵地,这是航空史上首次空袭。从此,特别是 1939 年第二次世界大战爆发以后,航空飞行器机开始大规模运用于军事目的。现在,人类社会进入了 21 世纪,军用飞机无论是数量上还是在性能上都已经获得了空前的大发展。事实上,军用与民用,本身就像是一个硬币的两面,可以肯定的是:只要人类还有战争,军用航空就永远不会停止发展。

据有关统计资料表明:2015 年世界各国军队拥有的军用飞机总数 51 489 架,其中我国拥有的军用飞机总数为 3 089 架,占世界军用飞机总数的 6%;相比较而言,美国军用飞机数量遥遥领先,达到了 13 902 架,占世界军用飞机总数的 27%。

我国空军海军战斗机总数为 1 066 架,稍稍落后于美国的 1 454 架和俄罗斯的 1 218 架,但我国战斗机列装质量与美俄有较大差距。美国空军目前已经淘汰了所有的三代战斗机,所有战斗机均为四代以上机型,俄罗斯也早已淘汰了全部二代战斗机。而我国空军仍保留二代歼 7 和歼 8 作为主力机型,未来 20 年内,歼 7 可能全部退役,歼 8 也将有部分退役,由此可见,我国空军海军战斗机需求庞大。

在运输机列装方面，我国目前与国际先进力量相比也存在较大差异。据《飞行国际》杂志《2013至2014年度世界空中力量发展报告》统计，我国运输机保有量仅为182架，而美国则达到1 094架。美国已经建立了战略运输机、战术运输机和运输直升机三者相结合的兵力投送体系，无论是远距离、近距离还是局部地区的作战任务，美军都能使用适用机种进行应对。

总体来看，我国空军目前正在向战略空军转型，远程奔袭、大区域巡逻、防区外攻击能力仍然有限，四代以上战斗机和大型运输机需求旺盛，而海军也对军用飞机有一定的需求。当前我国军用飞机正处于更新换代的关键时期，未来20年现有绝大部分老旧机型将退役，歼10、歼11、歼15、运20等将成为空中装备主力，歼20、歼31也将有一定规模列装，运输机、轰炸机、预警机及无人机等军机也将有较大幅度的数量增长及更新换代需要。海通证券研究所关于中航飞机的研究报告中预测，未来20年，中国包括战斗机和运输机等在内的军用飞机采购需求约2 900架，军用航空器市场规模将达到2 290亿美元，折合人民币约1.4万亿元，见表6-1。

表6-1 未来20年中国军用飞机市场需求预测

机种		飞机数量/架	单价/万美元	总价/亿美元
战斗机	四代轻型战斗机	400	4 000	160
	四代重型战斗机	400	11 250	450
	五代轻型战斗机	300	9 000	270
	五代重型战斗机	300	14 000	420
大飞机	中型运输机	200	2 000	40
	大型运输机	400	15 000	600
	中型加油机	100	1 000	10
	大型加油机	100	4 000	40
	中型特种飞机	100	5 000	50
	大型特种飞机	100	15 000	150
教练机		500	2 000	100
合计		2 900		2 290

(三)军用飞机的技术要求

1. 军用战斗机性能发展的历程

为了获得空中军事优势，在空战中占据主动，不断地探索新的空战战术、技术，从而不断对飞机性能提出新的要求，推动了战斗机技术的发展。从喷气式战斗机开始服役至今有半个世纪了，人们根据战斗机性能的变化，将喷气式战斗机进行了分代，共发展了四代。

(1)第一代战斗机。第一代战斗机为可以实现超声速飞行的喷气式战斗机，最大飞行速度能达到马赫数1.3，其中的代表性飞机是美国的F86战斗机和苏联的米格15战斗机等。

(2)第二代战斗机。第二代战斗机的最大平飞速度达到了两倍声速，具有全天候作战能力，装备了中距空空导弹，而且兼顾对地攻击。采用大推力涡轮喷气发动机，机载电子设备和武器系统的性能有了较大改进，开始装备独立的航空电子设备系统，如单脉冲雷达、导航计算机、惯性导航系统等。第二代战斗机代表机型有苏联的米格-21、苏-11战斗机和美国的F-5、F-111战斗机等。

(3)第三代战斗机。第三代喷气战斗机的重点是强调格斗空战能力和全天候作战能力，十分重视飞机在亚跨声速范围内的机动性，机载电子设备和武器系统的性能水平有了突破性进展。第三代战斗机代表机型有美国的F-15、F-16战斗机和俄罗斯的苏-27、米格-29战斗机。

(4)第四代战斗机。目前，战斗机的发展已经进入了第四代。由于战斗机的研制费用越来越高，将战斗机设计成一机多能或者一机多型，同时用于空战和对地攻击，而成为第四代先进战斗机的设计思想。这样不仅可以同时满足飞机的空战和对地攻击要求，而且由于不同功能的飞机有相同的机体结构和配件，对飞机的维护也降低了成本。

2. 军用飞机的技术要求

不言而喻，军用飞机的技术要求永远都是要求研制技术性能最先进的飞机，因为任何一个客户都不可能接受尚未开始设计研制就已经是技术落后即将淘汰的产品。现以战斗机为例，由于第四代战斗机是目前正在研制的最先进的战斗机，因此就意味着要求设计研制第四代战斗机。综合起来对第四代战斗机一般要求具有下列战术技术性能：

(1)具有超声速巡航能力(发动机在不开加力时)。

(2)良好的隐身性能。

(3)高敏捷性和机动性，特别是过失速机动能力。

(4)超视距攻击和对地攻击的能力。

(5)短距起落性能。

(6)高可靠性和维护性。

第四代先进多功能战斗机兼有战斗和突防能力，使它的进攻范围空前扩大，能打击战争中全纵深的目标。它不仅在推进系统、火控系统，飞机总体设计方面继续寻求技术上的突破，而且寻求另一种创新设计思想，如飞行/推进/火控一体化的飞机设计方法，其中包括目前最先进的推力矢量技术等。

四、无人机的市场需求规模和技术要求

(一)无人机的定义和特点

1. 无人机的定义

无人机(Unmanned Aerial Vehicle，UAV)是一种机上无人驾驶、通过无线电遥控或自动程序控制飞行、可重复使用的航空器。如今无人机已发展成为一个“人丁兴旺”的大家族。从总体上有战略无人机和战术无人机；从用途上有区域监视无人机、目标定位无人机(如火炮校射)、光学侦察机、电子侦察机、电子干扰机、通信中继；从飞行特点有高空长航时无人机、中空长航时无人机、低速无人机、超声速无人机、高超声速无人机、微型航空飞行器。现代无人机不再拘泥于传统的侦察任务，还发展出无人战斗机，可担负起对地攻击、空中格斗、拦截导弹等过去认为只有有人驾驶的飞机才能完成的作战任务。

2. 无人机的特点

(1)隐蔽性好，生命力强。无人机比起有人驾驶飞机来，无论是体积、重量，还是雷达反射

面积都比后者要小得多。

(2)不受飞行员因素限制,如过载因素的制约,因而可以最大限度地飞到适合其特点的速度、高度、航程等,也可以通过超加速升降、倒飞,急转弯飞行等方式,来提高生存能力。

(3)更适于执行危险性高的任务,飞机可以适应更激烈的机动和更加恶劣的飞行环境。

(4)降低飞机的重量和成本,由于机上没有驾驶员,因此可省去驾驶舱及有关的环控及安全救生设备。通常,无人机的造价只是有人驾驶飞机的1/10甚至百分之几。使用维护方面简便。

(5)起降简单,操作灵活。如:弹射起飞、短距起飞、垂直起飞和由其他航空飞行器携挂抛射等,由于无人机体积小、重量轻,其滑跑距离要比有人机短得多。

(二)无人机的市场需求规模

在当前激烈的全球市场竞争中,无人机应用领域的拓展速度比以往任何一个行业都要快,这主要是因为一方面包括我国在内许多国家都放宽了对无人机使用和投资的严格限制,另一方面由于无人机进入门槛低、大量现成技术可以应用、市场潜力巨大等多方面原因,使世界无人机市场近年来获得了超乎寻常的迅猛发展。20世纪90年代,美国无人机领域的投入共34亿美元,2010年已经达到44亿美元。过去10年,美国无人机年均投入增速高达44%,并且这种高速增长趋势仍会持续较长一段时间。

未来10年全球无人机研发投入和采购需求将达到940亿美元。在全球军用航空平台新交付价值中,无人机(不含微型无人机)所占比重将从2010年的8%提升到2018年的15%,而有人战斗机/攻击机/侦察机的比例将从45%下降到44%。全球无人机(不含微型无人机)新交付数量占比将从2010年的35%提升到2018年的49%,有人战斗机/攻击机/侦察机的比例将从15%下降到14%。照此趋势发展,无人机未来将成为航空主战装备,以色列空军就规划在2030年打造一支无人机占50%以上的新型空军机队。

我国无人机市场需求90%来自于军方和警方,而其他方向需求仅占10%,机型以无人靶机和带有电子光学/红外线侦察平台的无人侦察机为主。未来为保障中国经济的迅速发展,海洋安全、边境安全、国土信息快速普查和更新被提升到一个前所未有的高度,上述领域的发展对无人机均有需求。预测未来10年,我国内无人机市场规模有望超预期实现年均30%以上的加速增长。

(三)无人机的技术要求

由于无人机尺寸相对较小,经济性好,使用方便,可以进入危险恶劣的环境而不怕“牺牲”地工作。因此,无人机不但在民用上被广泛应用,在军事方面的应用也越来越受到关注和重视。现以军用无人机为例,说明无人机的技术要求主要包含哪些内容。

随着无人机技术的进步和应用领域的延伸,未来战争必然向“信息化、无人化、智能化”发展,随之而来的是,无人机系统在先进战斗力生成和体系作战中将发挥持续而强劲的作用。总的来说,无人机的技术要求主要包括以下几方面的内容。

(1)察打一体。随着各国防御系统的不断完善和精确制导武器的广泛应用,使用有人驾驶飞机进行作战的危险大大增加。而察打一体无人机则为打击战场上的时敏目标提供了有效手段,已成为执行反恐作战、边境巡逻等任务的重要手段和力量。

(2)体系协同。随着军事技术的快速发展,现代战争已成为系统与系统的对抗,成为五维一体的联合作战。因此,要求无人机可以基于体系协同将各种功能、各种层次的无人机与其他作战系统联结成功能互补、协同作战的有机整体,从而有效提高整体的作战效能。

(3)高度智能。自主化是支撑无人机协同作战的关键技术,无人机要想在现代防空系统、精确制导武器的攻击下与其他作战平台一道协同作战,就必须具备高度智能化水平。目前,世界各国正通过研制高度自动化和智能化的无人机控制系统、研制智能化武器弹药和开发新型智能材料来提高无人机智能化程度。高度自主智能化已成为无人机未来发展的一个重要趋势。

(4)三空融合。三空融合是指通过空、天、网络三者的融合,研制出能够跨域飞行、突破现有飞行器概念的三空融合型的无人机,使无人机既具备航天器和航空器的特性,又具有网空器的优点,从而大大拓展其作战能力,而且其高度和速度优势带来的作战效能也是任何其他军用飞行器所无法比拟的。网电技术与空天技术的深度融合形成"三空一统"的新型作战空间,三空融合型无人机将成为驰骋这一新兴作战空间的主角。

(5)高超声速。高超声速是指巡航速度要达到5倍以上的声速,也就是6 000km/h的飞行速度。高超声速的无人机具有三个方面的作战优势,一是打击时间短,使对方来不及反应;二是突防能力强,世界上现有的防空系统基本无计可施;三是精确打击威力大,对于各种坚固的或隐藏于地下的重要目标的摧毁能力将是毁灭性的。

(6)超长航时。长航时是无人机的独特优势,也带来了巨大的作战效益。所以在无人机的发展中,强化长航时指标是不变的选择。

(7)全频隐身。采用隐身设计能提高无人机的生存能力。无人机隐身的终极目标是希望做到全频段、全时段的隐身。目前采用的主要隐身方法有:

1)采用隐身外形设计。机体表面尽量设计得圆滑,减少缝隙,采用与飞机外形完全融合的简单进气道、扁平狭缝状固定尾喷管、无尾布局等设计技术,可有效减少无人机的雷达反射面积。

2)采用复合材料。无人机因体积小,更容易采用复合材料,包括玻璃纤维加强合成树脂、石墨与环氧树脂等。

3)降低噪声。用燃料电池取代内燃机。燃料电池可为无人机提供与内燃机相同的单位质量比功率,却具有较低的噪声和红外信号特征。

4)采用等离子体隐身技术。由于等离子体技术能够产生较好的隐身效果,已成为一种新的隐身技术发展方向,不过目前还有很多技术难题需要解决。

(8)灵巧微型。微型无人机目标小、噪声低、雷达和可视信号弱,而且携带方便、机动灵活、随时随地可用,能够监视卫星和侦察机探测不到的死角,查找躲在建筑物内部的敌人,窥探山后的敌情,实施通信中继、目标指示、近距离电子干扰、核生化探测、截获无线电频率、近距点目标攻击、为士兵发送求救信号等。因此非常适合城市、丛林、山区等复杂环境地区作战及特殊条件下的特种部队作战。

(9)通用集成。无人机基于通用化的系统集成而达到成体系系列化的目标,在作战使用上将与其他无人机、其他作战单元进行联合作战。包括三方面:

1)统一标准。研制通用化的机载和地面系统设备,制定统一标准,使用统一的通信、指挥和控制系统,提,无人机系统的通用化水平。

2)自身综合集成。加强无人机自身的综合集成,提高无人机的协同控制水平,降低操作使用要求。

3)整体综合集成。加强无人机系统与其他作战平台的综合集成。利用信息技术的联通性和融合性,将无人机与分布在陆、海、空、天的各种侦察探测系统、指挥控制系统、打击武器系统与作战力量、保障力量无缝隙地连接成一个有机整体,充分发挥各自的优势,形成远远高出单个系统的合力。

五、旋翼飞行器的市场需求规模和技术要求

在航空百余年的发展历程中,旋翼飞行器作为整个航空产品领域一个重要的分支,同其他类军民用航空产品一样,已经形成了一个成熟的产业链,具有应用种类和吨位等级齐全的产品发展体系,独享着其他类航空产品无法涉足的应用领域,在国防建设、国民经济建设和应急事件处理中发挥了不可替代的重要作用,有着广阔的发展前景。人类社会的发展与进步,将进一步推动旋翼飞行器市场需求的增长。

(一)旋翼飞行器的定义

旋翼飞行器(也称为直升机)是航空飞行器大家庭中的一员,其主要结构特点是具一个或多个由发动机驱动的可旋转机翼(旋翼),用以产生克服机体自重的升力,以及提供推进力和操纵力,这是它在结构外形上和飞行原理上与固定翼飞机之间存在的最大的差别。正是这些差别,使得旋翼飞行器具有大多数固定翼飞机所不具备的飞行特点:垂直升降、空中悬停、小速度前飞、后飞、侧飞、原地回转和树梢高度飞行等。这些飞行特点使得旋翼飞行器的飞行和使用上要比固定机翼飞机灵活得多,弥补了固定翼飞机因飞行速度大而存在的许多不足之处,在很多固定翼飞机无法涉及的领域或地区可以大显身手,大有用武之地。

(二)旋翼飞行器的类型

旋翼飞行器的分类有好几种方法,其中主要分类方法包括按照重量和结构型式分类两种。

1.按重量划分

旋翼飞行器依据其重量分类如下。

(1)微微型旋翼飞行器。空机重量和起飞全重小于1.5 kg。

(2)微型旋翼飞行器。空机重量介于1.5 ~4 kg之间、起飞全重介于1.5 ~7 kg之间。

(3)超轻型旋翼飞行器。空机重量介于4 ~15 kg之间、起飞全重介于7~25 kg之间。

(4)轻型旋翼飞行器。空机重量介于15 ~116 kg之间、起飞全重介于25 ~150 kg之间。

(5)小型旋翼飞行器。空机重量大于116 kg、起飞全重介于150 ~3 000 kg之间。

(6)中型旋翼飞行器。起飞全重介于3 ~16 t之间。

(7)大(重)型旋翼飞行器。起飞全重大于16 t。

2.按结构型式划分

旋翼飞行器根据其克服反扭矩方式所安装的旋翼数量是不同的,在设计上出现了不同结构型式的旋翼飞行器,主要有:

(1)单旋翼式。它是一种单旋翼带尾桨的旋翼飞行器,用尾桨推力来平衡主旋翼反扭矩。这种型式是传统直升机中最流行的型式,在结构上要比双旋翼飞行器简单,但要多付出尾桨的

功率消耗(约占发动机总功率的15%~20%)。

(2)共轴式双旋翼。两旋翼在同一轴线上,相逆旋转,因此反扭矩彼此相消。这种型式的外廓尺寸较小,但传动和操纵机构复杂。

(3)纵列式双旋翼。两旋翼前后布置,相逆旋转,反扭矩彼此相消。这种型式的优点是机身宽敞,容许机体重心位置移动较大;缺点是后旋翼的空气动力效能较差。

(4)横列式双旋翼。两旋翼左右安装在支臂或固定机翼上,相逆旋转,反扭矩彼此相消。这种型式的优点是构造对称,稳定性操纵性较好;缺点是迎面空气阻力较大。

(5)多旋翼飞行器。旋翼数量多达4个或4个以上,通常分为4,6,8,12,16,18,24,36个旋翼等,每两个旋翼相逆旋转,因而反扭矩彼此相消。这种型式早期以多旋翼无人驾驶飞行器(无人机)的面貌出现在世人面前,并以星星之火燎原之势,奇迹般迅速流行起来,建立起广阔深厚的群众基础,至今还不到10年时间。现在,每天都有成千上万架多旋翼飞行器在世界各地的天空中自由飞翔。

(6)其他特殊型式。为了提高旋翼飞行器的有效载荷、前飞速度、升限和航程等性能,人们设计研制出了一些特殊型式的旋翼飞行器,如复合式、组合式、倾转旋翼式、涵道式等。

其中值得一提的是倾转旋翼式,这种型式的旋翼飞行器有固定机翼,双旋翼分别安装在固定机翼的两端。在起飞时它就像是横列式旋翼飞行器那样垂直起飞,起飞后旋翼轴相对于机体逐渐向前转动,逐渐转入前飞状态,过渡到平飞时就能像普通的固定翼飞机那样,依靠固定机翼产生向上的升力支撑机体重量,以及依靠转轴近乎水平的旋翼产生向前的拉力,索引旋翼飞行器向前飞行,其飞行速度能提高2倍多,达到600 km/h。

(三)旋翼飞行器的发展历程

旋翼飞行器的概念虽然很古老,但真正造出能飞行的旋翼飞行器却很晚。1942年美国西柯斯基公司在VS-300的基础上制造出R4单旋翼飞行器,它不仅机械简单而且是可操纵的。当时正值第二次世界大战期间,军事需求加速了旋翼飞行器实用化进程,旋翼飞行器开始成批量地投入生产线生产,促使旋翼飞行器发展由探索期进入实用期,即从20世纪40年代至今的这一时期。其主要特征是安装了旋翼自动倾斜器的传统单旋翼飞行器和双旋翼飞行器,即传统直升机,以其优异的飞行技能受到人们的热烈欢迎和喜爱,以及受到世界各国政府、军队和企业界的高度重视,获得了前所未有的高速发展。旋翼飞行器的应用范围不断扩大,使用数量迅速增加,至今世界各国已有几万架传统单旋翼飞行器和双旋翼飞行器服务于国民经济建设的各个部门和广泛的军事领域。

如果说传统单旋翼飞行器和双旋翼飞行器因其技术的复杂性和难度,其设计研制属于典型的"阳春白雪"型高科技(高、精、尖)工程项目,那么2005年是旋翼飞行器发展的重要转折点。在这一年,稳定可靠的多旋翼无人机自动控制器研制成功,有关多旋翼飞行器的学术研究开始获得了人们广泛的关注,更多的学术研究人员开始研究多旋翼飞行器,并搭建自己的多旋翼无人机系统。

2006年,德国人H. Buss和I. Busker主导了一个4旋翼飞行器开源项目,从飞控到电调等全部开源,推出了4旋翼无人机最具参考的自驾仪Mikrokopter。之前一直被各种技术瓶颈限制住的多旋翼飞行器突然出现在人们视野中,大家惊奇地发现居然有这样一种小巧、稳定、可垂直起降、空中悬停、机械结构简单的飞行器存在。当这种简单而又现实的可能糅合进了人们头脑中总也挥之不去的飞行梦想时，就极大地激发起了大家对敖翔于蓝天白云的渴望、向往和激情。一时间研究者、投资者和广大的航模爱好者趋之若鹜，纷纷开始多旋翼无人机的研发、使用和投资，经过5年起步阶段的实验研究、技术积累和市场摸索，逐步拉开了多旋翼无人机大规模发展的序幕。由此，旋翼飞行器家族迎来了它的新成员，使得旋翼飞行器大花园里开始呈现出一片春意盎然、百花齐放、万紫千红、欣欣向荣的繁华景象。

2010年是多旋翼无人机大发展元年，也意味着是旋翼飞行器的大发展元年。在这一年法国的Parrot公司发布了世界上第一款真正受到大众关注的4旋翼无人机AR. Drone，它不仅控制简单，飞行灵巧安全，可实现垂直起降和空中悬停，还可以通过WiFi将所搭载相机拍摄到的图像传送到手机上，并开放了API接口供科研人员开发应用。AR. Drone性能非常优秀，轻便灵活、操作便捷，最终大获成功。

实际上，对促使多旋翼无人机大发展具有重大意义的事件还有开源飞控代码的公布和发展，因为多旋翼无人机研制最核心的知识还在于飞行控制算法的设计和程序编写。2010年法国人Alex在模型网站Regroups发布了他的Mu1tiwii飞控程序，彻底地将多旋翼无人机的制作拉到了“下里巴人”大众化水平。此后，世界上许多之前不具备多旋翼控制功能的开源自驾仪的开发生产商，纷纷在自己的产品中增加了多旋翼这一功能，同时也有新的开源自驾仪不断加入，这极大地降低了初学者的门槛，使制造多旋翼无人机在飞控硬件制作或购买配件组装方面变得比较容易，成本进一步降低。饮水思源，客观地说：正是开源飞控为多旋翼无人机产业大发展铺垫好了广阔深厚的群众基础。

由此，世界各国掀起了一股研发和广泛应用多旋翼无人机的热潮。多旋翼无人机设计、制造和应用的“群众运动”就像是滚雪球般地越滚越大。与此同时，旋翼飞行器家族也随着具有各种各样用途的多旋翼无人机不断地大量涌入，已经变成了一个非常庞大的家族，人丁兴旺、朝气蓬勃。放眼世界各地，在人类社会目前和平与战争并存已成常态化的状况下，无论是在和平、安祥，人们忙忙碌碌的建设环境中，还是在硝烟滚滚、炮声隆隆、杀声震天的战场上，现在每天都有成千上万架各种类型的旋翼飞行器腾空而起，肩负着人们赋予的各式各样的任务在蓝天白云上飞翔着，忙碌地工作着。

(四)旋翼飞行器的市场需求规模

在讨论旋翼飞行器的市场需求规模时要将传统直升机和多旋翼无人机两者分开，分别讨论。

1.传统直升机的市场需求规模

截至2008年，全世界在役的直升机总数为52 400多架，其中：民用直升机31 000多架，占60%；军用直升机21,300多架，占40%；民用直升机拥有量超过100架的国家有27个，军用直升机拥有量超过100架的国家有38个。从机队数量上分析，民用直升机的保有量要超过军用直升机。

从2008年至2017年10年间世界民用旋翼机的总产量为16 541架，民用旋翼机的总产值447.59亿美元，每年的产值保持在45亿美元左右，显现出平稳的态势。

据统计，2015年全球军用直升机市场规模达到211亿美元，并将以年均2.6%左右增长率，到2025年达到273亿美元，其中亚太地区的市场份额将达到33%，超越预计占据29%份额的北美市场。

2008年我国民用直升机总计174架，其中民航注册的直升机有37种机型，数量148架；公安警务直升机有14种机型，共计26架。我国民用直升机拥有量不及世界民用直升机总数的1%。这明显落后于其他国家。我国民用直升机拥有量是美国1/76，俄罗斯的1/16，日本的1/4。由此可见，我国仍属直升机小国，与国力的增长很不相称。随着我国经济建设的快速增长，预计我国直升机需求到2020年时将达到1万架，市场总值将达到1 000亿美元。

2. *多旋翼无人机的市场需求规模*

多旋翼无人机是一种机上没有搭载驾驶员，由无线电遥控的自动化、智能化驾驶的多旋翼飞行器。它是高科技、新技术的集中载体，具有体积小、造价低、效费比好，生存能力强，机动性能好，操作简单、使用方便、成本低，用途广泛等许多优点。从应用领域上来看，多旋翼无人机已经由原来微型、轻型无人机发烧友和航模爱好者为主的娱乐功能向航拍、搜救、物流、消防、监测、交通运输和军事等领域发展，市场空间大大拓展，可广泛应用于民用和军事的各个领域。

2015年全球民用消费级和专业级多旋翼无人机出货量分别为600万架和10万架，到2020年将分别达到2 200万架和50万架，年增长率约为33%。全球民用消费级和专业多旋翼无人机2013年市场规模20亿美元，2014年市场规模达到27亿美元，同比增长35%；2015年市场规模36亿美元，同比增长33%。预计2020年全球无人机市场规模将达到259亿美元，年均增长率达到42%。到2025年，全球多旋翼无人机业务市场规模预计将达到843.1亿美元。

随着载人型多旋翼无人机的快速发展，载人的多旋翼无人机作为人们出行用的一种新型的航空交通运输工具，具有可在自家后院或家门口起飞降落，飞行速度快，在途时间短，以及操作简单、安全可靠、舒适便捷等许多优点。载人型多旋翼无人机作为“空中汽车”，为人们创造了一种全新的交通方式，成为几乎人人都可以安全驾驶的飞行器，并在政府的许可下自由飞行。可以预见：不久的将来，基于多旋翼无人机形式的空中汽车会像如今地面小汽车一样，在人们的生活中普及开来，从而有助于解决许多大城市长期存在的地面交通拥堵等难题。目前，已经有Google、空中汽车公司Airbus、Uber、亿航等十几家科技公司，以及迪拜政府正在研发这种形式的空中汽车。预计其市场需求量会像传统地面小汽车一样，成为千家万户居民家中不可或缺的交通运输工具，其产量全球每年将达到十几万辆或几十万辆以上。

（五）旋翼飞行器的技术要求

旋翼飞行器技术要求主要体现在动力装置和旋翼等关键部件方面，其中包括：

(1)动力装置。微型和轻型旋翼飞行器采用电动动力系统，主要由电动机、动力电源、调速系统三部分组成。电动机采用无刷直流电动机；电池采用锂电池或其他新型电池，如燃料电池，石墨烯电池、铝空气电池、纳米电池等。

大型、中型、小型旋翼飞器要采用涡轮轴发动机。与活塞式发动机相比，涡轮轴发动机具有耗油率低、功率重量比大、体积小、振动小、噪声小、维护简便、使用寿命长等许多优点。

(2)采用复合材料桨叶。复合材料桨叶的应用，不仅可显著改善气动性能，而且使旋翼飞行器的适用性更好，维护大为简化，桨叶的寿命可从早期的几百小时增加到上万小时或无限寿命。

(3)改进桨毂结构。不断改进旋翼飞行器桨毂结构，使用弹性铰或其他柔性元件取代金属轴承，包括全复合材料的无轴承旋翼，以达到了桨毂结构简化、长寿、无维护的要求。

(4)增强航电系统。随着现代电子、计算机和自控技术的飞速发展,要以最新技术改进和增强旋翼飞行器的航空电子系统,包括自动化和智能化控制、信息显示、任务管理、故障监测、增控增稳、火力控制等,以提高旋翼飞行器的运用效能和飞行安全。

第2节 航空型号工程项目范围管理基本概念

在航空型号工程项目实施之初,首先必须对项目进行选择,为项目所要涉及的内容制定计划,并将工作分解为易于管理的小块单位,以及对项目范围的变更进行管理和控制。项目范围的管理也就是对项目应该包括什么和不应该包括什么进行相应的定义和控制。它包括用以保证项目能按要求的范围完成所涉及的所有过程,包括确定项目的需求、定义规划项目的范围、范围管理的实施、范围的变更控制等。

一、项目范围管理的定义和内容

(一)项目范围管理的定义

项目范围是指项目的最终成果和产生该成果需要做的工作,既不欠缺也不多余。项目范围是制定项目计划的基础,以此形成各个系统相关子计划并综合成整个项目计划。

项目范围管理的定义是指为了实现项目的目标,对项目从立项到完成的生命周期中所涉及的工作范围所进行的管理和控制。它包括用以保证项目能按要求的范围完成所涉及的所有过程:确定项目的需求、定义规划项目的范围、范围管理的实施、范围的变更控制,以及范围核实等。这个过程用于确保项目利益相关者对作为项目结果的项目成果以及完成这些成果所用到的过程有一个共同的理解。项目范围管理的主要任务是进行项目客户需求调研分析,编写项目客户需求分析报告、项目管理规划、项目计划等。

在航空型号工程项目实施过程中,项目范围与项目其他约束条件,如时间(进度)、成本之间存在着相互影响、相互制约的辩证关系,而且往往是由于范围影响了时间和成本。

(二)项目范围管理的内容

1.确定项目目标

要用书面文件的形式表述项目客户对项目成果和过程的明确的和隐含的需求,并经各方同意。通过需求调研、识别和分析,得到各方同意并以文件形式表述的需求就变成了项目要求实现的目标,如质量、进度、费用目标或子项目目标等。客户需求调研是航空型号工程项目实施过程中的重要一环,是航空型号工程项目策划和方案设计的基础,也是客户和项目开发人员之间沟通的桥梁。

2.项目范围确定

项目实施前,组织应明确界定项目的范围,编写项目客户需求分析报告,作为进行项目设计、计划、实施和评价的依据。客户需求分析报告中至少要说明项目论证、项目可交付成果和项目目标,其作用是在项目参与人之间确认或建立了一个项目范围的共识,作为未来项目决策的文档基准。

3. 编制项目管理规划

项目管理规划是编制书面文件来阐述项目范围，为项目管理提供基础条件的过程，特别是包括了用以确定项目或阶段是否成功完成的标准。项目管理规划作为指导项目管理工作的纲领性文件，应对项目管理的目标、内容、组织、资源、方法、程序和控制措施进行确定，它包括项目管理实施大纲、实施规划和实施细则三类文件。

(1)航空型号工程项目管理实施大纲。它是航空型号工程项目投标文件技术部分。

(2)航空型号工程项目管理实施规划。它是指导航空型号工程项目实施全过程中各项管理活动的综合性文件。

(3)航空型号工程项目管理实施细则。它指由项目团队专业工程师制定的更具有实施性和可操作性的业务文件。

4. 项目范围控制

公司应严格按照项目的范围和工作分解结构文件进行项目的范围控制。即按照项目范围管理规划，控制项目中实际执行的工作单元和活动，使其符合计划要求。公司在项目范围控制中，应跟踪检查，记录检查结果，建立文档，分析判断潜在的、可觉察的和实际的范围变化，并对范围的变更和影响进行分析与处理，采取措施，使之达到项目目标。

项目范围变更管理应符合下列要求：

(1)项目范围变更要有严格的审批程序和手续。

(2)范围变更后应调整相关的计划。

(3)重大的项目范围变更，应提出影响报告。

在项目的结束阶段，应确认项目范围，检查项目范围规定的工作是否完成和交付成果是否完备。项目结束后，公司应对项目范围管理的经验教训进行总结。

二、项目选择方法

项目的选择并不是一门严格的科学，但它对于项目管理来说是非常关键的。从可能的项目中进行选择的方法有很多，下面介绍四种常见的方法：

1. 公司的整体需要

公司在决定选择什么样的项目、什么时候实施、做到什么程度的时候，必须注重于满足公司的多种不同的需要，判断是否符合三个重要标准：需求、资金和风险。

2. 项目分类法

分类方法是评价项目是否可以应对某个问题，或是抓住某次机会最常用的方法。进行项目整体的综合排序，将可能入选的项目分成高、中、低三个优先次序。最高优先项目安排最早完成，排在中间位置的项目次之、最低位置的项目最后完成。

3. 财务指标评价方法

财务方面的考虑向来是项目选择过程中最重要的因素。财务指标评价方法主要有：

(1)净现值分析。把所有预期的未来现金流入与流出都折算成现值，以计算一个项目预期的净货币收益与损失。如果财务价值是项目选择的主要指标，那么只有净现值为正时的项目才考虑。

(2)投资收益率分析(ROI)。将净收入除以投资额的所得值。ROI越大越好。

(3)投资回收期分析。投资回收期就是以净现金流入补偿净投资所用的时间。换句话说，投资回收期分析就是要确定得经过多长时间累计收益就可以超过累计成本以及后续成本。当累计折现收益与成本之差开始大于零时，回收就完成了。

4.加权评分模型法

加权评分模型法是一种基于多种因素进行项目选择的系统方法。这些因素包括：满足整个公司的需要；解决问题、把握机会以及应对指示的能力；完成项目所需的时间；项目整体优先级；项目预期的财务指标等。

构建加权评分模型的第一步就是要识别所考虑因素的重要程度，包括：

(1)符合主要的商业目标。

(2)有极具实力的项目发起人。

(3)有较强的客户支持。

(4)运用符合实际的技术能力的水平。

(5)可以在1年或更少的时间内得以实施。

(6)有正的净现值。

(7)能在较低的风险水平下实现范围、进度和成本等目标。

下一步，就是对各个所考虑的因素赋以权重。这些权重意味着你对每个因素的评价程度或重要程度估计。可以用百分比的形式赋以权重，所有因素的权重总和必须等于100%。然后，可以给每一个因素的每一个标准进行评分(如从0到100)。这些分数意味着每个因素达到每个标准的程度。对每一个项目按照每个因素打完分之后，就可以分别将每个因素的权重乘以各个项目的得分，然后相加得到每个因素的加权得分。

第3节 项目工作分解结构

工作分解结构(WBS)以可交付成果为导向对项目要素进行的分组，它归纳和定义了项目的整个工作范围每下降一层代表对项目工作的更详细定义。在项目管理实践中，WBS总是处于计划过程的中心，也是制定进度计划、资源需求、成本预算、风险管理计划和采购计划等的重要基础。WBS同时也是控制项目变更的重要基础。项目范围是由WBS定义的，所以WBS也是一个项目的综合工具。

一、项目工作分解结构的基本概念

1.工作分解结构的定义

工作分解结构(Work Breakdown Structure，WBS)是为了管理和控制的目的而将项目分解的技术，它跟因数分解是一个原理，就是把一个项目，按一定的原则分解。项目按层次分解成子项目，子项目再分解成更小的、更易管理的工作单元(或称工作包)，直至分解为具体的活动(或称工序)。

在日常工作中，工作分解结构(WBS)以可交付成果为导向对项目要素进行的分组，它归纳和定义了项目的整个工作范围，每下降一层代表对项目工作的更详细定义。其具体作法是首先将项目分解成任务，任务再分解成一项项工作，然后把一项项工作分配到每个人的日常活动中，直到再也分解不下去为止。表示如下：

工作分解结构(WBS)→项目→任务→工作→日常活动 (6-1)

2. 工作分解结构的作用

工作分解结构(WBS)有点像组织结构图,人们可以通过它看到整个项目图景以及每一个主要的组成部分,图 6-1 表示无人机飞控系统的飞行应用软件开发项目的工作分解结构(WBS)。

工作分解结构(WBS)的作用主要有:

(1)把项目分解成具体的活动,定义具体工作范围,让相关人员清楚了解整个项目的概况,对项目所要达到的目标形成共识,以确保不漏掉任何重要的事情。

(2)按照项目活动之间的逻辑顺序来实施项目,有助于制定完整的项目计划。

(3)通过项目分解,为制定完成项目所需的技术、人力、时间和成本等目标提供基础。

(4)通过活动的界定,就能很明显地使项目团队成员知道自己的责任和权利。

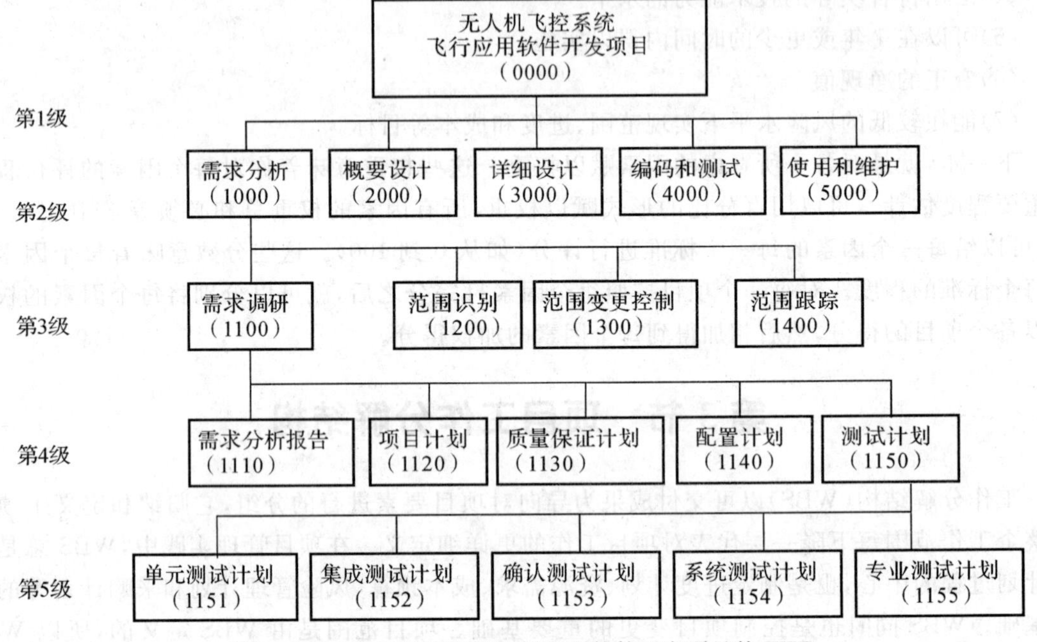

图 6-1　无人机飞控系统飞行应用软件开发项目的 WBS

二、项目工作分解原则、步骤和编码

(一)工作分解结构的分解原则

(1)对项目的各项活动按实施过程,产品开发周期或活动性质等分类。

(2)在分解任务的过程中不必考虑工作进行的顺序。

(3)不同的项目分解的层次不同,不必强求结构对称。

(4)把工作分解到能以可靠的工作量估计为止。

(5)最低一级的具体工作,应能分配给某个或某几个人具体负责。

(6)某项任务应该在 WBS 中的一个地方且只应该在 WBS 中的一个地方出现。

(7)WBS 中某项任务的内容是其下所有 WBS 项的总和。

(8)WBS 必须与实际工作中的执行方式一致。

(9)每个WBS项都必须文档化,以确保准确理解已包括和未包括的工作范围。

(10)WBS必须在根据范围说明书正常地维护项目工作内容的同时,也能适应无法避免的变更。

(二)建立工作包的原则

工作包是完成项目目标所要进行的相关工作活动的集合,为项目控制提供充分,合适的管理信息,它位于工作分解结构的最底层。建立有效工作包的原则如下:

(1)工作包应是可确定的、特定的、可交付的独立单元。

(2)工作包中的工和责任应落实到具体的单位或个人。

(3)工作包的大多数工作应适合不同的工作人员,从而提高人员之间的沟通。

(4)工作包应与特定的WBS单元直接相关,并作为其扩展。

(5)应明确本工作包与其他工作包之间的关系。

(6)能确定实际的预算和资源需求。

(三)工作分解结构的分解步骤

1.逐步分解

工作分解结构(WBS)可以按照各子项目范围的大小从上到下逐步分解,也可以按项目实施阶段来设计,如图6-1所示。其中按各子项目范围的大小从上到下逐步分解的步骤包括:

(1)总项目。

(2)子项目或主体活动。

(3)主要的活动。

(4)次要的活动。

(5)工作包。

按项目实施阶段进行工作结构分解时,要清楚:完成该项必须完成哪些主要活动,完成这项活动,必须要完成哪些具体子任务。在从上往下排列的过程中,工作分解结构的每一层都变得更有具体,最终形成一个类似树状的组织结构。

2.顶层三级分解

工作分解结构(WBS)必须要有足够多的分解级别,才能使自上而下的工作结构流程具有连续性,以便能够按照进度、成本控制的需要确定所要用的工作包。如果级数太少,就可能影响管理的透明度和工作包的综合作用;如果级数太多,就可能使项目的审查和控制工作变得过分费时。

通常,项目经理负责制定项目WBS和各个合同WBS,其中项目WBS是代表整个系统的WBS,即是描述系统体系结构的WBS;合同WBS是项目WBS的一部分,与某个具体合同的可交付项目和工作项目有关。

顶层三级分解结构的例子如图6-2所示,从图上可看成出:对于航空型号工程而言,除了航空器本身是一个足够复杂的大系统以外,它还只是一个更大、更复杂的整体大系统中的一个子系统,所有子系统(组成要素)以各自独特的角色、层次和作用紧密地嵌套合成在一起,构成一个整体大系统。其顶层三级分解结构包括:

1)1级,整体大系统。

2)2 级,构成系统的重大单元。

3)3 级,从属 2 级的单元或分部、分项子系统。

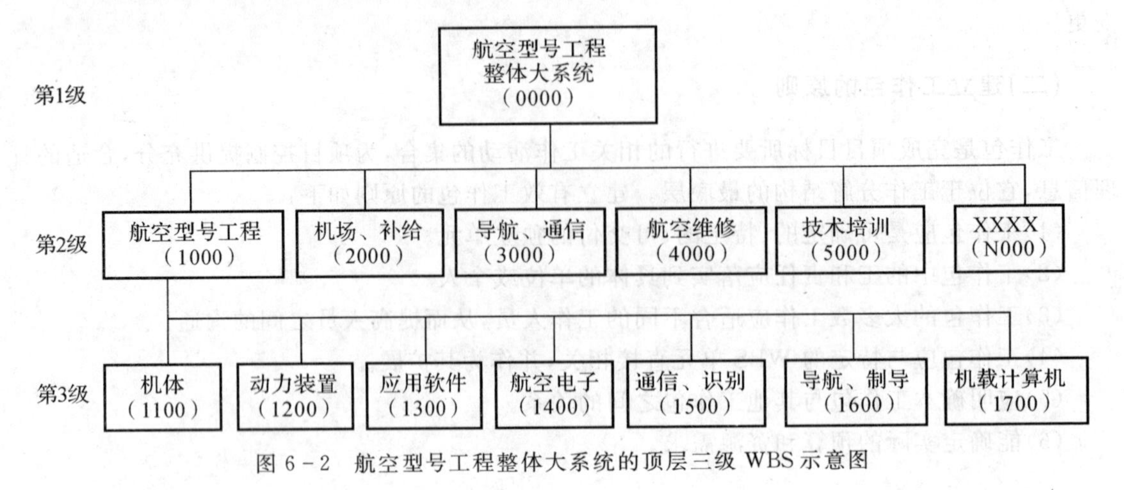

图 6-2 航空型号工程整体大系统的顶层三级 WBS 示意图

(四)工作分解结构的编码

工作分解结构中的每一项工作都要编上号码,用来唯一确定其在项目工作分解结构的身份,这些号码的全体叫作编码系统。编码系统同项目工作分解结构本身一样重要,在项目规划和以后的各个阶段,项目各基本单元的查找、变更、费用计算、时间安排、资源安排、质量要求等各个方面都要参照这个编码系统。利用编码技术对 WBS 进行信息交换,可以简化 WBS 的信息交流过程。编码设计与结构设计是相互对应的。结构的每一层次代表编码的某一位数,有一个分配给它的特定的代码数字。在最高层次,项目不需要代码;在第二层次,要管理的关键用代码的第一位数来编制;下一层次代表上一层次每一个关键活动所包含的主要任务,这个层次将是一个典型的两位数编码;以下依次类推。

在 WBS 编码中,任何等级的一位工作单元,是其余全部次一级工作单元的总和。如第二个数字代表子工作单元(或子项目)——也就是把原项目分解为更小的部分。于是,整个项目就是子项目的总和。所有子项目的编码的第一位数字相同,而代表子项目的数字不同,紧接着后面两位数字是零。再下一级的工作单元的编码依次类推,如图 6-1 所示。

第 4 节 航空型号工程项目客户需求分析

任何项目绝非无源之水、无本之木,而是来源于社会和经济活动的各种需求,因此需求是项目产生的根本前提。客户需求调研分析是航空型号工程项目管理中最重要的一个步骤,因为航空型号工程项目目标是通过客户需求调研分析来确定的。为确定航空型号工程项目范围,最简单的方法就是将航空型号工程项目看成一个黑盒,通过描述这个黑盒与外界的交互及自身的特性来决定航空型号工程项目实施过程中所要做的事情,这就是客户需求调研分析需要做的主要事情,以确定一组完整的项目客户需求。

一、客户和客户需求的定义

客户是企业产品销售的市场，是企业赖以生存和发展的“衣食父母”。在今天市场经济的大潮中，谁赢得客户，谁就赢得市场，谁的企业就能够有所发展。所以“顾客是上帝”的说法已经被人们普遍接受。

（一）客户的定义

客户，也称需方是指需要并有支付能力和愿意购买产品或服务的组织或个人。对于企业而言，客户就在市场中，企业要想把市场中的客户变成自己的客户，其关键是要能提供满足客户需求的产品或服务。

需求是指人们在欲望驱动下的一种有条件的、可行的，又是最优的选择，通常指某种物品的欲望。可见，人们的欲望在有购买力作后盾时就变成为需求，例如许多人想购买奥迪牌轿车，但只有具有支付能力的人才能购买，才是客户。

（二）客户需求的定义

1. 客户需求的定义

客户需求是指来自于客户的需求，它针对的是有支付能力的人或由多人组成的组织单位，描述的是客户想做某件事情所遇到的问题，或所想满足的欲望。对于企业而言，客户需求是指客户的目标、需要、愿望以及期望，这些需求构成了企业科研生产项目的最初信息来源。客户需求的含义有两层意思：首先客户有购买企业产品和服务的需要，其次客户期望企业提供的产品和服务价廉物美，优于其他企业类似的产品和服务。

2. 客户需求分析

客户需求分析是一个产品或项目的客户与承担生产方相互沟通的过程，一方是产品的使用者，一方是产品的制造者，在产品开发制造过程中，只有双方相互配合，共同对产品进行设计才能最后达到使用的要求。客户是业务上的熟悉者，对业务流程有非常清晰的了解，但是对于产品需求方面如何准确描述是不清楚的，他们所能提供的只是他们对产品最终功能的要求，但是这其中包含的产品开发制造的过程是非常复杂的。因此企业不仅仅是要拿到客户的需求，更重要的是还要对其需求进行分析，了解细节，并就细节向客户咨询，获取最详细的资料。

客户对产品或项目所能提供的往往只是他们想到的功能和性能需求，很多问题并不在他们考虑的范围之内，如果作为产品或项目承担方（企业）没有去做分析，简单的按照功能和性能要求去设计、规划，最终出来的产品或项目是很难完全符合客户的要求的，这时，自然需要更改，这被看成了需求的更改，它都是缺乏细致冷静分析所一手造成的。

问题等到产品生产出来或项目完成了才被发现，这样的产品或项目本身就是先天不足的了。其实问题出在开头，客户需求只是需求分析的一部分，虽然是比较重要的一部分。由于客户本身是不怎么懂生产制造技术的，有时对产品或项目功能、性能提出的要求过高，不切实际，就需要通过分析把客户需求中明显存在的或隐藏的所有问题都尽量找出来。少了分析环节，其中存在问题并不会自动消失掉，还会在后面的开发生产中暴露出来，到时可就更麻烦了。

正确的做法是，当企业拿到客户需求后，应该根据功能、流程进行初步的设计，构造出业务流程图，再让客户进行评审，提出业务流程上不对的地方进行修改。通过这样多次来回的交流，最终才能取得较全面的客户需求，并减少后期的修改。

二、客户需求的来源、特点和类型

1. 客户需求的来源

客户需求可以是多方面的，任何一个项目都是从需求分析开始的，所谓需求分析，即是分析识别客户基于某些方面的变化而产生的一种特定需求。客户需求主要来源于以下四个方面：

(1)市场需求。它指由市场变化所引起的需求。

(2)竞争需求。它指客户基于提高自身的竞争力所引起的需求。

(3)技术需求。它指基于技术创新所引起的需求。

(4)法律需求。它指基于一个国家或地区的法律变化所引起的需求。

当客户有了某种产品或项目需求时，需要进一步地研究和分析自身资源状况和条件，仔细全面地考虑项目的经济、社会效益和目标、组织的状况和资源获取能力等因素，以确定最终的需求。

2. 客户需求的特点

项目管理团队成员在了解客户需求时，不要不动脑子，不能一味的点头说“是”，因为在表面的业务里面可能包含着很多的细节，这些细节是需要反问客户的。只有向客户提的问题越多，最终获取的需求才最具体，才能让项目实施越顺利。而且有很多问题本来是客户没思考过的问题，都是在项目管理团队成员的反问中，客户也才开始思考，并会找到一种比较切合实际的合理需求。至于一些在技术上会遇到问题的地方，也要明确告诉客户，别以为到时候再说也不迟，因为客户是不关心项目具体的技术细节的，但如果项目管理团队成员能耐心给客户解释的话，客户也会尝试着作进一步理解。

客户需求的特点如下：

(1)多面性。世间任何事物都有两面性，甚至是多面性。由于人们的经历、经验、学识、职业、角色和立场等不相同，其看事物的视角不同，因而对同一较为重大、复杂事物(如客户需求)的看法也不同，每个人看到的往往只是中其一面，众人的看法反映出来的就是其多面性。

(2)不确定性。不确定性是指事先不能准确知道某个事件或某种决策的结果，即项目实施所存在的风险性；在经济学中不确定性是指对于未来的收益和损失等经济状况的分布范围和状态不能确知。因此项目管理团队成员在分析客户需求时要充分考虑其不确定性，认真研究项目风险，趋利避害。

(3)扩展性。客户的需求是无止境的，永远不会停留在一个水平上。随着科学技术及航空工程水平的不断提高，世界贸易市场、国际航运市场不断变化，客户的需求也不断地向前发展。客户的一种需求满足了，又会产生新的需求，循环往复，以至无穷。因此，航空工业企业要不断改进航空型号工程项目，开发新的项目及开拓新的市场，以适应不断提高的客户的需要。

(4)多层次性。尽管客户会有多种多样的需求，但不可能同时得到满足，总要按照其经济实力、支付能力和客观条件，根据需要的轻重缓急，有序地逐步实现，这便是客户需求的多层次性。客户需求的多层次性，要求企业在对市场进行细分的基础上，准确地选择自己的目标市场。

(5)可诱导性。客户需求的产生有些是必需的、最基本的，有些是与外界的刺激诱导有关的。如经济政策的变动，营销活动的影响，社会交际的启示，广告宣传的诱导等，都会使客户的需求发生变化或转移，潜在的需求也可以变为现实的需求。由此可见，客户的需求是可诱导和调节的，具有较大的弹性。客户需求的这一特征，要求企业不仅要适应和满足客户的需求，而且应通过各种促销途径，正确地影响和引导客户需求，变潜在的客户为现实的客户。

(6)矛盾性。从逻辑角度来讲，客户需求的内容本身往往会有矛盾，而这一点客户通常是意识不到的，只有项目管理团队成员在进行需求分析时，才能分析出其中所存在的矛盾。如果在项目管理初期，项目管理团队成员不认真分析，而是纯粹的"听从"客户要求去做，当项目实施进展到这些矛盾问题暴露出来时，已经太晚了，可能会给企业造成巨大损失，这时再责怪包括客户在内的任何人也都没用了。

3.客户需求的类型

通常客户需求是复杂的、多方面的，有时甚至是苛刻的。但与此同时，客户需求又是项目管理的基础，其重要性不言而喻。因此项目团队人员必须与客户紧密合作，做好客户需求调研分析工作。这部分工作做得到位，就能确保项目实施进展顺利，令客户满意。若处理不好，则会导致项目实施失败。

依据客户需求的具体内容，客户需求大致可以分为以下几种类型：

(1)目标需求。客户对项目高层次的目标要求，通常在合同中予以说明。

(2)业务需求。客户使用产品所要完成的任务，这在使用实例中予以说明。

(3)功能需求。功能需求又称为项目功能需求，即产品所必须具备的功能。

(4)性能需求。性能需求又称为项目非功能需求，包括产品所必须遵从的国家标准、行业规范和约束，以及使用上的特长和限制等。

三、航空型号工程项目客户需求分析报告

航空型号工程项目客户需求分析报告是承包单位项目经理根据客户提供的战术技术要求(军用机)或使用技术要求(民用机)，以及把从客户那里获得的有关项目开发实施的所有信息进行整理分析，编写的客户需求调研分析报告。通过这些分析，将客户众多的需求信息进行分类。

(一)航空型号工程项目客户需求分析报告的编制与作用

1.航空型号工程项目客户需求分析报告的编制

航空型号工程项目客户需求分析报告是客户需求文档化的结果，简称需求文档。它是客户(招标人)对航空型号工程项目要求的正式陈述，其中主要包括客户对项目明确的和潜在的要求，特别是详细的功能、性能需求描述，以及项目的环境、限制条件和制约因素等。编制项目客户需求分析报告的主要依据有：国家和地方的法律法规、行业规范标准，客户(招标人)提供的战术技术要求(军用机)或使用技术要求(民用机)，以及项目招标投标文件和工程项目实施合同等。

航空型号工程项目客户需求分析报告应以一种客户认为易于翻阅和理解的方式组织编写，客户要仔细评审此文件，以确保文件内容准确完整地表达其需求。编写航空型号工程项目客户需求分析报告时，需要注意的事项包括表达方式最好采用主动语态；语句和段落尽量简短；语句要完整，且语法、标点等正确无误；使用的术语要与词汇表中的定义保持一致；避免模

糊的、主观的术语，如性能“优越”之类的定性虚拟描述词汇；避免使用比较性的词汇，尽量给出定量的说明，含糊的语句表达将引起需求的不可验证性等缺陷。

2.航空型号工程项目客户需求分析报告的作用

航空型号工程项目客户需求分析报告在航空型号工程项目整个实施过程中，包括开发设计、生产制造、实验测试、质量保证、项目管理等各个项目阶段都起着十分关键的重要作用，一份高质量的项目客户需求分析报告有助于项目经理部所有成员目标明确、步调统一、协同合作地开发研制出客户真正需要的产品(项目)。

作为项目需求的最终成果，项目客户需求分析报告必须具有综合性，即必须包括客户所有的需求。客户(招标人)和项目中标人都应该很谨慎的对待项目客户需求分析报告的编写和审批，因为对于没有包括在项目客户需求分析报告中的要求，客户不要抱任何希望它可能被最终实现，而一旦在报告中出现了的东西，项目中标人必须要实现它。

(二)航空型号工程项目客户需求分析报告的内容

航空型号工程项目客户需求分析成果通常都以客户需求分析报告的形式交付给项目利益相关者。客户需求分析报告可采用规格说明书的形式编写，规格是一个预制的或已存在计算机中的文档模板，它定义了文档中所有必须具备的特性，同时留下很多特性不做限制。通常，规格的特点是格式简洁、内容全面、标准，并且易于修改。

航空型号工程项目客户需求分析报告是一个简洁完整的描述性通用文档，其基本内容包括项目目标、需求和工作任务，精确地阐述了一个项目的范围，包括必须提供的功能和性能，以及它所要考虑的限制条件。除设计和实现上的限制外，范围规格一般不包括设计、生产、测试或工程项目管理的细节。航空型号工程项目客户需求分析报告一般包括以下主要内容：

1.项目概述

(1)范围规格的目的。

(2)项目名称、目标、业务范围和工作任务。

(3)定义、首字母缩写词与缩略语。

(4)客户特征。

(5)环境和限制条件(假设和依赖性)。

(6)项目展望。

2.一般限制

描述项目总体方案设计的限制，如环境和条件限制、与其他项目和产品协同配合的需求、操作的关键部分、符合公认的标准。

3.任务使命或用途

主要说明航空型号产品应该完成的主要任务或用途。

4.使用环境条件

主要说明航空型号产品使用的大气环境(温度、湿度、风速等)、气象条件(昼间、夜间等)和地面环境(高原、山区、平原、海上、沙丘、森林、草地、冰雪、沙尘、辐射等)。

5.主要装载要求

(1)任务载荷的类型、型号、功能、重量和尺寸等。

(2)装载货物的类型、重量和尺寸等。

(3)旅客人数和座舱舒适程度等要求。

(4)特种设备类型,重量和尺寸等。

6.动力装置要求

(1)发动机类型。

(2)发动机功率、数量。

7.主要飞行性能要求

(1)使用升限或最大爬升率。

(2)最大平飞速度。

(3)续航时间或航程(或活动半径)。

(4)起飞、降落滑跑距离。

(5)单发停车性能(装有多台发动机的情况)。

8.质量要求

(1)最大起飞质量。

(2)正常起飞质量。

(3)空机质量。

(4)燃油质量。

(5)最大任务载荷。

9.几何尺寸要求

(1)全机尺寸(长、宽、高的最大值)。

(2)座舱尺寸和容积。

10.飞行姿态平稳度要求

(1)俯仰角平稳度。

(2)滚转角平稳度。

(3)偏航角平稳度。

11.可靠性与维修性要求

(1)可用性。起飞准备时间、再次起飞时间、准备撤收时间。

(2)可靠性。可靠性要求包括基本可靠性和任务可靠度两类,其中基本可靠性为平均故障时间;任务可靠度是根据无人机任务剖面确定任务可靠度。

(3)维修性。平均修复时间不大于规定值。

(4)耐久性。机体寿命和动力装置首翻期。

12.其他要求

其他要求,如起落场地、自转着陆、水面起降、抗风抗浪、运输条件、“三防”(防腐、防尘、防辐射)、机动性、抗坠毁性、残存性、维护性等。

13.典型任务剖面

在客户需求分析报告中除了给出各项要求外,常常还给出一种或数种典型任务剖面曲线,以便计算性能及载油量等,以及进行各种方案的详细对比,如图6-3所示。

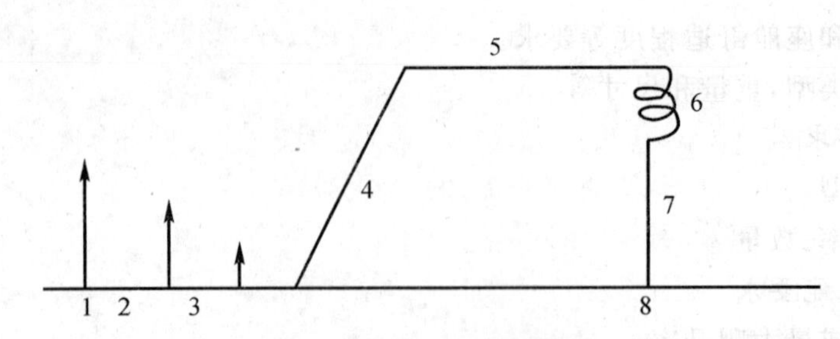

图 6-3 典型任务剖面图

1—发动机起动和暖机阶段； 2—滑跑阶段； 3—起飞阶段； 4—爬升并加速阶段；
5—巡航阶段； 6—待机阶段； 7—下降阶段； 8—滑跑和发动机关机阶段

(三)航空型号工程项目客户需求分析报告的论证

航空型号工程项目实施是否成功，往往用是否实现对其提出的客户需求来衡量的。要求太高或不切实际，除增加研制困难外，常使研制工作拖延进度，甚至可能导致失败。要求过低，虽易于实现，但由于技术水平低，研制出来没有竞争力，面临淘汰的下场。所以，确定航空型号工程项目客户需求是一件十分重要的工作。必须看到，航空型号工程项目客户需求分析报告既反映人们对航空型号产品使用的观点，也反映人们对航空型号工程项目管理知识的掌握程度。因此，必须从需要和可能两方面辩证地、综合地分析这些客户需求，以求得能在一架具体的航空器产品上得到最佳的体现。因此，必须通过科学论证与分析来确定其客户需求分析报告。论证的内容包括：

(1)客户需求合理性分析。

(2)现有型号的缺陷或不足。

(3)技术、经济可行性分析。

(4)提出使用技术要求。

(5)做出风险分析。

(6)明确研制计划与周期。

第 5 节 航空型号工程项目管理大纲、规划和细则

航空型号工程项目管理规划纲要主要包括航空型号工程项目管理实施大纲(简称实施大纲)、航空型号工程项目管理实施规划(简称实施规划)和航空型号工程项目管理实施细则(简称实施细则)三部分内容，它们是航空型号工程项目管理的指导性文件，对航空型号工程项目管理工作的正常开展具有重要的指导意义。

一、航空型号工程项目管理实施大纲、规划和细则的基本概念

(一)航空型号工程项目管理实施大纲、规划和细则的定义

1.航空型号工程项目管理实施大纲

项目管理实施大纲是航空型号工程项目投标文件中的技术部分，属于航空型号工程项目

管理三大纲要性文件之一，也是项目承包人为获得航空型号工程项目在招投标阶段编制的项目方案性文件。编制投标文件目的是要使客户(招标人)信服：采用本航空型号工程项目承包人制定的航空型号工程项目方案，即能实现客户(招标人)的投资目标和充分满足其需求。其作用是为航空型号工程项目提供商经营目标服务的，起着承接航空型号工程项目的作用。编制投标文件(航空型号工程项目管理实施大纲)的过程有两大特点：首先，由于它编制的目的主要是为了中标，因此，它必须完全符合和满足客户(招标人)在招标文件中提出的各项要求条件；其次，它通常是由承包人(投标人)单位法定代表人授权委托该项目投标小组成员，在相对比较保密的环境条件下编制的。

2.航空型号工程项目管理实施规划

项目管理实施规划以航空型号工程项目为对象而编制的，用以指导航空型号工程项目实施全过程中各项项目管理活动的综合性文件，它是在供需双方航空型号工程项目合同签订后，根据服务合同规定范围和客户(招标人)的具体要求，由项目经理主持，航空型号工程项目团队全体成员参与讨论编制，在完成客户需求调研分析工作的基础上，综合航空型号工程项目的具体情况，广泛收集该航空型号工程项目信息和资料，以及征求各方面意见和建议的情况下，结合航空型号工程项目的具体条件，制定的指导其整个项目团队开展航空型号工程项目实施工作的技术管理性文件。《航空型号工程项目管理实施规划》应在项目(产品)供需双方签订航空型号工程项目合同后开始编制，完成后，应该经过承包人总经理审核批准。经公司总经理审核批准后的正式文本，一式打印多份，其中一份交公司总经理办公室或单位档案室保管，还有一份要报送客户(招标人)备案。

3.航空型号工程项目管理实施细则

项目管理实施细则是在航空型号工程项目管理机构(团队)已经建立，各项专业工作责任制已经落实，配备的专业工程师已经上岗的情况下，由各位专业工程师依据《航空型号工程项目管理实施规划》及本专业技术要求，针对各自专业的具体情况制定的更具有实施性和可操作性的业务文件，它起着具体指导航空型号工程项目实务作业的作用。《航空型号工程项目管理实施细则》由各专业工程师负责主持编制，经项目经理认可批准执行，与此同时，还要打印一份报送公司总经理备案或交单位档案室保管。

(二)航空型号工程项目管理实施大纲、规划和实施细则三者的主要区别

虽然《航空型号工程项目管理实施大纲》《航空型号工程项目管理实施规划》和《航空型号工程项目管理实施细则》三者都是由承包人(投标人)对特定的航空型号工程项目而编制的工作文件，且编制的依据具有一定的共同性，编制的文件格式也具有一定的相似性。但是，针对同一航空型号工程项目而言，三者的作用不同、编制对象不同、编制负责人不同、编制时间不同、编制的目的不同等，在编制内容侧重点、深度、广度和细度诸方面上，都有着显著区别。其中，《航空型号工程项目管理实施规划》是整个项目开展项目管理工作的依据和基础。

《航空型号工程项目管理实施大纲》《航空型号工程项目管理实施规划》和《航空型号工程项目管理实施细则》三者比较的主要区别，详细请见表6-2。

表 6-2 航空型号工程项目管理实施大纲、规划和实施细则的主要区别

名 称	编制性质	编制对象	编制人	编制时间	编制目的	编制作用
航空型号工程项目管理实施大纲	项目投标文件技术部分	项目整体	投标小组	项目招投标阶段	供招标人审查航空型号工程项目实施能力	提高航空型号工程项目中标的可能性
航空型号工程项目管理实施规划	指导服务工作开展的纲领性文件	项目整体	项目经理	航空型号工程项目合同签订后	航空型号工程项目实施工作纲领	对航空型号工程项目自身工作业务指导、考核
航空型号工程项目管理实施细则	具有实施性和可操作性的业务文件	专业工作	专业工程师	建立项目部，责任明确后	航空型号工程项目专业实施操作指南	规定了航空型号工程项目专业工作程序方法，使工作规范化

二、航空型号工程项目管理实施规划编制目的、依据、要求和内容

航空型号工程项目管理实施规划是在供需双方签订航空型号工程项目合同后，由项目经理主持制定的指导航空型号工程项目工作开展的纲领性文件。它起着指导航空型号工程项目团队规划自身的业务工作，并协调与客户(招标人)在开展航空型号工程项目活动中的统一认识、统一步调、统一行动的作用。由于航空型号工程项目管理实施规划是在服务合同签订后编制的，航空型号工程项目委托关系和授权范围都已经很明确，航空型号工程项目特点及条件等资料也都比较翔实。因此，航空型号工程项目管理实施规划在内容和深度等方面要比航空型号工程项目合同更加具体化，更加具有指导航空型号工程项目工作的实际价值。

(一)编制航空型号工程项目管理实施规划的目的

编制航空型号工程项目管理实施规划的目的，是将航空型号工程项目合同规定的责任和任务具体化，即对航空型号工程项目委托合同的签约双方责、权、利的进一步细化，并在此基础上制订出实施航空型号工程项目任务的措施。它既是实施航空型号工程项目的工作计划，也是项目承包单位(中标方)为完成航空型号工程项目工作任务所编制的一种指导性文件。

在航空型号工程项目管理实施规划中，应该明确规定航空型号工程项目的指导思想、计划目标、计划实施的阶段进度、计划实施的保证措施，包括组织措施、技术措施和管理措施等一系列需要统筹规划的问题。因此，编制航空型号工程项目管理实施规划的目的就是把航空型号工程项目实施过程纳入规范化、系统化、标准化的科学管理范畴，以确保航空型号工程项目任务能顺利完成，最终实现航空型号工程项目目标。

在航空型号工程项目合同签订后，承包单位(中标方)应根据合同规定和要求，对航空型号工程项目管理实施大纲进一步细化，并向客户(招标人)提交航空型号工程项目管理实施规划。实施规划作为航空型号工程项目管理工作的行动指南，也可以作为客户(招标人)考核承包单

位对航空型号工程项目合同实际执行情况的重要依据。航空型号工程项目管理实施规划在项目经理主持下编制，正式文本经本公司公司总经理和客户（招标人）备案认可，项目经理签署后执行。

（二）航空型号工程项目管理实施规划编制的依据

（1）相关法律法规，国际标准，国家和行业标准规范，航空器适航标准。

（2）航空型号工程项目招标文件、投标文件和合同文件。

（3）客户需求分析报告。

（4）项目现状分析评估报告。

（5）相关文件资料和技术资料。

（三）航空型号工程项目管理实施规划的编制要求

航空型号工程项目管理是在航空型号工程项目生命周期内的全部科研技术管理工作，是航空型号工程实施的中枢。其管理的幅度和深度大，所涉及技术专业面广，涉及企业多，因此航空型号工程项目管理必须建立在科学理论的基础上。航空型号工程项目管理实施规划的编制主要有以下几方面的要求：

1.以型号项目为中心实施系统管理

航空型号具有工程系统所具有的特性，即目的性、整体性、层次性和环境适应性。一个航空型号可以作为一个工程系统来进行管理，即采用系统工程的理论和方法对航空型号工程进行管理。系统工程是一门交叉科学，它吸收了有关学科理论用于指导工程管理。系统工程要求必须从系统全角度、整体考虑问题，分层次依据系统方法论处理问题。

应用系统工程的方法处理航空型号工程项目管理的问题，要重视以下几方面工作：

（1）树立型号工程各项工作应以型号项目总目标为最优的思想。型号项目管理内各子系统，包括公司各级行政系统、专业系统都应服从型号这一大局。

（2）系统的评价、分析、设计、实施是一个反复、循序渐进的过程。航空型号工程项目管理应该是动态的，不断发展的开放系统，它应面向整个世界的航空制造业，不断调整型号发展策略、体制、管理组织和管理方法。

（3）航空型号工程项目管理是一个大系统，按大系统理论，首先应保证型号工程项目管理组织结构方案处于优化状态，即对各环节的控制为最有效。从递阶控制和分散控制方案中选取型号项目总体和各部分及各系统最有效的控制方式。

（4）系统工程既是一门技术，也是一门艺术，在分析和处理航空型号工程项目有关工作时，除了运用运筹学等科学理论分析研究外，还应考虑社会文化、政治法律、经济、自然物质、历史等环境因素。

2.以网络计划技术优化资源配置

网络计划技术是一种组织科研生产和进行计划管理的科学方法。网络计划是以网络图为基础的计划模型，其基本原理是利用网络图来表达计划任务的进度安排及其各项工作（或工序）之间的相互关系。在此基础上进行网络分析、计算网络时间、找出关键工序或关键线路，并利用时差不断地改善网络计划，求得工期、资源与成本的优化方案。在计划执行过程中，通过信息反馈进行监督和控制，以保证达到预定的计划目标。网络计划包括计划评审技术

(PERT)和关键路线法(CPM),其中 PERT 主要用于研究和发展项目,CPM 主要用于有类似工程经验的项目。

网络计划用于航空型号工程项目管理不仅可以从繁杂的工作任务中理出工作之间的相互关系,而且可以对工作的时间、资源进行优化配置。在航空型号工程研制初期,运用网络计划可以制定优化的航空型号工程项目计划,并利用网络计划随时跟踪计划执行情况。

3.以并行工程技术改进工作模式

并行工程技术是一种用来综合、协调产品的设计及其相关过程的系统方法。并行工程技术要求项目所有相关人员共同考虑从方案设计到项目终止的产品寿命周期内的所有因素,包括技术、质量、费用和客户需求。并行工程技术使航空型号工程及相关型号工作由串行工作变为并行工作。在型号工程实施的每一个环节,由项目负责人召集项目相关人员制定共同行动计划,然后各自回本单位具体执行。

并行工程的应用得益于计算机技术的发展。型号工程发展部门将航空产品数字化定义和产品使用信息直接用计算机管理后,制造工程部门和其他部门直接可以从公司计算机网上随时调用工程发展部门新生成的数据,通过加入工艺参数后即可生成工艺计划文件和数控加工程序,彻底解决了数据多次定义、信息传递周期长等信息孤岛问题。并行工程技术的采用可以解决传统航空型号研制阶段按矩阵管理和单纯项目管理所存在的缺点。并行工程技术的应用可以降低研制费用 30%～60%,缩短研制周期 35%～60%,并显著提高产品质量。

4.以工业工程技术精化管理组织和过程

美国波音公司应用工业工程的概念和方法,形成了一套科学的管理系统,对企业资源(人力、物料、设施、信息和时间)进行了优化配置,保证了波音公司的地位和优势。工业工程是一种研究由人、原材料、设备组成的企业系统的设计、改善和实施的科学。工业工程为有效地管理资源,建立了一个流水作业环境,以提高生产效率和产品质量。工业工程部门负责计划、实施和支持综合管理系统,其工作涉及项目的全生命周期。工业工程的主要工作包括项目规划、费用预算、工作测量、方法工程、方法技术和工业工程活动的信息监控。

(1)项目规划。项目规划对一个新的航空型号工程项目来说是工业工程的第一步,在航空型号开始研制时,首先要确定产品需求和构形。

(2)费用预算。费用预算主要是确定产品的费用,在产品制造之前精确地预测到产品的费用。

(3)工作测量。工作测量的目的是通过制定标准工时来改进生产率,对新产品、新工艺的劳动强度和时间消耗的每一个要素进行研究,并使其标准化。

(4)方法工程。方法工程是工业工程的首要任务,通过对整个工艺过程的分析,查处生产中存在的紧迫问题,简化生产过程并降低总体费用。

(5)方法技术。方法技术是综合分析新工艺、新方法,包括费用效益、是否省时、是否具有独特的优点以及是否合理地利用厂房面积和设备。

(6)工业工程活动的信息监控。信息监控对管理来说是必不可少的信息交换网,在管理决策过程中必须采取有效的方法处理各种关键信息。在管理环节中要求信息及时、准确并且易于理解。

将工业工程技术用于航空型号工程项目管理时,必须按工业工程要求将公司资源统一规划、统一调节,减少不必要的管理环节,将分散于全公司各部门的资源管理按工业工程要求化归一个部门集中管理，以降低消耗，增加企业效益。

5. 以信息论、控制论要求改造管理过程

信息和材料、能量构成了物质世界。任何企业活动都可归结为物流、信息流。现代社会是信息化社会，企业对信息的管理水平直接影响着企业的决策、经营效果，关系着企业的发展和命运。信息论主要研究信息处理和信息传输。在信息论发展中，产生了信息科学和信息方法。控制论的基本理论为同构论，这种理论认为同人类的行为一样，机器系统具有三个环节：效应系统，即执行部件；感受系统，主管与外界信息交流；中枢决策系统，用于处理、加工信息，发布指令。控制是对系统的信息做出分析、比较、判断进而执行的过程，是一个有组织的按预定目标多次往返调节（反馈）的动态过程。通过反馈调节保持系统所需的状态。控制方式可分为反馈控制、随机控制、模糊控制和最优控制。

在控制论中，控制过程实际上是信息运动过程，信息是控制论的基础。在航空型号工程项目管理中，常采用各种信息处理和控制方法。采用计算机集成制造系统（CIMS），将企业工程、生产、质保、人事、采购等有关信息集成处理。建立航空型号工程管理系统，通过自身不断地反馈、调节和控制，最终达到项目目标。

（四）航空型号工程项目管理实施规划的主要内容

1. 项目概况

（1）航空型号工程项目名称，总投资金额，要求工期（起止日期）。

（2）客户（招标人）名称、地址和联系人；承包单位（中标人）名称、地址和联系人。

（3）项目研发目的、宗旨、背景和实施原则，项目范围、实施内容和特点，以及项目进展现状等。

（4）项目分包设计单位名称、地址和联系人；项目分包制造单位名称、地址和联系人；项目试飞单位和检测单位名称、地址和联系人；项目供应链节点单位名称、地址和联系人；项目法律顾问单位名称、地址和联系人。

（5）项目实施重点和难点分析等。

2. 航空型号工程项目组织结构图

（1）项目整体组织联系网络结构图。

（2）项目客户（招标人）组织结构图。

（3）项目承包单位（中标人）组织结构图。

3. 航空型号工程项目团队组织规划和并行工程规划

（1）航空型号工程项目团队组织结构图及人员构成。

（2）项目经理职责。

（3）项目经理助理职责。

（4）航空型号工程项目工程师职责。

（5）航空型号工程项目助理工程师职责。

（6）航空型号工程项目员工（文员）职责。

（7）航空型号工程项目工作制度：会议、日记、周报、季报、月报和年报等。

（8）航空型号工程项目团队管理规划。

（9）航空型号工程项目人员岗位技能要求、培训规划。

(10)航空型号工程项目并行工程规划。

4.航空型号工程项目范围管理规划

(1)市场需求规模和技术要求概况。

(2)客户需求分析。

(3)项目工作分解结构(WBS)。

5.航空型号工程项目技术规划

(1)技术研发规划。

(2)发现问题能力规划。

(3)解决问题能力规划。

6.航空型号工程项目资源规划

(1)企业信息化规划。

(2)先进制造技术规划。

(3)人力资源储备管理规划。

(4)项目管理知识体系管理规划。

7.航空型号工程项目质量和可靠性管理规划

(1)质量目标分解。

(2)产品质量控制措施。

(3)可靠性工程管理。

8.航空型号工程项目维修和安全性性管理规划

(1)航空型号工程项目维修管理规划。

(2)航空型号工程项目安全性管理规划。

9.航空型号工程项目进度管理规划

(1)项目进度规划。

(2)项目甘特图、里程碑图和网络图。

(3)项目进度控制规划。

10.航空型号工程项目成本管理规划

(1)航空型号工程项目价值分析。

(2)成本估算。

(3)成本规划(预算)。

(4)成本控制措施。

(5)财务决算。

11.航空型号工程项目风险管理规划

(1)风险识别规划。

(2)风险评估规划。

(3)风险响应规划。

(4)风险控制规划。

12.航空型号工程项目合同管理规划

(1)项目合同履行管理规划。

(2)项目合同变更控制规划。

(3)项目分项投保规划。

13.航空型号工程项目沟通和组织协调规划

(1)项目沟通规划。

(2)项目组织协调规划。

14.航空型号工程项目采购与供应链管理规划

(1)项目采购规划。

(2)项目采购合同变更控制规划。

(3)项目供应链管理规划。

15.航空型号工程项目试飞、适航和收尾管理规划

(1)项目产品试飞规划。

(2)项目产品适航规划。

(3)项目审计和项目后评价规划。

三、航空型号工程项目管理实施细则编制依据、要求和内容

航空型号工程项目管理实施细则是在《航空型号工程项目管理实施规划》的基础上,对航空型号工程项目工作"做什么""如何做"的更详细的具体化,使其具有可操作性。航空型号工程项目管理实施细则应根据项目的具体情况,由项目专业工程师负责编写。通常,项目管理实施细则可以用各专业的项目管理计划代替,但要能够满足项目管理实施规划的要求。

1.航空型号工程项目管理实施细则编制的依据

(1)航空型号工程项目管理实施规划。

(2)客户需求分析报告。

(3)项目工作分解结构(WBS)。

(4)工程合同及相关文件。

(5)同类项目的相关资料。

2.航空型号工程项目管理实施细则编制的要求

(1)统一性。航空型号工程项目是由许多分部工程或分项工程所组成的,项目管理实施细则是由负责这些分部工程或分项工程的专业工程师编写的工作计划。它必须符合整个航空型号工程项目实施规划的要求,要在实施规划的基础上进行专业工作计划的编制,即要以实施规划目标控制为中心,系统地对分部工程或具体业务工作进行组织、计划。编制航空型号工程项目管理实施细则既要因专业特点制宜,突出重点,又要力求统一完整。

(2)针对性。由于任何项目都具有独特性和一次性,因此,对某一个具体的分部或分项工程而言,项目管理实施细则的内容必须根据其实际情况来编制。忽视航空型号工程项目管理实施细则内容的针对性,采用同一模式、同一方法开展分部工程或分项工程项目管理工作,必然会导致目标偏离计划,甚至出现失误。

(3)时效性。完成各个分部工程或分项工程所要求工期是不一样的,开始的时间和完成的时间也都不一样,有先有后,因此项目管理实施细则的内容应该具有时效性。随着航空型号工程项目实施的逐步开展,对已完工的分部工程或分项工程要及时进行验收;对正在实施的分部工程或分项工程,要及时检查其进展情况,如果发现项目管理实施细则中有不切实际的地方,要进行补充、完善和调整。这实际上是把开始勾画的轮廓进一步的细化,使得航空型号工程项

目管理实施细则变得更加详尽可行。如果在分部工程或分项工程实施过程中,实际情况或条件发生重大变化而需要调整项目管理实施细则时,应由专业工程师负责修改,并报项目经理确认。

3.项目管理实施细则的内容

(1)分部工程或分项工程项目概况。

(2)工作计划。

(3)组织方案。

(4)实施方案。

(5)进度管理计划。

(6)质量管理计划。

(7)成本管理计划。

(8)资源需求计划。

(9)风险管理计划。

(10)信息管理计划。

(11)项目现场平面布置图。

(12)项目目标控制措施。

第7章 航空型号工程项目资源管理

第1节 航空型号工程资源管理的基本概念

任何项目实施过程中都需要使用人力、设备、材料、能源和公共关系等多种资源。由于受项目投资、技术水平、费用和时间等因素的影响,几乎所有的项目都要受到资源的限制及资源配配置数量、顺序和时机等问题。

一、项目资源和项目资源管理的定义

1.项目资源的定义和分类

资源是形成生产力的基本要素,即用于生产产品或提供服务的知识、技能、物资、设备、能源、资金和社会关系等的总和。项目资源是指为实现项目目标需要投入的人力资源、材料设备、科学技术、能源、资金和公共关系资源等形成生产力的各种要素。其中,科学技术是第一要素,科学技术被劳动者所掌握,便能形成先进的生产力水平。项目资源的分类如下:

(1)可持续使用的资源,如人力资源,科学技术,公共关系等资源。

(2)消耗性资源,如材料、电力、水和能源等资源。

(3)流通使用的资源,如资金、货币等资源。

2.项目资源管理的定义和原则

项目资源管理就是对各种生产要素的管理,是为确保投入项目使用的所有资源发挥其最佳效能的管理过程,包括项目资源的计划、配置、控制和处置。项目资源管理应遵循的原则:

(1)合理安排。编制资源计划,确定投入资源的数量、时间和程序。

(2)优化组合。根据资源计划做好各种资源的供应工作,优化组合,合理投入。

(3)节约使用。最大化地发挥各种资源的作用,合理地节约使用资源。

(4)动态管理。对资源进行动态配置和组合,做到人尽其才、物尽其用。

(5)积极开发。采用科学方法,进行有效规划,努力开发项目资源。

(6)定期核算。定期对资源投入、使用和开发进行核算,对比分析,总结经验,持续改进。

二、项目资源计划和资源管理计划

项目资源计划是确定为完成项目各项活动所需的资源种类和数量,包括人力资源、设备和材料、能源和资金等的需求计划。资源计划必然与项目成本估算紧密相关。

(一)项目资源计划的编制原则

编制资源计划是依据项目范围规划和工作分解结构,确定项目各项活动所需资源的种类、

投入数量、规格和时间的过程。为了估计、预算和控制项目成本，项目经理必须确定完成项目所需要的资源，包括人员、设备和材料，以及各项资源的数量。项目资源计划的编制原则包括：

(1)按 WBS 结构为主，结合项目进度计划编制资源计划。工作分解结构(WBS)界定了项目所需完成的全部工作及其逻辑关系，因此在理论上，工作所需资源的种类的类型和数量也随之确定了。在编制资源计划时，必须以此为基础进行全盘考虑。此外，资源的分配与项目的进度计划紧密相关，关键路径上的工作应优先安排资源，非关键路径上的工作所需资源则可以机动安排。

(2)内容必须准确详细，数据来源要可靠。资源规划是项目费用管理的基础和前提，资源计划的详细与准确与否，必然会影响到项目费用管理有效性。比如说人力资源在一个软件开发项目中就可以细化为系统分析员、编程员、测试员、文档管理员、培训员等等。同时判断工作所需的相关资源种类和数量需要一个可靠的数据来源。这就需要综合相关专家、资源信息库、以往类似项目信息、当地法律、法规信息，得到可靠的、成本最低的信息来源。如：航空型号工程项目组织需要熟悉项目当地有关法律、法规，这些知识通常可以通过雇佣当地人而简单地获取，否则只能相似的资源，那么可信度会降低，从而影响整个费用管理。

(3)资源计划要有一定的灵活性。工程项目运行过程中会遇到各种各样的风险，因而资源的需求也会发生相应的波动，这在本质上是不可能避免的。在确定项目工作所需资源的同时，应考虑为应对风险而准备的应急资源。过分严格的资源需求说明往往会导致费用管理的僵化和不适应。

(二)编制资源计划的依据

(1)工程承包合同及招投标文件。合同及招投标文件是需方(客户)向承包人提出的项目实施要求和双方的制约，它明确了工作的范围、进度要求、质量要求、合同金额、工程付款形式和设备材料供应方式等。这些都会给资源计划带来很大影响，在编制时必须予以充分考虑。

(2)工作分解结构。工作分解结构(WBS)确认了项目的各项工作任务。WBS 是编制资源计划过程的基本依据。

(3)已完成工程的历史资料。参考以往已完成项目中类似工作所需的资源种类和数量。

(4)项目范围规划。编制资源计划要依据项目范围规划的内容，包括项目的用户需求分析和项目的总体目标。

(5)可供利用的资源情况。编制资源计划时，首先要了解已有的可供项目利用的资源情况。在项目实施过程中，不同的项目阶段和时间，可供项目利用的资源情况是不一样的。

(6)组织策略。编制资源计划时要考虑执行组织关于人员或设备的租与购置方面策略。

(三)在资源计划中需要考虑的重要问题

(1)项目实施过程中的具体任务的难度。

(2)能够供工程项目实施过程所使用的资源(人员、设备和物资等)。

(3)组织以往的业绩，是否有执行类似任务的经历。

(4)执行项目实施任务的人员的管理水平和技术能力。

(5)如果资源不足，为完成任务，将一些工作外包的可能性。

(四)项目资源计划的编制方法

项目资源计划的编制应遵循一定的程序,它的一般过程如图7-1所示。首先要收集准确可靠的信息;其次要综合考虑这些信息,形成项目资源库;最后在此基础上,采用相应方法编制详细准确的资源计划。编制资源计划的方法主要有如下几种。

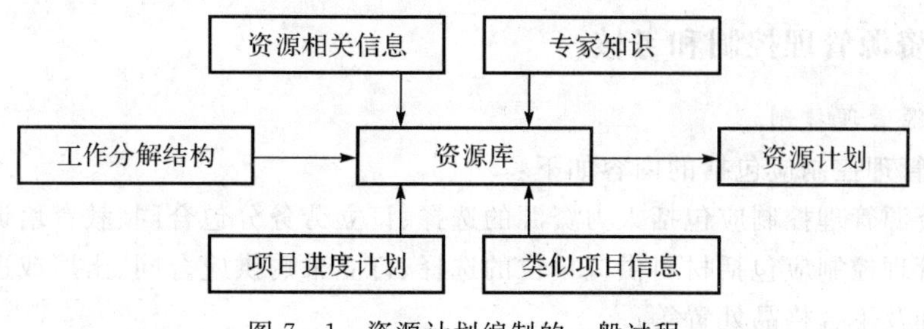

图7-1 资源计划编制的一般过程

1. 专家评判法

由项目资源管理专家根据经验和判断,确定项目资源计划的方法。它是编制资源计划一种常用方法,专家具有专业知识或经过特殊培训,他们可以是本项目经理部的专业技术人员,也可以来自于外单位的本行业的专家、教授。专家评判法主要有两种:

(1)专家小组法。组织一组有关专家进行调查研究,然后通过召开座谈会、讨论会等形式共同探讨,提出项目资源计划方案,在意见比较一致的基础上,制定出项目资源计划。

(2)德尔菲法。由一名协调者通过组织有关专家进行的资源需求估算,然后汇集专家意见,整理并编制出项目资源计划。一般协调者本人不做出资源的估算,只起联系、协调、分析和归纳结果的作用。为了消除不必要的相互影响和迷信权威等心理上的障碍,做到自由充分地发表个人意见,专家互不见面、互不知名,专家只同协调者发生联系。

2. 多方案比选法

首先编制多个可能的资源计划方案,再进行对比选择和进行优化。优化方案的确认常用的是一般性的各种管理技术,例如专家小组法和德尔菲法。

3. 数学模型法

为了使编制的资源计划具有科学性、可行性,在资源计划的编制过程中,通过利用和建立某些数学模型,如资源均衡模型、资源分配模型等,编制出项目资源计划。

(五)项目资源需求清单

完成制定航空型号工程项目资源计划过程,最后会得出一份资源需求清单,包括人员、设备和材料。除了为成本估算、预算和成本控制提供根据外,资源需求清单还为项目人力资源管理和项目采购管理提供关键信息。

(六)项目资源管理计划

项目资源管理计划包括建立资源管理制度,编制资源使用计划、供应计划和处置计划,并规定控制程序和责任体系。资源管理计划依据资源供应条件、现场条件和项目管理实施规划编制。

(1)人力资源管理计划应包括人力资源需求计划、人力资源配置计划和人力资源培训计划。

(2)材料管理计划应包括材料需求计划、材料使用计划和分阶段材料计划。

(3)机械管理计划应包括机械需求计划、机械使用计划、机械保养计划。

(4)技术管理计划应包括技术开发计划、设计技术计划和工艺技术计划。

(5)资金管理计划应包括项目资金流动计划和财务用款计划,可按年、季、月度编制。

三、项目资源管理控制和考核

1.项目资源管理控制

项目资源管理控制应包括的内容如下:

(1)人力资源管理控制应包括人力资源的选择、订立劳务分包合同、教育培训和考核等。

(2)材料管理控制应包括材料供应单位的选择、订立采购供应合同、出厂或进场验收、储存管理、使用管理及不合格品处置等。

(3)机械设备管理控制应包括机械设备购置与租赁管理、使用管理、操作人员管理、报废和出场管理等。

(4)技术管理控制应包括技术开发管理、新产品、新材料、新工艺的应用管理、施工组织设计管理、技术档案管理、测试仪器管理等。

(5)资金管理控制应包括资金收入与支出管理、资金使用成本管理、资金风险管理等。

2.项目资源管理考核

项目资源管理考核是通过对资源投入、使用、调整,以及计划与实际的对比分析,找出项目管理中存在的问题,并对其进行评价的管理活动。通过考核能及时反馈信息,提高资源使用价值,持续改进。其中包括:

(1)人力资源管理考核。以劳务分包合同等为依据,对人力资源管理方法、组织规划、制度建设、团队建设、使用效率和成本管理等进行的分析和评价。

(2)材料管理考核。对材料计划、使用、回收以及相关制度进行的效果评价。材料管理考核应坚持计划管理、跟踪检查、总量控制、节超奖罚的原则。

(3)机械设备管理考核。对项目机械设备的配置、使用、维护以及技术安全措施、设备使用效率和使用成本等进行分析和评价。

(4)项目技术管理考核。包括对技术管理工作计划的执行、设计和开发方案的实施、技术措施的实施、技术问题的处置,技术资料收集、整理和归档,以及技术开发、新技术和新工艺应用等情况进行的分析和评价。

(5)资金管理考核。通过对资金分析工作,计划收支与实际收支对比,找出差异,分析原因,改进资金管理。在项目竣工后,应结合成本核算与分析工作进行资金收支情况和经济效益分析,并上报企业财务主管部门备案。组织应根据资金管理效果对有关部门或项目经理部进行奖惩。

第2节 航空型号工程项目公共关系资源管理

航空型号工程项目管理中的公共关系资源主要是指项目涉及的众多社会(公共)关系。项目公共关系资源管理是指为确保工程项目的顺利进行,妥善处理好方方面面的公共关系的管理过程，它是项目资源管理的重要内容之一。

一、航空型号工程项目主要的公共关系

航空型号工程项目最主要的公共关系包括以下几方面。

1.政府主要监管机构

航空型号工程管理体制分军用机和民用机两大类，其中军用机的研制和生产主要采用国家制订的军用规范及标准，由国防科工局进行审查、鉴定以及对最后的设计或生产定型机进行批准；而民用机的研制和生产则采用国际上通行的适航管理。因此，对于军用航空型号工程项目而言，国防科工局及其下属的该航空型号专家委员会，以及与该型号任务相关联的部队就是最重要的公共关系。对于民用航空型号工程项目而言，最重要的公共关系是适航管理部门，即中国民航总局(CAAC)航空器适航司及各地区管理局的适航处，以及下属的该航空型号适航专家委员会。除了中国民用航空总局(CAAC)及其下属单位以外，为了能让民用航空型号工程项目进入国际市场，还要尽早与美国联邦航空局(FAA)和欧洲航空安全局(EASA)取得联系，与他们建立比较友好且比较紧密的关系，并得到他们的适航支持。

2.政府其他监管机构

政府其他监管是政府主管部门对工程项目日常的一般监督和管理，以维护国家利益和保证航空工程市场秩序稳定。与航空型号工程项目有关系的政府其他主管部门包括国家和地方发改委、建设、国土、环保、公安、消防、交通、卫生、城管、质检、科技、工商税务、民航局，以及国家和地方国防科技工业管理部门、各军工集团公司和民营中央企业集团公司等，从中央到地方通过立项审批、授权或认可制度，建立各级从事审核、鉴定、监督、检测工作的机构，对航空型号工程的立项、规划、设计、制造、试飞、试验和各类工程上使用的材料、设备等进行监督、检查、评定，实施有权威的第三方认证。

政府监管的特点如下：

(1)强制性。其执行机构是国家政府部门，代表国家利益的管理机构实施的管理行为，对于被管理者来说，只能是强制性的必须接受。

(2)执法性。监督人员每一个具体的监督行为都要有充分的依据，带有明显的执法性，严格遵照规定的监管程序行使监督、检查、许可、纠正、强制执行等权力。这一点不同于一般性的行政管理行为。

(3)全面性。政府监管贯穿于航空型号工程项目实施的全过程，即从项目立项、设计、制造、试飞、试验直到竣工验收、投入使用。

(4)宏观性。侧重于宏观的社会效益，主要是保证航空型号工程行为的规范管理，维护社会公众的利益和工程项目各参与者的合法权益。

3.专业试验检测机构

专业试验检测机构是航空型号工程市场中独立的第三方评测机构，包括风洞实验、飞行试验、振动试验、结构静强度试验、疲劳强度试验、电子电器及各专业系统检测，以及航空标准所、情报所等。各种专业试验检测机构是现代航空科技发展的基础，它们负责研究和开发专门的测试和评估手段和方法，掌握相关的测试设备和软件，聘用专业的评测人员，对航空型号工程项目一些关键的设计、工序、设备、系统等进行专业的评测或试验。

4.专家委员会

在航空型号工程项目实施过程中,专家委员会(专家组)扮演着很重要的角色。为了保证专家委员会成员的工作不受外界的干扰,保证专家评判意见的公正性、独立性、准确性和权威性,专家委员会是工程承包单位或招标单位(需方)根据工程项目的某个阶段(论证、招标、检测、验收)的需要,在事先无人知悉的情况下,从计算机储存的专家数据库随机抽取出来的名单中挑选几位临时组成的。同一个工程项目在实施过程中的不同阶段,因工作内容要求不同,由需方挑选出来的专家委员会成员也不同。专家委员会在项目论证、招投标、技术评估、项目验收等环节上起咨询、裁判角色的作用,大多是在秘密的地点和封闭的环境中,根据承包单位或招标单位提供的文档资料,在较短的时间内要对复杂庞大的航空型号工程项目做出评价和判断,写出自己的专家意见。

二、航空型号工程项目公共关系资源管理措施

妥善处理好政府主管部门,以及专业试验检测机构和专家委员会等的关系是航空型号工程项目公共关系资源管理中最重要的一环。工程项目管理中的公共关系资源管理,应该是有共通性的。实际上,它与做人是一个道理。人与人之间,自然是需要加强沟通和相互了解的,如果相互都不了解,对事情的看法互相都不知晓,那何谈达成妥协或一致呢?航空型号工程项目承包单位与政府部门及其他相关单位之间,尤其需要加强沟通。

在航空型号工程研制日常的工作中,需要经常性就有关问题与政府监管审批人员及其他相关单位进行沟通。沟通需要建立有效的沟通渠道,以及花费相当的时间和费用。有些公司对公共关系资源管理重视程度不够,在处理相关业务时,基本上是每次碰上一单麻烦事、就解决一单,处于应付的状态,办事效率低,其结果必然会影响到工程项目的进展。一般,航空型号工程项目公共关系资源管理措施有:

(1)建立公共关系管理平台。为了充分开发利用项目公共关系资源,在公司内部建立统一的公共关系管理平台是必须和必要的,它有助于公司的顺畅运作。

(2)建立沟通渠道和注意沟通方式。建立和保持公司与政府各部门及其他相关单位之间正式或非正式的沟通渠道,以保证工程项目实施过程中与项目相关的各层次成员之间,公司与政府各部门、其他相关单位之间畅通的有效沟通。虽然沟通的方式有很多种,但是采用什么方式进行沟通却很有讲究。最好的方式是用情感进行沟通,让大家在心理上能愉快地接受对方,才能收到事半功倍的效果。

(3)定期拜访制度。航空型号工程项目实施过程离不开政府各个部门及其他相关单位的鼎力支持。因此,建立公司领导对他们的主要层面、主要部门的定期拜访制度是必需的。这种做法的主要目的不仅是要加强与政府及其他相关单位的联系,而且可以起到对公司的宣传作用,从而为公司人员在办具体事情的过程中创造一种有利的氛围。

(4)礼节的制度化。每当重要的节假日(如元旦、春节、国庆、中秋等)来临前夕,公司领导要登门拜访政府各部门及其他相关单位,表达公司对他们的尊重和感谢的心意。通过这种做法,可以加深政府部门及其他相关单位对公司的了解。在具体的办事过程中,能够为公司经办人员带来方便。

第3节 航空型号工程项目人力资源管理

航空型号工程项目管理是以人为中心的管理，人力资源是最宝贵的资源。航空型号工程项目研制要想取得成功必须要有充足的人力资源，以及对人力资源良好的管理。

一、航空型号工程项目人力资源管理的特点和内容

1.航空型号工程项目人力资源管理的特点

航空型号工程项目人力资源管理与一般的人力资源管理相比较有不同之处，其中包括：

(1)强调团队建设。因为航空型号工程项目建设工作是以团队的方式来完成的，所以在项目人力资源管理中，建设一个和谐、士气高昂的项目团队是一项重要的任务。人员招聘、培训、考核、激励等工作都应充分考虑项目团队建设的要求。

(2)具有很大的灵活性。由于航空型号工程项目组织是一个临时性组织，在项目开始时成立，在项目结束后解散。在航空型号工程项目目标实现的过程中，各阶段任务变化大，例如：在设计阶段，项目的主要任务是控制设计的质量和进度、控制设计的概算和预算，需要较多的设计人员而较少的生产现场管理人员；项目进行到制造实施阶段以后，又需要补充和强调实施现场管理人员。因此，航空型号工程项目人力资源管理具有更大的灵活性。

(3)管理难度高。由于企业信息化、先进制造技术和并行工程等是现代航空型号工程实施的基础，航空型号工程不同于大多数其他工业产品，其开发过程是复杂的逻辑思维过程，其产品极大程度地依赖于开发人员高度的智力投入，是需要许多人齐心协力、协同合作、密切配合，共同开发的一个大系统。团队组织人员众多，虽然增加了开发力量，但也增加了额外的管理工作量，组织不严密，管理不善，常常是造成项目开发失败多，费用高的重要原因。人们面临的不仅是技术问题，更重要的是管理问题，特别是项目人力资源管理的问题。

人是有着丰富感情生活的高级生命形式，情绪、情感是人精神生活的核心成分。优秀精明的领导者就是最大限度地影响追随者的思想、感情乃至行为。对于组织来说，真正实施他们所宣扬的人力资源管理，是至关重要的。如果企业要想在航空型号工程项目上获得成功，他们需要认识到项目人力资源管理的重要性，并采取实际行动来有效地使用人才。

2.航空型号工程项目人力资源管理的主要内容

航空型号工程项目人力资源管理的主要工作包括：

(1)组织规划。组织规划就是根据项目目标及工作内容的要求确定项目组织中角色、权限和职责的过程。根据项目对人力资源的需求，建立项目组织结构，组建和优化队伍，并将确定的项目角色、组织结构、职责和报告关系形成文档。在项目生命周期内，制定的组织和人力资源计划既要有适当的稳定性和连续性，又要随项目的进展作必要的修改，以适应变化了的情况。

(2)人员甄选。人员甄选就是根据项目计划的要求，确定项目生命周期内各个阶段所需要的各类人员数量和技能，并通过招聘或其他方式，获得项目所需人力资源，从而构建成一个项目组织的过程。项目团队的人员可通过外部招聘方式获得，也可以对项目承担组织内的成员进行重新分配。通过人员招聘、选拔、录用等各种方式甄选项目所需人力资源，并根据个体的技能、素质、经验、知识进行安排和配备。

(3)人力资源开发。人力资源开发包括培训、考核及激励等内容。人员培训工作是根据培训计划的安排进行项目组织成员的岗前培训及在岗培训,以保证项目组织成员能胜任所要承担的项目任务,并在项目目标实现过程中不断提高其素质和能力的过程。人员考核工作是在项目目标实现过程中,对组织成员的工作绩效进行评价,以实现公正客观的从事决策的过程。人员激励工作是通过各种恰当的措施,调动组织成员的积极性,从而使组织成员努力工作的过程。

(4)管理项目成员的工作。严格管理项目团队成员工作,以提高工作效率。制定有效的各项工作的管理规章制度,要求每个项目团队成员遵守。明确每个项目成员的职责、权限和个人业绩测量标准,以确保项目成员对工作的正确理解,并作为进行评估的基础。按照规定的标准测量个人业绩,提倡员工采取主动行动弥补业绩中的不足,鼓励员工在事业上取得更大成绩。

(5)团队建设。形成合适的团队组织机制,以提高成员乃至项目的工作效率。分析影响项目成员和团队业绩和士气的因素,并采取措施调动积极因素,减少消极影响。建立项目成员之间进行沟通和解决冲突的渠道,创立良好的人际关系和工作氛围,要着力培养项目团队全体人员为实现项目目标所需要的同心协力、群策群力的团队精神。分析人力资源偏离计划的情况,并采取相应措施充实和健全项目团队。

二、航空型号工程项目人力资源战略和管理计划

航空型号工程项目人力资源管理的主要任务是从项目的整体利益出发制定人力资源战略、建立人力资源管理制度、进行人力资源的优化配置。

(一)项目人力资源战略的定义

项目人力资源战略是项目人力资源管理的总体规划。在日趋激烈的市场竞争中,项目人力资源战略与企业的经营战略及企业文化战略密切相关,并支持企业的经营战略的实现。因此,制定项目人力资源战略必须考虑与企业经营战略以及企业文化战略相配合。

(1)诱引式。诱引式人力资源主要是通过丰厚的薪酬制度去诱引和培养人才,从而形成一支稳定的高素质的项目组织成员队伍。由于薪酬较高,人工成本势必增加,为了控制人工成本,往往严格控制项目组织人员的数量。

(2)投资式。投资式人力资源战略注重项目组织人员的开发和培训,注重培养良好的劳动关系。

(3)参与式。参与式人力资源战略谋求项目组织人员有较大的决策参与机会和权力,使员工在工作中有自主权。人力资源战略与企业的经营战略以及企业文化战略配合方式见表7-1。

表7-1 人力资源战略与企业的经营战略以及企业文化战略配合方式表

企业经营战略	企业文化战略	项目人力资源战略
成本领先	精英式	诱引式
差别化	发展式	投资式
高品质	家庭式	参与式

(二)航空型号工程项目人力资源管理计划的制定原则

(1)灵活性原则。任何计划都是面向未来的,而未来总是充满不确定性因素,因此,人力资源计划必须具有一定的灵活性。在编写计划时应充分考虑到项目目标实现过程中组织内、外环境可能发生的各种变化,并制定出相应的措施来应对这些变化,以保证计划的合理性和有效性。

(2)整体性原则。航空型号工程项目人力资源管理的最终目标是保证高效地实现项目总体目标,因此,编写人力资源计划时,必须以项目总体目标为依据,以实现项目总体目标为中心。人员的招聘、考核、培训、激励等工作都应符合总体目标的要求,其各部分工作应为总体目标做出各自的贡献。另外,随着项目目标的改变,项目组织所承担的任务将会发生变化,相应的人员的数量、结构、技能要求也会随之变化,人力资源管理的内容必然随之变化,所以,人力资源管理的起点是项目目标,终点也是项目目标,同时人力资源管理计划应与其他方面的计划相配合。

(3)双赢原则。编写航空型号工程项目人力资源管理计划时,应考虑使组织和个体都得到利益,即人力资源管理计划一方面要创造良好的环境,充分发挥组织中每个人的主观能动性,以保证项目目标得以实现。另一方面也要切实关心组织中的每一个成员的物质、精神和职业发展等方面的需求,帮助他们实现个人目标。一个好的项目人力资源管理计划必须能够保证项目组织和个人共同发展。

(三)航空型号工程项目人力资源管理计划过程

航空型号工程项目人力资源管理计划是通过科学的分析和预测,对项目实现过程中人力资源管理工作做出整体安排,以确保在环境变化的条件下,项目组织能够获得必要数量、质量和结构合理的员工,并使组织和个人都能够同等地得到利益,从而实现项目目标的过程。

航空型号工程项目人力资源管理计划过程可以归纳为以下步骤:

1.制定组织规划

航空型号工程项目人力资源管理计划的首要任务是制定组织规划,包括组织结构选择、确定各单位的分工协作及报告关系,以及确定集权与分权程度及权力分配方案。制定组织规划要从航空型号工程项目的具体情况出发,综合考虑各种影响因素。主要因素如下:

(1)组织不同单位之间正式或非正式的信息沟通和报告关系。

(2)项目各阶段内不同技术人员之间的联系或不同阶段之间的技术人员之间的衔接关系。

(3)组织内部个人之间正式或非正式的关系。

(4)项目性质及复杂程度。

(5)项目母体组织结构类型。

(6)项目母体组织劳动人事方面的规章制度。

2.编制人力资源管理计划

航空型号工程项目人力资源管理计划制定的方法有很多,如运筹学法、滚动计划法、追加计划法等,这里简要介绍滚动计划法。

滚动计划法是一种定期修订计划的方法。其编写方法是用近细远粗的方法制定计划,经过一段固定的时期,例如一年或半年等,这段固定的时期被称为滚动期,然后根据变化了的环境条件和计划的执行情况，对原计划进行修订，并根据同样的原则逐期滚动。

图 7-2 是一个滚动计划编制过程示意图。由图可以看出，该计划的滚动期为 1 年，总计划期为 5 年，2018 年在原计划的基础上，根据 2017 年计划完成情况和环境条件变化，对已有计划进行修订，制定出新的 5 年计划。这样的计划可以使项目组织始终有一个切实可行的计划作指导，并保证长期计划能够与短期计划密切地衔接在一起。

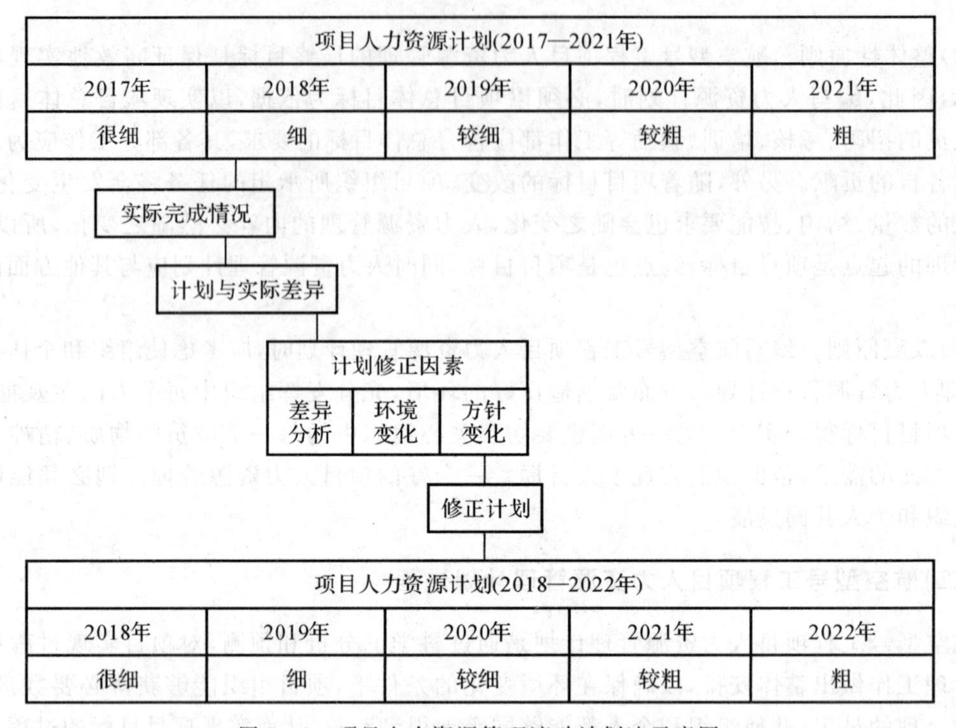

图 7-2 项目人力资源管理滚动计划法示意图

3. 制定人员配备计划

制定航空型号工程人员配备计划主要是根据项目范围计划、项目进度计划和组织规划，预测出项目在整个实施过程中各时间段所需要的各类人员数量，说明什么时候和什么样的人员应该进入或离开项目团队，并对人员的获得和调整做出安排见表 7-2。

表 7-2 某航空型号工程项目设计阶段人力资源需求预测表 （单位：人）

人员类型	日历周											
	1	2	3	4	5	6	7	8	9	10	11	12
技术人员	200	200	200	200	200	200	200	200	200	160	100	50
项目经理	1	1	1	1	1	1	1	1	1	1	1	1
设计师	60	60	60	60	50	50	40	40	30	10		
一般工作人员	15	15	15	15	15	15	15	15	15	15	15	15
项目组织总人数	276	276	276	276	266	266	256	256	246	186	116	66

根据航空型号工程项目所需完成的工作性质、任务量和完成任务所需时间的要求及各类

人员的人均生产率，即可预测出各时间段项目组织总人数及各类人员的数量。通过绘制人员资源需求预测表或人力资源需求曲线，可心清晰地表明项目期间各阶段的各类人员数量。

(四)航空型号工程项目人员配备计划的内容

航空型号工程项目人员配备计划是人力资源计划中的一项具体的业务计划，它主要是根据人力资源总体规划的要求，制定出项目在整个实施的过程中人力资源配备的规划和安排。人员配备对于航空型号工程项目组织而言是一项十分重要的工作，合理的人力资源配备不仅可以降低人力资源成本，而且有利于充分挖掘人力资源的潜力，提高项目组织的工作效率。一个项目组织要想生存和完成项目，就必须选择和配备合格的人员去担当相应的项目工作，因为“人存事兴，人亡事废”，因此，实现项目人员配备的科学与合理化，是非常重要的。

一般而言，航空型号工程人员配备计划应具体说明：需要多少岗位培训；每个岗位具体任务及职责；每个岗位需要的能力、技巧和资格；每个岗位所需人员的获得及配备的具体安排和打算。概括起来人员配备计划工作主要包括：

(1)工作分析。航空型号工程项目人员配备计划的首要工作是工作分析，工作分析是通过分析和研究来确定项目团队组织中角色、任务、职责等内容的一项工作。工作分析的最终成果是形成项目团队工作说明书与工作规范。

工作说明书是工作分析的书面文件之一，是一种说明岗位性质的文件，包括岗位定义与说明，即每个岗位工作的内容、权限、工作关系等。

工作规范主要是根据工作说明书中所规定的岗位职责，说明对担任该岗位工作的人员的专业知识、能力和个性特征等方面的规范化要求。通过确定这些方面的要求，为以后的人员招聘及培训提供依据。

(2)选配人员。工作分析明确了航空型号工程项目团队组织中需要的人员数量和质量，选配人员工作则是根据工作说明书和工作规范，对每个岗位所需人员的获得及配备做出具体安排。这里既包括项目团队组织成立之初，从项目母体组织内部及外部招聘项目组织所需各种人员，也包括项目实现过程中，根据项目组织运行的需要，对可能出现的空缺岗位加以补充和项目组织人员岗位调整等内容。

(五)航空型号工程项目人员配备计划的制定方法

责任矩阵是一种将航空型号工程项目实施过程中所需完成的工作落实到项目有关部门或个人、并明确表示出他们在组织中的关系、责任和地位的一种方法和工具。它将航空型号工程人员配备工作与项目工作分解结构相联系，明确表示出工作分解结构中的每个工作单元由谁负责、由谁参与，并表明了每个人或部门在整个项目中的地位。

责任矩阵表头部分填写项目需要的各种人员角色，而与活动交叉的部分则填写每个角色对每个活动的责任关系，从而建立“人”和“事”的关联。不同的责任可以用不同的符号表示。例如D表示决定性的决策人，d表示参与决策的人，X表示负责执行工作的人。

一般情况下，责任矩阵中纵向列出航空型号工程项目所需完成的工作单元，横向列出项目组织成员或部门名称，纵向和横向交叉处表示项目组织成员或部门在某个工作单元中的职责。用责任矩阵可以非常方便地进行检查责任检查，横向检查可以确保每个活动有人负责，纵向检查可以确保每个人至少负责一件工作。下面以某直升机型号工程项目中机体的疲劳强度主要工作为例，说明用字母方式表示的责任分配矩阵。

直升机的机体结构一般是具有多路传力的静不定结构，主要包括机身、尾段（尾、斜梁和安定面）、辅助升力面、着陆装置等，以承受飞行状态改变和地—空—地循环形成的低周疲劳载荷为主。机体结构是直升机结构的重要组成部分，各阶段疲劳强度主要工作内容如图 7-3 所示，其中包括以下几个阶段。

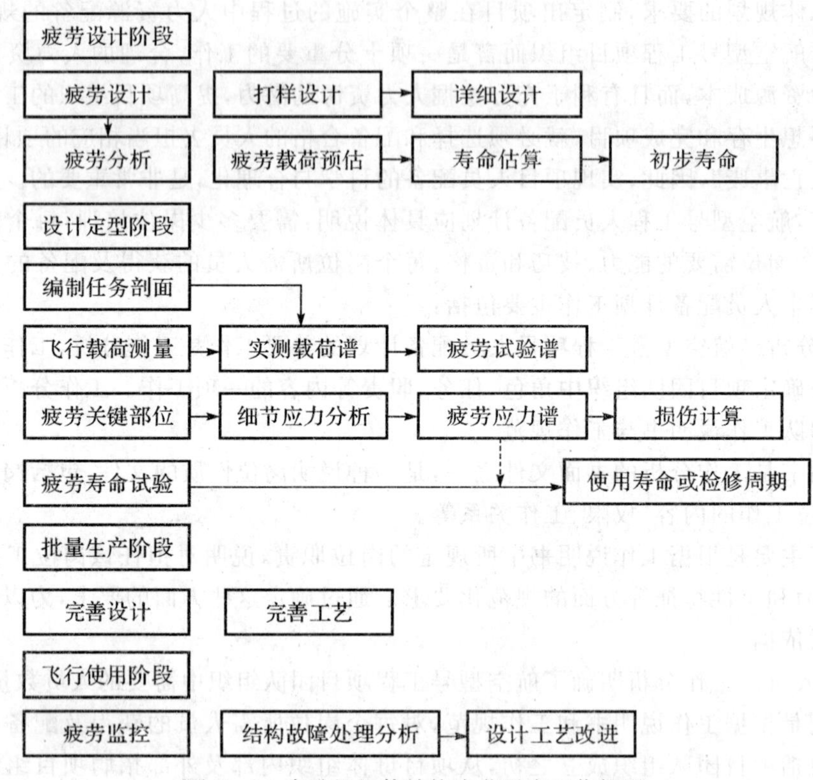

图 7-3　直升机机体结构疲劳强度工作框图

（1）疲劳设计阶段。机体结构疲劳设计阶段的主要工作包括按总体布局要求进行结构形式和结构连接的打样设计；进行包括选材、载荷预估和设计计算确定结构参数以及疲劳细节的详细设计；通过疲劳载荷预估和寿命估算，以确定机体初步寿命的疲劳分析等。

（2）设计定型阶段。设计定型阶段的主要工作为通过疲劳评定确定机体结构的使用寿命或翻修周期，主要内容包括：编制任务剖面；进行飞行载荷测量；编制实测载荷谱和疲劳试验谱；确定疲劳关键部位；对疲劳关键部位进行细节应力分析和疲劳寿命计算；必要时进行机体结构的疲劳寿命试验；确定使用寿命或检修周期。

直升机机体结构的应力水平较低，若已通过飞行应力测量验证，也可采用计算分析方法或通过部件或模拟结构的疲劳试验结果，直接确定机体结构的使用寿命或翻修周期，而不必进行全机或全尺寸机体结构的疲劳寿命试验。

（3）批量生产阶段。为控制直升机机体结构的疲劳质量稳定性，批量生产时要对其关键工艺、工序及参数进行冻结，进行疲劳抽样试验，同时正确处理生产中出现的超差等有关问题。

（4）飞行使用阶段。飞行使用阶段的主要工作为疲劳监控，主要内容包括飞行状态监控和飞行载荷监控，以及对飞行结构的检查、维护和修理情况的统计分析。产品交付投入使用后，应建立必要的信息反馈系统，及时收集、整理、统计产品的使用情况和检查、维护、修理情况，以便及时发现可能存在的疲劳质量问题。

直升机机体结构疲劳强度小组成员由张大伟等12人组成，通过责任分配矩阵可以将所需工作合理分配给每一位项目成员，并明确各自在各项工作中应承担的职责。用字母表示的该项项目的责任分配矩阵见表7-3。

表7-3 以字母表示的项目责任分配矩阵

工作阶段	工作单元	张大伟	王刚	刘小明	史玉柱	周志山	张东辉	吴天明	王志东	张军	周强新	游运财	徐向辉
疲劳设计	疲劳设计	D	d										
	疲劳分析	D	d	X									
	疲劳载荷预估	D	d	X									
	初步寿命估算	D	d	X	X	X							
	寿命估算	D	d	X	X	X							
	打样设计	D	d	X	X	X							
	详细设计	D	d	X	X	X							
设计定型	飞行载荷测量	X	X			X	D	d	X	X			
	实测载荷谱分析	D	d	X	X	X			X	X			
	疲劳试验谱分析	D	d	X	X	X			X	X			
	细节应力分析	D	d	X	X	X			X	X	X		
	疲劳应力谱计算	D	d	X	X	X			X	X	X		
	疲劳寿命试验	d	d	X	X	X			X	D	X		
批量生产	完善疲劳设计	d	d	X	X	X						D	
	完善疲劳工艺	d	d	X	X	X						D	
飞行使用	疲劳监控	d	d	X	X	X							D
	疲劳故障处理	d	d	X	X	X							D
	设计工艺改进	d	d	X	X	X							D

D—决定性决策　　d—参与决策　　X—执行工作

第4节 人力资源流失的风险管理

企业的竞争是科技的竞争，归根结底是人才的竞争。航空型号工程同其他工作一样，最终决定于人及其素质。要顺利完成航空型号工程任务，必须要有一支既懂航空工程技术又懂管理业务的、稳定的专业队伍。虽然专业技术人员的技术和创造力固然重要，但企业领导的观念更新和智慧，以及全体员工的职业道德、思想意识和整体素质更为重要。建设一支思想、作风和技术过硬的队伍的前提是加强员工的培训，提高员工队伍的素质。

在进行人力资源管理时，人们往往重视招聘、培训、考评、薪资等各个具体内容的操作，而忽视了其中的风险管理问题。其实，每个企业在人事管理中都可能遇到人力资源流失、技术骨干突然离职等，这些事件会影响企业的正常运转，甚至会对企业造成致命的打击。

一、人力资源流失的识别和评估

1. 人力资源流失风险识别

要想防范人力资源流失的风险，首先要主动去寻找人力资源流失的原因。比如员工管理中，技术骨干离职可能会由以下几个方面产生：

(1)待遇，他是否对他的待遇满意。

(2)工作成就感，他是否有工作成就感。

(3)自我发展，他是否在工作中提高了自己的能力。

(4)人际关系，他在公司是否有良好的人际关系。

(5)公平感，他是否感到公司对他与别人是公平的。

(6)地位，他是否认为他在公司的地位与他对公司的贡献成正比。

(7)信心，他是否对公司的发展和个人在公司的发展充满了信心。

(8)沟通，他是否有机会与大家沟通、交流，他是否能感觉到公司和员工对他的关心。

(9)认同，他是否认同企业的管理方式、企业文化、发展战略。

(10)其他，他是否有可能因为结婚、出国留学、继续深造等原因离职。

航空型号工程承包企业的人事经理和在航空型号工程现场负责的项目经理都要认真了解各方面的客观情况，了解员工真实的思想状况，这是防范人才流失的第一步。

2. 人力资源流失风险评估

人力资源流失风险评估是对人员流失可能造成的灾害进行分析。主要步骤如下：

(1)根据人力资源流失风险识别的条目有针对性地进行调研。

(2)根据调研结果和经验，预测发生的可能性，并用百分比表示发生可能性的程度。

(3)人事经理或项目经理可以通过与员工交谈、发调查表等形式进行调研，并根据调研结果和经验，确定该员工可能离职的原因、时间和思想动态。

二、人力资源流失的风险控制

1. 人力资源流失风险控制的步骤

人力资源流失风险控制是解决人力资源流失风险评估中发现的问题，从而消除预知风险。

(1)针对预知的人力资源流失风险进行进一步调研。

(2)根据调研结果，草拟消除人力资源流失风险方案。

(3)将该方案与项目利益相关者讨论，并报上级批准。

(4)实施该方案。

2. 人力资源流失风险监控机制

当旧的人力资源流失风险消除后，可能又会出现新的人力资源流失风险，所以风险识别、风险评估、风险控制这几个环节要连续不断地进行下去，形成有效的监控机制。人力资源流失风险监控机制应当是动态的，即在一段时间以后，要对人力资源流失风险进行再分析、识别和评估，确保对人力资源流失风险制定的控制方案能够随着航空型号工程的实施进展，根据项目团队人员最新的思想状态进行调整和补充,以及对方案执行中的问题进行总结和改进,以使人力资源流失风险监控方案符合员工实际思想的新情况,使监控方案能得到切实有效的执行。另外要注意总结经验,为将来的人力资源流失风险管理提供经验和数据。

航空型号工程项目管理中人力资源流失风险监控机制的内容主要包括以下几方面:

(1)项目开始前应摸清产生人力资源流失的原因,在项目开工后想方设法减轻其影响。

(2)了解导致项目团队人员非正常变动的原因,解决和消除它,以尽量减少人员流动。

(3)在工作方法和技术上应采取适当措施,防止因人员流动给工作带来损失。

(4)项目在实施过程中应及时公布并交流项目实施进展的信息。

(5)对工作进行集体复审,使多数人都能了解工作的细节,跟上工作进度。

(6)为关键技术准备后备人员。

3.后备人力资源

为了降低企业高级职员和技术骨干流动给航空型号工程项目实施带来的风险,可以采取培养后备人才的措施,包括技术培训、学术交流、脱产学习、参观考察和技术咨询等。在航空型号工程项目实施过程中,尽量让企业更多的员工参与项目总体方案设计和关键技术的攻关工作,并要加强企业内部技术交流和汇报,让企业更多的员工了解项目实施工作进展情况、遇到的难题和困难,以及解决问题的方案等。

实施这些措施需要一定的人力、时间和经费。人们必须懂得,风险管理不仅需要人力资源,而且还需要经费的支持。项目经理应根据降低人力资源流失风险、减少损失的原则,客观地分析形势,做出正确的决策。

第5节 航空型号工程项目团队建设

团队建设铸造企业真正的核心竞争力。航空型号工程项目管理是以人为中心的管理,人力资源是最宝贵的资源。航空型号工程项目要想取得成功必须要有充足的人力资源,以及对人力资源良好的管理,为优秀的人才创造一个和谐,富有激情的工作环境,持续培养专业的富有激情和创造力的队伍,让每一个员工都成长为全面发展,能独当一面的综合性人才,并形成一个个特别具有战斗力的团队。

一、航空型号工程项目团队建设的内容、要求和阶段划分

1.团队和团队建设的定义

团队是指一种为了实现某一目标而由相互协作的个体所组成的正式群体。是由员工和管理层组成的一个共同体,它合理利用每一个成员的知识和技能协同工作,解决问题,达到共同的目标。

团队建设是企业在管理中有计划、有目的地组织团队,并对其团队成员进行训练、总结、提高的活动。这些活动包括有意识地在组织中努力开发有效的工作小组,每个小组由一组员工组成,通过自我管理的形式,负责一个完整的工作过程或其中一部分工作。团队建设应该是一个有效的沟通过程,在该过程中,参与者和推进者都会彼此增进信任、坦诚相对,愿意探索影响团队发挥出色作用的核心问题,真正达到五个统一:

(1)统一的目标。目标是团队的前提,没有目标就称不上团队,因为先有了目标才会有团

队。有了团队目标只是团队目标管理的第一步，更重要的是第二步统一团队的目标，就是要让团队的每个人都认同团队的目标，并为达成目标而努力的工作。

(2)统一的思想。如果团队的思想不统一，就会降低团队工作效率。

(3)统一的规则。一个团队必须有它的规则，规则是告诉团队成员该做什么，不该做什么。

(4)统一的行动。一个团队在行动的时候，成员要相互沟通与协调，让行动统一有序，使整个流程合理的衔接，每个细节都能环环紧扣。

(5)统一的声音。团队在做出决策后，所有成员都要严格执行，不能有任何不协调的声音。

2.航空型号工程项目团队建设的内容

由于航空型号工程项目工作是以团队的方式来完成的，所以在航空型号工程项目管理中，建设一个和谐、士气高昂的航空型号工程项目团队是一项最重要的任务。航空型号工程项目团队主要是指项目经理及其领导下的航空型号工程部和各职能管理部门，称为项目部或项目经理部。这里有一点需要强调说明的是，按照国内以往的习惯，通常将航空型号工程项目团队负责人称为"型号总设计师"，简称"总设计师"。本书按照项目管理的术语处理，认为还是称为项目经理为宜。即航空型号工程项目团队(项目经理部)主要成员包括项目经理(总设计师)、副总设计师、总工艺师、总质量师、各系统专业设计师、生产制造工艺师、质量师、工程师、技术工人、公关经理、人力资源管理师、信息系统运维工程师、软件工程师、会计师、以及法律顾问等。团队人数按照航空型号工程项目的规模有大有小，小型航空器研发项目团队可能只有几十人，而大型航空器研发项目团队则需要组织几百、上千人，甚至几千人一起协同工作，例如超大型的A380飞机，空客公司的研发团队就有6 000多名员工。

航空型号工程项目团队建设内容和要求有：

(1)围绕航空型号工程项目目标而形成和谐一致、高效运行的项目团队。

(2)建立协同工作的管理机制和工作模式。

(3)建立畅通的信息沟通渠道和各方共享的信息工作平台，以保证信息准确、及时和有效地传递。

(4)项目经理应对项目团队建设负责，尽早地培育团队精神，识别关键成员，进行工作授权，定期评估团队运作绩效，最大限度地发挥和调动各成员的工作积极性和责任感。

(5)项目经理应通过奖励、表彰、集中办公、召开会议、学习培训等方式和谐团队氛围，统一团队思想，加强集体观念，处理管理冲突，提高项目运作效率。

3.建立航空型号工程项目经理部的要求

航空型号工程项目经理部通常是航空型号工程项目管理组织必备的管理机构。

建立该机构的要求如下。

(1)航空型号工程部由项目经理领导，并接受企业职能部门的指导、监督、检查、服务和考核，以便加强对现场资源的合理使用和动态管理。

(2)航空型号工程项目经理部应在项目启动前建立，并在航空型号工程合同终止后解体。

(3)建立航空型号工程部应遵循下列步骤：

1)根据航空型号工程大纲和航空型号工程规划确定航空型号工程部的管理任务和组织结构。

2)根据航空型号工程项目管理目标责任书进行目标分解与责任划分。

3)确定航空型号工程项目经理部的组织设置。

4)确定人员的职责、分工和权限。

5)制定工作制度、考核制度与奖惩制度。

(4)航空型号工程项目经理部的组织结构应根据项目规模、结构、专业特点、人员素质等确定。

(5)航空型号工程项目经理部所制定的规章制度,应报上一级组织管理层批准。

4.航空型号工程项目团队建设的阶段划分

航空型号工程项目团队从组建到终止,是一个不断成长和变化的过程。这个过程可以描述为五个阶段:组建阶段、磨合阶段、规范阶段、成效阶段和解散阶段,如图7-4所示。在每一个阶段里,航空型号工程项目团队成员一方面要完成自己的工作,另一方面还要处理好与其他成员的关系。

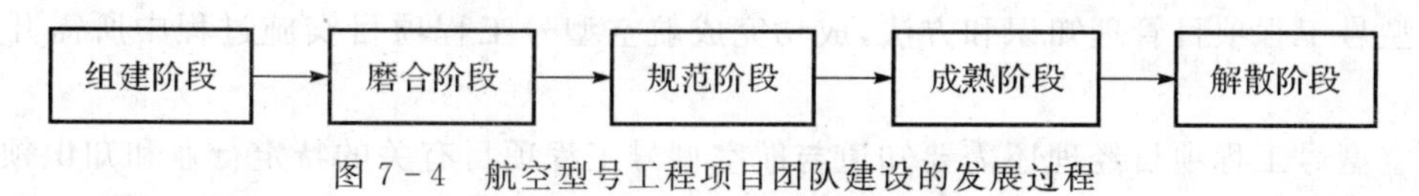

图7-4 航空型号工程项目团队建设的发展过程

(1)组建阶段。航空型号工程项目团队发展进程的起始步骤,大家被召集到一起,是个体成员转变为项目团队成员的过程。团队成员之间急需相互了解,相互交往来增进彼此的认识,也对团队工作、能否与其他成员和睦相处存在疑虑,渴望表现和展示自己的能力,但工作效率较低。

(2)磨合阶段。航空型号工程项目团队成员之间的不协调是此阶段的显著特点。项目团队经过短暂的组建阶段以后,随着项目目标、每个成员所扮演角色、职责和权限的逐步明确,团队开始缓慢推进工作,这时,一方面航空型号工程项目实施过程中的许多问题逐渐暴露出来了,另一方面成员之间互相还不了解,时常感到困惑,有时甚至会产生敌对心理,难以做到紧密配合、和谐相处等。

(3)规范阶段。项目团队经历磨合阶段之后,团队目标变得更加清楚,成员之间相互了解增多,同时学会了分享信息相互理解、关心和友好以及接受不同观点,努力采取妥协的态度来谋求一致,以及建立了标准的操作方法、规章制度和工作规范,逐渐熟悉新的工作环境和相互之间的关系。

(4)成熟阶段。经过组建、磨合和规范阶段的发展,团队成员的状态已达到了最佳水平,团队以最大成效地开展工作。在熟练掌握处理内部冲突技巧的基础上,团队能够集中集体智慧做出正确的决策、解决各种困难和问题;各方面的工作走上正轨,成员之间能相互理解、高效沟通、密切配合,进行有效的分工合作,为实现航空型号工程项目的目标而共同努力;在和谐、融洽的氛围中,团队成员具有极强的归属感和集体荣誉心。团队精神和集体的合力在这一阶段得到了充分的体现。

(5)解散阶段。随着航空型号工程项目合同临近终止,航空型号工程团队基本上完成了任务,该航空型号工程项目团队面临解散。这时,团队成员开始骚动不安,各自考虑自身今后的发展,并开始着手进行离开前的准备工作。这时航空型号工程项目团队成员最重要的任务是站好最后一班岗,做好该项目总结工作,完成项目文档编写和归档,移交相关的硬件设备和软件、工具和文档资料,办理相关手续。

7.5.2 航空型号工程项目经理

项目经理是指企业法定代表人在航空型号工程项目实施过程中的授权委托代理人，即航空型号工程项目的负责人。项目经理对航空型号工程项目的组织、计划、实施、控制全过程及项目产品负责，其能力、经验、个人魅力和专业技术水平对航空型号工程项目成功与失败起着关键作用。

1.项目经理的职责

虽然作为项目经理必须具备一般管理领域的知识和经验，但项目经理的角色与一般公司经理和主管是有不同的。航空型号工程项目管理与一般管理的区别主要由航空型号工程项目的特殊性引起的。由于航空型号工程项目的独特性及所用资源的多样性，项目经理必须运用好航空型号工程项目管理知识和方法，成功完成航空型号工程项目实施过程中所需开展的各种活动。

航空型号工程项目经理还需要知道与航空型号工程项目有关的特定行业和知识领域的相关知识，例如，航空型号工程项目会涉及计算机软件、硬件和通信技术。如果你根本没有什么航空工程技术领域的背景或这方面懂得很少，要想成为项目经理就很困难。项目经理的职责：

(1)项目经理是航空型号工程项目承包单位法人代表在该工程项目上的全权委托代理人，行使并承担航空型号工程合同中承包人的权利和义务。

(2)项目经理负责按合同规定的航空型号工程项目范围、内容和约定的合同期限、质量标准、费用限额全面完成航空型号工程项目实施任务。

(3)项目经理依照航空型号工程项目承包单位的制度和授权，全面组织航空型号工程部工作。

2.项目经理的作用

在航空型号工程项目的实施过程中，项目经理的作用主要有以下几方面：

(1)领导作用。航空型号工程项目经理要以领导项目团队全体成员，以实现航空型号工程项目目标为己任，保证航空型号工程项目在预算范围内按时(合同期限)、优质地完成任务，从而使客户满意。项目经理的作用如同球队的教练，乐队的指挥，而项目团队就是球队和乐队。项目经理要起模范带头作用、表率作用。

(2)沟通作用。航空型号工程项目经理处于上层管理部门和项目团队之间，他要将组织目标和上级要求下达给员工，又要将员工的要求和意愿向上反映。离开了项目经理，就难以保持这种上传下达沟通渠道的畅通。

(3)组织作用。航空型号工程项目组织是一个临时的组织，在项目启动后，由项目经理组建项目团队，并对项目团队成员分配任务及授权。在项目实施过程中，项目经理还要组织调配各种资源。

(4)计划作用。为了更好地实现航空型号工程项目目标，必须为项目制定一系列的计划，项目经理应领导项目团队成员制定项目计划，并进行审查、批准。在项目实施过程中，还要组织相关人员对计划执行情况进行检查、落实和修正。

(5)控制作用。对航空型号工程项目计划执行情况进行检查，其目的是为了发现航空型号工程项目的进展结果和项目计划之间的偏差，分析偏差产生的原因，并及时采取措施纠正偏差。要防止对项目控制不及时，而造成偏差积累，导致航空型号工程项目失败。

(6)协调作用。航空型号工程项目团队成员来自不同单位或部门,有各自的风俗习惯、工作方法、作风和个性,项目经理要做好协调工作,使大多数成员能够互相配合,协调一致地完成各项任务。对外项目经理要协调航空型号工程项目实施参与各方利益,尽可能使各方都能满意。

3.项目经理的主要任务

(1)在航空型号工程项目实施过程中,项目经理代表承包人与项目其他参与人联系,在合同条款规定的范围内全面负责航空型号工程项目的实施管理,并遵守所在国家和地区的各项法律和政策,维护本单位的信誉和利益,严格履行航空型号工程合同或协议。

(2)确定航空型号工程项目组织结构,组织航空型号工程部,任命航空型号工程部主要成员,其中包括项目经理助理、航空型号工程工程师、助理工程师及文员等,有效开展航空型号工程项目实施工作。

(3)确定航空型号工程项目实施的基本工作方法和程序,组织编制项目计划,主持召开项目会议,明确项目的总目标和阶段目标,进行目标分解使各项工作协调进行。

(4)拟定与航空型号工程项目需方(客户)、第三方以及公司内、外各协作部门和单位的协调程序,建立与各单位之间的协调关系,组织召开协调会议,为航空型号工程项目实施创造良好的合作环境。

(5)适时做出航空型号工程项目管理决策,制定工作目标、标准和程序,指导项目团队的质量管理、财务管理、行政管理等各项工作,并对出现的问题及时采取有效措施进行处理。

(6)制定航空型号工程项目规划、项目计划和费用估算,进行定期检查,实行有效控制。

(7)建立和完善航空型号工程部内部及对外信息管理系统,包括会议和报告制度。

(8)组织签订设备、材料采购和实施分包合同,依据总包及分包合同,处理与航空型号工程项目需方、第三方及分包人在执行合同中的变更、纠纷、索赔、仲裁等事宜。

(9)定期向航空型号工程项目需方、第三方、公司领导和有关主管部门汇报航空型号工程进展情况以及实施过程中存在的重大问题,以便及时处理和解决。

(10)航空型号工程项目合同终止后组织做好交接和结算等工作,取得需方对航空型号工程项目的认可,并在验收证明文件上签字盖章。

(11)组织做好航空型号工程项目总结、文件、资料的整理归档工作,提出航空型号工程项目总结报告,总结成功的经验、存在的问题和对今后工作的建议,为公司积累有益的经验和资料。

三、航空型号工程项目经理责任制

(一)项目经理责任制的定义

项目经理责任制是航空型号工程项目管理工作的基本制度,是实施和完成航空型号工程项目目标的根本保证,同时也是评价项目经理绩效的依据和基础。项目经理责任制的核心是贯彻实施航空型号工程项目管理目标责任书,其具体内容包括:项目经理的职责、权限、利益与奖罚。项目经理与航空型号工程部在航空型号工程项目管理工作中应严格实行项目经理责任制,确保航空型号工程目标顺利实现。

(二)项目经理的任命

项目经理应由企业法定代表人任命,并根据法定代表人授权的范围、时间和内容,对航空型号工程项目实施全过程、全面的管理。大中型工程项目的项目经理必须取得相应专业注册执业证书。在航空型号工程项目实施运行正常的情况下,承包人不得随意撤换项目经理。特殊原因需要撤换项目经理时,应进行审计。

项目经理应具备的素质要求主要有:

(1)符合航空型号工程项目管理要求的能力,善于进行团队建设与沟通。

(2)具有相应的航空型号工程项目管理经验和业绩。

(3)具备航空型号工程项目管理需要的专业技术、管理、经济、法律和法规知识。

(4)具有良好的职业道德和团队精神,遵纪守法、爱岗敬业、诚信尽责。

(5)身体健康,精力充沛。

(三)项目经理负责制的具体做法

项目经理对实现航空型号工程项目管理的目标负全责,具有对项目整体综合控制的能力,具有人力资源管理、时间(进度)管理、成本管理、采购与合同管理、质量管理、风险管理、沟通管理等能力。

采用项目经理负责制时,应注意管理方法、控制工具的开发和使用。运用系统工程方法对航空型号研制的进展实施控制、管理,主要包括分解、定义、集成、验证和确认;使用的技术有原始资料管理、需求跟踪、更改控制、设计评审、审核、文件管理、故障评审管理、控制点和性能鉴定等。以任务书、调度会、协调会、工作会等方式结合技术流程和计划流程管理标准、表格化管理、设计管理等量化的进度和质量控制工具进行控制。

项目经理负责制的具体做法是,按照不同的航空型号设立项目经理和项目技术经理,在项目经理人选的确定上,由公司高层领导提名,经公司董事会讨论通过。项目刚开始阶段,项目经理可由型号总指挥担任,项目技术经理可由型号总设计师担任,其工作对型号项目经理负责。对条件成熟的型号,项目经理和项目技术经理由一人担任。对立项前景比较明朗的型号项目,从项目可行性论证开始,由公司高层领导指定行政和技术负责人,项目立项后,经考核正式将负责人聘为项目经理和项目技术经理。

为了使项目经理有职有权,应该明确规定项目经理在航空型号研制过程中,在公司高层领导的综合管理下,享有技术和管理决策、人员调配、经费审批和奖惩等权利。

(四)航空型号工程项目管理目标责任书

航空型号工程项目管理目标责任书应在航空型号工程项目实施之前,由企业法定代表人或其授权人与项目经理协商制定。

1. 编制航空型号工程项目管理目标责任书的依据

(1)航空型号工程项目的合同文件。

(2)航空型号工程项目大纲和规划。

(3)航空型号工程项目管理制度。

(4)承包人组织的经营方针和目标。

2.航空型号工程项目管理目标责任书的内容

(1)航空型号工程项目的质量、费用、工期与环境目标。

(2)公司与航空型号工程部之间的责任、权限和利益分配。

(3)航空型号工程项目需用资源的供应方式。

(4)法定代表人向项目经理委托的特殊事项。

(5)航空型号工程项目部应承担的风险。

(6)航空型号工程项目管理目标评价的原则、内容和方法。

(7)对航空型号工程项目部进行奖惩的依据、标准和办法。

(8)项目经理解职和航空型号工程项目部解体的条件及办法。

3.确定航空型号工程项目管理目标的原则

(1)满足合同的要求。

(2)考虑相关的风险。

(3)具有可操作性,便于考核。

企业管理层应对航空型号工程项目管理目标责任书的完成情况进行考核,根据考核结果和航空型号工程项目管理目标责任书的奖惩规定,提出奖惩意见,对航空型号工程项目部进行奖励或处罚。

(五)项目经理的责、权、利

1.项目经理的职责

(1)航空型号工程项目管理目标责任书规定的职责。

(2)组织编制航空型号工程项目规划,并对项目目标进行整体管理。

(3)对资源进行动态管理。

(4)建立各种专业管理体系并组织实施。

(5)进行利益分配。

(6)归集系统相关资料,参与航空型号工程成果交付,准备结算资料,接受审计。

(7)处理航空型号工程项目部解体的善后工作。

(8)配合需方与承包方双方企业进行航空型号工程项目的检查、鉴定和评奖申报工作。

2.项目经理的权限

(1)参与航空型号工程项目投标和合同签订。

(2)组建航空型号工程项目部。

(3)主持航空型号工程项目部工作。

(4)决定航空型号工程项目项目资金的投入和使用。

(5)制定内部计酬办法。

(6)选择使用劳务队伍。

(7)在授权范围内协调和处理与航空型号工程项目管理有关的内部与外部关系。

(8)企业法定代表人授予的其他权力。

3.项目经理的利益与奖罚

(1)获得工资和航空型号工程项目分阶段奖励。

(2)在航空型号工程项目完成后,按照航空型号工程管理目标责任书中确定的效益分配条款给予受益或处罚。

(3)获得评优表彰、记功等精神奖励或行政处罚。

四、航空型号工程项目经理的培养与挑选

(一)项目经理知识结构要求

项目经理是航空型号工程项目团队的关键核心人物,对项目的成败起重要作用,而航空型号工程项目是一种技术含量高、概念新、发展快的高科技项目,因此项目经理必须具备以下领域的知识:

(1)懂管理。管理主要是指航空型号工程项目管理。航空型号工程项目管理是一门学科,航空型号工程项目经理一般要求其取得了高级工程师的职称和项目管理师的资格认证,以证明他已经掌握了航空型号工程项目管理知识。

(2)懂技术。技术主要是指系统科学、航空技术,以及与航空专业密切相关计算机、电子电气等专业工程技术等。

(3)懂经济。经济主要是指技术经济知识,航空型号工程项目经理应能进行项目技术方案的经济比较,应掌握可行性研究的方法,系统总体方案设计,总体方案预算的编制与审核等。

(4)懂法律。法律主要是指经济合同法,国家法律法规,国家及行业标准、规范以及国际标准和国际通行的惯例等。

航空型号工程项目经理与其他专业技术工程师相比,要更努力地学习和掌握企业信息化、先进制造技术、项目管理、技术经济学和法律知识等一些课程,丰富自己的专业知识,提高系统分析的能力。

(二)项目经理的培养

要使航空型号工程项目经理具有较高的水平,适应大型航空型号工程项目管理的需要,没有多年的实践锻炼是不够的。项目经理的培养主要靠工作实践,这是由项目经理的成长规律决定的。成熟的项目经理都是从航空型号工程项目管理的实际工作中选拔、培养而成长起来的。

航空型号工程项目经理人才首先应从曾经参加过航空型号工程项目实践的工程师中选拔,注意发现那些不但对专业技术熟悉,而且具有较强组织能力、社会活动能力和兴趣比较广泛的人。这些人经过基本素质考察,可作为项目经理苗子有目的地培养。在他们取得一定的现场工作经验和综合管理部门的锻炼之后调动其工作,压一定的担子,在实践中进一步锻炼其独立工作的能力。

对航空型号工程项目经理的选拔应在获得充分信息的基础上,这些信息包括个人简历、学术成就、成绩评估、心理测试以及员工的职业发展计划。

对有培养前途的对象,应安排他们在经验丰富的项目经理的带领下,委任其以助理的身份协助项目经理工作,或者令其独立主持单项专业航空型号工程项目或小项目的管理,并给予适时的指导和考察。这是锻炼项目经理才干的重要阶段。对在小项目经理或助理岗位上表现出

较强组织管理能力者，可让其挑起大型航空型号工程项目经理的重担，并创造条件让其多参加一些航空型号工程项目管理研讨班和有关学术活动，以及对其进行业务知识和管理知识的系统培训。培训方式有以下两种：

(1)在职培训。使选拔出的有培训前途的航空型号工程项目经理人选与有经验的项目经理一起工作，并分配给多些专业航空型号工程管理职责，进行岗位轮换。这是一种正规的在职培训。与此同时，还应在物质上和精神上采取有效措施，大力鼓励候选人利用业余时间参加培训课程的学习和资格认证考试培训学习。

(2)脱产培训。使项目经理有机会脱产参加课程培训、研讨班及培训班的学习，其中最重要的是让他们脱产参加相关培训课程的学习和资格认证考试培训学习。

(三)航空型号工程项目经理的挑选

航空型号工程项目经理是决定航空型号工程项目成功实施的关键人物，因此如何选择出合适的项目经理非常重要。项目经理的挑选主要考虑两方面的问题：一是挑选什么样的人担任项目经理；二是通过什么样的方式与程序选出项目经理。

1. 挑选项目经理的原则

选择什么样的人担任航空型号工程项目经理，除了考虑候选人本身的素质特征外，还取决于两方面：一是航空型号工程项目的类型、特点、性质、技术复杂程度等；二是航空型号工程项目在企业规划中所占的地位。

(1)考虑候选的能力。关于航空型号工程项目经理应具备的能力，前面已经进行了充分的阐述，最基本的有两方面，即技术能力和管理能力。对项目经理来说，对其技术能力的要求应视航空型号工程项目类型不同而不同，对于一般航空型号工程项目来说，可以不要求项目经理是技术专家或比团队其他成员懂得多，但他应具有相关技术的沟通能力，能向高层管理人员解释项目中的技术问题，能向项目小组成员解释用户的技术要求。然而，无论何种类型的航空型号工程项目，对项目经理的管理能力要求都很高，航空型号工程项目经理一般要求其参加过项目经理培训，取得了项目经理资格证书。

(2)考虑候选人的敏感性。敏感性具体指三方面，即对企业内部权力的敏感性、对项目团队与外界之间冲突的敏感性及对危险的敏感性。其中对权力的敏感性，使得项目经理能够充分理解航空型号工程项目与企业之间的关系，保证其获得高层领导的支持。对冲突的敏感性能够使得项目经理能及时发现问题及解决问题。对危险的敏感性，使得项目经理能够避免不必要的风险，及时规避风险。

(3)考虑候选人的领导才能。航空型号工程项目经理应具备领导才能，能知人善任，吸引他人投身于航空型号工程项目工作，保证航空型号工程部成员都能积极努力地投入航空型号工程项目工作。

(4)考虑候选人应付压力的能力。压力产生的原因有很多，如管理人员缺乏有效的管理方式与技巧，其所在的企业面临变革，或经历连续的挫折而迫切希望成功。由于项目经理在航空型号工程项目实施过程中必然会面临各种压力，航空型号工程项目经理应能妥善处理压力，争取在压力中获得成功。

2.挑选项目经理的方式与程序

(1)竞争招聘制。招聘的范围可面向社会,但要本着先内后外的原则,其程序是:个人自荐,组织审查,答辩讲演,择优选聘。这种方式既可选优,又可增强项目经理的竞争意识和责任心。

(2)公司经理委任制。委任范围一般限于企业内部在聘干部和技术人员,其程序是经过公司经理提名,组织人事部门考察,联席办公会议决定。这种方式要求组织人事部门严格考核,公司经理知人善任。

(3)内部协调、基层推荐制。这种方式一般是企业各基层部门向公司推荐若干人选,然后由人事组织部门集中各方面意见,进行严格考核后,提出拟聘用人选,报企业领导研究决定。

第8章 航空型号工程项目质量和可靠性工程管理

第1节 航空型号工程项目质量管理概论

质量是企业的生命。在市场经济日益发达的今天，产品质量对于企业的重要性越来越高，产品质量的好坏是企业有没有核心竞争力的体现之一，提高产品质量是保证企业占有市场，从而能够持续经营、做大做强的重要手段，“以质量求生存，以品种（信誉）求发展”已成为广大企业发展的战略目标。

一、质量和质量管理的基本概念

1. 质量的定义及其相关概念

质量是指产品或服务满足规定或潜在需要的特征和特性的总和。它既包括有形产品也包括无形产品；既包括产品内在的特性、也包括产品外在的特性。即质量特性包括了产品的适用性和符合性的全部内涵，如产品的技术性能、使用寿命、可靠性、安全性、经济性等。

与质量密切相关联的概念如下：

(1)产品质量。产品质量也称为结果质量，是指产品适合一定的用途，满足人们需要所具备的特性和特性的总和，也即是产品的适用性。它包括产品的内在特性，如产品的结构、物理性能、化学成分、可靠性、精度、纯度等；也包括产品的外在特性，如形状、外观、色泽、音响、气味、包装等；还有经济特性如成本、价格、使用维修费等，以及其他方面的特性如交货期、污染公害等。产品的不同特性，区别了各种产品的不同用途，满足了人们的不同需要。

(2)工作质量。工作质量也称为过程质量，是指对产品质量有关的工作对于产品质量保证程度。工作质量涉及企业所有部门和人员，每个工作岗位都直接或间接地影响着产品质量，其中领导者的素质最为重要，起着决定性的作用，当然广大职工素质的普遍提高，是提高工作质量的基础。工作质量是提高产品质量的基础和保证。为保证产品质量，必须首先抓好与产品质量有关的各项工作。

2. 质量管理的定义及其相关概念

质量管理(Quality Management,QM)是指对确定和达到质量所必需的全部职能和活动的管理，其管理职能主要是负责质量方针政策的制订和实施等，通常包括制定质量方针、质量目标，以及质量策划、质量控制、质量保证和质量改进。与质量管理密切相关联的概念：

(1)质量控制。质量控制(Quality Control,QC)是为保证和提高产品质量和工作质量所进行的质量调查、研究、组织、协调、控制、信息反馈、改进等到各项工作的总称。为保证产品过程或服务质量，必须采取一系列的作业、技术、组织、管理等有关活动，这些都属于质量控制的范畴。

(2)质量保证。质量保证(Quality Assurance,QA)是质量管理的一部分，致力于提供质量要求会得到满足的信任。

(3)质量工程师。质量工程师(Quality Engineer,QE)是负责质量管理体系标准所要求的有关品质保证职能工作的工程师,从事产品质量和服务质量的研究、管理、监督、检查、检验、分析、鉴定等。

(4)质量体系工程师。质量体系工程师(Quality System Engineer,QSE)是负责建立、完善公司质量管理体系及质量管理体系认证与评审的准备、协调、联络工作及做好体系维护工作的工程师。

3.工程项目质量管理的程序

质量管理应坚持预防为主的原则,按照策划、实施、检查、处置的循环原理,持续改进,为项目增值服务。企业应通过对人员、机具、设备、材料、方法、环境等要素的质量管理,实现过程和产品的质量目标。

项目质量管理应按下列程序实施:

(1)进行质量管理策划,确定质量目标。

(2)编制质量计划。

(3)实施质量计划。

(4)总结项目质量管理工作,提出持续改进的要求。

二、航空型号工程项目质量管理技术

许多通用的工具和技术可用于航空型号工程项目的质量控制,如因果图帮助发现出现质量问题的根本原因;帕累托图帮助确认引发大多数质量问题的最重要的几个因素;统计抽样帮助确定在进行总体分析时,所需的实际样本数;标准误差表示测量数据分布中存在多少偏差;控制图通过对非随机数据的及时显示来保持过程处于控制之中;6σ帮助许多公司减少有缺陷项的个数等。下面将着重介绍这几种用于质量控制的工具和技术:

1.因果图

因果图有时也称为鱼刺图、石川图,由有关质量问题的投诉追溯到负有责任的生产行为,以发现发生质量问题的根本原因,是全球广泛采用的一项技术。该技术首先确定结果(质量问题),然后分析造成这种结果的原因,如图8-1所示。图上每个分支都代表着可能的差错原因,用于查明质量问题的可能所在和设立相应检验点。因果图的主要作用是可以帮助项目团队事先估计可能会发生哪些质量问题,然后,帮助提供解决这些问题的途径和方法。

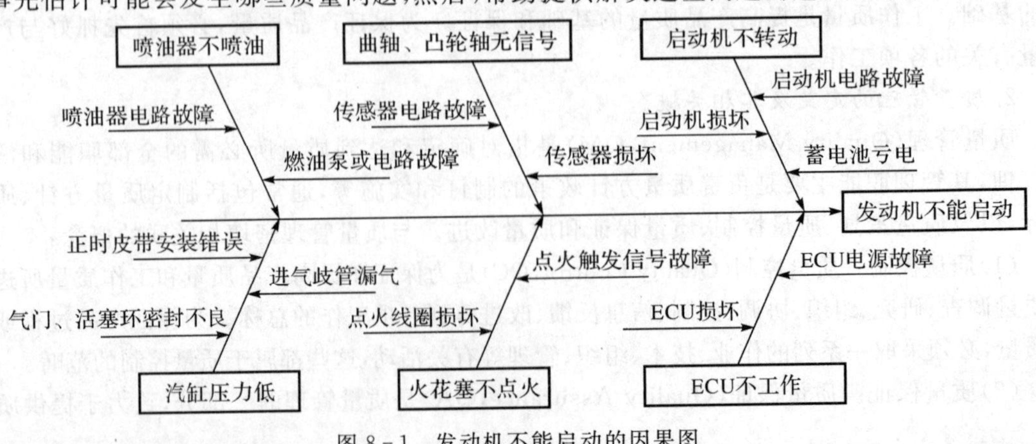

图8-1 发动机不能启动的因果图

一般来说，造成质量问题的原因主要有人、机器、原材料、方法和环境等5个方面，即4M1E因素(人、机、料、法、环)，所以可以预先将这5个因素列入原因虚线的方框中，然后把各种原因，从大到小，从粗到细分解，直到能够采取措施消除这些原因为止。

图8-1表示发动机不能启动的因果图，这张图的故障现象是发动机不能启动，导致这个故障发生的原因很多，包括启动机不能转动，电子控制单元(ECU)不工作，曲轴凸轮信号失常，火花塞不点火，喷油嘴不喷油，配气相位失常等原因，这些原因形成了第一层分支。沿着这层分支再往下，又可以查出第二层小分支，例如控制单元不工作，可以是控制单元没有供给电源，也可以是控制单元本身损坏所致。

由图8-1可以看出，因果图中有一条主干，其端部箭头指向表示故障现象，是结果；在主干的两侧有若干分支形成支节，每个支节表示形成故障的主导原因(例如火花塞不点火)。对于复杂的系统，支节上再划出若干小分支，以表示不同的次要原因(例如点火线圈没有收到点火触发信号，点火线圈损坏)。

2. 帕累托分析

帕累托定律认为绝大多数问题或缺陷产生于相对有限的起因。帕累托分析是指确认造成系统质量问题的诸多因素中最为重要的几个因素。它有时称为80-20法则，意思是，80%的问题经常是由于20%的原因引起的。按发生频率进行等级排序的直方图称帕累托(Pareto)图，也称为排列图，它显示可识别原因的种类和造成结果的量值，如图8-2所示。等级排序用于指导纠正措施，即首先解决造成最大缺陷的问题。帕累托图与帕累托定律相关。

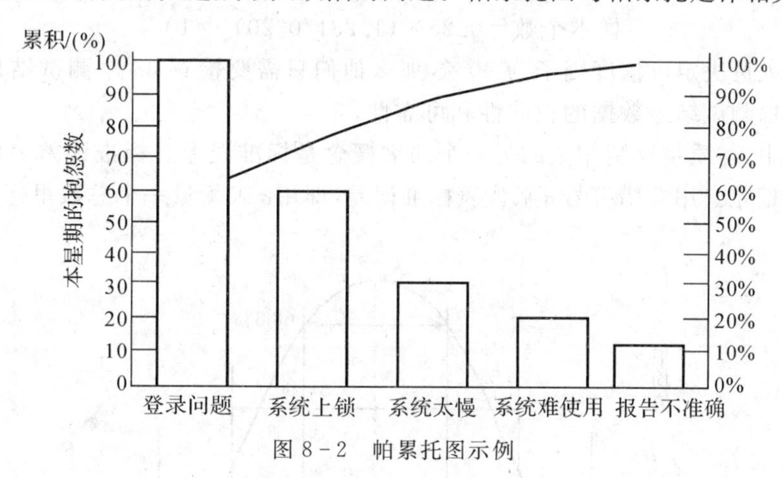

图8-2 帕累托图示例

3. 统计抽样和标准差

统计抽样是项目质量管理中的一个重要概念，包括统计抽样，可信度因子，标准差和变异性。统计抽样包括选择样本总体的部分来检查；可信度因子表示被抽样的数据样本变化的可信度；标准差和变异性是理解质量控制图的基本概念。例如，在系统软件的性能抽样检测过程中经常要利用统计抽样方法来分析处理所有的测试结果数据的真实性和准确性。假定自检测试结果数据有5万多个，如果要复查每个测试结果数据将会非常费时和昂贵，即使测试工程师确实重新测试了所有测试结果数据，他们也会发现两次测试结果数据也不尽相同。对于非关键的子项研究所有总体的每个个体是不切实际的，所以统计学家开发了专门的统计技术来帮助决定一个合适的样本。

在大多数情况下一般采取重点数据抽测的方法。如果工程项目复查抽样检测人员使用统计技术，可能会发现，仅需要抽测其中约100个测试结果数据，他们就可以确定在进行软件质量审核时所需的复查结论。样本个数取决于你想要的样本有多大的代表性。

决定样本个数的公式是：

$$样本大小=0.25\times(可信度因子/可接受误差)^2 \tag{8-1}$$

依据统计书中统计参数表，你可以估计可信度因子。表8-1显示了常用的可信度因子。

表8-1 常用的可信度因子

期望的可信度	可信度因子
95%	1.960
90%	1.645
80%	1.281

例如，假定复查人员对测试结果数据将接受一个95%的可信度，样本个数如下：

$$样本个数=0.25\times(1.960/0.05)^2=384$$

如果复查人员想要90%的可信度，样本个数如下：

$$样本个数=0.25\times(1.645/0.10)^2=68$$

如果复查人员想要80%的可信度，样本个数如下：

$$样本个数=0.25\times(1.281/0.20)^2=10$$

假定复查人员决定可信度因子为90%，那么他们只需要检查68个测试结果数据就可以决定该系统自检测试结果数据的正确性和可靠性。

在统计学中，与质量控制相关的另一个关键概念是标准误差。标准误差表示测量数据分布中存在多少偏差。用希腊符号σ来代表标准误差，即用σ来衡量一个总数里标准误差的统计单位。

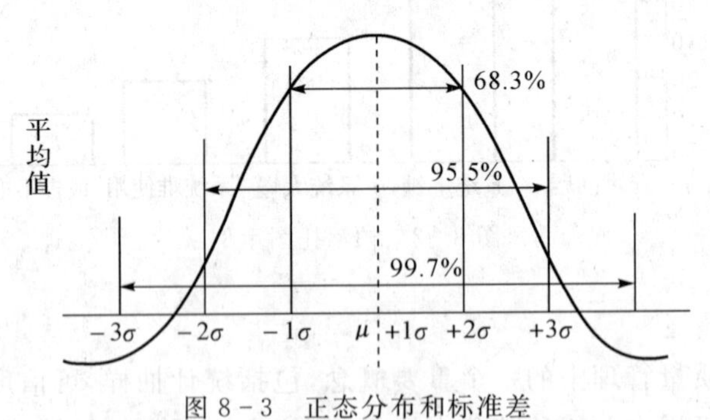

图8-3 正态分布和标准差

图8-3是一个正态分布的例子：一个正态钟形曲线，它相对于样本的平均值对称。在任何正态分布中，总体有68.3%分布在均值左右两侧的一个标准误差(1σ)范围内。有95.5%的总体分布在均值左右两侧的两个标准误差(2σ)范围内。有99.7%的总体是分布在均值左右两侧的三个标准误差(3σ)范围内。

标准误差在质量控制上很重要，因为它是一个决定有缺陷个体的可接受数目的关键因素。一些公司，如摩托罗拉、通用电气、宝丽来等公司都建立了高质量标准，使用6σ作为质量控制标准，而不像大多数公司那样使用 3σ 或 4σ。6σ 被认为是美国对质量改进的最杰出的贡献之一。

表 8-2 σ 和有缺陷的单位数

规范范围（+/−σ）	在范围内的样本百分比	每10亿中有缺陷的单位数	规范范围（+/−σ）	在范围内的样本百分比	每10亿中有缺陷的单位数
1	68.27	317 300 000	4	99.9937	63 000
2	95.45	45 000 000	5	99.999943	57
3	99.73	2 700 000	6	99.9999998	2

一般项目的瑕疵率大约是 3σ～4σ。以 4σ 而言，相当于每10亿个机会里有63 000个瑕疵。如果企业不断追求品质改进，达到 6σ 的程度，绩效就几近于完美地达到顾客要求，相当于在10亿个机会里只找得出2个瑕疵。6σ 是全面质量管理和运作的一种系统方法，一个成功执行 6σ 的公司，项目质量会控制得很好。表 8-2 进一步显示了 σ、在不同 σ 范围之内的样本百分比和每10亿中有缺陷的单位数三者之间的关系。总而言之，项目的质量管理更多地体现在细节的管理，细节到每个设计、每次改动、每天操作。只有从细节入手，重视项目的质量管理，才可能使企业在竞争激烈的市场生存下来。

4.质量控制图

项目过程的结果随时间变化的图形表示叫作控制图，用于确定过程是否在控制之中。控制图可以用来监控任何类型的输出变量，包括监控费用和进度的偏差、范围变化的数值和频度、文档中的错误或其他管理结果。图 8-4 是一个项目实施过程的质量控制图示例。

控制图主要用途是为了预防缺陷，而不是检测或拒绝缺陷。质量控制图可以使人们了解到一个过程是在控制之中还是失去了控制。处在控制中的过程不需要调节，但当一个过程失去控制时，过程结果中的变化是由非随机事件产生的，就需要确认这些非随机事件的起因，并调节过程以纠正或消除这些起因。

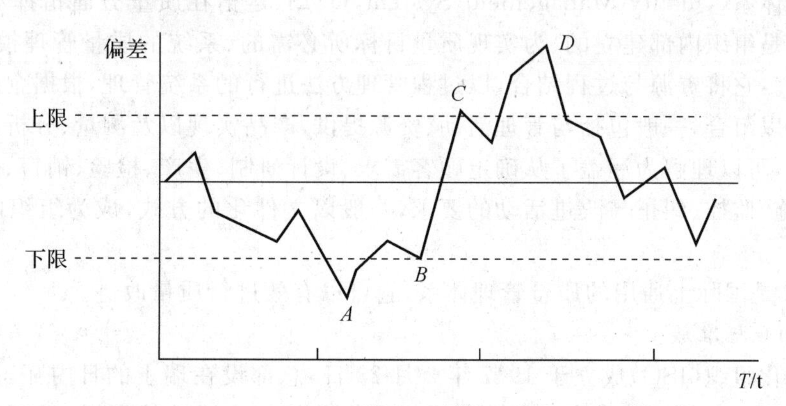

图 8-4 项目实施过程的质量控制图

控制图常常用来监控批量制造，但也能用于监控变更请求的数量和频率、文件中的错误、成本和进度偏差以及其他与项目质量管理有关的各类问题。图 8-4 中的 A 点和 D 点表示工序质量偏差已经超过了上限或下限，B 点和 C 点已经达到了质量偏差的临界点，要求立即采取措施，进行调整补救。

图 8-5 表明了从 3σ 运行的质量控制过程转移到 6σ 运行的概念。提高质量就是要减少缺陷和过程可变性。通过减少过程可变性，过程分布的标准误差将变得更小。随着你继续减少过程可变性，产品的公差或控制界限有可能由从前的 3σ 到 6σ。

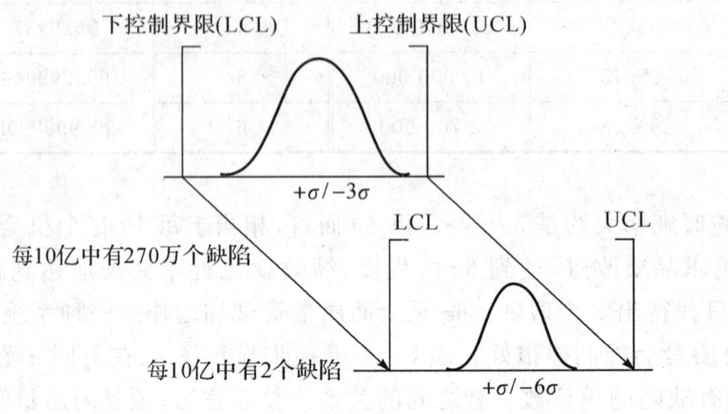

图 8-5　使用 6σ 减少缺陷

发现和分析过程数据中的分布形式是质量控制的一个重要部分。你能使用质量控制图和七点运行法则来寻找数据中的标本。七点运行法则指出，如果一排中的 7 个数据点都在平均值下面、都在平均值上面、或者都在上升或下降，那么需要检查这个过程是否有非随机问题。在图 8-4 中，A 点和 B 点是违背了七点运行法则的数据点。在项目实施过程中，这些数据点可能表明这一段时期需要进行调整。

三、质量管理体系和 ISO 9000 认证

1. 质量管理体系的定义

质量管理体系(Quality Management System, QMS)是指在质量方面指挥和控制组织的管理体系。它是组织内部建立的、为实现质量目标所必需的、系统的质量管理模式，是组织的一项战略决策。它将资源与过程结合，以过程管理方法进行的系统管理，根据企业特点选用若干体系要素加以组合，一般包括与管理活动、资源提供、产品实现以及测量、分析与改进活动相关的过程组成，可以理解为涵盖了从确定顾客需求、设计研制、生产、检验、销售、交付之前全过程的策划、实施、监控、纠正与改进活动的要求，一般以文件化的方式，成为组织内部质量管理工作的要求。

ISO 9000 是国际上通用的质量管理体系，它可以有效进行质量改进。

2. ISO 9000 标准族

国际标准化组织(ISO)成立于 1947 年 2 月 23 日，总部设在瑞士的日内瓦，是世界上最大的国际标准化组织。其宗旨是在世界上促进标准化及其相关活动的发展，以便于商品和服务的国际交换，在智力、科学、技术和经济领域开展合作。针对质量管理体系的要求，国际标准化组织的质量管理和质量保证技术委员会制定 ISO 9000 族系列标准，以适用于不同类型、产品、规模与性质的组织。

ISO 9000 的推广实施，对衡量一个企业的质量管理水平和质量保证能力提供了一个共同

的标尺。因此,在它发布后的十多年时间里,全球兴起了一股 ISO 9000 热潮。目前,全球已有 100 多个国家和地区在积极推广 ISO 9000 国际标准,我国也不例外。

3.质量管理体系的特征

质量管理原则是构成 ISO9000 族系列标准的基础。ISO 9000 质量管理体系的特征主要如下。

(1)符合性。欲有效开展质量管理,必须设计、建立、实施和保持质量管理体系。组织的最高管理者对依据 ISO 9001 国际标准设计、建立、实施和保持质量管理体系的决策负责,对建立合理的组织结构和提供适宜的资源负责;管理者代表和质量职能部门对形成文件的程序的制定和实施、过程的建立和运行负直接责任。

(2)唯一性。质量管理体系的设计和建立,应结合组织的质量目标、产品类别、过程特点和实践经验。因此,不同组织的质量管理体系有不同的特点。

(3)系统性。质量管理体系是相互关联和作用的组合体,包括:

1)组织结构:合理的组织机构和明确的职责、权限及其协调的关系。

2)程序:规定到位的形成文件的程序和作业指导书,是过程运行和进行活动的依据。

3)过程:质量管理体系的有效实施,是通过其所需过程的有效运行来实现的。

4)资源:必需、充分且适宜的资源包括人员、资金、设施、设备、料件、能源、技术和方法。

(4)全面有效性。质量管理体系的运行应是全面有效的,既能满足组织内部质量管理的要求,又能满足组织与顾客的合同要求,还能满足第二方认定、第三方认证和注册的要求。

(5)预防性。质量管理体系应能采用适当的预防措施,有一定的防止重要质量问题发生的能力。

(6)动态性。最高管理者定期批准进行内部质量管理体系审核,定期进行管理评审,以改进质量管理体系;还要支持质量职能部门(含车间)采用纠正措施和预防措施改进过程,从而完善体系。

(7)持续受控。质量管理体系所需求过程及其活动应持续受控。质量管理体系应最佳化,组织应综合考虑利益、成本和风险,通过质量管理体系持续有效运行使其最佳化。

4.质量管理体系认证

认证是指由认证机构(第三方)证明产品、服务、管理体系符合相关技术规范、相关技术规范的强制性要求或者标准的合格评定活动。举例来说,对第一方(卖方)生产的产品甲,第二方(买方)无法判定其品质是否合格,而由第三方(认证机构)来判定。第三方既要对第一方负责,又要对第二方负责,不偏不倚,出具的证明要能获得双方的信任,这样的活动就叫作"认证"。认证机构的认证活动必须公开、公正、公平,才能有效。这就要求认证机构必须有绝对的权力和威信,必须独立于第一方和第二方之外,必须与第一方和第二方没有经济上的利害关系。

为了加强品质管理,适应品质竞争的需要,世界各国的企业纷纷采用 ISO 9000 系列标准在企业内部建立质量管理体系,申请质量管理体系认证。企业建立质量管理体系的步骤大致分为以下七步:

(1)向认证机构提出申请并签订合同。

(2)派人参加 ISO 9000 标准培训和内部审核员培训。

(3)高层管理者分析本企业及产品的特点,确定合适的组织,制定质量方针和目标。

(4)开始编制企业的质量体系文件。

(5)本企业人员学习质量体系文件,开始试运行质量体系并不断修改完善体系文件。

(6)联系认证机构实施审核。

(7)针对审核组提出的不符合项报告,及时整改。

第2节　航空型号工程项目全面质量管理

航空型号工程项目的质量问题有一个产生和形成的过程,这个过程中的每一个阶段,每一个环节都会影响其整体质量的好坏。它涉及与工程项目建设相关的许多单位和个人,参与工程的每一个人都和工程质量有着直接或间接关系。

一、全面质量管理的基本概念

(一)全面质量管理的定义和特点

1.全面质量管理的定义

全面质量管理(Total Quality Management,TQM)是质量管理的一种形式,它以经营为目标,由全体员工参加,建立起一套科学严密高效的质量保证体系,对与产品或服务质量相关的全部活动进行全面的和全过程的管理。即所谓的全过程、全体员工和全面的"三全"质量管理。

全面质量管理(TQM)的内涵是以质量管理为中心,以全员参与为基础,目的在于通过让客户满意和本组织所有者、员工、合作伙伴或社会等相关方受益而使组织达到长期成功的一种管理途径。

2.全面质量管理的特点

全面质量管理(TQM)的特点主要有如下几点:

(1)全面性:是指全面质量管理的对象,是企业生产经营全部活动的全过程。

(2)全员性:是指全面质量管理要依靠全体职工。

(3)预防性:是指全面质量管理应具有高度的预防性。

(4)服务性:主要表现在企业以自己的产品或劳务满足用户的需要,为用户服务。

(5)科学性:质量管理必须科学化,必须更加自觉地利用现代科学技术和先进的科学管理方法。

(二)全面质量管理的工作方法

为了提高企业全体员工的质量意识,提高管理人员项目质量管理水平,必须在企业中推行和实施全面质量管理。全面质量管理的工作方法是"计划—执行—检查—处理"一套工作循环,称为戴明循环,也称PDCA循环(由英语单词Plan-Do-Check-Action的第一个字母组成)。

(1)P阶段(计划阶段):计划阶段的主要内容是从适应工程项目实施的要求出发,以经济效益为前提,通过调查研究、信息反馈,了解上一循环存在的问题,控制工作方法和目标,确定达到这些目标的具体措施。

(2)D阶段(执行阶段):这一阶段强调在执行措施前,必须对有关人员很好地传达、宣传教育和进行必要的培训,并要充分信任对方,信任执行人,大胆放权,让其自主行事。

(3)C 阶段(检查阶段):对照计划内容,检查执行情况和效果。若检查发现未达到计划的预期目标,就说明计划阶段有什么问题或实施过程中什么地方发生了异常,必须要检查出异常因素,通过进一步控制这一因素来管理、改进生产或实施工序。

(4)A 阶段(处理阶段):在这个阶段要把成功的经验加以肯定,纳入标准、规程或制度,以便今后照办;对失败的教训也要吸取,以防止再发生;对查出的问题能够解决的,立即采取措施解决,一时不能解决的,作为遗留问题,反馈到下一循环的 P 阶段进行解决。

PDCA 循环的特点是四个阶段,缺一不可;大环套小环,一环扣一环;循环转动,周而复始,连续不断;在循环中提高,逐级上升。每一个计划指标,都要有保证措施,一个循环完了,解决了一部分的问题,可能还有其他问题尚未解决,或者又出现了新的问题,必须转入下一轮循环解决。这样才能保证计划管理的系统性、全面性和完整性。最后通过工作循环,一步一步地提高水平,把工作越做越好。

PDCA 管理循环的四个阶段,符合"实践—认识—再实践—再认识"的认识论规律,是体现科学认识论的一种具体管理手段和一套完整科学的工作程序。

(三)全面质量管理的两大支柱

全面质量管理的核心不外乎两点,第一是杜绝浪费,即有效的成本控制;第二是持续改善,即依据戴明循环改进质量的思想,把产品和服务的改进看作是一个永不停止的、不断获得进步的过程。

(1)成本控制及时全面。浪费在传统企业内无处不在:生产过剩、零件不必要的移动、操作工多余的动作、待工、质量不合格或返工、库存、其他各种不能增加价值的活动等等,要向精益化转变,基本思想是消除生产流程中一切不能增加价值的活动,即杜绝浪费。

(2)持续改进自动化。持续改善是另一种全新的企业文化,实行全面质量管理,由传统企业向精益企业的转变并且享受精益生产带来的好处,贯穿其中的支柱就是自动管理化。

二、航空型号工程项目质量自检和全员职责

1.全面质量管理的质量自检系统

航空型号工程项目管理在各个不同的阶段又有更为细致和周密的工序和步骤,这些工序、步骤、阶段的逐步实施就逐渐形成了航空型号工程项目建设的最终费用、工期和质量。也就是说,航空型号工程项目的建设有一个循序渐进的过程,它的费用、工期、质量也就有一个相应的生成过程,俗话说"项目的质量是生产出来的,而不是检验出来的"就是这个意思。事后检验只能起到在某种程度上控制不合格的工程交付使用,但已无法挽回在项目实施过程中费用的浪费、工期的延误和出现质量事故带来的损失,有时还会给工程项目留下隐患,带来难以预料的严重后果。

为了按照合同的约定实现航空型号工程项目的三大目标,项目承包人对航空型号工程项目实施质量、进度和成本自检是绝对不可少的目标保证环节,应当尽早地建立考虑周密的质量自检系统,这个工作包括以下几项内容:

(1) 配备人员。根据航空型号工程项目规模的大小和特点配备相应称职的自检人员(质量检验员),项目实施过程中的每一个阶段、每一道工序都应由自检人员(质量检验员)按照规定的程序提供自检报告和测试报表。

(2)配备检测设备。配备与航空型号工程项目规模和特点相适应的检测设备,检测设备的类型、规格、数量应符合标准规范和合同文件中有关检测标准的规定,并应对一些关键性设备进行核定。还应对某些检测设备的数量进行核实,分析是否能满足合同文件所要求的检测项目以及在实施高峰期检测设备能否满足工程项目检验的需要。

(3)采用标准、规范化的工作方法和制度。根据国家和行业颁布的有关标准制定有关的工作制度,明确采用的工作方法和手段。

2.项目参与人员的质量职责

航空型号工程项目质量的好坏是由人的工作质量决定的,要管好工程质量首先必须管好项目参与人员的工作质量。在实施航空型号工程项目建设过程中,按照全面质量管理的理论建立和执行质量保证体系是很重要的。承包人通过自身健全、有效的质量保证体系,参加工程项目建设的各类人员严格履行质量保证职责,保障工程项目的技术设计、采购设备和安装、调试、工程实施、测试验收和维护服务的全过程中,实施有效的质量控制,使工程质量得到保证。

航空型号工程质量是在项目实施全过程中形成的,它涉及承包人的各个部门、各个环节的工作质量,因而要求通过所有部门的每个环节的工作质量来保证整个工程质量。项目工作质量牵扯到全企业的各级领导和所有人员,每一个人都和工程质量有着直接或间接的关系。每一个人都应重视质量,都要从自己的工作中去发现与工程质量有关的因素,积极主动加强协作配合。人员工作质量职责分述如下:

(1)项目经理。航空型号工程项目大部分质量问题出在管理上,而非技术上。项目经理负有创建和贯彻有效的质量计划的责任,在项目经理部内推行现代质量管理的概念、教育和培训,创造一个有助于提高工程质量的环境,要不断地强调完善和严格使用质量标准,实施测量计划跟踪项目质量水平,并提供资源来帮助提高项目质量,聘请优秀职员、培训员工和重视顾客反馈意见等。

(2)设计人员。航空型号工程项目设计人员的质量责任主要是贯彻企业现代质量管理的方针和目标,执行全面质量管理体系的各项有关规定和要求,确保设计工作始终处于受控状态;积极运用优化设计技术、并行工程、系统工程和可靠性、可维护性、安全性等工程技术,确保设计满足质量要求;为项目开发、物资采购、系统安装、调试、检验等活动提供技术支持和配合。

(3)项目质量师和质量检查员。航空型号工程项目质量师和质量检查员的主要职责和权利是制订本项任务的质量工作计划,并贯彻实施;负责对航空型号工程项目任务的全过程的质量活动进行监督检查,参与设计评审和其他重要的质量活动,其质量业务工作受企业质量部的指导和监督。

(4)项目标准化主管师。标准化师由标准化工作人员兼任,负责贯彻国家有关标准和企业的质量方针、目标,制订标准化大纲并监督其贯彻实施,负责方案设计、图纸和其他技术文件的标准化的审查,参与航空型号工程项目质量评审工作。

(5)实施工人。实施工人包括产品生产、试验、检测、运输和仓储等方面从业人员,应贯彻企业的质量方针和目标,执行全面质量管理体系的有关规定和要求,熟练掌握本岗位的工作技能,严格按照设计方案、图纸、工艺文件及有关标准生产和装配,对其安装质量负责,坚持文明生产、安全生产,并负责有关设备的日常维护工作。

(6)仓库保管人员。仓库保管人员应经过业务培训、考核合格、持证上岗,应熟悉本职业务和保管的设备、产品的存放要求,按照产品的不同类别,合理存放和标识,保证帐、物、卡相符;

对存放的产品定期巡查，并保持库房环境清洁，满足存放环境要求，确保产品不受损坏。

三、航空型号工程项目质量管理程序

航空型号工程项目质量管理与单纯的工程质量验收不一样，它不仅仅是最后的检验，而是对项目实施全过程的质量控制。每个分项工程或每道工序完工后，项目质量师和质量检查员要对每个分项工程或每道工序进行检查验收并签字认可，对不合格的分项工程或工序要指示生产工人等有关人员进行缺陷修补或返工。前项工程或工序未经检查认可，后项工程或工序不得进行。

(一)质量管理程序的定义

质量管理程序是用来指导、约束项目实施过程中的所有工作，以及项目质量师和质量检查员与生产人员工作关系的规范性流程文件，拟订的依据主要是项目合同文件和技术规范。质量管理程序按项目的目标管理可分为工程开工、进度管理程序；质量监测工作程序；计量与支付程序；合同管理工作程序；信息管理工作程序；工程竣工验收程序等。其中质量监测工作程序中，主要包括质量控制检查程序；质量缺陷与事故处理程序；检测试验工作程序等。

为了保证航空型号工程项目质量，项目经理在质量管理工作中应做到四不准：

(1)设计方案、生产计划未经审批，人力、材料、设备准备不足不准开工。

(2)未经检查验收认可的设备材料不准使用。

(3)生产工艺、安装程序未经批准不准采用。

(4)串行工程项目的前项工程或工序未经验收，后项工程或工序不准进行。

(二)质量控制要求

质量控制要求包括如下几方面。

1. 受控状态

要确保直接影响项目质量的设计、制造、生产、采购、安装、调试、检测、试运行和使用维护过程处于受控状态，受控状态主要包括：

(1)对设计、制造、生产、采购、安装、调试、检测、试运行和使用维护的方法制定相应的程序文件。现场使用的所有技术文件均应格式一致、完整、清晰并现行有效。

(2)使用合适的设备、材料和产品，并安排适宜的工作环境。

(3)严格按有关标准、规范、质量计划和程序文件的规定操作。

(4)对适宜的过程控制参数和产品特性进行监视和控制。

(5)需要时，对某些过程和设备是否满足要求进行测试认可。

(6)生产和操作人员的技术水平必须满足规定的要求，并持有上岗证书。

(7)按规定周期对试验设备、工艺装备、工具和检测器具进行检定，并贴上检定合格标志。

(8)对特殊工艺过程应按工艺文件或专用的质量控制程序，由具备资格的操作人员来完成，要求对过程参数进行连续监视和控制，以确保满足规定要求。

(9)关键工序应制定并执行专用的质量控制程序。

2. 三检制

在航空型号工程项目实施过程中，参与项目实施的全体人员要严格执行实施过程中的三检制，即严格执行自检、互检、专检制度，实施过程中要做到“以预防为主”，将质量隐患消灭在实施过程中，实施人员在分部、分项工程完成后，首先进行自检，再由班组长进行互检，合格后，通知专职质量师或质量检查员进行专检。

3.质量样板制

(1)在全面开展分部、分项工程实施前，项目经理要组织技术熟练的实施人员按实施方案、图纸和实施规范进行典型分部、分项工程的操作示范。经专职质量师检验认可后，进行样板交底，并填写样板工程鉴定单，一式三份，项目经理、班组长、专职质量师各一份。

(2)分部、分项工程的三检均以样板作为质量评定的依据。

(3)凡属隐蔽验收工程，如暗管敷设、夹层管线敷设等，其质量样板不能保证到分项工程全过程时，可按流水段划分，但必须做好质量样板鉴定认证记录。

4.工程预检

工程预检主要是对实施前或实施过程中的重要技术工作、部位进行检查或核实，一般工程部位由班组长负责，项目质量师参加签署检查意见。重点工程及重要实施部位由项目经理、班组长、质量师一起进行检查核实。

5.工作计划控制

对每一项任务制定详细周到的工作计划，划分工作阶段，规定每一阶段的工作任务、质量要求及控制措施和验证方法等。编制的工作计划可确保前一阶段活动因工程质量未达到要求时不能转入下一阶段。工作人员应按相应的计划、检测规范开展质量监控管理工作，并依此作为控制和评价工程质量的准则。按计划对工程质量进行正式评审，评审结果文件应予以公布和归档保存。

6.技术质量通知单

质量检查人员发现违反规程，不按设计方案、图纸和规范实施，材料、半成品和设备不符合质量要求时，首先向项目经理反映，限期解决，如影响到实施质量时应填写技术质量通知单，一式三份，写明主要问题和解决意见，自留一份，班组长一份，质量师一份，并报项目经理根据公司有关质量奖惩规定进行处理，并责成班组长提出纠正措施，限期整改。

7.子系统自检测试报告

当航空型号工程项目的分部工程(子系统)完工后，质量师或质量检查员应再进行一次子系统的自检，归总各个分项工程或工序的检查记录、测量和抽样试验的结果提出子系统自检测试报告。自检资料不全的子系统，补齐后才进行子系统测试验收。

8.飞行试验

飞行试验是航空飞行器在真实飞行条件下进行科学研究和产品试验的过程。在航空型号的研制和生产过程中，飞行试验是很重要的质量保证环节。通过飞行试验可以发现存在的质量问题，验证设计，并不断改进和完善。最终使得航空飞行器整体性能优化和可靠性的逐步提高。

四、项目质量缺陷与事故处理

质量缺陷泛指项目实施过程中存在的质量问题。由于各种因素的干扰，在项目实施过程中，质量缺陷的出现有时是难免的。但是，质量缺陷是可以尽可能减少的，特别是质量事故甚至是可以完全避免的。

1.质量缺陷的现场处理

当航空型号工程项目在实施现场出现了质量缺陷时，要按如下程序及时处理：

(1)当质量缺陷处在萌芽状态时，应及时制止。

(2)当因实施而引起的质量缺陷已出现时，项目经理应立即发出暂停实施的指令，然后紧急采取能足以保证实施质量的有效措施，并对质量缺陷进行了正确的补救处理后，再恢复实施。

(3)质量缺陷发生在某道工序或单项工程完工以后，而且质量缺陷的存在将对下道工序或分项工程质量产生影响时，项目经理应及时对质量缺陷的原因及责任做出判断，并确定了补救方案，然后再进行质量缺陷的处理及下道工序或分项工程实施。

(4)在航空飞行器产品交付使用后发现质量缺陷时，应及时进行修补或返工处理。

2.质量事故的处理

当航空型号工程项目在项目实施期间出现了技术规范所不允许的较严重的质量缺陷时，应视为质量事故。按如下程序处理：

(1)立即暂停该工程的实施并采取有效的安全措施。

(2)尽快提出质量事故报告给公司高层领导，质量事故报告应翔实反映该项工程名称、部位、事故原因、处理方案以及损失的费用。

(3)项目经理应组织有关人员对质量事故现场进行勘查，在分析、诊断、测试、验算的基础上，提出的处理方案。在分析质量事故责任时，应明确事故处理的费用数额、承担比例及支付方式。

(4)对有争议的质量事故责任，项目经理应向仲裁机构提交书面申请报告，并附上有关实施记录、设计资料及现场环境状况等资料，请仲裁机构予以判定及做出公正裁决。

第3节　航空型号工程项目可靠性工程技术

随着科学技术和工业水平飞速发展，产品产量、参数的提高，使用条件的苛刻以及大量新技术、新工艺、新材料的应用，使产品质量问题日益突出，产品的可靠性在质量特性中的地位越来越显著，从而形成了以可靠性为核心的现代质量观念。可靠性工程技术是为了适应产品的高可靠性要求而发展起来的新兴学科，是一门综合了众多学科成果以解决可靠性为出发点的边缘学科。

一、可靠性的基本概念

(一)可靠性的定义和类型

1.可靠性的定义

可靠性是指产品在规定条件下和规定时间内，完成规定功能的能力。这里的产品可以是零件、部件，也可以是由它们装配而成的机器，或由许多机器组成的机组和成套设备(统称为系统)，甚至还把人的作用也包括在内。规定条件一般指的是使用条件或环境条件。包括应力温度、湿度、尘砂、腐蚀等，也包括操作技术、维修方法等条件。规定时间是可靠性区别于产品其他质量属性的重要特征，一般也可认为可靠性是产品功能在时间上的稳定程度。因此以数学形式表示的可靠性各特征量都是时间的函数。这里的时间概念不限于一般的年、月、日、分、秒,也可以是与时间成比例的次数、距离等。

产品的失效或故障均具有偶然性,一个产品在某段时间内的工作情况并不很好地反映该产品可靠性的高低,而应该观察大量该种产品的工作情况并进行合理的处理后才能正确地反映该产品的可靠性,因此对能力的定量需用概率和数理统计的方法。

2. 可靠性的类型

按产品可靠性的形成,可靠性可分为固有可靠性和使用可靠性。

(1)固有可靠性,固有可靠性是通过设计、制造赋予产品的可靠性。

(2)使用可靠性,使用可靠性既受设计、制造的影响,又受使用条件的影响。一般使用可靠性总低于固有可靠性。

(二)可修复产品可靠性、故障和维修性

1. 可修复产品可靠性的定义

对于可修复产品来说,可靠性的含义应指产品在其整个使用寿命周期内完成规定功能的能力。即可靠性需要满足以下条件:

(1)不发生故障。

(2)发生故障后能方便地、及时地修复,以保持良好功能状态能力,即要有良好的维修性。

2. 故障的定义

故障是指产品或产品的一部分不能或将不能完成规定功能的事件或状态。对某些产品如电子元器件等亦称失效。故障一般分为以下几种类型:

(1)致命性故障,产品不能完成规定任务或可能导致重大损失。

(2)系统性故障,由某一固有因素引起,以特定形式出现的故障。

(3)偶然故障,由于偶然因素引起得故障。

3. 维修性的定义

维修性是指在规定条件下使用的产品在规定的时间内,按规定的程序和方法进行维修时,保持和恢复到能完成规定功能的能力。它是由产品设计决定的使其维修简便、快速、经济的质量特性。维修性中的“维修”包含修复性维修、预防性维修等内容。各种设备、系统都有维修性要求。除硬件外,软件也有维修性问题(在软件行业通常称为可维修性)。

维修性是产品的重要性能,对系统效能和使用维修费用有直接的影响。

4. 维修性的概率度量

维修性的概率度量称为维修度 $M(t)$

$$M(t)=P(T\leqslant t) \tag{8-2}$$

式中,T 为实际维修时间;t 为规定的维修时间。

维修性也可用维修的延续时间、工时、费用等参数来度量,最常用的是平均修复时间。维修性还可表达为一系列的定性要求,通常实施相应的设计准则来实现。例如:良好的可达性,提高标准化和互换性程度,完善的防差错设计和识别标志,测试准确、快速、简便,贵重件可(易)修复性,符合维修的人机工程要求,各种自修复、自补给、自愈合设计,减少维修对环境的影响等。

二、可靠性工程的基本概念

(一)可靠性工程的定义

可靠性工程是对产品的失效及其发生的概率进行统计、分析,对产品进行可靠性设计、可靠性预计、可靠性试验、可靠性评估、可靠性检验、可靠性控制、可靠性维修及失效分析的一门包含了许多工程技术的边缘性工程学科。随着科学技术突飞猛进,产品越来越复杂,使用环境日益严酷,使用要求更加苛刻,使用维修费用不断增长,这些都促使人们认真探索、深入研究可靠性问题。

(二)可靠性工程的主要工作内容

可靠性工程包括了对零、部件和系统等产品的可靠性数据的收集与分析、可靠性设计、预测、试验、管理、控制和评价。其主要工作内容如下:

(1)立足于系统工程方法,运用概率论与数理统计等数学工具(属可靠性数学),对产品的可靠性问题进行定量的分析。

(2)采用失效分析方法(可靠性物理)和逻辑推理对产品故障进行研究,找出薄弱环节,确定提高产品可靠性的途径,并综合地权衡经济、功能等方面的得失,将产品的可靠性提高到满意程度。

(3)可靠性工程包括了对产品可靠性进行工作的全过程,即从对零、部件和系统等产品的可靠性方面的数据进行收集与分析做起,对失效机理进行研究,在这一基础上对产品进行可靠性设计。

(4)采用能确保可靠性的制造工艺进行制造。

(5)完善质量管理与质量检验以保证产品的可靠性。

(6)进行可靠性试验来证实和评价产品的可靠性。

(7)以合理的包装和运输方式来保持产品的可靠性。

(8)指导用户对产品的正确使用、提供优良的维修保养和社会服务来维持产品的可靠性。

(三)可靠性工程的组成

可靠性工程主要由可靠性设计、可靠性试验、可靠性生产和可靠性管理等几部分组成。

1. 可靠性设计

可靠性设计是可靠性工程的重要组成内容。可靠性设计是根据需要和可能,在事先就考虑可靠性诸因素的一种设计方法。可靠性设计现已发展得比较成熟,它包括:

(1)根据系统的原理建立"可靠性模型"。

(2)将系统可靠性指标分配给各级组成部分的"可靠性分配"。

(3)根据设计方案对系统的可靠性进行预估的"可靠性预计"。

(4)在设计阶段就从设计资料上寻找可靠性薄弱环节的"故障模式影响及危害性分析(FMECA)"与"故障树分析(FTA)"。

(5)为降低工作应力提高可靠性而采用"元器件降额使用技术"。

(6)提高系统性能可靠性的"潜在状态分析""电路容差分析"。

(7)防止局部温升过高的"热设计"。

(8)防止电磁干扰引起不可靠的"电磁兼容设计"。

(9)防止软件出错误的"软件可靠性分析"等。

系统可靠性设计所能完成的主要任务是通过设计基本确定了系统的固有可靠性。说"基本确定",是因为在以后的生产制造过程还对固有可靠性产生影响。该固有可靠性是系统所能达到的可靠性上限。一切其他因素(如维修性设计等)只能保证系统的实际可靠性尽可能地接近固有可靠性。

人们不能把可靠性设计简单地理解为只是提高系统的可靠性,应当理解为要在系统的性能、可靠性、费用等各方面的要求之间进行综合权衡,从而得到最优设计。

2.可靠性试验

可靠性试验是为了评估或提高产品可靠性而进行的试验。它包括环境应力筛选试验、可靠性能提高研制试验、可靠性增长试验、可靠性鉴定试验、可靠性验收试验和寿命试验等。

3.可靠性生产

可靠性生产是为了使产品的固有可靠性得以实现或尽可能接近的技术。它包括工艺可靠性、元器件的筛选、外购件的接收检验、操作人员的可靠性、生产线及关键工序薛可靠性质量控制等。

4.可靠性管理

可靠性管理是为确定和满足产品可靠性要求而必须进行的一系列组织、计划、协调、监督等工作。可靠性管理在可靠性工程中显得越来越重要。它包括建立可靠性管理机构和研究机构,制定可靠性管理纲要和计划,制定产品可靠性管理规范和可靠性标准,建立质量反馈制度,建立故障审查组织,开展产品可靠性评审,对转承制方及供应方的监督和控制等。

(四)可靠性工程的工作重点

可靠性工程的工作重点如下:

(1)明确了解用户对产品可靠性的要求,产品使用、维修、存储期间的自然环境以及保证产品能很好地完成任务的保障资源。

(2)控制由于产品硬件、软件和人为因素造成对产品可靠性的影响。预防设计缺陷,选择恰当的元器件和原材料以及减少生产过程中的波动等。

(3)采用可靠性增长技术使优良的设计成熟起来。

(4)采用规范化的工程途径开展有效的可靠性工程活动。

三、可靠性工程与质量管理

质量和质量管理的内容十分丰富,随着社会经济和科学技术的发展,也在不断充实、完善和深化,同样,人们对质量概念的认识也经历了一个不断发展和深化的历史过程。产品明示的质量要求是指生产者对产品的质量所做出的明确的质量承诺法。一般的观点认为,产品质量越高越好,质量愈高,价值就愈高,但事实上,这种观点并不一定是正确的,质高的产品并不一定在市场上受欢迎。

(一)质量概念的演变

随着科学技术和经济的发展,人们对质量的需求不断提高,质量的概念也随之不断发生变化。具有代表性的质量概念主要有：

1. 符合性质量(狭义质量概念)

符合性质量又称为狭义质量概念。在传统观念中，质量多半指某件特定的产品或服务本身的性能指标。认为质量只是符合标准的要求，可以用一系列的标准来控制、检验及评估，符合标准中相关性能、使用、寿命等要求，即可被视为质量合格的产品，很少考虑使用者对产品的感受。这是长期以来人们对质量的理解，但是标准不先进，即使是百分之百符合标准，也不能认为是质量好的产品，于是随着时代的进步，质量的概念在满足符合性的基础上又产生了适用性的概念。

2. 适用性质量(过渡质量概念)

适用性质量是以适合顾客需要的程度作为衡量的依据，即从使用的角度来定义质量，认为产品质量是产品在使用时能成功满足顾客需要的程度。"适用性质量"概念的发展，说明了人们在质量概念的认识上逐渐把顾客的需求放在首位，但是满足顾客使用需要的产品质量还不一定都能使顾客满意，质高的产品并不一定在市场上受欢迎。适用性质量概念是一种过渡性概念，最后它向"顾客满意质量"演变。

3. 顾客满意质量(广义质量概念)

顾客满意质量又称为广义质量概念。由于顾客(客户)满意的"要求"是广义的，它除了适用性外，还可能是隐含的要求。顾客满意质量代表了"人(顾客)、机(设备)、料(材料)、法(方法)、环(环境)"五者之间的互动关系，所有的产品或服务都是以人满意为中心的。例如汽车，顾客要求除了美观、舒适、轻便、省油和良好的售后服务等外，还要求车厢内部不能采用有异味、有污染的材料；发动机排放物要符合排放标准；驾驶方法采用智能化或半智能化；制动器的安全可靠性高；能在路况较差的环境条件下行驶等。再比如，波音747大型客机本身虽然是"合格"的飞机，但是却不能在济南遥墙国际机场起降，因此，这种飞机对在济南遥墙国际机场出行的旅客而言是无用的，就是质量不合格的。

广义质量概念与狭义质量概念两者并不矛盾，它们之间存在着相互依存、相互协作、相互促进的辩证关系。广义质量概念建立在狭义质量概念之上，前者促进了后者的发展，使后者的标准规范不断地发展进步；后者支撑了前者不断地完善和提高，使人们的生活水平蒸蒸日上。

(二)可靠性工程与质量管理的关系

质量管理是指在质量方面指挥和控制组织的协调活动。可靠性是指产品的耐用程度，是产品质量的重要指标之一，是时间领域内的主要质量指标。所以，可靠性问题也是质量问题。

可靠性和质量管理的目标都是为了设计、制造出品质优良的装备，但是，因为两者的发展过程不同，其内容和范围也不同，至少在1970年前后两者还没有统一到一条轨道上。因此，对质量管理和可靠性工程之间的关系与区别在国际上曾引起了热烈的讨论。

一个好的装备不仅要具备所需的性能，而且能长期保持这种性能，使用中无故障或少故障。发生故障则好修理，使功能迅速得到恢复，还要求使用安全、易于保障等。

现在人们一致认为可靠性是产品重要的质量指标，GJB—450A《装备可靠性工作通用要求》等标准规定，在研制和生产新的装备时，必须将可靠性、维修性和保障性指标列入《研制任务书》中，并应制定相应的保证大纲或工作计划，给出具体的考核和验证方法。这对传统质量管理提出了新的更高的要求，使它不仅局限于一般的质量管理活动，而且应拓宽为包括可靠性、维修性、保障性、安全性在内的管理新范畴。

进行全面质量管理的目的在于保证产品质量可靠，以便它在寿命周期中使用时能可靠地完成各种规定的技术性能，所以需要注意以下几点：

(1)传统质量管理是以制造过程的程序化、规范化为目标，试图通过使工序稳定来提高质量。而可靠性、维修性则是研究消除故障的对策。要在论证和设计中就采取措施防止缺陷的发生。

(2)质量管理更多考虑产品“今天的质量”，而可靠性、维修性则考虑“明天的质量”。

第4节　航空型号工程项目可靠性工程管理

可靠性有其定量的概率统计特性，在设计中可以预计，在试验中可以测定，在生产中可以保证，在使用中可以保持，在整个寿命周期内可以控制。在研究产品可靠性问题时，必须注意可靠性的三大要素，即条件、时间和功能，建立一个基本的观点，即概率统计观点，并充分认识可靠性具有的时间性、统计性和综合性的特点。

一、可靠性指标函数和可靠性框图

(一)可靠度函数

不同场合和不同的情况下，人们可以用不同的数量指标来表示产品的可靠性。如产品从开始使用到某时刻 t 这段时间，维持规定功能的能力就可用一个称为可靠度的量来表示，可靠度的量越大，就表示完成规定功能的能力越大，即产品越可靠。

可靠度是产品在规定时间内和规定条件下，完成规定功能的概率，是可靠性的概率度量。规定的时间 t 作为变量时，产品的可靠度就是以时间 t 为变量的可靠度函数，记为 $R(t)$。$R(t)$ 即为产品寿命大于规定时间 t 的概率，

$$R(t)=\frac{N_0-r(t)}{N_0} \tag{8-3}$$

式中，N_0 为产品数；$r(t)$ 为到 t 时刻发生故障的产品数。工作时间越长，产品发生故障的概率越大。

(二)故障分布函数

虽然可靠度可作为表示产品可靠性的一个数量指标，但是并非任何场合使用这个指标都方便，对元器件来说，往往用寿命这个指标更直观，即产品从开始使用到丧失规定功能这段时间的长短。由于实际应用中故障与失效很难区别，故一般统称为故障。产品从开始工作到首次故障前的一段工作时间 T 称为寿命，它是一个随机变量。不同产品、不同工作条件，寿命 T 值的统计规律性是不同的，设寿命 T 的分布函数记为 $F(t)$，有

$$F(t)=\int_0^t f(t)\,\mathrm{d}t \tag{8-4}$$

故障密度函数 $f(t)$ 是在 t 时刻后的一个单位时间内，产品故障总数与产品总数之比。

$$f(t)=\frac{N_S(t_i)-N_S(t_{i+1})}{N_0(t_{i+1}-t_i)} \tag{8-5}$$

在某时刻t,产品只能处于正常或故障两种状态之一。因而$F(t)+R(t)=1$。同时可得到$F(t)$,$R(t)$的性质:$R(0)=1$,$F(0)=0$;$R(t)$是t的非增函数,$F(t)$是t的非减函数。

(三)可靠性框图

1. 可靠性框图的定义

可靠性框图(Reliability Block Diagram,RBD)是从可靠性角度出发研究系统与部件之间的逻辑图,是系统单元及其可靠性意义下连接关系的图形表达,表示单元的正常或失效状态对系统状态的影响。它是研究系统可靠性的重要工具。

用框图的形式将一个产品(系统)的各个组成部分的故障之间的逻辑关系表示出来,这种分析技术就叫作可靠性框图技术。产品(系统)的各部分由零件(元件)、部件、组合件、单机、机组、装置、分系统构成,系统的可靠性依赖于每一部分的可靠性,也依赖于每一部分的组合方式。因此,研究系统的可靠性,一方面要研究各部分的组合方式,另一方面要研究每一部分的可靠性与整个系统可靠性的关系,即可靠性逻辑关系。可靠性框图就是表示这些逻辑关系的工具。

2. 可靠性框图的作用

可靠性框图依靠方框和连线的布置,绘制出系统的各个部分发生故障时对系统功能特性的影响。它只反映各个部件之间的串并联关系,与部件之间的顺序无关。系统的原理方框图反映了系统的流程,物质从一个部件按顺序流经到各个部件,如图8-6所示。系统的可靠性框图以原理方框图为基础,但是不反映顺序,仅仅从可靠性角度考虑各个部件之间的关系,它利用互相连接的方框来显示系统的失效逻辑,分析系统中每一个成分的失效率对系统的影响,以帮助评估系统的整体可靠性。

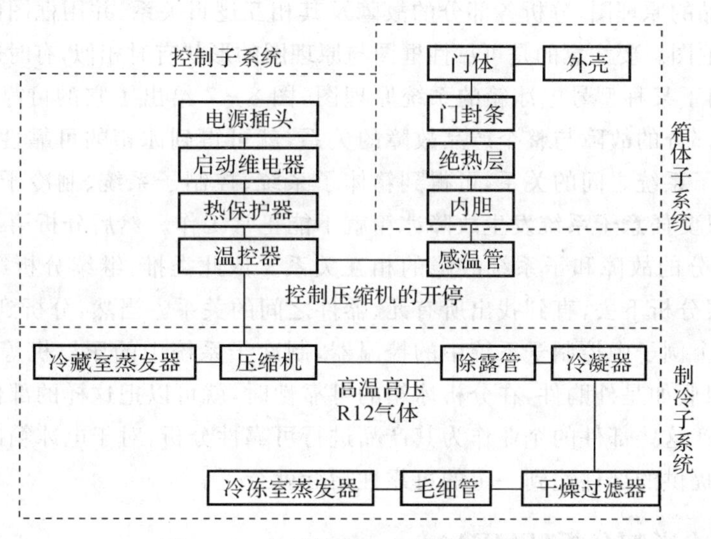

图8-6 某型号冰箱系统原理方框图

可靠性框图是具有代表性的图形和计算工具,用于为系统可用性和可靠性建模。可靠性方块图的结构定义了系统中各故障的逻辑交互作用,而不一定要定义各故障的逻辑连接和物理连接。每个方块可以代表一个组件故障、子系统故障或其他具有代表性的故障。该方块图可以代表整个系统,也可以代表该系统中要求进行故障分析、可靠性分析或可用性分析的任何子集或组合。它还可用作分析工具,显示系统中每个元件是如何工作的,以及每个元件是如何影响整体系统运行的,如图 8-7 所示。

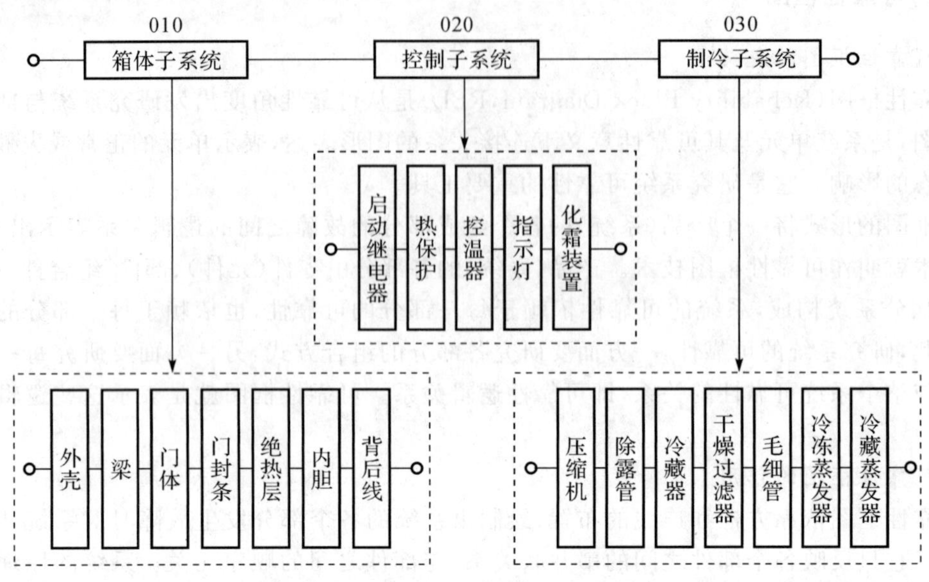

图 8-7　某型号冰箱系统可靠性框图

3.可靠性框图的绘制步骤

首先,要得到产品(系统)的原理图或功能图,原理图表示的是产品各部分的功能间的逻辑关系。然后根据产品的原理图,分析各部分的故障及其相互逻辑关系,并用框图的形式表示出来,即可得到可靠性框图。要注意的是可靠性框图与原理图的形状有时相似,有时却很不相同。

图 8-6 给出了某种型号电冰箱的系统原理图,图 8-7 给出了它的可靠性框图。由原理图分层次分析各部分的故障与整个产品故障的关系,就可得到冰箱的可靠性框图。首先分析第一个层次即各子系统之间的关系,可得到箱体子系统、控制子系统、制冷子系统的故障是串联的关系,因为只要任意子系统发生故障冰箱就不能正常工作。然后分析第二个层次,即各子系统中找出各部分的故障和子系统故障的相互关系。依此类推,继续分析第三层次、第四层次……,这样逐层分析下去,直到找出所有元、器件之间的关系。当然,分析到哪一层次要根据实际情况。在这个例子中控制子系统中的控温器,制冷子系统中的压缩机等部件尽管是由很多个元件组成,但假如是外购件,在分析冰箱的可靠性时,就可以把这样的部件看作整体,不再往下分析。由生产这些部件的企业作为其产品进行可靠性分析,对于电冰箱的制造商来说,只要部件的制造商提供的部件达到一定的可靠性指标就行了。

二、故障模式影响分析(FMEA)

(一)故障模式影响分析(FMEA)的定义

故障模式影响分析(Failure Mode and Effects Analysis,FMEA)是在产品设计过程中,分析系统中每一产品所有可能产生的故障模式及其对系统造成的所有可能影响,并按每一个故障模式的严重程度、检测难易程度以及发生频度予以分类的一种归纳分析方法。FMEA是可靠性设计的重要方法,它对各种可能的风险进行评价、分析,以便在现有技术的基础上消除这些风险或将这些风险减小到可接受的水平。

及时性是成功实施FMEA的最重要因素之一,它是一个"事前的行为",而不是"事后的行为"。为达到最佳效益,FMEA必须在故障模式被纳入产品之前进行,这将有助于对设计的评审和为安排改进措施的先后顺序提供依据。FMEA可使设计更合理、考虑更全面,是可靠性设计的重要内容,无论在方案论证阶段还是技术设计阶段都应进行FMEA。

(二)FMEA基本方法

FMEA有两种基本方法,即硬件法和功能法。至于采用哪种方法,取决于设计的复杂程度和可利用信息的多少。对复杂系统进行分析时,可以考虑综合采用硬件法和功能法。

1.硬件法

硬件法是根据产品的功能对每个故障模式进行评价,用表格列出各个产品,并对可能发生的故障模式及其影响进行分析。各产品的故障影响与分系统及系统功能有关,当产品可按设计图纸及其他工程设计资料明确确定时,一般采用硬件法。硬件法适用于从零件级开始分析再扩展到系统级,自下而上进行分析。采用这种方法进行FMEA是较为严格的。

2.功能法

功能法将每个产品的每个功能全部都列出来,并对它们的故障模式进行分析。当产品构成不能明确确定时,或当产品的复杂程度要求从初始约定层次开始向下分析时,一般采用功能法。这种方法较硬件法简单,故可能忽略某些故障模式。

(三)FMEA的类型

FMEA实际是一组系列化的活动,其过程包括:找出产品/过程中潜在的故障模式;根据相应的评价体系对找出的潜在故障模式进行风险量化评估;列出故障起因/机理,寻找预防或改进措施。由于产品故障可能与设计、制造过程、使用及服务有关,因此FMEA又细分为设计FMEA、过程FMEA、使用FMEA和服务FMEA四类,其中设计FMEA和过程FMEA最为常用。

1.设计FMEA(d-FMEA)

设计FMEA(记为d-FMEA)应在一个设计概念形成之时或之前开始,并且在产品开发各阶段中,当设计有变化或得到其他信息时要及时修改,并在图样加工完成之前结束。其评价与分析的对象是最终的产品以及每个与之相关的系统、子系统和零部件。需要注意的是,d-FMEA在体现设计意图的同时还应保证制造或装配能够实现设计意图。因此,虽然d-FMEA不是靠过程控制来克服设计中的缺陷,但其可以考虑制造,装配过程中技术的/客观的限制,从而为过程控制提供了良好的基础。d-FMEA的作用有:

(1)设计要求与设计方案的相互权衡。

(2)制造与装配要求的最初设计。

(3)提高在设计/开发过程中考虑潜在故障模式及其对系统和产品影响的可能性。

(4)为制定全面、有效的设计试验计划和开发项目提供更多的信息。

(5)建立一套改进设计和开发试验的优先控制系统。

(6)为将来分析研究现场情况、评价设计的更改以及开发更先进的设计提供参考。

2.过程 FMEA(p-FMEA)

过程 FMEA(记为 p-FMEA)应在生产工装准备之前、在过程可行性分析阶段或之前开始，而且要考虑从单个零件到总成的所有制造过程。其评价与分析的对象是所有新的部件/过程、更改过的部件/过程及应用或环境有变化的原有部件/过程。需要注意的是，虽然 p-FMEA 不是靠改变产品设计来克服过程缺陷，但它要考虑与计划的装配过程有关的产品设计特性参数，以便最大限度地保证产品满足用户的要求和期望。p-FMEA 一般包括下述内容：

(1)确定与产品相关的过程潜在故障模式。

(2)评价故障对用户的潜在影响。

(3)确定潜在制造或装配过程的故障起因，确定减少故障发生或找出故障条件的过程控制变量。

(4)编制潜在故障模式分级表，建立纠正措施的优选体系。

(5)将制造或装配过程文件化。

(四)FMEA 表格

进行 FMEA 的典型做法是根据 FMEA 工作表(表 8-3)的要求和产品的实际情况逐步分析及填写。在分析产品的某一故障影响时，应把该故障看成是系统中唯一的故障。在有安全、冗余或备用设备的情况下，故障模式还应包括那些导致需要使用这些设备的故障状态。

表 8-3 故障模式及影响分析(FMEA)工作表

初始约定层次　　阶段　　约定层次　　第　页共　页

代码	产品标号	功能	故障模式	故障原因	故障影响			故障检测方法	补偿措施	严酷度类别	备注
					局部影响	高一层次影响	最终影响				

分析人员　　审核　　批准　　填表日期

FMEA 工作表(见表 8-3)的填写内容和要求有：

(1)初始约定层次。要进行 FMEA 的完整产品所在的层次。

(2)阶段。进行分析的产品所处的研制阶段。

(3)约定层次。根据分析的需要，按产品的相对复杂程度或功能关系所划分的产品层次。这些层次是从比较复杂的产品到比较简单的元器件进行划分。

(4)代码。代码是指被分析产品或产品组成部分(硬件、产品功能或功能模块)的代码。

(5)产品标号或元器件位号。被分析产品或产品组成部分(硬件、产品功能或功能模块)的名称。原理图中的标号、设计图纸的图号或元器件位号可作为产品标号。

(6)功能。产品或产品组成部分(硬件、产品功能或功能模块)要完成的功能具体内容。应注意特别要包括与其接口设备的相互关系。接口设备是被分析对象正常完成任务所必需的，但不属于被分析的产品，但与被分析产品有共同界面或服务的系统，如：供电、冷却、加热、通风系统或输入信号系统。

(7)故障模式。确定并说明各产品约定层次的所有可预测的故障模式,并通过分析相应方框图中给定的功能输出来确定潜在的故障模式。应根据系统定义中的功能描述及故障判据中规定的要求,假设出产品功能的故障模式。

为了确保全面地分析,至少应就下述典型的故障状态对每个故障模式和输出功能进行分析研究:

1)提前工作。

2)在规定的应工作时刻不工作。

3)间歇工作。

4)在规定的不应工作时刻工作。

5)工作中输出消失或故障。

6)输出或工作能力下降。

7)在系统特性及工作要求或限制条件方面的其他故障状态。

(8)故障原因。鉴定并说明与所假设的故障模式有关的可能故障原因。这既包括直接导致故障或引起组成部分质量退化进一步发展成为故障的原因,也包括来自低一层次的故障效应。低一层次组成部分的故障输出可能是本层次组成部分的故障原因。如果故障模式有一种以上的故障原因则应全部列出。

在分析故障原因时,要注意共模(因)故障。它是在两个或多个组成部分上由于同一故障原因引起的故障模式(不包括由于独立失效引起的从属失效)。

(9)故障影响。每个假设的故障模式对产品使用、功能或状态所导致的后果。其中包括局部的、高一层次的和最终影响,最终影响是对最高约定层次产品组成部分的影响。

(10)故障检测方法。故障检测是指操作人员或维修人员用来检测故障模式发生的方法。如目视检查、音响报警、仪器显示、机内故障自动检测(BIT)等。

若没有检查方法则应注明,并采取补救措施。如改进测试性设计等。故障检测方法中要考虑到有时产品几个组成部分的不同故障模式可能出现相同的表现形式,此时应具体区分检测方法。故障监测也应包括对冗余系统组成部分的检测,以维持冗余系统的可靠性。

(11)补偿措施。对故障模式的相对重要性予以排队,对于相对重要的故障模式要采取减轻或消除其不良影响的预防补救措施。补偿措施可以是设计上的补偿措施,也可以是操作人员的应急补救措施。在设计上如改用更可靠的元器件、采用冗余设计、提高降额系数和监控或报警装置等。补偿措施必须与设计生产有关,而不能是“修理”“更换”等。

三、故障树分析(FTA)

1.故障树分析的定义

故障树分析(Fault Tree Analysis,FTA),又称事故树分析,是安全系统工程中最重要的分析方法。事故树分析从一个可能的事故开始,自上而下、一层层的寻找顶层事件的直接原因和间接原因事件,直到基本原因事件,并用逻辑图把这些事件之间的逻辑关系表达出来,如图8-8所示。

故障树分析(FTA)技术是美国贝尔电报公司的电话实验室于1962年开发的,它采用逻辑的方法,形象地进行危险的分析工作,特点是直观、明了,思路清晰,逻辑性强,可以做定性分析，也可以做定量分析。体现了以系统工程方法研究可靠性工程问题的系统性、准确性和预测性，它是可靠性工程的主要分析方法之一。

2. 故障树图

故障树图(Fault Tree Diagram，FTD)是一种特殊的倒立树状逻辑因果关系图，它用事件符号、逻辑门符号和转移符号描述系统中各种事件之间的因果关系。逻辑门的输入事件是输出事件的"因"，逻辑门的输出事件是输入事件的"果"。它根据元部件状态(基本事件)来显示系统的状态(见图 8-8)。

故障树图是一种图形化设计方法，一个故障树图从上到下逐级建树并且根据事件而联系，它用图形化"模型"路径的方法，使一个系统能导致一个可预知的，不可预知的故障事件(失效)，路径的交叉处的事件和状态，用标准的逻辑符号(与、或等)表示。在故障树图中最基础的构造单元为门和事件，这些事件与在可靠性框图中有相同的意义并且门是条件。

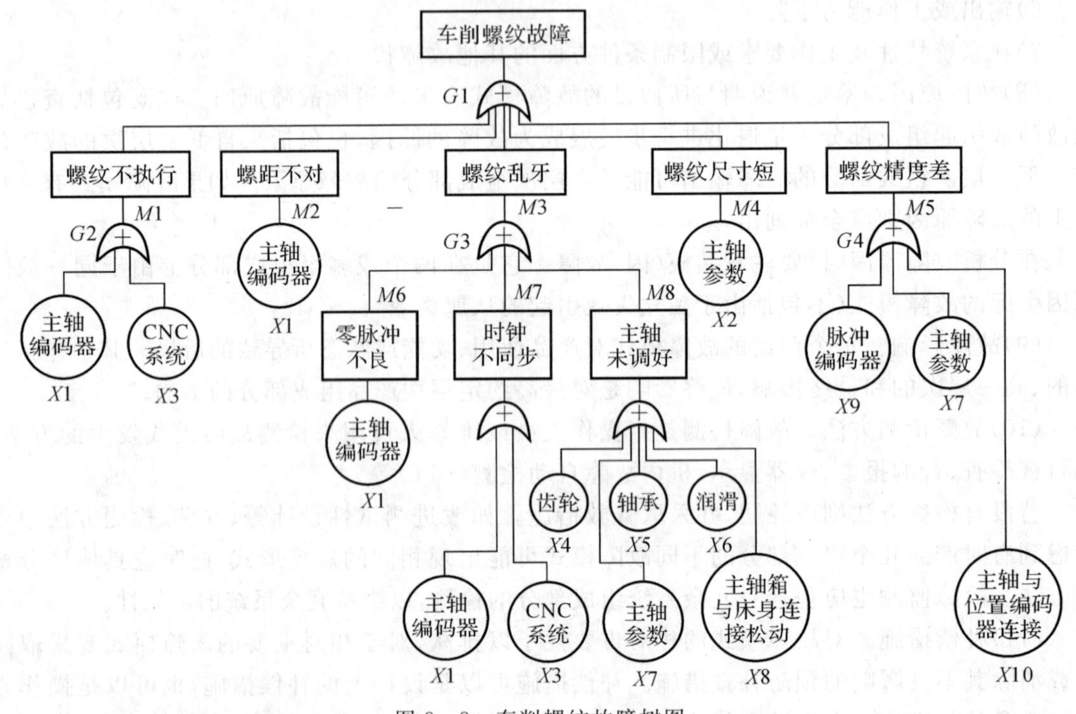

图 8-8 车削螺纹故障树图

3. 故障树分析的步骤

(1)熟悉系统。要详细了解系统状态及各种参数，绘出工艺流程图或布置图。

(2)调查事故。收集事故案例，进行事故统计，设想给定系统可能发生的事故。

(3)确定顶上事件。要分析的对象即为顶上事件。对所调查的事故进行全面分析，从中找出后果严重且较易发生的事故作为顶上事件。

(4)确定目标值。根据经验教训和事故案例，经统计分析后，求解事故发生的概率(频率)，以此作为要控制的事故目标值。

(5)调查原因事件。调查与事故有关的所有原因事件和各种因素。

(6)画出故障树。从顶上事件起，逐级找出直接原因的事件，直至所要分析的深度，按其逻辑关系，画出故障树。

(7)分析。按故障树结构进行简化，确定各基本事件的结构重要程度。

(8)事故发生概率。确定所有事故发生概率，标在故障树上，并进而求出顶上事故的发生概率。

(9)比较。比较分可维修系统和不可维修系统进行讨论，前者要进行对比，后者求出顶上事件发生概率即可。

4. 故障树图和可靠性框图的区别

故障树图(FTD)和可靠性框图(RBD)最基本的区别在于RBD工作在“成功的空间”，从而系统看上去是成功的集合，然而，故障树图(FTD)工作在“故障空间”，并且系统看起来是故障的集合。传统上，故障树已经习惯使用固定概率(也就是组成树的每一个事件都有一个发生的固定概率)，然而可靠性框图对于成功(可靠度公式)来说可以包括以时间而变化的分布，以及其他特点。

四、可靠性试验

(一)可靠性试验的基本概念

1. 可靠性试验的定义

可靠性试验是对产品进行可靠性调查、分析和评价的一种手段。它不仅仅是为了用试验数据来获得产品可靠性指标或者说明产品可以接收或拒收、合格与不合格等，更主要的目的是对产品在试验中发生每一个故障的原因和后果都要进行细致的分析，采取有效的改进措施，提高产品的可靠性。试验结果为故障分析、研究采取的纠正措施、判断产品是否达到指标要求提供依据。

2. 可靠性试验的目的

可靠性试验一般是在产品的研究开发阶段和大规模生产阶段进行的。在研究开发阶段，可靠性试验主要用于评价设计质量、材料和工艺质量。在大规模生产阶段，可靠性试验的目的则是质量保证或定期考核管理。由于阶段不同，其目的和内容也不完全相同。可靠性试验的目的通常有如下几方面：

(1)在研制阶段用以暴露试制产品各方面的缺陷，评价产品可靠性达到预定指标的情况。

(2)在生产阶段为监控生产过程提供信息。

(3)对定型产品进行可靠性鉴定或验收。

(4)暴露和分析产品在不同环境和应力条件下的失效规律及有关的失效模式和失效机理。

(5)为改进产品可靠性，制定和改进可靠性试验方案，为用户选用产品提供依据。

(二)可靠性试验的类型

按照试验的目的分类，可靠性试验分为以下几类：

(1)环境应力筛选。环境应力筛选的目的是发现和排除不良零件、元器件、工艺缺陷和其他原因所造成的早起故障，从而提高产品的可靠性。环境应力筛选在产品的研制、生产阶段进行。环境应力筛选是产品进行可靠性增长试验、可靠性鉴定和验收试验的前提。

(2)可靠性增长试验。可靠性增长试验是在产品研制阶段通过试验暴露产品所存在的问题,并进行故障分析,继而采取改进措施和再试验,使产品的可靠性得到增长,并满足或超出预定的可靠性要求。

(3)可靠性验证试验。包括可靠性鉴定试验和可靠性验收试验两类。

1)可靠性鉴定试验。可靠性鉴定试验是为了确定产品在规定的环境及工作条件下是否达到设计规定的可靠性要求而进行的试验。可靠性鉴定试验用于设计定型、生产定型、主要设计或工艺变更后的鉴定。

2)可靠性验收试验。可靠性验收试验是为了确定批生产或交付的产品能否在规定的环境及工作条件下满足规定的可靠性要求而进行的试验。也就是验证产品的可靠性不随生产期间的工艺、工装、工作流程、零部件质量的变化而降低。可靠性验收试验不一定每批都进行。

(4)可靠性测定试验。可靠性测定试验是用来测定评估产品可靠性水平而进行的试验。由于环境应力筛选试验和可靠性增长试验的目的在于暴露故障并加以排除,且由承包方在研制或生产阶段进行,所以又称为可靠性工程试验。

(三)可靠性试验的实施过程

1.编写可靠性验证试验大纲

(1)试验对象和数量。

(2)试验目的、进度。

(3)试验方案。

(4)试验条件,包括试验设备提供的应力及其容差、检测设备及其精度要求。

(5)试验场所。可按以下顺序选定:独立实验室,合同乙方以外的实验室,合同乙方的实验室。

(6)设置评审点、开展FRACAS要求。

2.编写试验方案

(1)试验项目。

(2)选定统计试验方案。

(3)试验剖面。

(4)故障判据及分类。

(5)有关试验方职责分工。

(6)计划进度、经费、人员、维修器材等资源保证条件。

(7)其他可靠性活动信息。

3.试验程序

(1)试验过程。

(2)样品及其技术状况。

(3)需检测的特性参数、故障判据及其容限、检测时段及方法。

(4)综合环境条件及其容差。

(5)试验日志及记录的数据内容、记录时间间隔要求。

(6)故障记录表格及其登记内容、分析报告要求。

(7)中断试验的规定,定期维护时间,故障发生后而试验条件超出容限无法纠正时的耗时数量。

(8)样品故障的处置程序。及时记录故障现象和发生的应力条件及操作动作,确认故障,报告试验负责人,在温度到达常温点中断试验,取出故障样品,修理样品或继续试验,分析故障明确是否关联,记录故障处理过程。

4.试验评审

试验评审包括:试验大纲评审、试验方案评审、试验程序评审、试验准备状态评审、试验中评审、试验完成综合评审。前4项评审可以结合在一起进行。试验中评审视情况进行,如对故障处理和试验进度、序贯试验终结与否进行评审,由试验现场负责人组织实施。试验完成综合评审,应在试验报告编制完成之后进行,包括评价试验结果,产品可靠性水平及其接收与否的结论,问题处置的落实等。

5.联合试验小组

联合试验小组由试验方、承包方和客户代表组成,包括试验、总体、设计、生产、质量可靠性等专业人员,一般由试验方任组长,承包方和客户方任副组长,负责协调实施试验大纲。具体工作内容:执行试验评审和试验程序,审核试验数据,审批样品故障的分类,审批试验中断程序等。

6.试验报告

试验报告是产品可靠性水平的正式记录,包括试验中产生的各种原始记录和试验结果的处理报告和结论意见。

第9章 航空型号工程项目维修和安全性管理

第1节 航空维修性工程的基本概念

并行工程是对产品及其相关过程进行并行、一体化设计的一种系统化的工作模式,可靠性工程是研究装备经久耐用不发生故障的问题,而维修性工程是研究产品发生故障后怎样使之易于恢复工作能力的问题。航空型号工程维修性与可靠性、并行工程密切相关。

一、维修性的定义、与可靠性的联系及意义

(一)维修和维修性的定义

1.维修的定义

维修是指为使产品保持或恢复到规定状态所进行的全部活动。维修包括修复性维修、预防性维修、保养和在线损伤修复等内容。要提高产品或系统的维修性,必须考虑下面3个因素:

1)维修性设计。在设计时,要使产品在发生故障后,容易发现或检查故障,而且易于修理。

2)维修者的素质。承担修理任务的维修者,应具有熟练的技能。

3)维修性管理。可供维修用的备件、工具、设备等,以及维修管理系统应良好。

2.维修性的定义

维修性是指产品在规定的条件下和规定的时间内,按规定的程序和方法进行维修时,保持和恢复到规定状态的能力。维修性是与维修关系最为密切的质量特性,即由设计赋予的使其维修简便、快速、经济的固有属性,是一种设计决定的质量特性。其中"规定的条件"主要是指维修的机构和场所,以及相应的人员与设备、设施、工具、备件、技术资料等资源。"规定的时间"是指规定维修时间。"规定程序和方法"是指按技术文件规定的维修工作类型(工作内容)、步骤、方法。在这些约束条件下完成维修即保持或恢复产品规定状态的能力(或可能性)就是维修性。维修性是可达性、可装连性、防差错性(零件、元器件、部件)可互换性、测试诊断性、安全性、可修复性、可抢修性、维修工具的可使用性、可监控性、可调试性等方便维修的技术措施的综合,维修性取决于产品的结构、连接和安装、配置等因素,是由设计形成的特性。维修性作为航空型号工程项目的重要特性,对其全生命周期费用有着决定性影响。

(二)维修性与可靠性的联系

维修性与可靠性是相关的,二者结合起来决定一个系统的有效性(可用率)。有效性是指可以维修的产品在某时刻具有或维持规定功能的能力。可靠性的作用,在于延长系统的"可工作时间";而维修性的作用,在于减少系统的"不能工作时间"。可靠性加上维修性(有效性)称

为广义可靠性。

从系统完好性和全生命周期费用的观点出发，仅提高可靠性不是一种有效的方法，必须综合考虑可靠性及维修性，才能获得最佳结果。维修性比可靠性更多地涉及人的因素，因为在系统维修过程中，基本上都要求人的参与，因而应在维修性设计中更多考虑人机工程问题。

贯彻以可靠性为中心的维修思想：根据系统可靠性分析，在系统设计中增加系统预防性维修的设计，以及在线维修设计，减少因维修而导致的系统停运。

维修性与可靠性有最为紧密的关系，表现在以下几方面：

(1)两者有其共同的目标，在产品研制中要进行二者的综合权衡。

(2)维修性活动常常要以可靠性活动为基础或结合进行，例如，维修性的分配、预计、分析、维修性管理、试验等。

(3)维修性技术与可靠性技术有共同的数学基础和相似的方法。

(三)维修性工作的重要意义

随着产品逐渐复杂化和高科技化，维修性已经成为现代科技产品，尤其是复杂大型装备的重要质量特性。把维修性纳入产品研制过程中，通过设计实现维修性要求是提高产品维修性水平的客观需要。

1. 维修性是可靠性的重要补充

可靠性使从延长其正常工作时间来提高可用性，而维修性则从缩短维修停机时间来提高可用性。在我国现有地条件下，由于科技工业水平地限制，普遍地大幅度提高产品可靠性是有困难的。在这种情况下，通过提高维修性来弥补其不足，保证产品达到所要求的可用性水平，将是较为有效而经济的。

2. 维修性对武器装备有特殊重要性

与一般民用产品相比，武器装备的维修性显得更为重要。这是因为武器装备的使用条件恶劣，而出现故障的危害大，可用性的要求高，特别是在战斗条件下使用时。对受到损伤的装备能否迅速有效地维修直接关系到保持、恢复战斗力，关系到战役的成败。

3. 改善维修性是提高系统效能的重要途径

武器系统效能(E)是可用性(A)、可信性(D)和固有能力(C)的综合反映。维修性不仅影响可用性，而且影响使用中的可信性。所以，改善武器装备的维修性，是提高系统效能的重要途径。

4. 改善维修性是节省产品全生命周期费用的重要途径

国内外武器装备发展的实践证明，随着装备性能的改善，结构的复杂化和技术的日益先进，其价格也直线上升，随之而来的是装备使用维护费用的增加，因此，通过合理的设计，改善维修性，节省维修费用是装备研制中的迫切任务。

二、维修性工程的定义、维修工作分类和方式

(一)维修性工程的定义

维修性工程是指为使产品或设备具有良好的维修性而进行的一系列工程活动，包括论证、分析、设计、制造、试验、评价等各项工作。

一项系统工程，不仅涉及技术方面，而且涉及管理方面。即一个系统的建立包含两平行的过程：一是工程技术过程；二是对工程技术的控制过程，即对进程实施科学管理的过程，包括过程管理、技术管理和产销管理。就维修性工程而言，则包含维修件设计和维修性管理两方面。

（1）维修性设计。维修性设计包括可达性、可操作性、防差错性、测试诊断性、安全性设计，标准化、模块化设计，维修支持系统（维修环境）设计等。

（2）维修性管理。维修性管理工作包括维修性方案、目标及计划；维修性工作条件分析；维修性要求和准则；维修性分析（维修性分配，维修性预计，失效模式、效应与危害度分析）；费用与风险估计；维修性评审（方案、合同、设计的评审）；维修性检验与验证；维修性数据的收集与分析；维修性文件；维修性培训等。

（二）维修工作的分类

维修的分类方法，最常用的是按照维修的目的与时机，分为以下几种基本类型：

（1）预防性维修。预防性维修是指通过对设备的检查、检测、发现故障征兆以防止故障发生，使其保持在规定状态所进行的各种维修工作，包括清洗、润滑、调整、检查、更换和定时拆修等。由于预防性维修的内容和时机是事先加以规定并按照预定的计划进行的，因而预防性维修也称为计划维修。

（2）修复性维修。修复性维修是指产品发生故障后，使其恢复到规定技术状态所进行的维修活动，故也称为修理。主要包括故障定位、故障隔离、分解、更换、组合、安装、调校、检验，以及修复损坏件等。由于修复性维修的内容和时机带有随机性，因而也称为非计划维修。

（3）改进性维修。改进性维修是指在维修过程中对产品进行局部的技术改进，以提高其性能、可靠性、维修性、测试性、保障性、安全性等的工作，也称为改善性维修。

（4）战场抢修。战场抢修又称战场损伤评估与修复，是指战斗中装备遭受损伤或发生故障后，在评估损伤的基础上，采用快速诊断与应急修复技术，对装备进行战场修理，使之全部或部分恢复必要功能或实施自救的修理活动。

（三）维修工作的方式

维修方式是对装备及其机件维修工作内容及其时机的控制形式，是航空维修的基本形式和方法。一般来说，维修工作内容需要着重掌握的是拆卸维修和深度广度比较大的修理，因为它所需要的人力、物力和时间比较多，对装备的使用影响比较大。实际使用中，维修方式是指控制拆卸、更换和大型修理（翻修）时机的形式。在控制拆卸或更换时机的做法上，从长期的实践中概括出来有以下几种：

1. 定时维修

规定一个时间，只要设备用到了这个时间，即装备使用到预先规定的间隔期，就按事先安排的内容进行的维修，使产品恢复到或接近于原规定的技术状态。其中“规定的间隔期”一般是以航空器、发动机的主体使用时间为基准的，包括累计工作时间、日历时间或循环次数等。维修工作的范围从装备分解后清洗、检查直到装备大修。定时方式根据产品研制试验分析和使用情况，确定其寿命和翻修间隔，属于预防性维修范畴。

（1）适用范围：①故障对飞行安全有直接危害而又发展迅速，且不能采取视情方式的产品；

②具有不能进行原位检查的隐蔽功能的产品；③确有耗损期并且在进入耗损区的残存概率比较大的产品。

(2)优点。定时方式以时间为标准，维修时机的掌握比较明确，便于安排维修工作，组织维修人力和准备物资，适用于已知寿命分布规律且确有耗损期的装备，这种装备的故障与使用时间有明确的关系，大部分项目能工作到预期的时间以保证定期维修的有效性，管理工作简单。

(3)缺点。定时方式针对性差，维修工作量大，经济性差。

2.视情维修

视情方式是对装备进行定期或连续监测，在发现其有功能参数变化，有可能出现故障征兆时即进行的维修。视情维修时基于这样的一种事实进行的，即大量的故障不是瞬时发生的，故障从开始到发生，总有一段出现异常现象的时间且有征兆可寻。因此，如果采用性能监控或无损检测等技术能找到跟踪故障迹象过程的办法，就可能采取措施预防故障发生或避免故障后果，所以也称为预知维修方式，属于预防性维修范畴。

(1)适用范围：①耗损故障初期有明显劣化征候的装备；②故障对飞行安全有危害而又发展缓慢的产品；③具有能进行原位检查的隐蔽功能的产品；④确有发展缓慢的耗损故障，能检查出故障初始状况，且能评估出从潜在故障发展为功能故障所需要的时间。

(2)优点。按产品的某些状况标准来控制其可靠性，故能反映产品的实际情况，维修的针对性强，能够充分利用机件的工作寿命，又能有效地预防故障，经济好。

(3)缺点。由于要不断地定量分析视情数据以确定产品的最佳更换期，需有适当的检测手段和标准，对数据积累要求高，工作量大，管理工作复杂。

3.状态监控维修

状态监控方式是装备、机件发生故障或出现功能失常现象后进行拆卸维修的方式，也称为事后维修方式。对不影响安全或完成任务的故障，不一定非做预防性维修工作不可，机件可以使用到发生故障之后予以修复，但并不是放任不管，应建立数据收集分析系统，需要在故障发生之后，通过所积累的故障信息，进行故障原因和故障趋势分析，从总体上对装备可靠性水平进行连续监控和改进。

状态监控方式则属于修复性维修范畴。它没有预先规定设备或机件维修的间隔期，一直要等到装备、机件什么时候出了故障，不能继续使用了，才拆下来维修或更换。维修工作除更换机件或重新修复外，还可采用转换维修方式和更改设计的决策。状态监控方式仅适用于那些发生故障对飞行安全或完成任务无直接影响，并且不会导致继发性故障的设备、机件。

(1)适用范围：①故障必须对飞行安全无直接影响的产品；②无隐蔽功能，且故障对安全无直接危害的非损耗型产品；③故障后修复费用小于预防性维修费用的产品。

(2)优点。由于不规定装备、机件的使用时间，因而能最充分地利用装备寿命，使维修工作量达到最低，是最经济的维修方式。

(3)缺点。不适用于故障对飞行安全有直接危害而又发展迅速的产品。

4.主动维修

主动维修方式建立在视情方式的基础上，对重复出现的潜在故障根源进行系统分析，采用先进维修技术或更改设计的办法，从故障根源上预防故障的一种维修方式。通常维修工作对重复出现的潜在故障，只是从表面上予以排除，并认为这些重复维修时例行的正常现象，但是这些重复出现的问题常常是某一个更为严重问题的征兆，需要找准问题的关键所在，从故障根源上来预防,所以称主动维修方式。

它是采用强有力的监测诊断技术,随时监测那些可能产生故障根源信息的关键性参数,如力学稳定性、流体的物理或化学稳定性、热稳定性、污染控制、磨损控制等有关参数。也就是说,它不是监测设备的振动而是监测可能造成振动的原因,如不平衡、不对中等;它不是监测润滑油中的磨粒及其特征元素浓度来判断过度磨损是否已经发生了,而是监测润滑油本身的性能指标、污染程度等来判断过度磨损是否有可能发生从而采取必要对策,把故障最大限度地消灭在萌芽状态,主动维修方式是视情维修方式的发展和深化,比视情维修方式更合理、更有效。

5. 预测维修

预测维修方式建立在视情方式的基础上,它是通过一种预测与状态管理系统向客户提供出正确的时间对正确的原因采取正确的措施的有关信息,可以在机件使用过程中安全地确定退化机件的剩余寿命,清晰地指示何时该进行维修,并自动提供使任何正在产生性能或安全极限退化的事情恢复正常所需的零部件清单和工具,它是一种真正的视情维修方式。

三、军用航空维修工作的类型、级别、特点和内容

(一)军用航空维修工作的类型

军用航空维修工作类型按所进行的预防性维修工作的内容及其时机控制原则划分,有以下几种:

(1)保养。保养是指为保持装备设计性能而进行的表面清洗、擦拭、通风、添加油液或润滑剂、充气等工作,是对技术、资源要求最低的维修工作类型。

(2)操作人员监控。操作人员监控是操作人员在正常使用装备时对其状态进行监控的工作,其目的是发现潜在故障。这类监控包括对装备所做的使用前检查,对装备仪表的监控,通过气味、噪声、振动、温度、视觉、操作力的改变等感觉辨认潜在故障。但它对隐蔽功能不适用。

(3)使用检查。使用检查是按计划进行的定性检查工作,如采用观察、演示、操作手感等方法检查,以确定装备或机件能否执行其规定的功能。例如,对火灾告警装置、应急设备、备用设备的定期检查等,其目的是发现隐蔽功能故障,减少发生多重故障的可能性。

(4)功能检测。功能检测是按计划进行的定量检查工作,以确定装备或机件的功能参数是否在规定的限度之内,其目的是发现潜在故障,通常需要使用仪表、测试设备。

(5)定时拆修。定时拆修是指装备使用到规定的时间予以拆修,使其恢复到规定状态的工作。

(6)定时报废。定时报废是指装备使用到规定的时间予以废弃的工作。

(7)综合工作。综合工作是指实施上述的两种或多种类型的预防性维修工作。

(二)军用航空维修级别

军用航空维修级别是根据军用航空维修的深度、广度及维修时所处场所划分的等级。军用航空维修级别是科学组织维修工作,合理配置维修资源,提高维修综合效益的重要条件,是确定维修作业体制、设置维修机构的重要依据。一般分为基层级维修、中继级维修和后方基地级维修三级。

(1)基层级维修。基层级维修是直接使用军用航空装备的单位对装备所进行的维修。主

要完成日常维护保养、检查和排除故障、调整和校正、机件更换及定期检修等周期性工作。

(2)中继级维修。中继级维修是指基层级的上级维修单位及其派出的维修分队,它比基层级有较高的维修能力,承担基层级所不能完成的维修工作。主要包括航空器机体结构的中修,机载设备、机件的中修、大修、战伤修理、一般改装等。

(3)后方基地级维修。后方基地级维修是指拥有最强的维修能力,能够执行修理故障装备所必要的任何工作,是由总部、大军区、军(兵)种修理机构或装备制造厂对装备所进行的维修。主要完成军用航空装备的大修,技术复杂的改装,事故修理,零备件的制作等。

军用航空维修级别的划分是根据维修工作的实际需要而形成的。现代装备的维修项目很多,而每一个项目的维修范围、深度、技术复杂程度和维修资源各不相同,因而需要不同的人力、物力、技术、时间和不同的维修手段。事实上不可能把装备的所有维修工作所需要的人力、物力都配备在一个级别上,合理的办法就是根据维修的不同深度、广度、技术复杂程度和维修资源将其划分为不同的级别。

(三)军用航空维修性的特点

军用航空维修是指保持、恢复和改善军用航空装备规定技术状态而在军用航空装备全生命周期过程中所进行的一切工程技术和管理活动。军用航空维修的特点是航空维修的本质表现。

(1)高安全性。军用航空装备是在空中使用的复杂系统,高技术密集,对可靠性、安令性有着更为特殊的要求,不仅要保证每一次使用的安全可靠,而且要保证全生命周期过程使用的安全可靠,不仅要准确判断其可靠性现状,而且要系统分析和科学把握其可靠性的变化趋势和发展规律,以便及时采取有效的维修措施,防止因可靠性的突变而带来严重后果。因此,军用航空维修必须以可靠性为中心,将保持和恢复军用航空装备可靠性作为航空维修的出发点和落脚点。

(2)技术综合性。随着以信息技术为核心的高新技术的快速发展及广泛应用,军用航空装备的高新技术含量显著增加,微电子技术、光电子技术、人工智能技术和复合材料、隐身涂层、耐高温涂层等新材料、新工艺的应用,使航空维修成为多专业的综合保障体系,成为一种技术综合性很强的活动。军用航空维修已不是传统意义上的一种简单的技艺,而是一门综合性学科。科学维修要求有科学的专业分工、科学的维修技术、科学的维修手段,以及掌握科学理论知识和具有良好技术素质的专业人员。

(3)快速反应性。高技术条件下的现代战争具有突发性、多变性、快速性和致命性,要求军用航空维修要用最短的反应时间保证军用航空装备最大的恢复能力,在各种复杂的环境条件下有效发挥保障军用航空装备战术技术性能,在恶劣环境下快速修复战伤装备,在各种条件下快速机动实施支援作战和保存自己。因此,军用航空维修的一切活动,应以快速反应为前提,高强度、机动灵活和较强的应变能力已成为军用航空维修的基本特点和基本要求。

(4)综合保障性。军用航空装备的使用是包括维修在内各种要素共同作用的结果,离开有效的维修,军用航空装备就难以形成有效的作战能力。因此,作为一种保障性活动,军用航空维修要服从和服务于军用航空装备的作战使用需求。同时,这种保障性活动又是一种综合性活动,贯穿装备全生命周期全过程,需要许多部门、专业的密切配合,需要合理配置和使用各种维修保障资源等。而且这种活动又是在一种动态变化的环境中进行的,受到战场环境、装备状况、维修资源、人员技术水平等许多不确定因素的影响。军用航空维修这种多因素、高不确定性的活动特点，是军用航空维修保障活动必须具有综合性。

(5)环境复杂性。军用航空维修是在复杂、恶劣的环境下实施的。平时的军用航空维修大都在野外实施，无论是日晒雨淋、风吹霜打，还是白天黑夜、寒冬酷暑，都要实施维修活动以保障作战训练任务的顺利完成。维修环境的复杂性还表现在环境的多变性，由于军用航空装备作战半径大，机动性能力强，作战范围广，不同地域的地形、气候等自然条件对维修人员、装备有不同的影响，耐维修活动也带来影响，要求维修人员掌握各种环境下的维修特点，熟悉不同环境下航空装备技术性能的变化，从实际情况出发实施有效的维修。战时的军用航空维修是在一种更为恶劣的环境下实施的，维修条件简陋，维修工具设备不齐全，备件短缺，维修设施不完善，维修时间紧，需要在核、化学、生物武器袭击和强烈电磁干扰环境下，进行防护和实施高强度的维修保障，因此，战时军用航空维修必须着眼于现代战争的特殊环境，根据作战使用需求，开展针对性的训练，保障军用航空维修能在各种环境下有效地实施。

(6)高消耗性。军用航空装备系统结构复杂、作战使用要求高、耗费巨大，特别是随着军用航空装备的更新换代，军用航空装备使用和维修保障费用急剧增长，已成为制约军用航空装备建设发展的一个"瓶颈"因素，形成了所谓的"冰山效应"。据统计资料表明：军用航空装备的使用和维修保障费用占全生命周期费用的比例一般超过60%，有的甚至高达80%以上，已成为装备全生命周期费用的主要组成部分。因此，需要加强军用航空维修的系统规划和科学管理，改善维修的综合效益，抑制使用和保障费用需求的增长，以保障军用航空维修的可持续发展。

(四)军用航空维修的内容

1. 军用航空维修设计

军用航空维修设计包括军用航空维修品质设计和维修保障设计。军用航空维修设计的基本任务就是从设计制造上保证军用航空装备具有良好的维修品质，并提供一个经济而有效的维修保障系统。

(1)维修品质设计的内容。主要包括可靠性设计、维修性设计、保障性设计、安全性设计、人机工程设计等。

(2)维修保障设计步骤。主要是提出维修方案(确定维修等级、修理方针、维修指标、重要维修保障要求)、制定维修保障计划(详细的维修计划或维修大纲和维修管理计划)、维修工具设备设计、维修设施设计、维修人员技术的培训设计、维修零备件保障设计、维修技术文件资料设计、装备封装及运输设计等。

2. 军用航空维修作业

军用航空维修作业是指在军用航空装备服役期内直接对其进行的维修操作活动和采取的各种技术措施，主要包括航空器的维护与修理。军用航空维修作业是维修生产力的具体体现，也是整个军用航空维修系统赖以存在和发展的基础。维护作业包括飞行机务准备、航空器定期检修和日常保养；修理包括小修、中修和大修(翻修)，以及航空器改装等。

3. 军用航空维修管理

军用航空维修管理包括以下几项内容：

(1)军用航空维修系统的构建及其管理，包括确定管理体制、作业体制和系统的构成与布局。

(2)军用航空维修系统的运行管理,包括制定维修方针政策、维修规划、维修法规,实施信息管理、质量控制、安全管理、效能分析和战时维修的组织指挥等。

(3)军用航空维修系统要素的统筹管理,包括对维修人员、维修手段、维修条件、维修设施、维修经费以及其他维修资源的管理。

4.军用航空维修训练

军用航空维修训练主要是组织实施航空维修人员的专业技术培训,使之具有与本职工作想适应的理论知识、技术水平和管理能力。分为生长教育训练和继续教育训练(如上岗训练、日常训练、换装训练、晋职训练、函授和自学考试等)。

5.军用航空维修科研

军用航空维修科研主要是研究维修理论、政策,参与新型装备的研制论证及其技术预研,研究军用航空装备的合理使用和现有装备的改进改装;研究制定维修技术法规;分析研究事故、故障,提出预防措施;改革维修手段,开发应用新的维修工艺技术等。

四、民用航空维修工作的类型、级别和方案

1.民用航空维修工作的类型

民用航空维修是指对民用航空器或部件所进行的任何检测、修理、排故、定期检修、翻修和改装工作。民航维修部门是民航正常运作的重要保障单位,负责保持航空器处于适航和可用状态并保证航空器能够安全运行。民用航空维修工作分为如下类别:

(1)检测。检测指不分解航空器部件,根据适航性资料,通过离位的实验或功能测试来确定航空器部件的可用性。

(2)修理。根据适航性资料,通过各种手段使偏离可用状态的航空器或部件恢复到可用状态。

(3)改装。根据民航总局认可的适航性资料进行的一般性改装,结构修改,达到飞行标准的改装等。

(4)翻修。根据适航性资料,通过对航空器或部件进行分解、清洗、检查、必要的修理或者换件、重新组装和测试来恢复航空器或部件的使用寿命或者适航性状态。

(5)航线维修。也称为低级维修,指按照航空营运人提供的工作单对航空器进行的例行检查和按照相应航空器、发动机维护手册等在航线进行的故障和缺陷处理,包括换件和按照航空营运人机型最低设备清单、外形缺损清单保留故障和缺陷,主要包括以下几项。

1)航行前维护:每天执行飞行任务前的维护工作。

2)过站(短停)维护:每次执行完一个飞行任务后,并准备再次投入下一个飞行任务前,在机场短暂停留期间进行的维护工作。过站维护主要是检查航空器外观和航空器的技术状态,调节有关参数,排除故障,添加各类工作介质(如润滑油、轮胎充气等),在符合安全标准的前提下,适当保留无法排除并对安全不构成影响的故障,确保航空器安全执行下个飞行任务。

3)航行后维护:也叫过夜检查,每天执行完飞行任务后的维护工作,一般在航空器所在基地完成,排除空、地勤人员反映的运行故障、彻底排除每日飞行任务中按相关安全标准保留的故障项目,并做航空器内外的清洁工作。

(6)定期维修。也称为高级维修,指根据适航性资料,在航空器或者部件使用达到一定时限时进行的检查和修理。定期检修适用于机体和动力装置项目,不包括翻修。

(7)特种维修。由于某种特殊原因而进行的维修。这类维修一般包括:经过雷击、重着陆或颠簸飞行后对某些设备、航空器结构的特定部位进行的特别检查和修理;受外来物撞击、碰伤后的修理;发现航空器某部位不正常发生腐蚀后的除锈、防腐处理;按适航部门或制造厂家的要求对航空器进行加、改装工作。

航空器的维修部门是民航正常运作的重要保障单位,负责保持航空器处于适航和“完好”状态并保证航空器能够安全运行。“适航”意味着航空器符合民航当局的有关适航的标准和规定;“完好”表示航空器保持美观和舒适的内外形象和装修。

2.民用航空维修级别

民用维修部门一般分为两级:

(1)维修基地。维修基地是一个维修工厂,进行内厂维修。它具备大型维修工具、机器以及维修厂房,负责航空器的定期维修、大修,拆换大型部件和改装。

(2)航线维修。航线维修也称为外场维修。航空器一般不进入车间,在航线上对运行的航空器进行维护保养和修理,这类航线维护包括航行前、航行后和过站维护。小型航空公司可以没有自己的维修基地,把高级的定检和修理工作委托给专门的维修公司或大航空公司的维修基地完成。

3.民用航空维修方案

民用航空维修方案是民用航空营运人或航空器客户根据航空器构型、运行环境和维修经验,执行航空器维修大纲或技术维修规程、适航和运行规章要求及制造厂建议而制定的计划维修检查要求。

(1)组合形式。尽管维修方案有多种名称,但是,其组合形式通常有以下3种:

1)维修方案包括维修计划与附件使用和储存时限。

2)维修要求系统包括维修工作执行系统和实现控制项目。

3)维修方案包括检查、维修和实现控制项目。

(2)维修方案制定依据。

1)技术维修规程和有关的服务通告。

2)航空器维修大纲。

3)审定维修要求。

4)适航要求。

5)制造推荐的维修计划文件和其他要求。

6)航空公司和维修单位的经验。

7)营运特殊要求。

8)地面维修能力、航材储备量。

9)经济性评估。

(3)维修方案的主要内容。

1)维修方案概述。主要叙述维修方案的目的、适用范围、编写依据、队列特点和营运要求,还包括名词术语、表格说明、方案的修改和手册的有效性控制等。

2)维修方案的基本要素。维修方案应包括航空公司应完成的维修和检查工作,包括下列要素:①航线检查;②定期维修又称例行维修或计划维修;③非计划维修;④系统和附件/动力装置维修;⑤结构检查;⑥区域检查。

第2节 航空维修性设计

产品的维修性是设计出来的,只有在产品设计开发过程开展维修性设计与分析工作,才能将维修性设计到产品中。维修性设计的主要方法有定性和定量两种方法。维修性的定性设计是最主要的,只要设计人员有维修性的意识和工程经验就能将维修性设计进产品。

一、维修性设计的定义和定性要求

(一)维修性设计的定义

维修性设计是指产品设计时,设计师应从维修的观点出发,保证当产品一旦出故障,能容易地发现故障,易拆、易检修、易安装,即可维修度要高。维修性设计时,要对产品功能进行分析权衡,合并相同或相似功能,消除不必要的功能,以简化产品和维修操作。

(二)维修性设计的定性要求

1.良好的可达性

需要维修的零件部件,都应具有良好的可达性。对故障率高而又需要经常维修的部位及应急开关,应提供最佳的可达性;为避免产品维修时交叉作业,可采用专柜或其他适当形式的布局。整套设备的部(附)件应相对集中安装;产品的易损件、常拆件和附加设备的拆装要简便,拆装时零部件进出的路线最好是直线或平缓的曲线;各分系统的检查点、测试点、检查窗、润滑点、添加口以及燃油、液压、气动等系统的维护点,宜布局在便于接近的位置上;需要维修和拆装的产品,其周围要有足够的操作空间;维修时要求能看见内部的操作,其通道除了能容纳维修人员的手或臂外,还留有供观察的适当间隙。

2.标准化互换性

产品设计时优选标准化的设备、元器件、零部件和工具,且减少其品种、规格;故障率高、容易损坏、关键性的零部件或单元具有良好的互换性和通用性;可互换零部件,须完全接口兼容,既可功能互换,又可安装互换;产品应按其功能设计成若干个具有互换性的模块;模块的尺寸与质量应便于拆装、携带或搬运。不便握持的模块应设有人力搬运的把手;必须用机械提升的模件应设有相应的吊孔或吊环。

3.防插错措施及识别标志

产品设计时应避免或消除在使用操作和维修时造成人为差错的可能,即使发生差错也应不危及人机安全,并能立即发觉和纠正;外形相近而功能不同的零部件、重要连接部件和安装时容易发生差错的零部件,应从构造上采取防差错措施;产品上应有必要的为防止差错和提高维修效率的标志;测试点和与其他有关设备的连接点均应标明名称或用途以及必要的数据等;对可能发生操作差错的装置应有操作顺序号码和方向的标志;间隙较小、周围产品较多且安装定位困难的组合件、零部件等应有定位销、槽或安装位置的标志;标志应根据产品的特点、使用维修的需要,按照有关标准的规定采用规范化的文字、数字、颜色或光、图案或符号等表示。标志的大小和位置要适当,鲜明醒目,容易看到辨认;标牌和标志在装备使用、存放和运输条件下须经久耐用。

4. 可测试性要求

(1)对测试点配置的要求。测试点的种类与数量应适应各维修级别的需要。测试点的布局要便于检测,并尽可能集中或分区集中,且可达性良好,其排列应有利于进行顺序的检测与诊断;产品内部及需修复的可更换单元还应配备适当数量供修理使用的测试点;测试点和测试基准不应设置在易损坏的部位。

(2)选择检测方式与设备的原则。优选原位在线检测方式,重要部位采用性能监测(视)和故障报警装置,对危险的征兆应能自动显示、自动报警;复杂系统采用机内测试、外部自动测试设备、测试软件、人工测试等形成高的综合诊断能力,保证能迅速、准确地判明故障部位。

5. 维修性的人机环境工程要求

产品设计时按照使用和维修时人员所处的位置、姿势与使用工具的状况,并根据人体量度,提供适当的操作空间,使维修人员有个比较合理的姿势,尽量避免以跪、卧、蹲、趴等容易疲劳或致伤的姿势进行操作。噪声不允许超过相关标准的规定,如难避免时,对维修人员应有防护措施;对产品的维修部位应提供自然或人工的适度照明条件;应采取减震或隔离措施,减少维修人员在超过振动标准规定的条件下进行检修维修;应考虑维修人员在举起、推拉、提起及转动物体等操作中人的体力限度。

6. 维修安全要求

(1)一般原则。产品设计时应使系统在故障状态或分解状态进行维修是安全的;在可能发生危险的部位上,应提供醒目的标记、警告灯或声响警告等辅助预防手段;严重危及安全的组成部分应有自动防护措施,不要将被损坏后容易发生严重后果的组成部分设置在易被损坏的位置;凡与安装、操作、维修安全有关的地方,都应在技术文件、资料中提出注意事项。

(2)防机械伤害。产品设计时应使系统在维修时肢体必须经过的通道、孔洞不得有尖锐边角;边缘都须制成圆角或覆盖橡胶、纤维等防护物;维修时需要移动的重物,应设有适用的提把或类似的装置;需要挪动但并不完全卸下的产品,挪动后应处于安全稳定的位置。通道口的铰链应根据口盖大小、形状及装备特点确定,通常应安装在下方或设置支撑杆将其固定在开启位置,而无须用手托住。

(3)防静电、防电击、防辐射。产品设计时应减少维修中的静电放电及其危害,确保人员和装备的安全;对可能因静电或电磁辐射而危及人身安全、引起失火或起爆的装置,应有静电消散或防电磁辐射措施;对可能因静电而危及电路板的,应有静电消散措施;为防止超载过热而损坏器材或危及人员安全,电源总电路和支电路一般应设置保险装置;复杂的电气系统,应在便于操作的位置上设置紧急情况下断电、放电的装置。

(4)防火。可能发生火险的器件,应该用防火材料封装。尽量避免采用在工作时或在不利条件下可燃或产生可燃物的材料;必须采用时应与热源、火源隔离;产品上容易起火的部位,应安装有效的报警器和灭火设备。

二、航空器结构维修性设计及试验评定

(一)航空器维修性设计

1. 航空器结构维修性设计要求

维修性的好坏直接影响了航空器的维修时间、费用和出勤率。在方案论证、打样设计、详细设计的每个环节都应重视维修性设计。航空器结构维修性设计应满足以下要求:

(1)结构设计应满足航空器寿命要求。

(2)维护使用方便,再次起飞准备时间、首翻期、平均维护时间等要符合战术技术指标或适航要求。

(3)结构破坏和断裂会造成使用维护费昂贵,因此重要结构要按损伤容限和耐久性设计,减少维修内容和降低维修技能要求。

(4)关键受力结构要易于检查,若检查困难,可按安全寿命设计。

(5)注重可达性设计,同类设备集中布置,尽量使设备专业化、模块化。航空器维修口盖设置,要为航空器系统、设备、机件提供良好的可达性。

(6)经常需要打开的口盖,如压力加油口盖、充氧口盖、电源插座口盖、弹箱口盖等,无论是开启和关闭必须保证迅速简便,且无需使用复杂的一种以上工具。

(7)应尽量保证维护人员站在地面就能进行航空器日常维护的大部分工作。

(8)维修需要更换的零件应能具有互换性,并易于使用者更换。

(9)注意防差错设计,保证使用维护安全。

2.结构设备布置维修性设计

早期的航空器设计中,维修性没有引起足够的重视。现代航空器设计将维修性提高到与航空器性能同等重要的程度,设计之初,就考虑维修性制定维修大纲,并参照GJB 312、GJB 36B等规范对航空器结构进行维修性设计,包括设备布置、结构形式,材料选择,口盖大小、数量、开启方式等。

(1)设备舱按专业和维修频度相对集中布置。维修频度不高的设备布置在上舱,需要经常维修、检查的设备应布置在下舱,机载设备集成模块化、专业化,拆装为抽屉式,按维修频度及重要程度进行合理布置。

(2)进入设备舱要有专门的快卸式维修通道,使各专业可同时作业,提高维修效率。

(3)提高空间利用率,采用统一设计的设备安装支架,以方便设备拆装。

(4)对每个起落都要用的压力加油口、充氧接嘴、地面电源接线嘴等要布置在容易接近的位置,操作方便,相应的口盖应该不用工具即可快卸开启。

(5)在航空器使用过程中,有些零部件容易造成偶然损伤,不能与机体同寿命,应设计成可拆卸结构,便于维修。

3.可达性、可检性设计

可达性的具体指标是用航空器的开敞率来表示的,即航空器表面可打开的舱盖和口盖净开口面积占航空器表面积的百分比。开敞率高的航空器不仅便于拆装、检查,还可大大缩短排除故障的时间,从而提高航空器的良好率、出勤率。现代先进军用飞行器的开敞率已达到50%以上。对重要的接头设计要有一定的可检性、可达性;无法检测的重要结构选用性能好的材料和增加剩余强度系数,以减少结构损伤的可能性。

4.互换性设计

对故障率高、容易损坏、关键性的零部件要具有良好的互换性和必要的通用性,修改零、部件设计时,不要任意更改安装的结构要素,以免破坏互换性而造成整个装备或系统不能配套。若需做某些更改或改进,应及时征求需方的意见,尽量做到新老产品之间能够互换使用。常用的互换性项目如雷达罩、舱门、口盖、通用标准件等。

5.防差错设计

防差错设计是维修性的重要内容之一,如果口盖的快卸锁存在假锁紧现象,或锁舌片搭接量偏小,或口盖自身刚度不够,在飞行中就会飞掉,甚至飞进进气道,造成发动机停车。按防差错设计要求,应避免或消除在使用操作和维修时,造成人为差错的可能,即使发生差错也能立即发觉和纠正。外形相近而功能不同的零件、重要连接部位和安装时容易发生差错零部件,在结构上应加以限制或有明显的识别标记。只有在设计上采取措施,即使发生差错,也能马上发现,及时纠正。因此必须做到:

(1)避免采用对称形状的口盖,如长方形口盖不采用四边直角,而是一边为直角,另一边为圆角,或采用五边形。

(2)对称形状口盖不采用对称紧固件布置。

(3)采用明显标志,如标明口盖名称,快卸锁上锁后有明显标志。

(4)对于外场使用中容易发生维修差错的重点设备或部件采用“错位装不上”措施。

(二)维修性试验与评定

(1)维修性试验与评定的目的与作用。

1)考核、验证产品维修性。

2)发现和鉴别维修性设计缺陷,提供改进的依据。

3)对有关维修保障要素进行评价。

(2)准备阶段的工作如下:

1)制定试验计划。

2)选择试验方法。

3)确定受试品。

4)培训试验维修人员。

5)准备试验环境和试验设备及保障设备等资源。

(3)实施阶段的工作如下:

1)确定试验样本量。

2)选择与分配维修作业样本。

3)故障的模拟与排除,即进行修复性维修试验。

4)预防性维修试验。

5)收集、分析与处理维修试验数据和试验结果的评定。

6)编写试验与评定报告等。

第3节　航空型号产品并行维修性设计

航空型号产品的维修性作为产品的重要属性之一,对航空型号产品正常功能的发挥,维修人力和财力的消耗都有很大影响。航空型号工程项目并行设计要求并行考虑全生命周期中的各种因素,而维修性作为全生命周期中的一个重要因素,在航空型号产品并行设计时,应充分考虑产品的维修性设计,将提高产品的维修性作为航空型号产品设计时必须认真考虑的一个环节,实施并行维修性设计。

一、并行维修性设计的定义和特点

(一)并行维修性设计的定义

并行维修性设计是在并行设计框架下集成与维修性相关的各种信息并进行优化利用的活动,除了维修性方面的信息外,还将维修保障系统所需的物质资源、人力资源、信息资源及维修组织机构与维修制度等基本要素集成进来,进行维修性设计过程组合、建立并行维修性设计小组,从而将维修性设计与维修性管理等工作统一起来、联系起来,集成于一体。

并行工程是对产品及其相关过程(包括设计制造和支持过程)进行并行、一体化设计的一种系统化的工作模式,这种工作模式力图使开发者们从一开始就考虑到整个产品全生命周期中的所有关键因素(包括质量、成本、进度和客户需求等)。并行工程的提出对传统的设计过程产生了巨大的冲击,它要求同时考虑全生命周期中的各种因素,强调在设计阶段应该全面地考虑产品全生命周期内各个阶段对产品的设计需求,其中包括并行维修性设计需求,从而使产品在设计阶段便具有良好的可制造性、可装配性、可维护性及回收再利用等方面的能力。并行维修性设计必须从产品论证开始,通过分析、设计、制造、试验和评价等各种并行工程活动,赋予产品规定的维修性。

(二)并行维修性设计的特点

包括产品并行维修性设计在内的产品并行设计方法是世界市场竞争日益激烈的产物。随着经济的蓬勃发展,客户对产品款式、品种、性能的要求越来越高,对产品质量及售后服务质量的要求也越来越严格。为了提高竞争力,现代的各类制造业必须不断缩短新产品开发周期,提高产品质量,降低设计生产成本,改进售后服务,并增强环境保护意识,只有这样才能在激烈的市场竞争中立于不败之地。

1. 充分利用现代高新技术

产品并行维修性设计是充分利用现代高新技术,包括现代计算机技术、现代通信技术和现代管理技术等辅助产品维修设计的一种现代产品开发模式。它站在产品设计、制造全过程的高度,打破传统的部门分割、封闭的组织模式,强调多功能团队的协同工作,重视产品开发过程的重组和优化。

2. 采用系统化方法

产品并行维修性设计是一种集成产品开发全过程的系统化方法,它要求产品开发人员从设计一开始即考虑产品全生命周期中包括产品并行维修性设计在内的各种因素。它通过组建由多学科人员组成的产品开发队伍,改进产品开发流程,利用各种计算机辅助工具等手段,使产品开发的早期阶段能考虑产品全生命周期中的各种因素,以提高产品设计、制造的一次成功率。可以缩短产品开发周期、提高产品质量、降低产品成本,进而达到增强企业竞争能力的目的。

3. 强调一体化设计

产品并行维修性设计技术可以在一个工厂、一个企业(包括跨地区、跨行业的大型企业)及跨国公司等以通信管理方式在计算机软、硬件环境下实现。其核心是在产品设计的初始阶段就考虑到产品全生命周期中的各种因素,包括设计、分析、制造、装配、检验、维护、质量、成本、进度与客户需求等，强调多学科小组、各有关部门协同工作，强调对产品设计及其相关过程并行地、集成地、一体化地进行包括产品并行维修性设计在内所有设计，使产品开发一次成功，缩短产品开发周期，提高产品质量。

4. 并行设计工作模式

产品并行维修性设计工作模式是在产品设计的同时考虑其相关过程，包括加工工艺、装配、检测、质量保证、安全、可靠性、销售等。在产品并行维修性设计中，产品开发过程的各阶段工作交叉进行，及早发现与其相关过程不相匹配的地方，及时评估、决策，以达到缩短新产品开发周期、提高产品质量、降低生产成本的目的。

产品并行维修性设计的工作模式如图 9-1 所示，设计从一开始就考虑到产品全生命周期中的各种因素，将下游设计环节的可靠性以及技术、生产条件作为设计的约束条件，以避免或减少产品开发到后期才发现设计中的问题，以至再返回到设计初期进行修改。由图 9-1 可见，每一个设计步骤都可以在前面的步骤完成之前就开始进行，尽管这时所得到的信息并不完备，但相互之间的设计输出与传送是持续的。设计的每一阶段完成后，就将信息输出给下一个阶段，使得设计在全过程中逐步得到完善。

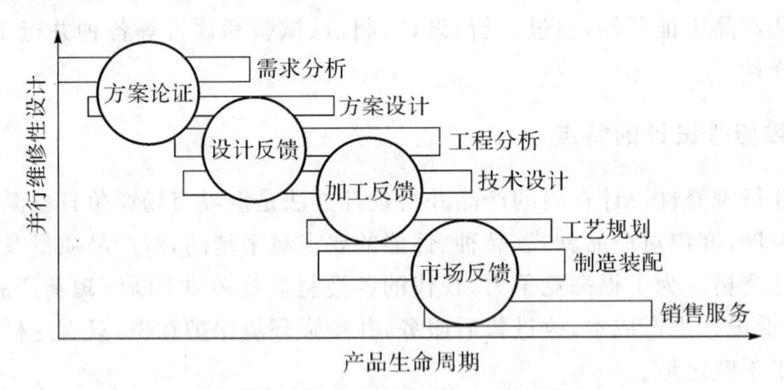

图 9-1 产品并行维修性设计工作模式

二、并行维修性设计的关键技术

(一)组织并行维修性设计小组

并行工程实施的关键在于建立多学科工作小组，将分散处于不同专业部门的成员组织起来，构成一个能够自由交换信息的环境，以便及早实现和解决设计中的错误、矛盾和冲突，充分发挥并行设计优势提高产品质量、降低设计费用和缩短设计时间的效应。

产品并行维修性设计的关键在于在产品设计研制开发团队中建立并行维修性开发小组。为实现产品维修性设计与分析的并行，应打破传统的部门限制，组建多学科的产品并行维修性设计小组。因为产品的维修性需要设计、研制、生产、测试和销售使用等纵向过程的各阶段，以及产品的功能、质量和性能等横向侧面的专家与工程技术人员的协调合作，充分发挥各自领域内的专门知识，将产品维修性设计、分析、测试、使用和维护等人员集成在同一小组中，让分析、使用和测试等方面工作人员直接参与设计，以达到并行维修性设计的目的。

在航空型号产品研制的并行工程开发环境中，并行维修性设计小组作为产品并行设计团队的一个组成部分，其组成人员按照产品全生命周期内各阶段所涉及的专业技术，由产品设计部门按维修设计要求组织各相关部门的技术人员和专家，组成并行维修性设计小组，其成员包括维修性设计人员、维修性分析人员、维修性评审人员、维修性测试人员、产品销售、服务、使用人员和维修技术人员等。与此同时，并行维修性设计小组成员不仅要明确自己的工作任务，还要知道他们在整个设计中的地位和作用，明确自己的职责。

（二）实施产品维修数据管理

集成产品信息模型是把产品全生命周期的信息都集中存储在一个集成的产品信息模型中，因此集成的产品信息模型可完全地支持产品并行开发全过程的各种活动。在集成产品信息模型中，维修性信息将作为一项组成部分，收集、分析和整理维修性信息，建立产品的维修性信息模型是实施并行维修性设计的一项重要工作。产品的维修性信息是多种多样的，为了方便维修性信息的管理，对其进行分类。一种分类方法是将它们分成输入信息和输出信息，第2种分类方法是以对象文件存在的状态进行分类，第3种是按管理的共性进行分类。

1.产品维修性信息按照输入和输出分类

（1）输入信息。输入信息是进行维修性设计与分析需要输入的信息，如产品的各种设计图、产品的维修保障方案、产品的使用需求和产品的维修性基础信息等。

（2）输出信息。输出信息是维修性设计分析工具所产生的输出结果，如产品的维修性参数与指标、产品的维修性定性要求和产品的维修性综合分析报告等。

2.产品维修性信息以对象文件存在的状态分类

（1）文本文件。文本文件是以文字描述为主的文件，如产品描述数据文件、产品使用需求文件、使用与保障方案文件等。

（2）数据文件。数据文件是指描述产品以数据为主的文件，如维修性合同参数与指标文件、维修性分配结果文件等。

（3）图形文件。图形文件是指描述产品及其零部件的二维、三维图，是由各种CAD工具生成的文件，如产品工程设计三维CAD数据文件、相似产品三维CAD数据文件等。

（4）表格文件。表格文件是指以表格形式来描述产品某些信息的文件，如材料明细表、维修性信息分析表，零部件拆装顺序和摆放位置明细表等。

（5）音像文件。音像文件是用于某些特殊用途的多媒体文件，如拆装演示和记录等。

3.产品维修性信息按管理的共性分类

（1）一般资料。一般资料是指除CAD模型或工程图以外的所有文档，包括了用计算机应用系统产生的所有文档、书写的材料、扫描的资料、声音文件和图像文件以及其他信息载体上的文件等，如维修性数据与指标文件、维修性分配报告和维修性预计报告等。

（2）工程图。工程图是指维修性设计分析过程中用于确定维修性水平而参照产品或零部件的工程图，目前很多企业中，除了新的CAD文档以外还保存了大量旧的纸质工程图。

（3）数据模型。数据模型是数据特征的抽象形式。先进的、现代化的CAD系统通常采用关系型的数据模型来描述产品或零部件。数据模型中的数据结构主要描述数据的类型、内容、性质以及数据间的联系等。数据模型中数据操作主要描述在相应的数据结构上的操作类型和操作方式。数据模型中的数据约束主要描述数据结构内数据间的语法、词义联系、他们之间的制约和依存关系，以及数据动态变化的规则，以保证数据的正确、有效和相容。

对于这些维修性设计信息的管理，采用文件夹的形式将相互有联系的数据分门别类地归入有关的电子文件夹中。当开发具有大量文档的复杂产品时，基于文件夹信息管理是一种有效的信息管理方法。文件夹式的管理方式可以使客户方便快捷地使用储存信息。

进行并行维修性设计就是要将与维修性相关的一切活动有序地组织到并行设计环境中。为了成功地实施并行维修性设计，离不开并行设计集成框架软件的支持。在当今新技术中，集成框架系统以产品数据管理(PDM)系统最为热门，且应用最为广泛。它以软件为基础，集成并管理与产品有关的信息、过程及其人与组织的技术，它将所有与产品相关的信息和所有与产品有关的过程集成到一起。

在产品的全生命周期中，PDM系统支持各开发小组共享所有的设计资源，它使无论处于何方的产品开发小组的所有成员都能得到与产品设计有关的一切数据。并能持续地、尽早地交换、协调和完善关于产品制造的有关各种过程的约定和定义，同时也支持各开发小组之间及时地进行信息交流。因此PDM技术将开发小组的所有成员组合到同一个信息环里，以适合并行产品开发环境，保证所有的成员得到最新、最准确的产品设计信息。

要对产品维修性实施并行设计，那么对产品全生命周期内的维修性相关数据进行系统的收集和管理是必不可少的一项工作。产品数据管理(PDM)为实施并行维修性设计提供集成框架支持。基于PDM平台的并行维修性设计环境如图9-2所示。

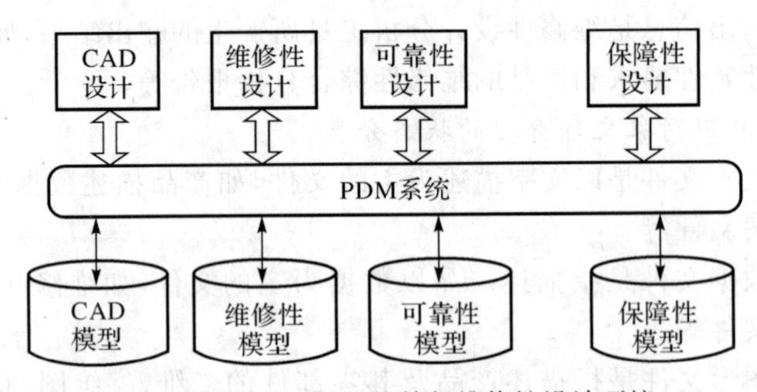

图9-2 基于PDM的并行维修性设计环境

(三)并行维修性设计使能技术

并行设计的实施，需要一定的使能技术和工具。通常支持并行产品设计的使能技术及其工具是指CAX/DFX系列技术。其中X可以代表全生命周期中的各种因素，如设计、分析、工艺、制遣、装配、拆卸、维护和支持等。CAX是指各种计算机辅助工具，最典型的有CAD、CAE、CAPP、CAM和CAFD等。DFX是指面向某一应用领域的计算机辅助设计工具，它们能够使设计人员在早期就考虑设计决策对后续的影响，是实现并行设计的最有效方法之一。

CAX实际上是把多元化的计算机辅助技术集成起来复合和协调地进行工作，除了在产品设计时，设计部门工作外，其他各部门也可以提前介入无需等待上一道作业完成后，才开始下一道作业，缩短了开发时间；同时，在产品设计早期，能很好地考虑到产品全生命周期的各种因素，提前发现设计上的错误和误差，及时进行修正以及可以在设计过程中，按照市场的需求，不断提出可比较的多种设计方案，从而获最得优化的设计成果和效益。

在进行并行维修性设计中，目前研究并初步应用的使能技术和工具有：面向维修的装配、面向维修的拆卸、维修性设计特征可视化分析技术和虚拟维修技术等。

1.面向维修的拆卸/装配技术

充分考虑维修拆卸/装配要求，以满足特定的故障修复为目的，制定拆卸/装配工艺规划，考虑拆装的可行性，优化拆装路径，在结构化设计过程中通过拆装仿真进行拆装干涉。

2.维修性设计特征可视化分析技术

维修性演示是维修性分析的有力措施之一，维修性设计特征可视化分析利用现今日益成熟的CAD技术，以三维图形的方式对产品维修性的一些定性特性进行分析。由于它采用三维图形的方式在产品的“电模型”或“电子样机”上显示分析对象、分析过程与分析结果，因此能为分析人员提供相对逼真的效果。同时由于CAD已经或正在被广大设计人员熟悉和使用，使得维修性设计特征可视化分析利用各个设计阶段的三维CAD设计数据成为可能，从而避免了由于建造实体样机而引起的经费投入和维修性设计分析在时间上的迟滞，能够及时对产品的维修性进行分析评估，发现存在的潜在问题。维修性设计特征可视化分析弥补了传统做法的不足，是并行维修性设计的重要辅助技术之一。

3.虚拟维修技术

通过采用虚拟技术，构建虚拟环境，使有关产品的维修性和人机交互性能得到测试和检验，按维修作业程序及设计的运动路径检查是否会发生碰撞，维修人员肢体、工具和视力是否可达，并对维修时间及费用做出充分估计。在虚拟环境下进行维修性分析工作，可以确定维修工具、器材和备件等维修保障资源配置，从维修保障资源方面为备选维修保障方案依据，同时也为制定各种保障文件提供原始资料。使产品的缺陷和问题在设计阶段就能被及时发现并加以解决，实现了并行设计。

第4节　航空器安全性工程的基本概念

从20世纪初航空器发明伊始，安全问题就始终是人们关注的焦点。航空器在民航及军事上的应用，在显著方便人们生活、促进国家经济建设、增强国家军事实力的同时，也伴随着飞行事故带来的重大损失。短短百年的航空历史长河中，无论是在军事领域还是在民航领域，飞行事故都是挥之不去的梦魇！

一、航空器飞行事故的定义、等级和原因

(一)航空器飞行事故的定义和等级

1.航空器飞行事故的定义

航空器飞行事故是指在任何人登上航空器准备飞行直至所有这类人员下了航空器为止的时间内，所发生的与该航空器的运行有关的人员死亡、航空器损坏的事件。

2.航空器飞行事故的等级

根据人员伤亡情况及航空器损坏程度，GB 14648—1993第3条将民用航空器飞行事故划分为如下等级：

(1)特别重大飞行事故。人员死亡，死亡人数在40人及其以上者；或航空器失踪，机上人员在40人及其以上者。

(2)重大飞行事故。人员死亡，死亡人数在39人及其以下者；或航空器严重损坏或迫降在

无法运出的地方(最大起飞质量 5.7 t 及其以下的航空器除外);或航空器失踪,机上人员在 39 人及其以下者。

(3)一般飞行事故。人员重伤,重伤人数在 10 人及其以上者;或最大起飞质量 5.7 t(含)以下的航空器严重损坏,或迫降在无法运出的地方;或最大起飞质量 5.7~50 t(含)的航空器一般损坏,其修复费用超过事故当时同型或同类可比新航空器价格的 10%(含)者;或最大起飞质量 50 t 以上的航空器一般损坏,其修复费用超过事故当时同型成同类可比新航空器价格的 5%(含)者。

(二)航空器发生飞行事故的主要原因

如果任何事物能够发生差错,这种差错总是会发生的,或者说只要隐患未除去,事故迟早要发生。据统计,航空器事故原因分布如图 9-3 所示。

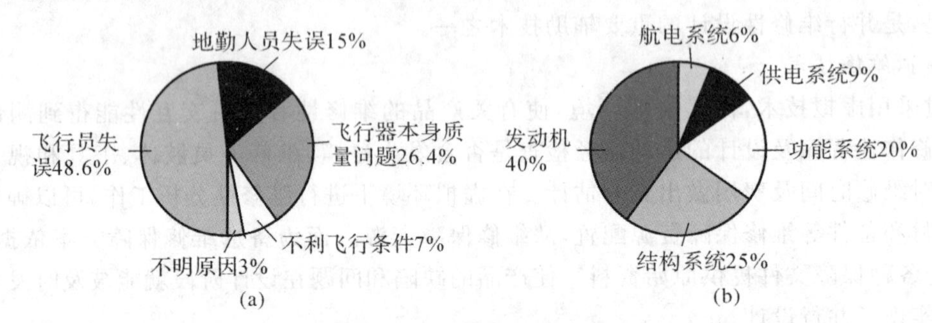

图 9-3 航空器事故原因分析

(a)航空器事故的影响因素分布; (b)飞行器各系统质量问题引起的事故分析

影响航空器安全的因素主要包括航空器系统本身、各类人员和外界环境 3 方面,而航空器系统本身的安全性是保证航空器安全的基础。从图 9-3 可以看出:航空器事故的发生是由于航空器本身具有安全性设计缺陷,使得使用人员(包括飞行员和维修作业人员)在航空器服役过程中有发生差错的可能性,这些可能性在人员失误、环境和管理中存在的诸多不利因素的作用下,逐渐暴露出来,并使得情况逐渐复杂化,最终导致事故的发生。

因此,安全性是航空器设计中应首先满足的质量特性,必须作为一种设计参数将可接受的安全性水平设计到航空器中,并通过航空器制造过程将其固化到航空器上,以保证航空器在以后的试验、使用、维修保障和退役处置中都是安全的。

二、航空器安全性工程的定义、特点和内涵

(一)航空器安全性工程的定义

航空器的安全性是设计、制造出来的,应贯穿航空器的方案论证、工程研制、设计定型和生产定型,并把安全性分析和评估贯穿于航空器的全生命周期之中。航空器安全性是一个系统工程。航空器可靠性是以故障为研究对象的,而安全性则是以事故为研究对象的。航空器安全性工程就是为确定和达到航空器的安全性要求而进行的一系列技术与管理活动。

(二)航空器安全性工程的特点

(1)系统性。航空器安全性工程就是在航空器的全生命周期内识别与控制危险的活动过程。航空器的全生命周期由以下几个阶段组成:战术技术确定、方案论证与确定、工程研制、生产、使用保障和处置。在这中间有四个安全性控制点:战术技术设计审查、预先的方案设计审查、规范性设计审查和最后的可接受性审查。系统安全性就要求在系统的每一阶段上有效地执行指派的任务,这是成功控制危险的关键。

(2)先天性。航空器的安全性是其固有特性,它与可靠性和维修性一样是可通过设计进行赋予的。因此要强调在设计阶段就应该把要求的安全性落实到系统中,以保证航空器在以后的试验、制造、使用和保障以及退役处置中都是安全的。飞行器设计阶段细化为概念设计、初步设计、详细设计和设计验证。

(3)可控性。可控性是指安全性具有控制规律性,我们应当利用已知的规律去控制它。纳入设计并设计出来、制造出来的过程就需要控制,维修保障阶段更需要控制。

(4)概略性。由于安全性不能像物理量的量度那样直接,一般不能直接测量或进行精确计算,因而很难用精确的数字进行表述。一方面来自于安全性的综合性;另一方面由于对某些因素的研究不充分而导致安全性评估的概略性。

(5)相对性。评估飞行器安全性往往是为了在不同系统或系统方案间进行对比,评估结果只要是相对值就能够满足要求。同时,由于飞行器安全性的影响因素较多,对其进行评估选择何种尺度取决于决策者对不同任务的偏好和主观价值判断。另外,安全性影响因素的量纲不同,评估中需要进行无量纲化处理,也导致相对值的出现。

(6)持续性。对飞行器的安全性需要不断地进行评估,若发现飞行器系统设计或现有维修程序或大纲不能达到安全性设计要求,则需要对其进行改进,然后再进行评估,如此反复直到满足安全性要求。另外,在飞行器使用过程中,有的系统,如航电系统中的软件系统,更改比较频繁,甚至会出现技术状态不断反复的情况。有些系统的性能发生了退化,导致飞行器的技术状态不断改变,不可避免地对飞行器的安全性产生影响。因此,飞行器安全性评估是一个不断持续进行的过程。

(三)航空器安全性工程的内涵

安全性是航空器的本质属性之一,贯穿航空器的全生命周期。主要在设计阶段就被决定,在生产制造阶段中被固化,最后在飞行器的使用维修保障中具体表现出来。

航空器安全性工程就是在飞行器的全生命周期内识别与控制危险,从而降低事故率,提高安全性的一切活动过程。因此,航空器安全性工程的基本内涵其实就是指在航空器的全生命周期内为识别与控制危险而采取的所有活动。具体包括以下几方面。

1. 航空器安全性论证

从航空器的用途、任务特点、寿命剖面的构成、使用方法、使用维修保障、包装储运,以及研制的周期、研制经费等方面进行分析,总结拟立项飞行器应具备的安全性特点及总体要求,确定安全性在航空器指标体系之中的地位,确定航空器安全性论证的指导思想和工作原则。

初步确定拟立项航空器的安全性要求,包括整机安全性参数及安全性水平量级、主要的安全性定性要求以及主要的工作项目要求。确定整机级安全性选择的参数以及安全性定量要求。采用整机安全性分配的有关原则和方法，如 SAEARP4761《民航机载系统及设备安全性评估程序指南和方法》中规定的功能危险分析（FHA）方法等，可以得到航空器某些关键和重要系统、设备的安全性定量要求。选取确定适合该航空器的安全性工作项目要求。

2.航空器安全性设计

通过各种设计活动来消除和控制各种危险，防止所设计的系统在研制、生产、使用和保障过程中发生导致人员伤亡和设备损坏的各种意外事故。为了全面提高现代复杂系统的安全性，在系统安全性分析的基础上，即在运用各种危险分析技术来识别和分析各种危险、确定各种潜在危险对系统的安全性影响的同时，系统设计人员必须在设计中采取各种有效措施来保证所设计的系统具有要求的安全性。安全性设计是保证系统满足规定的安全性要求的最关键和有效的措施，它包括进行消除和降低危险的设计，在设计中采用安全和告警装置以及编制专用规程和培训教材等内容。

3.航空器安全性验证

航空器安全性验证的目的是在航空器研制中验证安全关键的硬件与软件的设计以及安全关键的规程的制订是否符合研制合同、研制要求和技术规范等文件中的安全性要求。航空器的安全性要求既有定量要求又有定性要求，根据安全性要求的范围，完整的安全性验证应包括3方面内容：

(1)验证航空器及其安全关键产品是否达到规定的安全性水平；

(2)验证航空器及其安全关键产品能否安全地执行规定的功能；

(3)验证航空器及其安全关键产品能否按规定的方式安全使用。

4.航空器安全性增长

航空器安全性的特征量不是一成不变的，而是随着设计改进、技术进步、人员素质提高、管理规章完善等因素的变化而变化。安全性增长就是通过采取一系列措施，使表征航空器安全性的特征量随时间逐渐改进的过程。开展飞行器安全性增长工作，可以提高飞行器的竞争力，降低飞行事故发生的概率，挽救生命、节约资源，在飞行器安全性工程中占有举足轻重的作用。

5.航空器安全性管理

航空器安全性既是设计出来、生产出来的，更是管理出来的。随着现代飞行器对安全性要求的不断提高，安全性管理就更加重要。加强安全性工作管理，主要是完善并贯彻落实国家颁发的有关法规和标准，使航空器安全性管理走上科学化道路。

航空器安全性管理是为确定和满足航空器安全性要求而必须进行的一系列组织、计划、协调、监督等工作。它包括建立企业的质量保证体系、制定安全性计划和安全性工作计划、对转承包方及供应方的监督和控制、安全性评审、建立事故审查组织、安全性增长管理、制定安全性标准等。

6.航空器安全性分析评估

通过功能危险评估（FHA）自上而下确定航空器的危险事件，安全性设计标准和审定基础，确认其他分析的深度和广度；利用故障树分析（FTA）和概率风险评估工具，得到量化指标；在此基础上，通过共因故障分析、使用与保障危险分析、职业健康危险分析，深层分析评估航空器的安全性。

按照分析对象和应用时机的不同，航空器安全性评估可以分为以下几类：

(1)航空器结构安全性综合分析。结构是航空器完成预定功能和任务的基础，结构安全性的评估是航空器安全性评估的一个重要方面。

(2)航空器系统安全性综合分析。航空器各类典型系统是航空器实现预定功能的执行者。因此,对航空器典型系统进行安全性综合分析显然是十分必要的。事实上,航空器本身就是一个大的复杂系统,航空器的安全性分析也是典型的系统安全性分析过程。

(3)飞行器维修安全性综合分析。维修是在航空器使用过程中为了保持和恢复航空器完好工作状态对其进行的维护和修理活动。分析维修因素对航空器安全性的影响是航空器安全性工程的重要组成部分。

(4)航空器作战安全性综合分析。航空器在执行作战任务时的安全性问题,是军用航空器必须要考虑的问题之一。

7.航空器安全性综合权衡分析

航空器安全性设计一方面可以降低因事故而产生的损失,另一面需要经费投资,故航空器安全性的提高是一个效益和费用综合权衡的过程。因此,应进一步分析航空器安全性设计产生的效益和所需的费用,并建立飞行器安全性效益/费用综合权衡模型,对航空器安全性进行综合权衡分析。

第5节　航空器安全性管理

航空器安全性既是设计出来、生产出来的,更是管理出来的。随着现代飞行器对安全性要求的不断提高,安全性管理就更加重要。必须通过加强安全性工作管理,贯彻落实国家颁发的有关法规和标准,使航空器安全性管理走上科学化道路。

一、航空器安全性管理的定义和工作重点

1.航空器安全性管理的定义

航空安全管理学科是在航空领域内研究飞行器空地事故成因、规律性,以及预防事故手段、措施、制度及其效能评价的一门学科,是一门与事故进行斗争的专门学科。它既要讨论不安全的工程技术问题,又要讨论安全的组织保障问题,研究有效预防事故的对策,因此,它是一门工程管理学科,是在技术基础上实施管理的软科学。

安全性管理是预知人类活动各个领域里面固有的或潜在的危险,以及为消除这些危险所采取的各种方法、手段和行动的总称。随着航空事业的发展,航空器越来越复杂和大型化,伴随而来的是飞行器成本成倍增加,航空器使用环境恶化。尽管飞行器安全性能已经达到前所未有的水平,但飞行事故仍时有发生,并带来严重经济、社会后果,这就是航空安全管理学科得以形成的根本原因。

航空安全管理具有如下性质:

(1)应用性。航空安全管理学科有强烈的应用色彩,即它必须有力地指导航空安全管理实践活动,联系实际,力戒空谈。

(2)交叉性。航空安全管理属航空管理的一部分,也是安全工程管理的一个分支。

(3)综合性。飞行器在飞行中危及安全,造成事故的原因是多方面的,相应措施与研究也必须综合为了航空安全这一总的目标,应该动员各种手段与知识。

2. 航空器安全性管理工作的重点

航空器安全性管理就是以系统工程的观点，通过制定飞行器安全工作计划，确保各项系统安全工作的完成，以实现安全性目标。航空器安全性管理是为确定和满足航空器安全性要求而必须进行的一系列组织、计划、协调、监督等工作。它包括建立企业的质量保证体系、制定安全性计划和安个性工作计划、对转承包方及供应方的监督和控制、安全性评审、建立事故审查组织、安全性增长管理、制定安全性标准等。

航空器安全性管理的职能是组织、监督和指导系统全生命周期内与系统安全有关的所有活动，但重点是研制过程中的安全性分析和设计与验证。由于全生命周期各阶段的活动是相互关联的，因此系统安全管理要贯穿全生命周期。安全性管理工作重点是：

(1)明确了解客户对安全性的要求，产品使用、维修、储存期间的自然环境以及保证航空器能很好地完成任务的保障资源。

(2)控制由于航空器硬件、软件和人的因素造成对航空器安全性的影响，预防设计缺陷、选择恰当的元器件和原材料以及减少生产过程中的波动等。

(3)采用安全性增长技术使优良的设计成熟起来。

(4)采用规范化的工程途径开展有效的安个性工程活动。

二、航空器安全性管理的内容和目标

1. 航空器安全性管理的内容

任何管理工作都是通过计划、组织、协调、控制四大部分工作组成，航空器的安全性管理工作也不例外。航空器安全性管理实际上就是在航空器全生命周期内，针对飞行器自身存在的安全性问题进行计划、组织、协调与控制。通过计划、组织、协调、控制来保证安全性通过设计和制造活动达到规定的要求，满足系统风险已经达到了有关部门可以接受的程度。

就航空器安全性管理模式的内容而言，其主要内容如下：

(1)确定各专业部门、质量保障部门、后勤综合保障部门及系统安全管理部门和人员的职责。

(2)设立事故风险的决策部门。

(3)明确安全性管理的实施程序。

(4)明确危险的控制方法与过程。

(5)明确对安全性管理实施过程的评审。

(6)明确系统及各个专业部门及学科间的接口关系。

2. 航空器安全性管理的目标

(1)建立有效的系统安全管理组织来协调、控制和保证安全管理的实施过程，并安排有资质的人员来执行系统安全性任务。

(2)使航空器能在时间、费用和性能等任务要求下获得可接受的安全性水平。

(3)系统中存在的危险因素能得到辨识、评估、控制，其风险尽可能减小到管理部门可接受的程度。

(4)通过采用新设计、新材料、新产品、新工艺或新的测试手段来最小化系统风险。

(5)在样品试制之前，进行充分的安全性分析和论证，尽量避免重新设计或者改进设计。

(6)型号设计、结构布局或任务要求的变化产生的风险仍然要使管理部门可以接受。

(7)重要的安全数据要作为经验教训来记录并提交数据管理部门,以备日后设计手册或设计说明书的编制使用。

(8)有适当的资源(包括人力和资金)来保证系统安全性任务的实施。

第6节 航空型号工程项目全生命周期中的安全性管理

为了提高航空器的完好性和任务成功率,减少维修人力和保障费用,在产品全生命周期的不同阶段要进行不同的安全性工作,管理者只有在了解这些工作的基础上,才能抓住重点,正确、及时地进行计划、组织、监督和控制。

一、航空型号工程项目方案论证和设计阶段的安全性管理

1.航空型号工程项目方案论证阶段的安全性管理

航空型号工程项目方案认证阶段的主要任务是提出航空器的安全性定性、定量要求。围绕着这项任务应进行的主要工作如下。

(1)在进行航空器技术指标论证的同时,进行安全性指标论证,主要是根据国内外同类航空器的安全性水平进行分析,并考虑新研制系统的特点确定系统安全性要求。

(2)如果可能,应进行初步危险性分析(PHA),以确定各备选方案中的危险度。

(3)提出航空器的寿命剖面、任务剖面及其他约束条件以及这些指标的考核或验证方案的设想,强调安全性考虑的专门方面,例如:系统限制条件、风险和人员技术等级要求等。

(4)确定航空器安全性分析和安全性设计、试验、验证和评价的要求。

(5)考虑系统安全性工作计划,说明在全生命周期各阶段要进行的系统安全性工作,确定在航空器全生命周期中可能要放弃的某些系统安全性要求。

(6)安全性经费需求分析。

(7)在组织技术指标评审的同时,对安全性指标进行评审,最后纳入飞行器的《研制总要求》中,编写在该阶段所进行的系统安全性工作结果的汇总报告,以支持正确的决策。

2.航空型号工程项目方案设计阶段的安全性管理

在航空型号工程项目方案设计阶段,安全性工作的目标是论证并确认航空器的设计方案能达到并保持满意的安全性水平。实现这一目标的第一步是制定、评审、修改和完善安全性工作计划。在该阶段的安全性工作将包括进行危险分析,如预先危险性分析(PHA)、分系统危险分析(SSHA)等。通过这些分析确认系统达到了所要求的安全性。在完成这些分析后,必须采取适当的危险纠正措施,并通过危险分析报告、分析和纠正措施跟踪制度来保证这些措施的实施。

航空型号工程项目方案设计阶段中应从系统安全的角度评审试验规程,确保试验规程不会引入新的危险。此外,也必须从系统安全性的角度评审培训计划、使用和保障计划等。最后也是最主要的,必须将本阶段的工作结果纳入《研制任务书》和相应的合同中,以确保在以后的阶段中包括了这些要求。其最低限度是在规定的费用限度内,确保实现系统安全性目标。

航空型号工程项目方案阶段的具体安全性工作如下。

(1)制定安全性工作计划,明确在全生命周期各阶段要进行的安全性工作。

(2)对考虑采用而在全生命周期内会影响安全性的所有器材、设计特点和生产工艺、使用、

维修方案以及环境进行评价，考虑整个系统、部件或含有危险材料的专用保障设备在退役处置时可能遇到的危险。

(3)参加综合权衡研究，以评价设计对安全性的影响，并根据研究结果提出对设计方案的改进建议，以确保达到符合性能和系统其他要求的最佳安全性水平。

(4)确定可能有的安全性接口问题，包括与软件控制的系统功能有关的问题。

(5)分析相似系统的成功设计经验。

(6)进行预先危险性分析(PHA)或修改完善论证阶段进行的PHA，以评价要进行试验的技术状态，并根据计划的试验环境和试验方法，编写受试系统的系统危险分析(SHA)报告。

(7)确定系统设计的安全性要求和验证这些要求的判据，并将这些要求纳入相应的规范中。

(8)对设计进行详细的危险分析(SSHA或SHA)，以评价系统的硬件或软件试验中的风险。对于试验中要采用的其他承包方提供的设备、订购方提供的设备以及所有接口和辅助设备，要获得其风险评价结果，并将此作为详细危险分析的一部分。确定评价系统的安全性功能所需的专门试验要求。

(9)确定可能影响安全性的关键零件、组件、材料、生产技术、组装程序、设施、试验和检查要求，并确保：

1)在生产线的规划和布局中包括了足够的安全措施，以确定在生产过程和使用中控制安全性的方法；

2)在设备生产的质量控制所采用的检查、试验、规程和检查表包括了足够的安全措施，使得在生产中能保持所设计的安全性；

3)生产和制造控制资料中包括所需的警告、注意事项和专门的安全规程；

4)尽早进行试验与评价，以便尽早发现和纠正安全性缺陷；

5)在采用新的设计、材料以及生产与试验技术中所涉及的风险最小。

(10)确定航空器使用时的安全性问题，并分析在设计中可能消除这些危险或降低其风险的措施。

(11)监督与控制转承包方的安全性工作，确定对订购方或其他承包方提供的设备的分析、检查和试验要求，以便在采用前确认这些设备是否满足系统安全性要求。

(12)对每次试验进行使用和保障危险分析，并评审所有的试验计划和程序。评价受试系统在组装、检验、运行、可预见的紧急情况和(或)分解过程中与人员、保障设备、专用试验设备、试验设施和试验环境的接口。确保消除由分析和试验确定的危险，或将风险降低到可接受水平。确定评价试验安全所需的专门试验要求。

(13)建立危险报告、分析和纠正措施跟踪制度。

(14)评审培训大纲和培训计划，以确保充分考虑了系统安全性要求。

(15)如果可能，评价在方案阶段中所进行的安全性试验、故障分析和事故调查的结果，并提出更改设计或其他纠正措施的建议(此条款不适用于设施的方案阶段)。

(16)确保将系统安全性要求纳入到按最新的系统安全性分析、安全性研究和试验修改的研制规范或设计文件中。

(17)编写在该阶段所进行的系统安全性工作结果的报告，以支持正确的决策，并将上述有关内容纳入《研制任务书》中。

二、航空型号工程项目研制和生产阶段的安全性管理

1.航空型号工程项目研制阶段的安全性管理

航空型号工程项目工程研制阶段(含设计定型阶段)的安全性工作,大多是前阶段安全性工作的继续。首先是评审和修订系统安全性工作计划,如果某个系统有多个转承包方,通常应有综合的系统安全性工作计划,以协调各转承包方的系统安全性工作。必须对航空型号工程项目设计进行评审,以确保满足了安全性的要求,并确保已纠正了以前确定出的危险。在此阶段,航空型号工程项目的研制已具体化,应分析实际的硬件和软件产品,考察整个系统实际的接口,并修改各种危险分析。必须对所有试验进行评审,以确保不会引入新的危险。此外还应考察航空型号工程项目生产设施和各项使用维修保障资源,确定是否可安全使用。最后,必须将本阶段中进行的系统安全性工作记录成文。

航空型号工程项目研制阶段与设计定型阶段具体的系统安全性工作如下:

(1)修改完善安全性工作计划。

(2)进行设计评审,以确保达到了安全性的要求,并消除了以前所确定的危险,或其风险已降低到可接受的水平。

(3)修改研制规范或设计文件中的安全性要求。

(4)确定设计及使用和保障中的危险,并提出所需的设计更改建议。

(5)评审所有的试验计划和程序。评价受试系统在组装、检验、运行、可预见的紧急情况和分解过程中与人员、保障设备、专用试验设备、试验设施和试验环境的接口。确保消除由分析和试验确定的危险,或将风险降低到可接受水平。确定评价试验安全所需的专门试验要求。确定对所有转承包方或供货商提供的设备的分析、检查和试验要求,以确保这些设备满足安全性要求。

(6)确定和评估储存、包装、运输、装卸、试验、使用和维修对系统及其部件的安全性的影响。

(7)对安全性试验、其他系统试验、故障分析和事故调查的结果进行分析,提出更改设计或其他纠正措施建议。

(8)评审有关的工程文件与图样以及使用和维修手册等出版物,确保充分考虑了系统安全性问题,标示了安全关键的产品,并确保包括适当的职业健康和安全方面的要求。

(9)验证安全和告警装置、生命保障设备和人员防护设备的充分程度。

(10)确定系统安全培训要求并进行培训。

(11)对试生产和批生产及部署规划提供系统安全监控和保障,确定将会影响安全性的关键零件和组件、材料、生产技术、组装规程、设施、试验和检查要求,并确保:

1)在生产线的规划和布局中包括了足够的安全措施,以确定在生产过程和使用中控制安全性的方法。

2)在设备生产的质量控制所采用的检查、试验、规程和检查表包括了足够的安全措施,使得在生产中能保持所设计的安全性。

3)生产和制造控制资料包括所需的警告、注意事项和专门的安全规程。

4)尽早进行试验与评价,以便尽早发现和纠正安全性缺陷。

5)在采用新的设计、材料以及生产与试验技术中所涉及的风险最小。

(12)对使用和保障中所有安全性问题,其中包括选用的器材和设备、操作规程、环境要求等作详细的评审,以消除可能的危险,或将风险降低到可接受水平。

(13)确保为系统试验、使用、维修和保障制定的规程中规定了消耗性危险材料的安全处置方法。

(14)编写在该阶段所进行的系统安全性工作结果的报告,以支持正确的决策。

2.航空型号工程项目生产定型阶段的安全性管理

航空型号工程项目生产定型阶段安全性工作的主要目的是确保按批准的规范和设计文件生产满足安全性要求的系统。首先应修改系统安全性工作计划以反映本阶段的要求。在该阶段必须对生产过程进行安全性控制和检查,评审所提出的各种工程建议对安全性的影响。

航空型号工程项目生产定型阶段的安全性工作如下。

(1)修改完善安全性工作计划,以反映生产定型阶段和生产阶段的系统安全性要求。

(2)确定可能影响安全性的关键零件、组件、材料、生产技术、组装规程、设施、试验和检查要求,并确保:

1)在生产线的规划和布局中包括了足够的安全措施,以确定在生产过程和使用中控制安全性的方法。

2)在设备生产的质量控制中采用的检查、试验、规程和检查表包括了足够的安全措施,使得在生产中能保持所设计的安全性。

3)生产技术手册或制造规程中包括了所需的警告、注意事项和专用的规程。

4)在采用新的设计、材料以及生产和试验技术中所涉及的风险最小。

(3)对早期生产的硬件进行试验和评价,以便尽早发现和纠正安全性缺陷。

(4)评审所有的试验计划和程序,评价受试系统在组装、检验、运行、可预见的紧急情况和分解过程中与人员、保障设备、专用试验设备、试验设施和试验环境的接口。确保消除由分析和试验确定的危险,或将风险降低到可接受水平。

(5)评审技术资料中为安全使用、维修、储存、包装、装卸和运输确定的警告、注意事项和规程。

(6)评价故障分析和事故调查的结果,提出纠正措施的建议。

(7)进行或修改危险分析,以确定由设计更改可能引入的新的危险。确保在所有的技术状态控制措施中考虑了设计更改对安全性的影响。

(8)对系统进行监控,以确定设计和使用、维修以及应急规程是否恰当。

(9)对新提出的或更改的使用和维修规程进行安全性评审,以确保这些规程、警告和注意事项是恰当的,且不会降低固有安全性。这些评审应记录成文。

(10)记录危险状态和系统缺陷,以便确定对新系统或改型系统的后续安全性要求。

(11)修改有关文件,如设计手册、标准和规范等,以反映安全性的经验教训。

(12)评价安全与告警装置、生命保障设备和人员防护设备的充分程度。

(13)在试生产、试用、批生产过程中,事故报告、安全性数据收集、分析和纠正措施系统应正常运行,促使产品的安全性继续增长。

第10章
航空型号工程项目进度管理

第1节　航空型号工程项目进度管理概论

航空型号工程项目实施是为实现项目目标，从立项开始到型号设计、制造、试飞及最后适航取证、投入正式运行，由一系列工作任务构成的一个发展过程。为了保障工程项目效益的发挥和质量，需要科学而周密地制订项目计划、安排好工作进度，并在实施中进行有效的控制，以期能顺利地实现预定目标。

一、项目进度和进度管理的定义和程序

(一)项目进度、工期和延误工期的定义

项目进度是指项目实施过程进展的速度。在项目管理过程中，进度是用文字(结合实物量)或百分比简明扼要地反映已完成的任务量(完成度)大小与剩余未完成任务量的大小。

与项目进度密切相关的概念如下：

(1)工期。是指项目或合同段实施所需的时间。

(2)延误。指项目实施过程中实际进度与计划进度相比较的拖延或耽误。

(3)延误工期。指项目所需的时间超过计划或合同规定的竣工时间，简称为误期。

(二)项目进度管理的定义和程序

1. 项目进度管理的定义

项目进度管理是为了确保项目最终按时完成的一系列管理过程。航空型号工程项目进度管理是指在该工程项目实施过程中，不断地把计划进度与实际进度进行比较分析，及时发现它们之间的差距，果断采取措施纠正其偏差，以确保能按计划准时完成。项目进度管理的关键环节是进度控制，它包含了一系列预防进度偏离和纠正进度偏离的控制措施。

2. 项目进度管理的程序

(1)制定项目进度计划。

(2)项目团队进行进度计划交底，团队成员落实工作责任。

(3)实施项目进度计划，在实施中进行跟踪检查并纠正偏差，必要时对进度计划进行调整。

(4)编制项目进度报告，报送有关部门。

(5)项目进度计划完成后，及时进行项目试运行和项目验收。

二、项目计划和进度计划的定义和进度控制原则

(一)项目计划和项目进度计划的定义

1. 项目计划

项目计划是项目组织根据项目目标的规定,对项目实施过程中进行的各项工作做出周密安排。大型航空型号工程项目所包含的许多任务往往需要由不同的单位分别承担。在这种情况下,项目总计划只需明确对各个分项目承包单位所承担任务的质量要求、完成期限和资源分配,详细计划则按照各承包单位所承担的任务分别制订。整个项目则形成由总计划和各个分项目局部计划组成的计划体系。

2. 项目进度计划

项目进度计划是根据实际条件和合同要求,以拟实施项目的竣工投产或交付使用时间为目标,按照合理的顺序所安排的实施日程,是执行项目实施任务和达到里程碑目标的日期计划,其实质是把完成各项工作所需的时间估计值反映在逻辑关系图上。

制订航空型号工程项目的进度计划是其项目管理的基本职能之一,这是进行有预见地、有条不紊和有效管理项目的前提。计划应当指明为了实现项目的最终目标而必须完成的各阶段任务,同时各阶段的任务又应逐级分解成一些便于分派和执行的局部任务和这些任务之间的正确衔接。指明项目对各种资源的需求及资源在各项任务间的分配;完成项目的组织形式、机构设置和人员配备以及项目实施的信息系统。按照时间要求具体安排项目中的各个局部任务,指明完成各项任务以及完成整个项目的预期时间,制订一个实施各项任务的时间表。

(二)航空型号工程项目进度控制的原则

在航空型号工程项目实施过程中包含着两个并行的基本过程,一个是项目的规划、设计、制造、试飞试验和适航取证的实施过程,另一个是对实施过程进行管理的过程。与这两个基本过程相对应,需要建立航空型号工程项目的实施系统和管理系统,如图10-1所示。前者运用各项专业技术以解决项目实现的可能性问题,后者通过有效的管理措施以提高项目实施的成效。

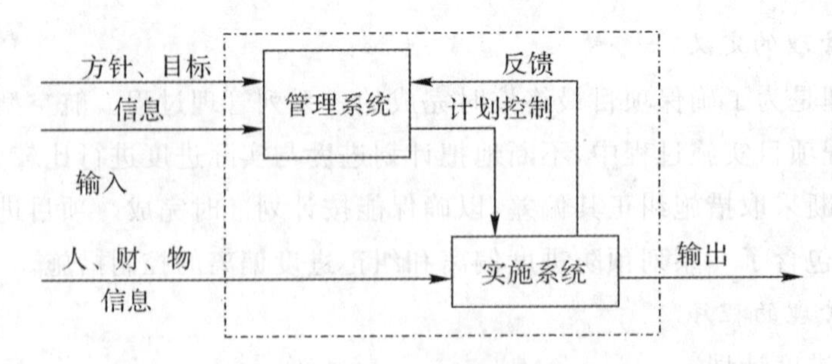

图10-1 航空型号工程项目的实施系统与管理系统

航空型号工程项目进度控制的原则如下:

(1)动态控制原则。航空型号工程项目实施进度按计划进行时,实际符合计划,计划的实现就有保证;否则将产生偏差。此时应按反馈信息采取措施,使工程项目实施按调整后的计划

继续进行。但在新的因素干扰下,又有可能产生新的偏差,需采用动态循环的反馈控制方法。

(2)系统控制原则。为实现航空型号工程项目的进度控制,首先应编制项目的各种计划,包括进度和资源计划等,形成了项目的计划系统。为了保证项目进度,应设有专门的职能部门或人员负责项目的检查、统计、分析及调整等工作,用系统科学的理论和方法解决整个系统问题。

(3)封闭循环原则。航空型号工程项目进度控制的全过程,包括编制计划、实施计划、检查、比较与分析、确定调整措施和修改计划,从而形成闭环的信息通道"控制信息→反馈信息→控制信息",进度控制过程就是这种封闭循环系统不断运行的过程。

(4)信息系统原则。航空型号工程项目进度控制的过程也是一个信息传递和反馈的过程,为此需要建立信息系统,以便不断地传递和反馈信息,以供分析并做出决策和调整。

(5)弹性控制原则。航空型号工程项目一般工期长且影响因素多,这就要求计划编制人员能根据统计经验估计各种因素的影响程度和出现的可能性,使进度计划留有余地。

(6)网络计划原则。网络计划技术是一种科学、有效的进度管理方法,不仅可以用于编制进行计划,而且可以用于计划的优化、管理和控制。

(7)并行工程原则。强调产品开发过程的"并行",把时间上有先有后的作业过程转变为同时考虑和尽可能同时(或并行)处理的过程。在产品的设计阶段就并行地考虑产品全生命周期中的所有因素,以及高度重视客户的需求,强调协同、一体化设计。以整体观点追求项目整体最优,以全局性的观点强调设计群体的协同工作,发挥人员、信息、功能、技术的集成特性,强调人在产品研制中的主动精神和持续改进航空型号研制过程。

三、航空型号工程项目进度管理技术

航空型号工程项目进度计划可以用摘要、详细说明、表格或图表等多种方式表示,其中较为直观、清晰的图表方式如下:

(1)甘特图。用具有时间刻度的条形图表示每一项活动的时间信息。

(2)里程碑图。与甘特图类似,标识项目计划的特殊事件或关键点。

(3)网络图。既表示了项目活动依赖关系,又表示处在关键线路上的活动。

(一)甘特图

甘特图(又称为横道图)通过日历形式列出项目活动及其相应的开始和结束日期,为反映项目进度信息提供了一种标准格式。计划中的每项工作用沿时间坐标延伸的横条表示,横条的长度相当于工作的持续时间,横条相对于时间坐标的位置,其左端对应于工作的开始时间,其右端对应于工作的完成时间。图 10-2 显示了甘特图(横道图)例子。

从图上可看出,甘特图可以形象地标明工程项目所包含的各项工作,以及对这些工作的时间安排,能显示项目实际进度信息,可用来评价项目的进展情况。甘特图可以给项目管理提供一些宝贵的信息和便利,特别适合于项目实施现场的计划管理。跟踪甘特图建立在项目任务完成工作的百分比的基础上,或者是建立在实际开始与完成日期的基础之上。项目经理可以用跟踪甘特图来监控单个任务和整体项目的进展情况。

甘特图的最大优点在于它为显示航空型号工程项目计划与实际的项目进度信息提供了一种标准格式,简单明了,易于创建与理解,容易掌握。甘特图的主要缺点在于,它们通常不能反映任务之间的关系或依赖关系，不能清楚地表明为了保证不延误工期，哪些工作是关键；当项目的实际进度与计划有差别时，很难查明对工期会有多大影响。

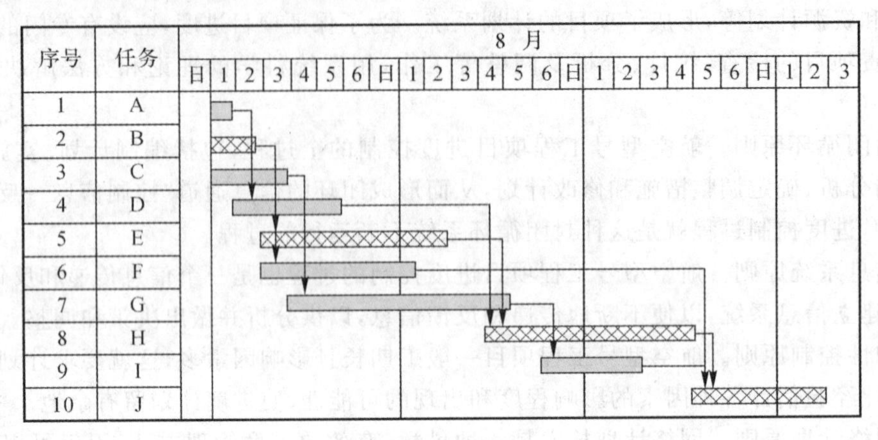

图 10-2　甘特图

(二)项目里程碑图

航空型号工程项目里程碑图形方法在管理层中用的最多，主要是列出项目的关键节点及这些节点完成或开始时间见表 10-1。

表 10-1　项目里程碑

里程碑事件	一月十五日	二月十八日	五月十五日	九月一日
概念设计完成	★			
初步设计完成		★		
详细设计完成			★	
设计定型完成				★

(三)项目网络图

应用网络模型发展起来的网络计划技术为航空型号工程项目计划管理提供了新的有效手段，网络图克服了甘特图所存在的一些不足，使项目计划制订、进度安排和实施控制提高到一个新的水平，在许多国家中得到大力推广，是管理数量化方法中得到最广泛应用的方法之一。

1. 项目网络图的特点

网络计划技术的基本原理是把一个项目中所要做的工作，按照各项工作之间的关系，实施中需要遵守的先后顺序，用网络图的形式表达出来，构成项目计划网络图。其特点主要有：

(1)可以明确地表达项目中各工作之间复杂的工艺顺序和组织顺序，确定工作间的逻辑关系，对项目做出系统整体地描述。

(2)便于通过分析计算，找出影响全局的关键工作和由一系列关键工作构成的关键路径。

(3)对同一个项目可以方便地做出多个进度安排方案。

(4)根据情况变化可以灵活地调整进度安排。

(5)能够综合地反映项目进度、费用以及各种资源需求的关系,对项目进行统筹计划管理。

(6)便于实现计算机管理,进行项目计划优化、控制与调整。

2. 项目网络图的分类

网络图是用来表示工作流程的有向、有序的网状图形,由箭线和节点组成。

最常见的有单代号网络(AOD),又称前导图法,如图 10-3 所示,双代号网络(AOA),如图 10-4 所示。其中单代号网络图使用方框或者长方形(被称作节点)代表活动,它们之间用箭头连接,显示它们彼此之间存在的逻辑关系。

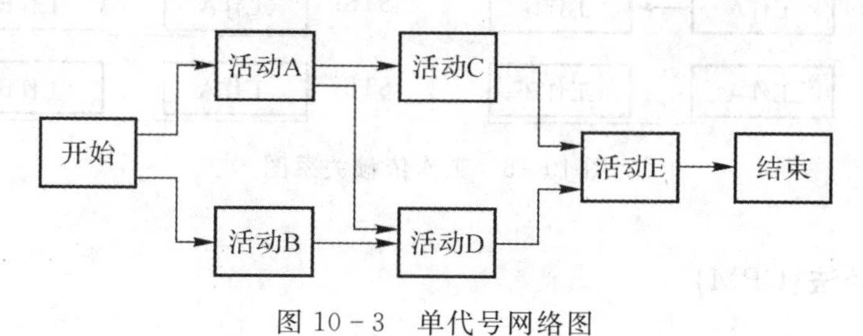

图 10-3 单代号网络图

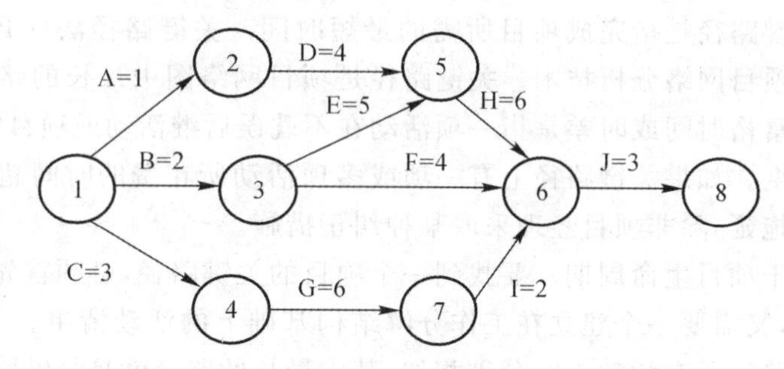

图 10-4 双代号网络图

注:假设所有历时单位为天。A=1 表示活动 A 的历时为 1 天;B=2 表示活动 B 的历时为 2 天,依此类推。

双代号网络在国内工程项目中常用。双代号网络图又名箭线式网络图,是以箭线或其两端节点的编号表示工作的网络图。所有的网络计划都要计算项目活动的最早开始和最早结束时间、最晚开始和最晚结束时间及其时差等时间参数。用箭线表示活动,用一种被称为节点的连接点反映活动顺序,第一个节点表示项目的起点,最后一个节点表示项目的结束。

图 10-4 中,字母 A,B,C,D,E,F,G,H,I,J 代表了项目中需要进行的活动。这些活动来自工作分解结构和活动定义过程。箭线表示活动排序或任务之间的关系。

3. 项目网络图的时序关系

项目网络图通常用来作为计算活动时间和表达进度计划的管理工具(见图 10-6)。通过工作分解结构(WBS)可以知道完成项目需要进行哪些具体的工作,显然这些工作之间必然存在一个先后顺序关系,即逻辑关系或称时序关系。与其相关的概念如下:

(1)紧前工作。紧排在本工作之前的工作。

(2)紧后工作。紧排在本工作之后的工作。

(3)平行工作。可与本工作同时进行的工作。

(4)先行工作。自起点节点至本工作之前各条线路上的所有工作。

(5)后续工作。本工作之后至终点节点各条线路上的所有工作。

(6)虚工作。即是虚拟的,实际并不存在的工作,它不占用时间、也不消耗资源,是双代号网络图中为了正确表示各工作间逻辑关系的需要而人为设置的,以虚箭线表示。

(7)完成到开始关系 FTS,后一工作的开始要等到前一工作的完成。

(8)开始到开始关系 STS,后一工作的开始要等到前一工作的开始。

(9)完成到完成关系 FTF,后一工作的完成要等到前一工作的完成。

(10)开始到完成关系 STF,后一工作的完成要等到前一工作的开始。

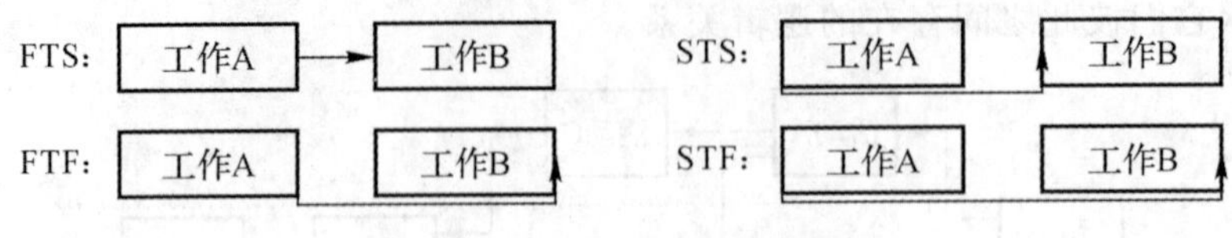

图 10-5　工作依赖关系图

(四)关键路径法(CPM)

1. 关键路径

一个项目的关键路径是指完成项目所需的最短时间。关键路径法(CPM)是一种用来预测总体项目工时的项目网络分析技术。关键路径是项目网络图中最长的路径,并且有最少的富裕时间或时差。富裕时间或时差是指一项活动在不耽误后继活动或项目完成日期的条件下可以拖延的时间长度。如果关键路径上有一项或多项活动所花费的时间超过计划时间,那么总体项目进度就要拖延,除非项目经理采取某种纠正措施。

关键路径贯穿于项目生命周期。要找到一个项目的关键路径,必须首先绘制网络图,而要绘制这样的网络图,又需要一个建立在工作分解结构基础上的活动清单。关键路径的计算是将项目网络图每条路径所有活动工时分别相加,其中最长的路径就是关键路径。

项目网络图中的路线是从网络图的始节点出发,沿首尾相接的一系列箭线到达终节点的路径。通常一个网络图有许多条路线。其中所包含各项工作需要的作业时间之和最长的路线称为网络图的关键路径。关键路径上工作所需要的时间总和是项目计划的计算工期,也即最短工期。

2. 关键工作

关键路径上的工作称为关键工作,关键工作没有机动富裕时间,即它们的总时差为零。显然它们的独立时差和自由时差也都是零。因此,关键工作的任何时间耽搁,都将导致项目计算工期的拖长。如果要求缩短项目计算工期,必须设法压缩关键工作的时间,而且要使得网络计划的每条关键路径的时间都得到压缩。压缩非关键路径上工作的时间对缩短工期不起作用。还应当注意到,当缩短了关键路径的时间以后,原来的非关键路径的富裕时间将随之缩短,原来的某些非关键路径有可能变成新的关键路径。

3. 关键路径的特点

总结以上分析可见关键路径有如下特点:

(1)关键路径是网络计划中需要时间最长的路线。

(2)一个网络计划中至少有一条关键路径。

(3)要缩短网络计划的计算工期,必须使每条关键路径的时间都得到缩短。同时要注意原来的非关键路径，如果有的已成为关键路径，也应按照需要缩短它的时间。

(4)关键路径上的工作是关键工作，所有关键工作的富裕时间都等于零，任何一个关键工作拖延时间都将使网络计划的计算工期拖长。

(5)非关键工作拖延时间会使它的富裕时间减少，如果它不具有独立富裕时间和自由富裕时间，这种拖延还使它后续工作的富裕时间减少。非关键工作的富裕时间减少到零就成为关键工作。

关键工作是航空型号工程项目进度管理中的重点对象。近似于关键路径的非关键路径上的非关键工作也应当重点管理，以保证项目按计划完成。在一般的网络计划中，关键工作所占的比例不高，大约在10%～30%之间。在工作数量比较少的网络图中，这个比例趋向于增大。关键工作所占比例的大小，对项目进度管理工作有重要影响。对于工作数目相同而关键工作所占比例大的计划，保证整个计划如期完成的难度更大。

(五)项目网络图的绘制方法

1. 项目网络图的绘制规则

(1)网络图是有方向的，不允许出现回路。

(2)直接连接两个相邻节点之间的活动只能有一个。

(3)一个作业不能在两处出现。字母代号或数据编号，在同一网络图中不允许重复使用。

(4)箭线首尾必有节点，不能从箭线中间引出另一条箭线。

(5)网络图必须只有一个网络始点和一个终点。

(6)各项活动之间的衔接必须按逻辑关系进行。

(7)每条箭线箭头节点的编号必须大于其箭尾节点的编号。

2. 网络计划的时间参数

(1)工作持续时间 D。工作从开始到完成的时间。在双代号网络计划中，工作 $i-j$ 的持续时间记为 D_{i-j}，在单代号网络计划中，工作 i 的持续时间记为 D_i。

(2) 工期 T。完成任务所需的时间。

(3) 节点最早时间 ET。双代号网络计划中，该节点后各工作的最早开始时间，节点 i 的最早时间记为 ET_i。

(4) 节点最迟时间 LT。双代号网络计划中，该节点前各工作的最迟完成时间，节点 j 的最迟时间记为 LT_j。

(5) 工作最早开始时间 ES。在紧前工作和有关时限约束下，本工作有可能开始的最早时刻。在双代号网络计划中，工作 $i-j$ 的最早开始时间记为 ES_{i-j}，显然 $ES_{i-j}=ET_{i-j}$；在单代号网络计划中，工作 i 的最早开始时间记为 ES_i。

(6) 工作最早完成时间 EF。在紧前工作和有关时限约束下，本工作有可能完成的最早时刻。在双代号网络计划中，工作 $i-j$ 的最早开始时间记为 EF_{i-j}，在单代号网络计划中，工作 i 的最早完成时间记为 EF_i。

(7) 工作最迟开始时间 LS。在不影响整个项目按期完成和有关时限约束的条件下，本工作最迟必须开始的时刻。在双代号网络计划中，工作 $i-j$ 的最迟开始时间为 LS_{i-j}；在单代号网络计划中，工作 i 的最迟开始时间记为 LS_i。

(8) 工作最迟完成时间 LF。在不影响整个项目按期完成和有关时限约束的条件下，本工作最迟必须完成的时刻。在双代号网络计划中，工作 $i-j$ 的最迟完成时间记为 LF_{i-j}，显然 $LF_{i-j}=LT_{i-j}$；在单代号网络计划中，工作 i 的最迟完成时间记为 LF_i。

(9) 工作的总时差 TF。在不影响整个项目完成总工期和有关时限的前提下，一项工作可以利用的机动时间。在双代号网络计划中，工作 $i-j$ 的总时差用 TF_{i-j} 表示；在单代号网络计划中，工作 i 的总时差用 TF_i 表示。

(10) 工作的自由时差 FF。在不影响紧后工作最早开始时间和有关时限的前提下，一项工作可以利用的机动时间，又称单时差。在双代号网络计划中，工作 $i-j$ 的自由时差用 FF_{i-j} 表示；在单代号网络计划中，工作 i 的自由时差用 FF_i 表示。

主要时间参数的计算结果应按规定标注在网络图上，图 10-6 和图 10-7 分别为单代号网络计划和双代号网络计划的时间参数标注方法。

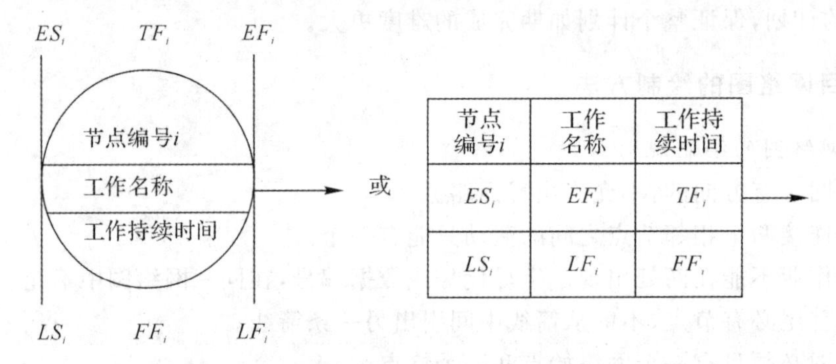

图 10-6　单代号网络计划的时间参数标注方法

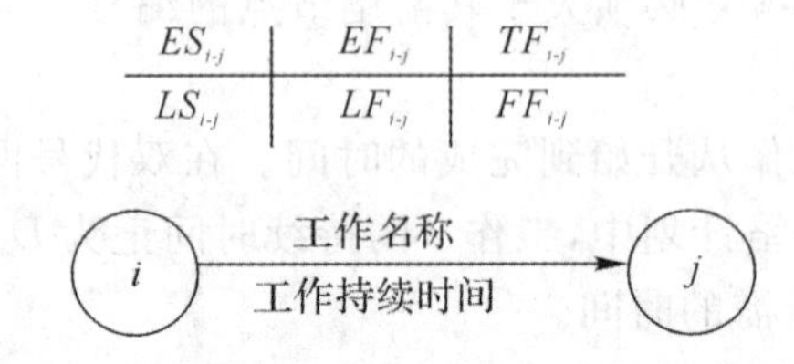

图 10-7　双代号网络计划的时间参数标注方法

3. 双代号网络计划时间参数的计算

双代号网络计划时间参数的计算方法，可依据各时间参数的定义直接得出，相应的计算公式见表 10-2，据此可得出网络计划的总工期。

表 10-2 中出现的计算工期 T_c 是指根据网络计划时间参数计算出来的工期。计划工期 T_p 是指在计算工期 T_c 以及项目委托人所要求工期的基础上综合考虑需要和可能而确定的工期。

时间参数计算的一般步骤如下：

(1) 以网络计划起点节点为开始节点的工作，其最早开始时间为 0，再顺着箭线方向，依次计算各项工作的最早开始时间 ES_{i-j} 和最早完成时间 EF_{i-j}。

(2) 确定网络计划的计划工期 T_p。

(3) 从网络计划的终点节点开始，以计划工期 T_p 为终点节点的最迟时间，逆着箭线方向，依次计算各项工作的最迟完成时间 LF_{i-j} 和最迟开始时间 LS_{i-j}。

(4) 计算各项工作的总时差。

(5) 计算各项工作的自由(单)时差。

附:时间参数计算小秘诀(早开=取各紧前早开中的最大值,早完=本早开+本工作持续时间,晚完=取各紧后晚开中的最小值,晚开=本晚完-本工作持续时间,总时差=紧后开-本早完,自由时差=晚开-早开或晚完-早完)。

表 10-2 双代号网络计划时间参数计算公式

时间参数	计算公式	说明
工作最早开始时间 ES_{i-j}	$ES_{i-j} = \max[ES_{h-j} + D_{h-i}]$	$h-i$ 为 $i-j$ 的紧前工作
工作最早完成时间 EF_{i-j}	$EF_{i-j} = ES_{i-j} + D_{i-k}$	
工作最迟开始时间 LS_{i-j}	$LS_{i-j} = \min[LS_{j-k} + D_{i-j}]$	$h-i$ 为 $i-j$ 的紧后工作
	$LS_{m-n} = T_p - D_{m-n}$	n 为终点节点
工作最迟完成时间 LF_{i-j}	$LF_{i-j} = LS_{i-j} + D_{i-j}$	
工作总时差 TF_{i-j}	$TF_{i-j} = LS_{i-j} - ES_{i-j}$	
工作自由时差 FF_{i-j}	$FF_{i-j} = ES_{j-k} - EF_{i-j}$	$j-k$ 为 $i-j$ 的紧后工作
	$FF_{i-n} = T_p - EF_{i-n}$	n 为终点节点
网络计划的计算工期 T_c	$T_c = \max[ES_{m-n} + D_{m-n}]$	n 为终点节点

注:T_p 为网络计划的计划工期,T_c 为计算工期。

4. 单代号网络计划时间参数的计算

与双代号网络计划不同,单代号网络计划的节点表示工作,因此其时间参数的计算与双代号网络计划时间参数的计算在表述方法上有所不同,不过在计算步骤上基本上一致。一般的单代号网络计划,其时间参数的计算公式见表 10-3。

表 10-3 单代号网络计划时间参数计算公式

时间参数	计算公式	说明
工作最早开始时间 ES_i	$ES_i = \max[EF_h]$	h 为 i 的各紧前工作
工作最早完成时间 EF_i	$EF_i = ES_i + D_i$	
工作最迟完成时间 LF_i	$LF_i = \min[LS_j]$	j 为 i 的各紧后工作
	$LF_n = T_p$	n 为终点节点
工作最迟开始时间 LS_i	$LS_i = LF_i + D_i$	
工作总时差 TF_i	$TF_i = LS_i - ES_i = LF_i - EF_i$	
工作自由时差 FF_i	$FF_i = \min[LAG_{j-j}]$	j 为 I 的紧后工作
	$FF_n = \min[T_p - EF_i]$	n 为终点节点
网络计划的计算工期 T_c	$T_c = EF_n$	n 为终点节点

注:T_p 为网络计划的计划工期,T_c 为计算工期;i 工作与 j 工作的时间间隔 $LAG_{i-j} = ES_i - EF_i$。

(六) 项目工期压缩的方法

初始的网络计划安排是以正常条件下各项工作需要的时间为基础建立起来的,并且以网络图的计算工期为目标工期。如果项目规定的目标工期比计算工期短,则必须压缩关键路径持续的时间,甚至也需要压缩次关键路径的时间,以便使调整后网络图计算工期缩短到规定的期限以内。这种要求缩短工期的问题,往往也出现在项目计划的实施过程之中,由于前面的工作拖延了进度而使计划的剩余部分不能以正常的速度在规定期限内完成。在这种情况下,压缩计划剩余部分的持续时间是保证实现项目工期目标的常用方法。

只有压缩关键路径上工作的时间才能使网络计划的计算工期得到压缩。当网络图存在多条关键路径时,必须使各条关键路径得到相应的压缩,这也包括压缩工期过程中可能出现的新关键路径。压缩计算工期可按如下步骤进行:

(1) 找出网络图中的关键路径并算出计算工期 λ。

(2) 按照规定工期 T 计算要求缩短的时间

$$\Delta T = \lambda - T \tag{10-1}$$

(3)按照下列原则选择优先压缩作业时间的关键工作:

1)缩短作业时间对质量和安全等影响小的工作。

2)赶工需要的资源充足。

3)赶工费用最低(包括需要同时压缩的所有并行关键工作)。

(4)将适合于优先压缩的关键工作作业时间压缩到允许的最小值。找出压缩后网络图的关键路径。若被压缩的工作已变成非关键工作,将作业时间适当延长至使其仍为关键工作。

(5)若压缩后网络图的计算工期仍超过规定的工期,重复以上步骤直到满足工期要求或计算工期已不能再压缩。

(6)若压缩后网络图的计算工期已短于规定工期,延长最后被压缩各关键工作的作业时间至计算工期等于规定工期。

(7)当关键路径已不能进一步压缩以满足规定工期要求时,需要改变计划的技术方案和组织方案以适应工期要求,或者重新审定目标工期。

(七)计划评审技术(PERT)

项目时间管理的另一项技术是计划评审技术(PERT),即当具体活动工时估算存在很大的不确定性时,用来估计项目工时的网络分析技术。

前面介绍的网络计划关键路径法,在分析计算中工作之间的关系是确定的,工作的持续时间也都是确定的,因此称之为肯定型网络计划方法(CPM)。但是,在大型航空型号工程项目和其他技术复杂的航空型号工程项目中,尽管其中各项工作之间的关系是确定的,而各项工作的持续时间则是非确定的,或者因为工作的影响因素太多而不便确定。此时可采用网络计划的计划评审方法,也称为非肯定型网络计划方法,简称为 PERT,用于编制工程项目进度计划。

PERT 网络图画法、时间计算以及优化方法基本上与 CPM 相同。但 PERT 网络计划有它独自的特点,就是在时间上要考虑随机因素。首先要对作业持续时间进行估计,然后针对估计的作业持续时间计算出期望工期,利用概率计算出按指令工期完成的可能性大小,从而找出完成的可能最大工期。

像关键路径法一样，PERT 建立在项目网络图的基础之上，采用概率时间估计，将关键路径法应用于加权平均工时估算。利用下面的公式来计算项目活动工时估计值的加权平均：

$$\text{PERT 加权平均}=(\text{乐观时间}+4\times\text{最可能的时间}+\text{悲观时间})/6 \qquad (10-2)$$

PERT 法的最大优点在于，它试图将风险与工时的估计联系起来，但是 PERT 法需要几个工时估计值，所以使工作量加大，在实践中很少使用。

第 2 节　航空型号工程项目进度控制措施

航空型号工程项目实施过程中，工程进度管理不仅仅是个时间计划的管理和控制问题，同时还需要考虑人力、设备、材料、工具和仪器等所必需的资源能否最有效、合理、经济地配置和使用。因此，进度管理的作用就是在考虑了工程实施管理三大因素（工期、质量和成本）的同时，通过贯彻实施全过程的计划、组织、协调、检查与调整等手段，努力实现各个阶段目标。

一、影响航空型号工程项目进度的主要因素

1.与项目进度有关的单位

与航空型号工程项目实施进度有关的单位并不单纯是需方和承包人，还有与航空型号工程项目实施相关的其他单位，如系统供应单位、材料设备供应商、项目投资单位、政府主管部门、银行以及许多别的单位，如水、电、煤、气、通信等外围单位，环保、公安、消防、社区、医院、保险公司、毗邻单位和周围居民群众等。因此，航空型号工程项目进度管理仅考虑工程项目主体单位是不够的，还要考虑项目实施各个阶段相关单位的工作联系搭接网络，只有对这个总体网络进行合理控制，才能有效地进行工程项目的进度管理。

虽然与航空型号工程项目实施进度有关的单位很多，但影响最大的还是承包人和供应链系统，所以直接参与项目管理的主要各方只有相互合作、协同配合，才能确保工程项目进度的合理控制，保证项目总工期目标的实现。

2.影响项目进度的主要因素

影响航空型号工程项目实施进度的因素很多，如工程技术、组织协调、气候条件、政治原因、人为因素、物资供应情况等。正因为存在这些影响项目进度因素，它们都会干扰工程项目进度目标的实现，才需要进行项目进度管理。下面列出一些直接影响项目进度的主要因素：

（1）客户需求变更。客户需求变更是影响航空型号工程项目实施进度的最常见、最难应付的问题，项目经理自始至终都要按照变更控制的规程很好地加以解决。

（2）材料、外购设备及零部件到货时间问题。外购材料、设备和零部件等，不能按时到货，将使工程处于无米下炊的境地。为此，要求承包人建立良好的供应链或采取提前采购订货等强有力的有效措施，确保各种材料、设备能如期到货。

（3）设备、材料的质量问题。到货设备如果发生质量问题，往往导致在订货时间上已经来不及，因此承包人应考虑这类情况下的处理方案。

（4）系统技术问题。随着现代航空技术的飞速发展，新产品、新技术层出不穷。承包人在安装新设备之前未能解决系统配置的关键技术，就会影响项目实施的进度。

（5）应用软件开发的技术问题。航电系统软件开发工程师未能及时解决应用软件开发中的关键技术，影响软件开发的进度。要督促软件开发人员在开发应用之前解决这些关键技术。

(6)工程质量问题。质量控制是工程进度控制的基础和保证。在工程项目实施过程中,前一阶段出现的质量问题会影响下一阶段的工程进度,把好质量关是确保工程按时完成的前提。

二、航空型号工程项目进度控制的主要措施

(一)进度控制的主要措施

(1)组织措施。落实进度控制的责任,建立进度控制协调制度。

(2)技术措施。建立作业计划体系;采用新工艺新技术,缩短工艺过程间和工序间的技术间隙时间。

(3)经济措施。拖延工期要进行必要的经济处罚,对工期提前者实行奖励。

(4)合同措施。按合同要求及时协调有关各方的进度,以确保项目进度的要求。

(二)进度控制的主要方法

1. 抓住开工前的各项准备工作

(1)正式签订工程承包合同后,立即组建项目经理部,进行客户需求调研并编制客户需求分析报告,以及编写意外事件的处理计划。

(2)建立供应链系统,落实实施材料设备的订货,按时审批供应商资格。

(3)核查实施人员执业资格或上岗证书。

(4)积极开展和落实开工前的各项准备工作。

2. 抓好进度计划的编制和检查

(1)制定详细的项目进度计划。

(2)检查进度计划执行情况,当实际进度与计划进度发生偏差时,及时修订进度计划。

(3)及时将项目进度计划提交公司主管审查。

(4)抓好工程进度的监测。

(5)经常地、定期地收集进度报表资料。

(6)采取有效措施,严格控制项目实施进度。

(7)定期召开现场会议,协调各工种、各系统单位实施进度安排。

(8)对进度计划的执行情况,进行逐日、逐周的跟踪检查。

3. 进度偏差的调整

(1)对进度的执行情况,利用收集到的数据进行整理统计分析,发现问题,及时采取措施解决。

(2)在工程实际进度落后计划时,采取增加人手、加班等措施加以解决。

4. 做好各系统单位的进度协调工作

及时收集各系统单位的进度资料,召开各系统单位的协调会议,协调各方进度。

5. 抓好关键任务的进度管理

对每项关键工期,具体每一项任务都要落实在实处,制定切实的实施计划,采取有力可行的措施及方法。掌握关键工期执行情况,并逐条提出具体解决办法,保证关键工期按时完成。

(1)分析进度计划,寻找关键路径,对关键路径任务的进度严格控制,注意非关键路径时差是否用完,并已转为关键路径。

(2)考察分析有哪些工作影响了工程的工期,拖了计划的后腿?对这些工作进行详细分析,确定影响各工作计划的关键(或主要)因素。

6.进度控制的动态管理

(1)编制项目设计、实施和软件开发进度控制计划表。

(2)记录每日各部位工程进度、实施设备、人力的投入和各分项、分部工程系统实施完成的工程量及工程进度。

(3)遇到项目实施难点或拖后工期现象等实际问题,要及时研究相关现场信息、分析造成的原因,精心策划,并提出解决措施。如果项目经理部内部无法解决,可请外面的专家帮助解决。

(4)通过交流会、协调会、周例会讨论项目工期滞后问题,并及时调整、修改进度计划。

7.采用先进、合理、稳妥的实施方法

建立健全的实施组织和有力的管理措施,包括管理、开发、实施人力的投入,通过调整各阶段进度计划,以适应工期要求。

三、航空型号工程项目实施各阶段的进度控制

(一)事前控制

项目实施进度的事前控制即为工期预控,主要工作内容有:

1.编制项目进度计划

项目进度计划是确定和审核承包合同工期条款的依据。凡是与项目实施有关的所有的工作,都要对其进度做出计划安排,都应该纳入项目进度计划,它包括总体进度计划,年度和月(季)进度计划,以及关键工程进度计划。

2.审核项目进度计划

将编制好的项目进度计划提交企业高层领导审核,主要审核进度计划是否符合总工期控制目标的要求,审核进度计划与实施方案的协调性和合理性等。

3.编制项目实施方案

制定项目实施的组织措施和保证工期,以及仔细检查审核所采用技术的先进性和可靠性。

4.制定采购计划和建立供应链系统

制定采购供应的材料、设备的需用量及供应时间参数,编制有关材料、设备部分的采供计划。建立供应链系统,以确保主要材料、设备的准时到货。

(二)事中控制

项目实施进度的事中控制包含两方面的内容,一方面是进行进度检查、动态控制和调整;另一方面,及时进行工程计量,为申请工程进度款提供项目进度方面的依据。其工作内容有:

1.建立反映项目进度的实施日志

逐日如实记载每日工程项目实施的进展及完成的实物工程量。同时如实记载影响工程项目进度的内、外、人为和自然的各种因素,如暴雨、大风、现场停水、停电等,并注明起止时间。

2.编写月工程进度报告

项目经理和现场实施人员根据实施日志和项目实施进度记录,及时进行统计和标记,并通

过分析和整理，每个月都要综合编写一份月工程项目进度报告，并提交给公司高层领导审核。内容包括：

(1)工程进展概况或总说明。应以纪事方式对进度计划执行情况提出分析。

(2)工程进度。以工程量清单所列细目为单位，编制出工程进度累计曲线和完成投资额的进度累计曲线。

(3)工程图片。显示关键路径上(或主要工程项目上)一些实施活动及进展情况。

(4)财务状况。主要反映工程承包人的现金流动、工程变更、价格调整、索赔工程支付及其他财务支出情况。

(5)其他特殊事项。主要记述影响工程进度或造成延误的因素及解决措施。

3.工程进度的检查

定期及不定期地检查工程进度，检查的要点是：

(1)计划进度与实际进度的差异。

(2)计划进度、实物工程量与工作量指标完成情况的一致性。

4.工程进度的动态管理

工程项目的实际进度与计划发生差异时，应分析产生的原因，并提出调整进度的措施和方案，相应调整项目进度计划及设计、材料设备、资金等进度计划；必要时调整工期目标。

5.组织现场协调会

(1)协调有关各方在实施进度安排方面的问题，协调解决内、外关系问题。

(2)检查上次协调会执行结果。

(3)解决各种管理上的问题。

(4)解决现场发生的重大事宜。

(5)现场协调会结束后，要编写、印发协调会议纪要。

6.工程进度报告

定期向公司高层领导及需方报告工程进度情况；每月报告一次。

(三)事后控制

当项目实施的实际进度与计划发生差异时，在分析原因的基础上采取如下措施：

1.制定保证总工期不突破的对策措施

(1)采取缩短工艺操作时间、减少技术间隙期、实行平行流水立体交叉作业等技术措施。

(2)采取增加作业对数、增加工作人数、增加工作班次等组织措施。

(3)实行包干奖金、提高计件单价、提高奖金等经济措施。

(4)采取改善外部配合条件、改善劳动条件、实施强有力调度等配套措施。

2.制定总工期突破后的补救措施

分析原因，提出补救措施和方案，尽量减少因项目总工期突破可能带来的冲击和损失。

3.调整项目资源配置

调整相应的项目进度计划，以及材料设备、资金供应计划等，在新的条件下组织新的平衡。

第3节 航空型号工程项目进度计划的内容和调整

编制航空型号工程项目进度计划是工程进度管理的第一项任务，其目的就是要确定一个能控制项目工期的计划值，作为工程进度管理的依据。一般说来，编制工程进度计划就是要决定什么时候要做什么工作，或者什么时候工作要做到什么程度。无论是工程实施本身的各分项工程或各子系统，还是与项目实施有关的其他工作，都应该纳入进度计划。航空型号工程项目进度计划包括总体进度计划，年度和月(季)进度计划，关键工程进度计划三类。

一、航空型号工程项目进度计划的基本内容

(一)总体进度计划

工程项目实施总进度计划是用来指导项目实施全局的，它是工程从开工一直到收尾为止，各个主要环节的总的进度安排，起着控制构成工程总体的各个单位工程或各个实施阶段工期的作用。因此，工程的总进度计划的作用是控制和协调工程总体进度。

工程总体进度计划中主要内容包括：

(1)工程项目的合同工期。

(2)完成各系统单位工程及各实施阶段所需要的工期、最早开始和最迟结束的时间。

(3)各系统单位工程及各实施阶段所需配备的各类人员数量和资质要求。

(4)各系统单位工程及各实施阶段所需配备的仪器、设备、工具的型号规格和数量。

(5)各系统单位工程或分部工程的实施方案和实施方法等。

总体进度计划的编制可以采用横道图、进度曲线或网络计划图，但无论采用什么方法，都应反映出上述内容。现金流动估算表要与总体进度计划的进度曲线相对应，通过现金流动估算表可以得到每月完成的工程费用额及已完成工程费用的累计。项目实施方案及实施方法则可通过实施组织设计来反映。

(二)年度和月(季)进度计划

对于一个具体的航空型号工程项目来说，进行工程进度管理时仅有工程项目的总体进度计划是不够的，尤其当工程项目比较大时，还需要编制年度和月(季)进度计划。年度进度计划要受工程总体进度计划的约束控制，而月(季)进度计划又受年度进度计划的约束控制。月(季)进度计划是年度进度计划实现的保证，而年度进度计划的实现，又保证了总体进度计划的实现。

1. 年度进度计划

(1)年度进度计划的主要作用如下：

1)统一安排全年内各正在实施或将要开工分部、分项工程的实施，确定年度实施任务。

2)确定各项年度生产指标，即在年度内要完成哪分部分项工程或部分完成哪些工程项目。

(2)年度进度计划的主要内容如下：

1)本年计划完成的单位工程、分部分项工程项目的内容、工程量及投资指标。

2)实施队伍和主要实施设备、测量仪器的型号规格、数量及调配顺序。

3)在总体进度计划下对各分项工程进行局部调整或修改的详细说明等。

在年度进度计划的安排过程中,应重点突出组织顺序上的联系,如大型设备和贵重仪器的转移顺序、主要实施队伍和开发人员的转移顺序等。首先安排重点、大型、复杂、周期长、占人力和设备多的工程,优先安排主要工种或经常处于短线状态的工种的实施任务,并使其连续作业。

安排年度进度计划时,应注意处理好下列关系:一般工程受重点工程的制约,配套项目受主体项目的制约;下级计划受上级计划的制约,计划内短期安排受整个计划工期的制约。同时,在调整计划时尽量不改变年度计划的指标,以便于考核计划的执行情况。

2.月(季)度进度计划

(1)月(季)度进度计划的主要作用如下:

1)确定月(季)实施任务,例如,本月(季)实施的工程项目,每项工程包括哪些内容,预计要完成到什么部位,工作量和工程量是多少,由谁来负责完成,相互间如何配合等。

2)指导实施作业,即实施顺序如何,相关的实施专业队组如何实现流水作业等。

3)进行月(季)实施任务各项指标的平衡、汇总,以便综合衡量完成的工程量和工程投资,作为考核月(季)工程实施进度情况的依据。

(2)月(季)度进度计划的主要内容如下:

1)本月(季)计划完成的分项工程内容及顺序安排。

2)完成本月(季)及各分项工程的工程量及投资额。

3)完成各分项工程的实施队伍、人力资源和主要仪器、设备的配额。

4)在年度计划下对各系统单位工程或分项工程进行局部调整或修改的详细说明等。

(三)关键工程进度计划

关键工程进度计划是指一个很可能在航空型号工程项目中起控制作用的关键工程,由于关键工程的实施期常常关系到整个工程项目实施总工期的长短,因此在进度计划的编制过程中将单独编制关键工程进度计划。关键工程进度计划的主要内容有:

(1)具体实施方案和实施方法。

(2)总体进度计划及各道工序的控制日期。

(3)现金流动估算。

(4)各实施阶段的人力资源和仪器设备的配额及运转安排。

(5)实施准备及竣工验收的时间安排。

(6)对总体进度计划及其他相关工程的控制、依赖关系和说明等。

在项目实施过程中,如果工程的实际进度不符合已批准的进度计划时,项目经理应提出一份修订过的进度计划,说明为保证工程按期竣工而对原计划所做的修改。

二、航空型号工程项目进度计划实施

经批准的进度计划,应向执行者进行交底并落实责任。进度计划执行者应制订实施计划方案。

1.进度计划实施的内容

在进度计划实施过程中应进行下列工作:

(1)跟踪检查,收集实际进度数据。

(2)将实际数据与进度计划进行对比。

(3)分析计划执行的情况。

(4)对产生的进度变化,采取相应措施进行纠正或调整计划。

(5)检查措施的落实情况。

(6)进度计划的变更必须与有关单位和部门及时沟通。

2.项目进度计划实施的记录

为保证工程进度计划的正常实施,项目经理和实施人员应随时收集和记录影响工程进度的有关资料和事项,以便随时掌握项目实施过程中存在的问题,及时协调和解决影响进度的各种矛盾和不利因素。

在航空型号工程项目实施过程中,每天都应按单位工程、分项工程或实施点对实际工程项目实施的进度进行记录,并予以检查,以作为掌握工程进度和进行决策的依据。内容主要如下:

(1)当日实际完成以及累计完成的工程量。

(2)当日实际参加实施的人员、仪器设备的数量及生产效率。

(3)当日实施停滞的原因。

(4)当日发生的影响工程进度的特殊事件或原因。

三、航空型号工程项目进度计划检查与调整

对进度计划进行检查与调整应依据进度计划的实施记录。进度计划检查应按统计周期的规定进行定期检查;应根据需要进行不定期检查。

1.进度计划的检查

进度计划检查就是将工程项目实施的实际进度与计划进度作对比,找出偏差。偏差不外乎有三种可能,实际进度与计划进度相比的结果是:提前、按时(正常)或拖延(延误)。在进度检查时所谈及的偏离往往是针对正在检查的内容而言,这样做不全面,还应分析这些偏差对工程项目或合同段工期有何影响,即工程总体进度状况发展的趋势。

项目进度计划的检查是计划执行信息的主要来源,是工期调整和分析的依据,也是进度控制的关键步骤。项目进度计划检查的方法主要是对比法,即实际进度与计划进度进行对比,从而发现偏差,以便调整或修改进度计划。在项目实施期间,如果实际进度(尤其是关键线路上的实际进度)与计划进度基本相符时,需方工程师或需方不应干预承包人对进度计划的执行;但应及时掌握影响和妨碍工程进展的不利因素,促进工程按计划进行。

(1)进度计划检查的内容。进度计划的检查应包括下列内容:

1)工作量的完成情况。

2)工作时间的执行情况。

3)资源使用及与进度的匹配情况。

4)上次检查提出问题的处理情况。

(2)编制进度报告。进度计划检查后应按下列内容编制进度报告。

1)进度执行情况的综合描述。

2)实际进度与计划进度的对比资料。

3)进度计划的实施问题及原因分析。

4)进度执行情况对质量、安全和成本等的影响情况。

5)采取的措施和对未来计划进度的预测。

2.进度计划的调整

在航空型号工程项目实施过程中,由于投入工程项目实施的设备、人力资源的变化、项目管理失误、恶劣的气候或需方的原因等因素的影响,都将给工程项目进度计划的实现带来困难。因此,如果在进行进度计划检查时发现工程实施现场的组织安排、开发实施顺序或人力、设备资源与进度计划上的方案有较大不一致时,应及时对原进度计划及现金流动计划予以调整,以符合实际,保证满足合同工期的要求。

当项目关键部分的实施时间比计划时间增加,这可能意味着整个工期延长。在这种情况下,项目经理和可以先把注意力集中在非关键部分上,看非关键部分的资源是否有机动的可能,能否把非关键部分上的设备、人员调整到关键部分上去。如果不能,为了满足关键部分的工程按计划完成的要求,则可能需要延长工作时间,或者重新增加新的设备和人员来完成进度计划的调整。进度计划调整后应编制新的进度计划,并及时与相关单位和部门沟通。

第4节　航空型号工程软件开发进度控制的措施

软件开发是航空型号工程的重要组成部分,其开发进度控制是指在规定的时间内,拟定出合理且经济的项目进度计划,在执行项目进度计划的过程中,要经常检查软件开发的实际进度是否按计划要求进行,若出现偏差,要及时找出原因,采取必要的补救措施或调整。

一、　软件的定义和特性

1.软件的定义

软件是人造的物体中最复杂、最聪明、最有智慧和灵感的系统,它是航空器的航电系统和计算机系统的核心技术。从系统结构上看,软件是航空器的航电系统和计算机系统中与硬件相互依存的另一部分,包括航电系统和计算机系统运行时所需要的各种程序、相关数据及其说明文档。其中程序是按照事先设计的功能和性能要求执行的指令序列;数据是程序能正常操纵信息的数据结构;文档是与程序开发维护和使用有关的各种图文资料。

2.软件的特性

软件同传统的工业产品相比,有其独特的特性:

(1)软件是一种逻辑实体,具有抽象性。人们可以把它记录在纸上、内存、和磁盘、光盘上,但却无法看到软件本身的形态,必须通过观察、分析、思考、判断,才能了解它的功能、性能等特性。

(2)软件没有明显的制造过程。一旦研制开发成功,就可以大量拷贝同一内容的副本。

(3)软件存在退化、过时和淘汰问题。软件在使用过程中,没有磨损、老化的问题,但会为了适应硬件、环境以及需求的变化而进行修改,而这些修改又不可避免地引入错误,导致软件失效率升高,类似于软件退化。当修改的成本变得难以接受时,软件过时了,就会被抛弃淘汰掉。

(4)软件对硬件和环境有着不同程度的依赖性。这导致了软件移植的问题。

(5)软件的开发至今尚未完全摆脱手工作坊式的开发方式,生产效率低。

(6)软件是复杂的,而且以后会更加复杂。软件是人类有史以来生产的复杂度最高的工业产品。

二、软件开发进度控制的内容、措施和要点

(一)软件开发项目进度控制的内容

软件开发项目进度控制的内容包括项目进度计划编制、审查、实施、检查、分析处理的过程。软件开发项目进度控制以项目进度计划为基础。

软件开发项目进度控制的主要内容如下:

(1)软件开发进度计划的编制。

(2)进度计划的执行检查,比较实际进度与计划进度的差别。

(3)进度计划的调整,修改进度计划,使项目能够返回预定"轨道"。

(二)软件开发项目进度控制的措施

(1)组织措施。落实负责软件项目进度控制的人员组成,进行具体项目进度控制任务和管理职责分工;以及进行项目分解,按项目结构、进度阶段、合同结构多角度划分,并建立编码体系;确立进度协调工作制度;对干扰和风险因素进行分析。

(2)技术措施。审核软件项目进度计划,确定合理定额,进行进度预测分析和进度统计。

(3)经济措施。保证软件开发预算内资金供应,控制预算外资金。

(4)信息管理措施。实行项目进度动态比较,并编写比较报告。

(三)软件开发项目进度控制要点

航空型号工程项目进度控制是通过一系列项目管理手段,运用运筹学、网络计划、进度可视化等技术措施,可使软件开发项目实施工作控制在详密的进度计划以内。

1. 软件开发项目进度控制的类型

(1)作业控制。作业控制的内容就是采取一定措施,保证每一项作业本身按计划完成。作业控制是以工作分解结构 WBS 的具体目标为基础的,也是针对具体的工作环节的。通过对每项作业的质量检查以及对其进展情况进行监控,以期发现作业正在按计划进行还是存在缺陷,然后由项目管理部门下达指令,调整或重新安排存在缺陷的作业,以保证其不致影响整个项目工作的进行。

(2)进度计划控制。项目进度计划控制是一种循环的例行性活动。其活动分为四个阶段:编制计划、实施计划、检查与调整计划、分析与总结,如图 10-8 所示。

软件开发进度控制就是采取有效措施来保证项目按计划的时间表来完成工作,避免或修正出现的实际进度与计划不符的情况,通常把工期滞后的情况称为"脱期"。开发人员责任心不强、信息失实或遗漏、协作部门的失误等因素都会影响到软件开发工期。不过有许多工期的拖延都是可以避免的,比如增强项目工作人员信心、完善管理制度和改进沟通的技能等。

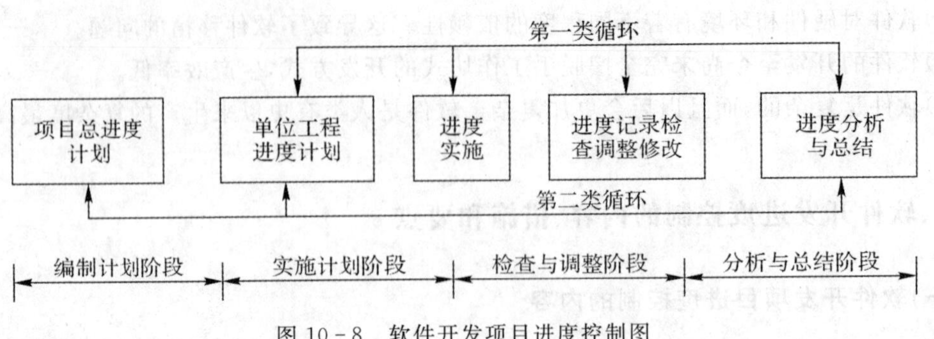

图 10-8　软件开发项目进度控制图

2. 软件开发项目进度控制的要求

按照不同管理层次对项目进度控制的要求分为如下 3 类：

(1)项目总进度控制。项目经理对项目中各里程碑事件的进度控制。

(2)项目主进度控制。项目经理对项目中每一主要事件的进度控制。在多级项目中这些事件可能就是各个分项目。

(3)项目详细进度控制。软件开发人员对具体作业进度计划的详细控制，这是进度控制的基础。

软件开发项目进度控制主要解决的问题是克服脱期，但实际进度与计划不符的情况还有另外一种，即工作的过早完成。一般来说，这是有益无害的，但在有些特定情况下，某项工作的过早完成会造成资金、资源流向问题，或支付过多的利息等。

第11章 航空型号工程项目成本管理

第1节 航空型号工程项目成本管理基本概念

提高经济效益是企业的中心任务，所谓经济效益，就是经济活动中投入和产出之间的数量关系，即生产过程中劳动占用量和劳动消耗量同劳动成果之间的比较。由于航空型号工程项目造价昂贵，历来以超过预算著称。因此，项目成本管理是航空型号工程项目管理中最重要的任务之一。

一、工程费用、成本和成本管理的定义

(一)工程费用和成本的定义

1.工程费用

工程费用一般是指航空型号工程项目所投入的建设资金，它是工程项目在实施过程中形成的工程价值的货币表现形式，可分为预算工程费用和实际工程费用。虽然工程费用是在工程项目实施过程中耗费的，但是在耗费之前要进行一系列的预测工作，对工程费用进行估算，形成预算工程费用，并以合同价的形式来反映工程费用的预测值。

2.工程成本

成本(cost)与费用(expense)在经济分析中是作为同义词使用的。实际上在描述工程项目的不同阶段的消耗过程中，两者却是不同的，主要体现在其组成内容及分析角度上的不同。工程是一种按期贷方式进行交换的商品，其价值由3部分组成：

(1)已耗费的物资资源价格。

(2)人员的报酬和公司维持经营所必要的费用等。

(3)企业向财政缴纳的税金和税后留存的利润，即是建设者在工程实施过程中新创造的价值。

工程成本是产品形成过程中所必需的耗费，指的是第一部分和第二部分耗费的总和。工程费用则包括了全部三部分耗费，是这三部分耗费的总和。即是说，工程费用是工程成本加上企业缴纳的税金和税后留存的利润。

(二)项目成本管理的定义

项目成本管理是为了保证完成项目的实际成本不超过预算成本的管理过程，包括三大步骤：成本估算、成本预算(成本计划)和财务决算。项目从启动到收尾(生命周期)期间离不开一定的费用支撑，为保障项目实际发生费用不超过预算费用，必须对成本实施控制管理。

航空型号工程项目成本管理是指在工程项目实施过程中预测和计划工程成本，并控制工程成本，以确保工程项目在成本预算的约束条件下完成。其目的是通过对工程成本目标的动态控制，使其能够最优地实现。由于航空型号工程项目的各种复杂因素，通常采用单价合同形式的费用支付方式。因此，航空型号工程项目实施过程中工程成本管理的关键环节是工程计量与支付。

二、工程项目费用的组成和费用偏差

(一)航空型号工程项目费用的组成

航空型号工程费用由以下几部分组成：

1. 直接工程费用

直接工程费用是指直接构成航空型号工程实体的有助于项目完成的各项费用。

(1)直接费用能够以简单方便的方式加以追踪的相关费用，即指完成航空型号工程项目的建设任务而直接体现在工程上的费用，例如，薪金、购买软硬件的货币等都是直接费用。

(2)其他直接费指预算定额中所计列以外的属于直接用于航空型号工程实体的费用，包括实施辅助费、夜间实施增加费等。

(3)现场经费指实施现场组织实施设计、生产和管理所需费用，包括现场管理费和临时设施费。其中现场管理费指在实施现场发生的有关管理费用，包括以各类工程的定额直接费为基数计算的基本管理费用和其他单项费用、如现场管理人员的基本工资、工资性补贴、职工福利费、劳动保护费，以及办公费、差旅交通费、工具用具使用费、保险费等。临时设施费指承包人为进行工程实施所必需的生活和生产用的临时建筑物、构筑物和其他临时设施的修建、维修和拆除或摊销的全部费用，不包括概预算定额中的临时工程在内。

2. 间接费用

间接费用是指不能以简单方便的方式加以追踪的相关费用，主要指航空型号工程实施现场以外为项目提供服务管理的费用，含企业管理费，上级管理费和财务费用两部分。企业管理费，指承包企业为组织实施设计、生产活动所发生的管理费，包括管理人员的基本工资、工资性津贴、职工福利费、差旅费、办公费、固定资产折旧修理费和工具使用费、工会经费、职工教育经费、劳动保险费、职工养老保险费及待业保险费、保险费、税金及其他等。财务费用指承包企业为筹集资金而发生的各项费用，包括企业经营期发生的短期贷款利息净支出、汇兑净损失、调剂外汇手续费、金融机构手续费、以及企业筹集资金发生的其他财务费用。

配置给项目的间接费用，项目经理很难控制。例如，在一个大的办公楼里，工作于许多项目的成百上千员工所使用的电力费用、纸巾等都是间接费用。

3. 实施技术装备费

实施技术装备费是指为承包人(企业)逐步扩大实施技术装备的费用和实施方案设计费，包括软硬件费用，以及根据项目需方需求或规划设计方案，编制工程实施方案所发生的费用等。

4. 计划利润

计划利润是指按照国家有关规定的企业应取得的利润。依据工程类别实行差价利润率。

5. 税金

税金是指按照国家规定应计入工程造价内的营业税、城市建设维护税及教育附加税。

(二)工程项目费用偏差

工程项目费用偏离计划有超支和节约两种情况。项目费用偏差仅仅反映了项目运行费用方面的偏差,还不足以真实反映项目运行的整体状况。它还需要与其他因素,如进度偏差、工作质量状况等结合起来,综合判断,以全面反映项目的真实情况。项目费用偏差计算公式为

$$偏差=预算费用-实际费用 \tag{11-1}$$

产生费用偏离的因素是多方面的,主要有宏观的和微观的、项目外的和项目内的,以及具体的如技术、管理、时间等。如果费用偏差大于零,表示项目费用节约;如果费用偏差小于零,表示项目费用超支(见图 11-1)。但任何仅仅考虑费用的做法是片面的、没有意义的。不能简单地说超支就是坏事,节约就是好事。费用偏离必须与进度、工作质量等结合起来综合判断。

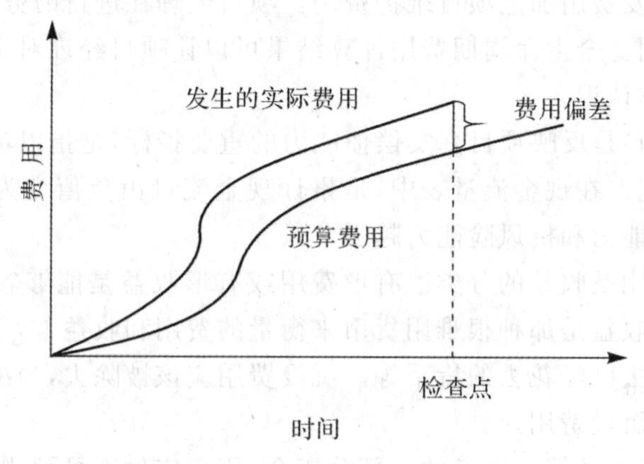

图 11-1 累积费用曲线

(三)与项目成本管理相关的一些基本概念

(1)净现值分析。把预期的未来现金流入与流出都折算成现值,以计算一个项目预期的净货币收益与损失。如果财务价值是项目选择的主要指标,那么只有净现值为正时才可给予考虑。

(2)投资收益率分析(ROI)。将净收入除以投资额的所得值。ROI越大越好。

(3)投资回收期。分析投资回收期就是以净现金流入补偿净投资所用的时间。换句话说,投资回收期分析就是要确定得经过多长时间累计收益就可以超过累计成本以及后续成本。当累计折现收益与成本之差开始大于零时,回收就完成了。

(4)利润。利润是收入减去费用。公司运作的宗旨是什么?盈利!因此,任何公司总经理最关心的是利润而不是其他问题,为了增加利润,公司可以增加收入,也可以减少花费,或者同时采取两种方式。

(5)软件缺陷费用。如果在航空型号工程项目早期能够发现其航电和计算机系统软件缺陷,那么造成的费用增加不太多,越是往后才发现软件缺陷,那么造成的费用增加会成倍,甚至成几何级数增加。表 11-1 总结了国外某型战斗机在设计研制过程中,其软件系统在开发不

同阶段纠正软件缺陷的典型费用。

表 11-1 软件缺陷费用

缺陷发现时间	纠正的典型费用/美元
客户需求阶段	100～1 000
编码测试、单元测试阶段	>1 000
系统测试阶段	7 000～8 000
验收测试阶段	1 000～100 000
完成后	达到几百万

(6)全生命周期费用计算对于一个航空型号工程项目而言，全生命周期费用计算考虑的是权益总费用，即项目开发费用加上项目维护费用。项目经理在进行财务决策时，需要考虑项目全生命周期发生的费用。全生命周期费用计算结果可以让项目经理对贯穿于整个项目全生命周期的费用状况有总体认识。

(7)投资回收期(Pt)是反映项目真实偿债能力的重要指标，是指以项目的净收益抵偿项目全部投资所需要的时间。在现金流量表中，是累计现金流量由负值变为零的时点。投资回收期越短，表明项目盈利能力和抗风险能力越强。

(8)有形和无形费用及收益的分类。有形费用或有形收益是能够容易以货币衡量的那些价值，无形费用或无形收益是那种很难用货币来衡量的费用和收益。

(9)沉没费用。过去已经花去的货币等。沉没费用应该被除去，当决定应该或继续投资哪个项目时，应该不包括沉没费用。

(10)储备金。在成本估算中准备的一部分资金，用于应付不可预测费用风险。

第 2 节　航空型号工程项目成本管理的特点和方法

航空型号工程项目成本管理的内容与项目的特性密切相关，它是在项目投资的形成过程中，对项目所消耗的人力资源、物质资源和费用开支，进行管理、调节和限制，及时纠正即将发生和已经发生的偏差，把各项成本控制在计划投资的范围之内，保证投资目标的实现。

一、航空型号工程项目成本管理的特点

1. 航空型号工程项目成本管理过程的特点

(1)成本管理与工程环境密切相关。航空型号工程项目属于工程商品类，工程商品与很多其他普通类型的商品不同，任何一个航空型号工程项目都是独一无二的，每次设计、制造生产都面临不同的要求和情况，最终产品是独特的、不同的。因此，工程商品只能每次单独设计、实施试生产、试飞定型，最终实现整体批量制作。在航空型号工程项目实施过程中，由于内外部环境，包括企业信息化和先进制造技术的不断发展变化，造成项目费用也随之变化。因此，航空型号工程项目成本管理，必须根据项目内外部环境的变化，对项目成本管理措施做出调整，以保证项目成本的有效控制和监督。

(2)项目成本管理过程长。航空型号工程项目通常按年计工作进度,比较大多数产品,它不仅工程实施周期长,而且中间变数多,项目变更多。这就造成航空型号工程项目成本管理是一个动态管理过程,即项目成本管理要根据客户需求变更、设计变更、合同变更和人员变更等变化,修正其项目资源计划,成本估算和成本计划等,不断对项目费用的组织、控制做出调整,以便对项目成本进行有效控制。

(3)项目成本管理是一项系统工程。航空型号工程项目成本管理横向可分为项目的资源计划,成本估算,成本计划、财务决算、统计、质量、信誉等;纵向可分为组织、成本控制、成本分析、跟踪核实和考核等,由此形成一个航空型号工程项目成本管理系统。

(4)项目成本管理的主体是项目经理部。航空型号工程项目经理部对项目从立项到产品投产全过程的一次性管理,决定了项目成本管理的内容,必须是一次性和全过程的成本控制,充分体现"谁承包谁负责",并与承包人的经济利益挂钩的原则。

(5)项目成本管理的相对封闭性。工程项目成本管理的组织、实施、控制、反馈、核算、分析、跟踪核实和考核等过程是以工程项目为单位,构成相对封闭式循环系统,周而复始,直至工程项目完成设计、产品定型、投入生产,正式交付使用为止。

2. 航空型号工程项目成本管理的特点

航空型号工程项目成本管理的目的,在于降低项目成本,提高经济效益。

(1)超前性。由于工程项目一次性特点,为保证工程项目的有盈利不亏损,成本管理就必须做到事前管理和事中控制,而不能事后算账,项目从承包开始,就必须采取"于前预算、于中核算。边干边算"的成本管理办法,不能"只管干,不管算"。

(2)独特性。工程项目成本管理的对象是项目,每个项目都是独一无二的,与其他任何项目都不相同,虽然成本管理方法可以通用,但具体实施起来却各有特色,不能套用。

(3)综合性。在项目成本管理预测、计划、控制、核算、分析和考核这六大环节性中,只有依靠各部门配合协作,才能取得良好的效果。

二、航空型号工程项目成本管理方法和程序

航空型号工程项目成本管理和控制的基本原理是把项目成本计划值作为工程项目成本管理和控制的目标值,再把工程项目实施进展过程中的实际支出额与费用和控制控制的目标值进行比较,通过比较发现并找出们之间的偏差,从而采取切实有效的措施纠正偏差或调整目标值。

(一)航空型号工程项目成本管理方法

1. 开源与节流

开源和节流是工程项目成本控制最基本的方法,通过开源和节流两条腿走路,使工程项目的净现金流(现金流入减去现金流出)最大化。开源是增大项目的现金流入,扩大项目融资渠道,保证项目能够筹集足够的设计研制资金;节流是控制项目的现金流出。在工程项目实施时期,节流是使融资成本或代价最低,最节省地实现项目的必要功能。在工程项目实施时期,开源表现为增加主营业务收入、其他业务收入以及投资收益等;节流就是控制项目经营成本。

2. 项目全面成本管理责任体系

企业应建立、健全项目全面成本管理责任体系,明确业务分工和职责关系,把管理目标分解到各项技术工作、管理工作中。项目经理部的成本管理应是全过程的,包括成本计划、成本

控制、成本核算、成本分析和成本考核。项目全面成本管理责任体系包括两个层次：

(1)企业管理层负责项目全面成本管理的决策，确定项目的合同价格和成本计划，确定项目管理层的成本目标。

(2)项目管理层负责项目成本管理，实施成本控制，实现项目管理目标责任书中的成本目标。

3. 全方位的成本管理和控制

航空型号工程通常是一个复杂的并行设计综合系统，项目实施过程是有多个单位参与协同合作工作的过程。也就是说，项目需方、承包人、分包人、供货单位等，都在工程项目成本控制中发挥自己的做用，并建立各自的项目成本管理责任制。

全方位成本管理的作法是从工程项目实施整体的、系统的角度出发，将项目成本管理的责任和措施落实到每一个子系统，及其涉及的所有单位，由负责各个子系统相关单位之间的协调作用，以及项目整体的综合管理。

4. 全过程的成本管理和控制

项目成本管理贯穿于航空型号工程实施的全过程，这是毫无疑义的。项目费用的全过程控制要求成本控制工作要随着项目实施进展的各个阶段连续进行，既不能疏漏，又不能时紧时松，应使航空型号工程项目费用自始至终置于有效的控制之下，以实现整个项目成本管理的目标。

(二)工程项目成本管理的程序

项目成本管理应遵循下列程序：

(1)掌握设计、研制和生产要素的市场价格和变动状态。

(2)确定项目合同价。

(3)编制成本计划，确定成本实施目标。

(4)进行成本动态控制，实现成本实施目标。

(5)进行项目成本核算和工程价款结算，及时收回工程款。

(6)进行项目成本分析。

(7)进行项目成本考核，编制成本报告。

(8)积累项目成本资料。

第3节　航空型号工程项目成本管理技术

工程项目成本管理就是在保证满足工程质量、工期等合同要求的前提下，对项目实施过程中所发生的费用，通过计划、组织、控制和协调等活动实现预定的成本目标，并尽可能地降低成本费用的一种科学的管理活动，它主要通过技术、经济和管理活动达到预定目标，实现赢利的目的。

一、费用分解结构和S曲线

1. 费用分解结构(CBS)

将费用按照与工作分解结构(WBS)和组织分解结构(OBS)相适应的规则进行分解，并形成相应的、便于管理的账目分解结构(ABS)。账目分解结构是项目组织为承担分项工作而对其费用加以管理的一种工具。分解的结果可作为项目费用测定、衡量和控制的基准。

2. 费用累计S曲线

S曲线是项目从开始到结束的生命周期内的费用累计曲线,它描述了到项目生命周期的某个时点为止的累计费用(见图11-2)。S曲线常用来优化项目计划和降低项目的动态总费用(或总费用的现值)。当项目进度计划按所有活动最早开始或最晚开始,或从两者之间的某个时点开始来安排时,就形成了各种不同形状的S曲线,又称为香蕉图,它反映了项目进度允许调整的余地。

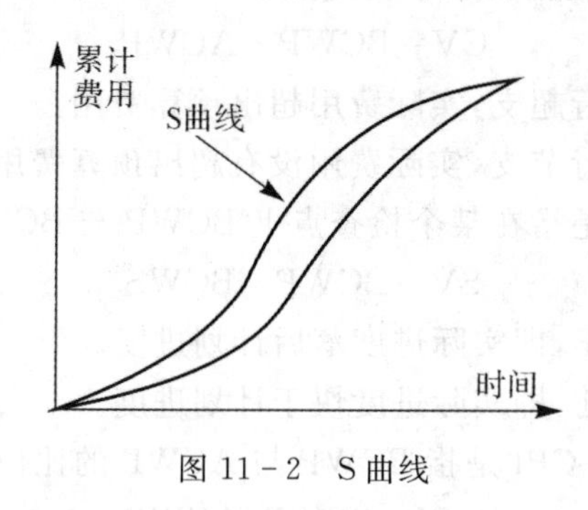

图11-2 S曲线

二、挣值分析方法

挣得值(Earned Value)表示已完成工作的计划费用或预算费用,又称偏差分析法。它的独特之处在于将费用和进度统一起来考虑,用预算费用来衡量项目的进度,是项目费用和进度控制系统的重要组成部分。

1. 挣值法的基本参数

(1)已完成工作预算费用(BCWP),也称为挣值EV(Earned Value),是指在某一时刻已经完成的工作(或部分工作),以批准认可的预算定额为标准所需要的资金总额,又称"已完成投资额"。项目需方正是根据这个值为承包人完成的工作量支付相应的费用。

$$BCWP=已完成工作量\times预算定额 \tag{11-2}$$

(2)计划完成工作预算费用(BCWS),也称为PV(Planned Value),是根据进度计划,在某一时刻应当完成的工作(或部分工作),以预算为标准所需要的资金总额,又称"计划投资额"。这个值对衡量项目进度和项目费用都是一个标尺或基准。

$$BCWS=计划工作量\times预算定额 \tag{11-3}$$

(3)已完成工作实际费用(ACWP),也称为AC,是到某一时刻为止,已完成的工作(或部分工作)所实际花费的总金额,又称"消耗投资额"。

这三个费用值实际上是三个关于时间(进度)的函数,即:

$$BCWS(t),(0<t<T) \tag{11-4}$$

$$BCWP(t),(0<t<T) \tag{11-5}$$

$$ACWP(t),(0<t<T) \tag{11-6}$$

其中,T表示项目完成时点,t表示项目进展中的监控时点。理想状态下,上述三条函数曲线应该重合于BCWS(t)。

(4)剩余工作的成本(ETC)是完成项目剩余工作还需要花费的成本。ETC用于预测项目完工所需要花费的成本。

$$ETC=BCWS-BCWP=PV-EV \quad (11-7)$$

或 $$ETC=BCWS\times CPI=\text{剩余工作的}PV\times CPI=\text{剩余}PV\times EV/AC \quad (11-8)$$

2. 挣值法的评价指标

在这三个费用值的基础上,可以确定挣值分析方法的四个评价指标,它们也都是时间的函数。

(1)费用偏差(CV)。CV是指在某个检查点上BCWP与ACWP之间的差异,即:

$$CV=BCWP-ACWP \quad (11-9)$$

当CV为负值时,表示项目运行超支,实际费用超出预算费用。

当CV为正值时,表示项目运行节支,实际费用没有超出预算费用。

(2)进度偏差(SV)。SV是指在某个检查点上BCWP与BCWS之间的差异,即:

$$SV=BCWP-BCWS \quad (11-10)$$

当SV为负值时,表示进度延误,即实际进度落后计划进度。

当SV为正值时,表示进度提前,即实际进度快于计划进度。

(3)费用绩效指数(CPI)。CPI是指BCWP与ACWP的比值,即:

$$CPI=BCWP/ACWP \quad (11-11)$$

当CPI<1时,表示超支,即实际费用高于预算费用。

当CPI>1时,表示节支,即实际费用低于预算费用。

(4)进度绩效指数(SPI)。SPI是指BCWP与BCWS的比值,即:

$$SPI=BCWP/BCWS \quad (11-12)$$

当SPI<1时,表示进度延误,即实际进度比计划进度拖后。

当SPI>1时,表示进度提前,即实际进度比计划进度快。

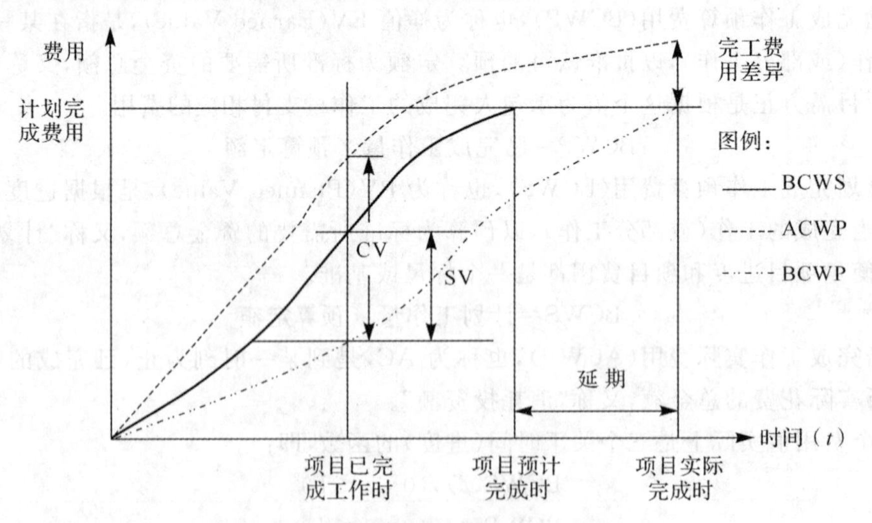

图11-3 项目运行的挣值评价曲线图

图11-3显示了用挣值分析方法分析得到的一个评价曲线图。从图中可看出,BCWP,BCWS和ACWP都是S曲线。在正常的状态下,BCWP,BCWS,ACWP三条S曲线应该靠得

很紧密，平稳上升，表明项目按照所期望的进行。如果三条曲线的离散度很大，则表示项目实施过程中有重大的问题隐患或已经发生了严重问题，应该对项目进行重新评估和安排。

3. 最终估算成本

工程项目出现成本偏差，意味着原来的成本预算出了问题，已完成工作的实际成本和预算成本不相符。这必然会给项目的总体实际成本带来影响，这时候需要重新估算项目的成本。重新估算的成本称为最终估算成本(EAC)，也称为完工估算，有以下三种方法：

(1)认为项目日后的工作将和以前的工作效率相同，未完成工作的实际成本和未完成工作预算的比例与已完成工作的实际成本和预算的比率相同。

$$\text{EAC}=(\text{ACWP}/\text{BCWP})\times\text{BAC}=(\text{AC}/\text{EV})\times\text{BAC}=\text{BAC}/\text{CPI} \tag{11-13}$$

或

$$\text{EAC}=\text{AC}+(\text{BAC}-\text{EV})/\text{CPI} \tag{11-14}$$

式中，BAC为完成工作预算，是整个项目所有阶段的预算总和，即整个项目成本的预算值。

(2)假定未完成的工作效率和已完成的工作效率没有什么关系，对于已完成的工作，依然使用原来的预算值，那么，最终估算成本就是已完成工作的实际成本加上未完成工作的预算成本。

$$\text{EAC}=\text{ACWP}+\text{BAC}-\text{BCWP}=\text{AC}+\text{BAC}-\text{EV} \tag{11-15}$$

(3)重新对为未完成的工作进行预算工作，这需要一定的工作量。当使用这种方法的时候，实际上是对计划中成本预算的否定，认为需要进行重新预算。

$$\text{EAC}=\text{ACWP}+\text{ETC} \tag{11-16}$$

三、项目效益分析

(一)利息计算方法

利息的计算方式分为单利和复利两种。单利仅以本金为基数计算利息，不论年限有多长，每年均按原始本金为基数计算利息，已取得的利息不再计算利息。单利的计算公式为

$$F=P\times(1+i\times n) \tag{11-17}$$

式中，P 为本金，i 为利率，F 为 P 元钱在 n 年后的价值。

复利计算以本金和累计利息之和为基数计算利息。复利的本利计算公式为

$$F=P\times(1+i)n \tag{11-18}$$

式中，P 为本金，i 为利率，F 为 P 元钱在 n 年后的价值。

(二)折现与折现率

折现也称为贴现，就是把将来某一时点的资金金额换算成现在时点等值金额，折现时所使用的利率称为折现率或贴现率。

若 n 年后能收入 F 元，那么这些钱现在的价值(净现值)

$$P=\frac{F}{(1+i)^n} \tag{11-19}$$

(三)净现值分析法

净现值(NPV)是指项目在生命周期内各年的净现金流量按照一定的贴现率贴现到初时

的现值之和，即

$$NPV=\sum_{t=0}^{n}\frac{(CI-CO)_t}{(1+i)^t} \tag{11-20}$$

式中，$(CI-CO)_t$为第t年的现金流量，CI为现金流入，CO为现金流出，i为年利率。

净现值表示在规定的折现率i的情况下，方案在不同的时间地点发生的净现金流量折现到初期时，生命周期内所能得到的净收益。

(1)如果 NPV=0，表示正好达到了规定的基准收益率水平。

(2)如果 NPV>0，表示除能达到规定的基准收益率水平之外，还能得到超额的收益，因此方案是可行的。

(3)如果 NPV<0，表示方案不能达到规定的基准收益率水平，说明投资方案是不可行的。

(4)如果同时有多个可行的方案，则一般以净现值越大为越好。

(四)内部收益率

实际贴现率不是一成不变的，往往会因为各种不确定的使其偏高于银行贷款利率。随着实际贴现率的升高，方案的可能性在下降，这就存在一个临界点，实际贴现率高于此值时，方案不可行。这个临界点，称为内部收益率，即一种能够使投资方案的净现值为零的贴现率。

根据线性插值法，可以得到如下公式：

$$IRR=i_1+(i_2-i_1)\times|b|/(|b|+|c|) \tag{11-21}$$

式中，IRR表示内部收益率，i_1表示有剩余净现值的低贴现率，i_2表示产生负净现值的高贴现率，$|b|$表示低贴现率时的剩余净现值绝对值，$|c|$表示高贴现率时的负净现值的绝对值。

对某个方案而言，当其利率小于内部收益率时，该方案可行，否则不可行，如果有好几个可行方案，以内部收益率越大越好。内部收益率最大的优点是：它排除了项目大小和生命周期长短等因素，给出了评价不同项目经济效益的统一指标。

(五)现值指数法

现值指数法是投资方案经营期各年末净现金流入量的总现值与建设期各年的初投资总额现值之比。现值指数分析法与净现值分析一样，都考虑了货币的时间价值，所不同分的是限制指数是以相对数表示的，便于在不同投资额的方案之间进行对比。现值指数大于1，说明方案是可行的。多个方案中，现值指数最大的为最优方案。

(六)投资回报期

投资回收期是指投资回收的期限，也就是用投资方案所产生的净现金收入回收初始全部投资所需的时间。对于投资者来讲，投资回收期越短越好，从而减少投资的风险。计算投资回收期时，根据是否考虑资金的时间价值，可分为静态投资回收期(不考虑资金的时间价值因素)和动态投资回收期(考虑资金的时间价值因素)。投资回收期从航空型号工程项目开始投入之日算起，单位用“年”表示。

1. 静态投资回收期

根据投资及净现金收入的情况不同，投资回收期计算公式分3种：

1)在期初一次性支付全部投资P，当年产生收益，每年的净现金收入不变，即收入CI减去

支出 CO(不包括投资支出)的值不变,此时静态投资回收期 T 的计算公式为

$$T = P/(\mathrm{CI} - \mathrm{CO}) \tag{11-22}$$

例如,一笔1 000元的投资,每年的净现金收入为500元,则静态投资期 $T=1\ 000/500=2$ 年。

2) 在期初一次性支付投资 P,每年的净现金收入由于生产及销售情况的变化而不一样,设 t 年的收入为 CI,T 年的支出为 CO,则能够使得下面的公式成立的 T 即为静态投资回收期。

$$p = \sum_{t=0}^{T} (\mathrm{CI} - \mathrm{CO})_t \tag{11-23}$$

(3) 如果投资在建设期 m 年内分期投入,t 年的投入假如为 P_t,t 年净现金收入仍为(CI－CO)t,则能够使下面公式成立的 T 即为静态投资回收期。

$$\sum_{t=0}^{m} P_t = \sum_{t=0}^{T} (\mathrm{CI} - \mathrm{CO})_t \tag{11-24}$$

2. 动态投资回收期

如果将 t 年的收入视为现金流入 CI,T 年的支出及投资都视为现金流出 CO,即第 t 年的现金流量为$(\mathrm{CI}-\mathrm{CO})_t$,并考虑资金的时间价值,则动态投资回收期 T_{p} 的计算公式,应满足

$$\sum_{t=0}^{T_{\mathrm{p}}} (\mathrm{CI} - \mathrm{CO})_t (1+i)^{-t} = 0 \tag{11-25}$$

式中,i 为折现率,在财务绩效评价时,i 取行业的基准收益率,有时 i 也取社会折现率,现行有关部门规定的社会折现率统一为 12%。

动态投资回收期计算通常采用列表计算,现在一般都使用电子表格中提供的相应函数进行计算。计算动态投资回收期的实用公式为

T_p ＝累计净现金流量折现值开始出现正值的年份数－1＋

|上年累计净现金流量折现值|/当年净现金流量折现值　　(11-26)

动态投资回收期的计算公式表明,在给定的折现率 i 下,要经过 T_p 年,才能使动累计的现金流量流入折现值抵消累计的现金流出折现值,投资回收期反映了投资回收的快慢。

投资回收率(投资收益率)反映了企业投资分获利能力,其计算公式为

投资回收率＝1/动态投资回收期×100%　　(11-27)

举例:深圳某航电软件企业 2004 年计划投资 1 000 万人民币开发一套航电软件产品,预计从 2017 年开始,年实现产品销售收入 1 500 万元,年市场销售成本 1 000 万元。该产品的系统分析员张丽根据财务总监提供的贴现率,制作了产品销售现金流量表 11-2。问题:根据表中的数据,该产品的动态投资回收期是多少年,投资收益率是多少年?

表 11-2　产品销售现金流量表　　(单位:万元)

年度	2017 年	2018 年	2019 年	2020 年	2021 年
投资	1 000				
成本	—	1 000	1 000	1 000	1 000
收入	—	1 500	1 500	1 500	1 500
净现金流量	－1 000	500	500	500	500
净现值	－925.93	428.67	396.92	3 611.51	340.29

在本题中,第三年累计折现值开始大于0,所以

动态投资回收期=3−1+|428.67+396.92−925.93|/3 611.51=2.27

投资回收率=1/2.27×100%=44%

四、航空型号工程全生命周期成本管理

(一)全生命周期成本管理的定义

全生命周期成本(Life Cycle Cost,LCC),也被称为全寿命周期费用是指产品在生命周期内所发生的与该产品有关的所有成本,它包括产品设计成本、制造成本、试验成本、采购成本、使用成本、维修保养成本、废弃处置成本等。

全生命周期成本(LCC)管理源起于美国军方,主要用于军事物资的研发和采购,适用于产品使用周期长、材料损耗量大、维护费用高的产品领域。据美国防部当时预测:在一个典型的武器系统中,运行和维护的成本占总成本的75%,如果武器系统的成本按照当时的增加趋势,那么在2045年美国的全年国防预算只能购买1架战斗机。1999年6月,美国总统克林顿签署政府命令,各州所需的装备和工程项目,要求必须有LCC报告,没有LCC估算、评价,一律不准签约。

全生命周期成本(LCC)技术自20世纪80年代初期引入我国。我国的LCC工作由海军起头,空军、二炮都积极推广运用。1987年11月中国设备管理协会成立了设备寿命周期费用委员会,致力于推动LCC理论方法的研究和应用。对项目、产品进行评价时,在LCC最小的基础上,提出费用效益、LCC效益比等作为决策的依据,使决策更加科学。随着设备维护成本在全生命周期费用中的比例的增加,在国内外的设备招标评标中,LCC必将成为用户的一项基本要求,即用户在购置商品时,不仅考虑购置费,而且要认真考虑全生命周期中预期的使用费和维修费的大小,在招标、签约文件中将出现对LCC指标的要求,并将作为今后追究经济责任的依据。

(二)全生命周期成本管理的核心理念和作用

1. 全生命周期成本管理的核心理念

全生命周期成本(LCC)管理核心理念在于单件产品的研制和生产成本(采购费用)不足以说明产品总费用的高低,决策人员不应把采购费和使用维护费分割开来考虑,而必须把这几者结合起来,作为产品的全生命周期费用进行总体考虑。

航空型号工程全生命周期是指该型飞行器从论证开始直到退役为止的全生命周期,可分为设计研制阶段、试飞定型和适航取证阶段、采购阶段、使用保障阶段、退役处置阶段等。航空型号工程全生命周期成本(LCC)是指在预期的寿命周期内,为航空型号工程项目的论证、设计、研制、试飞、生产、使用、维修与保障、退役所付出的一切费用之和。该费用以时间段划分,可分为:并行设计、研究发展、试验与鉴定费用、生产费用、地面保障设施与最初的备件费用、专用设施费用、使用保障费用、处置费用等。

2. 全生命周期成本管理的作用

全生命周期成本(LCC)管理克服了传统企业成本管理仅注重降低生产制造成本的局限性,将企业成本管理的视角向前延伸至研发设计阶段,拓宽了成本管理的视野。它强调“产品

成本是研发设计的结果”，就统筹考虑产品的可生产性、可靠性、可维修性等要求，减少在设计后期发现错误而导致的返工，从而大大缩短产品开发周期、降低制造成本、节约使用与维护费用的目的。

全生命周期成本(LCC)管理将重点放在产品的开发设计阶段。在激烈竞争的买方市场中，企业要在市场竞争中获胜，必须坚持以市场为导向，注重产品的客户化，将成本管理的重点放在面向市场、面向客户的设计阶段。全生命周期成本(LCC)管理正是从这一角度出发，强调以客户为中心的思想，即 LCC 的计算是从客户的角度进行的，不仅考虑了生产同时也考虑了使用者的耗费，确定有利于提高成本效果的最佳设计方案。

(三)航空型号工程项目全生命周期成本分析方法

全生命周期成本(LCC)分析的方法主要有类比法、参数法和工程估算法 3 种。

(1)类比法。是建立在与过去类似的工程项目进行比较，并根据经验加上修正而得出费用估计。

(2)参数法。是通过一定的数学方法建立起系统费用与系统的测度(尺寸、性能等)之间的关系，这样建立起来的关系式称为费用估算关系式(Cost Estimate Relation，CER)。

(3)工程估算法。是利用工作分解结构自下而上地估算整体费用。

由于参数法可用于研制早期阶段，而这一阶段的决策对全生命周期费用有重大影响，因此，成为人们研究的重点，并在实践中加以应用。例如波音公司可以用其现在飞行器的费用估算关系式毫无困难地、非常精确地估算新喷气客机型号工程项目的费用。

美国兰德(RAND)公司受美国军方委托在航空器型号工程全生命周期费用分析领域开展了大量的研究工作。1967 年提出关于飞机发展与采购费用(Development and Procurement Costs of Air-craft，DAPCA)分析的第一种模型 DAPCA Ⅰ，之后数次改进，模型的最终形式是 DAPCA Ⅳ，DAPCA 模型在航空器全生命周期费用分析领域有相当的影响力。

DAPCA Ⅳ模型通过工程、工艺装备、制造、质量控制等小组来分析估算研究、发展、试验与鉴定及生产所需的工时，然后将这些工时乘以相应的小时费率，就可得到一部分发展与采购费用；通过发展支援、飞行试验、制造材料和发动机制造等方面的费用直接得到另一部分发展与采购费用。

兰德 DAPCA IV 模型中工时、费用的计算公式如下：

工程工时 $$H_g=0.88W_e^{0.777}v^{0.894}Q^{0.163} \tag{11-28}$$

工艺装配工时 $$H_T=1.22W_e^{0.777}v^{0.696}Q^{0.263} \tag{11-29}$$

制造工时 $$H_M=1.61W_e^{0.82}v^{0.484}Q^{0.641} \tag{11-30}$$

质量控制工时 $$H_Q=\begin{cases}0.076H_M & \text{货运飞机}\\ 0.133H_M & \text{其他飞机}\end{cases} \tag{11-31}$$

发展支援成本 $$C_D=7.96W_e^{0.630}v^{1.3} \tag{11-32}$$

飞行试验成本 $$C_P=461.13W_e^{0.325}v^{0.822}\mathrm{FTA}^{1.21} \tag{11-33}$$

制造材料成本 $$C_M=1.90W_e^{0.921}v^{0.621}Q^{0.799} \tag{11-34}$$

发动机生产成本 $$C_{Eng}=1.548[0.009\,7T_{max}+243.25M_{\alpha max}+0.54t_{ti}-2\,228] \tag{11-35}$$

研究、发展、试验与鉴定费用+生产成本=

$$H_ER_E+H_TR_T+H_MR_M+H_QR_Q+C_D+C_F+C_M+C_{Eng}N_{Eng}+C_{av} \tag{11-36}$$

式中，W_e 为空重(kg)；v 为最大飞行速度(km/h)；Q 为产量；FTA 为飞行试验机架数(一般2～6架)；N_{Eng} 为总产量乘以每架飞机的发动机台数；T_{max} 为发动机最大推力(N)；$M_{\alpha max}$ 为发动机最大马赫数；t_{ti} 为涡轮进口温度(K)；R_E，R_T，R_M，R_Q 为综合费率(分别表示人工小时费用，包括职工的工资和津贴、日常开支和管理费用等)；C_{av} 为航空电子设备费用。

第4节　航空型号工程项目成本估算和预算

成本估算是为完成项目各项任务所需要的资源费用的近似估算。成本管理的主要任务之一就是进行成本估算，如果项目经理想在预算限制内完成项目，他们必须进行严格的成本估算。制订航空型号工程项目成本计划是把整个项目估算的费用分配到各项活动和各部分工作上，进而确定测量项目实际执行情况的费用基准。成本计划也常常称作成本预算。

一、航空型号工程项目成本估算

当一个项目按合同进行时，应区分成本估算和定价这两不同意义的词。项目成本估算涉及的是对可能发生的费用的估计，即承包人为提供产品或服务的花费是多少。而定价是一个商业决策，是承包人为它提供的产品或服务要索取多少费用，成本估算只是定价要考虑的因素之一。

航空型号工程项目成本估算通常用货币单位表示，也可用工时等其他单位表示。在很多情况下，成本估算需要综合采用多种方法进行，并采用多种计量单位表示。

1. 项目成本估算时应注意的事项

(1)当项目在一定的约束条件下实施时，价格的估算是一项重要的因素。

(2)成本估算应该与工作量的结果相联系。

(3)航空型号工程项目成本估算过程中还应该考虑费用交换的问题，例如，增加费用来缩短工期，或临时决定购买更有效的技术或聘请技术专家等。

2. 成本估算的主要依据

(1)合同及招投标文件。合同及招投标文件是项目需方与承包人双方签订的法律文件，是项目成本估算最重要的基本依据，在编制成本估算时必须予以充分考虑。

(2)工作分解结构(WBS)。WBS 可用于成本估计，以确保所有工作都被估计费用了。

(3)资源需求计划。即资源计划安排结果。

(4)资源价格。为了计算项目各项工作费用必须知道各种资源的单位价格，包括工时费、单位体积材料的费用等。如果某种资源的实际价格不知道，就应该给它作估价。

(5)工作的延续时间将直接影响到项目工作经费的估算，因为它直接影响分配给它的资源数量。

(6)历史信息。同类相似项目的历史资料始终是项目执行过程中可以参考的最有价值的资料，包括项目文件、共用的项目费用估计数据库及项目工作组成的知识等。

(7)财务报表说明了各种费用结构，这对项目费用的正确估算很有帮助。

3. 成本估算的类型

航空型号工程项目成本估算的类型有量级估算、预算估算和最终估算。这些估算法的区别主要体现在它们什么时间进行，如何应用，以及精确度如何。

(1)量级估算(ROM)。量级估算提供了航空型号工程实施成本控制的一个粗略概念。主要在项目正式开始之前应用,高层管理人员和项目经理使用该估算法帮助进行项目决策。进行这种类型的成本计算方法通常是在工程项目设计研制正式开始之前。量级估算的精确度一般从－25%到＋75%,也就是项目的实际成本可能低于量级估算25%,或高于量级估算的75%,对于航空型号工程实施而言,该精确范围经常更广,例如,许多计算机专业人员为航电系统软件开发项目成本估算自动增加一倍。

(2)预算估算。预算估算被用来将资金划入一个组织的预算。许多项目需方建立至少2年的预算,其精确度一般在－10%到＋25%,也就是项目的实际成本可能低于预算估算10%,或高于预算估算的25%。

(3)最终估算。最终估算提供一个精确的项目成本估算,常用于许多采购决策的制定,因为这些决策需要精确的预算,也常用于估算航空型号工程实施的最终成本。最终估算是三种估算类型中最精确的,通常其精确度为－5%～＋10%,也就是项目的实际成本可能低于预算估算5%,或高于预算的10%。

4. 成本估算的方法

(1)经验估算法。进行估计的人应有财务管理专业知识和丰富的经验,据此提出一个近似的数字。这是一种最原始的方法,是一种近似的猜测。它仅适合于要求很快拿出一个大概数字的项目。

(2)自上而下估计法。它利用以往航空型号工程类似项目的实际费用作为当前本项目成本估算的根据,这是一种专家判断法,该方法较其他方法更节省,但不是很精确。当以往的航空型号工程项目与当前项目在本质上类似而不仅是外表上相似时,且进行估算的个人或团体具有所需要的专门知识,类比估算法是最可靠的方法。这种方法也可用于编制成本计划。

(3)自下而上估算法。首先估算航空型号工程项目各个活动的费用,然后按工作分解结构的层次自下而上地汇总,估算出总费用。这种方法也可用于编制成本计划。估算的精度由单个工作项的大小和估算人员的经验决定的。只要航空型号工程项目各个活动的费用估计得准确,工作分解结构合理,用这种方法估算的结果和由此编制的成本计划一般比其他方法更精确。但是这种方法的缺点是估算工作量也是最大的,通常花费时间长,因而应用代价高。

(4)类比估算法。类比估算法就是将航空型号工程项目一个新的系统与已知费用的现有系统进行比较,从而进行项目成本估算的方法。这种估计法适用于早期的成本估计,因为此时有关项目仅有少量信息可供利用。类比估计是专家判断方法的一种形式。类比估计是花费较少的一种方法,但精确性也较差。

(5)参数模型估算法。在数学模型中应用航空型号工程项目特征参数来估算项目费用。模型可以是简单的,也可以是复杂的。如果开发模型的历史资料可靠,建立模型所用的历史信息是精确的、项目参数容易定量化、并且模型就项目大小而言是灵活的,那么,这种情况下参数模型是最可靠的。

(6)计算机软件方法。利用某些项目管理软件进行项目成本估算。这种方法能够考虑许多备选方案,方便、快捷,是一种发展趋势。

5. 成本估算报告的主要内容

航空型号工程项目成本估算的结果形成两个文档,即成本估算报告和成本管理计划。成本估算报告列出了项目描述(范围说明、工作分解结构等)、基本规则和估算所用的假设、成本估算的详细工具和技术，描述完成项目所需的各种资源的费用，包括：人力资源、投入的物资资源、各种特殊的费用项如折扣、费用储备等的影响，其结果通常用人力资源耗费（人/月）、提供的物资、服务费用等表示。成本估算的主要内容和过程如图 11-4 所示。

成本管理计划是一份描述如何管理项目费用变化的文件。例如，设备供应商对项目或项目一部分提出投标建议书，最终成本估算为评估这些建议书提供了基础，这些建议书的费用有的比估算值低，而有的比估算值高，航空型号工程项目成本管理计划就是要描述对这些投标建议书如何做出反应。一般认为，费用建议书在估算 10%变化范围内是可接受的，只对高于估算费用 10%或低于 20%的各项进行谈判。

项目成本估算报告的详细说明应该包括：

(1)工作估计范围描述，通常是依赖于 WBS 作为参考。

(2)对于估计的基本说明，比如成本估算是如何实施的。

(3)各种所作假设的说明。

(4)指出估算结果的有效范围。

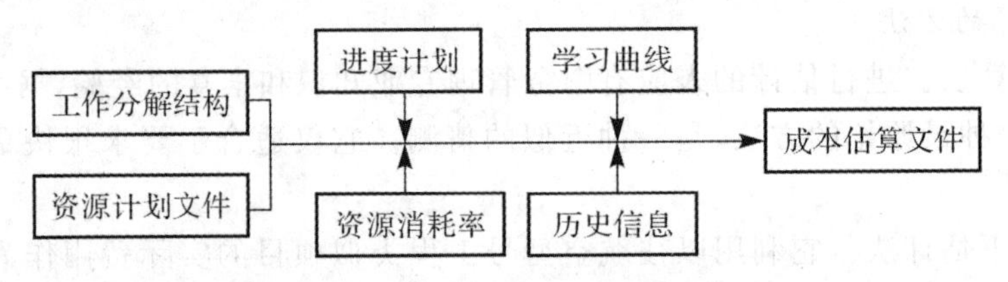

图 11-4　成本估算的主要内容和过程

成本估算是一个不断优化的过程。随着项目的进展和相关详细资料的不断出现，应该对原有成本估算做相应的修正，在有些应用项目中提出了何时应修正成本估算，估算应达什么样精确度等要求。

二、航空型号工程项目成本计划

制订成本计划（成本预算）应以各项活动和各部分工作的成本估算和进度计划为依据，并有规定的费用核算账目和审核程序。

1. 航空型号工程项目成本计划的特点

航空型号工程项目通常是一种按期贷方式进行交换的商品。它的造价具有一般商品价格的共性，在其形成过程中同样受商品经济规律、价值规律、货币流通规律和商品供求规律的支配。不过，航空型号工程项目与一般商品相比，还有其特殊的技术经济特点。通常，涉及航空型号工程项目成本计划（成本预算）的特点有以下几方面：

(1)航空型号工程项目设计的并行性。现代航空型号工程项目的设计过程、生产准备过程及加工过程是同步进行的，不仅可缩短新产品的开发周期，还可以及早发现并修改设计方案存在的问题，从而有效降低成本，提高产品质量。在项目工作的前期，项目经理需要花费了大量的精力对项目开发中的各个过程进行分析，并优化这些过程和开发过程支持系统。采用集成化的并行设计方法实现信息集成与共享，在设计和实验阶段，一些设计、工程变更、试验和实验等数据，所有相关的数据都要进入数据库，各应用系统之间必须达到有效的信息集成与共享。与此相关工作的开展，不仅要求航空型号工程项目企业信息化程度高，而且要求项目团队成员掌握信息技术的水平高。为了提高企业信息化程度和项目团队成员的信息化素质,必须考虑增加相关投入,因此在航空型号工程项目在开工之前或之初,必然预先测算由此而引起的成本支出。

(2)航空型号工程实施周期长。航空型号工程项目的建设周期长、环节多、涉及面广、程序复杂,同时,由于航空型号工程的主体核心技术属于航空技术的范畴,其技术含量高、专业性强、技术跨度大、知识更新快,新技术层出不穷。这种特殊性决定了每个航空型号工程价值的构成都不一样,因而需要事先以预算来进行约束。在工程项目长时间的实施过程中,既会面临航空型号工程技术更新的问题,也会出现客户需求随技术进步而产生变化的问题,如果发生客户需求变更或采纳一些新技术取代原有的设计,那么必然会对工程项目的造价造成巨大影响。

(3)航空技术发展迅速,产品更新换代快。航空技术发展迅速,产品更新换代快。在实际工作中,我们有时会遇到一些航空型号工程项目,在工程实施过程中发现项目设计时选定的某些品牌、规格、型号的硬件设备或软件产品停产了,不得不中途改用其他品牌、规格、型号的设备或产品来取代它;有时还会遇到极端情况:当某个子系统开发建设完成后,进行鉴定验收时,发现系统中所用到的硬件及软件技术等,大部分都已落后,甚至被淘汰了,不得不重新对该子系统返工改造。这些因素必然影响着每个工程项目的造价,甚至改变整个工程项目的实施程序,从而大大影响到工程项目的造价。

(4)航空型号工程项目的技术差价。在航空型号工程项目实施过程中,由于项目设计选用的硬件设备和软件产品的品牌、规格、型号、产地、版本、出产年代不同,技术水平不同,系统安装技术条件不同,承包人经营管理水平和技术水平不同等因素的影响,势必造成工程项目技术等级的差异,从而导致同类别、同功能、同标准、同工期和同地区的工程,在同一时间同一市场内的价格差异,这种价格差异即是工程项目的技术差价,在很大程度上会影响到工程项目的造价。

(5)航空型号工程项目的工期差价。由于航空型号工程技术的高速发展,其设备产品技术在一个月或几个月之内就会更新换代,新技术、新产品层出不穷。在航空型号工程项目实施过程中,只要实施的工期相差几个月,承包人就必须选用更加先进的硬件设备、新材料和软件产品,采用更加先进的系统。从而使同类别、同功能、同标准的航空型号工程项目,必须采用不同的进度计划,以不同的实施技术手段和实施组织手段来完成工程项目的实施任务。这些因开工时间和实施工期引起的影响因素,在工程造价上要予以反映。因工期不同而形成的价格上的差别,便决定了工期差价,它是由于航空型号工程项目的特殊性所决定的一种特有的价格形式。

(6)航空型号工程项目的软件开发差价。现代航空器优良的飞行性能、安全性和可靠性等都依赖于其机载航电和计算机系统,而这些系统的核心技术是软件技术。软件开发的特点是存在软件危机,不可预见成分高,进度、质量和成本难以控制,风险程度大。在实际工作中,不同的航空型号工程项目所要求的应用软件内容是不一样的,软件开发的工作量和费用也不相同,造成整个工程项目造价差别,从而导致同类别、同功能、同标准、同工期和同地区的航空型号工程项目,在同一时间内的价格差异,即工程的软件开发差价。

由于航空型号工程实施具有以上所述的,特殊的技术经济特点以及在实际工作中遇到的许多不可预见因素的影响,因此,决定了航空型号工程的计划价格的确定方法,只能通过特殊的计划流程用单独编制单位工程实施预算的方法来确定。这既反映了航空型号工程项目实施的技术经济特点，对其项目价格影响的客观性质，也反映了商品经济规律对航空型号工程实施的客观要求。

2. 编制项目成本计划的依据

编制项目成本计划应依据下列文件：

(1)合同文件。

(2)项目管理实施规划。

(3)概念设计文件。

(4)市场价格信息。

(5)企业定额。

(6)类似项目的成本资料。

3. 编制项目成本计划的要求

编制成本计划应满足下列要求：

(1)由项目管理组织负责编制。

(2)自下而上分级编制并逐层汇总。

(3)反映各成本项目指标和降低成本指标。

4. 成本预算的方法和技术

对于航空型号工程项目成本预算来说，成本估算中所用到的方法与技术在这里同样适用。如果估算的结算比较准确，那么预算的变动一般不会太大。由于估算本身就带有很多假设和不确定性，因而预算也会有同样问题。所以预算作为项目的费用基线，必须是动态的适时调整的，以适应诸如新材料、新技术的出现和突发事件等因素对项目的影响。项目成本预算常用方法有：

(1)类比预算法。利用以往的、相似的航空型号工程项目的实际费用作为本项目成本预算的数据。这是一种专家判断法，虽然不是很精确，但该方法较其他方法更节省。

(2)自下而上估计法。首先预算项目单个工作项的耗费，然后将所有单个工作项的费用相加求和，汇总得到整个项目的成本预算值。单个工作项的大小和预算的人员的经验决定预算的精确度，把工作项划分的越细越能够提高成本预算的精确度。

(3)参数模型预算法。该方法是在数学模型中应用工程特征以预算工程项目费用。如果建立模型所用的历史信息是准确的、项目参数容易定量化、并且模型就项目大小而言是灵活的，那么，这种情况下参数模型法得出的数据是最可靠的。

(4)计算机化的工具。像电子数据表的项目管理软件等计算机工具能够进行各种不同的成本预算。利用计算机作为成本预算的工具，有助于改善预算的精度。

应该引起注意的是，在有些情况下，会计系统和预算系统会有不协调的地方，主要是由于项目预算一般是按照项目进度进行的，而会计却要遵守一系列有关财务制度，以及考虑记账的方便，并不是按照项目进度进行的。

5. 项目计划阶段的成果

航空型号工程项目成本计划是建立在资源计划和项目成本估算的基础上，考虑资源的成本形成的计划，包括项目成本管理计划和成本基准计划。成本管理计划是在成本估算阶段完成的，指导如何管理费用偏差，是项目整体计划的一部分。批准的项目成本计划，叫基准成本计划，是在成本预算阶段完成的，反映的是按时间变化的预算状况，用于测量和监控项目费用的执行情况，按时段把估算出的费用叠加起来就可以得到成本基准计划，它一般表现为一条S曲线。

6. 成本预算审核的方式

成本预算编制是一项十分细致复杂的工作，计算中难免出现一些疏漏和错误，为此必须搞好审核工作。项目成本预算审核是一项十分重要而又严肃的事情，其审核的方式有以下两种：

(1)单独审查。由银行、项目需方、审计机构各自独立审查，然后互相交换意见，协商定案。该方式一般适用于中小型工程项目。

(2)联合审查。由项目需方或其主管部门组织银行和审计机构等有关部门共同组织审查小组进行会审核定。会审时充分讨论，解决审查中提出的有关问题。因而审查速度快，定案比较容易，质量也比较高。该方式一般适用于大中型工程项目。

7. 成本预算审核的内容

成本预算审核是项目成本控制的最重要方法之一，目的是及时发现并纠正项目成本计划中的错误，从而起到控制成本和造价的作用。

成本预算审核的主要内容是审查工程承包合同及招投标文件，客户需求分析报告，项目设计方案、设计图纸及其说明书，现行的定额和其他取费标准，工作分解结构(WBS)，资源需求计划，资源价格，项目估算报告和成本管理计划，项目进度计划，同类相似项目的历史资料，财务报表，以及其他有关设计、实施资料等。

成本预算审核的基本要求是审查成本预算编制依据是否符合规定，造价及各项经济指标是否合理，单位工程有无漏项，说明是否全面，内容是否完整，造价是否正确，经济指标及主要硬件设备、软件配置是否合理等。在审查编制依据时，尤其要着重审查以下内容：

(1)编制依据的合法性。采用的各种编制依据必须符合国家的编制规定。

(2)编制依据的时效性。各种价格依据，如定额、指标、价格、取费标准等，都应根据国家有关部门的现行规定进行，注意有无调整和新规定。

(3)编制依据的有效范围。各种编制依据都有规定的适用范围，如各主管部门规定的各种专业定额及其取费标准，只适用于该部门的专业工程；各地区规定的各种定额及其取费标准，只适用该地区的范围以内。

8. 成本预算审核的方法

成本预算审核的方法是否得当，将直接关系到审核的质量和速度。

(1)全面审核法。全面审核法的具体计算和审核过程与编制过程基本相同，按项目实施顺序，对各个单位工程中的工程细目从头到尾逐项详细审查。其优点是全面、细致，审查质量高、效果好。缺点是工作量大，时间较长。需要组织一批分专业的预算工程师、经济师进行。

(2)对比审核法。用已完成的工程成本预算对比审查拟建的同类相似工程。

(3)重点审核法。抓住工程成本预算中的重点进行审查。审查重点一般是指工程量大或造价较高的各项单位工程，补充单价和定额外设备价及差价等。在重点审核中如发现问题较多时应扩大审核范围。重点审查的优点是重点突出，审查的时间短，效果较好。

(4)分解审核法。把一个单位工程，按直接费、间接费进行分解，然后把直接费按工种和分部工程进行分解，分别与审定的标准图预算进行对比分析，边分解边对比，发现哪里费用出入较大，如超过标准预算的3%以上，就要审核哪一部分费用。

(5)经验审核法。根据以往的实践经验，审核容易发生差错的那些工程细目部分。

第5节　航空型号工程项目成本控制

航空型号工程项目的管理和控制可以基本概括为质量、进度、成本三大目标控制,成本控制是其中的关键。因为质量和进度这两方面的控制最终均与成本控制发生密切关系,所以必须严格地进行成本控制才能实现获得最佳效益的目标。成本控制不能脱离质量管理、进度管理独立存在,相反要在费用、质量、进度目标三者之间作综合平衡。

一、航空型号工程项目成本控制的概念

工程成本是衡量工程经济效益的重要因素,成本控制是航空型号工程项目管理的一项最重要的工作和主要内容。项目成本控制是为确保工程项目资金与资源的充分利用和加强计划性、科学性,将工程项目的成本控制工作推向制度化和规范化,严格控制预算的变更,以消除决算超预算、预算超估算的现象,使工程项目取得最大的经济效益和社会效益。

航空型号工程项目成本控制关心的是影响改变项目时间费用基线的因素,确定费用基线的改变并加以控制。需要注意的是,由于进度、质量和需求三者相互影响、密不可分,项目成本控制还必须考虑与其他控制过程如:进度控制、质量控制、需求变更控制等相协调。如果只片面地严格控制费用,可能会导致进度或质量方面出现问题,最终只能是费用的超支。

1. 项目成本控制的含义

项目成本控制是指在工程项目实施的各个阶段,把项目成本控制在经批准的投资限额以内,随时纠正发生的偏差,以保证项目投资管理目标的实现,如图11-5所示。

航空型号工程项目成本控制的基准就是项目成本预算。在控制费用时,要将已发生的费用与预算相比较,分析费用偏差的情况。最后要找出产生偏差的原因,并采取必要的纠正措施。工程项目成本的有效控制是工程项目管理工作的重要组成部分,工程项目实施各阶段的控制目标相互联系、相互制约、相互补充,共同组成项目控制的目标系统。成本控制的基础是事先对项目进行的成本预算。成本控制不能脱离项目质量管理、进度管理和风险管理独立存在,相反要在费用、质量、进度三者之间作综合平衡。及时准确的费用、进度和质量跟踪报告,是项目成本控制的依据。成本控制就是要保证各项工作在它们各自的预算范围内进行。

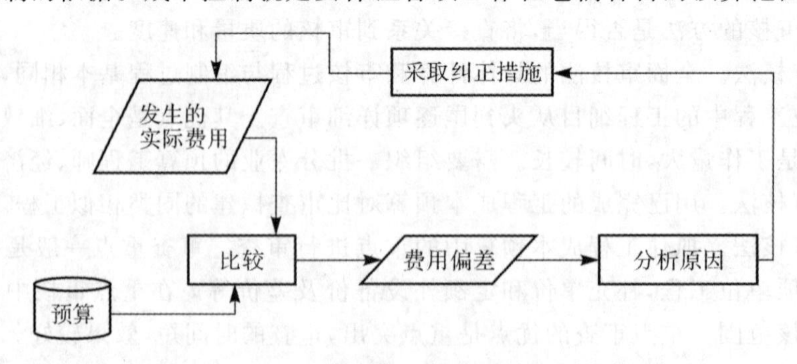

图11-5　项目成本控制原理示意图

2. 项目成本控制的任务

成本控制主要关心的是影响项目费用开支的各种因素,确定项目实际成本是否偏离成本

计划，以及调整实际成本偏离的方法和措施。成本控制工作的任务包括：

(1)检查成本计划执行情况，对照基准成本计划，找出实际的与基准计划的费用偏差，做好成本分析和核算，并对费用偏差做出响应。

(2)对项目范围的变化、环境的变化、目标的变化等所造成的费用影响进行测算分析，并调整成本计划，协助解决费用补偿问题(即索赔和反索赔)。

(3)签订各种外包合同时，要在合同价格方面进行严格控制，包括价格水准，付款方式和付款期，价格补偿条件和范围等。在实际实施中还应严格控制各款项的支付。

(4)确保所有发生的费用偏差都能被准确地记录下来，并绘制在费用基线上；避免不正确的、不合适的或者无效的费用偏差反映在费用基线上。

(5)将基准成本计划中已核准的变更通知有关项目利益相关者；在项目管理中有关费用的信息量最大，要及时向与项目相关的各个方面，特别是决策层提供项目费用信息，保证信息的质量，为各方面的决策提供建议和意见。

(6)与相关职能部门人员合作，相互提供项目成本分析、咨询和协调工作，例如提供由于技术变更、方案变化引起的费用变化，使各方面作决策或调整计划时考虑项目费用因素。

(7)分析寻找项目费用发生偏差的原因，找出解决问题的途径，并及时采取有效措施纠正偏差或调整成本计划。

(8)要使成本控制过程与范围控制、进度控制、质量控制等其他控制过程相协调，例如要避免不合适的成本控制措施可能导致质量、进度方面的问题或者导致不可接受的风险。

3. 项目成本控制的程序

成本控制宜运用价值工程和挣值法，应遵循下列程序：

(1)收集实际成本数据。

(2)实际成本数据与成本计划目标进行比较。

(3)分析成本偏差及原因。

(4)采取措施纠正偏差。

(5)必要时修改成本计划。

(6)按月编制成本报告。

4. 航空型号工程项目成本控制要点

航空型号工程项目大多采用总价承包，根据工程承包合同规定，在合同规定的工程范围内合同价格不应因工程实施期间人力资源、材料、设备价格调整及工程量变化(设计变更除外)而作任何调整，以确保在满足工程质量和进度要求的前提下实现项目实际投资不超过计划投资。

成本控制必须加强对项目变更和合同执行情况的处理。这是针对费用超支最好的办法。成本控制是十分广泛的任务，它需要各方面人员(如技术、采购、合同、信息管理)的介入，必须纳入项目的组织责任体系中。航空型号工程项目成本控制要点包括以下几方面：

(1)严格控制项目客户需求变更和项目设计目标变更。

(2)高度重视项目前期(设计开始前)和设计阶段的投资控制工作。

(3)落实费用目标，包括落实资源的消耗和工作效率指标。例如下达与工作量相应的用工定额、用料定额、费用指标，各部门要以费用指标作为控制对象。

(4)以动态控制原理为指导进行成本计划值与实际值的比较。

(5)采取强有力的组织措施、技术措施、经济措施和合同措施，严格控制项目费用支出。

(6)对于各种费用开支,加强事前批准、事中监督和事后审查。对于超支或超量使用的必须作特别审批,追查原因,落实责任。

(7)利用计算机辅助工具及其他先进技术进行投资控制。

二、航空型号工程项目成本控制的措施

降低航空型号工程项目费用的途径,应该是既开源又节流,或者说既增收又节支。只开源不节流或者只节流不开源,都不可能达到降低成本的目的,至少是不会有理想的降低费用的效果。

1. 成本控制的措施

航空型号工程实施大多都采用固定价承包合同方式,成本风险由承包人承担,因此成本控制至关重要。必须在设计、研制、试验、设备采购、试飞等各个阶段中严格进行管理和控制,在满足合同要求的前提下,尽可能降低项目成本。控制项目成本的措施归纳起来有以下4方面:

(1)组织措施。建立健全项目成本监管组织及有关制度,落实成本控制的责任。

(2)技术措施。制订先进的、经济合理的技术实施方案,严把质量关,杜绝返工现象,节省费用开支,以达到缩短工期、提高质量、降低成本的目的。

(3)经济措施。及时进行计划费用与实际开支费用的比较分析,严格控制项目各项费用开支,在满足质量和工期要求的前提下,尽可能降低项目成本。

(4)合同措施。签订合同时要严格把关,量力而行,合同定价既要保证充分满足客户需求,又要留有足够合理的利润。严格按合同条款支付工程款,防止过早、过量的资金支付,全貌履约,减少提出索赔的条件和机会,正确地处理索赔等。

2. 项目成本核算

航空型号工程项目经理部应根据财务制度和会计制度的有关规定,在企业的职能部门的指导下,建立项目成本核算制,明确项目成本核算的原则、范围、程序、方法、内容、责任及要求,并设置核算台账,记录原始数据。

项目成本核算宜以月为核算期。核算对象一般应按单位工程划分,并与项目管理责任目标成本的界定范围一致。项目成本核算应坚持实施形象进度、实施产值统计、实际成本归集三同步的原则。项目经理部应编制月度成本报告。项目成本核算过程如下:

(1)记录各分项工程中消耗的人工、材料、仪器设备台班及费用的数量,这是航空型号工程项目成本控制的基础工作。有时还要对已领用但未用完的材料进行估算。

(2)本期内工程完成状况的量度。在这里已完工工程的量度比较简单,困难的是跨期的分项工程,即开始但尚未结束的工程。由于实际工程进度是作为费用花销所获得的已完产品,它的量度的准确性直接关系到费用核算、成本分析和趋势预测、剩余成本估算准确性。

(3)工程场地管理费及总部管理费开支的汇总、核算和分摊。

(4)各分项工程以及总工程的各个费用项目核算及盈亏核算,提出工程费用核算报表。

3. 项目成本分析与考核

航空型号工程项目经理部应建立和健全项目成本考核制度,对考核的目的、时间、范围、对象、方式、依据、指标、组织领导、评价与奖惩原则等做出规定。

(1)成本分析应依据会计核算、统计核算和业务核算的资料进行。

(2)成本分析宜采用比较法、因素分析法、差额分析法和比率法等基本方法;也可采用分部

分项成本分析、年季月度成本分析、竣工成本分析等综合成本分析方法。

(3)项目经理部应以项目成本降低额和项目成本降低率作为成本考核主要指标。项目经理部应设置成本降低额和成本降低率等考核指标。

(4)企业高层领导应对项目经理部的成本和效益进行全面审核、审计、评价、考核与奖惩。

三、航空型号工程项目财务决算

航空型号工程项目竣工财务决算的定义是指以实物量和货币为计量单位,综合反映竣工验收的工程项目的建设成果和财务状况的总结性文件。它是工程项目的实际造价和成本效益的总结,是工程项目竣工验收报告的重要组成部分,是工程项目竣工验收结果的反映,是对项目进行财务监督的手段。

(一)航空型号工程项目竣工决算的意义

国家有关规范规定:工程项目在竣工验收后一个月内,应向主管部门和财政部门提交财务决算。即航空型号工程项目结束时,应对工程项目资金的实际使用情况进行决算,以表明实际项目及其费用的支付均已完成并核实。通过财务决算、审查和分析项目成果,以确定工程项目费用目标是否达到,成本管理系统是否有效。航空型号工程项目竣工决算的意义如下:

(1)可正确分析成本效果。竣工决算是工程项目的财务总结,它从经济角度反映了工程实施的成果。只有编制好工程项目竣工决算,才有可能正确考核工程实施成本效果。

(2)可分析项目实施计划和预算实际执行情况。编好工程项目竣工决算,才能了解工程项目实施计划和项目预算实际执行的情况,才能考核工程实施成本,才可以分析工程项目预算与竣工决算的差额、计划成本额与实际成本额的差距。并可发现费用支出中存在的问题。

(3)可分析总结项目费用支出中的经验和教训。编好工程项目竣工决算,可分析项目需方对工程实施财务计划和财经制度的遵守情况,以及项目费用支出的合理性,总结工程实施和成本控制中的经验,为有关部门制定类似项目的建设计划提供参考资料和有益的经验。

(4)为修订预算定额提供依据资料。竣工决算反映项目的实际物资消耗和劳动消耗,通过竣工项目有关资料的积累,可为修订项目预算定额提供必要的依据资料。

(二)航空型号工程项目竣工财务决算的编制

在编制航空型号工程项目竣工财务决算之前,应对工程项目所有的财产和物资,包括各种设备材料等都要逐项清仓盘点,核实账物,清理所有债权债务,做到工完账清,项目竣工后结余资金,要按国家规定,通过银行上交主管部门。

航空型号工程项目竣工财务决算由承包人汇总编制,报项目需方审核认可。项目竣工决算必须内容完整、核对准确、真实可靠。其内容包括工程项目竣工决算说明书、工程竣工财务决算汇总表和各合同段工程竣工财务决算、交付使用财产总表和明细表、结余设备材料明细表和应收应付款明细表等。

1. 工程项目竣工决算说明书

工程项目竣工决算说明书是对工程竣工财务决算进行分析和说明的文件。用来反映竣工工程项目新增生产能力,项目实施的实际成本及各项技术经济指标的实际情况。内容包括以下几方面。

(1)工程概况:工程名称、地点、工程主要技术标准,项目计划与实际开、竣工日期。

(2)已完成的主要工程数量。

(3)各项技术经济指标及其完成情况。

(4)实施成本和成本效益,包括项目计划和实际费用支出情况。

(5)投资控制情况分析。

(6)工程质量评定情况。

(7)项目实施的经验总结,以及存在的主要问题和解决措施等。

(8)竣工项目新增生产能力(或收益)。

(9)收尾工程的处理意见。如果在工程项目验收之后,尚有少量收尾工程,则应在此说明书中列出收尾工程的内容、尚需成本数额、负责收尾的单位、完成时间。收尾工程的成本,可进行估算并加以说明,然后列入决算成本。收尾工程竣工后不必再另外编制项目竣工决算。

2. 工程项目竣工财务决算表

通常,把工程项目竣工财务决算汇总表和各合同段工程竣工财务决算,统称为工程竣工财务决算表。此表反映竣工工程项目的全部资金来源及其运用情况,作为考核和分析工程项目成本效果的依据。此表是采用平衡表的形式,即资金来源合计等于资金运用合计。

在工程项目竣工财务决算表中,应将资金来源与资金运用两栏对应列表。资金来源包括工程项目的各种来源渠道的资金情况,资金运用反映工程项目从开工准备到竣工全过程中,资金运用的全面情况。

(三)航空型号工程项目竣工决算的审核

审核分析工程竣工决算是项目成本控制工作的一项重要内容。在深入实际,弄清情况,掌握数据基础上,以国家政策、设计文件、建设预算、项目成本计划为依据,重点审核以下内容:

(1)审核项目成本计划的执行情况。

(2)审核项目的各种费用支出是否合理。

(3)审核工程报废损失和核销损失的真实性。

(4)审核各种账目、统计资料是否准确完整。

(5)审核工程竣工决算说明书和财务决算表是否真实、全面和系统。

(6)审核工程上应分摊的各项费用是否全部分摊完毕。

(7)审核应退余款是否上交、余料是否退清等。

第12章
航空型号工程项目风险管理

第1节 航空型号工程项目风险管理的基本概念

可以说,风险存在于任何工程项目实施过程中,如处理不好往往会给工程项目实施的推进、最后的竣工验收和投入使用带来负面影响。当前,航空型号工程项目风险高是个不争的事实,航空型号工程项目的规模越大、技术越新、越复杂,其风险程度就越高。不过,人们也无须过分地恐惧风险,只要掌握风险发生的因果关系,风险是可以管理,并得到控制的。关注项目风险,掌握风险管理的知识与技能,从项目组织、职责、流程与制度上建立一套风险管理机制是确保航空型号工程项目成功的前提与保障。

一、项目风险和风险管理的定义、要素和特点

航空型号的研制,需要采用许多新的、复杂的技术,投入巨额的资金并持续相当长的研制时间,这些都会带来种种难以预见的不确定性因素。这些不确定性因素的存在,使得航空型号工程项目能否按照预定的费用、工期和质量计划完成研制任务难以预料。

(一)项目风险的定义

项目风险是指对在规定的费用、进度和技术的约束条件下不能实现整个项目目标的可能性的一种度量。风险包括两个方面的内容:不能实现具体目标的概率,以及因不能实现该目标所导致的后果。在项目的生命周期内,风险可以大致分为项目的关键性技术风险、进度风险和费用风险。每类风险都与其他两类风险有关系。风险事件即可能导致某个项目或系统发生问题,需要作为采办项目要素加以评估以确定风险水平的事件。

航空型号工程项目风险指在航空型号研制过程中,对不能实现其费用、进度和质量目标的可能性的一种度量。该定义强调了常与风险相关的消极方面,以及所涉及的不确定性。换言之,航空型号工程项目风险包括两个基本要素:一是风险因素发生的不确定性;二是风险发生带来的损失。

(二)项目风险管理的定义及其构成要素

1. 项目风险管理的定义

风险管理又名危机管理,是一个管理过程,是指应付风险的行动或实际作法,它包括制定风险问题规划、评估风险、拟订风险处理备选方案,监控风险变化情况和记录所有风险管理情况。项目风险管理是一门新兴的管理学科,它是指为了最好地达到项目的目标,识别、分配、应对、减少和避免项目生命周期内各种风险的现代科学管理方法。项目风险管理的目标是减少风险的危害程度,包括将积极因素所产生的影响最大化和使消极因素产生的影响最小化两方

面内容。

2.风险管理的构成要素

项目风险管理构成要素来源于项目管理的方式，并与管理过程整合在一起。这些构成要素如下：

(1)内部环境。内部环境为项目团队内的人员知何认识和对待风险设定了基础，包括风险管理理念和风险容量、诚信和道德价值观，以及他们所处的经营环境。

(2)目标设定。项目风险管理必须确保项目经理采取适当的程序去设定管理目标，确保所选定的目标支持和切合该项目风险管理的使命，并且与它的风险容量相符。

(3)事项识别。任何项目风险都包含着危险与机会、负能量与正能量两个方面，因此必须识别影响项目主体目标实现的内部和外部事项，区分危险和机会，并将机会被反馈到项目管理的目标制订过程中。

(4)风险评估。通过考虑风险的可能性和影响来对其加以分析，并以此作为决定如何进行管理的依据。风险评估应立足于固有风险和剩余风险。

(5)风险应对。选择风险应对方法，采取一系列行动，以便把风险控制在项目主体的风险容限和风险容量以内。

(6)控制活动。制订和执行政策与程序以帮助确保风险应对得以有效实施。

(7)信息沟通。确保相关信息的流动和有效沟通，以确保项目经理履行其职责的方式和时机予以识别、获取、执行和行动。

(8)风险监控。对项目风险管理进行全面监控，必要时加以修正。监控可以通过持续的管理活动、个别评价或者两者结合来完成。

项目风险管理并不是一个严格的顺次过程，它是一个多方向的、反复的过程，在这个过程中几乎每一个构成要素都能够、也的确会影响其他构成要素。

(三)项目风险管理的特点

(1)从资源分配的角度来看，项目风险管理是一项投资，也就是说，风险管理需要花费与识别风险、分析风险和规避减轻风险相关的成本。项目风险管理的成本必须包括在项目成本、进度和资源的计划编制中。风险效用或风险承受度是指从潜在回报中得到满足或快乐的程度。风险喜好者乐于高风险，风险厌恶者不喜欢冒险，风险中性者试图在风险和潜在回报之间取得平衡。

(2)理想的项目风险管理，是一连串排好优先次序的过程，使当中的可以引致最大损失及最可能发生的事情优先处理、而相对风险较低的事情则押后处理。但现实情况里，这优化的过程往往很难决定，因为风险和发生的可能性通常并不一致，所以要权衡两者的比重，以便做出最合适的决定。

(3)项目风险管理涉及分析和决定对付风险的备选战略，它是一种行业准则，要求项目团队不断地评估什么会对项目产生消极的影响，并确定这些事件发生的概率，以及确定这些事件如果发生所造成的影响。风险管理中包含的四个主要过程是：风险识别、风险量化、风险应对计划的制定和风险应对控制。

(4)风险管理计划是风险管理的重要工作。航空型号工程项目经常涉及下列风险：缺乏需方(客户)的参与、缺少高级管理层的支持、不明确的客户需求、拙劣的计划编制等。利用项目管理知识领域的一般风险条件表，有助于识别航空型号工程项目的潜在风险。

(5)近十几年来，人们在项目管理系统中提出了全面风险管理的概念。全面风险管理是用系统的、动态的方法进行风险控制，以减少项目实施过程中的不确定性。它不仅使各层次的项目管理者建立风险意识，重视风险问题，防患于未然，而且在各个阶段、各个方面实施有效的风险控制，形成一个前后连贯的管理过程。

二、项目风险管理的重要性和过程

(一)项目风险管理的重要性

一般情况下，项目的可行性研究、立项，以及设计与计划等都是基于正常的、理想的技术、管理和组织以及对将来情况(政治、经济、社会等各方面)预测的基础之上而进行的。而在项目的实际实施过程中，所有的这些因素都可能产生变化，而这些变化将可能使原定的目标受到干扰甚至不能实现，这些事先不能确定的内部和外部的干扰因素就是项目风险，风险即是项目中的不可靠因素。

风险会造成项目实施的失控现象，如工期延长、成本增加、计划修改、投资加大、新技术失败等，这些都会造成经济效益的降低，甚至项目的腰折失败。正是由于风险会造成很大的伤害，在现代项目管理中，风险管理已成为必不可少的重要一环。良好的风险管理能获得巨大的经济效果，同时它有助于企业竞争能力的提高，素质和管理水平的提高。风险管理，一个经常被忽略的项目管理领域，却常常能够在通往项目最终成功的道路上，取得重大的进步。

大多数重大工程项目都要受一系列计划的指导，这些计划规定了一系列合理和预定的过程，经过这些过程，项目得以执行。风险管理计划是这一系列指导文件的敏感部分。这种计划可用于公布风险管理规划过程的结果或最新状态。在项目开始前，项目风险管理人员就应制定项目风险管理计划，并在项目进行的过程中，实行目标管理，进行有效的指挥和协调。项目风险管理实质上是整个组织全体成员的共同任务，没有广大群众的参与，是无法实现目标的，因此，实行风险目标管理要求自上而下层层展开，又要求自下而上层层保证风险管理目标的实现。在管理实践过程中要群策群力，积极发挥所有员工能动的作用，开发他们的潜在积极性和能力。

风险管理对选择项目、确定项目范围和制定现实的进度计划和成本估算有积极的影响。风险管理有助于项目利益相关者了解项目的核心本质，使团队成员参与确定优势与劣势，并有助于结合其他项目管理知识领域来评估项目的优劣、可行性和成功率。

此外，要记住重要的一点：项目风险管理是一种投资，与其相关的会发生一些项目成本。在许多方面，项目风险管理像是保险的一种形式，它是为减轻潜在的不利事件对项目的影响而采取的一项活动。一个项目愿意在风险管理活动中进行的投资，取决于项目的本质、项目团队的经验和两者的约束条件。在任何情况下，项目风险管理的成本不应超过潜在的收益。

(二)项目风险管理的过程

项目风险管理由以下4个步骤组成。

1. 项目风险识别

风险识别是指找出影响项目质量、进度、成本等目标顺利实现的主要风险，是项目风险管理的第一步。这一阶段主要侧重于对风险的定性分析。风险识别主要有以下几种方法：专家调查法（包括专家会议法和德尔菲法等数十种方法），幕景分析法，故障树分析法等。风险识别的过程分3个步骤：

（1）收集与项目风险有关的信息，确认不确定性的客观存在。

（2）确定风险因素，建立风险清单。

（3）进行风险分类，编制项目风险识别报告。

2. 项目风险评估

风险因素发生的概率应利用已有数据资料和相关专业方法进行估计。组织应根据风险因素发生的概率和损失量，确定风险曝光度（风险量），并进行分级。风险评估后应提出风险评估报告。

风险评估是指采取科学方法将识别出并经分类的风险据其权重大小予以排队，有针对性、有重点地管理好风险。在这项模型中，采用层次分析法（APH）进行风险评估。

（1）项目风险评估的内容。

1）风险因素发生的概率；

2）风险损失量的估计；

3）风险等级评估。

（2）风险损失量估计的内容：

1）工期损失的估计；

2）费用损失的估计；

3）对项目的质量、功能、使用效果等方面的影响。

（3）风险等级划分：

经过风险评估，该模型将风险分为以下几个等级：

（1）Ⅰ级风险。严重风险 $0.1 \leqslant$ 权重 $\leqslant 1$；

（2）Ⅱ级风险。一般风险 $0.01 \leqslant$ 权重 < 0.1；

（3）Ⅲ级风险。轻微风险 $0 \leqslant$ 权重 < 0.01。

3. 项目风险响应

项目风险响应是指针对项目风险而采取的相应对策。一旦风险被识别和评估出来，就必须决定其处理方法。对难以控制的风险向保险公司投保也是风险转移常用的一种措施。

（1）风险响应要确定针对项目风险的对策。

（2）常见的风险响应有风险利用、规避、减轻、自留、转移及其组合等策略。

（3）项目风险对策应形成文件。

4. 项目风险控制

（1）在整个项目进程中，组织应收集和分析与项目风险相关的各种信息，获取风险信号，预测未来的风险并提出预警，纳入项目进度报告。

（2）组织应对可能出现的风险因素进行监控，根据需要制定应急计划。

（三）项目风险控制的措施

项目风险控制是指采取各种措施和方法，消灭或者减小项目风险事件发生的各种可能性，以及减小风险事件发生时造成的损失。项目风险控制所采取的措施和方法主要有：

(1)风险利用。承受风险是项目成功的基础,那些既能关注项目风险的危险性,同时又善于把握和利用机会的项目经理则可开发出新的可行的业务模式,扩大客户群体。

(2)风险避免。避免风险是常见的控制措施,例如,一些企业因为意识到地区性政治风险而选择不进入某些市场,尽管该市场存在巨大发展潜力。

(3)风险接受。在激烈的市场竞争中总有许多不得不接受的外在风险因素,以扩大企业市场份额。

(4)风险分担。建立项目供应链网络,利用优势资源的有效整合实现供应链系统集优,以及通过有效的利益共同体合作机制,实现各个节点企业之间的利益分享和风险分担。

(5)风险管理。智能化风险管理是最重要的风险控制策略。智能化风险管理方法可以识别企业弱点,并采取措施应对由这些弱点引起的风险。

(6)风险回避。当项目风险发生的可能性太大,或者一旦风险事件发生造成的损失太大时,主动放弃该项目或改变项目目标。采用这种风险控制方法之前,必须对风险损失有正确的估量,最好是在项目决策阶段进行风险评估。

(7)风险降低(减轻)。有两方面的含义,一是降低风险发生的概率;二是一旦风险事件发生尽量降低其损失。采用这种风险控制方法对项目经理是很有利的,可使项目成功的概率大大增加。

(8)风险抵消。将一些风险加以合并抵消,以便降低风险损失。如果一个项目遭受了风险损失,还有其他项目可能会带来收益,会全部或部分抵消风险损失。

(9)风险分离。将各个风险分离间隔,以避免发生连锁反应或互相牵连。这种控制风险方法的目的是将风险局限在一定的范围内,即使风险发生,所造成的损失也不会波及此范围之外,以达到减轻风险损失的目的。

(10)风险分散。通过增加承受风险的单位数量,以减轻总体风险的压力,使多个单位共同承受风险,从而使本单位项目减少风险损失。

(11)风险转移。利用合同或协议,在风险事件发生时将损失的一部分或全部转移到项目以外的第三方身上。采取这种方法必须让风险承受者得到一定的好处,并且对于准备转移出去的风险,尽量让最有能力的承受者分担。风险转移主要有两种方式。

1)保险风险转移。通过购买保险的办法将风险转移给保险公司或保险机构。

2)非保险风险转移。通过保险以外的其他手段将风险转移出去,主要有分包、无责任约定、保证、合资经营、实行股份制。

(12)风险自留。自留风险一般适用于对付发生概率小,且损失程度低的风险。有两种类型:

1)非理性自留风险。对损失发生存在侥幸心理或对潜在的损失程度估计不足从而暴露于风险中。

2)理性自留风险。经分析认为潜在损失在承受范围之内或自己承担风险比买保险要合算。

第2节 航空型号工程项目风险类型和特点

由于航空型号工程项目的特点,决定了在项目实施过程中存在着大量的不确定因素,这些不确定因素无疑会给项目的目标实现带来影响,其中有些影响甚至是灾难性的。航空型号工程项目的风险就是指那些在该工程项目实施过程中可能出现的灾难性事件或不满意的结果。

风险事件发生的不确定性，是由于外部环境千变万化，也因为航空型号工程项目本身的复杂性和人们预测能力的局限性。风险事件是一种潜在性的可能事件，无论人们是否喜欢，风险是不以人的意志为转移的。但这并不意味着风险是无法避免的。风险的存在要求人们要积极面对风险，做到有备无患，才能将风险的影响减到最小。

一、航空型号工程项目风险的类型

不同类型的工程项目有不同的风险，相同类型的工程项目根据其所处的环境、客户与项目团队以及所采用的技术与工具的不同，其项目风险也是各不相同的。

总的来说，航空型号工程项目风险的基本类型可以按照以下两类情况进行划分。

(一)风险按其形成原因分类

按风险形成的主要原因来进行风险因素分析，它体现的是风险形成的主观和客观的原因，包括以下几个方面的风险。

1. 决策风险

决策风险是航空型号工程项目最大最可怕的风险，如果项目不可行、立项错误，造成根基不稳，就会全盘皆输，项目失败早成守局。项目决策风险包括高层战略风险，如指导方针战略思想可能有错误而造成项目目标错误；环境调查和市场预测的风险；投标决策风险，如错误的项目选择，错误的投标决策、报价等。高额的研发成本的投入使得飞行器制造商承担越来越大的风险，飞行器制造的时间周期长、造价高，不仅在研制阶段对现金流的要求非常高，而且如果一个项目失败，将有可能导致整个公司的危机。例如美国洛克希德 L1011 三星客机的推出几乎让该公司一夜之间濒临破产。

2. 行为主体风险

航空型号工程项目行为主体产生的风险也是常见的项目风险来源之一。如投资者项目资金准备不足，项目仓促上马，支付能力差，改变投资方向，违约不能完成合同责任等产生的风险；承包人(分包商、供应商)技术及管理能力不足，不能保证安全质量，无法按时交工等产生的风险；项目管理者和设计开发工程师的能力、职业道德、公正性差等产生的风险等。

3. 技术风险

技术问题一直是我国航空型号工程项目发展面临的最基本问题。近年来虽然有些关键技术获得了突破，但是大型客机的整机研制能力与世界先进水平相比仍是全方位的差距，尤其是波音、空客新的机型大规模采用复合材料后，我国大型客机的研制能力又一次与世界先进水平拉开了距离。

我国大型飞机 10 项待突破关键技术有：

(1)民用大型飞机总体设计技术。

(2)现代民用飞机的气动特性预测方法。

(3)民用大型飞机的噪声预测和减噪措施。

(4)民用大型飞机载荷确定技术。

(5)高效结构和强度设计技术。

(6)长寿命高可靠性结构设计技术。

(7)民用大型飞机防雷设计和抗高强度辐射设计。

(8)多轮起落架设计技术。

(9)先进复合材料结构设计技术。

(10)适航审定的特殊要求的鉴定技术。

4. 软件危机风险

航电系统和计算机软件性能的好坏对航空型号工程项目成败起到极其关键性的作用,因此软件是维持和增强航空型号工程项目竞争力的重要因素之一。软件危机是指在计算机软件的开发和维护过程中所遇到的一系列严重问题,包括用户需求不明确、变更过多;软件开发不规范,没有建立完整的文档管理制度;开发进度难以控制;软件质量差;软件维护困难等。

5. 项目管理风险

项目管理风险包括航空型号工程项目过程管理的方方面面,如:项目计划的时间、资源分配(包括人员、设备)、项目质量管理、项目管理技术(流程、规范、工具等)的采用以及外包商的管理等,因项目计划不周、制度缺乏、经营不善、技术落后、用人不当、沟通不畅等项目管理混乱而造成的风险。

例如空客 A380 飞机成本管理失败的案例。空客公司的四个不同国家的工厂,都有自己的工程体系、技术、供应商和法律及会计人员。各种制造组装工厂之间也需要沟通和组织,成本管理难度很大。因为辗转于各个国家间的一些烦冗的请示、核准、沟通,空客公司花费了比竞争对手长两年的时间来设计飞机,这种无效率的支出增加了 25%的管理成本,而将众多装置从一个工厂搬运到另一个不仅要花费大量的金钱和时间,还要求支付更高昂的运费。所有这些都导致了 A380 项目不断超支,进程缓慢。空客 A380 由于其数次的延期交货而让它陷入商业危机,这已让其所有的订单客户开始忍受巨大的压力,许多客户甚至被迫调整或放弃原来的营业计划,更让空客头疼的是,订单客户的巨额索赔乃至取消订单的行为已让空客陷入了巨大的商业泥潭之中,截至 2010 年空客为此损失 62 亿美元。

6. 项目组织风险

组织风险中的一个重要来源就是项目决策时所确定的项目范围、时间与费用 3 个要素之间的矛盾。三要素的关系是相互储存,相互制约的,不合理的匹配必然导致项目执行的困难,从而产生风险。航空型号工程项目资源不足或资源冲突方面的风险同样不容忽视,如人员到岗时间、人员知识与技能不足等。组织中的团队精神和文化氛围同样会导致一些风险的产生,如团队协同合作和人员激励不当导致内部不团结、人员离职等。由于我国民机型号研制的频度太低,缺乏大批人才脱颖而出的实践基础,长期以来我国民机研制的人才十分短缺。已有的宝贵的人才近年来还出现了严重流失的现象。除了缺少航空工程技术专业人才,缺乏合格的项目管理人才也是目前的一大难题。项目管理人员不仅要具备深厚的专业方面知识与直接经验,熟练掌握和使用项目管理的工具、方法与技巧,而且要具备高超的组织、指挥、沟通、协调、控制的能力,甚至要具备一定的人格魅力和威信。

7. 项目变更风险

项目变更是每个项目经理都会遇到的问题。在成本和风险范围内控制和管理好项目变更,是项目经理的重要职责。项目变更的产生的原因是多方面的,在航空型号研制过程中,通常各种形式或内容的变更是不可避免的,包括客户需求变更、项目目标变更、任务变更、政策变更、组织变更、人员变更、技术变更、设备变更、材料变更、财务变更、环境变更等。不管哪种变更,都会对项目的进度、成本、风险和合同等产生影响。虽然航空型号工程项目变更风险中有些具有一定的可预测性,也是可管理的,但是也有些的危害性是很严重的,甚至可能造成项目彻底失败,因此必须引起项目团队的高度重视。

8. 供应链管理风险

供应链管理是通过前馈的信息流和反馈的物料流及信息流,将供应商、制造商、分销商、零售商,直到最终客户连成一个整体的网络结构模式。供应链管理要求建立一种机制,用以协调位于供应链上的所有节点厂商的资源,以最低的成本和最小的时延向最终客户交付合格的产品或服务。然而供应链管理有其非常特殊的地位,即管理的主体并不能控制供应链上所有的资源,然而整个供应链是一个利益共同体,但供应链上的企业毕竟是一个个独立的经营主体,有其各自的经营战略,目标市场,技术水平,运作水平以及各自的企业文化等,甚至存在一个企业同属多个相互竞争的供应链的情形。所有这一切都会增加供应链运作中的不确定性,从而导致供应链管理的风险的产生。供应链企业之间的合作会因为信息不对称、信息扭曲、市场不确定性、政治、经济、法律等因素的变化而导致各种风险的存在。

9. 外部环境风险

航空型号工程项目外部环境风险主要是指其政治、经济环境的变化,包括政治风险、法律风险、经济风险、社会风险;以及与项目相关的规章或标准的变化,组织中雇佣关系的变化,如公司并购、自然灾害,外围主体(政府部门、相关单位)等产生的风险。

举例来说,早在 1970 年 8 月我国就开始研制自己的大型飞机“运 10”。十年之后,完全自主设计制造的大型飞机“运 10”翱翔于中国的蓝天。此举使我国成为继美、苏、英、法之后,第五个研制出 100 t 级大型客机的国家。但当时由于受国家财力及更主要的是对自己没信心等因素的制约,“运 10”项目不得不匆匆下马。在此之后的中美合作生产 MD82 飞机也因为麦道公司被波音公司兼并而告终。20 世纪 90 年代我国曾计划通过谋求与国际知名商用飞机公司合作研发 AEIOO,获得外国技术支持来开发我国的飞机平台,也因为对方要价太高而被搁置。

(二)风险按其影响结果分类

按风险对目标的影响来进行风险因素分析,它体现的是风险作用的结果,包括:

(1)工期风险。如造成局部的(工程项目活动、分项工程)或整个工程的工期延长,工程项目不能及时竣工验收。

(2)成本风险。包括财务风险、资金链断裂、成本超支、投资追加、收入减少等。

(3)质量风险。包括系统不符合客户需求,设备、材料、工艺、工程等不能通过验收,项目试飞或试运行不合格,经过评价工程质量未达到标准或要求等。

(4)能力风险。项目完成后功能和性能达不到客户要求,生产能力达不到设计要求等。

(5)市场风险。项目完成后产品达不到预期的市场份额,销售不足,没有销路,没有竞争力。

(6)信誉风险。可能造成对企业的形象、信誉的损害。

(7)伤亡损失风险。项目实施过程或使用中人身伤亡以及设备的损坏。

(8)法律责任风险。因被起诉而要承担相关法律的或合同的责任。

二、航空型号工程项目风险的特点

航空型号工程项目所面临的风险种类繁多，各种风险之间的相互关系错综复杂，所以从立项到试飞、适航取证，以及正常运行后的全生命周期中都必须重视风险管理。归纳起来，其风险具有如下特点。

1. 风险存在的客观性和普遍性

作为损失发生的不确定性，风险是不以人的意志为转移的，并超越人们的主观意识而客观存在。风险的普遍性表现在几乎所有的项目都存在着风险，特别是像航空型号工程这样的高科技系统工程项目，把先进复杂的现代计算机技术、先进制造技术和并行工程模式有机地结合在一起，集成为一个整体。在项目的全生命周期内，自始至终风险是无处不在、无时没有的。这些说明为什么虽然人类一直希望认识和控制风险，但直到现在也只能在有限的空间和时间内改变风险存在和发生的条件，降低其发生的频率，减少损失程度，而不能也不可能完全消除风险的原因。

2. 风险发生的偶然性和必然性

航空型号工程项目风险发生的偶然性表现在任何具体风险的发生都是诸多风险因素和其他因素共同作用的结果，是一种随机现象。而航空型号工程项目风险发生的必然性是指虽然个别风险事故的发生是偶然的、杂乱无章的，但对大量风险事故资料的观察和统计分析，发现其呈现出明显的运动规律，这就使人们有可能用概率统计方法及其他分析方法去计算风险发生的概率和损失程度，同时也导致风险管理技术方法的迅猛发展。

3. 风险的可变性

航空型号工程项目风险的可变性是指在项目的整个实施过程中，各种风险在性质和数量上都是在不断变化的。随着工程项目的实施进展，有些风险可以规避，有些风险会得到控制，有些风险会发生并得到处理，同时在工程项目的每一阶段都可能产生新的风险。

4. 风险的多样性和多层次性

一般大中型工程项目，特别是航空型号工程项目要求高、周期长、技术新、涉及范围广、风险因素数量多且种类繁杂，致使其在全生命周期内面临的风险多种多样。而且大量风险因素之间的内在关系错综复杂，各种风险因素之间与外界交叉影响又使风险显示出多层次性，这是航空型号工程项目风险的主要特点之一。

第3节 航空型号工程项目风险管理理论

虽然航空型号工程项目风险多多，不过，人们也无须过分地恐惧风险，只要掌握风险发生的因果关系，风险是可以管理，并得到控制的。关注项目风险，掌握风险管理的知识与技能，从工程项目组织、职责、流程与制度上建立一套风险管理机制是确保项目成功的前提与保障。

一、航空型号工程项目全面风险管理

(一)项目全面风险管理的定义

项目全面风险管理(Enterprise-wide Risk Management，ERM)是运用系统科学的方法，

在项目全生命周期内，采取全面的组织措施，对项目的全部风险进行全过程、全方位的管理，简称“一法四全”。它不仅使各层次的项目管理者建立风险意识，重视风险问题，防患于未然，而且在工程项目实施的各个阶段、各个方面执行有效的风险控制，形成一个前后连贯的管理过程，以减少项目实施过程中不确定性。

航空型号工程项目全面风险管理包括以下几方面的含义：

(1)用系统的观点、动态的方法进行风险控制。针对航空型号工程项目具有工期长、系统复杂、涉及面广、不确定因素多、经济风险和技术风险大的特点，从全面、整体、系统和发展的观点出发，充分考虑到各子系统间相互依存、相互制约的联系和作用，以动态的方法对项目风险进行严格控制。

(2)项目全过程的风险管理。从项目的立项到项目的结束，都必须进行风险的研究与预测、过程控制以及风险评价，实行全过程的有效控制以及积累经验和教训。

(3)项目全部风险的管理。对各种类型的项目风险进行严密的监控管理。

(4)项目风险全方位的管理。从决策、技术、经济、组织、合同等各个方面采取有效措施尽量避免和减少项目风险的发生。

(5)项目风险全面的组织管理措施。建立良好的项目风险管理体制，积极发挥所有员工能动的作用，群策群力，采取健全的组织管理措施，防范于未然。

(二)项目全面风险管理的任务

由于风险贯穿于航空型号工程项目的全生命周期中，因而风险管理是个持续的过程，建立良好的风险管理机制以及基于风险的决策机制是工程项目成功的重要保证。风险管理是工程项目管理流程与规范中的重要组成部分，制定风险管理规则，明确风险管理岗位与职责是做好工程项目风险管理的基本保障。同时，不断丰富风险数据库、更新风险识别检查列表、注重项目风险管理经验的积累和总结更是风险管理水平提高的重要动力源泉。

一般而言，航空型号工程项目全面风险管理的主要任务有以下3方面：

(1)预报预防。在航空型号工程项目工程实施过程中，要不断地收集和分析有关项目的各种信息和动态，捕捉项目风险的前奏信号，以便更好地准备和采取有效的风险对策，包括工程项目投保等措施，预防和避免可能发生的风险。加强风险预报预防工作是项目风险管理最重要的任务，预防措施的好坏，直接关系到风险发生的概率和风险损失的大小。

(2)防范控制。无论预防措施做的有多么周全严密，航空型号工程项目的风险总是难以完全避免的。当风险发生时要进行有效控制，防范风险损失范围和程度进一步扩大。在风险状态下，依然必须保证工程项目的顺利实施，如迅速恢复生产，按原计划保证完成预定的目标，防止工程项目中断和成本超支，唯有如此才能有机会对已发生和还可能发生的风险进行良好的控制。

(3)积极善后。在项目风险发生后，亡羊补牢，未为迟也，要迅速及时地采取各种有效措施以控制风险的影响，尽量降低风险损失，弥补风险损失。并争取获得风险的赔偿，如向保险单位、风险责任者提出索赔，以尽可能地减少风险损失。

(三)项目全面风险管理的组织

全面风险管理组织主要指为实现全面风险管理目标而建立的组织结构，即组织机构、管理体制和领导人员。没有一个健全、合理和稳定的组织结构,全面风险管理活动就不能有效地进行。

航空型号工程项目全面风险管理组织具体如何设立、采取何种方式、需要多大的规模,取决于多种因素。其中决定性的因素是航空型号工程项目风险在时空上的分布特点。项目风险存在于航空型号工程项目的所有阶段和各个方面,因此全面风险管理职能必然是分散于项目管理的所有阶段和各个方面,管理班子的所有成员都负有一定的风险管理责任。但是,如果因此而无专人专职对项目风险管理负起责任,则全面风险管理就要落空。因此,全面风险管理职能的履行在组织上具有集中和分散相结合的特点。

此外,航空型号工程项目的规模、技术和组织上的复杂程度、项目风险的复杂和严重程度、风险成本的大小、上级管理层对风险的重视程度、国家和政府法律、法规和规章的要求等因素都对全面风险管理组织有影响。

航空型号工程项目全面风险管理组织结构的核心应该是项目经理,项目经理应负起项目全面风险管理的领导责任。项目经理之下可设一名风险管理专职人员,帮助项目经理组织和协调整个工程项目管理班子的风险管理活动。

至于项目风险分析人员,应由有技术、经济、计算机和项目管理经验的权威人士来担任。若无合适人选,可以从外面请人。从外面请人的优点是容易使项目风险分析做得更客观、更公正。无论何种情况,项目管理班子成员都要参与风险分析过程。这样既可保证风险分析做得合理,又能够了解问题的来龙去脉,对风险分析的结果做到心中有数,群策群力,防患于未然。

(四)项目全面风险管理的方法

众所周知,当某一危机发生时,通常不仅会显而易见地威胁到工程项目的成功,而且还会产生组织内部和外部的轰动效应,有时甚至会引起社会的广泛关注。因此,危机在众目睽睽、议论纷纷之下,会受到整个项目团队的极大重视。与处理危机事件不同,工程项目好的全面风险管理往往是默默无闻地进行的。

航空型号工程项目实施全面风险管理的基本要求是注重工程项目实施过程中,点点滴滴、一丝不苟、计划有序、贯穿始终、全面的风险管理,即采取全面的组织措施,对工程项目的全部风险实施全过程、全方位的管理。

当全面风险管理非常有效时,航空型号工程项目实施过程中基本不会产生什么大的问题;并且,对于存在的少数问题来说,它也会得到更加迅速的解决。站在局外旁观者的角度上来看,要说明一个航空型号工程新项目的顺利开发是由于好的全面风险管理所致还是运气所致,可能是很困难的,但项目团队总会知道,他们的工程项目正是由于好的全面风险管理而运转得更好。通常进展顺利的航空型号工程项目,就像优美芭蕾舞的演出一样,观众是看不到演员为了上乘的表演背后所付出的努力有多么艰辛。航空型号工程项目全面风险管理方法一般包括以下几个过程:

1. 风险预测和识别

风险预测和识别是航空型号工程项目全面风险管理的第一步,即预测和识别出工程项目目标实施过程中可能存在的风险事件,并予以整理分类。对工程项目风险的管理首先必须明确项目都存在哪些风险,一般是根据工程项目的性质,从潜在的事件及其产生的后果,以及潜在的后果及其产生的原因来预测识别风险。

航空型号工程项目风险预测和识别的过程主要立足于数据收集、分析、整理和预测，要重视经验在预测中的特殊作用(即定性预测)。为了使风险识别做到准确、完整和有系统性，应从全面风险管理的目标出发，通过项目风险调查、信息分析、专家咨询及实验论证等手段，对项目风险进行多维分解，并充分征求各方意见，从而全面认识风险，形成风险清单列表。

2. 风险分析

在确定了航空型号工程项目的风险列表之后，接下来就要搞清楚工程项目中存在的各种风险的性质，即进行风险分析。这一步骤主要是将项目风险的不确定性进行量化，评价其潜在的影响。其内容包括确定风险事件发生的概率和对项目目标影响的严重程度，如经济损失量、工期迟延量等；评价所有风险的潜在影响，得到工程项目的风险决策变量值，以作为项目决策的重要依据。

一般只对已经识别出来的项目风险进行量化估计，评估风险及各种风险之间的相互作用，以及评价项目可能产生的结果范围。这里要注意三个基本概念。

(1)风险损失量。风险损失量是指风险对项目造成的负面影响的大小。如果损失量的大小不容易直接估计，可以将损失量分解为更小部分再评估它们。风险损失量可用数值表示，即将损失量大小折算成对影响计划完成的时间表示。

(2)风险概率。风险概率是指风险发生可能性的百分比表示，是一种凭借分析处理以往发生的类似项目风险事件的经验，所做出的主观判断。

(3)风险曝光度，也称为风险量。它把项目风险危害程度与损失的可能性结合为一个数字，用以对风险进行宣评估。其计算公式为

$$风险曝光度=风险概率\times风险损失量 \tag{12-1}$$

举例来说，如某一工程项目风险概率是25%，一旦发生风险就会导致项目计划延长4周，根据上述公式计算，可得出：

$$风险曝光度=25\%\times4周=1周。$$

风险曝光度示意图如图12-1所示。在图12-1中，风险危害程度可划分为A，B，C，D四大区域。A区风险损失量大，风险概率高，风险曝光度也大，故风险危害程度最大。反之，B区域风险危害程度最小。C，D两区域间的比较视项目的具体情况而定，C区风险概率高，D区风险损失量大，C，D区域的风险危害程度介于A，B之间。

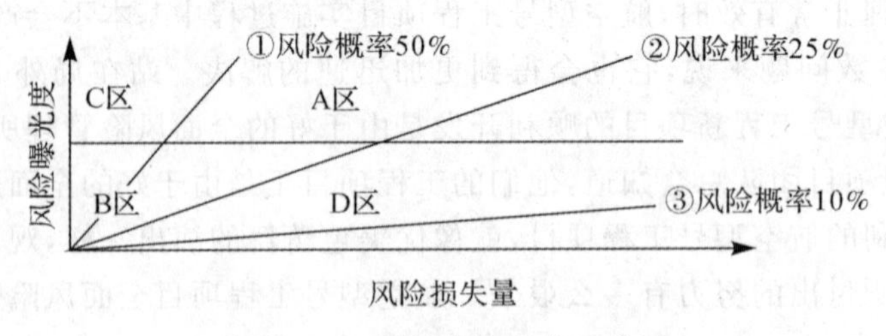

图12-1 风险危害程度示意图

二、航空型号工程项目持续风险管理

1. 项目持续风险管理的定义

项目持续风险管理(Continuous Risk Management，CRM)理论最初由美国卡耐基-梅隆

大学软件工程研究所(Software Engineering Institute,SEI)在20世纪90年代中期提出,后来被美国航空航天局(NASA)等部门广为应用。持续风险管理理论最初是针对软件项目风险管理而设计的,现在该理论的应用已扩展到适用于硬件项目和其他复杂系统或组织的管理领域,包括航空航天工程。

项目持续风险管理(CRM)是一种对项目风险进行动态管理的理论。按照项目风险管理的整个过程,将项目风险管理的主要活动分为六大过程模块,即风险识别、风险分析、风险规划、风险跟踪、风险控制和风险文档记录,其中风险识别、风险分析、风险规划、风险跟踪和风险控制模块在风险过程上首尾相连,风险文档记录模块贯穿以上五大模块,共同构成风险管理的基本内容。项目持续风险管理(CRM)包含的基本流程及其模块如图12-2所示。

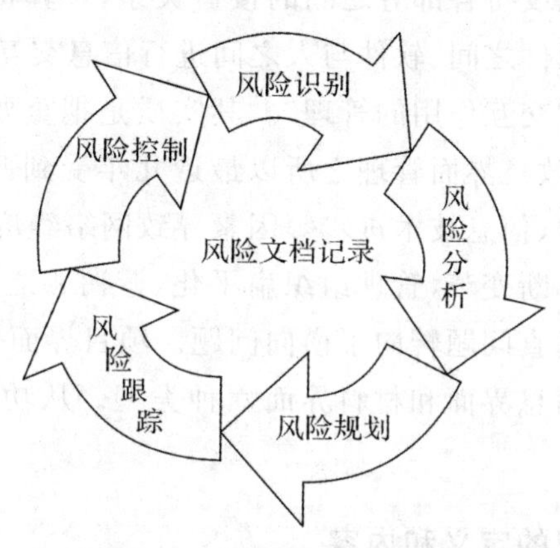

图12-2 项目持续风险管理过程图

2. 项目持续风险管理的功能描述

项目持续风险管理(CRM)各过程模块的功能描述见表12-1。

表12-1 项目持续风险管理(CRM)各模块功能描述

风险管理模块	功能描述
风险识别	在潜在风险转变成现实问题之前辨识出风险的特征、类别和可能发生的位置
风险分析	将风险数据信息转换为决策信息,对风险进行分类,评估测算风险发生概率、风险影响并按照风险的重要程度对风险进行排序
风险规划	将风险信息转变为降低或管理风险的行动步骤(当前行动和未来计划),制定针对单个风险和某一组风险的降低规划,并付诸实施
风险跟踪	对风险的参数和风险降低规划行动进行监控,根据周期性的风险报告,及时识别新出现的风险,采集风险管理的最新状态数据进行编辑、整理,形成新的风险降低规划
风险控制	分析风险监控步骤的数据,修正风险降低规划中的偏差,并决定某个风险降低规划是否继续执行
风险文档记录	是CRM的关键步骤模块,记录整理风险管理过程中的风险管理信息,尤其是项目内外出现的新情况,产生的新风险,将这些新的项目信息和新的风险通过正式的风险记录报告或非正式的信息传递方式告知给CRM的其他五大模块

项目具有生命周期，项目持续风险管理(CRM)将风险也看作具有生命周期，风险的生命周期是风险从潜伏、爆发、发展、监控到风险处理的全过程。另一方面，项目持续风险管理(CRM)对项目风险进行识别和分类处理，并对项目风险的重要程度进行排序，体现了全面风险管理的思想。

三、航空型号工程项目界面风险管理

(一)界面和界面管理的定义

界面用来描述各种仪器、设备各部分之间的接口关系；计算机软件发展起来后，界面用来指软件与软件之间、软件与硬件之间、软件与人之间进行信息交互或联结的窗口或平台。

界面管理在英语中意为“交互作用的管理”。其实质是把重要的界面关系纳入管理状态，加强沟通协调以提高管理绩效。界面管理之所以最近几年受到西方管理学界、企业界的高度关注，是因为全球经济一体化、信息技术进步等因素导致网络经济和知识经济等新经济形态出现，新的经济模式促使企业不断变革，管理组织扁平化、蓝白领之间分工的消失以及学习型组织的出现，使管理的视点由垂直问题转向了横向问题。项目界面分为职责变更界面、行动结果界面、管理界面、客户界面、信息界面和材料界面六种类型。从功能上划分则可分为输入型界面和输出型界面。

(二)项目界面风险管理的定义和内容

1. 项目界面风险管理的定义

项目界面风险管理(Interface Risk Management，IRM)是一种模块化管理风险的思想，与传统的风险评估与管理的理论方法并行不悖，共同构成项目界面风险管理(IRM)的分析基础。静态的风险识别方法，往往把风险分为技术风险、计划风险、组织风险、沟通风险、保障性风险、费用风险、进度风险、市场风险、法律风险、人力资源风险和项目采购风险等。这些分类方法主要是从静态的角度对风险管理的内容进行研究，却没有回答风险可能发生的确切位置。

界面风险管理(IRM)的思想是把项目管理的全部活动划分为若干过程模块或管理模块，在模块的界面处集中分析致险因子，既回答项目风险是什么，又回答风险将在哪个部位发生，从而对项目内外部风险进行更为清晰准确的可视化把握。

2. 项目界面风险管理的内容

为便于表述，我们从三个维度来定义项目界面管理活动。任何一个项目都有生命周期，因此项目的各种管理活动在时间维中的表达即是项目进度界面或项目节点界面，节点界面包含了一个成功项目在该节点处对项目时间进度、预算成本和项目性能的约束信息，如图 12-3 所示。

任何一个项目的运行都要投入一定的资源要素(比如资金或资本、知识或技术、物力与人力等)，因此项目管理活动在资源维中的表达可以用资源界面来描述：任何一个项目都有利益相关者，比如要兼顾项目出资者(股东)的利益或项目面向对象(客户)的需求；另一方面，项目的运行必须要项目经理、职能经理等管理者来组织。因此项目管理活动在关系维中的表达就可以用各种关系界面来表征。

将项目管理活动放在时间、要素和关系三维空间中，可以集成刻画项目的各类界面，从而得到项目界面管理的霍尔三维结构模型，如图 12-4 所示。

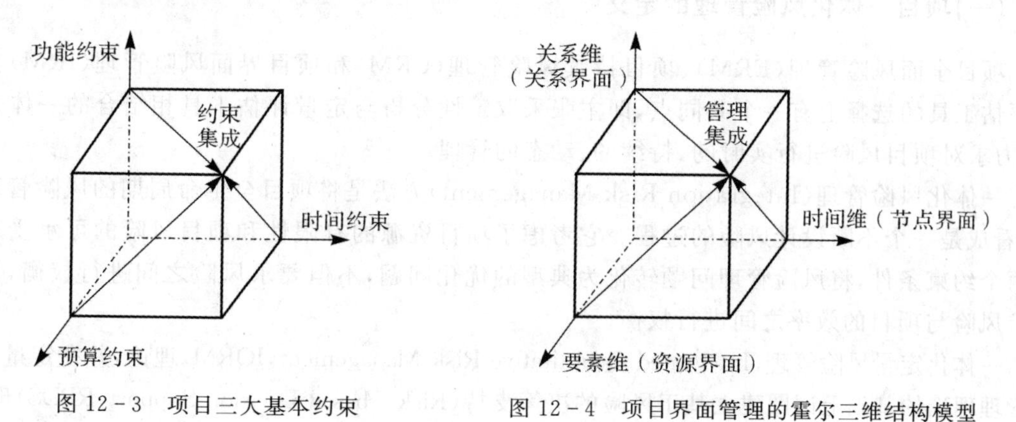

图 12-3 项目三大基本约束　　图 12-4 项目界面管理的霍尔三维结构模型

项目三个维度的界面之间互相影响，互相耦合，呈正相关关系。比如技术研发的突破，资金的追加投入都可以推进项目的进度或节点，及时沟通协调与项目投资者、与客户的关系，可以更加明确项目需求，从而推进项目的整体进展。可将项目界面之间的关系分为三种：串联型界面、馈联型界面和中介型界面，如图 12-4 所示。一般而言，时间节点界面是项目活动在时间上的依次排列，表现为项目管理信息的单向流动，因此属于串联型界面；要素维中的资源界面和关系维中的关系界面之间表现为信息的双向交互，主要属于馈联型界面，也有些界面之间不直接发生联系，而是通过一些资源中心联系在一起，可以称为中介型界面。因此时间维表征下的节点界面主要属于串联型界面，要素维的资源界面基本上属于中介型界面，关系维中的关系界面基本上属于馈联型界面。如图 12-5 所示。

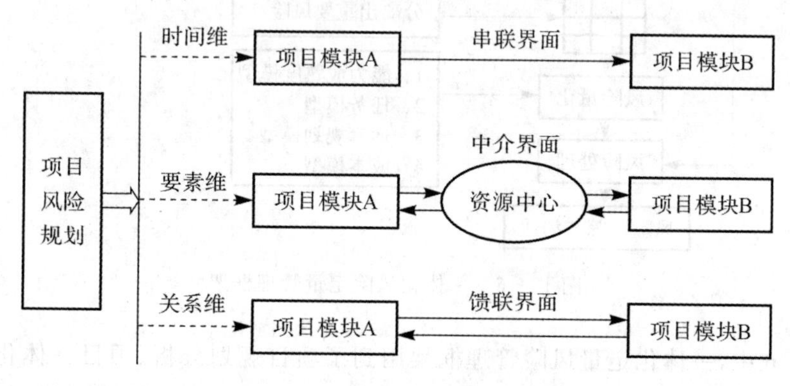

图 12-5 项目界面间的关系类型

因此，研究项目风险管理可以从时间、要素和关系三个维度入手，并从整体上分析项目界面风险的集成特征。根据项目进度容易划分项目节点界面，但是在每一项目节点项目投入的资源要素和需要优先处理的矛盾冲突都不一样，故项目每一节点界面的风险集成特征和风险因子重要程度也不一样。因此必须识别项目各个节点处的关键界面或核心界面，即风险度高的界面，进行重点风险分析与跟踪控制。这就是进行项目界面风险管理的基本思路。

四、航空型号工程项目一体化风险管理

(一)项目一体化风险管理的定义

项目全面风险管理(ERM)、项目持续风险管理(CRM)和项目界面风险管理(IRM)在风险评估工具的选择上有一个共同点,即主张采取定性分析与定量评估工具相结合的一体化策略,力求对项目风险进行实时的、持续的、动态的管理。

一体化风险管理(Integration Risk Management)方法是将项目全生命周期的风险管理过程,看成是一个不断设计风险的过程。它考虑了项目资源的有限性和项目风险的可承受水平这两个约束条件,将风险管理问题转化为典型的优化问题,不但要求风险之间进行权衡,而且要求风险与项目的效率之间进行权衡。

一体化定量风险管理(Integrated Quantitative Risk Management,IQRM)理论,并在定量化风险管理理论的基础上试图建立基于风险的决策支持(Risk - based Decision Support,RBDS)理论,如图 12 - 6 所示。

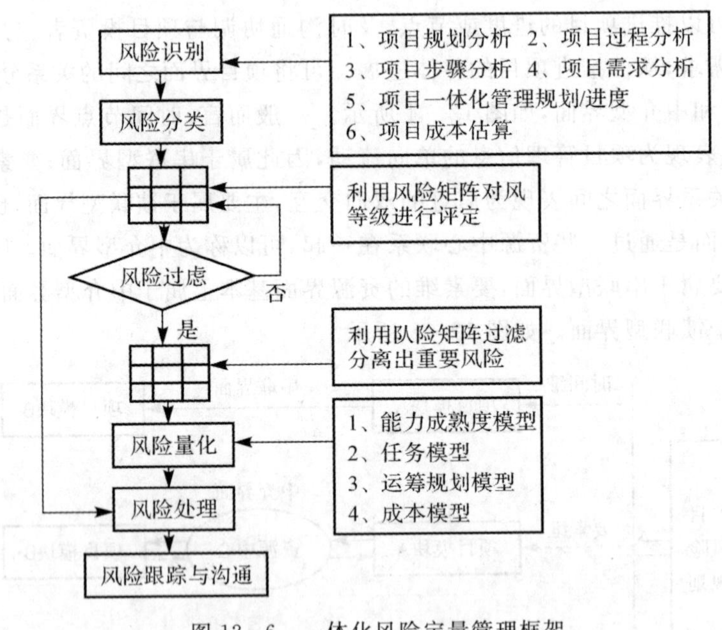

图 12 - 6 一体化风险定量管理框架

在图 12 - 6 中,一体化定量风险管理框架用到了项目规划分析、项目一体化管理规划/进度(IMP/IMS)、项目费用估算、风险矩阵、能力成熟度模型、运筹规划模型等定量风险分析工具,也用到了需求分析模型、Boston 风险矩阵、任务模型等定性分析模型。

实际上,在航空型号工程项目中,可用于风险管理的资源是一定的,项目管理人员不可能对种类繁多的风险逐一进行管理,必须决定对哪些风险实施管理以及管理它们的限度。因此,在风险管理过程中,风险既是管理决策的起点,又是管理决策的终点。管理人员可以根据每一种方案的风险状态、项目的风险承受水平和可利用的资源量对每一种方案的风险分别进行优化设计,而不是被动的、非系统化的管理。对于航空型号工程项目而言,设计出的风险可以作

为研发方案评价的重要指标，而在设计风险的同时确定的风险优化方案又可以作为方案实施时风险管理的指南。

一体化持续风险管理方法在肯定和继承项目持续风险管理(CRM)理论基础上，对风险识别、风险分析和风险计划进行了集成和重组，形成了一个新的风险设计单元，构成了新的风险管理循环，其过程如图12-7所示。

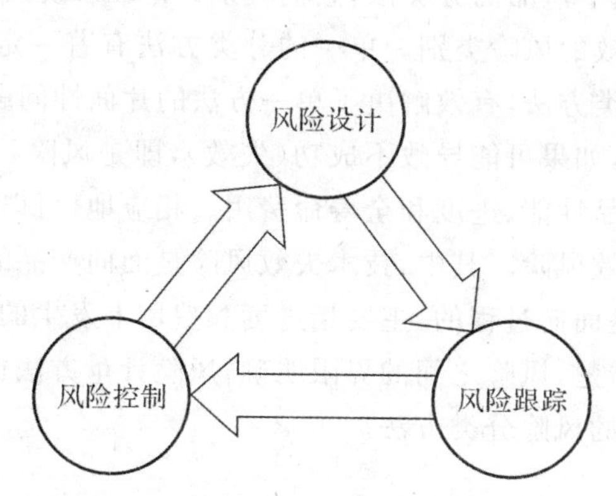

图12-7 一体化持续风险管理过程示意图

(二)项目一体化风险管理的技术方法

一体化风险管理与传统的持续管理方法的最大不同在于它将持续风险管理的前三个阶段集成为一个风险设计过程。

风险设计是指项目管理人员在资源或者是决策者的风险承受水平的限定条件下，权衡各种利弊，选择有效的风险降低措施，从而将系统的风险控制在一定范围内的过程。显然，风险设计是对项目持续风险管理(CRM)理论中的风险识别、风险分析与风险计划等3个过程在一定约束条件下的集成。

从功能模型的角度看，风险设计的输入包括各类风险事件，风险事件发生的概率，风险事件发生后的损失，可用于降低风险事件发生概率和损失的各种风险措施，以及项目风险的可承受水平和可用于风险管理的资源量，输出包括风险措施的决策方案，项目风险的总体水平以及风险管理资源的分配方案。在风险设计阶段后，需要对风险管理的过程进行跟踪和控制，并在必要时进入下一个循环。

1. 风险定义

一般认为，风险是事件发生概率与事件后果的函数，因此，最常见的风险表达式为

$$R=f(p,c) \tag{12-1}$$

式中，R 为风险，p 为风险事件发生的概率，c 为发生后的损失。

在一体化风险管理框架中，系统的风险被看成是决策实施后的风险，而系统的固有风险被称为原始风险，上述的风险定义对应的是本文中的原始风险定义，而风险在本文中被定义为一个三元组，即

$$R=f(p,c,d) \tag{12-2}$$

式中，d 为风险管理决策。

对风险的这种定义是集成的需要，也是一体化风险管理的数学基础。在这种定义下，风险

管理决策是在具有某种结构关系的风险框架中做出,可以充分考虑风险之间固有的逻辑关系,且管理对象详细具体。

2. 风险分类

风险分类法是风险识别的标准,风险分类的好坏关系重大。一般的风险分类法主要有两种:基于过程的分类法和基于产品的分类法,它们分别讨论在系统研发的过程中可能遇到的风险类别和导致研发产品失效的风险类别。单一的分类方法有着一定的片面性,一体化风险管理运用的是基于绩效的分类方法,有效解决了单一方法的片面性问题。基于绩效的分类法,是将风险作为成功的对立面,如果可能导致不成功(失效),即是风险,可称之为失效风险。通常衡量研发绩效的标准是产品性能、进度和全寿命费用。相应地,可以将研发项目的失效风险分为技术失效风险和管理失效风险。其中,技术失效风险是面向产品的,主要指产品的技术和质量问题;管理失效风险则是面向过程的,主要指进度和费用上发生的问题。在基于绩效的分类方法下,各类风险的内涵清楚,风险之间的界限明确,风险计量方法也相对比较成熟,所以它是一种针对研发项目的较好的风险分类方法。

3. 风险识别

故障树枝术(FT)提供了较好的技术失效风险识别途径。故障树分析是一种图形演绎方法,是故障事件在一定条件下的逻辑推理。故障树能够将系统故障的各种可能性联系起来,运用自上而下的方法将技术系统的可能的故障发掘出来。

故障树最常用于直接经验很少的风险识别,比较适用于研发项目。在一体化风险管理中,用于辨识管理失效风险的技术是幕景分析(Scenarios Analysis)。因为在研发项目的实施过程中,一个阶段或分系统的费用和进度的失控,会引发后续工序的费用和进度问题,幕景分析正是针对此种情况的风险识别技术。一个幕景就是一个对未来状况的描述,它描述了管理失效风险的发展和演化过程。作为幕景分析方法的具体应用,图 12-8 描述了一个风险识别的过程图。

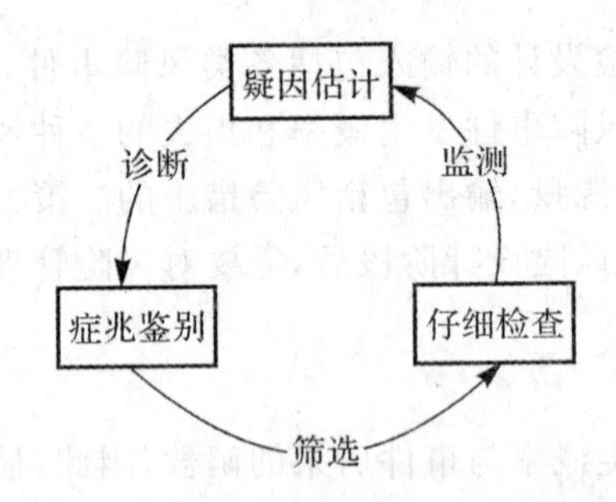

图 12-8　幕景分析方法的风险识别的过程图

4. 风险措施的辨识

风险的复杂性决定了风险措施的多样性。风险措施可根据风险的自然属性划分为工程改进和保护、管理制度、教育培训、物理方法和调整操作等 5 类,按控制风险的方式又可分为风险规避、风险转移、预防以及风险自留。风险措施的辨识需要针对风险的特性进行,不同的风险有着相应的风险措施。风险措施的辨识没有特殊的方法,可以运用常见的头脑风暴法等。风险措施组合的实施成本运用作业成本法(ABC 方法)进行计量。

5. 风险评估

对技术失效风险进行定量分析，故障树很容易做到(故障树方法应用非常普遍，本文不再重点介绍)。不同的风险措施组合将用于加强技术系统，降低系统失效后的损失。具体表现在，采取风险措施后，基本事件的发生概率降低，从而系统总的技术失效概率降低；风险措施也可以用于减少技术失效事件发生后产生的一级损失(即系统本身的损失)，从而总的技术失效风险降低。

对管理失效风险进行定量分析，用幕景分析技术可以得到一些离散的集合，而在风险措施作用下的管理失效风险分析可以通过加入风险措施变量构建新的幕景进行分析，得到一些离散的风险集合，其过程如图 12-9 所示。

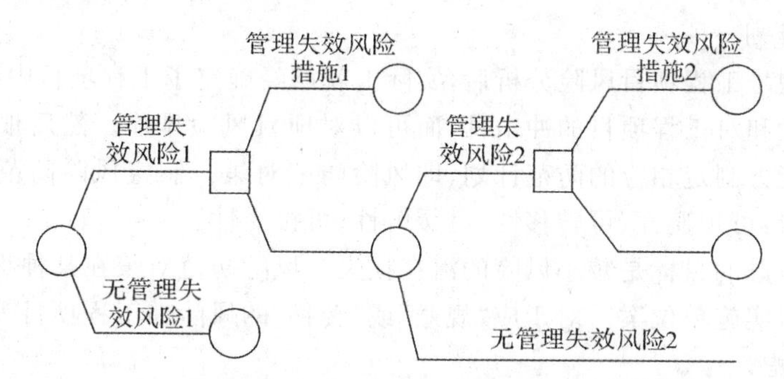

图 12-9　管理失效风险在风险措施作用下的幕景分析方法

6. 风险设计

在以上分析的基础上，采用数学规划的方法进行风险设计，其内在逻辑见图 12-10 所示。

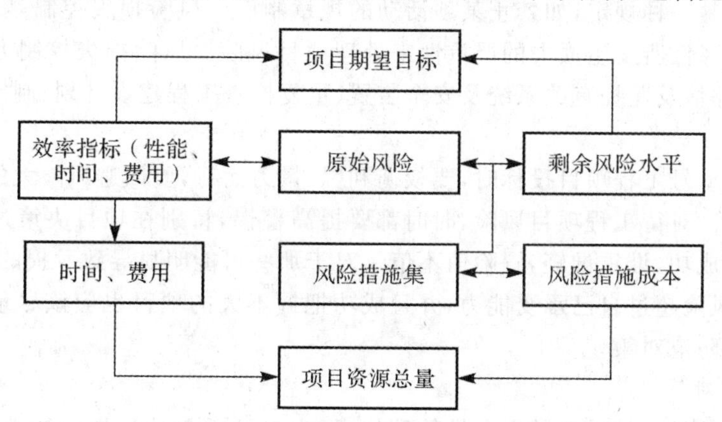

图 12-10　风险设计的逻辑关系示意图

在资源约束条件下，风险措施、风险大小以及研发方案之间存在着权衡关系。因此，设计风险的同时，就是在设计风险措施和选择项目的构型。在一体化风险管理框架中，存在两类基本的风险设计思想：一类是按费用设计风险，即考虑在各阶段计划管理费用下，找出使系统风险最小的设计方案；另一类是按各阶段风险可承受水平设计风险，即考虑在项目风险阀值下，找出所花费用最小的设计方案。

数学规划的决策变量是风险措施集合，计算出的最优解即是管理人员应该选取的最佳风险措施组合。在这些最佳风险措施组合作用下的系统风险为本次设计的系统风险值。

第4节　航空型号工程项目风险防范策略

在航空型号工程项目的实施过程中，对不同类型的项目风险要采取相应的风险对策，才能进行良好的风险控制，尽可能减小风险造成的损失和危害，以确保工程项目的效益。

一、航空型号工程风险防范对策和监控管理

(一)项目风险防范对策

1. 风险防范计划

完成了航空型号工程项目风险分析后，实际上就已经确定了工程项目中存在的风险，以及它们发生的可能性和对工程项目的冲击，因而可以对项目风险排序。然后根据风险性质和项目对风险的承受能力制定相应的防范计划，即风险防范对策。制定风险防范对策主要考虑以下四个方面的因素：可规避性、可转移性、可缓解性、可接受性。

风险防范对策总的目标是减小风险的潜在损失。风险防范对策在某种程度上决定了采用什么样的工程项目实施单位案。对于应“规避”或“转移”的风险在工程项目策略与计划时必须重视、加以仔细考虑。

2. 风险控制对策

项目风险控制是对使风险损失趋于严重的各种条件采取措施，进行控制而避免或减少发生风险的可能性及各种潜在的损失。项目风险控制对策有风险回避和损失控制两种形式。风险回避对策经常是一种规定，如禁止某项活动的规章制度。风险损失控制是通过减少损失发生的机会或通过降低所发生损失的严重性来处理项目风险。风险损失控制方案的内容包括：制定安全计划、评估及监控有关系统及安全装置、重复检查工程建设计划、制定灾难计划、制定应急计划等。

在参加航空型号工程项目投标时，要权衡利弊、量力而行，要回避风险大的项目，选择风险小或适中的项目。对待工程项目风险，时时都要提高警惕，特别在项目决策过程中，一开始就应该考量风险和成功，谁重谁轻，冒险值不值。对于那些可能明显导致亏损的工程项目要坚决放弃，对于某些风险超过自己承受能力，并且成功把握不大的项目也应该尽量回避，这是相对保守的项目风险防范对策。

3. 风险自留对策

项目风险自留是一种重要的财务性管理技术，由自己承担项目风险所造成的损失。项目风险自留对策分计划性风险自留和非计划性风险自留两种。计划性风险自留是指项目风险管理人员有意识地不断地降低风险的潜在损失。非计划性风险自留是指当项目风险管理人员没有认识到项目风险的存在，因而没有面对和处理项目风险的思想准备、组织准备和物资准备，被动地承担风险，此时的风险自留是一种非计划风险自留。项目风险管理人员通过减少风险识别失误和风险分析失误，从而避免这种非计划风险自留。

4. 风险转移对策

风险转移是工程项目风险管理中最重要、最常用的风险防范对策。

1)合同转移。风险合同转移是指用合同方式规定签约双方的风险责任，从而将风险本身

转移给对方以减少自身的损失。因此合同中应包含责任和风险两大要素。

2)项目投保。项目投保是全面风险管理计划中的最重要的转移技术,目的在于把项目进行过程中发生的大部分风险作为保险对策,以减轻与项目实施有关方的损失负担和可能由此产生的纠纷。付出了保险费,在项目受到意外损失后能得到补偿。项目保险的目标是最优的工程保险费和最理想的保障。

5.风险分配对策

风险分配对策是从工程项目整体效益的角度出发,把项目风险合理分配给项目所有参与各方,以最大限度地发挥各方面的积极性。工程项目风险是时刻存在的,这些风险必须在工程项目所有参加者(包括投资者、需方、项目管理者、承包人、供应商等)之间进行合理的分配,只有每个参加者都有一定的风险责任,他才有对项目管理的积极性和创造性;只有合理的分配风险才能调动各方面的积极性,才能有工程项目的高效益。

6.风险分散对策

俗话说:不要在一棵树上吊死。采用多领域、多地域、多项目分散投资的办法,可以分散风险,扩大投资面及经营范围,扩大资本效用,以及能与众多合作伙伴共同承担风险,从而达到降低总经营风险的目的。

项目风险分散是航空型号工程建设常用的一种风险防范对策,特别是对于重大工程项目,其利润高,但风险也大,如果独家投资开发(需方)或承建建设(承包人)冒险性太大,就可以寻找有实力的、可靠的、信誉好的合作伙伴,联合一起投资开发(需方)或参加项目投标(承包人),在签订合作协议时要明确规定各方分配的风险比例。

7.风险保证金制度

要求对方提供合理的风险保证金,这是从财务的角度为防范风险做准备,在工程报价中增加一笔不可预见的风险费,以抵消或减少风险发生时的损失。

8.加强组织和技术措施

为了降低风险事件发生几率及减小风险产生的影响,要采取可靠先进的技术措施,加强和完善风险管理的组织措施。如选择有弹性的、抗风险能力强的技术方案,进行预先的技术模拟试验,采用可靠的保护和安全措施。对管理的项目选派得力的技术和管理人员,采取有效的管理组织形式,并在实施的过程中实行严密的风险监控,加强计划工作,抓紧阶段控制和中间决策等。

确定了航空型号工程项目风险防范对策后,就可编制工程项目全面风险管理计划,它主要包括:已识别的项目风险及其描述、风险发生的概率、风险应对的责任人、风险防范对策、行动计划及处理方案、应急计划、项目保险安排等。

(二)项目风险的监控管理

1.项目风险的动态监控

由于航空型号工程项目风险存在的客观性和普遍性,在制定了工程项目全面风险管理计划以后,项目风险并非不存在。在工程项目实施过程中,各种项目风险在性质和数量上都是在不断变化的,有可能会增大或者衰退。因此,在工程项目生命周期中,需要时刻监控项目风险的发展与变化情况,并确定随着某些项目风险的消失而带来的新的风险。项目风险监控主要任务是采取应对风险的纠正措施以及项目全面风险管理计划的及时更新,包括两个层面的工作：

(1)跟踪已识别的项目风险的发展变化情况，包括在整个工程项目生命周期内，项目风险产生的条件和导致的后果的变化，衡量风险减缓计划需求。

(2)根据风险的变化情况及时调整项目全面风险管理计划，并对已发生的风险及其产生的遗留风险和新增风险及时识别、分析，并采取适当的应对措施。对于已发生过和已解决的项目风险也应及时从风险监控列表调整出去。

最有效的项目风险监控工具之一就是“前10个风险列表”，它是一种简便易行的风险监控活动，是按“风险值”大小将项目的前10个风险作为控制对象，密切监控项目的前10个风险。每次风险检查后，形成新的“前10个风险列表”。

2. 项目风险管理检查

项目风险管理检查是指在航空型号工程项目实施过程中，不断检查项目风险防范对策几个步骤的实施情况和实施结果，包括项目全面风险管理计划执行情况及保险合同执行情况，以实践结果来评价风险防范对策效果。还要确定在条件变化时的项目风险处理方案，检查是否有被遗漏的风险类型和项目。对新发现的风险项目应及时提出防范对策。

二、航空型号工程风险管理计划和决策

(一)风险管理计划的编制

在航空型号工程项目生命周期内，当旧的项目风险消除后，可能又会出现新的项目风险，所以风险识别、风险分析、风险应对策略和风险监控管理这几个环节要连续不断地进行下去，形成有效的项目风险监控机制。编制航空型号工程项目风险管理计划要考虑如下几方面的内容：

1. 项目概要

项目概要部分主要包括项目的目标、总体要求、关键功能、应达到的使用特性和技术特性、项目总体进度、应遵守的有关法律法规、行业标准和规范等。这部分内容和其他各种计划一样，它应为人们提供一个参考基准，以了解项目的概貌，还要说明项目组织各部门的职责和联系。

2. 项目风险管理途径

这部分主要包括与工程项目有关的决策风险、行为主体风险、技术风险、组织风险、项目管理风险和外部环境风险等的确切定义、特性、判定方法以及应对这些风险的合适方法的综述。

3. 项目风险管理实施的准备

这部分包括对项目风险进行定性预测与识别、定量分析与评估的具体程序与过程，以及处置这些项目风险的具体措施，并做好项目保险安排和项目风险预算的编制等。

4. 对项目风险管理过程进行总结

这部分记录有关资料、信息的来源，以备查证。对于工期长的重大航空型号工程项目，在制订全面风险管理计划时，还应有短期计划与长期计划之分，短期计划主要是针对工程项目的现状而制订，而长期计划则具有战略性，是围绕风险回避、风险控制、风险转移、风险自留等而作的综合性行动计划。

5. 考虑与其他相关计划的协调关系

在制定航空型号工程项目全面风险管理计划时，还应注意与项目其他相关计划的协调关系，如项目管理计划、质量保障计划等对风险的各种问题都有涉及。它们本来不是从全面风险管理角度出发编制的，但是它们描述项目风险问题时，可以从各个不同角度反映许多有价值的信息。

在制订好项目全面风险管理计划以后，便要在工程项目实施过程中予以执行，在具体执行过程中，应对执行情况进行跟踪监测，作好信息反馈。只有这样，才能及时调整全面风险管理计划，以适应不断变化的新情况，从而有效地管理工程项目风险。

(二)风险决策和决策树分析法

1. 风险决策

风险决策是指决策者对客观情况不甚了解，但对将发生各类事件的概率是已知的，从各种可能的策略方案中选取最佳方案的过程。在风险决策中，通常采用期望值作为决策准则，常用的有最大期望收益决策准则(EMV)和最小机会损失决策准则(EOL)两种。

(1)最大期望收益决策准则(EMV)。将各策略方案中每一部分的收益值与其概率相乘，再将各部分相乘的结果全部总加起来，得出该策略方案的期望收益值。然后从这些期望收益值中选取最大者，以它对应的策略方案为决策方案。

(2)最小机会损失决策准则(EOL)。将各策略方案中每一部分的损失值与其概率相乘，再将各部分相乘的结果全部总加起来，得出该策略方案的期望损失值。然后从这些期望损失值中选取最小者，以它对应的策略方案为决策方案。

当 EMV 最大时，EOL 则最小，即采用这两种决策准则得出的结果是相同的。

2. 决策树分析法

决策树分析法是常用的风险分析决策方法。决策树分析表示项目所有可供选择的行动方案、行动方案之间的关系、行动方案的后果，以及这些后果发生的概率。决策树是形象化的一种决策方法，它利用了概率论的原理和逐级逼近的计算方法，采用一种树形图作为分析工具。

决策树分析法基本原理是用决策点代表决策问题，用方案分枝代表可供选择的方案，用概率分枝代表方案可能出现的各种结果，从出发点开始不断产和分枝的损益期望值中最大值(或最小值)作为选择的依据。如果一个决策树只在树的根部有一决策点，则称为单级决策；若一个决策不仅在树的根部有决策点，而且在树的中间也有决策点，则称为多级决策。画决策树的方法和过程如下：

(1)先画一个方框作为出发点，叫作决策点。

(2)从决策点向右引出若干条线，每条线代表一个方案，叫作方案枝。

(3)在每个方案枝的末端画一个圆圈，叫作状态点；在每个枝上都注明该种后果出现的概率，故称概率枝。

(4)如果问题只需要一级决策，在概率枝末端画△表示终点，并写上各个自然状态的损益值。

(5)如果是多级决策，则用决策点□代替终点△重复上述步骤继续画出决策树(见图

12-11)。

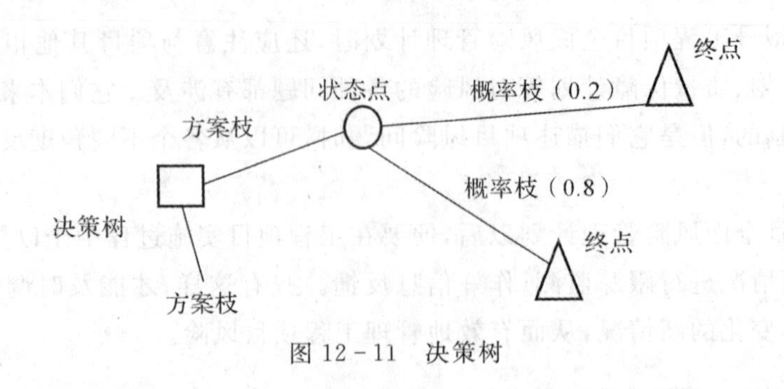

图 12-11 决策树

(三)前10个风险列表

按“风险值”大小将航空型号工程项目的前10个风险作为控制对象,密切监控项目的前10个风险。每次风险检查后,形成新的“前10个风险列表”,见表12-1。

表12-1 前10个风险列表

序号	风险	类别	概率/(%)	影响
1	客户需求频繁变动	PS(产品规模风险)	80	5
2	缺少对员工的培训	DE(开发环境风险)	80	3
3	规模估计可能非常低	PS(产品规模风险)	60	2
4	项目人员流动频繁	ST(人员经验风险)	60	2
5	交付期提前	BU(商业风险)	50	2
6	客户对系统采取消极态度	BU(商业风险)	40	3
7	资金不足	CU(客户特性风险)	40	3
8	复用程度低于计划	PS(产品规模风险)	30	3
9	项目人员缺乏经验	ST(人员经验风险)	30	2
10	技术到预期的效果	TE(开发技术风险)	30	1

在表12-1中的第一列表示风险大小的顺序。第二列列出所有风险,每一个风险在第三列上加以分类,每个风险发生的概率则输入到第四列中。项目风险的概率值先由项目开发人员个别估算,然后将这些单个数值求平均,得到一个有代表性的概率值。下一步是评估每个风险所产生的影响,对几个主要的影响因素,如质量、性能、功能、成本及进度的影响数值求平均可得到一个整体的影响数值,如果其中一个风险因素对项目特别重要,也可以使用加权求平均值。选用0,1,2,3,4,5来表示。基本没有风险的取值为0,反之,风险最大的数值为5,中间情

况分别取数值1,2,3,4。数值越大表示风险越大。

根据风险发生的概率及影响数值来进行排序。高发生概率、高影响的风险放在表的上方,而低概率风险则移到表的下方。这样就完成了第一次风险排序。

从航空型号工程项目风险理论的角度来考虑,风险影响数值及发生概率是起着不同的作用的。一个具有高影响但发生概率很低的风险因素不应该花费太多的关注时间和精力。而高影响且发生概率为中到高的风险、以及低影响且高概率的风险,应该首先列入重点监控考虑之中。

第13章 航空型号工程项目合同管理

第1节 航空型号工程合同管理的概念

航空型号工程项目的实施过程实际上就是合同执行过程,合同是工程项目实施的基本依据。通过经济与法律相结合的方法,将航空型号工程项目所涉及的各单位在平等互利的原则上依法建立起多方的权利义务关系,以保证航空型号工程项目目标的顺利实现。

一、航空型号工程合同的内容和特点

1. 合同的定义

合同又称契约,其概念有广义和狭义之分。广义的合同定义:泛指一切确立权利义务关系的协议,既包括民法中的合同,也包括行政法上的行政合同、劳动法中的劳动合同、国际法上的国家合同等。狭义的合同定义:仅指民法上的合同,即合同是指当事人双方或数方设立、变更或终止相互民事权利和义务关系的协议。

我国合同法基本上采纳了狭义说。根据合同法的规定:合同是平等主体的自然人、法人、其他组织之间设立、变更、终止民事权利义务关系的协议。随着我国市场经济体制的逐步完善,合同制度已成为我国经济生活中的重要法律制度。合同具有以下主要法律特征:

(1)自愿原则。合同是当事人之间在自愿基础上达成的协议,是双方或多方的民事法律行为。当事人不能同自己签订合同,必须有两个或者两个以上的主体参加。

(2)平等协商。当事人法律地位平等是合同的一个基本特征。当事人之间必须在平等自愿的基础上,通过协商达成一致的协议,做出意思完全一致的表示。

(3)合法性。当事人所做出的意思表示必须符合国家法律要求,合同才具有法律约束力,并受到国家法律的保护。相反,如果当事人做出了违法的意思表示,即便达成了协议,也不能产生合同的效力。

2. 相关的一些基本概念

(1)合同主体。签订合同的当事人。公民、法人、其他组织均可成为合同的主体。

(2)合同客体。合同客体又称合同标的,是指法律关系主体的权利和义务所指向的对象。

(3)公民和自然人。公民是具有中华人民共和国国籍、依照宪法和法律享有权利和承担义务的自然人。自然人是指基于出生而成为民事法律关系主体的有生命的人。自然人的权利和义务始于出生,终于死亡,是国家法律直接赋予的。

(4)法人。法人是具有民事权利能力和民事行为能力的社会组织。

(5)其他组织。指依法成立,但不具备法人资格,而能以自己的名义参与民事活动的经营实体或者法人的分支机构等社会组织,如分公司、社会团体等。

(6)代理。代理是指代理人以被代理人的名义在代理权限内,向第三人做出意思表示,所产生的权利和义务直接由被代理人享有和承担的法律行为。代理人的任务是要反映被代理人的意志,替被代理人进行民事法律行为,与此同时,被代理人对代理人的行为承担民事责任。

(7)权利。权利是指权利主体依据法律规定和约定,有权按照自己的意志为或不为一定行为;要求义务主体做出某种行为或者不得做出某种行为,以实现其合法权益;当权利受到侵犯时,有权获得法律保护。

(8)义务。义务是指义务主体依据法律规定和权利主体的合法要求,必须做出某种行为或不得做出某种行为,以保障权利主体实现其权益,否则要承担法律责任。

(9)法定义务。法定义务对义务人而言是必须履行的,如果不履行法定义务时,国家权力机关就有权依法强制其履行义务,因不履行法定义务造成的后果,还要追究其法律责任。

(10)合同变更。指合同依法成立后,在尚未履行或尚未完全履行时,当事人依法经过协商,对合同的内容进行修订和调整所达到的协议。

3.航空型号工程合同的定义

航空型号工程实施市场是我国社会主义市场经济体系的组成部分之一。为了保证航空型号工程市场模式的正常运作,必须培育合格的市场主体,建立市场价格机制,强化市场竞争意识,推行航空型号工程项目招标投标制度,严格履行合同。

经济合同是法人与法人之间为实现一定的经济目的,明确相互权利义务关系的协议。这种协议以法律的形式确认和调整合同当事人之间的权利和义务。

航空型号工程合同属于经济合同的范畴,它是指需方就工程项目的设计、制造、试飞、适航取证和维护等环节,与相关单位为实现工程目标而以书面协议形式缔结的具有法律效力的契约,它是航空型号工程实施市场主体依据其参与工程实施经济活动而形成各种法律关系。由于工程实施活动涉及广泛的人、机、料、法、环等五个方面的内容,因而需要针对不同方面和不同阶段的工作内容,签订各种不同类型的合同加以确认和调整当事人之间的权利和义务。

4.航空型号工程合同的主要内容

航空型号工程合同的主要内容一般由合同当事人约定,主要包括以下条款:

(1)当事人的名称或者姓名和住所。合同法规定合同的主要条款必须包括当事人的名称或者姓名和住所,这有助于督促当事人认真履行合同,也便于追究违约方的责任。

(2)标的。合同双方当事人的权利义务指向的对象,是合同成立的基本条件。主要包括:①财产,包括有形财产和无形财产。②劳务,不以有形财产表现其成果的劳动和服务。③工作成果,指合同履行过程中产生的、体现义务方履约行为的有形财物。

(3)数量。数量是标的具体化,直接决定着当事人双方权利和义务的程度,因此在订数量条款时,应当写明计量单位和计量方法。

(4)质量。质量是标的的质的规定性,它也是标的的具体化。

(5)价款。指一方当事人向对方当事人所付代价的货币支付。在签订合同时应当明确规定价格条件、支付金额、支付方式和各种附带费用的条款、计价单位和保值条款等。

(6)履行期限、地点和方式。在订立合同时,履行期限、地点和方式一定要明确、具体。

(7)违约责任。指当事人一方或者双方由于自己的过错,造成合同不能履行或者不能完全履行时,按照法律的规定或合同的约定所承担的民事责任。

(8)解决争议的方法。指发生合同纠纷后通过何种途径来解决。主要有4种:①当事人自行协商解决;②合同争议双方请求其他上级主管部门主持调解;③当事人向仲裁机关提出仲裁申请,请求仲裁解决;④合同双方当事人的任何一方都可以直接向人民法院提起诉讼。

5. 航空型号工程合同的特点

由于航空型号工程项目的核心技术是航空高科技技术、先进制造技术和并行工程技术等,有着不同于其他工程实施的诸多特点,致使航空型号工程合同具有以下特点:

(1)合同条款的复杂性。由于经济法律关系的多元性,以及工程项目的一次性特点所决定的每一个工程项目的特殊性,航空型号工程项目在实施过程中受到诸多条件的制约和影响,而这些制约和影响均应以合同条款的形式反映到合同文件中去。

(2)合同具有法律效力。合同具有法律手段的特殊地位和作用,订立合同是一种法律行为。但合同并不等于法律,合同只有在依法成立时,才具有法律约束力,所以合同的订立必须以法律为前提,合同必须服从法律,违反法律的合同是无效合同。另一方面,当合同依法成立后,即具有法律约束力受国家强制力的保障,此时违反合同,人民法院可以依守约方的请求强制违约方实际履行或承担其他违约责任。法律代表了行为规则的普遍性,合同是法律在某一具体问题中的应用,它代表了行为规则的特殊性,普遍性寓于特殊性之中。因此,当事人双方的合同关系,实际上是一种法律关系。

(3)合同双方的平等性。航空型号工程合同双方当事人在合同范围内处于平等地位,任何一方均不得超越合同规定,强迫他人意志。即使有行政隶属关系的上级和下级,在合同关系上也应是完全平等的,一切工程问题只能在合同的范围内解决。

(4)工程合同的风险性。由于航空型号工程合同的经济法律多元性、复杂性,加之投资大,竞争激烈及人们预测能力的局限性等因素影响,合同具有一定的风险性。因此,签订合同的双方均需慎重分析风险可能产生的各种因素,制定平等严格的风险条款,以避免各种风险因素对工程项目实施造成不利影响。

二、航空型号工程合同的分类

(一)按照工程实施阶段分类

(1)咨询合同。咨询合同是为完成有关工程项目咨询服务而达成的协议。

(2)设计合同。设计合同是就工程设计而订立的合同。

(3)制造合同。制造合同是为产品制造达成的协议。

(4)试验合同。试验合同是需方与试验单位采用书面形式签订的委托试验服务合同。

(5)采购合同。采购合同是采购人与供应商之间签订的设备材料买卖合同。

(二)按承揽方式分类

(1)工程总承包合同。工程总承包合同是指需方与承包人之间签订的工程实施全过程的合同。由承包人负责工程项目的全部实施工作,直至项目竣工,向需方交付验收合格的全面竣工的工程。

(2)单项承包合同。需方将航空型号工程中不同子系统(单个项目)的工作任务,分别发包给不同的承包人,并与其签订相应的单项项目合同。单个项目承包方式有利于吸引较多的承包人参与投标竞争,使需方有更大的选择余地。

(3)工程分包合同。工程分包合同是指由总承包人将所承包航空型号工程项目的某部分工程或某单项工程分包给另一分包人完成所签订的合同,总承包人对外分包的工程项目必须经需方许可。总承包人和分包人对分包合同的履行向需方承担连带责任。

分包合同管理有相应的禁止性规定,包括如下几项。

1)禁止转包:转包是指承包权的转让,即中标单位将与需方签订的合同所规定的权利、义务和风险转由其他承包人来承担。根据我国法律规定,禁止承包人转包工程。

2)禁止分包给不合格单位:即禁止将项目分包给不具备相应资质条件的单位。

3)禁止再分包:工程项目的分包只能有一次,分包人不得再次向他人分包。

4)禁止分包主体工程:项目主体工程的实施必须由承包人自行完成,不得向他人分包。

(4)转包合同。转包合同是指承包人之间签订的合同,实际上是承包人将其承包的工程的一部分转包给第三者完成。这样承包人变成了新的需方,而第三者成了承包人。

(5)劳务分包合同。劳务分包合同是航空型号工程实施过程中,劳务提供方保证提供完成工程项目所需的全部实施人员和管理人员,不承担劳务项目以外的其他任何风险。

(6)联合承包合同。联合承包合同即由两个或两个以上合作单位之间,以一个承包人的名义,为共同承包某一工程项目的全部工作明确相互权利、义务和责任的合同。

(三)按计价方式分类

1. 总价合同

总价合同又称约定总价合同,一般是投标人按招标文件要求,与需方达成一个总价,在总价格下完成合同规定内容。总价合同分以下几种:

(1)总价固定合同。以固定不变的合同总价承包航空型号工程的方式。适于工期不长、实施内容明确的项目。承包人将承担较大的风险,要为许多不可预见的因素付出代价。

(2)可调价合同。双方约定在航空型号工程项目实施过程中,允许因需方变更、通货膨胀、材料价格变动、汇率变化等因素,对合同价格进行调整的合同方式。

2. 单价合同

通常是由需方在招标文件中提供出较为详细的工程清单,由承包人填报单价,再以工程量清单和单价表为依据计算出总造价。单价合同分为以下几种

(1)估计工程量单价合同:以估计的工程量为依据,投标者只填报单价,而计算出合同价格的发包方式。项目完成后,按实际工程量结算,或在月工程款支付中,按实际工程量支付。也有规定只有相差超过一定数量时,方才按实支付的。

(2)纯单价合同:工程量未知,仅以单价签订合同,按实际工程量支付。

(3)单价合同与总价合同结合:对能够明确计算出工程量的部分,使用单价报价;对变化较大,不能确定工程量的分项工程采用包干方式。

3. 成本补偿合同

成本补偿合同也叫成本加酬金合同,指需方在支付工程实际成本后,再按事先约定的方式支付给承包人管理费用及利润(酬金)。这种合同方式灵活机动,应用巧妙的话,可起到非常好的激励作用。常用的成本补偿合同有以下几种:

(1)成本加固定酬金合同。这是根据双方协议,工程无论成本多少,承包人的人工、材料、机械等直接费全部按实报销,然后再给承包人一笔固定的酬金。

(2)成本加定比费用合同。承包人的酬金以完成的工作量为计算基数,按比例提取酬金的合同。

(3)成本加目标奖金合同。在成本费用之外,需方制定若干目标(如成本、质量、工期目标),若承包人实现目标,则按规定支付奖金报酬的合同。

(4)最大成本加费用合同。即双方协议一个最大的成本加固定酬金金额合同,并规定,当实际费用超过合同规定后,多余部分由承包人自理;当实际成本低于合同费用时,除付给承包人报酬外,多余部分由需方与承包人分享。

(5)成本加提成合同。即需方支付给承包人实际成本后,需方将项目产生的利润进行提成,作为付给承包人的酬金。这种合同方式可以作为一种项目入股或融资的方式。

三、航空型号工程合同的作用和管理程序

(一)合同的作用

航空型号工程合同的订立,确立了当事人双方经济法律关系,也是双方实施航空型号工程管理,享有权利和承担义务的法律保障。合同双方自合同订立之日起,在合同履行、合同变更和转让以及合同终止的全过程中,要紧紧抓住合同主体之间的权利和义务这一关键要素,充分发挥其纽带作用,以保证航空型号工程项目实施全过程的合同管理任务的实现。

合同确定了航空型号工程项目实施和管理的主要目标,是合同双方在工程中各种经济活动的依据。合同的公平性和法律效力使签订合同的各方自觉遵守,有章可循,其作用是:

1. 工程合同可以有效管理工程进度

为了保障航空型号工程项目实施顺利进行,在合同中对各种可能影响工程进度的情况均要作相应明确的规定。在工程项目实施过程中,承包人要按合同规定的分项工程和整个工程的工期要求,合理地组织实施安排。如果发现工程进度计划受到影响,项目经理要按合同规定,及时修改项目进度计划,并采取各种补救措施,确保在合同规定工期内完成航空型号工程项目的实施任务。

2. 工程合同可以保证工程质量

根据合同规定,承包人必须严格按照技术规范进行项目的实施。技术规范详细地规定了分项工程(子系统)和各种设备材料的质量标准,受需方委托,咨询工程师要按合同要求对承包人的实施方案、技术手段、材料、设备、测试,以及实施等质量进行全面控制管理。质量不符合要求,需方不予确认和计量,承包人则得不到相应的工程款项。因此,工程合同是保证工程项目质量的有力措施之一。

3. 工程合同可以公正地维护合同双方利益

航空型号工程合同详细规定了合同双方的职责、权利和义务,既保证了需方的投资利益,同时也保护了承包人的合法权益。如:合同中有关违约管理的条款、索赔条款等,使合同双方的矛盾可以在比较合理的基础上得到解决。

4. 工程合同有利于工程实施的科学管理

航空型号工程实施活动投资大,涉及面广,要求要有一种科学的管理体系,工程合同充分地反映了这种管理的科学性。工程合同规定:工程实施过程中合同各方办事要有根据,设计要

有依据，验收要有数据，变更要有指令，支付要有凭证，即承包人必须扎扎实实地工作，以科学的态度，按客观规律办事，搞好航空型号工程项目的设计、研制和开发实施。

（二）航空型号工程合同管理的程序

合同管理是指依据合同规定对当事人的权利和义务进行监督管理的过程。合同管理可分为宏观的合同管理和微观的合同管理。宏观合同管理是指国家和政府机关为建立和健全合同制度所开展的管理工作，包括立法工作、行政执法工作、行政监督工作等；微观的合同管理是指企业对合同的管理工作，即从合同条件的拟定、协商、签署、执行情况的检查、分析，以及调整变更等环节进行组织管理工作。在这里本书只讨论微观的合同管理。合同管理应遵循下列程序：①合同评审；②合同订立；③合同实施计划编制；④合同实施控制；⑤合同后评价。

第2节 航空型号工程合同管理的主要任务

航空型号工程项目合同管理，是指为了航空型号工程实施的顺利实施，严格按照合同有关规定，保证工程项目的质量、进度和费用控制在合理的范围内并使其圆满完成的活动。实践证明，合同管理是建立和维护市场经济秩序的重要手段。合同管理的主要任务包括合同的订立、实施、控制和后评价等工作。

一、航空型号工程合同的评审和订立管理

合同的订立管理是指航空型号工程的需方与承包人、设备材料供应单位等各方间的各种合同进行分析、谈判、协商、拟定、签署等工作。

（一）项目合同评审

项目合同评审应在合同签订之前进行，主要是对招投标文件和合同条件进行全面和深刻的理解评定。航空型号工程合同订立前的项目评估工作包括前期阶段的准备工作和总体策划。

需方在项目前期阶段的工作内容主要有项目发展规划、可行性研究等。通过项目评估来确定工程项目，包括对项目进行科学、实事求是的分析、论证和评估，从而正确地立项，以及在航空型号工程立项以后，如何将一项大的系统工程进行分包，并通过招投标程序和项目合同评审来选择合适的工程项目承包人。

项目承包人应研究合同文件和需方所提供的信息，确保合同要求得以实现；发现问题应与需方及时澄清，并以书面方式确定；承包人应有能力完成合同要求。其任务主要是对该航空型号工程项目实施的可行性要进行详细分析，包括经济效益、社会效益和环境保护的论证和评估，其中特别要注意根据自身的实力，如技术力量、实施设备、人力资源和资金周转等确定参与投标的工程项目的规模，避免投标竞争超出自身能力范围的工程项目。

合同评审应包括下列内容：①招标工程和合同的合法性审查；②招标文件和合同条款的完备性审查；③合同双方责任、权益和项目范围认定；④与产品有关要求的评审；⑤投标风险和合同风险评价。

(二)合同谈判

工程合同的签约过程包括签约前的合同谈判和最终合同的签订,其中合同谈判是项目执行成败的关键之一。成功的合同谈判,可以为项目的实施创造有利的条件,反之,谈判失误会给项目的实施带来无穷的隐患,甚至灾难,导致项目的严重亏损或失败。

航空型号工程项目经过招投标程序选定中标单位以后,需方和中标人双方需要进行签约前的合同谈判。以便对招标文件中没有提到但将来工程实施中可能会遇到的问题,以及招标文件中不明确或有错误的条款提出修正或补充增加的要求,力争将这些补充条款或修正条款明确地写入合同(或补充协议)中,以避免或减少今后合同实施中出现的风险。

项目招标文件中的所有商务和技术条款是双方合同谈判的基础,任何一方均可以拒绝另一方提出的超出原招标条件的要求,因为投标前都应对投标文件中的合同条款进行过认真的研究,并在投标书已予以确认。中标者(承包人)在合同谈判时主要目的应是在一定条件下尽可能改善合同条件,防止产生意外的损失,而不能寄希望于通过合同谈判解决所有的问题。

1. 合同谈判的步骤

(1)组建谈判小组。人数一般是3～5人。由熟悉工程承包合同条款、并参加了该项目投标文件编制的技术人员和管理人员组成,小组负责人应具有合同谈判经验、良好的协调能力和社交经验,思路敏捷、体力充沛,了解业务、熟悉承包惯例和合同文本,具有一定的口才以及良好的心理素质和执着性格。

(2)事先了解谈判对手。事先了解和熟悉对方的基本情况,包括人员结构、技术能力、仪器设备、工程案例和业绩,以及通常谈判的习惯做法等,对取得较好的谈判结果是有益的。

(3)确定基本谈判方针。谈判小组应收集信息,了解对方可能提出的问题,并对其认真进行研究和分析。分析己方和对方的有利、不利条件,制定谈判策略,写出谈判大纲,并得到公司的批准。对关键问题制定出希望达到的上、中、下目标,要有据理力争的信心,以及妥协"退而求其次"的思想准备和"最后防线"的目标。

(4)谈判的议程安排。谈判的议程安排一般是由需方一方提出,征求承包人的意见后确定的。根据拟讨论的问题来安排议程可以避免遗漏要谈判的主要问题。谈判议程要松紧适宜,既不能拖得太长,也不能过于紧张。一般在谈判中后期安排一定的调节性活动,以便缓和气氛,进行必要的请示以及修改合同文稿等。

2. 合同谈判的注意事项

合同谈判和其他类型的谈判一样,都是一个双方为了各自利益说服对方的过程,而实质上又是一个双方相互让步,最后达成协议的过程。合同谈判是一门综合的艺术,需要经验和讲求技巧。为使合同谈判成功和达到预期目的,除做好充分准备、制定好谈判策略、掌握好谈判时机和技巧外,还应注意以下事项:

(1)要善于抓住谈判的实质性问题。任何一项谈判都有其主要目标和主要内容,在整个谈判过程中,要始终注意抓住主要的实质问题来谈,不要为一些小事争论不休,而把重要的问题忘掉。要防止对方转移视线、回避主要问题,或故意在无关紧要的问题上转圈子,等到谈判结束时再把主要问题提出来,形成对自己不利的结局,草草收场,使谈判达不到预期的效果。

(2)谈判中要注意礼仪、讲礼貌、不卑不亢、以理服人、平等待人、发言清楚、用词准确。

(3)要坚持原则,维护己方利益,但不能使用侮辱性语言或有侮辱性的举措。当对方有过激语言或出言不逊时,既要克制又要敢于严正表态,维护尊严。

(4)谈判时一般不做录音,录音容易使气氛紧张,录音资料也并不能作为正式合同的依据。因此谈判时一定坚持双方均做记录,一般在每次谈判结束前双方对达成一致意见的条款或结论进行重复确认。谈判结束后,双方确认的所有内容均应以文字方式,一般是以“会议纪要”,“合同补遗”等形式作为合同附件写进合同,并以文字说明该“会议纪要”或“合同补遗”是构成合同的一部分。

(5)坚持“统一表态”和“内外有别”原则,任何时候都不应把内部意见分歧在谈判会上暴露出来,可以建议休会,在对方不在场情况下争论。

(三)合同订立的基本原则

订立航空型号工程合同的过程是合同当事人就经济合同的权利、义务及合同的主要条款达成一致的过程。在合同的订立过程中应遵守以下基本原则。

1. 合法原则

订立航空型号工程合同时,必须遵守法律和行政法规的规定和要求。

(1)主体资格合法。订立合同的当事人应该是法人或其他经济组织,且应满足合同条例和行政法规的规定。

(2)合同内容合法、真实。合同的标的必须是法律允许交易的标的,合同的条款应服从法律、法规的规定,合同的主要条款应完备,内容表述应真实。

(3)代理合法。合同的代理应符合我国的合同代理制度,代订合同前,应取得委托人的委托证明,并根据授权范围以委托人的名义签订。

(4)程序和形式合法。合同的订立程序和订立形式应符合法律、法规的具体规定。

2. 平等、自愿、公平原则

在订立航空型号工程合同过程中,应遵循平等互利、协商一致的原则。任何一方不得把自己的意志强加给对方,更不得胁迫对方签订合同,任何单位和个人不得非法干预合同的订立。

(四)合同的订立程序

航空型号工程合同的订立程序主要包括要约和承诺两个阶段。

1. 要约

要约是希望和他人订立合同的意思表示。《合同法》要求要约应符合以下规定:

(1)内容具体确定。内容具体确定是指要约的内容明确、全面,受要约人通过要约不但能明白地了解要约人的真实意愿,而且还能知道未来合同的一些主要条款。

(2)要约生效时间。要约一旦到达受要约人手中,在法律或者约定的期限内,要约人不得擅自撤回或变更其要约,一旦受要约人对要约予以承诺,要约人与受要约人之间的合同订立过程即告结束,合同也就成立了,

2. 承诺

承诺又称接受提议,是受要约人同意要约的意思表示。

(1)承诺的内容。承诺的内容应当与要约的内容一致。受要约人对要约的内容提出或附

带实质性的变更条件，则这种意思表示不是承诺而是新要约。所谓实质性变更是指有关合同标的、数量、质量、价款或者报酬、履约时间、地点和方式、违约责任和解决争议方法等的变更。

(2)承诺人资格。承诺须由受要约人或其合法的代理人表示。

(3)做出承诺的时间要求。承诺应当在要约确定的期限内到达要约人。要约没有确定承诺期限的，承诺应当在合理期限内到达。

3. 要约和承诺的表现形式

以竞争形式订立合同时，要约和承诺最典型的表现形式有：

(1)招标。投标是一种要约，对投标人有约束力。投标人在投标有效期内不得变更或撤销标书，并负有按标书内容与需方订立合同的义务。为约束投标人履行这一义务，通常要求投标人在投标时提交投标担保。投标与定标的过程实际上是要约与承诺的过程，定标即意味着双方当事人的意思表示一致，合同成立。

(2)拍卖。拍卖是由出卖标的物的人提出卖该物的要求和条件，由各应买人提出自己的条件，相互报价，进行竞争，最后由出卖人拍定成交的行为。应买人提出的条件属于要约，拍卖人的拍定属于承诺。一旦拍定，即表明双方当事人意思表示一致，合同即告成立。

(五)合同的鉴证与公证

1. 鉴证

鉴证是指合同管理机关根据当事人的申请，依法证明合同的真实性和合法性的一项法律制度。除国家规定必须鉴证的合同外，合同的鉴证实行自愿原则。合同在鉴证过程中，鉴证人员根据当事人双方提供的合同文本及有关证明材料和外调材料，依照国家法律、行政法规和政策规定，进行严格审查。鉴证人员如果认为经济合同真实、合法、可行，符合鉴证条件，即予以证明。由鉴证人员在合同文本上签名，并加盖工商行政管理机关公章。

合同鉴证工作主要审查以下内容：

(1)签订合同的当事人是否具有相应的权利能力和行为能力。

(2)合同当事人的意思表示是否真实。

(3)合同的内容是否符合国家的法律和行政法规的要求。

(4)合同的主要条款内容是否完备，文字表述是否正确，合同签订是否符合法定程序。

2. 公证

合同公证是国家公证机构根据当事人的申请依法确认合同的合法性与真实性的法律制度。我国的公证机构是司法部领导下的各级公证处，它代表国家行使公证权。根据《中华人民共和国公证暂行条例》的规定，合同的公证实行自愿原则。任何合同是否需要经过公证，不是法定的必经程序。没有经过公证的有效合同与公证后的合同，具有同等的法律约束力。

3. 鉴证与公证的区别

(1)性质不同。鉴证是国家工商行政管理机关根据合同鉴证法规依法做出的管理行政行为；公证是国家司法部领导下的公证机构根据国家公证法规做出的司法行为。

(2)行使权力的国家机关不同。合同公证是由国家公证机关统一行使公证权；鉴证则是由政府鉴证机关，即工商行政管理局依法行使鉴证权。

(3)法律效力不同。公证后的合同具有法定证据效力；公证在国内外都起作用。鉴证则不具有强制执行的效力，且只能在国内起作用。

(六)缔约过失责任

缔约过失责任是基于合同不成立或合同无效而产生的民事责任,违反的是合同前义务。《合同法》规定,当事人在订立合同中,因以下各种过错给对方造成损失的,应承担损害赔偿责任:

(1)假借订立合同,进行恶意磋商。

(2)故意隐瞒与订立合同有关的重要事实或者提供虚假情况。

(3)有其他违背诚实信用原则的行为。

(七)合同成立的时间和地点

根据《合同法》规定,下列情形下合同成立:

1. 合同成立的时间

(1)承诺生效时合同成立。

(2)当事人采用合同书形式订立合同的,自双方当事人签字或盖章时合同成立。

(3)采用合同书形式订立合同,在签字或盖章之前,当事人一方已履行主要义务,对方接受的,该合同成立。

(4)当事人采用信件、数据电文等形式订立合同的,可以在合同成立之前要求签订确认书,签订确认书时合同成立。

2. 合同成立的地点

(1)承诺生效的地点为合同成立的地点。

(2)采用数据电文形式订立合同的,收件人的主营业地点为合同成立的地点,没有主营业地点的,其经常居住地为合同成立的地点。

(3)当事人采用合同书形式订立合同的,双方当事人签字或盖章的地点为合同成立的地点。

(4)当事人约定了合同成立地点的,约定的地点为合同成立的地点。

(八)合同的生效

1. 合同正式生效的条件

《合同法》规定,下列情况下合同正式生效:

(1)依法成立的合同,自成立时生效。

(2)法律法规规定应当办理批准、登记等手续的,则只有经过批准、登记以后合同才能生效。

(3)当事人对合同的效力附生效条件的,则自条件成熟时生效。

(4)当事人对合同的效力附生效期限的,则自期限届至时生效。

2. 无效合同

凡违反合同订立原则的合同都属于无效合同,可从以下几方面确认:

(1)主体不合格。不具备法人资格及国家法律限制行为能力的人签订合同的。

(2)内容不合法。合同条款违反国家法律法规,以及当事人的意思表示不真实,或采取胁迫、欺诈等手段签订合同的。

(3)代理不合法。代理人未经授权、超越代理权限或者代理权消灭后签订合同,未经被代理人追认的;代理人与对方通谋签订损害被代理人利益的。

(4)程序和形式不合法。合同订立程序违反法定程序,或合同的订立形式不符合法定形式。

3. 可撤销合同

可撤销合同是指合同的内容对当事人一方显失公平或当事人一方对合同内容有重大误解时,可以依法变更或撤销的合同。可撤销合同履行中发生纠纷,当事人有权请求仲裁机构或人民法院对合同予以变更或撤销,合同被变更后,应按变更后的合同执行;合同被撤销后,原合同从签订时起即告无效。

4. 无效免责条款

无效免责条款是指没有法律约束力的,当事人约定免除或者限制其未来责任的合同条款。

(1)造成对方人身伤害的免责条款。

(2)因故意或者重大过失造成对方财产损失的免责条款。

(3)提供条款一方免除自身责任、加重对方责任、排除对方主要权利的合同条款。

5. 部分无效合同

无论是无效合同还是可撤销合同,如果其无效或被撤销而宣告无效只涉及合同的部分内容,不影响其他部分效力的,则其他部分仍然有效。这种合同须具备以下条件:

(1)合同内容是可分的。

(2)合同无效或者被撤销的部分不影响其他部分的效力。

(九)合同的担保

合同的担保是指合同当事人根据法律规定或双方约定,为确保合同的切实履行而设定的一种权利、义务关系。

1. 合同担保的法律特征

(1)附属性。合同担保是从属于主合同的法律关系,它必须以主合同的有效存在为前提,合同变更或消灭时担保也随之变更或消灭。

(2)预防性。合同担保具有防止违约的作用,只要一方不履行合同,另一方就有权请求履行担保义务或主动行使相应的权利,因而对违约有警戒作用,会产生预防受损的积极效果。

2. 合同担保的形式

(1)定金。定金是指缔约一方为了保证合同的履行,在订立合同前向对方支付一定数额的货币的担保形式。在采用定金作担保形式时,定金的大小应适当,定金过高会加重当事人的负担,实践中也难于执行,定金过低则不利于促进经济合同的履行,起不到定金应具有的作用。

定金不同于预付款,预付款与定金的区别是:预付款不具备担保作用,如果合同不能履行,当事人应如数退还预付款,但不发生像定金那样双倍返还的法律后果。支付定金是履行担保合同的过程,而支付预付款是履行合同义务的过程。

定金也不同于押金,定金与押金的区别是:定金是在合同履行前交付的,定金适用定金罚则;而押金是在履行中交付的,押金在合同关系结束时应退回给交纳人,它并不适用定金罚则。

(2)保证。保证是指保证人以自己的名义和资产作为一名当事人的关系人,向另一方当事人作履行合同的担保的一种方式。保证人是合同当事人以外的第三人,在义务人不履行合同时，承担代履行或连带承担赔偿损失的责任。

保证人必须是营利性的法人单位，任何公民个人不能作为合同的保证人，且国家机关不能作为合同的保证单位。保证人的承担责任范围，应以合同中义务人所承担的义务为限，具体范围依保证人同被保证合同权利人的约定而定，法律有规定的除外。

(3)抵押。抵押是合同当事人一方用自己或第三方财物为另一方当事人提供清偿债务的权利。当义务当事人不履行合同时，权利当事人可以变卖其财物，优先取得补偿。如有剩余，仍应退还给义务当事人；如果仍不足以补偿时，权利人有继续向义务当事人追偿的权利。

(4)留置权。留置权是用标的物作为担保的一种形式，当义务人未能在约定的期限内全面履行合同时，权利人有权处置所留置的财物，留置权的行使必须有法律明文规定，权利人不得违反法律规定滥用留置权。

(5)质押。质押是当事人一方以动产或某种权利作为抵押的一种担保形式。债务人不履行合同时，债权人有权以该动产或权利折价或者以拍卖、变卖该动产的或权利的价款优先受偿。

二、航空型号工程合同的履行管理

合同的履行是指合同依法成立以后，当事人双方按照约定的内容和约定的履行期限、地点和方式，全面完成各自所承担的合同义务，从而使该合同所产生的合同法律关系得以全部实现，当事人期望的项目目标得以达到的整个行为过程。合同管理是航空型号工程实施合同得到有效履行的有力保证，它贯彻于工程项目实施活动的始终。

合同的履行管理包括合同约定的工期、质量和费用等控制管理工作，以及合同争议的解决、合同条款的解释及索赔处理等工作的管理。合同履行管理的另一个重要的内容是检查解释双方来往的信函和文件，以及会议记录、需方指示等，因为这些内容对合同管理是非常重要的。航空型号工程项目在实施过程中不确定性因素多，对合同的理解很容易出现争议，这些不确定因素容易造成合同履行困难。

(一)合同履行的原则

(1)合法原则。当事人在履行合同中，应当遵守法律法规，尊重社会公德，不得扰乱社会经济秩序，损害社会公共利益。

(2)诚实信用原则。当事人在履行合同过程中，应信守合同承诺，履行合同规定的义务。

(3)全面履行原则。当事人应按照合同规定的标的、数量、质量、价款或报酬、履约时间、地点、方式等全面履行合同的义务。

(4)实时纠正原则。及时发现并纠正签约各方在合同履行中的不当做法及违反合同的行为。

(二)合同履行管理的工作内容

航空型号工程项目合同的履行管理具体工作有如下几方面：

(1)制定合同实施计划及建立合同管理制度。

(2)跟踪检查合同的执行情况，督促签约各方严格履行合同，解决各方对合同条款的争议。

(3)严格按规定的程序和时限办理工程计量与支付、工程变更、费用索赔和工程延期。

(4)任何形式对工程质量、数量、费用的变动，均须经需方和承包人双方充分协商、审核签认后，工程变更通知书方能生效。

(5)及时、详尽记录不可抗力发生时的现场情况。

(6)协调、处理合同争端，及时记录和纠正签约各方的违约行为。

(7)承包人在将工程分包前需得到需方的同意，防止分包给不合格的分包商。严禁将关键工程转包第三方。

(8)签约各方在工程项目实施过程中提交的所有指令、批复、报告均要以书面形式进行，并全部归档。

(三)合同履行管理的步骤和方法

1. 合同分析

合同分析是从执行的角度分析、补充、解释合同，将合同目标和合同规定落实到合同实施的具体问题上和具体事件上。

(1)分析合同漏洞。一般合同难免会有漏洞，找出漏洞并加以补充，可以减少双方争执。

(2)分析合同风险。识别项目风险、评估风险影响的程度，找到风险控制措施和对策。

(3)落实合同责任。提高全员合同管理的意识，加大合同管理的力度，协调各方的关系。

(4)合同条款空缺。合同生效后，当事人就质量、价款、履行地点等内容没有约定或者约定不明确的，可以补充协议；不能达成补充协议的，按照合同有关条款或者交易习惯确定。质量要求不明确的，按照国家标准、行业标准履行；没有国家标准、行业标准的，按照通常标准或者符合合同目的的特定标准履行。

2. 制定合同实施计划

在合同分析的基础上制定详细的合同实施计划。

(1)合同实施计划应包括合同实施总体安排，分包策划以及合同实施保证体系的建立等内容。

(2)合同实施保证体系应与其他管理体系协调一致，须建立合同文件沟通方式，编码系统和文档系统。承包人应对其同时承接的合同作总体协调安排，分包合同应符合主合同的总体责任。

(3)合同实施计划应规定必要的合同实施工作程序。

3. 合同实施控制

合同实施控制是指为保证全面完成合同规定的各项义务及实现各项权利，以合同实施计划为基准，对整个合同实施过程的全面监督、检查、对比、引导及纠正的管理活动。通过追踪收集、整理，能反映出工程进展实际情况的各种资料和数据，如进度报表、质量报告、费用收支报表等，将这些信息与工程目标、合同文件进行对比分析，对偏差进行处理，进行调整。

(1)合同实施控制包括合同交底、合同跟踪与诊断、合同变更管理和索赔管理等工作。

(2)在合同实施前，合同谈判人员应进行合同交底。合同交底应包括合同的主要内容、合同实施的主要风险、合同签订过程中的特殊问题、合同实施计划和合同实施责任分配等内容。

(3)组织应监督项目经理部严格执行合同，并做好各分包人的合同实施协调工作。

4. 合同跟踪和诊断要求

进行合同跟踪和诊断应符合下列要求：

(1)全面收集并分析合同实施的信息,将合同实施情况与合同实施计划进行对比分析,找出其中的偏差。

(2)定期诊断合同履行情况,诊断内容应包括合同执行差异的原因分析、合同差异责任分析、合同实施趋向预测。应及时通报合同实施情况及存在问题,提出合同实施方面的意见和建议,并采取相应的管理措施。

5. 合同履行监督

合同履行情况的监督就是要经常将合同条款与实际实施情况进行比对,以便根据合同条款执行情况来掌握项目的进展。

6. 合同终止和后评价

合同履行结束后合同即告终止。组织应及时进行合同后评价,总结合同签订和执行过程中的经验教训,提出总结报告。

合同总结报告应包括下列内容:①合同签订情况评价;②合同执行情况评价;③合同管理工作评价;④对本项目有重大影响的合同条款的评价;⑤其他经验和教训。

第3节　航空型号工程合同变更管理的主要内容

实践证明,做好航空型号工程合同管理工作的关键是熟悉合同,掌握合同,利用合同对工程项目实施过程的进度、质量、费用实施有效的管理。合同变更管理的主要内容包括:工程变更控制、违约管理、争端与仲裁管理等。

一、工程变更控制

工程变更是指在航空型号工程项目的实施过程中,由于客户需求、项目范围、项目环境或其他的各种原因而对工程合同文件的任何部分或工程项目的任何部分所采用的形式上、质量要求上、工程数量或工期上等方面的改变,涉及的内容比较广泛。航空型号工程本身的特点决定了航空型号工程的变更是经常发生的,有些变更是积极的,有些变更是消极的,其中大多数变更是不可预见的。

合同变更管理应包括变更协商、变更处理程序、制定并落实变更措施、修改与变更相关的资料以及结果检查等工作,确保变更的合理性和正确性。有很多失败的先例都是由于项目变化不能得到及时的确定和处理,导致项目后期变更太多,工程费用和进度压力过大而造成的,因此做好工程变更控制可以更好地为实现项目目标控制服务。

(一)变更产生的原因

随着航空工业技术日新月异地飞速发展,航空型号工程本身的新技术层出不穷,采用的技术手段更新速度快。一方面是由于需方提出的客户需求根据时代变化在发生变化,与时俱进;另一方面,承包人也要根据需方的要求,适当的调整实施技术方案,这样就决定了航空型号工程在实施过程中工程变更的频繁。不管项目在准备阶段的工作做得如何细致、全面,在项目实施过程中仍然会遇到各种预料之外的变化。

因此,在航空型号工程实施过程中,对工程变更要具有快速反应能力,以应付各种突然的变化。对可能发生的工程变更要保持预控能力,要有防患未然的应对措施。相对其他的工程实施项目,航空型号工程在实施阶段的变更是工作量最大的一个阶段,在变更控制方面要加强管理。

一般情况下,造成航空型号工程变更的原因有以下几方面:

(1)外部环境变化。项目外部环境发生变化,例如,政策的变化。

(2)客户需求变化。项目总体设计和项目需求分析不够周密详细,有一定的错误或者遗漏,这就注定了客户需求以后需要变更,以便达到完善程度。

(3)技术更新换代。新技术和新设备的出现导致原设计方案所采用的设备被淘汰。

(4)业务流程变化。需方由于机构重组等原因造成业务流程的变化。

(5)品牌型号的变化。系统设备和材料品牌型号可能的变更。

(6)系统扩充升级。由于系统容量的问题造成设备的添加、硬件的扩充或者软件的升级。

(二)变更控制的原则

一般情况下,在处理合同变更的时候要遵循以下几个原则:

(1)修正错误,变更越早越好。对于客户需求调研阶段就出现的错误,如果在项目进行到后期的时候才发现,那么修正错误的费用非常高。例如航电系统软件开发在客户需求阶段出现的错误,在维护阶段修复它的成本约是客户需求阶段修复成本的100～200倍。出现这种修复成本急剧上升的原因在于,如果错误在需求阶段就能发现的话,只需要重新进行规格说明,但如果直到维护阶段才发现的话,则需要重新进行规格说明、重新设计、重新编码、重新测试、重新建立文档等。对于应用软件缺陷,发现和修复的越早,则成本越低。

(2)任何变更都要得到双方确认。变更协商是指工程变更申请可以由需方和承包人双方中的任何一方提出,但任何变更都要经过协商,得到双方一致同意的书面确认,并且要在接到正式的变更通知单之后才能进行。工程变更事项必须属于合同范围,必须符合规范,必须对工程质量有保证。严禁擅自变更,在任何一方或者两方同意下做出变更而造成的损失应该由变更方承担。

(3)对变更申请要及时处理。航空型号工程项目变更是正常的、不可避免的。在项目实施过程中,变更处理越早,损失越小;变更处理越迟,难度越大,损失也越大。因此需方和承包人双方要尽快协商一致,及时按照变更处理程序进行变更处理,并迅速下达变更通知。

(4)明确界定项目变更的目标和范围。变更的真正目的是为了解决问题,因此变更想要达到的目标必须明确。如果变更后项目的目标模糊不清,那么在实施过程中就难以确定努力的方向,难以完成工程项目的实施任务。对项目变更范围也要有明确的界定,双方要协商一致,对变更范围的理解上没有任何异议。

(5)加强变更风险以及变更效果的评估。工程变更对项目质量、进度、费用等都会产生较大的影响,要多方面评估变更所带来的风险,要制定详细的变更风险处理措施,并且要对变更实施过程进行监控,对变更实施效果进行评估,如果发现异常情况,要及时终止变更,对变更重新进行评估。

(6)及时公布变更信息。当工程变更事项经需方和承包人双方一致同意,书面确认后,应及时将变更信息公之于众,这样才能调整所有项目有关人员的工作,朝着新的方向努力。

(三)变更控制的工作流程

1. 及时了解项目变化

在航空型号工程项目实施过程中,项目经理要经常关注与项目有关的主客观因素,要对整个项目的执行情况做到心中有数,及时发现和把握项目的变化,认真分析其性质,确定变化的影响。

2. 提出变更申请

工程变更申请书应在预计可能变更的时间14天之前提出。在特殊情况下,工程变更可不受时间的限制。工程变更申请书主要包括以下内容:

(1)变更的原因及依据。

(2)变更的内容及范围。

(3)变更引起的合同总价增加或减少。

(4)变更引起的合同工期提前或缩短。

(5)为变更审查所提交的附件及计算资料等。

3. 变更初审

根据实际情况和项目变更相关的资料,首先明确界定项目变更的目标,然后评价和判断变更的合理性和必要性。评价项目变更合理性应考虑的内容包括:

(1)变更是否会影响工作范围、费用、工作质量和时间进度。

(2)是否会对项目准备选用设备和材料产生影响,性能是否有保证,投资的变化有多大。

(3)变更是否会影响到项目的投资回报率和净现值?如果是,那么项目在新的投资率和净现值基础上是否可行。

4. 变更分析

项目变更分析是指如何把握项目变化的影响和冲击,以便找出合理的项目变更方案。进行变更影响分析时应评估变更对项目计划安排的影响,同时明确与变更相关的任务并评估完成这些任务需要的工作量和资源。根据项目变更的要求,在原来的项目计划中加入变更的内容,就变成了新的修改过的项目计划。通过新旧计划的对比,可以清楚地看到项目变更对项目费用、进度、资源配置的影响与冲击。

5. 确定变更方法

需方与承包人双方进行协商和讨论,确定最优变更方案,然后双方在最优变更方案上签字确认,并下达变更通知书及公布项目变更内容。同时把变更实施方案告知有关实施部门和实施人员,为变更实施做好准备。

6. 监控变更的实施

变更后的项目内容作为新的计划和方案,可以纳入正常的工作范围内实施。项目变更控制是一个动态的过程,在这一过程中,要记录这一变化过程,充公掌握信息,及明发现变更引起的超过估计的后果,以便及时控制和处理。

(四)对合同变更的控制

合同变更是对有效成立的合同就其内容,即当事人的权利、义务进行变更(增减、修改)的过程,是由于一定的法律事实而改变合同的内容和标的的法律行为。它不包括合同主体的变更和合同标的的变更。合同主体的变更叫作合同的转让,合同标的变更会导致原有合同关系的终止和新合同关系的产生,即相当于将原合同解除后重新订立一项新的合同。

1. 合同变更的条件和原则

合同依法成立后,对当事人具有法律约束力,根据合同的履行原则,当事人双方应按照合同规定的标的及当事人的权利和义务认真严肃、全面地履行合同义务,任何一方无权擅自变更或者解除合同。但《合同法》同时也规定,如果符合以下条件,当事人可以变更合同。

(1)双方协商一致。由于合同是当事人协商一致而达成的协议,所以只要当事人双方愿意,而且能就变更的事宜达成一致,则可以变更合同,反之,当事人一方不愿意或双方不能就变更合同的协议达成一致,则不能变更合同,在变更协议达成前,原协议有效。

(2)符合合同订立的基本原则。变更合同是一个订立新的补充合同的过程,应符合合同订立的基本原则,在变更合同过程中,应遵守平等、自愿、公平原则;应遵守法律和行政法规,不得损害国家利益、社会公共利益和第三方的利益;规定合同应采用书面形式的,变更合同的协议同样应采用书面形式,法律、法规规定变更合同应当办理批准、登记手续的,应办理登记手续。

(3)不损害合同履行的基本原则,包括合法原则和诚实信用原则。

(4)不变更合同难以履行下去的情况。由于合同当事人一方在履行过程中遇到了合同订立时没有考虑到的问题,不解决无法继续履行下去,因而需要变更合同。

(5)合同变更协议的内容应明确。合同变更协议的内容约定不明确,会使当事人无法按照该协议履行合同义务,因而不产生法律效力,《合同法》规定按未变更处理。

(6)因合同变更所造成的损失应赔偿。因项目合同的变更给另一方当事人造成损失的,除依法可以免责的以外,应由责任方负责赔偿。

2. 合同的推定变更

推定变更是指需方虽然没有发布书面的工程变更通知或变更令,但实际上要求承包人干的工作已经与原合同不同或有额外的工作。推定变更可以通过需方管理人员的行为来推定,一般要证明:原合同规定的实施要求是什么,实际上承包人自己的工作已超出了合同要求,并且是按需方管理人员的要求去做的。这样,便可证明为推定变更。推定变更与指令变更一样,承包人有权获得额外费用补偿。

航空型号工程项目通常发生的推定变更情况如下:

(1)需方要求的修改与变动。在航空型号工程项目实施过程中,如果需方对技术规范进行修改与变动,又没按合同规定程序办理变更通知,可看作推定变更。当合同订立以后,国家新近颁布了新的技术规范或实施管理规定,对原合同要求标准有所提高,也可归属于“需方要求的修改”,视为推定变更。据此,承包人可提出索赔要求。

(2)需方的不适当拒绝。这表现为两个方面:一方面是需方认为承包人用于工程上的材料或实施方法等不符合技术规范的要求,从而拒绝该方法或材料,可事后又证明需方的认识是错误的。这种不适当的拒绝则构成了推定变更。若因此而使承包人花费了额外款项,则有权索赔并得到补偿。另一方面是需方在发现承包人的实施缺陷后,没有在规定的合理时间内拒绝该工作,也可以认为需方已默许并改变了原来的工程质量要求,这也构成推定变更。若后来需方又拒绝接受认可该工作,就又属于不适当拒绝。因此而造成承包人不得不进行的缺陷修复或返工,可认为是因推定变更而引起,承包人可要求额外费用补偿。

(3)干扰和影响了正常的实施程序。如果需方的行为实质上影响到承包人的正常实施程序，就构成了推定变更。由此产生的干扰会给承包人造成生产效率的降低，增加工程成本，甚至导致停工，人员和机械设备闲置，以及其他额外费用的问题。因此，承包人有权提出索赔并得到相应的经济补偿。

(4)工作实施的不可能。这是指合同所要求的工作根本无法实现，即实际工作上的不可能，或者是合同所要求的工作不能在合理的时间、成本或努力之内完成。承包人要以工作实施的不可能为理由得到补偿比较困难，因承包人签订合同时已能预料到工作实施的不可能，应当承担其风险。承包人若要对工作实施的不可能得到索赔补偿，则必须设法证明：需方提供的技术规范和图纸所要求的工作是不可行的，并是在签合同时承包人完全不知道或无法合理预料到的，这种风险该由需方来承担。

二、合同违约管理

合同双方均须履行合同条款的规定。如果不履行合同的行为是由于当事人的过错所引起的，对另一方造成任何直接经济损失或损害，则当事人的行为是一种违约行为，应承担法律责任和民事赔偿责任，简称违约责任。

(一)需方的违约

按照合同规定，因需方未能按时支付承包人应得款项而违约时，承包人有权按合同有关规定暂停工程或延缓工程进度，由此发生的项目费用增加和工期延长，经与需方协商后，将有关费用加到合同金额中，并应给予承包人适宜的工期延长。如果需方收到承包人暂停工程或延缓工程进度的通知后，在合同规定时间内恢复了向承包人应付款的支付以及支付了延期付款利息，承包人应立即恢复正常实施。

(二)承包人的违约

在履行工程实施合同的过程中，承包人的违约行为通常可划分为以下两种。

1. 一般违约

承包人有下列事实，应确认为一般违约。

(1)给公共利益带来伤害、妨碍和不良影响。

(2)未严格遵守和执行国家法律法规及有关行业的标准规范。

(3)由于承包人的责任，使需方的利益受到损害。

(4)不严格执行合同条款。

(5)未严格按合同实施好工程，情节轻微。

承包人属一般违约时，需方应书面通知承包人在尽可能短的时间内，予以弥补与纠正，且提醒承包人一般违约有可能导致严重违约。对于因承包人违约给需方造成的费用影响，需方有权扣除承包人相应费用。

2. 严重违约

承包人有下列事实时，应确认为严重违约。

(1)无力偿还债务或陷入破产，或主要财产被接管、抵押，或停业整顿等，因而放弃合同。

(2)无正当理由不开工或拖延工期。

(3)无视需方的警告，一贯公然忽视履行合同规定的责任与义务。

(4)未经需方同意,随意分包工程,或将整个工程分包出去。

(三)违约责任的形式

根据《合同法》的规定,当事人违反合同时应承担违约责任,其形式如下。

(1)支付违约金。《合同法》规定的违约金具有赔偿作用。违约金的额度应适当,太高会有悖于合同订立的公平原则,不利于合同的正常履行,太低则起不到赔偿作用。违约金有法定违约金与约定违约金两种,当二者不一致时,应按照约定优先的原则,以约定违约金为准。

(2)支付赔偿金。赔偿金是指由于当事人的过错不履行或不完全履行合同给对方造成损失时,在违约金不足以弥补损失时而向对方支付不足部分的货币。它具有赔偿损失的性质即补偿性。

(3)采取补救措施。即违约方在违约事实发生后,所采取的返工、修理、重做等措施。

(4)继续履行合同。违约方在承担经济责任后,无论是支付违约金还是支付赔偿金,都不能代替合同的履行。《合同法》规定,违约方在支付违约金、赔偿金以后,如果对方要求继续履行的,应继续履行;如果双方都同意解除合同,则应按变更与解除合同的法律规定办理。

(5)解除合同。根据《合同法》的规定,如果当事人一方违约致使合同无法按期履行或无法实现合同目的,则合同可以解除而不必继续履行。因此,解除合同也是处理违约责任的一种形式。

除当事人的违约责任外,对由于失职、渎职或其他违法行为造成重大事故或严重损失的直接责任者个人,应追究经济行政责任直至刑事责任。

三、合同争端与仲裁管理

在航空型号工程项目工程实施过程中,以及合同终止以前或以后,需方和承包人对合同以及工程中的很多问题将可能发生各种争端事宜,包括由于一方对某一问题的决定使对方意见不一致而导致的争端事宜。

1.争端的管理

按照合同要求,无论是承包人还是需方,应以书面形式向对方提出争端事宜,并呈一副本给对方。对方应在收到争议通知后,按合同规定的期限,完成对争议事件的全面调查与取证,同时对争议做出决定,并将决定书面通知对方。如果合同一方发出通知后,对方未在合同规定的期限内要求仲裁,其决定则为最终决定,争端事宜处理完毕。只要合同未被放弃或终止,需方应要求承包人继续精心实施。

2.仲裁的管理

在执行合同中所发生的一切争执,合同双方应在互相谅解和友好的基础上协商解决。如经协商解决仍达不到协议,任何一方均可向需方所在地仲裁机构提起诉讼。当合同一方提出仲裁要求时,应在合同规定的期限内,双方应对争议设法进行友好调解,同时督促另一方继续遵守合同。

当通过友好协商无法解决时,争端应通过仲裁对其做出最终解决。当事人采用仲裁方式解决纠纷,应当双方自愿、协商、平等地达成仲裁协议。仲裁协议是将双方之间已经发生或者可能发生的争议提交仲裁解决的书面文件，是申请仲裁的必备材料。没有仲裁协议，一方申请仲裁的，仲裁委员会不予处理。当事人达成仲裁协议，一方向人民法院起诉的，人民法院不予处理，但仲裁协议无效的除外。

仲裁委员会应当由当事人协议选定。仲裁不实行级别管辖和地域管辖。仲裁应当根据事实，符合法律规定，公平合理地解决纠纷。仲裁实行一裁终局的制度，裁决做出后，当事人就同一纠纷再申请仲裁或者向人民法院起诉的，仲裁委员会或人民法院可不予处理。裁决被人民法院依法裁定撤销或者不予执行的，当事人就该纠纷可以根据双方重新达成的仲裁协议申请仲裁，也可以向人民法院起诉。

第14章 航空型号工程项目沟通管理和组织协调

第1节　项目沟通管理的基本概念

沟通不畅几乎是每个大型工程项目实施过程中都会遇到的问题,工程项目的规模越大、技术越复杂,其沟通遇到的问题往往也就越多。而顺畅沟通对于工程项目实施又是非常重要的,因为沟通是保持项目顺利进行的润滑剂。正如人体内的血液循环一样,如果没有有效沟通的活动,工程项目也会趋于死亡。沟通不仅是项目经理最应具备的技能,也是其他人须具备的基本技能。

一、项目沟通的定义、对象和方式的类型

(一)沟通的定义

沟通就是信息的交流,是人与人之间的思想和信息的交换,是将信息由一个人传达给另一个人,逐渐广泛传播的过程。从其目的上讲,沟通是人与人之间就某些课题磋商共同的意见,即人们必须交换和适应相互的思维模式,直到每个人都能对所讨论的意见有一个共同的认识。说简单点,就是让他人懂得自己的本意,自己明白他人表达的意思。人与人之间商讨某个问题时,只有达成了共识才可以认为是有效的沟通。项目团队中,团队成员越多样化,就越会有差异,也就越需要成员之间进行有效的沟通。

沟通过程是信息的发出者将信息传递给接收者,以期接收者做出响应的过程。有效沟通是指人们有效地进行信息交流的技术和能力,它是人们生活在社会群体中所具有或掌握的一种技能,属于软技能。完整的沟通过程如图14-1所示。

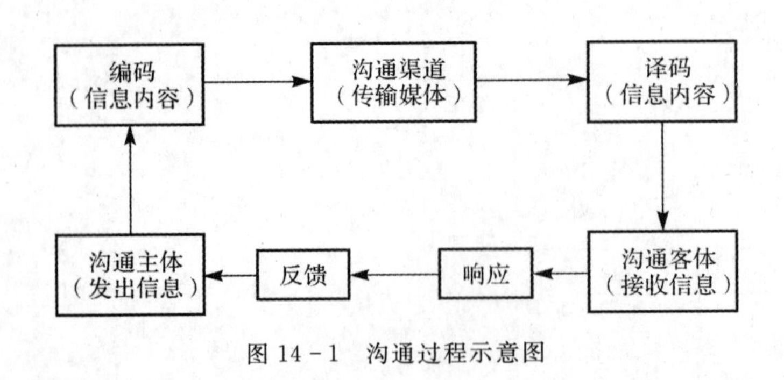

图14-1　沟通过程示意图

(二)项目沟通的对象

项目沟通是项目管理的一个重要组成部分,是联系其他各方面管理的纽带,也是影响项目成败的重要因素之一。项目沟通的对象应是项目所涉及的内部和外部有关组织及个人。

(1)项目内部沟通应包括项目经理部与企业管理层、项目经理部内部的各部门和主要成员之间的沟通。内部沟通应依据项目沟通计划、规章制度、项目管理目标责任书、控制目标等进行。

(2)内部沟通可采用授权、会议、培训、检查、项目进度报告、思想教育、考核激励等方式。

(3)项目外部沟通应包括组织与需方、分包人、供应商、政府管理部门等之间的沟通。外部沟通应依据项目沟通计划、合同和合同变更资料、相关法律法规、社会公德和项目具体情况等进行。

(4)外部沟通可采用召开会议、联合检查、宣传媒体和项目进度报告等方式。

(5)项目经理部应编写项目进度报告。项目进度报告应包括项目的进展情况,项目实施过程中存在的主要问题以及解决情况,计划采取的措施,项目的变更以及项目进展预期目标等内容。

(三)沟通方式的类型

1. 正式沟通和非正式沟通

(1)正式沟通是指通过项目组织内部规定的沟通方式进行的信息传递与交流,如组织之间的公函来往、组织内部的文件传达、召开会议、组织规定的汇报制度等。正式沟通的优点是:沟通效果好,约束力较强,可以使沟通保持权威性;缺点是:比较刻板,沟通的速度较慢。

(2)非正式沟通是指在正式沟通渠道之外进行的信息传递和交流,如项目团队成员之间的私下交流,小道消息等。非正式沟通的优点是:灵活、方便,直接明了,速度快,能够了解到一些正式沟通中难以获得的信息;其缺点是:难于控制,传递的信息不准确,容易造成信息失真。

2. 上行沟通、下行沟通和平行沟通

(1)上行沟通是指将下级的意见向上级反映,即自下而上的沟通。如向上级反映情况、意见、要求和建议等。上行沟通有两种形式:一是层层传递,即根据一定的组织原则和程序逐级向上级反映;二是越级反映,指员工直接向最高决策者反映意见。

(2)下行沟通是上级向下级发布命令的指示的过程,即自上而下的沟通。如上级将政策、目标、制度、方法等告诉下级。

(3)平行沟通是指组织中各同级部门之间的信息交流。

3. 书面沟通、口头沟通和电子沟通

(1)书面沟通是指以合同、规定、协议、布告等书面形式进行的信息传递和交流。它的优点是正式、准确、权威,可作为资料长期保存,反复查阅。

(2)口头沟通是指以谈话、报告、讨论、讲课、电话等口头表达的形式进行的信息交流活动。它的优点是比较亲切、灵活、速度快,沟通效果好。其缺点是:事后难以进行准确查证。

(3)电子沟通是一种介乎于书面沟通和口头沟通之间的现代沟通方式,如电子邮件、BBS、网络留言、网络聊天、手机短信、微信、语音邮件和电视会议等。

4. 单向沟通和双向沟通

(1)单向沟通是指沟通主体和沟通客体两者的角色不变,一方只发送信息,另一方只接收信息,如做报告、发布指令等。这种方式传递信息快,但准确性较差。

(2)双向沟通是指沟通主体和客体两者的角色不断交换,且沟通主体是以协商和讨论的态度来面对沟通客体,信息发出后还要认真听取客体的反馈意见,必要时双方可进行多次沟通,直到双方满意为止。双向沟通的气氛活跃,准确性较高,沟通客体能够表达到自己的意见,有助于建立良好的人际关系。但是这种方式传递信息的速度较慢。

5. 言语沟通和体语沟通

(1)言语沟通是利用语言、文字、图画、表格等形式进行的沟通。优点是简单明了,通俗易懂。

(2)体语沟通是利用动作、表情、姿势等非语言方式进行的沟通。

二、项目沟通管理的定义和程序

1. 项目沟通管理的定义

沟通管理就是对项目信息交流的管理,包括对信息传递的内容、方法和过程进行全面的管理。换言之,项目沟通管理是指为了确保项目信息的合理收集和传输所需要采取的一系列措施,它提供了一个重要的在人、思想和信息之间的联络方式。项目沟通管理确保通过正式的结构和步骤,及时和适当地对项目信息进行收集、分发、储存和处理,并对非正式的沟通网络进行必要的控制,以利于项目目标的实现。

企业应建立项目沟通管理体系,健全管理制度,采用适当的方法和手段与相关各方进行有效沟通。项目沟通管理的工作过程包括:

(1)编制沟通计划。确定项目利益相关者的信息和沟通需要,即明确列出谁需要什么信息,什么时候需要以及如何把信息发送给他们。

(2)信息发送。及时向各项目利益相关者提供所需信息。

(3)绩效报告。收集并发布有关项目绩效的信息,包括状态报告、进度报告、预报告、状态评审会议纪要等。

(4)管理收尾。生成、收集和分发信息来使阶段或项目的完成正规化验收。

2. 项目沟通管理的程序

在航空型号工程项目的生命周期中,沟通起着至关重要的作用。例如承包人的项目经理部与需方、供应商的沟通,项目团队内部的沟通,这些沟通贯穿了项目生命周期的始终。项目沟通程序包括:

(1)组织应根据项目的实际需要,预见可能出现的矛盾和问题,制订沟通计划,明确沟通的原则、内容、对象、方式、途径、手段和所要达到的目标。

(2)组织应针对不同阶段出现的矛盾和问题,调整沟通计划。

(3)组织应运用计算机信息处理技术,进行项目信息收集、汇总、处理、传输与应用,进行信息沟通,形成档案资料。

(4)沟通的内容应涉及与项目实施有关的信息,包括项目各相关方共享的核心信息、项目内部和项目相关组织产生的有关信息。

三、项目沟通管理的重要性和消除障碍的方法

1. 项目沟通管理的重要性

许多专家都认为沟通失败是对任何项目成功最具威胁性的因素之一。有的专家对大量工程项目失败的教训和一些成功案例经验的进行了深入研究，结果表明，与工程项目成功有关的三个主要因素是：客户参与、上级管理层的支持、供应链网络系统运行畅通。所有这些因素都依赖于拥有良好的沟通技能。

在包括航空型号工程项目在内的高科技项目实施过程中，项目团队每个人都必须与群体或其他成员紧密联系、协调，才能确保项目的顺利实施，实践证明：沟通能力是确保项目实施顺利进行最重要技能之一。为了使项目成功，项目经理部的每个成员在工作中都需要同时运用技术技能与沟通软技能，而且这两类技能都应该通过正规教育和在职培训得到不断提高，并在航空型号工程项目实施过程中应用自如。

在当今信息时代，专业技术人员是知本家，一方面他们要注意对沟通负起责任；另一方面"高科技需要高情感"，在航空型号工程项目团队中，由于外部市场的竞争压力和技术创新的动力，许多员工都是负载着繁重的知识劳动，因此，他们也最需要情感，有效的沟通是缓解内心压力和舒张创造力的重要方式。项目经理一定要重视包括正式沟通与非正式沟通的沟通管道建设，并且帮助员工提高沟通技能，建立高效的工作场所和谐的人际氛围。对"人"的高度重视和对人性张扬的强调，也时刻提醒着团队每一个成员要不断地抛弃狭隘的本位主义、尊卑意识和自我中心倾向。团队建设和管理如同演奏交响乐，只有员工的心跳与团队的心跳合拍了，才能奏起和谐美妙乐章。

在项目管理中，专门将沟通管理作为一知识领域。通常，项目经理要花75%以上的时间用在沟通上，可见沟通在项目管理中的重要性。多数人理解的沟通，就是善于表达，能说会道，项目管理中的沟通，并不等同于人际交往的沟通技巧，更多是对沟通的管理。

2. 消除沟通障碍的方法

消除沟通障碍可采用下列方法：①选择适宜的沟通途径；②充分利用反馈；③组织沟通检查；④灵活运用各种沟通方式。

第2节　项目沟通计划、渠道和项目绩效报告

项目沟通管理的目标是保证有关项目产生的信息能够及时以合理的方式进行传递和交流，为此，需要对项目信息的内容、信息传递的方式、信息传递的过程等进行的全面的管理。

一、项目沟通计划

项目沟通计划是针对项目利益相关者的沟通需求进行分析，从而确定谁需要什么信息、什么时候需要这些信息，以及采取何种方式将信息提供给他们等。虽然所有的项目都需要信息沟通，但是信息需求和信息传递的方式可能存在很大差别。因此，制定项目沟通计划，确定项目利益相关者的信息需求和传递信息需求的方式，是项目成功的关键。

1. 项目沟通计划的作用

做任何事情有计划进行和无计划是完全不一样的，由于有效沟通对于项目成功起到至关

重要的作用,那么项目经理拟定一份周详的沟通计划的原因也就不言而喻了。

(1)有助于有计划地收集、整理、处理许多有关项目沟通的信息。

(2)事先防止或减少以后项目实施过程可能出现的沟通问题。

(3)拓展和开发新的项目沟通渠道。

(4)加强项目沟通的管理,促进项目团队建设。

(5)增强与所有项目利益相关者联系沟通。

(6)当组织有多个项目同时实施时,有利于处理多个项目沟通问题时保持一致性、统一性和规范性,有助于组织的平衡运行,促进项目沟通顺畅。

(7)有助于从工作分解结构中获得有关项目沟通的基本信息。

2. 项目沟通计划的编制

项目沟通计划应由项目经理部主持编制。项目沟通计划应与项目管理的其他各类计划相协调。项目沟通计划应包括信息沟通方式和途径,信息收集归档格式,信息的发布与使用权限,沟通管理计划的调整以及约束条件和假设等内容。组织应定期对项目沟通计划进行检查、评价和调整。

编制项目沟通计划应依据下列资料:①合同文件;②项目各相关组织的信息需求;③项目的实际情况;④项目的组织结构;⑤沟通方案的约束条件、假设,以及适用的沟通技术。

3. 项目沟通计划的内容

项目沟通计划是一个指导项目沟通的文件,它是项目整体计划的一部分。项目沟通计划一般在项目的初期阶段制定,其类型和内容要根据项目的需要而变化,主要内容包括:

(1)归档的规章制度。沟通计划书首先要描述项目信息收集和文档归档的规章制度,对收集和保存项目不同类型信息的原则、宗旨、方法、要求和规定做出详细明确的叙述。

(2)信息收集的渠道。在沟通计划书中要列出采用何种方法,从何处,何时和如何收集信息。

(3)信息发送的渠道。在沟通计划书中要有信息发送记录部分,记录什么信息发送给谁、什么时候和如何发送的等。

(4)重要信息的格式。在沟通计划书中要列出重要信息的格式模板,包括信息的格式、内容、详细程度,采用的符号规定、术语缩写词和定义表等。

(5)信息流转日程表。信息流转日程表是指项目信息创建、收集和发送的日程安排,包括所有项目文件的编写、起草、报送、评审、批准、接收、归档的日程安排,以及一些重要会议的日程安排:召开的时间、参加的人员、议题、议程和会议纪要等。

(6)信息访问的权限安排。根据项目经理部成员工作岗位的性质、职责范围和完成任务的需要,信息访问的权限分密级、类别等级、岗位和分人进行安排的。密级分为绝密、机密、保密三个级别;类别等级分为项目经理级、经理助理级、财务信息、客户信息、关键技术信息、程序源代码、会议出席人员等;项目成员的岗位安排不同,其可接触访问的信息密级和类别等级也不同,主要视工作任务的需要而定;对于项目经理部一些特殊专业的人员,如质量监督员,安全监督员,沟通监督员等,则要在信息访问权限上作一些特别安排,以利于他们开展工作。

(7)更新沟通计划的方法。更新和细化沟通计划的方法:主要包括信息更新的依据、修改的时间安排和修改程序,以及在信息发送之前查找现时信息的各种方法。

(8)项目利益相关者的沟通分析。对项目利益相关者的沟通分析是很重要的,在沟通计划书中要详细列明主要项目利益相关者的姓名、出生年月、地址、电话、职务、学历、工作经历等个人履历资料；个人爱好、兴趣、习惯、个性、修养、健康状况等个人性格资料；以及家庭成员、亲朋好友的相关资料。对项目利益相关者沟通分析的越详细、越透彻，对症下药，沟通就越顺畅。在沟通计划书中还要记录与每个项目利益相关者有关的通知、文件、会议、备忘录等特殊考虑的细节，包括哪个项目利益相关者能获得哪种书面信息；哪个项目利益相关者应出席哪个项目会议；以及信息的联系人、交付信息的时间、指定的信息格式；评审的标准、批准的权限、签字确认要求等。

二、项目沟通渠道

信息发送是指把信息在适当的时间、以标准的格式送给适当的人，这与在第一时间、第一地点采集信息同样重要。在沟通计划书中做的项目利益相关者分析是信息发送的较好出发点，项目经理和项目经理部成员必须确定何时、何地、谁收到什么信息，以及信息发送的最佳方式。

1. 信息发送的方法

(1)使用手机和计算机发送信息。良好的技术手段能使信息发送的过程更便利。通过使用项目管理信息系统软件和互联网来改善信息发送，把项目文件、会议记录、客户要求、变更请求书等信息输入计算机，做成电子格式形式，按访问权限的要求提供给有权限、有需要的人使用。

移动通信和计算机项目管理信息系统通常被用于搜索、综合处理和发布信息，它能快速检索和处理复杂的事件，项目利益相关者可以通过网络共享项目信息，其中信息检索系统包括档案系统、电子文档数据库、项目管理软件等；信息发布系统包括书面文档复印件、电子邮件、语音邮件、BBS、手机微信、网络留言、网络聊天和多媒体电视会议等。

(2)发送信息正式和非正式的方法。有效地发送信息依赖于良好的沟通技能，在航空型号工程项目实施过程中，发送信息可以使用正式的书面报告，也可以使用非正式的口头沟通的方式。为了保证信息发送的准确和成功，这两种沟通方式经常要一起使用，比如，先是就某些问题召集有关人员开会，在会上达成(口头)决议，会后将会议记录整理出来，形成正式的会议纪要发送给有关人员。有些重要书面材料发送出去以后，项目经理还要通过电话或当面口头查询对方收到没有，以及追问处理的结果。

口头沟通方式的主要优点是通过当面交谈能够及时找到问题的关键症结之所在，及时进行答复或解决处理。其缺点主要是无法归档，难以用作以后解决双方争执的依据。相反，书面沟通方式的主要缺点是其答复的及时性、描述的准确性、问题的关键性等方面，可能会受到文件编写人员的技术水平和文字表达能力的限制，由于无法当面追问，解决问题的及时直接效果没有非正式口头沟通方式好。其最大的优点是书面文字材料可以归档，以利于今后查询，这一点在以后双方发生争执时就显得特别重要。

(3)口头沟通方法的重要性。口头沟通有助于在团队成员与项目利益相关者之间建立较强的联系。人们在讨论项目进展情况时，喜欢通过相互面对面的沟通来获得项目进展情况的真实感受，因为一个人讲话时的音调和身体语言能直接地表达出他们的真实感受是怎样的。有研究结果表明，大多数项目沟通都是通过非正式口头沟通方式完成的，大约只有不足10%的沟通是使用书面文字的正式沟通方式。

航空型号工程项目实施过程中,通常需要进行大量的协调工作,因而口头沟通方式是最常用的发送信息的方式。例如,召开简短而频繁的碰头会就是一个好办法,一些工程项目经理要求所有的项目人员参加“站立”会议,根据项目的需要,这种会议每周或每天早晨召开一次。这种会议没有椅子,这样迫使人们把精力集中在真正需要沟通的问题上。

2.沟通渠道的确定

信息发送的另一个重要的方面是项目参与人员的数目,沟通的复杂性会随着项目人数的增加而增加。当项目人数越多时,除了有更多的个人的沟通偏好外,还会有更多的沟通渠道。当项目人数增加时,有一个简单的计算公式可以确定沟通渠道数目,计算公式如下:

$$\text{沟通渠道的数目}=n(n-1)/2 \tag{14-1}$$

式中,n 是包含的人员的个数。

例如,2 个人有一条沟通渠道:2(2-1)/2=1;3 个人有 3 条沟通渠道:3(3-1)/2=3;4 个人有 6 条沟通渠道;5 个人有 10 条沟通渠道等。

当参与沟通的人数超过 3 个时,沟通渠道的数目快速地增长,要想改善沟通,就必须考虑对不同的人采用不同的沟通方式。举例来说,如果在航空型号工程项目实施过程中发现有一个问题与 100 个人有关,需要把问题提交给他们做出说明解释。有两种沟通方式,一种是通过给 100 个人发微信或电子邮件来提出这个问题,另一种是召开一个会议,将有关人员召集在一起开会商讨解决的办法。显然,前一种方式沟通效率要比后一种差很多,因为给 100 个人发送微信或电子邮件可能会导致更多的问题,包括信息发送不及时、内容误解和通信安全问题等。当人数增加、组织膨胀时,项目经理将面临许多管理上的挑战,沟通不畅会使犯错误的可能性成指数增长。这就好比在宽阔的有三车道的滨海大道上,有 100 个人分乘两辆大公共汽车,交通丝毫不受影响;如果这 100 个人分乘 100 辆小汽车,同时出现在同一路段上,每个人的驾驶技术、习惯和汽车的性能都不一样,将给交通秩序带来多大的压力就可想而知了。信息接受者对信息的解释很少与发送者想的一模一样,因此,提供多种沟通方法和一个能促进坦诚对话的环境是很重要的。

三、项目绩效报告

项目绩效报告包括收集和发布项目实施情况的信息,从而向项目利益相关者提供其所需的项目信息。一般来说,项目绩效报告应提供项目范围、进度、成本、质量、风险和采购等方面的信息,包括状态报告、进度报告、项目预测、状态评审和项目收尾。编写项目绩效报告的主要目的是对项目的状况或进度进行评价,以使项目利益相关者能及时了解为了达到项目的目标,是如何使用资源的,项目的进展情况如何等。编写项目绩效报告的依据是项目计划和工作成果。

1.编写项目绩效报告的工具和方法

编写项目绩效报告的工具和方法包括:

(1)挣值分析。又称为偏差分析技术,是一种综合范围、进度和成本数据的项目执行绩效测量技术,用于将项目的实际进展情况和计划数据进行对比。

(2)趋势分析。随时检查项目的实施情况并据此预测项目未来的进展情况。

(3)通用图表。对项目实施情况的总结、分析结果,采用甘特图、S 曲线图、矩形图和表格等通用图表描述。

2. 项目绩效报告的内容

(1)状态报告。状态报告描述项目当前的进展情况,介绍项目在某一特定时间点上所处的位置,即从达到范围、进度和成本目标的角度上说明项目所处的状态。状态报告根据项目利益相关者的需要有不同的格式,其内容包括已经花费多少资金,完成某项任务要多长时间,工作是否如期完成等。编写状态报告要用到项目挣值分析的详细资料。

(2)进度报告。进度报告描述项目团队已经完成的工作进度。在航空型号工程项目实施过程中,项目经理部每个成员都必须按周、月、年为时间段,编写每周、每月和每年的项目进度报告,项目经理以从各个成员那里收集的信息为基础完成统一的每周、每月和每年的进度报告。

(3)项目预测报告。项目预测报告预测项目未来的进展情况,即在过去资料和发展趋势的基础上,预测项目未来的状态和进度,包括根据当前事情的进度情况,预计完成项目还要多长时间,完成项目需要多少资金等。项目预测主要采用挣值分析方法,根据项目目前进度情况,进行完工预算的估算。

(4)状态评审会议。状态评审会议是项目实施过程中常用的一种评估项目绩效的好办法,它能突出一些重要项目文件提供的信息,促使项目经理部成员对他们自己的工作负责,以及对重要的项目问题进行面对面的沟通讨论。项目经理最好每月召开一次项目状态评审会议来交换重要的项目信息,沟通协调,激励员工,解决难题,以确保项目顺利进展。

有时,项目状态评审会议所暴露的问题较多,矛盾复杂,协调困难,甚至会成为不同各方之间冲突白热化的地方,因此,项目经理或更上层的高级经理应为评审会议制定基本规则,控制局面、消除对立情绪、平息冲突的发生,并切实解决项目中存在的各种现有的或潜在的问题。

(5)项目收尾。项目达到预期目标或因其他原因而终止后需要进行收尾。项目收尾包括对项目成果进行竣工验收,对项目文件进行收集、整理,并将有关文件存档,以备今后复查。

第3节 提高沟通技能的方法和措施

一、改进沟通的方法、技巧和设施

(一)改进沟通的方法

在一般情况下,导致项目沟通不畅的问题主要是由于个人观念与组织体制。其实观念与体制的改变都并非难于登天,根据项目沟通的特点,项目经理只要愿意花三分时间去思考,七分时间去实践,是能够成功办到的。

1. 沟通方式的多样化

项目沟通最常见的方式是书面报告及口头传达,但前者最容易掉进层层报告、文山会海当中,失却沟通的效率性,而后者则易为个人主观意识所左右,无法客观地传达沟通内容。当项目经理部开始为沟通不畅所苦恼时,就应该采取不同以往的沟通方式进行改良。比如沟通效率过低,就应该反省团体内部有关教育是否滞后不前。

2. 等距离沟通

有效沟通应建立在平等、公正、公开的基础上,如果在团体内对待每个成员的沟通和处事态度无法做到等距离，尤其是领导对所有的下属员工不能保持一视同仁的话，就会引起员工之间心理不平衡，无端产生嫉妒和矛盾，期间所进行的沟通一定会产生相当多的副作用。获得上司宠爱者自是心花怒放，怨言渐少，但与此同时，其余的员工便产生对抗、猜疑和放弃沟通的消极情绪，沟通工作就会遭遇很大抵抗力。

3. 变单向沟通为双向沟通

有时候项目经理与员工的立场难免有不协调、不能共通之处，只有善用沟通的技巧和能量，及时调整双方利益，消除矛盾，才能够使双方协调一致、互为推动、更好地发展。在一个团队内，如果沟通只是单向的，即领导下达命令，下属只是象征性地反馈意见。那么，这样的沟通不仅无助于决策层的监督与管理，时间一长，必然挫伤员工的积极性及归属感。因此，单向的沟通必须变为双向的沟通，才能形成有效的沟通。

(二)改进沟通的技巧和设施

1. 改善沟通的技巧

项目沟通最困难的是内部人员素质参差不齐的组织类型，因为素质不等，所以，在同样的沟通方式下，却会产生各种不同的沟通反应。根本的解决之道，就是持续地开展内部培训和再教育，让所有员工的思想观念跟得上组织的发展，同时也推动组织寻求更大的突破。一般情况，沟通技能水平不高的人大致可分为三类：

(1)技术能力强的人。以信任和放权为沟通的基础，激发其责任感，促使其在责任感的驱使下改善沟通。

(2)能力平平而纪律性甚好的人。主动指导，尤其是针对其薄弱之处，多作鼓励，适当批评，让其发现自身优缺点而主动沟通。

(3)能力平平而纪律性甚差者。这是最容易产生沟通不畅问题的群体，听之任之或公开惩罚在多次以后就会失却效用，因此需要采用一些特殊的方式，如在某些方面给予一定的肯定及期许性的鼓励，通常荣誉往往比惩罚更能培养个人的责任感，而只要增强了员工的责任感，沟通往往会水到渠成。

2. 提高沟通效率

沟通是处理因管理不当所引起矛盾的主要工具，沟通效率类似于化学反应里的分解速度。如果沟通效率过低，当然就无法及时化解不良反应，这种沟通就是低质沟通或无效沟通。

提高项目沟通效率最有效的方法是明确沟通管道和方向，这与团队内部部门职能及员工职责的清晰与否有关。如果部门职能、员工职责清晰明确，沟通便有相应的管道和方向目标，而不至于如皮球般被踢来踢去，最终不了了之。另外，为避免在沟通过程中因为利益的冲突而导致恶性沟通，团队内部最好能设立一个独立于各职能部门以外的监督部门，或者指定负责监督的员工负责协调沟通工作。

3. 重视沟通基础设施的建设

为了确保在组织内部以及与外部信息的快速流动，必须重视沟通基础设施的建设，包括沟通工具、技术和原则。沟通工具主要有信函快递、固定电话、移动电话、传真机、计算机网络、宽带网、互联网，多媒体会议系统、电子邮件、项目管理软件、文件管理系统等；沟通技术包括各种报告文档编写的指导方针、标准格式和模板；项目文件归档的程序和规章制度；会议基本规则和程序；决策过程、解决问题的方法、冲突解决和协商技术，以及与此相似的技术等；沟通原则包括提供开放式对话的环境,使用"率直交谈"和遵照公认的工作道德规范等。

二、倾听是有效沟通的关键

在项目团队沟通中,言谈是最直接、最重要和最常见的一种途径,有效的言谈沟通很大程度上取决于倾听。作为一个项目团队,成员的倾听能力是保持团队有效沟通和旺盛生命力的必要条件;作为个体,要想在团队中获得成功,倾听是基本要求。

有研究表明:在航空型号工程项目实施过程中,那些是很好的倾听者的员工,总是比那些不是好的倾听者的员工工作更出色、成绩更突出。在工作中,倾听已被看作是获得初始职位、管理能力、工作成功、事业有成、工做出色的重要必备技能之一。

1.影响倾听效率的主要因素

在倾听的过程中,如果人们不能集中自己的注意力,真实地接受信息,主动地进行理解,就会产生倾听障碍,在人际沟通中,造成信息失真。通常影响倾听效率的原因主要有以下几点:

(1)环境干扰。环境因素对人的听觉与心理活动有重要影响,环境中的声音、气味、光线以及色彩,都会影响人的注意力与感知。布局杂乱、声音嘈杂的环境将会导致信息接收的缺损。

(2)信息质量低下。交谈双方在试图说服、影响对方时,并不一定总能发出有效信息,有时会有一些过激的言辞、过度的抱怨,甚至出现对抗性的态度。现实中我们经常遇到满怀抱怨的顾客,心怀不满的员工,剑拔弩张的争论者。在这种场合,信息发出者受自身情绪的影响,很难发出有效的信息,从而影响了倾听的效率。

信息低下的另一个原因是,信息发出者语言表达能力差,不善于表达或缺乏表达的愿望。例如,当人们面对比自己优越或地位高的人时,害怕"言多必失"而留下坏印象,因此不愿意大胆发表自己的意见,或尽量少说,甚至前言不达后语,语义不清等,让对方难以理解。

(3)倾听者主观毛病。在沟通的过程中,造成沟通效率低下的最大原因就在于倾听者本身。研究表明,信息的失真主要是在理解和传播阶段,归根到底主要责任还是在于倾听者的主观臆断。

1)个人偏见:有时,即使是思想最无偏见的人也不免心存偏见。在项目团队成员的背景多样化时,倾听者的最大障碍往往就在于自己对信息传播者偏见,造成无法获得准确信息。

2)先入为主:在行为学中被称为"首因效应",它是指在进行社会知觉的过程中,对象最先给人留下的印象,对以后的社会知觉发生重大影响。也就是我们常说的,第一印象往往决定了未来。人们在倾听过程中,对对方最先提出的观点印象最深刻,如果对方最先提出的观点与倾听者的观点大相径庭,倾听者可能会产生抵触的情绪,而不愿意继续认真倾听下去。

3)自我中心:人习惯于关注自我,总认为自己才是对的。在倾听过程中,过于注意自己的观点,喜欢听与自己观点一致的意见,对不同的意见置若罔闻,往往错过了聆听他人观点的机会。

2.提高倾听能力的技巧

掌握倾听的艺术并非很难,只要克服心中的障碍,从小节作起,肯定能够成功。下面列出一些提高倾听能力的技巧:

(1)创造有利的倾听环境,尽量选择安静、平和的环境,使对方处于身心放松状态。

(2)在同一时间内既讲话又倾听,是不可能的事情,要停止讲话,注意倾听对方讲述。

(3)尽量把讲话时间缩到最短。你讲话时,便不能聆听别人的良言,为了多听听别人的意见，就要尽量缩短讲话时间。可惜许多人都忽略了这一点。

(4)摆出有兴趣的样子。这是让对方相信你在注意聆听的最好方式，并且要提问和要求进一步详细阐明他正在讨论的一些论点。

(5)观察对方。端详对方的脸、嘴和眼睛，尤其要注视眼睛，将注意力集中在传递者的外表。这能帮助你聆听，同时，能完全让传递者相信你在聆听。

(6)关注中心问题，不要使你的思维迷乱。

(7)以平和的心态倾听，不要将其他的人或事牵扯进来。

(8)注意克服自己的偏见，倾听中只针对信息而不是传递信息的人。诚实面对、承认自己的偏见，并能够容忍对方的偏见。

(9)抑制争论的念头。注意你们只是在交流信息，而非辩论比赛，争论对沟通没有好处，只会引起不必要的冲突。学习控制自己，抑制自己争论的冲动，放松心情。

(10)保持耐性，让对方讲述完整，不要打断他的谈话，纵然只是内心有些念头，也会造成沟通的阴影。

(11)不要臆测。臆测几乎总是会引导你远离你的真正目标，要尽可能避免对对方做臆测。

(12)不宜过早做出判断。人往往立即下结论，当你心中对某事已做了判断时，就不会再倾听他人的意见，沟通就被迫停止。保留对他人的判断，直到事情清楚，证据确凿。

(13)做笔记。做笔记不但有助于聆听，而且有集中话题和取悦对方的优点。

(14)不要以自我为中心，在沟通中，只要把注意力集中在对方身上，才能够进行倾听。但很多人习惯把注意力集中在自己身上，不太注意别人，这容易造成倾听过程的混乱。

(15)鼓励交流双方互为倾听者。用眼神、点头或摇头等身体语言鼓励信息传递者传递信息和要求别人倾听你的发言。

三、提高沟通技能的措施

1. 沟通技能培训学习

人们的技术技能主要是通过不断地学习(培训、自学、交流、实践)获得提高的，人们的沟通技能也像技术技能一样，能通过不断地学习得到提高。当然，不可否认有些人似乎天生就有很好的沟通技能，有些人则有学习技术技能的诀窍，但很少发现有人天生就同时拥有这两种本领。

现实生活中，大多数技术专业人员是因其技术技能而得以进入航空型号工程这个领域的，不过，多数人发现沟通技能才是提升职位的关键，特别是如果他们想成为优秀的项目经理。

培训是提高项目员工沟通技能的重要手段之一，然而许多员工还不太懂得这个道理，就他们本身的想法而言，也可能更愿意参加最新的技术培训，而不是那些软技能的培训。所以项目经理一定要强调软技能培训的重要性，因为项目员工沟通技能的提高将关系到项目能否成功。在沟通和表达培训方面很小的投资就能为个人、项目和组织带来巨大的回报，这些技能比他们在技术培训课上学到的许多技能有更长的生命力。

沟通技能培训通常包括角色扮演活动，通过这些活动让学员建立协同的观念；培训课还为学员提供机会去发展在小组中沟通的特殊技能，并把学员的表现录在录像带上。大多数学员对他们在录像带中看到的言语上的特殊习惯感到惊讶。

2. 召开有效的会议

在项目实施过程中有大量协调工作要通过经常的定期或不定期会议协商讨论解决，组织召开有效的会议是项目经理最重要的工作。一个成功的会议能起到鼓舞士气的作用，反之，失败的会议会对项目产生极为有害的影响。下面是几条有关开会指导方针。

(1)终止不必开的会议，如果时机不成熟、准备不充分，或没有解决问题的好办法，就不要召开会议。开会的原则是，可开不可开的会议，不要开；小会能解决的问题，不要开大会；短会能解决的问题，不要开长会。

(2)会议目的要明确。每次开会之前，一定要明确会议的议题、议程和目的，并事先使出席会议的每个人都能十分清楚会议的议题和目的，以便做好讨论发言的准备。

(3)确定参加会议的人员名单。参加会议的人员名单是以会议的议题、议程和目的为基础确定的。会议出席人员与会议的议题和目的之间是一种相辅相成的关系，如果有的关键人物不能出席会议，那么相关会议议题就得取消，甚至会议都不能如期举行。一般情况下，参加的会议的人数越少越有效，特别是在做决策的时候。其他一些会议则需要很多人参加。

(4)会前向与会者提供议程。会议议程是会议组织者拟定的会议流程，实质上是会议组织者对会议内容做出的计划安排表。会议召开前给每个准备出席的与会者发会议议程表很重要。

1)当可能出席会议的人在会前知道了会议议程以后，就有机会和时间来考虑与会议有关的问题，并决定他们是否真的出席会议。

2)与会者可以根据会议议程做出席会议的准备工作，如看报告翻资料，收集必要的信息，准备发言稿，等。与会者有准备而来，则会议会有效得多。

(5)做好会务准备工作。会务准备工作烦琐而重要，事务性工作又多又杂，大大小小、方方面面的问题都要考虑周全。例如，事先要准备好会议分发的印刷品、多媒体会议设施和后勤安排，包括预订合适的房间，安排交通车辆，准备会议伙食，迎来送往热情服务等。

(6)会议主题要突出。会议主持人要协调好会议关系，把握住会议议程，掌握好时间进程，控制整个会议局面气氛，特别要突出会议主题。会议自始至终都要紧紧围绕着会议主题展开热烈的讨论和认真的研究，以尽量短的时间，达成共识，解决问题。会议要有专人作记录，会后要整理好记录写成会议纪要。

(7)通过会议建立关系。通过召开主题突出、生动有趣、气氛热烈的专题会议，适当地使用幽默、小礼品或奖励好主意等方式来保持会议参加者的积极性，有助于调动现场气氛，并与各方面建立业务关系。

3. 有效的项目沟通来自心灵沟通

人是有着丰富感情生活的高级生命形式，情绪、情感是人精神生活的核心成分。优秀精明的领导者会最大限度地影响追随者的思想、感情乃至行为。作为项目经理，仅仅依靠一些物质手段激励员工，而不着眼于员工的感情生活，那是不够的，与员工进行思想沟通与情感交流是非常必要的。情绪、情感在人的心理活动中起着决定性的作用，它支配和组织着个体的思想和行为，因此，情感管理应该是管理的一项重要内容，尊重员工、关心员工是确保项目沟通顺畅、搞好人力资源开发与管理的前提与基础，这一点对航空型号工程项目管理尤其重要。

沟通必须以人为本，只有从心开始，进行心灵与情感的沟通，才是真正有效的沟通。项目经理作为团队领导者，要考虑以什么方式进行沟通，使沟通的双方相互理解、相互信任、相互认同。只有用情感进行沟通，让大家在心理上能愉快地接受对方，才能收到事半功倍的效果。

个人目标是个人追求的一种生活境界，它表现的是个人的理想、愿望以及对未来生活的一种期盼。一般存在三类心理目标：与生存有关的目标简称生存目标，与社会交往有关的目标简称为关系目标，与自我发展有关的目标简称发展目标。如果某些管理行为能够促进员工的个人目标向预期的方向发展，就会产生积极的情绪情感；反之，就会产生消极的情绪情感。员工的积极情绪是有效沟通的前提，也是项目成功的保障；而员工的消极情绪则是项目绩效的"天敌"，若无法进行有效沟通，就无法获得成功。

既然有效的项目沟通来自于心灵的沟通、感情的沟通，项目经理不妨试试以下小小的情感投资方法：新员工前来上班之际，开个简短的欢迎会，致欢迎辞；支持和鼓励员工参加技能培训，培训结束时给项目经理部学员发个祝贺信，祝贺他学到了新技能；逢年过节给员工发一点小礼品，或者请全体员工吃顿饭；员工生日送个生日蛋糕；对员工的工作成就和额外努力要给予表扬和奖励；员工遇到个人困难时表达出同情和关心。

研究表明，一些最为珍贵的信息是出人意料的：邮箱里的一张贺卡，电子邮件中的电子贺信，出乎预料的小礼品等，这些最能体现出小礼物背后的真诚，也最能让人感动，让人难以忘怀。

第4节　冲突和协调的概念

工程项目在实施过程中会涉及很多方面的关系，为了处理好这些关系，保证实现目标，就需要协调。所谓协调，就是以一定的组织形式、手段和方法，对项目中产生的不畅通关系进行疏通，对产生的干扰和障碍予以排除的活动。协调的目的是力求得到各方面协助，促使各方协同一致，齐心协力，以实现自己的预定目标。项目的协调其实就是一种沟通，提供一个重要的在人思想和信息之间的联络方式。

一、冲突的含义和解决方法

1. 冲突的含义

冲突的含义相当广泛。项目上的冲突可以解释为两个或两个以上的人或组织在某个争端问题上的相互干扰、意见不合或争执。冲突分为以下几种：

(1)利益冲突。指组织内外部的个人之间、组织与个人之间、组织之间以及组织或个人与其所在的自然和经济环境之间，在其赖以生存的资源分配处于不公平情况下产生的冲突。利益冲突的解决取决于利益分配问题的解决。

(2)文化冲突。指组织内外部的个人之间、组织与个人之间、组织之间以及组织或个人与其所在的社会环境之间在文化、思想、信仰和观念等各方面不一致、不和谐而产生的冲突。原因在于不同的观念将引致不同个体或组织的行动，而不同的行动将产生不公平的利益或资源的分配，从而引起冲突。

(3)角色冲突。指自然系统、机械系统或人的组织系统与构成系统的组成单元或部件的相互关系或功能不和谐、不相容等产生的冲突。原因在于组成系统的结构和各部件的功能具有排他性，引起碰撞。角色冲突的结果可能导致系统的整体生存能力下降，目标不能实现，甚至死亡。

(4)心理冲突。指个人或组织的逻辑思维对环境的认识、评价和判断产生矛盾的结果,导致其精神状况不和谐、不稳定。心理冲突可能导致行为选择的风险。

2. 冲突的解决方法

利益冲突需要使冲突的各方在作资源的分配上由不公平重新达到公平状态才能解决;文化冲突需要各方在不同的文化环境中达到沟通、相互接受和融合能解决;角色冲突需要冲突各方在不同的文化环境中达到结构与功能的整体优化方能解决;心理冲突需要个体或组织在精神和心理上得到调整,达到新的平衡。解决冲突问题是由若干种不同的措施,以不同的力度构的一个措施组合方案。构成解决冲突问题方案的措施种类很多,可分为经济措施、技术措施、组织措施和合同措施,每种措施包含多个子措施。解决冲突可采用下列方法:

(1)协商、让步、缓和、强制和退出等。

(2)使项目的相关方了解项目计划,明确项目目标。

(3)搞好变更管理。

(4)领导裁决。

(5)对抗的方式,如进行诉讼或提交仲裁。

解决冲突问题的过程分为静态和动态两种。对于通过选择某种途径和有效的解决方案一次性地解决冲突问题的情形,称为静态解决冲突问题;而若需要持续多次采用解决方法,选择某种途径和有效的解决方案解决问题的,称为动态解决冲突问题。一般来说,绝大多数冲突问题的解决都是一个动态过程。

二、协调的含义和作用

1. 协调的含义

协调,根据不同情景可以理解为协商、调解、调停或调理。在利益冲突中,协调是指第三方依照法律或合同赋予的权力对处于冲突境界的个体或组织之间的利益分配和资源分享的不公平状态进行识别、分析、评价和判断,依据一定的标准和尺度,采用调节和理顺的方法,选择有效的调理措施,通过沟通与协商手段,使处于冲突境界的各方认识冲突的利害关系和发展前景,推荐解决冲突的措施方案,使其利益分配和资源分享趋于新的公平和稳定状态。

沟通和协商是协调的重要手段,通过语言、信号、姿势等通用符号系统在个体或组织之间进行思想或观念交换的过程。因而沟通在解决冲突问题中是重要的手段和不可缺少的环节。协商,又称为谈判,是指通过会议或讨论的方式使某种事件得到公平解决,或达成某一协定。

2. 协调的作用

在上述协调的解释中,沟通与协商起着核心的作用。可见协调是对处于冲突境界中的双方或多方通过信息沟通和协商,使其利益分配或资源分享达到新的公平(或平衡)状态,从而使冲突问题得到解决。因此,协调是为了解决利益冲突问题。

在航空型号工程项目实施过程中,需方与承包人是依合同建立起的交易关系,二者通过签订合同达成某种公平交易的承诺。然而在合同的履行过程中必然会产生现实交易结果与合同承诺的差异,这将导致实际结果的不公平,致使在需方与承包人之间产生利益的冲突。第三方对需方与承包人在合同履行过程中产生的差异进行协调,以使合同的差异不断缩小,对损失方给予利益补偿,使需方与承包人的交易尽量达到公平和新的平衡。

一个有优秀的管理者,必须要有良好的沟通协调能力。重视且乐于沟通,愿意与人建立联系;在遇到沟通障碍时,能够以积极的心态对待冲突和矛盾,而不是强权或回避。能够打破自我中心的思维模式,尝试从对方的角度和立场考虑问题,体察对方感受,促进相互理解。

第5节　航空型号工程项目组织协调的原则、内容和措施

航空型号工程项目的特点是高科技所具有的技术新、风险高。任何事物当风险高时,矛盾冲突就不可避免;当潜在的矛盾冲突发时,良好的沟通显得特别重要。有效的沟通可减少干扰,有助于消除障碍、处理好冲突。组织应做好冲突的预测工作,了解冲突的性质,寻找解决冲突的途径。

一、航空型号工程项目组织协调的原则和内容

(一)航空型号工程组织协调工作的原则

航空型号工程组织协调工作的原则是,坚持项目利益第一,全局利益第一。方便他人,也方便自己。加强与项目参与各单位的联系,通过各方充分协调与理解,使各方达成一致。

航空型号工程项目实施过程中涉及的单位较多,即在工程项目实施过程中,承包人要与需方、供应商、政府部门、上级主管部门等进行定期和不定期的工作协商,召开各方有关人员的协调会。由于各单位人员素质参差不一,在同一时间内交叉作业,会不断产生一些问题,且存在着一定的矛盾,有技术方面的问题,也有管理方面的问题,因此需要协调好方方面面的工作,协调配合贯穿整个工程实施全过程。

项目经理要及时掌握工程实施的进度、费用、质量、实施流程、工序衔接,以及与其他系统实施工期、工序、实施安排、人员关系,从而顺利地协调各工种之间、各系统之间、各单位之间的干扰与矛盾,减少实施过程中的相互影响。加强航空型号工程项目团队与各方人员、其他各单位的沟通、协调与配合。确保工程项目实施的顺利进行。

(二)航空型号工程项目组织协调的内容

组织协调工作是贯穿于航空型号工程项目实施全过程的。由于工程项目实施过程中涉及的单位较多,将整个工程项目作为一个大系统来看,项目组织协调的对象可分为系统内部的协调和系统外部的协调两大部分。系统外部的协调又可分为具有合同因素的协调和非合同因素的协调。

系统内部协调是指一个项目内部各种关系的协调,主要包括以下几方面:

(1)系统内部人际关系的协调。主要指如何提高每个人的工作效率,这在很大程度上取决于人际关系的协调程度。项目经理首先应注意做好人际关系的协调工作,充分调动系统内部各个成员的积极性,这样才能保证工程项目顺利实施。因为任何协调工作最终都表现为人与人之间的往来,而良好的人际关系可以使双方相互信赖、相互支持,容易沟通,同时人际关系的渗透和扩散性反过来能更加提高工作的效率。和谐的人际关系是做好项目管理工作的基础。

(2)系统内部组织关系的协调。这里说的组织,是指航空型号工程项目中对应承担各个子系统任务的若干个项目经理部。组织协调的作用是要使这些项目经理部都能从整个项目的总目标出发,积极主动地完成本系统的工作,使整个项目处于有序的良性状态。组织协调可以通

过开定期的工程例会、业务碰头会和协调会来实现，会后应有会议纪要，并采用信息传递方式进行有效沟通，这样可使局部的各系统单位了解全局，消除误会，服从并适应全局的需要。通过及时有效的组织协调，可以避免资源的浪费，节省人力物力和财力。

(3)系统内部需求关系的协调。系统内部需求关系的协调是指在工程项目实施过程中，对人员、材料、设备和软件的需求，以及能源动力需求等进行及时的协调，以达到内部需求的平衡，实现内部资源的一种合理配置。

(三)系统外部关系中的合同因素协调

系统外部的协调是指航空型号工程项目所涉及各个单位(利益相关者)之间的关系协调。根据是否具有合同关系可划分为两类:具有合同因素的协调和不具有合同因素的协调。具有合同因素的协调主要是需方与承包人、设计单位、供货商等之间的关系协调，因为他们之间的关系均具有合同性质。系统外部关系中的合同因素协调是组织协调工作的重点环节。

对于系统外部关系中合同因素的协调，主要是协调需方与承包人的关系。需方与承包人在合同履行过程中产生的冲突进行协调时，应该本着公正地的原则进行协商，相互体谅，正确地协调好各种矛盾，以使双方的差异不断缩小，同时要对受到损失的一方给予利益补偿，使需方与承包人的双方之间的利益尽量达到公平和新的平衡。在不同阶段，需要协调的内容也不尽相同。如:招标阶段的协调、实施和开发准备阶段的协调、实施和开发阶段的协调、试飞和适航取证阶段的协调，总包与分包之间的协调等。

对承包人在履行合同中的实际投资、实际进度和实际质量进行的控制不像对物资交易系统中进行的调节和控制，双方所构成的利益相关、方向相反的冲突是由人组成的系统，只能通过协调的方法达到对实际投资、实际进度和实际质量控制的目的。

(四)系统外部关系中的非合同因素协调

航空型号工程项目系统外部关系中的组织协调工作，除了合同方面的协调以外，还有许多非合同因素的外部关系需要进行组织协调工作。如一些政府主管部门、新闻媒体、中介服务单位、金融机构、社会团体等，虽无合同关系，但作用不可低估。他们往往对航空型号工程项目的实施过程在某些方面，某些场合起着很大的和决定性的作用，起着一定的控制、监督、支持的作用。这方面的关系若协调不好，会影响航空型号工程项目的实施进度。

非合同因素协调的范围很广，可能遇到的问题比合同因素协调更多，协调工作量更大、更复杂。航空型号工程项目在实施过程中可能会遇到方方面面的事情，组织协调的作用是回避不了的，而这些方面都不是事先签好合同可以进行约束的，多是事先难以预料的。显而易见，需方和承包方都应负责协调工程项目系统外部关系中的非合同因素的关系。

二、航空型号工程项目组织协调的措施

航空型号工程项目组织协调工作的目标是使各方充分协作，有效地推动工程按计划进行。在航空型号工程项目实施工程中，主要的沟通协调措施和方法有以下几种:

(一)解决矛盾冲突的基本模式

航空型号工程项目实施过程中，大多数矛盾冲突是由项目进度问题引起的，其他一般冲突

发生的排列次序是:人员安排、技术问题、管理程序、个性和成本。项目经理要提高沟通技能来帮助尽早发现、识别、减少和消除项目矛盾冲突,这是至关重要的。

通常解决项目矛盾冲突的方法有以下五个基本模式:面对、妥协、圆滑、强制和撤退。

(1)面对。项目经理直接面对冲突,本着解决问题的态度,寻找解决问题的方法,允许受到矛盾冲突影响的各方一起沟通,以消除他们之间的分歧。这种方法也叫问题解决模式。

(2)妥协。根据妥协模式,项目经理利用妥协的方法解决冲突。摊开问题、讲清道理、讨价还价、各让一步,寻求解决方法,使冲突各方都能满意。

(3)圆滑。当使用圆滑模式时,项目经理不再强调各方分歧点,或是采取避开矛盾的方法,主要强调各方一致的目标、共同点,以及团结的重要。

(4)强制。强制模式采用非输即赢的方法来解决冲突。项目经理通过牺牲别人的观点来推行自己的观点,具有竞争和独裁管理风格的经理喜欢这种模式。

(5)撤退。当使用撤退模式时,项目经理从大局出发,抓大放小,单方面妥协让步。这种方法是最不令人满意的冲突处理模式。

研究表明,与其他四种模式相比,项目经理最喜欢使用"面对模式"来解决冲突。面对这个术语可能会让人产生误解,这种模式其实强调用解决问题的方法,即找到产生问题的根源,切实解决好问题,最后真正解决了矛盾冲突。该模式注重双赢的策略,各方一起努力寻找解决问题、解决冲突的最佳方法。接下来他们最喜欢的冲突解决模式是妥协模式。与经常使用的面对和妥协两种模式相比,项目经理不太可能使用圆滑、强制或撤退模式。

(二)交谈协调法

交谈协调法就是由航空型号工程项目经理出面,如果矛盾冲突涉及其他外单位,必要时也可以请需方领导出面。面对发生利益纠葛的有关人员,分开不同场合与个别人员进行单独交谈。在回避利益冲突双方压力的情况下,各自阐明自己的观点和看法。交谈协调法一般适合于处理比较小型的矛盾冲突,也适合于矛盾双方已争执的脸红甚至人身攻击,不宜再进行双方当面协调的矛盾。

交谈协调法包括面对面的交谈和电话交谈两种形式。无论是内部协调还是外部协调,这种方法的使用频率都是相当高的,其作用如下。

(1)保持信息畅通。由于本身没有合同效力及其方便性和及时性,所以航空型号工程项目参与各方之间及组织机构内部都愿意采用。

(2)寻求协作和帮助。采用交谈方式请求协作和帮助比采用书面方式实现的可能性要大。

(3)及时发布工程指令。一般都先采用交谈方式协调,后发布工程指令。这样,一方面可以使对方及时地执行指令,另一方面可以和对方进行交流,了解对方是否正确理解了指令,并随后再以书面形式加以确认。

(三)访问协调法

访问协调法是指各方人员到相关各方进行参观访问,增进互相了解的同时,通过高层或关键人员的互访,利用人文和软环境使问题得到解决。这种办法,有利于融洽航空型号工程项目各方利益相关者之间的感情,增加彼此间的信任,也有利于互相体谅和协作。

访问协调方法有走访和邀访两种形式。走访是指项目经理在工程项目实施前或实施过程中，对与工程项目实施有关的各政府部门、公共事业机构、新闻媒介或工程毗邻单位等进行访问，向他们解释工程项目的情况，了解他们的意见。邀访是指项目经理邀请上述各单位代表到工程项目实施现场进行指导性巡视，了解现场工作情况。

(四)情况介绍法

情况介绍法适合在遇到有关利益相关者要求严格保密的工作内容时进行沟通协调，也适合于只为增进了解项目进度的沟通工作。情况介绍法通常是与其他协调方法紧密结合在一起的，它可能是在一次会议前，或是一次交谈前，或者是一次走访或邀访前向对方进行的情况介绍。形式上主要是口头的，有时也伴有书面的。介绍往往作为其他协调的引异，目的是使别人首先了解情况。

(五)会议协调法

会议协调法就是采取召开会议的形式进行协调，包括工程例会和专题会议等。

会议是把航空型号工程项目有关各方利益相关者，组织起来针对几个有争议的主题进行沟通和协调的一种重要机制，也是比较正式的一种各方关系人沟通的工作方法，通常是比较有效的工作方法之一。开会的目的之一在于沟通意见，明晰各方要求，集思广益，纠正偏差，统一意志，提高各方的行动能力，进而促进问题的解决。成功的会议必须做好对会议的管理，包括会前准备、会中任务和会后工程，以提高会议效率。航空型号工程项目管理中最常召开的协调会有以下几种。

1. 工程例会

航空型号工程项目管理工作制度中所实施的工程例会制度，可提供大量的反馈信息，是项目经理对工程项目进行全面管理的一种重要方法，也是工程项目管理中普遍采用的一种手段。工程例会旨在检查、督促合同各方，协调各方关系，促进工程项目的顺利进行。

工程例会的作用如下。

(1)通过工程例会，便于对工程项目实施的进度和质量的矛盾进行协调，同时方便各种信息迅速在相关人员之间传递，有利于工程的顺利进行。

(2)工程例会可用来协调相关各方之间的矛盾，也可以协调工程项目实施过程中的一些矛盾，使矛盾和问题及时得到解决，避免对工程项目三大目标(质量、工期、成本)的影响。

(3)在工程例会上，项目经理对工程进度、质量、费用情况进行经常性检查，通过对执行合同的情况和项目实施技术问题的讨论，可以发现问题，为项目决策和采取改进措施提供依据。

(4)工程例会还可以集思广益，对项目实施过程中出现的各种问题，提出建设性意见。

2. 现场协调会

在航空型号工程项目实施过程中，应根据具体情况定期或不定期召开不同层次的实施现场协调会。会议由项目经理主持，与协调会主题有关的人员必须参加，其他人则可酌情参加。会议只对近期项目实施活动进行证实、协调和落实，对发现的实施质量问题及时予以纠正，对其他重大问题只是提出而不进行讨论，另外召开专门会议或在工程例会上进行研究处理。

会议的主要内容包括：承包人报告近期的项目实施活动和进展情况，提出近期的实施计划安排，简要陈述发生或存在的问题。现场协调会以协调工作为主，讨论和证实有关问题，及时发现问题，一般对出现的问题不做出决议，重点只对日常工作发出指令。

(六)书面协调法

书面协调法就是指在各方进行协调工作的过程中,均以书面正式存档文件进行。在航空型号工程项目实施的任何阶段,承建单位与需方及其他利益相关者之间因工作而需要做的正式联系,包括报告、总结、报表、请示、通知、回复、工程日记、现场记录、会议纪要、信函、备忘录、指令、交谈内容或口头指令的书面确认等等,都应当采取书面文件的形式。

在航空型号工程项目实施过程中,书面沟通是最重要的沟通协调方法,对工程项目实施的成败起关键作用。俗话说:没有记录等于没有发生! 这句话绝大部分有项目管理经验的人都知道,但是,真正在意这句话并不多。根据统计资料和许多工程实践表明:在很多航空型号工程项目实施过程中,一些参与单位之间产生矛盾冲突的原因就是信息沟通不顺畅,而导致信息沟通不顺畅的原因居然是由于没有养成用书面方式沟通的习惯。

书面语言落笔为证,具有唯一性和比较强的稳定性,因此无论在法律上还是在其他用途方面都具有比较强的权威性。当冲突双方观点差距比较大,需要通过仲裁或法律途径解决的时候,书面材料的作用显得更加重要。例如双方就一个事件产生了较大争议,对事实各自都有各自的看法,那到底这个事实如何呢? 法律上规定:谁主张谁举证,即当事人要对自己提出的主张提供证据并加以证明。这就是民事诉讼中所说的举证责任问题。

通常,在不同的场合与不同的人进行口头交流,即使一个记忆力非常好的人也很难做到每一次的交流都是完全相同的,而书面沟通可以给每一个人完全相同的信息。所以在工程项目实施及各种商务活动中,与外部的各种契约合同和内部管理的各种材料大多都要采取书面的形式。

相对口头沟通,书面沟通有如下好处:

(1)书面材料是准确而可信的证据,即所谓"白纸黑字",约束力强。

(2)写作人能够从容地表达自己的意思,措辞可以经过仔细推敲和不断修改。

(3)书面文本可以复制,同时发送给许多人传达相同的信息。

(4)书面材料传达信息的准确性高,保证信息的完整传递。

(5)书面交流方式可以避免正面冲突,实现和谐沟通。

(6)书面交流方式可以避免沟通时间、空间上的错位。

第15章 航空型号工程项目采购和供应链管理

第1节 项目采购管理的基本概念

项目采购管理是保证项目成功实施的关键活动之一，如果采购的材料、设备和服务没有达到规定的标准，必然会影响项目的成本、进度和质量等目标的实现，甚至导致整个项目的失败。

一、项目采购管理的定义和类型

（一）采购和项目采购管理的定义

采购就是从外部的供应方获取产品和服务的经常性活动。

项目采购管理是指为达到项目的目标而从项目组织的外部获取材料、设备和服务所进行的管理过程。它包括采购计划，采购与征购，资源的选择以及合同管理等项目管理工作。

项目采购管理的总目标是以最低的成本及时地为项目提供满足其需要的材料、设备和服务。如果说编制预算是有关资源的分配的话，那么确保资源的有效利用则是采购管理的使命。在完善的市场经济条件下，组织的资金管理者责任及资金的使用效率可以通过其赢利性本身，通过优胜劣汰的市场机制反映出来，也即通过市场检验来体现。项目采购管理涉及管理与合同有关的活动，如需采购的物资和服务的种类、数量、规格和时间的确定、市场分析、招标、合同签订、合同的执行和合同收尾等。

（二）项目采购管理的程序

企业应设置采购部门，制定采购管理制度、工作程序和采购计划。项目采购工作应符合有关合同、设计文件所规定的数量、技术要求和质量标准，符合工期、安全、环境和成本管理等要求。产品供应和服务单位必须通过合格评定。采购过程中应按规定对产品或服务进行检验，对不符合或不合格品必须按规定处置。采购资料必须真实、有效、完整，具有可追溯性。

项目采购管理应遵循下列程序：

（1）明确采购产品或服务的基本要求、采购分工及有关责任。

（2）进行采购策划，编制采购计划。

（3）进行市场调查、选择合格的产品供应或服务单位，建立供应名录。

（4）通过招标或协商等方式，确定供应或服务单位，并通过评审。

（5）签订采购合同。

（6）运输、验收、移交采购产品或服务。

(7)处置不合格产品或不符合的服务。

(8)采购资料归档。

(三)项目采购的类型

项目采购的分类方法通常有以下两种。

1. 按采购对象分类

项目采购按采购对象的不同可作如下分类,如图 15-1 所示。

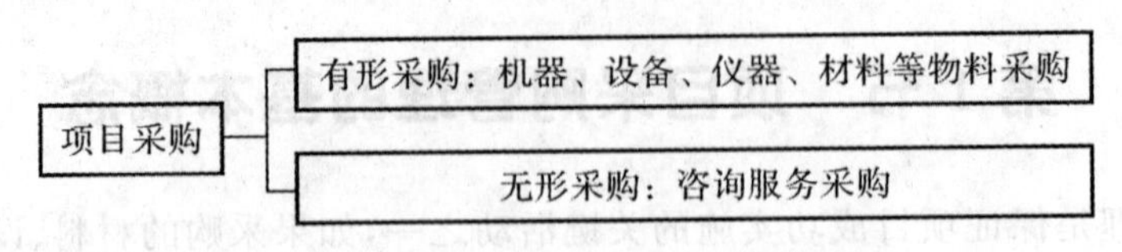

图 15-1 项目采购按采购对象的分类

(1)物料采购是指购买项目所需的各种机器、设备、仪器、材料等物料,还包括与之相关的运输、安装、测试、维修和人员培训等服务。

(2)咨询服务采购是指聘请咨询专家来完成项目所需的各种服务,包括项目的可行性研究、项目计划工作,项目管理、技术支持和人员培训等服务。

2. 按采购方式分类

项目采购按照采购方式的不同可以作如下分类,如图 15-2 所示。

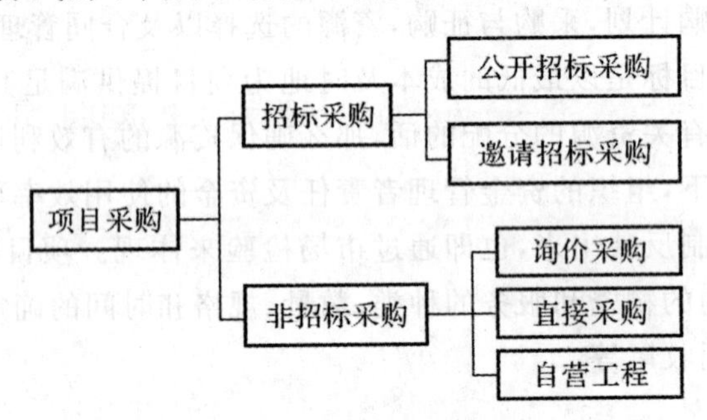

图 15-2 项目采购按采购方式的分类

(1)招标采购。招标采购是由需方发出招标公告,邀请潜在的投标者进行投标,然后由需方对投标者所提出的投标文件进行综合评价,从而确定中标人,并与之签订采购合同的一种采购方式。招标采购的缺点是手续较烦琐,耗费时间也较多,不够机动灵活,但是具有以下优点:①帮助招标者以最低的价格取得符合要求的材料、设备和服务;②符合要求的投标者都有机会在公平竞争的情况下参加投标;③公开办理各种手续,可避免贪污贿赂行为。

(2)非招标采购。非招标采购类似于日常运作的采购活动,在现实生活中应用非常广泛。非招标采购一般适用于单价较低、有固定标准的产品的采购,主要包括:①询价采购是指收集若干家供应商的产品报价;②综合评价各供应商的条件和价格,并最终选定一个供应商;③直接采购是指直接与供应商签订采购合同的采购方式;④自营工程是指由于项目本身的特殊要求或成本收益的限制,利用项目自身的人力、物力和财力自己制造或提供所需的产品或服务。

(四)项目采购管理的内容

项目采购管理的内容由以下步骤组成：

(1)编制项目采购计划。编制项目采购计划是确定怎样从项目组织以外采购物资和服务，以最好地满足项目需求的过程。它考虑是否采购、采购什么、采购多少、怎样采购及何时采购等相关问题。制订采购计划时应进行市场调查，了解有哪些可能的供应商，以及他们提供的货物和服务的质量、价格等。采购计划应包括从采购策略、采购程序、采购合同到每项物资和服务合同收尾的全过程。

(2)项目采购计划的实施。在制定了项目采购计划之后，项目团队要了解市场行情。通过市场调查确定能够满足采购需求的潜在供应商，对他们可能满足项目目标的程度做出评价。通过与供应商沟通和招标或协议的方式，以及事先制订的评选标准，选择最满意的供应商。采购方式和程序在一般应得到上级主管和投资方的认可，以保证采购活动符合组织目标和投资方的利益。公开招标有利于潜在供应商之间的公平竞争，能达到提高采购效果和效率的目的。

(3)项目采购合同管理。项目采购合同管理包括与供应商进行合同谈判、合同签订以及监督合同履行的一系列管理工作。与选择的供应商进行有关合同的谈判以达成协议。合同或协议的内容和条款应尽可能准确、周全，将不确定因素减到最小。

认真按照签订的合同办事，实施采购管理计划，以实现合同双方双赢的目标。审查采购进展情况，分析变化，执行双方同意的变更，以保证在合同的法律框架内实现项目目标。明确潜在的、可觉察的和实际存在的合同争议，并采取适当措施尽可能避免合同争议发展成为法律争端。

(4)项目采购合同收尾。项目采购合同收尾是指合同全部履行完毕或合同因故终止所需进行的一系列管理工作。对采购的货物和服务进行最后验收，确认合同已经完成可以移交，包括解决所有项目进展中遗留的合同问题，如采购结算、索取保险赔偿和违约金等。

二、项目采购管理的作用和过程

1. 项目采购管理的重要性

航空型号工程项目大多都要使用外购的产品和服务。由于采购是一个正在兴起的领域，了解项目采购管理对一个项目经理来说是很重要的。许多企业把目光转向采购，目的如下。

(1)降低固定成本和经常性成本。产品或服务供应商通常可以利用规模经济效应，因为在市场经济条件下，数量越多、规模越大，价格越低。而单个客户由于数量少则无法做到这一点。

(2)可以使组织和员工把工作重点放在核心业务上。许多公司在它们应把重点放在诸如市场营销、客户服务以及新产品设计的核心业务上的时候，却在非本职能(产品和服务)上投入了大量的时间和资源，得不偿失。通过采购职能，员工可以把精力放在对于企业成功至关重要的工作上。

(3)得到技能和技术。通过从外界获取资源，组织可以在需要的时候获得专门技术。

(4)提供经营的灵活性。在企业工作高峰期利用采购来获取外部人员，比起整个项目都配备内部人员要经济得多。

(5)提高责任心。合同是一份要求卖方承担提供一定产品或服务的责任、买方承担付款给卖方的责任的互相约束的协议。一个内容全面的合同能分清责任，并把重点放在项目的可交付成果上。由于合同在法律上具有约束力，所以双方对遵守合同规定更能负起责任。

2. 项目采购管理的过程

许多成功的利用外界资源的项目，常常归功于好的项目采购管理。其主要过程包括：

(1)编制采购计划。这一过程包括采购什么和何时采购；确定合同的类型；编制工作说明书。自制一外购决策就是组织决定是自己内部生产产品或者提供服务，还是从外界购买产品或服务更有利。作为采购计划编制过程的一部分，项目经理部还要制订一个采购管理计划。

(2)编制询价计划。拟定项目所需产品或服务的询价计划，包括采购清单、品牌规格、数量和性能要求，以及供应商评价标准等，并识别潜在的供应商。在询价计划编制过程结束时，组织通常要向潜在的供应商发送询价邀请书，请他们报价。

(3)询价。该过程通常包括获得报价、标书、出价，讨价还价，以及采购文件的最后形成、广告、招标会的召开、获得投标书等。但偶尔也有不采用正式的询价过程而进行的项目采购。

(4)选择供应商。选择供应商或承包商可采用招标方式或协议方式。这个过程包括评价潜在的供应商，并根据评价结果择优选择。在选择供应商时，通常需要综合考虑价格之外的因素，如供应商的经验、产品的性能、服务的质量、供应的时间以及满足项目需求的程度等。加权方法是一种量化定性变量的比选技术，具体的做法是：为每个评审标准分配一个数字权重，根据评价标准给潜在的供应商打分，分数乘以权重，最后合计乘积结果，计算出汇总分数，作为评价和比选的依据。

(5)独立估算。采购组织可以对采购产品编制自己的估算，用以检查供应商的报价。如果差异较大，说明定义的范围不恰当，或者供应商对采购方的需求有误解或漏项。独立估算又称为合理费用估算。项目经理部也可把独立估算的工作交给外部的咨询顾问来做。

(6)合同谈判。合同谈判是谈判的一种特殊形式。合同谈判时间是在选定供应商后和合同签约前，涉及双方的责任和权利、应用的法律和条款、使用的技术和商务管理办法，以及价格等。

(7)合同管理。包括处理与供应商(卖方)的关系。这个过程包括监督合同的履行、进行支付、合同修改。到合同管理过程结束的时候，项目经理部期望承包出去的大量工作已经完成。

(8)合同收尾。即合同的完成和结算，包括任何未决定事宜的解决。这个过程通常包括产品审核、正式验收和收尾、以及合同审计。

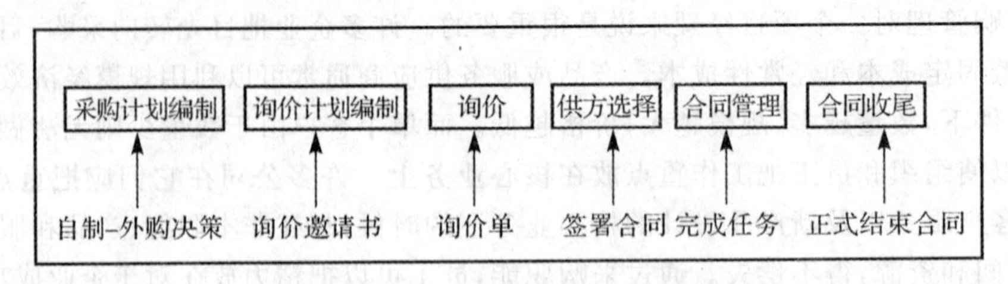

图 15-3 项目采购管理过程和关键输出

图 15-3 总结了采购管理主要过程，以及过程中每个阶段结束后常发生的重要里程碑事件。采购计划编制之后的重要里程碑事件就是自制-外购决策。在询价计划编制结束时，关键的里程碑事件就是发布询价邀请书。在询价过程之后，组织将会收到建议书。在供应商选择结束时，应该裁决是否签署合同。在合同管理过程之后，卖方会完成合同中所规定工作的大部分内容。在合同收尾结束时，将会有一个正式的验收及合同收尾。

第2节 项目采购计划和合同专用条款

一、采购计划的编制要求和采购清单

1. 采购计划的编制要求

编制采购计划是一个项目管理过程，它确定项目的哪些需求可以通过采用组织外部的产品或服务得到最好的满足。它包括：决定是否要采购，如何去采购，采购什么，采购多少，以及何时去采购。清晰地界定项目的范围、产品的范围、市场条件、约束条件以及假设，是非常重要的。对于大多数项目来说，恰当的采购计划编制可以给组织节省成本。

组织应依据项目合同、设计文件、项目管理实施规划和有关采购管理制度编制采购计划。采购计划应包括下列内容：

(1)采购工作范围、内容及管理要求。

(2)采购信息，包括产品或服务的数量、技术标准和质量要求。

(3)检验方式和标准。

(4)采购控制目标及措施。

航空型号工程项目大多都是用采购的方法，来解决材料/设备的发送、维护、基本的客户培训与支持等。这项决策是根据采购计划而做出的。如果有供应商能以合理的价格和可靠的服务提供这些设备，则采购是有意义的，因为它降低了项目的固定成本和经常性成本，让项目经理部把精力放在本身承包项目实施这些核心业务上。

2. 采购合同专用条款和货物清单

大多数项目采购合同的附件都包括有合同专用条款和货物清单。合同专用条款是对项目采购所要求完成的工作的描述。合同专用条款应当足够详细地描述所要求的全部服务和工作内容，应当清楚、简洁而且尽量完整，而且包含绩效报告，以便让潜在的供应商决定他们能否提供所需的产品和服务，以及确定一个适当的价格。

作为采购合同附件的合同专用条款和货物清单不仅要包含所需货物的名称、品牌、规格、单价、数量，还应写清楚安装调试工作的具体地点、完成的预定期限、具体的可交付成果、何时付款及付款方式、适用的标准、验收的标准以及特殊要求等。

二、编制采购计划的方法

1. 自制-外购分析

自制-外购决策分析即用于决定是在组织内部制作某些产品或进行某种服务，还是从组织外部购买这些产品或服务的一种管理技术。它包括估算提供产品和服务的内部成本，同时还包括与采购成本估算的比较。在比较自制与采购的经济性时要考虑直接和间接两部分费用，并考虑组织的长远需求和项目的当前需求，即能够满足组织长远需求时，采购成本分摊到当前项目上的比例就会小一些。

自制-外购决策分析可以帮助组织确定：是否能通过采购产品或服务来节省成本。当然，如果没有必要从组织外部购买任何产品或者服务，那么就没有必要再进行采购管理的其他过程。航空型号工程项目的自制-外购决策分析必须包括工程项目全生命周期成本，如果需方收到的供应商的报价低于他们的自制成本估算，项目采购就是合适的选择。

2. 咨询专家意见

作为项目采购计划编制的一个环节，应该咨询专家的意见。因为项目采购计划编制涉及许多法律、法规和组织、财务方面的问题，因此项目经理应当向企业内外的专家咨询，来帮助进行项目采购计划编制。同时，专家熟悉项目采购管理的程序，比较了解有关产品或服务的市场行情和价格，也知道哪些企业是合格的供应商。公司外部的专家，包括一些潜在的供应商，也能提供一些专家判断。不管是内部的、还是外部的，专家判断都是制订项目采购决策的一项宝贵财富。

第3节 项目采购控制

一、项目采购控制要求和设备进场开箱控制

1. 项目采购控制要求

(1)采购工作应采用招标或协商等方式。

(2)采购部门应对采购报价，进行有关技术和商务的综合评审。应制定选择、评定和重新评定的准则。评定记录应予保存。

(3)组织应对特殊产品(特种设备、材料、制造周期长的大型设备、有毒有害产品)的供应商进行实地考察，并采取有效措施进行重点监控。

(4)承压产品、有毒有害产品、重要机械设备和电子电器等特殊产品的采购，应要求供应商具备安全资质、生产许可证及其他特殊要求的资格。

(5)检验产品使用的计量器具和产品的取样、抽验必须符合规范要求。

(6)进口产品应按国家政策和相关法规办理报关和商检等手续。

(7)采购产品在检验、运输、移交和保管等过程中，应按照职业健康安全和环境管理要求，避免对安全、环境造成影响。

2. 设备和材料进场开箱控制

(1)设备和材料进场后，要由订货方、供应商或其代表联合在现场检查验收签证。

(2)首先进行外包装是否完好的外观检查，包括外包装有无破损，外包装印刷标志的内容：商标、产地、型号规格、重量、颜色、生产或出厂日期等是否符合合同要求，并记录设备进场的日期和时间，检查是否符合采购合同要求。

(3)开箱检查验收时，要仔细进行设备材料外观检查，有无压痕或破损，以及设备标牌，包括设备品牌商标、产地、型号规格、重量、颜色、生产或出厂日期等是否符合采购合同要求。

(4)清点设备装箱单，包括零配件数量、产地、型号规格、颜色、生产日期等是否符合合同要求，并要求供应商提供有关检验和试验结果。

(5)所有设备和材料的数量、品牌、型号规格等都要符合采购合同文件规定，有按规定签署的质量合格证、生产许可证、保修卡和产地证，有产品安装使用维护说明书，如果是进口产品还要有设备进口报关单等证明文件资料。

二、招标采购阶段的控制内容

1. 项目招标采购控制

(1)需方(采购单位)起草招标文件。

(2)审查投标单位的资质,检验生产许可证、设备试验报告或鉴定证书。组织对设备制造厂或投标单位的考察调研,并做出考察结论。

(3)需方(采购单位)向投标单位进行询标的会议,深入了解情况。

(4)召开评标、定标会议,进行综合比较和确定中标单位。

(5)进行合同谈判和签署。采购合同应符合有关法规的规定,其中的条款应准确无误无漏。

合同条款一般应包括供货内容(型号、数量及技术参数)、价格、采用的标准、验收条件、交货状态、包装要求、交货时间地点、运输要求、付款方式、经济担保、索赔和仲裁条款等内容。此外,对于属于合同组成部分并且具有同等效力的有关附件都应在合同中加以明确。

2. 项目非招标采购控制

(1)核查供应商的质量保证和供货能力,建立和保存合格供应商的信用档案。

(2)对采购产品的样本进行验证。

(3)起草、审查签署采购合同。

三、设备安装调试阶段的控制内容

设备安装调试阶段是设备采购实施过程中的重要阶段,设备只有经过安装调试后才能形成真正的工作能力和被客户使用。设备安装调试的质量、进度和费用直接影响工程项目的质量等级、实施周期和工程造价。

(一)设备安装调试的主要工作任务

(1)对设备基础进行检测。

(2)制作需要在工地现场制造的零部件。

(3)在建筑结构中埋设预埋件,敷设隐蔽的管、线(风管、汽管、电线、电缆等)。

(4)设备和材料进场开箱检查验收。

(5)运送、起重和吊装设备,使其就位。

(6)拼装设备的零部件。

(7)校正设备的位置和安放状态。

(8)固定设备。安装管、线、轨道、传送装置。

(9)对单机设备进行空运转试车并调整其动态技术参数。

(10)对系统进行联动试车并进行调整,使之运转协调,达到设计规定的技术要求。

(11)项目竣工验收,供应方向购货方移交设备和有关的文档资料。

(二)设备安装调试阶段的控制任务

设备安装调试阶段的控制任务是对设备安装调试的质量、进度和成本进行控制,项目经理通过合同管理、信息管理和组织协调来实施监督管理,促使实施安装单位采取有效的管理措施、科学的实施方法和先进的技术手段，确保设备安装调试的质量达到项目设计的技术标准和工程等级要求，实施进度达到工程项目预定的工期目标，控制新增工程费用和正确妥善处理索赔事宜来控制工程实际造价。

(三)设备安装调试的质量控制

影响设备安装调试质量的因素有五个：即人的因素、机具的因素、材料的因素、方法的因素和环境的因素。从准备安装设备开始到调试完成交工验收结束的全过程中都应对这五方面的因素加以控制，才能确保设备安装调试质量。

1. 事前控制

质量的事前控制主要是控制设备安装调试的组织工作和生产技术准备工作。审查实施安装单位的实施组织设计和实施方案设计，检查他们的落实情况，协调实施方与外部环境及与内部环境的关系，建立通畅的信息反馈系统。

实施安装单位应提交材料、设备检验报告。材料使用前，要依照相应的技术规范进行验证抽样，如果发现不合格，则实施安装单位应组织更换该部分材料、设备。所有实施工具、机械、设备必须报检，经审查合格后方可使用。

2. 事中控制

质量的事中控制是在设备进行安装和调试过程中进行质量控制。主要是控制系统安装和实施工艺过程的工作质量，必须严格执行设计方案和实施方案，控制每道工序的质量。

(1)上道工序经检查合格才能转到下道工序。

(2)对隐蔽工程和预埋需经检查验收合格才能进行覆盖和转入下一道工序。

(3)当出现设计变更或工程变更时，应该按照规定的程序，及时认真研究分析，尽量缩小影响面，经批准后再实施变更。

(4)当出现质量事故时，应该找出事故的原因、责任者和处理的措施，经报批后妥善处理。

(5)及时地收集质量信息，进行分析整理和反馈是事中控制质量的重要方法。

调动人的积极性，增强质量责任感，提高技术水平，科学和严格地进行管理，才能做好质量的事中控制。要强调项目经理在技术文件和质量文件上的审核签署权，开工、停工指令的下达权，质量监督权和否决权。

3. 事后控制

质量的事后控制是指单机设备调整试车后的检验或系统进行联动试车调整后的检验，以及整个设备项目的交工验收。此时如果检验中发现设备质量未达到设计标准要求，应该寻找原因，采取措施，使设备系统达到要求。

(四)设备安装调试质量评审

评审设备安装调试质量时，根据设备的特点，将其划分为若干分部、分项和单位工程，分项工程中又划分为保证项目、基本项目和允许偏差项目。分项、分部、单位工程的质量等级均分为“合格”和“优良”两个等级。

(1)保证项目。是确定分项工程主要的性能的项目。

(2)基本项目。是保证工程安全和使用性能的基本要求的项目。

(3)允许偏差项目。是结合对结构性能或使用功能、观感质量等影响程度，根据一般操作水平给出的允许偏差范围的项目。

(4)分项工程。按工种种类及设备组别或按系统、区段划分。

(5)分部工程。按专业划分。

(6)单位工程。由若干分项和分部工程组成,构成具有特定功能的系统或一个工程单位。

控制住单位工程中各设备安装和分部工程中的所有保证项目、基本项目和允许偏差项目就控制了设备安装调试的质量。

在分项工程中,在保证项目符合相应质量检验评定标准规定的前提下,基本项目和允许偏差项目达到合格规定的,分项工程才能评为合格;当基本项目和允许偏差项目都达到优良规定的,分项工程才能评为优良。在分部工程中,所含分项工程质量全部合格,分部工程为合格;所含分项工程质量全部合格,并且其中50%及以上为优良,而且主要分项工程为优良,则分部工程可评为优良。在单位工程中,所含分部工程的质量全部合格,质量保证资料基本齐全,观感质量的评定得分率达到70%及以上,单位工程为合格;当所含分部工程全部合格,其中有50%及以上优良,以设备安装工程为主的单位工程,其指定的分部工程必须优良,质量保证资料基本齐全,观感质量的评定得分率达到85%及以上,单位工程能评为优良。

(五)设备安装调试的进度控制

1. 事前控制

进度的事前控制主要是控制实施前的准备工作,为按时开工安装和在安装调试中不因为准备不足而延误进度打好基础。应审查安装单位的进度计划,检查它的合理性,审查它与其他实施项目计划是否发生矛盾;检查安装单位的人员、材料、机具等的准备情况;检查被安装的设备到货情况;协调为安装单位提供必要的安装场地空间和水电道路等安装条件。

2. 事中控制

进度的事中控制主要是控制每道安装工序和安装实施节点的进度,发现问题,及时反馈和纠正。项目经理要经常检查安装进度完成情况;审查安装单位的进度报告;及时进行安装工程计量验收和签证;召开调度会,协调实施各方,解决影响安装进度的问题;调整安装进度计划,使之与设计工作、材料供应、资金保障、设备的到货情况等工作相适应;充分利用人力资源、空间资源和时间资源来保证设备安装调试的进度。

3. 事后控制

进度的事后控制是当实际安装进度与计划进度发生差异时,分析原因,采取措施(技术措施、组织措施、经济措施和其他措施)逐步消除偏差。有时也采用调整计划和制定总工期被突破后的补救措施来实施进度控制。

(六)设备安装调试的成本控制

设备安装调试的成本控制可以从下列3方面进行控制:

(1)控制设备安装调试的承包费和经费支出。签订设备安装调试合同时价格应合理;及时掌握国家调价信息;工程变更和设计修改时应先进行技术经济分析;认真审查经费支出,严格经费签证;认真审核安装单位提交的工程结算书。

(2)认真履行合同中双方应该承担的义务和责任,按时向安装单位提供安装场地、提供水、电、汽、道路等安装条件,及时提供设计图纸资料,协调好外部和内部对设备安装调试的配合工作，使安装调试工作能按期开工、正常实施，连续工作。

(3)科学的严格地进行管理，防止因浪费造成费用增加。

四、设备验收阶段的控制内容

设备验收是项目采购管理过程的最后一个环节，设备验收的顺利完成将标志项目采购工作的结束和设备投入使用阶段的开始。尽快完成设备验收工作，对促进设备早日投入使用，发挥投资效益，有着非常重要的意义。设备验收工作必须从整体的观念出发，对设备系统每一分部分的质量、性能、功能、安全各方面进行最认真、全面、可靠的检查，绝不能给今后设备系统的运行留下任何质量或安全的隐患。为此项目经理应当花大力气抓好设备验收前的准备工作，做好设备验收的组织协调工作和设备验收后的交接收尾工作。

1. 设备验收工作的依据

设备验收阶段的控制工作，首先要遵循相关的法律和法规、规范和标准等，其次是有关的各种合同。严格按照合同的内容，以及在工程开发和实施阶段形成的各种文档资料进行设备验收阶段的控制工作，主要包括批准的设计文件及变更设计；系统集成项目的设计方案、项目采购清单及验收标准；应用系统项目的需求说明书及需求说明书的补充或变更等。

安装单位必须按规定编写和提交验收所需的各种技术文档，并且技术文档必须齐全、正确、清晰。在设备验收之前，应该将全部验收文件及技术文档，提交项目经理一份，以便审查确认。

2. 设备系统测试

为了确保设备系统能够稳定运行，以及满足客户对性能价格比的要求，既要保证系统的性能又能有很好的价格优势，必须做详细的系统测试。包括：

(1)功能测试。用来评估设备系统是否达到了客户的需求。

(2)性能测试。用来评估设备系统是否达到了一定的性能指标，是否满足标准规范的要求。

(3)验收测试。用于测试设备系统是否达到客户的需求和相应的性能指标。

(4)安装测试。前三种测试是在模拟测试环境下进行，而安装测试是在实际操作环境下进行。

3. 设备验收程序

在设备验收前，要制订验收的工作程序，即按时间顺序排列的一个设备验收工作流程图。

一般设备验收程序如下：

(1)自检。安装单位在设备全部安装完成后，组织专业技术人员进行全面认真的自查自检，对系统进行认真的测试，准备各种必要的技术资料，并及时做好相应的修正完善工作。

(2)验收申请。安装单位自检合格后，向项目经理提交正式验收申请报告，同时递交有关文档和技术资料后即可开始设备初验。

(3)初验。由项目经理负责组织设备初验工作班子，进行设备初验和资料审核。

(4)试运行。初验合格，要进行设备系统的试运行。在客户使用人员的操作下，按照正式使用的条件和要求进行较长时间的工作运转，记录运转数据，与项目设计的要求进行对比。

(5)正式验收。设备系统试运行没有问题，即可通知购货方，并向设备验收小组递送“设备验收申报表”，请求正式验收。设备验收小组收到“设备验收申报表”后，确定正式验收日期，进行正式验收。

(6)设备移交。设备验收合格,则由验收小组签发设备验收合格证书和验收鉴定书,而后可转入设备交接收尾,进行相关技术资料的整理移交,设备系统即转入质保期。

4. 设备验收阶段控制工作内容

设备验收阶段控制工作内容如下:

(1)协调项目所有参建单位共同努力做好设备系统的初验、试运行和正式验收工作。

(2)督促和查看设备系统试运行的记录,与采购要求进行对比,若有差距,向项目采购单位、安装单位和有关单位反馈,协调他们查找原因,加以改进。

(3)当运行中出现设备系统故障和出现问题时,协调分析原因和责任,协调操作、设计、制造、安装各方及时处理问题和排除故障。

(4)试运行结束后要对设备系统的质量做出评价,并编写设备试运行总结。

(5)设备系统试运行结束后,即可确定正式验收日期,进行正式验收。

(6)设备验收合格,转入设备交接收尾,进行设备和相关技术资料的整理移交。

第4节 航空型号工程项目供应链和供应链系统

供应链思想代表了一种企业联盟间跨功能部门运作程序的集成与协调,其本质是以大系统集成优化组合的方式追求企业间合作的效率,以较短的产品前置时间与较低的营运成本获取企业的竞争优势,借助与供应链的合作及企业流程的整合、协调,组成网链谋共赢,缔造企业合作的竞争优势。

一、企业供应链的概念

(一)供应链的定义

供应链是生产及流通过程中,涉及将产品或服务提供给最终客户活动的上游与下游组织所形成的网链结构。它不仅是一条连接供应商到客户的物流链、信息链、资金链,而且是一条增值链,物料在供应链上因加工、包装、运输等过程而增加其价值,给相关企业带来收益。

供应链的概念是从扩大的集成生产概念发展来的,它将企业的生产活动进行了前伸和后延,是一个范围更广的企业结构模式,包含所有加盟的结点企业,从原材料的供应开始,经过链中不同企业的制造加工、组装、分销等过程直到最终客户。因此,供应链可以看作是通过计划、获得、存储、分销、服务等这样一些活动而在顾客和供应商之间形成的一种衔接,从而使企业能满足内外部顾客的需求。现代供应链观念是系统观念,认为供应链是由参与各方共同形成的网链系统,这个系统不同结点上的企业拥有各自的资源和组织方式。现代供应链思想代表了一种企业联盟间跨功能部门运作程序的集成与协调。

(二)供应链的类型

根据不同的划分标准,可以将供应链划分为以下几种类型:

1. 根据范围划分

(1)内部供应链。是指企业内部产品生产和流通过程中所涉及的采购部门、生产部门、仓储部门、销售部门等组成的供需网络。

(2)外部供应链。是指企业外部的,与企业相关的产品生产和流通过程中涉及的原材料供应商、生产厂商、储运商、零售商以及最终消费者组成的供需网络。

2. 根据稳定性划分

(1)稳定的供应链。基于相对稳定、单一的市场需求而组成的供应链稳定性较强。

(2)动态的供应链。基于相对频繁变化、复杂的需求而组成的供应链动态性较高。

3. 根据容量和需求划分

(1)平衡的供应链。供应链具有一定的、相对稳定的设备容量和生产能力,但客户需求处于不断变化的过程中,当供应链的容量能满足客户需求时,供应链处于平衡状态。平衡的供应链可以实现各主要职能,包括低采购成本、规模效益生产、低运输成本、产品多样化和资金运转快等方面之间的均衡。

(2)倾斜的供应链。当市场变化加剧,造成供应链成本增加、库存增加、浪费增加等现象时,企业不是在最优状态下运作,供应链处于倾斜状态。

4. 根据功能模式划分

(1)有效性供应链。主要体现供应链的物理功能,以最低的成本将原材料转化成零部件、半成品、产品,以及在供应链中的运输等。

(2)响应性供应链。主要体现供应链的市场中介的功能,即把产品分配到满足客户需求的市场,对未预知的需求做出快速响应等。

(3)创新性供应链。主要体现供应链的客户需求功能,即根据最终消费者的喜好或时尚的引导,调整产品内容与形式来满足市场需求。

5. 根据企业地位划分

(1)盟主型供应链。是指供应链中某一成员的结点企业在整个供应链中占据主导地位,对其他成员具有很强的辐射能力和吸引能力,通常称该企业为核心企业或主导企业,其中包括以生产商为核心的供应链;以中间商为核心的供应链和以零售商为核心的供应链。

(2)非盟主型供应链。是指供应链中企业的地位彼此差距不大,对供应链的重要程度基本相同。

二、企业供应链系统观念

(一)供应链系统的定义

供应链系统是指为终端客户提供商品、服务或信息,从最初的材料供应商一直到最终客户的整条链上的企业的关键业务流程和关系的一种集成。图 15-4 表示了供应链系统的模型,该模型突出强调了供应链上各结点企业之间相互关联的本质以及成功设计和管理供应链系统的一些关键问题。

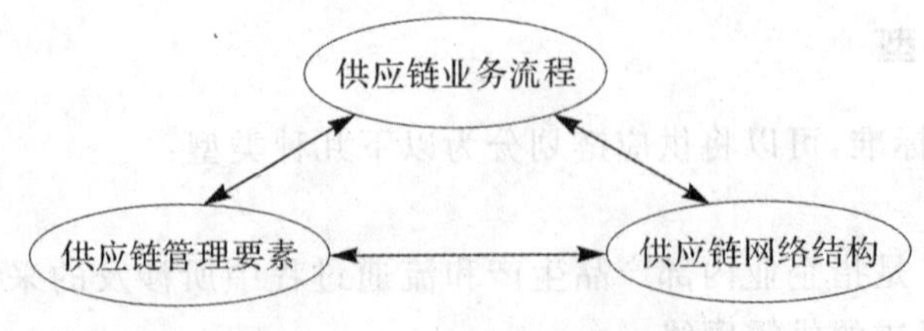

图 15-4 供应链系统的模型

企业供应链是一个系统，是由相互作用、相互依赖的若干组成部分结合而成的具有特定功能的有机整体。它是围绕核心企业，通过对信息流、物流、资金流的控制，把供应商、制造商、分销商、零售商直到最终客户连成一个整体的功能网链结构模式。由于企业所处的竞争环境不同，企业的战略发展方向不同，决定了供应链系统的设计必须视企业具体情况来量身定做。但总的原则是不变的，即必须确保实现提高顾客满意度和企业成本最小化，在此目标下合理规划包括生产场地、仓储管理、运输配送、信息处理、支付系统这五大供应链模块。如果对顾客满意度的影响因素进一步深入分析，可以发现，对时间和成本的有效控制是供应链系统设计的主要目标。

(二)供应链系统的网络结构分析和基本要素

1. 供应链系统的网络结构分析

供应链系统网络结构分析是指确定供应链系统中的核心企业、一般成员企业的角色、作用、特点及其相互之间的关系(见图 15-5)。

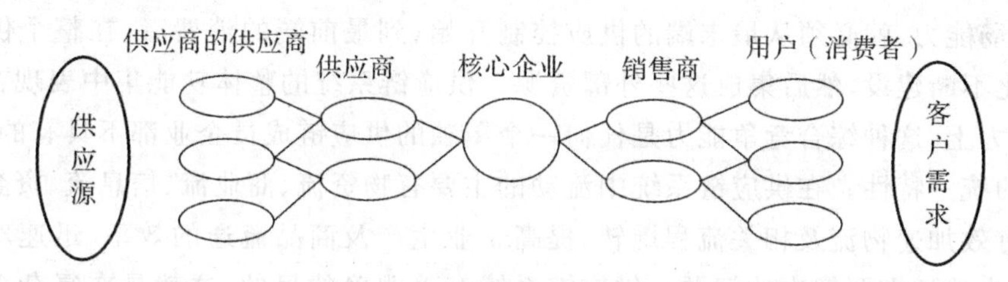

图 15-5 供应链系统的网络结构示意图

确定供应链系统中核心企业的方法，一般是从战略上进行分析，根据系统的基本流程、活动，及企业特性、位置、作用和重要程度等，将系统中的企业分成核心企业和一般成员企业，其中一般成员企业还可以划分为基本成员企业和辅助成员、临时成员企业等类型。分析系统中所有企业之间的关系，是明确各企业在网络结构中的纵向和横向结构中的位置，横向结构是指供应链的价值链体系结构，而纵向结构是指单个企业和其供应商、客户(消费者)的关系。横向结构分析是对供应链的价值链体系进行建模，确定供应链的起始位置，描述所有成员企业在供应链系统中的作用和角色，分析供应链价值体系中存在的问题及其根源。纵向结构分析是确定企业在纵向结构中的位置，及确定单个企业的供应链流程的需求、顾客价值的实现情况，分析企业内流程中存在的问题和根源。

2. 供应链系统的基本要素

供应链系统的最终目的是满足客户需求，同时实现各相关企业自己的利润。它包括所有与满足客户需求相关的环节，不仅仅是生产商和供应商，还有运输、仓储、零售和顾客本身。客户需求是供应链系统的驱动因素，供应链系统正是从客户需求开始，逐步向上延伸的。构成供应链系统的基本要素包括：

(1)供应商，指给生产厂家提供原材料或零、部件的企业。

(2)核心企业，核心企业也称为主导企业，通常是指产品设计、生产制造厂商，是供应链最重要环节，负责产品设计生产、开发和售后服务等。

(3)分销企业，为实现将产品送到经营地理范围每一角落而设的产品流通代理企业。

(4)零售企业,将产品以零售方式销售给消费者的企业。

(5)客户(消费者),是供应链的最后环节,也是整条供应链的唯一收入来源。

(三)供应链系统的特性

供应链是一个由相互作用、相互依赖的若干组成部分结合而成的具有特定功能的有机整体,其系统特性主要体现在以下几点:

(1)网络组织特性。供应链是企业联合体,也是网络组织。是由多个独立的个人、部门和企业为了共同的任务而组成的联合体,其运作不依靠传统的层级控制,而是在定义成员角色和各自任务的基础上通过密集的多边联系、互利和交互式的合作来完成共同追求的目标。网络组织既不像市场那样依靠契约进行交易,也不像层级组织那样通过权威关系来协调行动,而是通过长期的合作结成利益共享、力量互补的结构。

(2)整体功能特性。供应链整体功能是组成系统的任一成员企业都不具有的特定功能,是供应链系统合作伙伴间的功能集成,而不是简单叠加。如果要打造一个真正的以全程供应链为核心的市场能力,就必须从最末端的供应控制开始,到最前端的消费者,在整个供应链系统中,不断优化不断建设,然后集成这些外部资源。供应链系统的整体功能集中表现在供应链的综合竞争能力上,这种综合竞争能力是任何一个单独的供应链成员企业都不具有的。

(3)目的统一特性。在供应链系统中流动的主要有物资流、商业流、信息流、资金流和单证流等,如何有效加速物流及相关流程周转,提高企业生产及商品流通的效率,迅速对市场机遇进行反映成为迫切需要解决的问题。供应链系统有着明确的目的,这就是在复杂多变的竞争环境下,以最低的成本、最快的速度、最好的质量为客户提供最满意的产品和服务,通过不断提高客户的满意度来赢得市场,这一目的也是供应链系统中所有成员企业统一的共同目的。

(4)伙伴关系特性。供应链系统中主体之间具有竞争、合作、动态等多种性质的供需关系。这种关系是基于共同利益的合作伙伴关系,供应链系统目的的实现,受益的不只是一家企业,而是一个企业群体。供应链管理改变了企业的竞争方式,强调核心企业通过与供应链系统中的上下游企业之间建立战略伙伴关系,使每个企业都发挥各自的优势,在价值增值链上达到共赢互惠的效果。因此,各成员企业均具有局部利益服从整体利益的系统观念。

(5)环境适应特性。在经济全球化迅速发展的今天,企业面对的是一个迅速变化的买方市场,客户在时间方面的要求也越来越高,客户不但要求企业要按时交货,而且要求的交货期越来越短,这就要求企业能对不断变化的市场做出快速反应,不断地开发出定制的个性化产品去占领市场以赢得竞争。供应链具有灵活快速响应市场的能力,通过各结点企业业务流程的快速组合,加快了对客户需求变化的反应速度,各主体通过聚集而相互作用,以期不断地适应环境。

(6)系统层次特性。在市场竞争环境中,运作单元、业务流程、成员企业、供应链系统、整个运作环境构成了不同层次上的主体,每个主体具有自己的目标、经营策略、内部结构和生存动力。供应链系统中各成员企业分别都是一个子系统,同时也是供应链系统的组成部分。供应链是一个系统,同时也是它所从属的更大系统的组成部分。从系统层次性的角度来理解,相对于传统的基于单个企业的管理模式而言,供应链管理是一种针对更大系统(企业群)的管理模式。

第5节 企业供应链管理的基本概念

供应链管理是企业的有效性管理措施之一，表现了企业在战略和战术上对企业整个作业流程的优化。整合并优化了供应商、制造商、零售商的业务效率，使商品以正确的数量、正确的品质、在正确的地点、以正确的时间、最佳的成本进行生产和销售。

一、供应链管理的定义、理念和内容

(一)供应链管理(SCM)的定义

供应链管理(Supply Chain Management，SCM)对供应链涉及的全部活动进行计划、组织、协调与控制。即指在满足一定的客户服务水平的条件下，为了使整个供应链系统成本达到最小而把供应商、制造商、仓库、配送中心和渠道商等有效地组织在一起来进行的产品制造、转运、分销及销售的管理方法。它是一种集成的管理思想和方法，执行供应链中从供应商到最终客户的物流的计划和控制等职能。从单一的企业角度来看，是指企业通过改善上、下游供应链关系，整合和优化供应链中的信息流、物流、资金流，以获得企业的竞争优势。图15-6为供应链管理模型示意图。

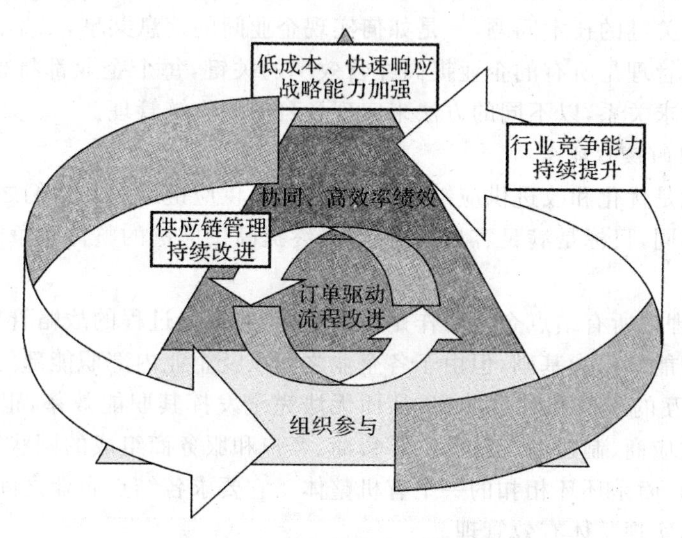

图15-6 供应链管理模型示意图

供应链管理(SCM)的目标是在满足客户需要的前提下，对整个供应链系统的各个环节进行综合管理，例如从采购、物料管理、生产、配送、营销到消费者，整合优化供应链的货物流、商业流、信息流和资金流，把物流与库存成本降到最小。供应链管理(SCM)包含了对整个供应链系统进行计划、协调、操作、控制和优化的各种管理活动和过程，目的是要将顾客(客户)所需的正确的产品(Right Product)能够在正确的时间(Right Time)、按照正确的数量(Right Quantity)、正确的质量(Right Quality)和正确的状态(Right Status)送到正确的地点(Right Place)，并使总成本达到最佳化。

(二)供应链管理的核心理念

企业实施供应链管理,不是一个简单的技术问题,而是经营理念转变和流程再造的问题。

1. 现代经营理念的宗旨

供应链管理的导入,可以说是现代经营理念对传统经营观念的挑战。传统经营观念把降低运作成本作为最主要的经营策略,而现代经营理念则把顾客满意度作为企业的宗旨,把顾客作为供应链系统的主角,认为顾客需求是推动整个供应链运行的动力。供应链管理的内容包括确定每种商品库存的最佳数量和存放地点,商品订购、存储和配送过程的优化管理。在整个供应链系统中,不仅需要每个环节能有效地完成自己的本职工作,更需要供应商与零售商,零售商内部的各个职能部门,如采购、配送和销售等多个环节的协同工作。供应链管理经营理念的引入和落实将导致经营模式和作业流程的改变。

2. 供应链管理效益的体现

供应链管理的突出效益体现在两个方面,一是提高对顾客的服务水平;二是降低企业的经营成本。实施供应链管理的第一步,就是实现供应商与零售商之间,企业内部各部门之间的信息沟通与共享,使供应链的各个环节都能对顾客的需求变化迅速做出反应,从而最大程度地满足顾客的需求。由于信息沟通方式的变化,导致了交易方式及交易流程的变化,从而大大地缩短了交易周期,同时降低供应链系统各环节的库存,减少浪费,降低企业经营成本。因此实施供应链管理的两个关键的技术问题,一是如何实现企业间的信息共享,二是如何实现企业间的协同工作。供应链管理是所有的企业提高经营效率的关键,每个企业都将根据市场及顾客需求来确定各自的供求关系,以不同的方法来实现各自的供应链管理。

3. 供应链管理的核心理念

供应链管理就是优化和改进供应链活动,其对象是供应链组织和他们之间的业务流,应用的方法是集成和协同,目标是满足客户的需求,最终提高供应链的整体竞争能力。供应链管理的理念主要是:

(1)供应链管理把所有结点企业看作是一个整体,实现全过程的战略管理。传统的管理模式往往以企业的职能部门为基础,但由于各企业之间以及企业内部职能部门之间的性质、目标不同,容易造成相互的矛盾和利益冲突,从而无法完全发挥其职能效率,很难实现整体目标。供应链系统是由供应商、制造商、分销商、零售商、客户和服务商组成的网状结构。系统中各环节不是彼此分割的,而是环环相扣的一个有机整体。它要求各结点企业之间实现信息共享、风险共担、利益共存,实现整体有效管理。

(2)供应链管理是一种系统集成化的管理模式。供应链管理的关键是采用系统集成的思想和方法,它是一种从供应商开始,经由制造商、分销商、零售商、直到最终客户的全要素、全过程的集成化管理模式,代表了先进的、创新的管理策略。它把不同的企业集成起来以增加整个供应链的效率,注重的是企业之间的合作,以达到整体的、全局性的最优。

(3)供应链管理提出了全新的库存观念。传统的库存思想认为:库存是维系生产与销售的必要措施,是一种必要的成本。而供应链管理则突破了这一传统库存思想,使核心企业与其上下游企业之间在不同的市场环境下实现库存的转移,降低了企业的库存成本。为此,要求供应链系统中所有成员企业必须建立战略合作关系,通过快速反应降低库存总成本。

(4)供应链管理的经营导向以最终客户为中心。无论构成供应链系统结点的企业数量是多少，也不管供应链系统结点企业的类型、参与次数有多少，供应链系统的形成都是以客户和最终消费者的需求为导向的。正是由于有了客户和最终消费者的需求，才有了供应链系统的存在。而且，也只有让客户和最终消费者的需求得到满足，才能有供应链系统的更大发展。

(5)要有先进的信息技术和强大的信息系统作为支撑。通过对供应链管理的概念与特点的分析，可以看出，相对于旧的依赖自然资源、资金和新产品技术的传统管理模式，以最终客户为中心、将客户服务、客户满意、客户成功作为管理出发点的供应链管理的确具有多方面的优势。但是由于供应链系统是一种网状结构，一旦某一局部出现问题，是会马上扩散到全局的，所以在供应链管理的运作过程中就要求各个企业成员对市场信息的收集与反馈要及时、准确，以做到快速反应，降低企业损失。而要做到这些，供应链管理还要有先进的信息技术和强大的信息系统作为支撑。

(6)企业欲实施供应链管理必须进行企业流程再造(BPR)。企业流程再造(BPR)是企业管理创新的一种形式，其核心思想就是要不断地对企业原有的业务流程进行根本性的思考和彻底的重组。企业要想成功实施供应链管理，就必须进行企业流程再造(BPR)。放弃传统的基于纵向思维的管理模式，朝着新型的基于横向思维的管理模式转变，与外部相关企业组成利益共同体去参与市场竞争。

(三)供应链管理的基本内容

现代商业环境给企业带来了巨大的压力，不仅仅是销售产品，还要为客户和消费者提供满意的服务，以提高客户的满意度，让其产生幸福感。现代企业奉行的宗旨是：顾客就是上帝，没有他们，企业就不能生存。一切计划都必须围绕挽留顾客、满足顾客进行。要在国内和国际市场上赢得客户，必然要求供应链企业能快速、敏捷、灵活和协作地响应客户的需求。供应链管理基本内容如下：

(1)计划。这是SCM的策略性部分。企业需要有一个策略来管理所有的资源，以满足客户对企业生产的产品的需求。好的计划是建立一系列的方法监控供应链，使它能够有效、低成本地为顾客递送高质量和高价值的产品或服务。

(2)采购。选择能为企业的产品和服务提供货品和服务的供应商，和供应商建立一套定价、配送和付款流程并制定有效方法进行监控和改善管理，并把对供应商提供的货品和服务的管理流程整合集成起来，包括提货、核实货单、转送货物到企业的制造部门并批准对供应商的付款等。

(3)制造。企业安排生产、测试、打包和准备送货所需的活动，是供应链中测量内容最多的部分，包括质量水平、产品产量和工人的生产效率等的测量。

(4)配送。调整客户的订单收据、建立仓库网络、派递送人员提货并送货到顾客手中、建立货品计价系统、接收付款。

(5)退货。这是供应链系统中出现问题时的处理部分。建立网络接收客户退回的次品和多余产品，并在客户应用产品发生问题时提供维护支持。

(四)供应链管理与传统物流方式的区别

供应链管理与传统物流管理方式存在显著的区别，这些区别使得供应链管理更具优势。

(1)存货管理。在供应链管理中，存货管理是在供应链系统成员中进行协调，通过提供有关生产计划的信息，比如共享有关预期需求、订单、生产计划等信息，减少不确定性，并使安全存货降低，以使存货投资与成本最小。而传统物流管理则是把存货向前推或向后延，具体情况是根据谁最有主动权而定，仅仅是转移了存货，并没有降低总存货量。

(2)成本。供应链管理是通过注重产品最终成本，包括采购时的价格及送货成本、存货成本等来优化供应链系统的。而传统物流管理在成本的控制方面依然仅限于公司内部达到最小。

(3)风险与计划。在供应链管理中，风险与计划都是通过供应链系统成员共同分担、共同沟通来实现的。而传统的物流管理却仅仅停留在公司内部。

(4)活力。实施供应链管理可使各企业成员之间信息共享，共同了解到最终客户的需求、共同确定存货的位置及每个存货点的存货量、共同制订管理的政策和程序等。因此，供应链管理比传统的物流管理更具活力，更能对供应链成员带来实质性好处。

二、供应链管理的原理、方法和关键问题

供应链管理与优化的方法很多，并且每个企业都不尽相同，因为每个企业都不一样，都有自己的特点，供应链既然是企业改良的药方，那么各自所采用的药方也就不一样了。

(一)供应链管理的原理

1. 资源横向集成原理

资源横向集成原理揭示的是在信息时代新经济形势下的一种新思维。该原理认为：在经济全球化迅速发展的今天，企业仅靠原有的管理模式和自己有限的资源，已经不能满足快速变化的市场对企业所提出的要求。企业必须放弃传统的基于纵向思维的管理模式，朝着新型的基于横向思维的管理模式转变。企业必须横向集成外部相关企业的资源，形成强强联合、优势互补的战略联盟，结成利益共同体去参与市场竞争，以实现提高服务质量的同时降低成本，快速响应顾客需求的同时给予顾客更多选择的目标。资源横向集成原理是供应链系统管理最基本的原理之一，表明了人们在思维方式上所发生的重大转变。

不同的思维方式对应着不同的管理模式以及企业发展战略。纵向思维对应的是纵向一体化的管理模式，企业的发展战略是纵向扩展；横向思维对应的是横向一体化的管理模式，企业的发展战略是横向联盟。该原理强调的是优势资源的横向集成，即供应链系统各结点企业均以其能够产生竞争优势的资源来参与供应链的资源集成，在供应链系统中以其优势业务的完成来参与供应链的整体运作。

2. 系统原理

系统原理认为供应链是一个系统，是由相互作用、相互依赖、相辅相成的若干组成部分结合而成的具有特定功能的有机整体。供应链系统是围绕核心企业，通过对商业流、信息流、物流、资金流的控制，把供应商、设计制造商、分销商、零售商直到最终客户连成一个整体的功能网链结构模式。供应链的系统特征体现在以下几方面：

(1)体现在其整体功能上。这一整体功能是组成供应链的任一成员企业都不具有的特定功能，是供应链系统合作伙伴间的功能集成，而不是简单叠加。供应链系统的整体功能集中表现在供应链的综合竞争能力上，这种综合竞争能力是任何一个单独的企业都不具有的。

(2)体现在供应链系统的目的性上。供应链系统有着明确的目的，这就是在复杂多变的竞

争环境下，以最低的成本、最快的速度、最好的质量为客户提供最满意的产品和服务，通过不断提高客户的满意度来赢得市场。这一目的也是供应链系统各成员企业的共同目的。

(3)体现在供应链合作伙伴间的密切关系上。供应链系统所有成员企业的关系是基于共同利益的合作伙伴关系，供应链系统目的的实现，受益的不只是一家企业，而是一个企业群体。因此，各成员企业均要具有局部利益服从整体利益的系统观念。

(4)体现在供应链系统的环境适应性上。在经济全球化迅速发展的今天，企业面对的是一个迅速变化的买方市场，要求企业能对不断变化的市场做出快速反应，不断地开发出符合客户需求的、定制的个体化产品去占领市场以赢得竞争。供应链系统及其管理就是为了适应这一新的竞争环境而产生的。

(5)体现在供应链系统的层次性上。供应链系统各成员企业其自身都是一个独立系统，同时也是供应链系统的组成部分；供应链是一个系统，同时也是它所从属的更大系统的组成部分。从系统层次性的角度来理解，相对于传统的基于单个企业的管理模式而言，供应链管理是一种针对更大系统（企业群）的管理模式。

3. 共赢互惠原理

共赢互惠原理认为，供应链系统是相关企业为了适应新的竞争环境而组成的一个利益共同体，其密切合作是建立在共同利益的基础之上，供应链系统各成员企业之间是通过一种协商机制，来谋求一种共赢互惠的目标。供应链管理改变了企业的竞争方式，将企业之间的竞争转变为供应链系统之间的竞争，强调核心企业通过与供应链系统中的上下游企业之间建立战略伙伴关系，以强强联合的方式，使每个企业都发挥各自的优势，在价值增值链上达到共赢互惠的效果。

4. 合作共享原理

合作共享原理具有两层含义，一是合作，二是共享。合作原理认为：由于任何企业所拥有的资源都是有限的，它不可能在所有的业务领域都获得竞争优势，因而企业要想在竞争中获胜，就必须将有限的资源集中在核心业务上。与此同时，企业必须与全球范围内在某一方面具有竞争优势的相关企业建立紧密的战略合作关系，将本企业中的非核心业务交由合作企业来完成，充分发挥各自独特的竞争优势，从而提高供应链系统整体的竞争能力。共享原理认为：实施供应链系统合作关系意味着管理思想与方法的共享，资源和市场机会的共享，信息和先进技术的共享，以及风险的共担。

5. 需求驱动原理

需求驱动原理认为：供应链系统的形成、存在、重构，都是基于一定的市场需求而发生，并且在供应链系统的运作过程中，客户的需求是供应链系统中信息流、物资流、商业流和资金流运作的驱动源。在供应链管理模式下，供应链系统的运作是以订单驱动方式进行的，商品采购订单是在客户需求订单的驱动下产生的，然后商品采购订单驱动产品制造订单，产品制造订单又驱动原材料、零部件采购订单，原材料、零部件采购订单再驱动供应商。这种逐级驱动的订单驱动模式，使供应链系统得以能准时响应客户的需求，从而降低了库存成本，提高了物流的速度和库存周转率。

基于需求驱动原理的供应链系统运作模式是一种逆向拉动运作模式，与传统的推动式运作模式有着本质区别。推动式运作模式以制造商为中心，驱动力来源于制造商，而拉动式运作模式以客户为中心，驱动力来源于最终客户。两种不同运作模式分别适用于不同的市场环境，有着不同的运作效果。不同的运作模式反映了不同的经营理念,由推动式运作模式向拉动式运作模式的转变,反映的是企业所处环境和管理者思想的重大转变,以及经营理念从以生产为中心向以顾客为中心的转变。

6. 快速响应原理

快速响应原理认为:在全球经济一体化的大背景下,随着市场竞争的不断加剧,经济活动的节奏也越来越快,客户在时间方面的要求也越来越高。客户不但要求企业要按时交货,而且要求的交货期越来越短。因此,企业必须能对不断变化的市场做出快速反应,必须要有很强的产品开发能力和快速组织产品生产的能力,源源不断地开发出满足客户多样化需求的、定制的个性化产品去占领市场,以赢得竞争。在当前的市场环境里,一切都要求能够快速响应客户需求,而要达到这一目的,仅靠一个企业的努力是不够的。供应链系统具有灵活快速响应市场的能力,通过各结点企业业务流程的快速组合,加快了对客户需求变化的反应速度。供应链管理强调准时,即准时采购、准时生产、准时配送,强调供应商的选择应少而精,强调信息技术应用等,均体现了快速响应客户需求的思想。

7. 同步运作原理

同步运作原理认为:供应链系统是由不同企业组成的功能网络,其成员企业之间的合作关系存在着多种类型,供应链系统运行业绩的好坏取决于供应链合作伙伴关系是否和谐,只有和谐而协调的关系才能发挥最佳的效能。供应链管理的关键就在于供应链系统中各结点企业之间的联合、合作以及相互之间在各方面良好的协调。协调是供应链管理的核心内容之一。信息的准确无误、畅通无阻,是实现供应链系统同步化运作的关键。要实现供应链系统的同步化运作,需要建立一种供应链的协调机制,使信息能够畅通地在供应链系统中传递,从而减少因信息失真而导致的过量生产和过量库存,使整个供应链系统的运作能够与顾客的需求步调一致,同步化响应市场需求的变化。

8. 动态重构原理

动态重构原理认为供应链系统是动态的、可重构的。供应链系统是在一定的时期内、针对某一市场机会、为了适应某一市场需求而形成的,具有一定的生命周期。当市场环境和客户需求发生较大的变化时,围绕着核心企业的供应链系统必须能够快速响应,能够进行动态快速重构。市场机遇、合作伙伴选择、核心资源集成、业务流程重组,以及敏捷性等是供应链系统动态重构的主要因素。从发展趋势来看,组建基于供应链系统的虚拟企业将是供应链动态快速重构的核心内容。

(二)供应链管理常用的方法

1. 快速反应(QR)方法

快速反应(Quick Response,QR)是指生产制造企业面对多品种、小批量的买方市场,不是储备了数量可观的产品,而是准备了产品生产所需的各种要素,在客户提出产品需求时,企业能以最快速度抽取要素,及时组装,并及时提供所需服务或产品。在供应链系统中,为了实现共同的目标,零售商和制造商建立战略伙伴关系,利用EDI等信息技术,进行销售时点的信息交换以及订货补充等其他经营信息的交换,用多频度小数量配送方式连续补充商品,以实现缩短交货周期,减少库存,提高客户服务水平,降低供应链的总成本。实施QR可分为3个阶段:

(1)对所有的商品单元条码化,利用EDI传输订购单文档和发票文档。

(2)增加内部业务处理功能,采用 EDI 传输更多的文档,如发货通知、收货通知等。

(3)与贸易伙伴密切合作,采用更高级的策略,如联合补库系统等,对客户的需求做出迅速反映。

2. 有效客户反应(ECR)方法

有效客户反应(Efficient Consumer Response,ECR)以满足顾客要求和最大限度降低物流过程费用为原则,对客户需求及时做出准确反应,使提供的物品供应或服务流程最佳化。ECR 的观念是确认供应链系统内的合作体制和结盟关系,实现准确即时的信息流,分享信息和诀窍,凡是对消费者没有附加价值的所有浪费必须从供应通路上排除,以达到最佳效益。

(1)以较少的成本,不断致力于向客户提供更优的产品、更高的质量、更好的分类、更好的库存服务以及更多的便利服务。

(2)ECR 必须由相关的商业带头人启动。该商业带头人应决心通过代表共同利益的商业联盟取代旧式的贸易关系,而达到共同获利之目的。

(3)必须利用准确、适时的信息以支持有效的市场、生产及后勤决策。这些信息将以 EDI 的方式在贸易伙伴间自由流动,它将影响以计算机信息为基础的系统信息的有效利用。

(4)产品必须随其不断增值的过程,从生产至包装,直至流动至最终客户的购物篮中,以确保客户能随时获得所需产品。

(5)必须采用规范一致的工作措施和回报系统。该系统注重整个系统的有效性,清晰地标识出潜在的回报,促进对回报的公平分享。

3. ECR 与 QR 的共同特征

两种方法都表现为超越企业之间的界限,通过合作优化物流效率。具体表现是贸易伙伴间商业信息的共享;商品供应方进一步涉足零售业,提供高质量的物流服务;企业间订货、发货业务全部通过 EDI 来进行,实现订货数据或出货数据的传送无纸化。

4. QR 与 ECR 的差异

ECR 主要以食品行业为对象,其主要目标是降低供应链系统各环节的成本,提高效率。QR 主要集中在一般商品和纺织行业,其主要目标是对客户的需求做出快速反应,并快速补货。这是因为食品杂货业与纺织服装行业经营的产品的特点不同:杂货业经营的产品多数是一些功能型产品,每一种产品的寿命相对较长(生鲜食品除外),因此,订购数量过多(或过少)的损失相对较小。纺织服装业经营的产品多属创新型产品,每一种产品的寿命相对较短,因此,订购数量过多(或过少)造成的损失相对较大。

(1)侧重点不同:QR 侧重于缩短交货提前期,快速响应客户需求;ECR 侧重于减少和消除供应链运行过程中的浪费,提高供应链运行的有效性。

(2)管理方法的差别:QR 主要借助信息技术实现快速补发,通过联合产品开发缩短产品上市时间;ECR 除新产品快速有效引入外,还实行有效商品管理、有效促销和信息共享。

(3)适用的行业不同:QR 适用于单位价值高,季节性强,可替代性差,购买频率低的行业;ECR 适用于产品单位价值低,库存周转率高,毛利少,可替代性强,购买频率高的行业。

(4)改革的重点不同:QR 改革的重点是对客户需求做出快速反应,快速补货。目的是最大程度地消除缺货,并且只在商品需求时才去采购。ECR 改革的重点是提高供应链的效率和降低各环节的成本。

(三)电子订货系统(EOS)

电子订货系统(Electronic Ordering System,EOS)是指将批发、零售商所发生的订货数据输入计算机,即刻通过计算机通信网络连接的方式将资料传至总公司、批发业、商品供货商或制造商处。它是不同组织间利用通信网络和终端设备,以在线连接方式进行订货作业与订货信息交换的体系。从应用领域来讲,不论零售业、批发业或是制造商,都可采用EOS进行企业内的补充订货系统。

EOS的基本作用是缩短从接到订单到发出订货的时间,缩短订货商品的交货期,减少商品订单的出错率,节省人工费;有利于减少企业的库存水平,提高库存管理效率,同时也能防止商品特别是畅销商品缺货现象的出现;对生产厂家和批发商而言,能准确判断畅销商品和滞销商品,有利于企业调整商品生产和销售计划,有利于提高企业物流信息系统的效率,使各个业务信息子系统之间的数据交换更加便利和迅速,丰富企业的经营信息。通过网络传输信息订货信息,订单内容详尽、传递及时、准确,工作效率高。可及时进行每月统计、年统计,便于掌控市场情况。

(四)供应链管理中的关键问题

供应链管理是一个复杂的社会系统工程,涉及众多目标不同的企业,牵扯到企业的方方面面,因此实施供应链管理必须确保要理清思路、分清主次,抓住关键问题。具体关键问题主要有:

1. 配送网络的重构

配送网络重构是指采用一个或几个制造工厂生产的产品来服务一组或几组在地理位置上分散的渠道商时,当原有的需求模式发生改变或外在条件发生变化后引起的需要对配送网络进行的调整。

2. 配送战略问题

在供应链管理中配送战略也非常关键。需要考虑采用何种转运战略,需要多少个转运点等问题。通常转运战略有以下3种。

(1)直接转运战略:终端渠道由中央仓库供应货物,中央仓库充当供应过程的调节者和来自外部供应商的订货的转运站,而其本身并不保留库存。

(2)经典配送战略:与直接转运战略内容基本相同,主要区别是在中央仓库中保留有库存。

(3)直接运输战略:把货物直接从供应商运往终端渠道,是一种相对较为简单的配送战略。

3. 供应链集成与战略伙伴

由于供应链本身的动态性以及不同结点企业间存在着相互冲突的目标,因此对供应链系统进行集成是相当困难的。但实践表明,对供应链系统集成不仅是可能的,而且它能够对结点企业的销售业绩和市场份额产生显著的影响作用。供应链系统集成的关键是信息共享与作业计划,其中存在的主要关键问题是:什么信息应该共享,如何共享,信息如何影响供应链的设计和作业;在不同结点企业间实施什么层次的集成,可以实施哪些类型的伙伴关系等。

4. 库存控制问题

库存控制问题包括:一个终端渠道对某一特定产品应该持有多少库存?终端渠道的订货

量是否应该大于、小于或等于需求的预测值？终端渠道应该采用多大的库存周转率？终端渠道的目标在于决定在什么点上再订购一批产品，以及为了最小化库存订购和保管成本，应订多少产品等。

5. 产品设计

有效的产品设计在供应链管理中起着多方面的关键作用。那么什么时候值得对产品进行设计来减少物流成本或缩短供应链的周期，产品设计是否可以弥补顾客需求的不确定性，为了利用新产品设计，对供应链应该做什么样的修改等这些问题就非常重要。

6. 信息技术和决策支持系统

信息技术是促成有效供应链管理的关键因素。供应链管理的基本问题在于应该传递什么数据，以及如何进行数据的分析和利用等。

第6节 航空型号工程项目供应链管理

供应链管理是一种新的集成管理思想和方法，而在工程项目中引进供应链管理理论与方法只是近十多年的事。工程项目供应链管理是基于供应链管理的基本理论，根据工程项目管理现有的基本构架，构造的一个对工程项目从咨询、立项直到竣工验收的全过程进行规划和集成化管理的理论与方法。工程项目供应链管理属于并行工程方法的范畴。

一、航空型号工程项目供应链管理的定义和结构模型

(一)工程项目供应链和供应链管理的定义

1. 工程项目供应链的定义

工程项目供应链(Construction Project Supply Chain，CPSC)是一个整体的功能模式，它是通过对信息流、物流、资金流的控制，将工程项目需方、项目承包单位、分包单位、原材料和设备供应商等连成一个整体的模式。其中工程项目需方既是项目的投资人，也是产品客户。其他的节点企业在需求信息的驱动下，通过供应链的分工与合作，以资金流和物流为媒介实现整个供应链的增殖。

2. 工程项目供应链管理的定义

工程项目供应链管理是以供应链中的上下游企业同步、协调和集成化的计划为指导，以各种技术为支持，通过对供应链上的信息流、物流、资金流的规划、协调和优化控制来满足工程项目工期、质量、成本和服务等多方面的要求。它包括以下几个内容：

(1)企业之间的物流供应和需求管理。

(2)供应链中项目的需求预测和管理。

(3)供应链的交互信息的管理。

(4)供应链的设计(节点企业、资源、设备的评价、定位和选择)。

供应链管理注重的是物流成本与客户服务水平之间的关系。而这里定义的工程项目供应链管理也是为了降低管理的成本，理顺项目需方与承包单位、分包单位、原材料和设备供应商之间的关系，提高工程项目的质量，以及整个项目市场的收益，缩短传统的工程项目管理中的冗余工期。

(二)工程项目供应链的结构模型

根据工程项目供应链的定义,可以将其结构模型归结如图 15-7。

从图 15-7 可以看出,在整个工程项目供应链中,供应源是由众多的原材料和设备供应商或分包商组成,供应链的核心企业为工程项目承包人,客户即需方。供应链网络中各节点企业是在需求信息和项目的实施信息驱动下,通过供应链的职能分工与合作,以项目物流或服务流、资金流为媒介实现整个供应链的不断增殖。

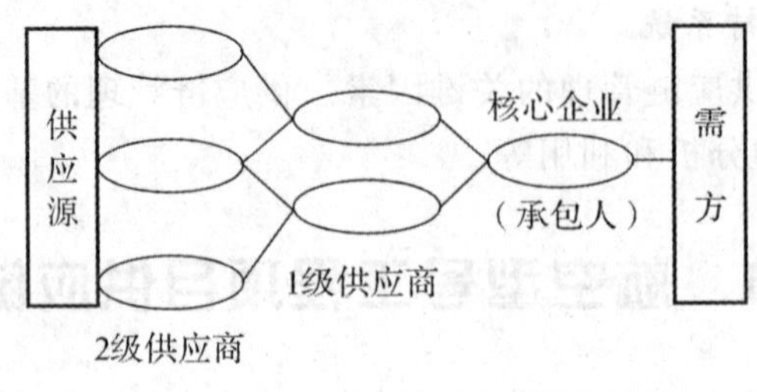

图 15-7 工程项目供应链的结构模型

二、航空型号工程项目供应链管理的战略思想和风险性

1. 工程项目供应链管理的战略思想

供应链管理(SCM)不仅仅是一种管理模式,也是一种重要的战略管理思想,它强调的是通过资源的整合来实现系统集优,并通过有效的供应链管理模式、技术及方法促使各节点企业间协调一致,使得供应链犹如一个整体,进而以最小的成本获取最大的价值。它所强调的是整条供应链的利益最大化,并通过有效的合作机制设计来实现各个节点企业之间的有效的利益分享和风险分担。形象地讲,所谓供应链管理,是指供应链上的核心(主导)企业用一个链条,将其上下游的最好的企业连接在一起,以形成一个优势互补的供应链,并对这一供应链进行有效地管理。显然,这一战略路径突出的优点是,能实现优势资源的有效整合,缩短产品研制周期,快速形成生产能力,分散经营风险。

在长达数月甚至数年的设计、研制和生产过程中,大型航空器制造要把数以百万计的零部件、数以百计的配套设备、数十个功能各异的子系统,有机地组合成一个整体,其生产过程既有大量零部件的加工制造,又有繁杂的逐级装配,且要综合考虑质量、技术、成本、生产进度、交货期等目标。这使得企业间的关系和生产协调变得异常复杂与艰巨。对于大型航空器生产这种涉及众多企业的庞大生产体系而言,运用供应链管理的思想、理论与方法,去建立、管理和协调企业间的合作关系是非常有效的,这一结论得到了理论研究的支持与业界的认同。目前,欧美航空工业巨头都十分注重供应链构建与供应链管理,寻求与供应链上下游企业建立战略合作关系。例如欧洲空中客车公司以供应链管理的理念寻找合作伙伴和优秀供应商,它研制生产的 A380 飞机拥有最完善的全球供应网络,在全世界有 2 100 多个供应商,分布于美国、日本、新加坡、韩国、印尼、澳大利亚、印度以及中国等 32 个国家,构成了真正的全球供应链系统。

2. 工程项目供应链管理的风险性

当然,供应链管理具有相当的复杂性,要做好供应链管理绝非易事,尤其是对于大型航空器这样的大型高科技产品的设计、研制和生产。因为大型航空器的设计、研制和生产是一个非常复杂、时间空间跨度极大的制造生产过程，且是一个全行业、全国甚至是国际化协作的制造生产过程。供应链作为一个由原材料不断增值为最终客户产品的过程是客观存在的，由于它是多个独立企业的联合，因此就增加了经营的不确定性。供应链上的任何一个节点出问题，都会波及整个供应链，而个别企业的经营风险，又远非别的企业能够控制。供应链的风险来自多方面，简言之，有自然灾害这种不可抗力的因素，如地震、火灾、暴风雨雪等；也有人为因素，主要有这几方面：

(1)独家供应商问题。供应链上采取独家供应商存在巨大风险，一个环节出现问题，整个链条就会崩溃。

(2)信息网络的缺陷。信息网络缺陷会制约供应链作用的发挥。如网络传输速度，服务器的稳定性和运行速度，软件设计中的缺陷，病毒等。

(3)信息传递问题。当供应链的规模日益扩大，结构日趋繁复时，供应链上发生信息错误的机会也随之增多。信息传递错误或延迟会增加供应链的风险。

(4)企业文化问题。不同的企业一般具有自己的企业文化，这就会导致对相同问题的不同看法，从而存在分歧，影响供应链的稳定。

(5)经济波动的风险。经济高速增长时容易导致企业原材料供应出现短缺，影响企业的正常生产；而经济萧条时，会使产品库存成本的上升。

(6)其他不可预见因素。其他不可预见的因素很多，小的如交通事故，海关堵塞，停水停电等；大的如政治因素、战争等也都影响着供应链的正常运作。

三、航空型号工程项目供应链管理策略

(一)航空型号工程风险共担/利益共享策略

1. 风险共担/利益共享策略的内涵

风险共担/利益共享的全球合作模式是目前最新的航空型号工程研发模式，在这种模式下供应商既要承担风险，也将分享利润；而项目的发起者则抛弃了传统的航空器制造商的角色，转身变成“大规模供应链集成商”，将一个全球分散的设计和制造商团队整合成一个高度复杂和组织严密的系统。这种模式的产生是为了更好地适应航空型号工程企业投入大、周期长、资金密集等高风险的特征应运而生的。这种新的国际合作模式在国际航空工业界已广泛采用，波音、空客、庞巴迪等国际知名飞机制造商的一些大型的航空器研发项目都采用过这个模式。

采取风险合作伙伴模式的合作级别比转包生产更高。转包主要是由飞机制造商将部分部件以一定价格外包给具体的生产商，而风险合作伙伴则不仅仅是负责生产部件，而是从一开始就参与项目的投资，承担一定份额的风险，并按照一定比例获得利润。

我国的ARJ21项目是我国第一次采用全球供应商“风险与利益共担”模式运作的民机项目。ARJ21支线飞机项目吸纳了多家国际著名航空制造商参与其中，它们以不同的形式参与到飞机的设计中，与中航商飞共同对飞机系统进行联合定义，分别对所负责的部件或分系统进行设计与制造。这种风险共担/利益共享的供虚商管理模式的特点如下：

(1)研发成本和项目风险同时降低。发动机、主要的机载设备面向国际招标采购，在飞机研制阶段，这些供应商提供的成品不是立即收取费用的，等到飞机销售后再回收这部分费用。因此在采购项目的研发费用和风险已经被分解到各个供应商那里。由于世界民用飞机核心部

件系统已经有成熟的技术,因此有足够的空间挑选最新的技术和设备供应商,从而避免从零开始的高昂原创研发成本。

(2)除了资金风险的共同承担外,合作伙伴还将共担技术风险。也就是共同定义与世界标准兼容的中国自己的飞机制造技术标准及提供完整的航空电子解决方案,这有助于制造商将内部风险降到最低。

2. 风险共担/利益共享研发模式的必要性

(1)飞机制造行业的压力大。遍布全球的航空公司们不仅要质量好、易维修的飞机,而且需求多变,要求交付的时间也非常紧,留给飞机制造商开发新机型的周期一减再减。靠一家飞机制造商完全独立的运作,只怕飞机开发出来市场的需求已经大大变更,而采用这种合作模式可以使开发新机型的周期大大压缩,做到快速响应。

(2)高额的研发成本的投入使得飞机制造商承担越来越大的风险,飞机制造的时间周期长、造价高,不仅在研制阶段对现金流的要求非常高,而且如果一个项目失败,将有可能导致整个公司的危机。因此风险共担和转移的需求越来越高。而共担/共享合作模式正好顺应了承担风险的要求。

(3)飞机的核心部件、系统的成熟的技术分散在世界各国的供应商手中,因此将这些技术力量联合起来,有利于更好地利用制造一种满足客户需求的飞机所需要的先进技术。并且使得飞机制造商有足够的空间挑选最新的技术和设备供应商,而避免从零开始的高昂原创研发成本。

(4)从资源观的角度来看,企业是资源的集合,企业的竞争优势来源于企业可用的内外部资源,每个企业都是由独特的资源和能力组合而成,而这种资源和能力总是有限的。因此,企业要构建自己的竞争优势,就必须集中自己的优势资源于擅长的环节。而与资源基础观相类似的,动态能力观把竞争优势的来源归结到企业的核心能力上,认为企业必须集中资源构建自己的核心能力,而资源的有限性决定了企业只能将资源授放到其核心能力的构建上,这也在很大程度上推进了这种合作模式的产生,这种合作模式可以把不同企业的资源和能力集中,各展所长,共担风险,共享利益。

(二)供应链节点供应商的选择

航空型号工程按国外机载系统/成品供应商提供的产品性质,可将供应链节点供应商分为航空器本体结构组部件供应商、关键/重要系统供应商、一般系统供应商和机载设备供应商四类。

可按照功能将相关各子系统、组部件打包成一个系统,按打包后的系统进行招标和采购,按风险供应商或合作伙伴的形式招标选择供应商。在综合分析供应商投标书的基础上,形成商务综合分析比较报告、技术方案综合分析比较报告和产品支援综合分析比较报告,并由相关部门负责编写《选定供应商的综合报告》,简要叙述采购项目的基本要求、招投标的简况、投标供应商的状况(财务、管理和项目的经验等)、各投标供应商方案的基本要点、方案的比较、以及选定供应商的建议和理由等。通过正常的招标投标程序,选择合格的供应商,与之签订产品或系统供应合同,建立供销合作关系,并由质量管理团队对选定的供应商进行质量管理体系的审核,审核合格的供应商列入《批准的系统/部件供应商清册》。

四、航空型号工程项目供应链的特征和实施步骤

利用供应链系统对航空型号工程项目进行管理时，实施有效的供应链系统才能提高产品的质量，缩减工期，以及有效地降低成本。反之如果采用规划不当的供应链系统则会导致浪费，甚至导致航空型号工程项目失败。

(一)航空型号工程项目供应链的特征

(1)复杂性。航空型号工程项目供应链通常具有多层次、多跨度的链式结构，由不同类型的多个企业构成。因此航空型号工程项目供应链的结构模式比一般企业的结构模式要复杂。

(2)交叉性。一个企业不仅仅属于一个工程项目供应链网络系统，它同时还可以作为其他工程项目供应链的成员，为其他的工程项目供应链服务。因此，众多的工程项目供应链会形成交叉结构，这样为航空型号工程项目供应链的管理增加了难度。

(3)不确定性。航空型号工程项目供应链具有明显的动态性。这是因为航空型号工程项目供应链处于一种动态的稳定当中，它必须适应市场的需求条件和各个企业的战略。另外，航空型号工程项目供应链网络中各个节点企业的不断变化，会使得这一特性更加明显。

(4)风险性。航空型号工程项目供应链管理涉及众多企业，这些企业的性质、规模、所拥有的资源、技术管理水平、所在国家或地区，以及企业文化等各个方面都不相同，千差万别，十分复杂，要做好供应链管理绝非易事，其特征是风险性高。

(5)客户需求驱动性。航空型号工程项目供应链的形成、存在，以及航空型号工程项目供应链的重构都是基于市场和客户的需求而发生的。同时，航空型号工程项目供应链中信息流、物流以及资金流都是由客户的需求信息拉动的。

(二)航空型号工程项目供应链管理实施步骤

1. 分析工程项目管理的市场环境

现行的工程项目管理的很多做法已经为航空型号工程项目供应链管理提供了基础和平台，例如对工程项目进行分类、施行招标投标制度和并行工程等。

2. 航空型号供应链实施的必要性分析

(1)利用航空型号工程项目供应链，可以将各个作业单位中估算的不合实际的多余时间，集中在一起统一管理，减少单个项目的工期并增加了航空型号工程项目供应链上企业工作的有效时间。

(2)现行的招标、投标制度是对每一个项目都进行一次招、投标，而且每一次都是孤立进行的，容易增加整个工程行业的成本。利用航空型号工程项目供应链将工程项目作为一种产品，形成集成化管理，可以达到有效节约成本的目的。

(3)利用航空型号工程项目供应链，可以使各个企业之间的竞争关系转化为战略伙伴关系，与合作企业共担风险共享收益，提高航空型号工程项目供应链的运作效率。

(4)航空型号工程项目供应链上企业之间信息共享，可以迅速地调整和组织自己的生产，以最快的速度和最有效的方式来满足合作伙伴的需要。另一方面还可以降低成本，推进了整个航空型号工程项目和行业的技术水平。

3. 航空型号工程项目供应链上企业的组成分析

航空型号工程项目供应链是以航空型号工程项目作为一种特殊产品，对其实行集成化管理。航空型号工程项目供应链结构设计时有必要对参与方设定甄别条件，进行遴选。

4. 提出设计方案

分析实现供应链的环境和条件，就可以对航空型号工程项目供应链进行设计。一般来讲，相对稳定的航空型号工程项目供应链，其主要目标应该是那种工程项目数量大，而单个工程相对比较简单的情况。

五、航空型号工程项目供应链管理的成功案例

美国波音公司成功应用供应链管理的案例值得借鉴。

(一)波音公司简介

波音公司(The Boeing Company)是美国，也是世界上最大的民用和军用航空器制造商。它设计制造飞机、旋翼飞行器、电子和防御系统、导弹、卫星、发射装置以及先进的信息和通信系统。作为美国国家航空航天局的主要服务提供商，波音公司还运营着航天飞机和国际空间站。另外，波音公司还提供众多军用和民用航线支持服务，其客户分布在全球 90 多个国家。就销售额而言，波音公司是美国最大的出口商之一，现有的主要产品包括 737，747，767，777，787 系列民用飞机和波音公务机；AH－6、AH－64“阿帕奇”、CH－47“支努干”、V－22“鱼鹰”直升机；B－1B“枪骑兵”、B－52“同温层堡垒”轰炸机；C－17“环球霸王”运输机；EA－18G“咆哮者”电子攻击机；F－18“大黄蜂”、F－15“鹰”战斗机；KC－46A 空中加油机、KC－135“同温层油船”空中加油机等航空型号产品。

波音公司在全球航空业市场上拥有颇高的占有率。其总部设于芝加哥，在美国境内及全球 70 个国家共有员工 15.9 万多名。这是一家非常多元化，人才济济且极富创新精神的企业。员工中超过 12.3 万人拥有大学学历，他们来自全球约 2 700 家大学，几乎涵盖了所有商业和技术领域的专业。波音公司还非常重视成千上万分布在全球供应商中的人才，他们技术娴熟，经验丰富，为波音产品与服务的成功与进步贡献着力量。

波音公司十分注重供应链管理思想的应用，以波音 747 航空器的制造为例，一架 747 需要 400 万余个零部件，而这些零部件的绝大部分并不是由波音公司生产的，而是由 65 个国家中的 1 500 个大企业和 15 000 个中小企业提供。

在 20 世纪 90 年代后期，随着民用飞机市场份额不断流失给其欧洲竞争对手空中客车公司。波音 767 在与空中客车 A330 的竞争中处于下风，于是波音公司决定研发其取代产品，向市场推出“音速巡航者”民航机，强调在燃油消耗与波音 767 和 A330 相当的情况下，飞行速度接近声速，这就是波音 787，亦称梦幻客机。波音 787 最多可载客 330 人、在燃料消耗方面，它比以往的产品省油，效益更高。在用料方面，波音 787 是首款主要使用复合材料建造的主流客机。

为了增强波音 787 飞机在全球市场上的竞争力，波音公司在波音 787 研制过程中，大力推行航空型号工程项目供应链管理策略，建立起庞大的全球供应链网络系统，将波音 787 的生产供应链布局到了全球的 70 多个国家里，形成一个很长的跨国供应链，并着手建立起良好的信息系统以保证供应链信息共享的实现。与此同时，为了提高航空型号工程项目供应链管理的

效率,降低供应链管理的风险,波音公司采取了一系列有效的管控措施,包括采用不断改进的商业模式对合作伙伴的设计、生产进行管控;通过"全球化协同",对合作伙伴进行管控;通过完善的标准体系对合作伙伴进行管控;通过对合作伙伴的指导培训,对合作伙伴进行管控;通过调整自己组织结构,实现对合作伙伴的管控等。由于这些管控措施极为有效,从而使波音787型号开发工作进展顺利,于2009年12月15日进行了首次测试飞行,2011年9月26日首架波音787"梦幻飞机"在美国西雅图埃弗雷特波音工厂交付客户"全日空"航空公司。

(二)为完善全球供应链系统而改进商业模式

波音公司原来的商业模式是由波音公司制定总体的设计图,再由全球各地的合作伙伴提供相关的材料部件。制造飞机所需部件从四面八方运至靠近西雅图的波音装配工厂。然后,由来自世界各地的工程师对所有部件进行工序烦琐的校验、装配、测试和改善。

波音公司通过这种商业模式,也成功的对全球飞机生产进行了有效的管控,取得了不错的成绩。但是随着客户需求的改变,为了更好地推进波音公司的飞机生产管控,波音公司一直在不断完善改进自已的商业模式。比如,为了更好地对波音787飞机进行生产管控,波音公司就改变了以前的商业模式,即通过采用不断改进的商业模式对合作伙伴的设计、生产进行管控。

新商业模式是:所有的零部件依然是由全球合作伙伴制造,通过一个由波音公司维护的计算机模型(于波音公司内部防火墙之外)进行虚拟装配。波音公司有不同的人员制造不同的部件,每个部件均产生相应数据。利用这些数据,部件的组装和校验工作得以实时进行。最后,组装完成的各机体部分被放入三架747专机,运送至波音公司在华盛顿州西北部的埃弗雷特工厂,由于采用了在线商业制造模型,波音公司如今可以放心地将整个制造流程交给其全球伙伴完成,包括从最初的设计创意到最终的机体制造。我们可以看出,波音公司已经从单纯的飞机生产商,转变为高端的系统集成商。波音公司通过一个由自己维护的计算机模型而建立起的生产平台,顺利实现了全球合作伙伴的设计和生产方面的协同,同时,波音公司也加强了对合作伙伴的生产管控。商业模式的变化,不仅仅在于提升生产效率,削减制造成本,还将新一代机型的设计和开发成本分摊至其遍布全球的合作伙伴,并建立了全球性的合作体系。

(三)采用应用软件实现全球化协同

在设计生产波音787客机时,波音公司为了与其合作伙伴实现的高水平、实时协同,它要求波音787所有的合作伙伴均使用达索公司的应用软件Catia,飞机的设计工作通过一个名为"全球协同环境"的在线网站完成,该网站由波音公司负责维护。

在飞机设计之前,波音公司邀请航空公司客户(包括飞行员、乘务员在内)提供相关数据,并将该数据转交给其设计伙伴。波音公司的合作伙伴同时得到一份新机型的主设计图,该图注明了飞机的一般轮廓线。合作伙伴由此可以获知,什么地方应该安装着陆装置,机翼"折叠"后有多大空间。但波音公司并未放松对其合作伙伴的监督。

事实上,这正是使用协同能解决的问题。在波音787飞机研发之前,波音公司主要通过建造木质飞机实装模型的方式,来检验由世界各地合作伙伴制造的零部件能否有效组装。如今,即使在飞机部件生产之前,人们也可以通过计算机轻易找到飞机组件与部件之间的"冲突"之处。如果发现两个部件装在同一处,或部件之间不相匹配,电脑屏幕就会显示红色的斑点加以警示。波音公司通过"全球化协同"措施,加强对合作伙伴进行管控。

(四)为完善全球供应链系统而改进标准体系

波音公司的标准体系非常完善。例如波音公司的零件标准手册(BOEINGPART STANDARDS 编号 D－590)提供了波音飞机所采用的全部标准件图样和标准件采购规范。

1. 标准件图样

标准件图样包括通用标准和波音公司企业标准。通用标准包括 AN,MS,MIL 及 NAS 等;波音公司企业标准即 BAC 标准。BAC 标准的内容完整、详细,主要包括:标准图样、尺寸规格、材料、表面处理、注释、采购规范号、表面粗糙度、润滑、包装、代码、标记、使用信息、替代信息;对供应商的要求和供应商地址等。

2. 标准件采购规范

标准件采购规范(BPS)是标准件制造、验收的技术条件,它对波音公司标准件制造商在研制、生产标准件过程中所应做的检查、试验做了规定,同时它还是用以评价产品合格状况的依据。

BPS 的主要内容包括:

(1)标准件的材料、尺寸、头部形状、表面纹理、标识、头部承载面等方面的要求。

(2)标准件的性能试验,包括抗拉、抗剪、断裂应力、硬度、疲劳等方面的要求。

(3)标准件的微观结构、表面污染、晶粒流向、脱碳、烧伤、腐蚀、镀层等方面的要求。

对于波音公司的标准件制造商来说,标准体系中列出的所有项目都是强制性的,要求每一批次都做检查、试验。对于标准件分包商来说,则应根据波音公司质保部门批准的试验计划按照该复验文件所规定的要求,定期对标准件做监督性试验。这样,波音公司就能通过完善的标准体系对合作伙伴进行管控。

(五)为完善全球供应链系统而加强对合作伙伴的培训

波音公司通过加强对合作伙伴的指导培训,实现对合作伙伴进行管控。例如在中国过去 25 年间,波音公司在制造、质量、工装、工程和计划方面的专家工作生活在中国,他们向为波音公司生产部件和组件的中国公司提供现场培训。此外,波音公司还提供高级管理人员培训和特殊技术培训。此举的重点在于达到并保持世界级水准以保证飞机组件安全可靠,质量优良,交货及时。

(六)为完善全球供应链系统而调整组织结构

为了更好地对合作伙伴进行管控,波音公司先后对组织结构和组织管理进行调整。其特征是:以产品为中心,把事业部的思路运用到最基层;发挥小型团组作用,如产品单值、程序开发等的作用,充分授予他们经营管理权限;简化部门和结构,把直线单位和职能单位合并在一起,降低协调和管理的复杂度。将以往设计工程师与组合零件制造飞机的技工是各自独立的个体的局面,即工程师勾勒计划后传给制造人员,于是这些生产线上的员工对“投入”的来源毫无机会弄懂,假如技术工人发现新零件在设计上有问题,须向领班报告,再逐级上呈,直到该信息抵达原蓝图的绘制者,这位高阶设计师针对问题修正后还得费劲地遵循原渠道下达改良指示。改变这种模式为专项任务式的组织,使相关部门自始至终都得以协同工作。

波音公司的过去,组织中垂直关系明确,决策权集中,而且偏重经由指挥链来控制管理,是一种机械式组织；而波音公司的现在，依照并行设计工程要求，将组织规划成多个职务部门合成的跨功能团队，组织内的关系也从旧有的某一单位产出即另一个单位投入之顺序相依，进化到彼此得沟通协调才能决定产出的双向相依，权责随时视需要弹性调整，层级关系不明确且规章制度少，外加偏重非正式渠道来沟通，已迈向了有机式组织。

波音公司在组织结构和组织管理方面的调整，提高了自己对全球合作伙伴的管控能力和效率，促进了波音飞机设计和生产的良性快速发展。

第16章 航空型号工程试飞、适航和收尾管理

第1节 航空型号工程飞行试验的基本概念

任何航空型号工程项目的成功,飞行试验是必经的关键步骤之一。可以说,在航空型号工程项目管理中,没有比飞行试验更必不可少和更复杂的工作了。随着现代航空技术、计算机和自动控制技术等高科技日新月异的发展,航空型号工程飞行试验在试飞方法、试飞技术、测试设备和地面配套设施等方面都有了巨大的进步,飞行试验本身也已从早期令人生畏的危险工作发展成一门高度严密的学科。

一、飞行试验的定义和类型

(一)飞行试验的定义

飞行试验是航空器在真实飞行条件下进行科学研究和产品试验的过程,它是航空型号工程实施过程中最重要的环节之一,是检测一架新型号航空器或者对现有航空器的修改是否能胜任其飞行任务的关键步骤。飞行试验不同于其他模拟试验项目,为了检验所设计的新型航空器的各项性能是否满足要求,需要生产若干架原型机进行飞行试验,通过测量数据以及别的手段,更好的验证和完善航空器的设计,并不断改进,最终,使得航空器整体性能优化和可靠性的逐步提高,也为航空器的适航性打下坚实的基础。

飞行试验始终伴随着新航空器的研制,它不仅是检验航空器的飞行性能,也是对新设计概念、新技术、新设备的验证,以促进航空技术的发展。进行任何航空型号研制,都必须抓好飞行试验这一重要环节。从民用航空器的“三证”(即型号合格证、生产许可证、适航证)管理流程可知,飞行试验阶段是民用航空器进行合格审定的核心,也是颁发型号合格证及适航证的必要条件,因此,飞行试验的成败与否,决定着新型号航空器的命运。

(二)飞行试验的类型

1. 按照研制阶段划分

不同的研制阶段飞行试验的性质不同,按照研制阶段分,飞行试验可分为以下几项:

(1)调整试飞。通常在调整试飞之前新型发动机和各种机载设备已在定型的航空器上做过试飞,定型后才装上新型航空器。试飞航空器从滑跑、预起飞开始,然后进行机动飞行以查明设计缺陷,排除影响飞行的重大故障。

(2)定型试飞。在调整试飞后全面鉴定新型航空器是否达到设计技术指标,考核其飞行性能、可靠性和调整试飞时所采取的各种措施的可行性,决定是否可投入成批生产。

(3)使用试飞。在实际使用条件下为投入航线或服役做准备而进行的试飞。其目的在于进一步评定航空器及其装备的使用性能和可靠性,确定飞行员训练要求、地面维护要求和外场保障设备。为使试验具有代表性,通常用10～20架航空器试飞。有时把调整、定型和使用试飞结合进行,以缩短试飞周期。

(4)出厂试飞。分为抽查试飞和交货试飞。前者是从批生产中按比例抽出一些航空器作特定科目试飞,以检查这批航空器是否稳定地达到设计指标,后者考核每架航空器的生产质量。

(5)验收试飞。使用部门根据合同规定检验航空器和机载装备的性能与质量的试飞,由使用部门派代表到制造厂实施。成批生产的航空器一般只做出厂试飞和验收试飞。

2. 按照试验内容划分

按照试验内容,可分为以下几项:

1)飞行性能试验。飞行性能试验主要包括航空器的飞行高度、飞行速度、续航时间、航空器的控制特性等。

2)结构强度和振动试验。结构强度试验主要考核航空器结构在飞行工况下的结构强度和刚度,航空器机体结构振动、抖振、颤振、地面共振,以及疲劳强度等。

3)设备性能试验。设备性能试验主要包括机载航空电子设备、数据链测控设备、地面控制站及机载任务设备的各项功能和技术指标等。

4)极端环境条件试验。极端环境条件试验包括极端天气测试、失速测试、疲劳测试、溅水测试、鸟击测试、雷击测试等。

二、飞行试验的程序和准备工作

(一)飞行试验的程序

1. 试飞前的地面试验

研制单位应该根据首飞调整飞行试验的要求,在飞行试验前分阶段完成各种地面试验,包括飞行控制系统地面试验、振动试验、电磁兼容性试验、发动机地面试验、机载系统联试、航空器与地面通信试验、任务设备地面试验等。

2. 编制飞行试验大纲

飞行试验前,不同阶段试飞由试飞单位或研制单位编制飞行试验大纲。飞行试验大纲通常包括首飞试飞大纲、调整试飞大纲、设计定型试飞大纲和适应性试飞大纲。飞行试验大纲经过主管部门审批后方可实施。编制时应该征求使用部门的意见。

3. 首次飞行试验

为确保新机首飞的安全,要求飞行试验员进行地面模拟训练和地面滑行;工程机务人员应该经过技术培训,并熟练掌握机务检查、参数调整、全机通电、发动机试车、故障排查等技术,确保首飞安全。首飞大纲由型号研制单位编制。

4. 调整飞行试验

航空器经过首飞后,确保能够进行安全飞行,则可进行航空器调整飞行试验。调整飞行试验目的是检查航空器的设计、制造质量,排除故障,调整航空器,使航空器系统及设备工作正常、可靠,并使得航空器达到验证飞行试验的状态。飞行试验检查航空器的飞行性能、检查航空器动力装置、航空器系统以及机载设备的工作稳定性;初步评定航空器的可靠性和使用维修品质;初步检查航空器地面设备、随机工具的适用性。

5. 设计定型飞行试验

航空器在按照调整飞行试验大纲的要求,完成调整飞行试验,达到可以进行验证飞行试验的技术状态后,研制单位可以向主管机构提出进入下一阶段验证飞行试验的申请,主管机构应组织验证飞行试验单位、研制单位和使用部门,对验证机的技术状态进行审定。审定后,进行验证航空器的移交,过程中应包括完备的随机工具、地面设备、检测设备以及有关的技术文件等,试飞单位编制试飞大纲。

(二)飞行试验的准备工作

1. 制定飞行试验计划

飞行试验前,必须完成飞行试验前的准备工作,包括制定试验计划,勘察试验场地,熟悉飞行试验的空域情况。飞行计划根据委托方和承试方协商编制,通过评审后,按规定程序报批。其主要内容为试验依据,试验性质,试验目的,参试装备和设备,飞行架次,主要测试设备,每架次试验的内容与方法,试验数据获取和处理方法,合格判定准则,试验地点和保障要求,试验的组织分工。

根据航空器系统的组成特点,确定飞行试验内容。要求航空器的飞行试验综合化,即在一次飞行试验中,同时对航空器的飞行性能和系统设备性能进行试验。在不同阶段,试验的内容和侧重点不同,飞行试验科目的实施按照实际要求制定。根据航空器研制技术要求和研制方案,从气动结构、飞行品质、大迎角、推进系统、功能系统、综合航电系统、武器系统、综合后勤保障等方面论证飞行试验项目,以满足研制技术要求为原则,结合设计需求,找出需要通过飞行试验进行验证的重点和难点,进而确定定型飞行试验内容范围,为飞行试验鉴定单位编制飞行试验方案,提供指导方向。

2. 飞行试验样机的准备

根据上述的飞行试验计划的内容,按照航空器研制的总体进度安排,在飞行试验周期内,对完成飞行试验内容所需起落数进行估算,通过对飞行试验鉴定单位以往航空器飞行试验起落频率的统计或对月均起落数的要求,提出对飞行试验样机数量的需求,并结合样机的生产进度预计,对每架样机所承担的飞行试验任务进行分工,使各架飞行试验样机在飞行试验结束的节点前,充分飞行试验,做到样机资源的合理搭配使用。由飞行试验内容,依据生产厂和飞行试验验证单位的经验数据,即每月可完成起落数(平均值),可对单架航空器估算每一段飞行试验周期。

根据初步的飞行试验验证任务分析,确定基本的鉴定飞行试验内容,再由飞行试验内容中各科目的飞行试验状态、所需的航空器外挂状态,根据以往的经验数据,推算出各分项目的飞行试验起落数,从而确定设计定型/鉴定飞行试验所需的总起落数。以飞行试验样机同时出厂、同时转场为前提,依据单架航空器的定型飞行试验周期,定型飞行试验起落数,确定所需样机的数量。

3. 对飞行试验测试进行预设计

飞行试验测试涉及飞行试验样机的技术状态,所以应该提前予以考虑,在具体的测试参数尚未确定前,主机单位要对飞行试验测试规模做初步分析,设计人员要与飞行试验工程师配合,在航空器研制的方案阶段就考虑了测试的布线和设备的安装,应在主要通路区预留通道测试线路所需的通路,并对安装设备的部位进行了专门处理,使同一架航空器可以使用不同的测试设备,使每架航空器的测试具有一定的互换性,以做到测试备份。通过飞行试验测试规划,提醒鉴定单位及早启动飞行试验测试工作,飞行试验鉴定单位也要主动与项目经理部协调,在航空器研制初期便进行测试系统设计,以尽快提出设计测试需求。对测试设备的研制应该提前进行,按照与航空器上配套成品的研制相同的进度,为主机单位的设计和发图提供参考。预设计时要初步确定测试设备的质量、体积、安装固定方式和安装位置,线缆、管路的直径等,并估算对航空器质量、重心的影响。

飞行试验样机的状态与交付使用方的航空器状态是不尽相同的,而按照飞行试验任务分工,飞行试验样机的状态也是有区别的,航空器的状态要与飞行试验任务协调,项目经理和设计师应根据飞行试验样机承担的飞行试验任务、飞行试验测试改装的需求,考虑有关系统、设备在飞行试验中出现故障后的排除方法,以减少其在机上的拆装时间和设备在机上进行软、硬件更换的时间,确定各飞行试验样机的设计状态,在详细设计阶段予以贯彻,使飞行试验需求反映到对设计的影响上,目标使得飞行试验样机在首飞后基本具备进行设计定型飞行试验的能力。飞行试验样机的配套技术状态应确认飞行试验测试设备、测试线缆、管路、传感器、天线、座舱内的控制盒以及为飞行试验而加开的口盖等。

4. 提出试飞关键技术、验证标准和计划网络

根据新机的研制方案,针对航空器设计中所采用的新技术、新工艺,提出飞行试验关键技术,如失速/过失速、推力矢量飞行试验、协同作战能力飞行试验、多目标攻击飞行试验、超敏捷性飞行试验、超低空作战飞行试验、隐身性能测试飞行试验、系统一体化飞行试验等,使飞行试验单位及早进行技术准备。对于航空器设计中采用的新技术,可能没有现成的飞行试验验证规范或标准,这就需要项目经理和设计师、飞行试验鉴定单位和军方进行协调,参照国外标准,通过请专家献计献策,共同确定验证标准,为后续的飞行试验准备工作奠定基础。

航空器的飞行试验是一个长期的工作,应该对此制定详细的工作计划网络,划分飞行试验各阶段,制定空、地勤培训,首飞、调整飞行试验、定型飞行试验,航空器转场、保障设备、工具提供需要的时间和条件等,为项目经理和设计师出面安排相关的研制工作提供依据。飞行试验工作网络应包括项目名称、内容、工作周期、责任单位、需要的条件等。

5. 飞行试验保障的设计

虽然飞行试验样机与交付部队的航空器在综合保障上有所不同,但要使飞行试验持续、顺利地进行,各种保障也是非常关键的。飞行试验单位可以借鉴全状态航空器的综合保障方案,结合飞行试验特点,为新机飞行试验阶段的综合保障进行方案设计,提出保障设备与工具、保障设施、保障物质等建议。在此基础上,根据自身情况,进行有关人员、设备配置。

保障设备与工具指那些用于完成航空器的外场维护和内厂检修所使用的设备与工具,保障设施包括各种地面台站和车辆,保障物质主要是备件和消耗品。对航空器平台的使用维护所需的飞行试验保障要到航空器试制厂调研、协调,对航空器系统、设备所需飞行试验保障应与承制单位进行协调,给出建议目录及对应的生产单位。

项目经理部应根据新机飞行试验阶段对飞行试验样机的使用与维护特点,设计有关空、地勤人员使用手册,按照飞行试验任务,给出航空器的准备、航空器的飞行试验、航空器的检查要求,结合现场技术支持人员的指导,使空、地勤人员使用和维护航空器有足够的技术依据。还

应建议飞行试验工程师们学习和基本掌握设计细节，为飞行试验任务单的制定和保证测试内容的准确执行打下坚实的技术基础。

另外，应提出在飞行试验基地建立有关的地面系统试验室，为排故、软件升级、硬件更换后上机进行必要的调试，确保机上系统在地面工作的准确性。

第2节 航空型号工程飞行性能试验

飞行性能是指描述航空器质心运动规律的诸参数，包括航空器的速度、高度、航程、航时、起飞、着陆和机动飞行等性能。航空器作定常（加速度为零）直线运动时的性能称为基本飞行性能，包括最大水平速度、最小水平飞行速度、爬升率、升限和上升时间等。

一、飞行性能试验的定义和方法

（一）飞行性能的主要参数

1. 速度性能

（1）最大平飞速度。航空器在一定的高度上作水平飞行时，发动机以最大推力工作所能达到的最大飞行速度，通常简称为最大速度。

（2）最小平飞速度。航空器在一定的飞行高度上维持航空器定常水平飞行的最小速度。航空器的最小平飞速度越小，它的起飞、着陆和盘旋性能就越好。

（3）巡航速度。发动机在每公里消耗燃油最少的情况下航空器的飞行速度。这个速度一般为航空器最大平飞速度的70%～80%，巡航速度状态的飞行最经济而且航空器的航程最大。

2. 高度性能

（1）最大爬升率。航空器在单位时间内所能上升的最大高度。爬升率的大小主要取决于发动机推力的大小。

（2）理论升限。航空器能进行平飞的最大飞行高度，此时爬升率为零。由于达到这一高度所需的时间为无穷大，故称为理论升限。

（3）实用升限。航空器在爬升率为5 m/s时所对应的飞行高度。

3. 飞行距离

（1）航程。航空器在不加油的情况下所能达到的最远水平飞行距离，发动机的耗油率是决定航空器航程的主要因素。

（2）活动半径。航空器由机场起飞，到达某一空域，并完成一定任务后返回原机场所能达到的最远单程距离。航空器的活动半径略小于其航程的一半。

（3）续航时间。航空器耗尽其可用燃料所能持续飞行的时间。

4. 起飞着陆距离

航空器在起飞和着陆时滑跑距离的长短，距离越短则性能优越。

5. 飞行机动性

航空器在一定时间内改变飞行速度、飞行高度和飞行方向的能力，相应地称之为速度机动性、高度机动性和方向机动性。改变所需的时间越短，航空器的机动性就越好。

(二)飞行性能试验的定义

飞行性能试验是指在航空器真实飞行条件下进行其飞行性能测试及科学研究的过程。航空器飞行性能是研究航空器重心运动规律的科学，它包括速度、高度、航程、航时、起飞着陆和机动飞行等性能。无论是航空器设计前的战术技术论证(军用机)或使用技术要求(民用机)，航空器设计时为满足飞行性能而做如气动力协调、新机和改型机的飞行试验验证，还是在比较同类航空器的技术水平、航空器年鉴、航空器的技术文件及涉及航空器的论著中，人们首先关心飞行性能指标，可见其重要性。

(三)飞行性能试验的方法

1. 航空器飞行速度、高度的测定

测量航空器飞行速度和高度的方法有多种。可以依靠机载传感器(窄速系统、定位系统)测得，也可以通过地面设备(雷达)测得。

(1)空速系统测定航空器的飞行高度、速度。航空器的空速系统常用组合式的皮托动静压系统，包括空速管、大气数据计算机、总温传感器及连接导管。由于空速系统的工作原理和航空器飞行时各种条件的变化，利用空速系统测得的飞行高度、速度都会有一定的误差。为了得到准确的结果，要对空速系统校准。在飞行试验中，根据空速表读出的是指示空速，要换算成真空速。

(2)机载定位系统和地面保障设备测定航空器的飞行高度和速度。该方法测得的飞行速度为地速。为了消除高空风的影响，可以采用往返飞行测定的方法。如果技术可以满足，则可预先测得航空器飞行空域内的各高度层的风速、风向，进行换算。

2. 航程、续航时间试验

航程、续航时间是评定航空器性能好坏的重要指标之一，有以下几种定义：

(1)技术航程或续航时间。单机耗尽所有可用燃料所飞过的水平距离或时间。

(2)实际航程或续航时间。单机飞行，在绕场飞行前仅剩安全备份油量时飞过的水平距离或时间。

(3)战术航程或续航时间。执行战斗任务，航空器所飞过的水平距离或时间。

(4)续航航程或续航时间。航空器以 0.9 倍最大飞行速度平飞所飞过的水平距离或时间。

(5)最大航程。以单位重量的航空器移动单位距离油耗量最小所对应的速度水平飞行的距离。

(6)最大航时。以航空器单位时间耗油量最小对应的速度水平飞行所得的时间。

3. 起飞或发射性能试验

(1)起飞性能试验。起飞是航空器从松刹、滑跑、离地、爬升到安全高度的运动过程。确定起飞特性的参数有：滑跑距离、滑跑偏差、滑跑时间、离地速度、离地姿态等。确定起飞性能通常使用的飞行重量有正常起飞重量、最大起飞重量，每个状态至少完成 3 次正常起飞试验。

测定起飞轨迹的方法有机轮计数法、地面照相法、雷达—照相经纬仪法、录像法等。

(2)发射性能试验。航空器发射是指航空器从助推火箭点火到航空器离开发射装置、加速、火箭分离、航空器爬升到安全高度的过程。主要参数有：航空器离架时的姿态、速度、火箭作用时间、火箭脱落时航空器的速度、航空器爬升到的安全高度等。

试验过程中利用地面摄像并结合航空器遥测数据等，对试验内容的有关参数进行分析、对比，确定性能是否满足要求。

4. 着陆或回收性能试验

(1)着陆性能试验。着陆是航空器从安全高度下滑过渡到接地滑跑，直到完全停止的减速过程。主要参数有：从安全高度下滑到接地的各飞行参数、接地速度、着陆滑跑距离、滑跑偏差、滑跑时间等。确定着陆性能通常使用的飞行重量有正常着陆重量、最大着陆重量，每个状态至少完成3次正常飞行。

测定着陆轨迹的方法有机轮计数法、地面照相法、雷达—照相经纬仪法、录像法等。

(2)回收性能试验。伞降回收是航空器在预定回收高度停车、减速、开伞、以预定速度落地的过程。主要参数有航空器开伞时受到的过载及姿态、降落伞充气完全张满时间、航空器稳定降落的速度、航空器落地过载及着陆精度等。

二、飞行性能试验仪器系统和试验特点

1. 飞行性能试验仪器系统

试飞最重要的目的是要取得飞行数据，以便做分析。即在预定的条件下使航空器处于试验状态，同时测量和记录表示其特征的各种物理现象、环境参数和工作参数。为了测量、记录和处理试验的各种数据，需要采用各种数据采集和处理设备，因此试飞的航空器跟普通航空器不一样，在它上面要安装各种测试用的仪器设备，用于记录飞行试验数据。

航空器试验一般都用高速摄影机和录像机记录飞行时的状态。航空器上的各种参数多用传感器进行测量，航空器还用一些直接测量显示的仪表。对于这些参数还须用摄影记录器、示波器、磁记录系统和遥测系统等在机上或地面进行记录，用光学和无线电跟踪测量系统进行航空器的轨道跟踪和参数遥测。用时间统一系统把试验的指挥、控制、跟踪、测量等各个台站的时间统一起来，使所有测量的数据都成为统一时间的函数。飞行测试数据一般分为三大块：

(1)机载遥测数据。这些数据通过无线电传输到地面管理站进行分析处理。

(2)实时处理数据。是在航空器上做的实时处理。

(3)计算机处理数据。飞行试验时由测试记录仪记录下来的数据，在飞行试验结束后，将这些数据卸载到计算机服务器上进行处理分析，并交给试飞工程师和设计人员做判读，确保有效性。

2. 飞行性能试验的特点

同其他类型专业飞行试验比较，飞行性能飞行试验具有如下特点：

(1)飞行性能试飞的内容是航空器战术技术要求指标的主要部分，是全机气动力设计是否达到预期设计目标的最后验证。因此，无论是新机、改型机或批生产航空器，都把飞行性能试飞作为首先必飞的科目。因为这涉及航空器构形是否要作重大更改，涉及结构、强度的重新设计，以及由此带来的一系列地面试验。

(2)飞行性能试飞涉及的专业面广，除气动力外，还与发动机、飞行限制及机载设备等有关。

(3)飞行性能试飞方法基本上随发动机的类型而异。如电动机、涡轮喷气、涡轮螺桨，涡轮风扇、活塞式发动机航空器，其飞行试验方法各不相同。

(4)飞行试验时，要求航空器状态应是正常的航空器状态。测试仪器改装时，不许对航空

器外形作重大的更改,特别是在机翼表面上更是如此。因为,在现有的飞行试验方法中,外形改变引起的航空器阻力变化对飞行性能试飞结果的影响尚无法评估。

(5)由于飞行性能是研究质心运动规律的,故要求航空器的飞行重心应为“正常重心”。因为,在现有飞行试验方法中,由于航空器处于重心前后限引起舵面配平阻力对飞行性能的影响无法评估。至于改装后引起的航空器重量的变化,可以通过性能换算消除其影响。

(6)除首先飞行试验空速系统的位置误差,以供飞行性能及其他专业飞行试验使用外,其余科目均按先易后难的原则穿插进行飞行试飞试验。

(7)测试多为常规参数,主要参数是速度、高度、过载、大气温度。但对其精度的要求比其他专业严格,需作仔细、烦琐的修正,甚至要进行空中飞行校准。如空速系统的地面延迟性试验,迎角、大气温度传感器的校准,过载不在重心处修正,确定油箱容积死油量,过载、舵偏度、相机位置等地面标定。

(8)对气象要求严格。要求精确地测量出空中的风速、风向、风的水平及垂直梯度,机场的场温、场压等。测量的时间要求尽可能与飞行试验的时间一致。为减小修正的误差,要求飞行性能试飞最好在无颠簸气流的平静大气中进行。

第3节 航空型号工程其他类型飞行试验

一架新设计研制的航空器在试制过程中,除了要进行基本的飞行性能试验以外,还要进行结构强度振动试验、机载设备系统试验和极端环境条件下的飞行性能试验,以检验其是否达到结构设计标准,机载航空电子设备是否适用及性能参数是否达标等。

一、航空器结构强度及振动试验

1.航空器结构验证试验

航空器结构验证飞行试验是指通过载荷测量等方法以核实结构设计计算载荷是否正确,检验航空器结构是否满足设计要求,以确认该航空器是否可以安全使用而进行的飞行试验。

2.起落架结构强度试验

起落架承受着来自机体和地面的较大载荷,其结构强度试验的内容有强度、刚度、疲劳寿命和损伤容限试验等。试验过程要求试验件的支持状态、载荷都尽可能地符合真实情况,包括着陆撞击载荷、滑跑冲击载荷、刹车载荷、静态操纵载荷,以及各轮受载不均引起的偏心载荷等。

3.航空器飞行颤振试验

航空器飞行颤振试验是新机鉴定必须进行的关键飞行试验科目,确定航空器在各种使用状态下是否存在颤振现象或是否具有充分的衰减特性。航空器飞行颤振试验时,并不是真正飞行到颤振临界状态,而是采用亚临界测量响应的方法来判断和分析,即在选定的不同高度、不同速度下,对航空器施加激振,记录航空器对激振的响应,求出有关模态的频率和阻尼,通过分析这些响应参数随速度的变化,来判断航空器的颤振余量。

4.航空器振动环境试验

进行振动环境飞行试验测量以保证航空器不因过度振动而造成结构的损坏和乘员的过度疲劳。航空器的振源包括推进系统、喷射系统,阵风载荷,以及由尾流、下洗流等引起的气动扰等传给航空器的力和力矩。航空器发生抖振后，不仅纵向稳定性和操纵性变坏，容易失速，而且会使航空器的结构强度、寿命及机载设备受影响。抖振飞行试验就是为了确定航空器出现抖振的边界，飞行试验风险很大。由于航空器严重抖振与失速两个状态靠得很近，迎角相差不多，稍许不慎，就会进入失速，有进入尾旋的危险。抖振飞行试验的方法是通过测量航空器有关的一些参数和结果动态响应的突变和发散，来判断迎角开始抖动的位置。

5.飞行失速测试

飞行失速测试也是一项重要的测试。飞行速度越慢，航空器就越需要更大的迎角以获得与航空器自身重量相等的升力。随着飞行速度进一步下降，这个迎角将达到失速临界迎角，这就叫失速。此时，机翼无法拥有足够的气流产生升力，航空器将呈现出过失速旋转、尾旋、深失速等运动模态，并伴有姿态急剧变化。尾旋是航空器超过失速迎角之后产生的一种持续偏航运动，其风险性极大。各国对航空器失速—尾旋的飞行品质和飞行试验都有各自的规范要求。

二、机载设备系统试验

航空器机载设备系统试验主要包括通信、导航、控制和生命保障系统等试验。军用航空器还需要进行武器和火控系统试验。

1.动力装置性能试验

鉴定在飞行状态下发动机及其工作系统的工作性能，动力装置对航空器的适应性。测量发动机的高度、速度特性，发动机转速、温度特性，耗油率，抗过载能力、可靠性等，以及试验发动机的加速、减速、进气道与发动机的匹配和空中起动性能以及发动机的操纵性等。

2.飞行控制系统试验

在正常重量、重心条件下，在典型的飞行剖面上对飞行控制系统的各项功能进行检查，对参数记录设备的工作情况进行检查。航空器飞行控制系统的试验内容一般包括：俯仰和滚转姿态的稳定与控制；航向稳定与控制；高度稳定与控制；空速稳定与控制；侧向偏离控制；爬升控制；下降控制；起飞着陆控制；控制方式切换；多模态控制律切换；人工遥控控制；程序自动控制等。

3.导航系统试验

飞行试验中，航空器沿预定航线飞行，导航系统正常启动工作。飞行数据记录仪记录导航系统输出的位置信息、高度信息、地速信息和姿态信息。具有侧偏距、侧偏移速度、待飞距离等参数的导航系统的其他信息也需要记录。飞行结束后，进行数据处理，测试记录的导航系统实际飞行轨迹和规划是否一致，位置精度是否达到要求，分析组合导航系统的功能是否实现等。

4.机载任务设备试验

机载任务设备性能飞行试验包括两方面内容，一是任务设备在实际飞行状态下，与航空器全系统的协调性、兼容性以及其环境适应性等试验；二是任务设备的性能和功能试验，考查任务设备在规定飞行状态下是否满足技术指标要求。

(1)协调性、兼容性试验主要包括任务设备与航空器以及其他机载设备电子设备的机械接口、电气接口、信息与通信协议的协调性；任务设备的工作模式与飞行控制与导航系统、无线电测控系统的协调、兼容性。

(2)环境适应性试验主要包括试验任务设备在起飞、飞行、降落过程中的振动、冲击、高温、低温以及温度变化的影响；电磁环境、气象环境和地面环境的影响等。

三、极端环境条件飞行性能试验

航空器每一款新型号机型在交付给航空公司之前都会接受一些残酷的飞行测试。

1. 中断起飞测试

中断起飞测试(RTO)是航空器获得适航认证中最严苛的测试之一。航空器将面临可能出现的最严苛的条件,例如刹车完全磨损、航空器达到最大起飞重量、反推装置禁止使用等情况。在RTO测试中,航空器的大部分动能都将由刹车转化成热能,这就可能将导致易熔的轮胎插销熔化,整个轮胎也将漏气。在这个测试中,刹车起小火也是可以接受的,只要5分钟内不会蔓延到整个机身,这5分钟是机场救火部门赶到的最短时间。

2. 最小起飞速度测试测试

最小起飞速度测试要求飞行员在航空器不同配置条件下确定航空器的最小起飞速度。航空器从跑道上起飞的速度基本上都会低于预期,所以机尾很有可能会与地面擦碰。

3. 极端天气测试

极端天气测试是指航空器在高温、低温以及有风、雨天和雪天等恶劣天气条件下的测试。该测试的目的是为了确保航空器的发动机、材料和控制系统能在极端天气条件下正常运行。另外,航空器还将在高海拔和低海拔地区进行飞行测试,测试的内容包括发动机在冷浸后发动、低速拖行和起飞中断等。

4. 疲劳测试

疲劳测试是检测在一段较长时间内和航空器飞行不同阶段(如跑道滑行、起飞、巡航和着落阶段)航空器结构如何对压力做出反应。为了模拟实际的状况,由电脑控制的液压千斤顶将对机身进行挤压,使航空器机身各部分将都接受"撕扯"和挤压,以确定其可以承受的不同荷载。在疲劳测试中,机翼通常会反复弯曲90°。疲劳测试将帮助航空器制造商估计材料的耐用性和使用寿命。

5. 溅水测试

溅水测试的是雨天航空器在湿滑跑道上的性能,以及确定机身的雨水和主起落架溅出的雨滴不会进入发动机。溅水测试的航空器冲入跑道中一块通常长350 m、宽100 m的水槽以进行测试。该测试需要进行几轮。

6. 鸟撞测试

鸟撞对航空器而言是一种常见的安全威胁,所以航空器必须足够强壮才能抵抗。鸟撞测试通常使用大口径的压缩空气炮,以鸡作为炮弹,用于测试航空器的挡风玻璃强度以及发动机的安全性能。

7. 雷击测试

航空器结构是由导电材料制成的(铝合金),由于雷击的发展是由云层到地面,航空器结构就提供了一个"短路"的路径,成为闪电路径的一部分。统计资料表明:每架航空器基本上每年都会至少一次在飞行中被雷击中。在雷击测试实验室中,科学家向与航空器机身相同的材料上发射电流。值得注意的是,目前颇为流行的碳纤维材料中有一层可以减少雷击损坏的、具有防雷特性的金属。

第4节　民用航空器适航管理的基本概念

我国航空型号工程管理体制分军用机和民用机两大类,其中军用机的研制和生产主要采用国家制订的军用规范及标准,由国防科工委进行审查、鉴定以及对最后的设计或生产定型机进行批准;而民用机的研制和生产则采用国际上通行的适航管理。因考虑到篇幅及其他因素的原因,本书不讨论军用机的军用规范及标准问题,只讨论民用机的适航管理。

一、民用航空器适航管理的定义和阶段划分

(一)民用航空器适航性和适航管理的定义

1. 适航性的定义

适航性,简称适航,可以理解为航空器在预期的使用环境中和在经申明并被核准的使用限制之内运行时本质的固有的安全特性。适航性是通过设计所赋予的一种产品特性,当一架航空器设计状态冻结后,其固有的适航性随之确定。适航性是一个抽象的、物理的和全过程的集合。

要使航空器具有适航性,首先航空器必须具备能在预期的环境中安全飞行的固有品质,航空器的设计要求应能够保证航空器的飞行安全;其次航空器在正确使用和维护的情况下,具有在预期的环境中持续安全运行的能力。适航性这个专有词的出现是出于维护公众利益的民用航空立法的需要,因此适航性总是与政府机构对民用航空器飞行安全性的控制联系在一起。

2. 适航管理的定义

民用航空器的适航管理是从安全性观点对民用航空器的设计、生产制造、使用维修、进出口等全方位、全过程的控制管理。它是以保障民用航空器的安全性为目标的技术管理,是全方位、全过程的控制管理,最终目的是为公众和社会提供安全、经济、舒适的航空运输工具,其本质是适航性控制。

世界各国的民航局对航空器的设计、生产、使用维修和进出口等环节制定有关适航规章、标准、程序,颁友适航指令或通报,颁布相应证件并进行统一的审定、检查鉴定和监督执行,这些工作统称为民用航空器适航管理。

我国适航管理部门是中国民航总局(CAAC)及各地区管理局的适航处等(俗称“局方”),他们代表政府、代表公众对航空器的研制、运行和维护进行适航管理。适航管理部门制定和颁布了一系列的适航规章和规范性文件,适航规章是具有法律效力的管理规章。航空器的研制单位(型号合格证的申请人)及航空器的使用维修单位需遵照规章程序开展工作,适航管理部门对他们的活动进行适航审查。要使航空器获得“适航性”需要适航管理部门、航空器的设计制造单位、使用维修单位的共同努力、协同工作。

(二)民用航空器适航管理的阶段划分

民用航空器一般的设计使用寿命是20年(9万个飞行起落),要保证航空器在20年的时间里安全运营,其设计难度之大不言而喻。航空器的安全是通过适航管理来保障的。

民用航空器的适航管理分为初始适航管理和持续适航管理两个阶段。

1. 初始适航管理

初始适航管理是在航空器交付使用之前，适航部门依据各类适航标准和规范，对民用航空产品设计、制造的适航审定、批准和监督，以颁发型号合格证、生产许可证和适航证为主要管理内容，通过一系列规章和程序来验证航空产品的设计特性、使用性能以及制造质量和安全状态，以确保航空器和航空器部件的设计、制造按照适航部门的规定进行。航空器的设计和制造单位从设计图纸、原材料的选用、试制、组装直至取得型号合格批准和生产许可，要对航空器的初始适航性负主要责任。初始适航管理是对设计、制造的控制。

2. 持续适航管理

持续适航管理是在民用航空器投入运营之后，依据各种维修规则和标准，使其适航性得以保持和改进。持续适航管理的三要素是：维修机构、维修人员和航空器。因此，持续适航管理不能和初始适航管理截然分开。航空器的使用单位，航空公司及其所属的飞行人员，维修单位（包括维修人员和检验人员等）要对其使用和维修的航空器的持续适航性负主要责任。持续适航管理是对使用、维修的控制。

根据适航的理念，民用航空器的适航管理贯穿航空器研制和交付使用全过程，初始适航管理和持续适航管理无论从概念上还是从实质上来看都是相辅相成、密不可分的，两者之间没有明显的界线，也无法截然分开。而两者的交联和融合，则构成了民用航空器适航管理的一个整体和全部内容。

二、民用航空器适航管理内容和特点和作用

1. 民用航空器适航管理的内容

适航工作即与适航有关的工作，它贯穿了航空器设计的全过程。适航工作的基础是适航要求，适航工作的核心任务是保证设计满足适航要求并按照适航程序接受审查、最终得到局方的认可和批准。

以初始适航为例具体来讲，在航空器的工程设计阶段，适航工作就要从航空器设计的每一个专业出发，确定各专业在设计中所必须满足的适航标准，研究适航要求、协调设计方案，在航空器的设计中贯彻适航要求，并最终确定设计方案，根据设计方案开始详细的设计工作，然后进行航空器试制，在制造过程中要保证试制航空器符合相关图纸及相关工程设计要求，接下来通过分析、计算、试验（实验室试验、机上地面试验和试飞）等方法向局方证明，航空器设计是满足适航标准要求的。由局方对航空器设计过程进行全面审查。航空器上使用的任何硬件和软件，大到一架整机、一个系统，小到一个螺栓、一块材料，包括投入使用后的维修都必须经适航部门的审查和批准，以确保航空产品始终处于安全状态。

民用航空器适航管理的内容有：

（1）制定有关航空器适航规章、标准、程序、指令或通告并监督执行。

（2）对民用航空器进行型号合格审定、颁发型号合格证。

（3）对民用航空器进行生产许可审定，颁发生产许可证。

（4）对已取得国籍登记证的航空器进行检查鉴定并颁发适航证。

（5）为本国航空产品的出口厂商颁发出口适航证或适航标签，以证明该产品符合本国的适

航标准;根据外国航空产品制造人的申请,对其型号进行审查,发给型号认可证,证明其符合本国的适航标准。

(6)对维修企业进行审定、颁发维修许可证,维修企业要根据获批准的维修大纲制定维修方案,对维修人员进行考核并颁发执照。

(7)掌握民用航空器的持续适航状况、颁发适航指令。

(8)对安全问题或事故进行调查。对不符合适航标准,违反规章的采取吊销证书、执照或勒令停飞、罚款等措施。

2. 民用航空器适航管理的特点

(1)法制性。法制性是指民用航空器适航管理是按照国家发布的适航管理条例和规定,并制定相应的管理程序,具有强制必须执行的法律效力。

(2)唯一性。唯一性是指对于研制民用航空器的适航管理是唯一有效的,不再有其他的适航管理。

(3)可操作性。可操作性是指适航管理是可以操作使用的,由于民航指定了一整套相应的管理程序,使可操作性更强。

(4)收敛性。收敛性是指只要按民航管理操作程序进行并按要求做好,适航管理工作是收敛的。

(5)统一性。统一性是指民用航空器适航管理对所有新研制的民用航空器均是合适的,并与国际接轨,有了民航部门签发的证件,再取得国外的证件就比较容易。

3. 民用航空器适航管理的作用

适航管理在民用航空安全保障中的作用主要有以下几点:

(1)建立一套完善的适航管理体系以保障民用航空安全是一项综合性的系统工程,具有很强的技术性和科学性,这也是国际上能自行研制先进军机的国家很多,而自行研制民机并具有国际市场竞争能力的国家却寥寥无几的原因。民用航空器适航管理在民用航空的安全保障中起着举足轻重的作用。

(2)影响民用航空安全的因素很多,诸如民用航空从业人员的素质;航空器及其部件的设计、制造水平;航空器材的供应;航空器及其部件的维修质量;机场安全保障设施和设备的性能状态;空中交通管制能力;空中保安措施;气象保证条件;等。因此,民用航空的安全性不仅取决于航空器的设计、制造和维修质量,而且还涉及各类勤务人员的素质,各相关机构部门的工作水平以及各项保障设施、设备的质量状态。

(3)适航管理是从最低安全要求做起的,使之不断地向最高安全等级迈进,是对民用航空器的设计、生产、使用和维修,直到退役,从初始适航性到持续适航性全过程实施以确保飞行安全为目标的技术鉴定和检查;是以审定和颁发各种适航证件的方式实施质量监督和管理,也就是从适航部门受理申请起审查机构与航空器研制部门一起按适航管理程序操作,完成由新型号设计到交付进行全过程的适航控制,最终建立和完善企业的自我审核机制,使民用航空企业的质量意识和安全意识不断提高,并形成自觉行为,这无疑将为航空安全奠定一个坚实的基础,即符合适航标准的航空器是保障民用航空安全的重要前提,加强适航管理是民用航空安全保障系统工程中的重中之重。

第5节 民航适航管理机构体系和审定

我国研制的民用航空器已日益大型化并实现了多国合作，涉及的双边适航协议、跨国供应商监督、异地设计制造监督等问题也日益增多且更为复杂，民航适航部门和航空器研制部门的沟通协作，共同努力才能实现国家整体适航管理水平的提升。另外，一时满足适航要求不等于会一直满足，适航工作要持续进行，要加强航空器的持续适航管理，真正提高自身的管理水平，缩短与西方国家的差距，解决这个困扰我国民用航空发展的瓶颈问题，消除管理水平对适航取证和产品信誉的影响。

一、民用航空器适航管理机构和体系

(一)民用航空器适航管理机构

1. 中国民用航空总局(CAAC)

1986年受国务院委托，中国民用航空局(现称中国民用航空总局)负责起草了《中华人民共和国民用航空器适航管理条例》，简称《适航条例》。1987年3月17日国务院常务会议审议通过了《适航条例》，并于当年5月4日发布，6月1日起施行。这是中国民用航空器适航管理的一个重大转折，是我国法定适航管理工作的新起点。依照《适航条例》规定：民用航空器的适航管理由中国民用航空局负责。中国民用航空局授权航空器适航司负责适航管理工作。

2. 美国联邦航空局(FAA)

美国联邦航空管理局，简称FAA。它是当今世界经验最丰富、最强大的适航管理当局，隶属于美国运输部。其职责是负责民用航空安全、联邦航空机构的行为。FAA主要任务包括促进民航安全管理；鼓励和发展民用航空，包括航空新技术；开发和经营空中交通管制、导航系统的民用和军用航空器；研发体系和民用航空领空；制定和实施控制航空器噪声和其他影响民航的飞行环境；美国商业空中运输管理等。随着设计技术的进步、对运营故障和事故的研究，FAA的适航要求在不断修订。

3. 欧洲航空安全局(EASA)

随着欧盟国家一体化步伐的迈进，以及欧洲民用航空竞争的需要，2002年欧盟决定成立具有法律权限的欧洲航空安全局(EASA)。对空中客车公司的产品及生产制造全部由EASA审查颁证和管理。对其他产品，设计由EASA审查批准，制造由所在国适航当局审查批准。

(二)民用航空器适航管理体系

民用航空适航管理体系有中国民用航空器适航管理法规和文件体系、适航管理组织机构体系和适航管理证件体系，三足鼎立而又互补，缺一不可。

1. 民用航空器适航管理法规文件体系

民用航空器适航管理是按国家、政府、民航总局制定的法规和适航司颁发的适航管理程序进行管理，前者具有强制性的法律效力，后者是实现前者的操作细则，如图16-1所示。

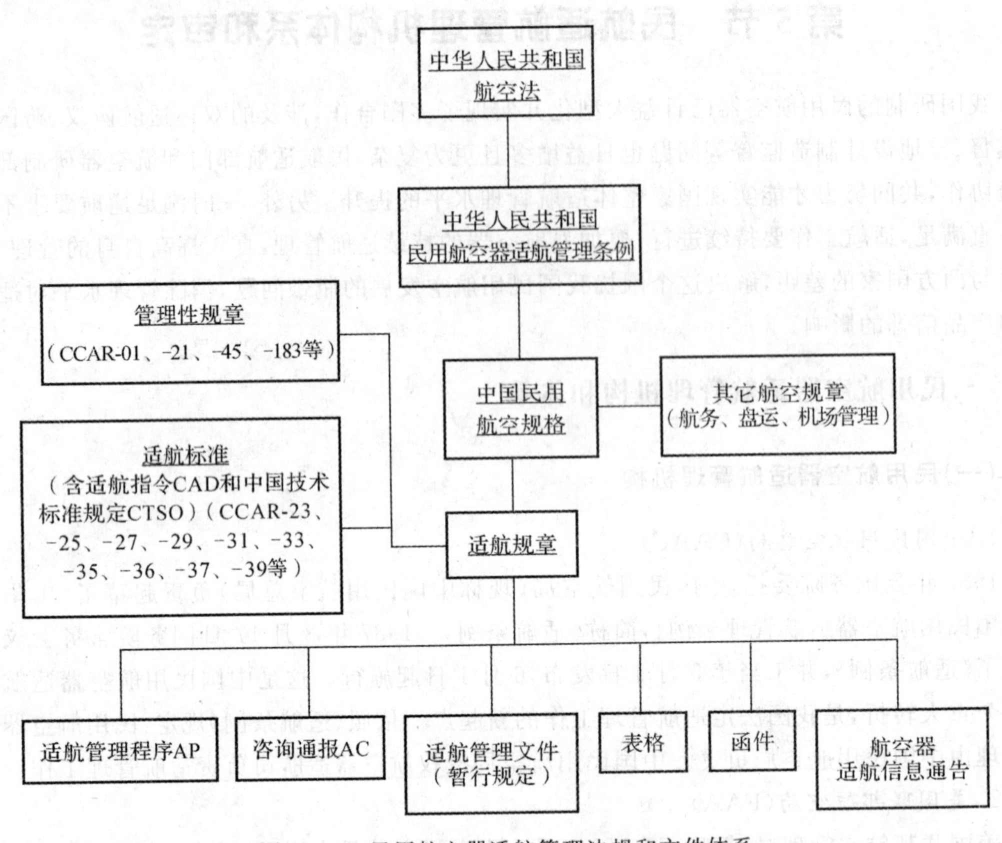

图 16-1　民用航空器适航管理法规和文件体系

（加下划线的为适航法规其他为法规性文件）

2. 民用航空器型号合格审定组织体系

新研制的民用航空器提出型号合格证申请被受理后，民用航空总局适航审定司要组建该型号合格审定管理体系，即型号合格审定委员会和型号合格审查组，必要时组建授权审查部门、委任代表和委任单位代表。新研制民用航空器型号合格审定组织体系如图 16-2 所示。

3. 民用航空器适航管理证件体系

立法和颁证是民用航空器适航管理的两大支柱，前者是法规、适航标准和管理程序；后者是经审查合格颁发的各种相应证件，是符合标准或规定资格的凭证。办理证件一般要经历包括申请、受理、审查、颁证和证后管理等环节。

中国民用航空器的适航管理证件有型号合格证、型号认可证、补充型号合格证、型号设计批准书、生产许可证、适航证、特许飞行证、出口适航证、技术标准规定项目批准书、零部件制造人批准书、国籍登记证、进口材料、零部件、机载设备的认可证、维修许可证、维修人员执照、委任代表和委任单位代表证等，主要的“六大证件”是指：型号合格证、生产许可证、国籍登记证、适航证、维修许可证和维修人员执照。

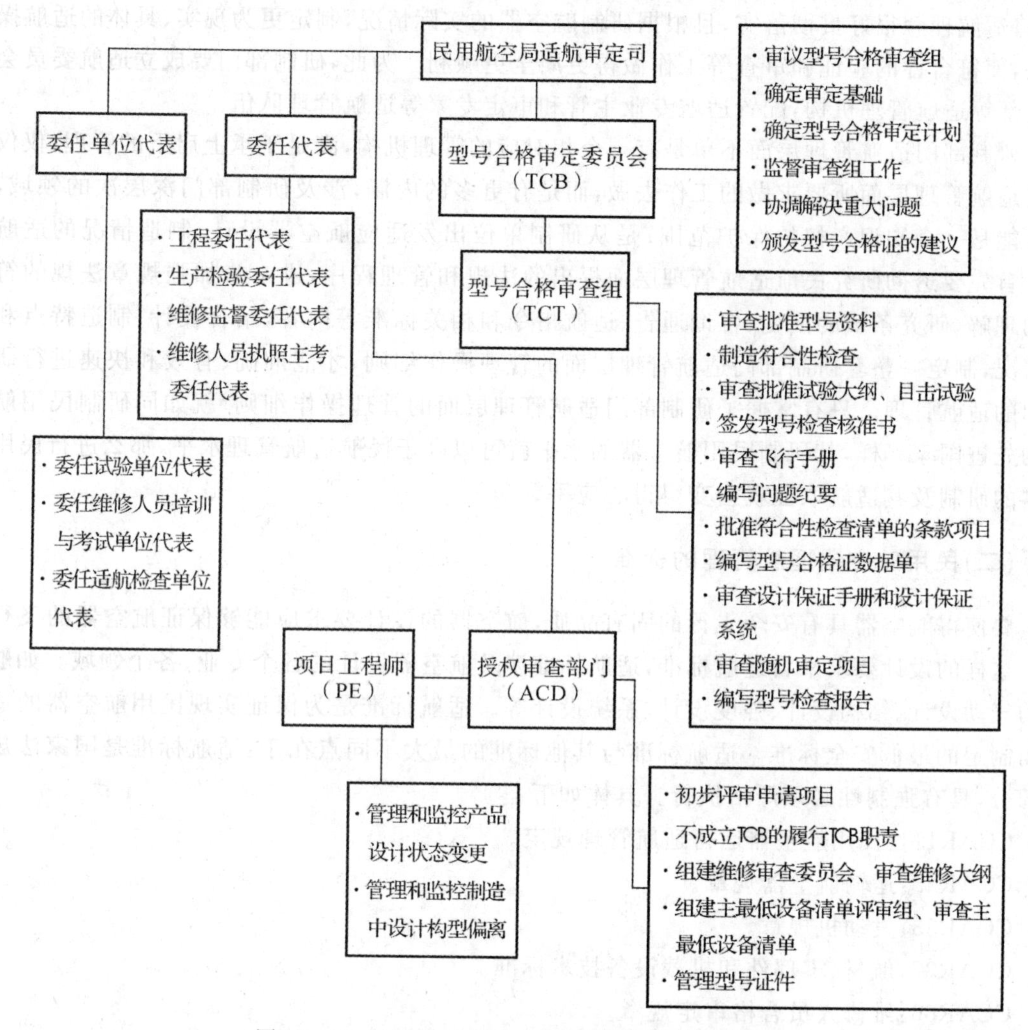

图 16-2 民用航空器型号合格审定组织管理体系

二、民用航空器适航管理层面、标准和审定过程

(一)民用航空器适航管理层面

对民用航空型号工程项目而言，适航管理有两个管理层面，即确保民用航空器的适航不仅是民航适航部门的责任也是民用航空器设计制造部门的责任，双方有责任共同把航空器的安全性推向更高的水平。从研制民用航空器的实践来看，要全面完成适航管理需要有两个层面：

(1)民航适航管理层面。它是从民航角度出发具体体现为适航审定、指导和监督实施，最终达到持续稳定的“安全性”。民航适航管理层面是对每一个型号适航当局组建局方审查组，负责总体的、高层的和国际的适航协调，全面组织适航审查，严格审定合格与否，决定是否发证放行。

(2)研制部门适航管理层面。它是从研制部门角度出发考虑如何落实民航所要求的适航管理，结合航空器研制实施更具体的操作细则。研制部门适航管理层面是研制部门的适航组织，将适航理念很好贯彻落实，且根据研制航空器的实际情况，制定更为现实、具体的适航操作程序，使符合性的验证和审查等工作做得更周全更顺利。为此，研制部门要成立适航委员会和适航部等适航管理机构，配置适航专业主管和审定专家等适航管理队伍。

研制部门适航管理层面不单是有一个相对应的管理机构，满足于承上启下的管理，仅仅按民航适航管理层面所要求做的工作去做，而是有更多的内涵，涉及研制部门深层次的领域，甚至可能是一个知识产权的保护范围；是从研制单位出发适应航空器设计、制造情况的适航管理。首先要透彻研究民航适航管理层面提出的法规和管理程序，进一步加强规章法规的符合性的理解，研究条款的演变、咨询通告、适航指令和相关标准等内容，结合设计、制造特点和具体情况，制定一整套研制部门适航管理层面的管理操作细则，才能准确、有效和快速进行研制部门的适航管理。只有掌握了研制部门适航管理层面的管理操作细则，就如同研制民用航空器的先进国家一样，其研制民用航空器的水平就可以高于民航适航管理水平，那么进行民用航空器的研制及其适航取证就会变得得心应手。

(二)民用航空器适航管理的标准

要使得航空器具有安全飞行的固有品质，航空器的设计要求应能够保证航空器的飞行安全。这样的设计要求来自适航标准，适航标准涉及航空器设计的各个专业、各个领域。如航空器的气动设计、结构设计、强度设计、系统设计等。适航标准是为保证实现民用航空器的适航性而制定的最低安全标准。适航标准与其他标准的最大不同点在于：适航标准是国家法规的一部分，具有强制性必须严格执行。具体如下：

CCAR111：民用航空器运行适航管理规定。

CCAR25：运输航空器规章。

CCAR33：发动机规章。

CCAR37：航材、零部件和机载设备技术标准。

CCAR66：维修人员合格审定规章。

CCAR145：航空器维修许可审定。

CCAR39：航空器适航指令等。

(三)民用航空器适航审定的主要过程

适航管理水平包含民机研制、销售的管理和政府适航当局的适航管理两个方面。适航技术依托于航空技术，两者相互依存。航空器的适航性寓于航空器设计之中，是航空器的固有本质，也是各种设计技术在安全上的集中反映，并且需要通过生产制造的符合性才能得到充分体现。任何一种新型民用机，要想投入市场，必须先取得型号合格证、生产许可证以及适航证。可以说，获取上述“三证”的过程，就是民用机合格审定的主要过程。

1. 型号合格证

型号合格证(Type Certificate)是适航管理部门(民航总局)对民用航空器、航空发动机、螺旋桨设计批准的合格凭证，航空产品取得了型号合格证，就意味着其设计符合适航标准。

型号合格证是对民用航空型号工程设计进行安全审查后给予认可批准的一个证件。它是新研制航空型号的各种证件中最为重要的一个证件，也是给新机型号颁发适航证的一个先决条件。由于从申请到取得型号合格证有一个过程，通常，公司在开展航空型号工程正式设计前就要向适航管理当局（中国民用航空总局）提出型号合格证的申请，然后在取得适航管理当局同意后才开始正式设计。型号合格证是属于申请公司的，但它可以随同型号设计一起转让给本国或外国的其他公司。

2. 生产许可证

生产许可证（Product Certificate）是指适航管理部门对已获得民用航空产品型号设计批准，并欲重复生产该产品的制造人所进行的资格性审定，以保证该产品符合经民航总局批准的型号设计。生产许可审定的最终批准形式是颁发生产许可证。

航空工业制造工厂必须取得生产许可证才能进行航空产品的生产。取得了生产许可证就表明这个工厂能够满足航空条例的要求，已建立一套完善的质量控制系统，并有严格的管理程序来保证制造出来的航空产品符合型号合格证的要求。不过，生产许可证只允许生产厂家制造规定类型的产品，否则还必须申请补充生产许可证。生产合格证是属于申请公司，它是不能转让的。

3. 适航证

适航证（Airworthiness Certificate）是指民用航空器符合民航总局批准的型号设计，并能安全使用的凭证。民用航空器只有取得适航证后，方可投入正式飞行或营运。

适航证是发给具体产品的（如航空器、发动机、螺旋桨），只要能证明它符合经批准的型号设计并保证安全使用，就能获取适航证。每架投入航线的航空器都有一个适航证，获得本国适航证后，还可向其他国家的适航管理当局申请适航证，以便投入该国航线使用。适航证是跟着航空器走的，而且，必须放在航空器的适当位置上，以方便提供给有关部门检查。如果检查时发现该航空器没有适航证，就不准该航空器飞行。

第6节 航空型号工程项目收尾管理的基本概念

航空型号工程项目收尾管理是项目管理过程的最后阶段，当项目的目标已经实现，或者虽然有些任务尚未完成，项目目标还没有达到，但由于某些原因必须停止时，项目就进入了收尾工作过程。只有通过项目收尾这个工作过程，项目利益相关者也才有可能终止他们为完成项目所承担的责任和义务，并从项目中获益。

一、项目收尾的定义和终止原因

1. 项目收尾管理的定义

项目的最大特点是一次性的，有始有终。其中项目收尾阶段是项目实施过程中的最后一个阶段，与此相对应，项目收尾管理即是项目管理全过程的最后阶段。没有通过这个阶段，项目就不算结束。通常，工程项目收尾管理是一项既烦琐零碎，又费力费时的工作，它包括合同结束、行政收尾、项目审计和项目后评价等方面的管理工作。

航空型号工程项目收尾既是项目实施过程中的最后一个阶段，同时也是项目投入使用，进入服役或运营期的开始。如果项目没有一个圆满的收尾交接过程，必将严重影响项目今后的运作，项目的维修保养也无法进行，项目的商业目的不可能实现，因此，必须做好项目的收尾管理工作。

航空型号工程开展项目收尾管理的前提是,新型号航空器通过各项飞行试验后,军用航空器生产定型机得到了国防科工委批准,可以正式交付部队服役;而民用航空器的适航审定合格,取得了适航证。这就意味着航空型号工程项目实施任务正式结束了,需要进行项目文档整理归档,终止项目合同,总结经验教训,以及开展市场推广、营销等活动。

2. 项目终止的原因

当项目出现下列情况时,就应考虑适时终止该项目。

(1)自然终止。已经成功实现了项目目标,项目自然终止。

(2)非自然终止,包括以下几种情况。

1)已经不可能实现项目目标;

2)项目组织发生重大变化,项目无法继续进行下去;

3)项目被迫无限期延长;

4)项目目标已经与组织目标相抵触;

5)项目不再具有实际应用价值。

二、航空型号工程项目收尾工作

(一)项目考核评价

航空型号工程项目通过竣工验收,即军用航空器可以正式交付部队服役,民用航空器取得了适航证以后,就要进行项目考核评价,即组织分析评价项目的决策、管理和实施,通过经验和教训的总结,为项目的投资人和委托人服务,可为项目最终成果的运行和改善提出建议,也可为新项目的决策提供较为可靠的依据。

1. 考核评价的内容

(1)组织应在项目结束后对项目的总体和各专业进行考核评价。

(2)项目考核评价的定量指标可包括性能指标、工期、质量、成本、可靠性、安全性和维修性等。

(3)项目考核评价的定性指标可包括经营管理理念、项目管理策划,管理基础及管理方法、新技术推广、社会效益及其社会评价等。

2. 考核评价的程序

项目考核评价应按下列程序进行:

(1)制定项目考核评价办法。

(2)建立项目考核评价组织。

(3)确定项目考核评价方案。

(4)实施项目考核评价工作。

(5)提出项目考核评价报告。

(二)项目管理总结

项目总结报告是项目管理过程中的最后一个重要文件。每一个项目的实施过程,无论是成功了还是失败了，都应被看作是一次学习机会。因此，项目结束时要做好项目管理的总结工作。项目管理总结工作主要是要找出项目和项目管理成功、失败的地方及其产生的原因，研究项目中使用过的值得推广的方法和技术。同时，写出项目总结报告，并召开总结会，总结经验教训。

在项目收尾阶段，项目团队(经理部)的注意力往往集中在完成任务、移交结果和期待下一个新项目上，项目的记录、数据和信息，以及总结经验教训方面的工作容易被人们遗忘。有的人甚至还认为这样做没有必要，会分散一下项目的精力，还要花费成本，而且这些成本是花在项目已经投入试运行以后的，不会产生效益，因而往往不重视项目管理总结工作，这种想法和做法对于提高项目管理水平极为有害，应当彻底根除。

1. 项目总结依据的信息

一般而言，在准备项目的总结报告时，应重点收集如下信息：

(1) 对项目执行情况的总体评价。

(2)项目范围完成情况。

(3)项目进度计划执行情况。

(4)项目成本计划执行情况。

(5)项目交付结果的质量状况。

(6)项目人员使用及表现绩效。

(7)供应链系统动作情况。

(8)客户关系，供应商及协作单位的表现。

(9)出现的问题及其解决情况。

(10)积累的经验和吸取的教训。

(11)建议与意见等。

2. 项目管理总结报告的内容

项目管理结束后应编制项目管理总结报告。项目管理总结报告应包括下列内容：

(1)项目概况。

(2)组织机构、管理体系、管理控制程序。

(3)各项经济技术指标完成情况及考核评价。

(4)主要经验及问题处理。

(5)附件。

(三)合同收尾

合同收尾建立在项目实施已经完成，即军用机开始交付部队服役、民用机取得适航证的基础上，内容是了结合同并结清账目，包括解决所有尚未了结的事项。合同没有全部履行而提前终止是一种特殊的合同收尾。合同收尾最重要的工作是对合同文件进行整理、编号、装订，连同项目其他文件一起作为一整套项目文件资料归档。在整理合同资料时，应分门别类，做到数据齐全，忠于原始记录，标识清楚，还要便于查阅，整理完毕交给专门的部门存放于专门的地点，以便需要时能方便地找到。

最后，需方应当向承包人发出本合同已经履行完毕的正式书面通知。

(四)行政收尾

项目在交付最终成果或因故中止时,必须做好行政收尾工作。行政收尾工作包括一系列零碎、烦琐的行政事务性工作,比如收集、整理项目文件、发布项目信息、安排会务、后勤管理、归还租赁的设备、解散并重新安排项目人员、庆祝项目结束,总结经验教训等。

最后,承包人领导应向项目团队(经理部)签发书面文件,宣布项目正式结束,项目经理部解散。

(五)中止收尾

在个别情况下,项目可能因违约或其他以外原因而中止。此时,同样需要做好各种收尾工作,甚至涉及某些合同收尾的法律问题。中止收尾是项目收尾的一个特例。

第7节　航空型号工程项目审计和项目后评价

审计和项目后评价是航空型号工程项目收尾阶段最重要的两件工作,目的是评判航空型号工程项目的效益是否达到了预期目标。项目效益通常分为两部分,一是项目建成以后的效益,二是项目建设期间的效益。前者的物质表现是多产出,后者的物质表现是少投入。在项目收尾阶段,项目审计与项目后评价成为重要的控制方法。

一、航空型号工程项目审计

1. 项目审计的定义

项目审计是对项目管理工作的全面检查,包括项目的文件记录、管理的方法和程序、财产情况、预算和费用支出情况以及项目工作的完成情况。一般项目审计是从第三者的角度对项目财务活动进行的再监督。其实,任何单位内部都有监督体制,审计之所以被广泛接受,主要是在防止财务经营作弊、遏制腐败现象滋生、保护投资人的资产和权益等方面,项目审计发挥着不可或缺的巨大作用。

航空型号工程项目审计既可以对拟建、在建或竣工的项目进行审计,也可以对项目的整体进行审计,还可以对项目的部分进行审计。如项目前期的审计包括项目可行性研究审计、项目计划审计、项目组织审计、投标审计、项目合同审计;实施过程中的审计包括项目组织审计、报表和报告审计、设备材料审计、项目收入审计、实施管理审计、合同管理审计;项目结束审计包括竣工验收审计、竣工决算审计、项目经济效益审计、项目人员业绩评价等。

按照审计主体划分,项目组织自设的审计部门主要是针对航空型号工程项目的财务活动进行监督审核,向本单位的行政首长负责,属于内部审计。一般中小型项目只进行内部审计,但大型项目除了内部审计,还要进行外部审计。外部审计则分两类:一是由依据一定法律取得审计资格的会计师事务所等社会中介机构,受企业的委托对企业经营活动所进行的带有中介性质的审计活动,这属于社会审计;再有就是国家审计,国家审计机关依照宪法的规定设立,对国务院各部门、地方政府及其各部门的财政收支,对国有股份超过51%以上,或占有控股地位的国有金融机构和企业事业单位的财务收支,进行的审计监督。而在这三者中,国家审计强制性最强,独立性最强,被审计单位的层次最高。

2. 项目审计的职能

(1)经济监督。经济监督就是把项目的实施情况与其目标、计划和规章制度、各种标准以及法律法令等进行对比,找出那些不合法规的经济活动,并决定是否应予以禁止。

(2)经济评价。经济评价是指通过审计和检查,评定项目计划是否科学、可行,项目实施进度是否落后于计划,性能和质量是否能达到客户的要求,资源利用、控制系统是否有效,机构运行是否合理等。

(3)经济鉴定。经济鉴定是指通过审查项目实施和管理的实际情况,确定相关资料是否符合实际,并做出书面证明。

(4)提出建议。提出建议是指通过对审计结果进行分析,找出改进项目组织、提高工作效率、改善管理方法的途径,帮助项目经理在合法的前提下更合理地利用现有资源,以便顺利实现项目的目标。

3. 项目审计过程

项目审计过程分以下几个阶段进行。

(1)审计准备阶段。审计机关根据项目审计计划,对被审计单位的审计事项开展审前调查活动,制定审计工作方案,组成审计组,在实施审计3日前,向被审计单位送达审计通知书。

(2)审计实施阶段。审计人员通过审查会计凭证、会计账簿、会计报表等方式进行审计,并取得审计证明材料。

(3)审计报告阶段。审计组对审计事项实施审计后,应当向审计机关提出审计报告。审计报告报送审计机关前,应当征求被审计单位的意见。被审计单位应当自接到审计报告之日起10日内,将其书面意见送交审计组或者审计机关;自接到审计报告10日内未提出书面意见的,视同无异议。

(4)审计处理阶段。审计机关审定审计报告,对审计事项做出评价,出具审计意见书;对违反国家规定的财政收支、财务收支行为,需要依法给予处理、处罚的,在法定职权范围内做出审计决定或者向有关主管机关提出处理、处罚意见。审计机关应当自收到审计报告之日起30日内,将审计意见书和审计决定送达被审计单位和有关单位。审计决定自送达之日起生效。被审计单位对地方审计机关做出的审计决定不服的,可申请复议。

(5)项目审计终结。审计终结过程中要将审计的全部文档,包括审计记录以及各种原始材料整理归档,建立审计档案,以备日后考查和研究,提出改进方法。

二、航空型号工程项目后评价

1. 项目后评价的定义

项目后评价是在项目完成并投入使用运营一段时间后对项目的准备、立项决策、设计实施、生产运营、经济效益和社会效益等方面进行的全面而系统的分析和评价,从而判别项目预期目标实现程度的一种评价方法。项目后评价的目的主要是从已完成的项目中总结正反两方面的经验教训、提出建议、改进工作、不断提高投资项目决策水平和投资效果。

2. 项目后评价的作用

航空型号工程项目后评价的作用主要包括如下5方面:

(1)总结项目管理的经验教训,提高项目管理水平。项目管理涉及许多部门,只有这些部门密切合作,项目才能顺利完成。如何协调各部门之间的关系,采取什么样的具体协作形式都尚在不断摸索中。项目后评价通过对已建成项目实际情况的分析研究，总结经验，从而提高项目管理水平。

(2)提高项目决策科学化水平。通过建立完善的项目后评价制度和科学的方法体系，一方面可以促使评价人员努力做好可行性研究工作，提高项目预测的准确性，另一方面可以通过后评价的反馈信息，及时纠正项目决策中存在的问题。

(3)为国家投资计划、投资政策的制订提供依据。通过项目后评价能够发现宏观投资管理中的不足，从而使国家可以及时修正某些不适合经济发展的技术经济政策，修订某些已过时的指标参数，合理确定投资规模和投资流向，协调各产业、部门之间及其内部的各种比例关系。

(4)为银行部门及时调整信贷政策提供依据。通过项目后评价，及时发现项目实施资金使用过程中存在的问题，分析贷款项目成功或失败的原因，从而为银行部门调整信贷政策提供的依据。

(5)可以对企业经营管理进行诊断，促使项目运营状态的正常化。项目后评价通过比较实际情况和预测情况的偏差，探索偏差产生的原因，提出切实可行的措施，从而促使项目运营状态的正常化，提高项目的经济效益和社会效益。

3. 项目后评价的主要内容

从实现项目后评价的目的和作用出发，按项目运行过程的先后顺序划分，项目后评价的主要内容应包括以下几方面：

(1)项目前期工作评价。对项目前期工作的后评价，主要包含项目立项条件再评价；项目决策程序和方法的再评价；项目并行设计的再评价；项目前期工作管理的再评价等。

(2)项目目标评价。对项目目标的实现程度的后评价，对照原计划的主要指标，检查实际情况，找出变化，分析发生改变的原因，并对项目决策的正确性、合理性和实践性进行再评价。

(3)项目实施过程评价。将可行性研究报告中所预计的情况和实际执行情况进行比较，找出差别、分析原因。主要包含项目设计及研制实施管理的再评价；项目实施准备工作的再评价；项目实施方式和组织管理的再评价；项目质量的再评价；项目决算的再评价等。

(4)项目经济效益评价。根据项目投入批量生产后所产生的收益和运营费用进行财务评价，计算项目的实际经济效益指标，并与前期工作阶段按预测数据进行的经济效益评价相比较，分析其差别和成因。

(5)项目影响评价。分析评价项目对经济、社会、文化以及自然环境等方面所产生的影响。

1)经济影响评价：分析评价项目对所在地区、所属行业所产生的经济方面的影响。

2)环境影响评价：对项目的节能、污染控制、地区环境质量、自然资源利用和保护、区域生态平衡和班环境管理等方面进行评价。

3)社会影响评价：对项目在国防建设、社会经济、社会发展和社会和谐方面的有形和无形的效益与影响进行评价。

(6)项目持续性评价。根据对项目的使用状况、配套设施建设、管理体制、方针政策等外部条件和运行机制、内部管理、运营状况、收费、服务情况等的内部条件分析，评价项目目标(绿色、节能、经济效益、社会效益、环境保护等)的可持续性，即项目是否可以持续地发展下去，是否能继续实现既定目标，是否可在未来同样的方式建设同类项目。

4. 项目后评价的特点

(1)现实性。项目后评价以实际情况为基础，依据的数据资料是现实发生的真实数据或根据实际情况重新预测的数据。它与项目前期的可行性研究不同，可行性研究是预测性的评价。

(2)全面性。项目后评价的范围很广，要对项目的准备、立项决策、设计实施、制造、生产运营、适航取证等方面进行全面、系统的分析。

(3)反馈性。项目可行性研究用于投资项目的决策，而项目后评价的目的在于为有关部门反馈信息，为今后的项目管理工作提供借鉴，不断提高未来投资的决策水平。

(4)合作性。项目后评价需要多方面的合作，主管部门要组织计划、财政、审计、银行、设计、制造、生产、质量、适航管理等有关部门协同进行。项目后评价工作的顺利进行需要各参与方融洽合作。

5. 项目后评价的步骤

项目后评价是一项涉及面较广的技术经济分析工作，不仅需要科学的方法做工具，而且需要严密的程序作保证。尽管由于项目规模大小、复杂程度的不同，每个项目后评价的具体工作程序会有一定的差异，但从总体来看，项目的后评价都遵守一个循序渐进的基本程序，其步骤包括：

(1)提出问题。明确项目后评价的具体对象、评估目的及具体要求。项目后评价的组织单位可以是国家计划部门、主管部门，也可是项目法人单位。无论哪种形式，在组织机构上都应满足客观性、公正性的要求，同时应具有反馈检查功能，这样才能保证项目后评价的客观、公正，并把后评价的有关信息迅速地反馈到计划决策部门。从这个意义上讲，项目原可行性研究单位或实施过程中的项目管理机构都不宜作为项目后评价的组织单位。

(2)筹划准备。问题提出后，承担单位进入筹划准备阶段，主要任务是组建一个领导工作小组，并按委托单位的要求制定一个周详的项目后评价计划。后评价计划的内容包括项目评价人员的配备、建立组织机构的设想、时间进度的安排、内容范围与深度的确定、预算安排、评价方法的选定等。

(3)收集资料。本阶段的主要任务是制定详细的调查提纲，确定调查对象和调查方法，并开展实际调查工作，收集整理后评价所需要的各种资料和数据。这些资料和数据主要包括以下几类。

1)项目资料，如项目建议书，可行性研究报告，招标投标文件，并行设计方案、图纸资料及其审查意见和批复文件，工程概算、预算、决算报告，试验检测报告，飞行试验报告，军用航空器的国防科工委批准文件或民用航空器的型号合格证、生产许可证和适航证，以及有关合同文件等。

2)国家经济政策资料，如与项目有关的国家宏观经济政策、产业政策，国家金融、价格、投资、税收政策及其他有关政策法规等。

3)项目使用运营状况的有关资料，项目投入使用后的情况，包括销售情况，设备利用情况，工程质量情况，维护维修情况，软硬件升级换代情况，偿还投资贷款本息情况等。这些都在一系列有关报表上反映出来，必要时，还需做一些相应的实际补充调查。

4)反映因项目实施和运营而造成实际影响的有关资料，如绿色、节能、环境监测报告，对周围地区和行业的影响等有关资料。

5)本行业有关资料，如国内外同类行业、同类项目的有关资料。

6)与项目后评价有关的技术资料及其他资料。

(4)分析研究。围绕项目的评价内容，采用定量和定性分析方法，发现问题，提出改进措施。

(5)编制项目后评价报告。将分析研究的成果汇总,编制出项目后评价报告,并提交委托单位和被评单位。编制后评价报告必须客观、公正、科学,不应受项目各阶段文件结论的束缚。其内容既要全面系统,又要突出重点,简明扼要,主要内容包括:摘要、项目概况、评价内容、主要问题、原因分析、经验教训、结论和建议、基础数据和评价方法说明等。

6.项目后评价的方法

由于后评价是对项目前期工作、项目管理及运营状况的再评价,所以在综合比较时,尤其要注重定性分析与定量分析相结合,定性分析应该有定量分析作补充,定量分析必须由定性分析来说明。常用的项目后评价方法有以下几种:

(1)资料收集法。资料收集是项目后评价的重要内容和手段,资料收集的效率和方法直接影响项目后评价的进展和结论的正确。常用的资料收集方法有:专题调查法、固定程式的意见咨询、非固定程式的采访、实地观察法和抽样法。

(2)市场预测法。项目后评价发生在项目正式投入使用后,其数据大部分都是项目准备、实施、使用运营等过程中的实际数据,为了与前期的评价进行对比分析,还需要根据实际情况对项目运营期间的全过程进行重新预测。具体预测方法分为经验判断法和历史引申法等。

(3)分析研究方法。分析研究是项目后评价的重要阶段,实际调查和市场预测所得到的各种数据只有经过加工处理并对其进行分析研究,才能发现其中存在的问题。主要的分析研究方法如下。

1)指标计算法。通过反映项目各阶段实际效果的指标计算,来衡量和分析项目实施所取得的实际效果。反映项目实际绩效的指标较多,如项目实际投资的效益成本比、实际内部收益率等。

2)指标对比法。通过将项目实际指标与预测指标或者与国内外同类项目的相关指标进行对比,发现项目实际存在的问题,提出改进的方法。如通过计算项目实际投资效益成本比的变化率就可以反映出项目实际投资效益与预测值之间的偏差程度,为下一步改进打下基础。

3)因素分析法。项目投资效果的各个指标,往往都是由多种因素决定的。因素分析法就是把综合指标分解成原始因素,以便分析造成指标变动的原因。其主要步骤是首先确定某项指标是由哪些因素组成的,并确定各个因素与指标的关系,然后确定各个因素所占份额。如项目成本超支,就要核算清楚由于实际工程量突破预计工程量而造成的超支占多少份额,结算价格上升造成的超支占多少份额等。

4)统计分析法。这是一种纯数学分析方法,具体做法是在项目实施前,就某个指标分别选择两组考察对象,一个是实验组,一个是对照组。实验组在项目所在区,对照组不在项目所在区,也就是不受项目实施的影响。进行项目后评价时,对比两组的有关数据,以考察项目实施对指标的影响。

参考文献

[1] 中国项目管理知识体系编委会,中国项目管理知识体系与国际项目管理专业资质认证标准[S]. 北京:机械工业出版社,2001.

[2] 吴红军,颜昌武.知识经济时代的项目管理[J]. 重庆工学院学报,2001,15(5):10.

[3] 熊光楞.并行工程的理论与实践[M]. 北京:清华大学出版社,2001.

[4] 舒湘沅.飞机型号研制项目管理知识体系研究[D]. 西安:西北工业大学,2004.

[5] Altfrld H H.商用飞机项目——复杂高端产品的研发管理[M]. 唐长红,译,北京:航空工业出版社,2013.

[6] 昂海松,曾建江,董明波.现代航空工程[M]. 北京:国防工业出版社,2012.

[7] 符长青、毛剑瑛.智能建筑工程项目管理[M]. 北京:中国建筑工业出版社,2007.

[8] 郑东良.航空维修管理[M]. 北京:国防工业出版社,2006.

[9] 符长青,符晓兰.企业信息化[M]. 大连:大连理工大学出版社,2013.

[10] 高正.直升机空气动力学的新成果[M]. 北京:航空工业出版社,1999.

[11] Moir L,Seabridge A.飞机系统设计和研制导论[M]. 凌和生,译,北京:航空工业出版社,2012.

[12] 钟长生,阎成鸿.航空器系统与动力装置[M]. 成都:西南交通大学出版社,2008.

[13] 杨春岗.大型制造企业的项目化管理[J]. 航天工业管理,2004(6):26-29.

[14] 符长青.沟通——项目成功的关键[J]. 智能建筑,2004(4):18-22.

[15] 谭详升.飞机工程研制阶段项目管理的应用研究[D]. 北京:北京航空航天大学,2006.

[16] 穆志韬,曾本银.直升机结构疲劳[M]. 北京:国防工业出版社,2009.

[17] 孙明高,吴育华,刘俊娥.工程项目的供应链管理[J]. 河北建筑科技学院学报,2004,21(3):9.

[18] 陆中.民用飞机维修性并行设计关键技术研究[D]. 南京:南京航空航天大学,2008.

[19] 蔡佳昆,宋海平.大型飞机起落架结构强度试验技术[J]. 中国民航大学学报,2008,26(增刊):121-125.

[20] 符长青,明仲.信息系统工程项目管理[M]. 北京:机械工业出版社,2011.

[21] 符长青.信息系统工程项目管理习题集[M]. 北京:机械工业出版社,2011.

[22] 秦现生.并行工程的理论与方法[M]. 西安:西北工业大学出版社,2008.

[23] 蒋佩瑛.国外民用飞机的飞行试验[M]. 北京:航空工业出版社,1989.

[24] 周红,甘茂治,刘安清,等.基于并行工程的产品维修性设计[J]. 机械设计,2003,20(9):9.

[25] 朱文海.并行工程关键使能技术及其发展趋势[J]. 现代防御技术,2014,29(2):4.

[26] 何宇廷.飞行器安全性工程[M]. 北京:国防工业出版社,2014.

[27] 郭博智,王敏芹,阮宏.民用飞机安全性设计与验证技术[M]. 北京:航空工业出版社,2015.

[28] 何哲.大型飞机项目风险管理研究 [D]. 上海:上海交通大学,2009.

[29] 高峰,陈英武.工业研发项目的一体化持续风险管理方法[J]. 工业工程,2006,9(1):13.

[30] 周经伦,孙权.一种故障树分析的新算法[J].模糊系统与数学,1997.(3):74-78.

[31] 马士华,林勇,陈志祥.供应链管理[M]. 北京:机械工业出版社,2000.

[32] 昂海松,余雄庆.飞行器先进设计技术[M]. 北京:国防工业出版社,2008.

[33] 高正,陈仁良.直升机飞行动力学[M]. 北京:科学出版社,2003.

[34] 符长青,曹兵.多旋翼无人机技术基础[M]. 北京:清华大学出版社,2016.

[35] 张呈林,郭才根.直升机总体设计[M]. 北京:国防工业出版社,2006.

[36] 于琦.纵列式直升机与单旋翼直升机的对比分析[J]. 直升机技术,2008(2):61-67.